Über dieses Buch

„Auf dem Weg zum Selbstverständnis von Beratung in der Sozialen Arbeit" widmet sich der Frage nach professionsübergreifenden Merkmalen sowie spezifischen Merkmalen der Beratung in der Sozialen Arbeit. Entlang einer handlungswissenschaftlichen Systematik und auf dem Hintergrund des systemtheoretischen Paradigmas der Sozialen Arbeit werden Gemeinsamkeiten und Unterschiede der Beratung in psychosozialen Professionen kenntlich gemacht.

Die Autorin

Petra Gregusch, Dr. phil., ist Dozentin an der Zürcher Hochschule für Angewandte Wissenschaften, Institut Sozialmanagement. Themenschwerpunkte sind Theorien Sozialer Arbeit, Professionalisierung Sozialer Arbeit, Diagnostik und Beratung.

Petra Gregusch

# Auf dem Weg zu einem Selbstverständnis von Beratung in der Sozialen Arbeit

## Beratung als transprofessionelle und sozialarbeitsspezifische Methode

Die vorliegende Arbeit wurde vom Fachbereich Sozialwesen der Universität Kassel als Dissertation zur Erlangung des akademischen Grades eines Doktors der Philosophie (Dr. phil.) angenommen.

Erster Gutachter: Prof. Dr. Werner Thole
Zweite Gutachterin: Prof. Dr. Staub-Bernasconi

Tag der Disputation 06. Februar 2013

Bibliografische Information der Deutschen Nationalbibliothek
Die Deutsche Nationalbibliothek verzeichnet diese Publikation in der Deutschen Nationalbibliografie; detaillierte bibliografische Daten sind im Internet über http://dnb.dnb.de abrufbar.

Zugl.: Kassel, Univ. Diss. 2013

ISBN: 978-3-936978-04-9
ISBN (PDF): 978-3-936978-01-8 (http://www.socialnet.de/materialien/154.php)


www.socialnet.de

# Zusammenfassung

Ziel der Dissertation war es, theoretische Grundlagen der Beratung in der Sozialen Arbeit zu beschreiben und hiervon ausgehend eine professionsübergreifende sowie eine auf Soziale Arbeit bezogene normative Beratungstheorie zu entwickeln. Die Ausgangsthese lautete, dass multidisziplinäre Konzepte zum Beratungshandeln viele Gemeinsamkeiten aufweisen, die die Basis einer professionsübergreifenden normativen Beratungstheorie darstellen und - sofern diese an theoretische und methodische Grundlagen der Sozialen Arbeit anschließen - auch für Soziale Arbeit handlungsleitend sind. Es stellte sich die Frage nach dem Spezifikum der Beratung in der Sozialen Arbeit. Professionsübergreifende wie sozialarbeitsspezifische Merkmale wurden über die Untersuchung des Beratungsbegriffs, des Verhältnisses von psychosozialen Professionen und Beratung sowie Anforderungen an eine integrative Beratungstheorie erschlossen und auf den Grundlagen des systemtheoretischen Paradigmas Sozialer Arbeit herausgearbeitet. Die Relevanz des Themas ließ sich sowohl für den Kontext der Professionalisierung Sozialer Arbeit als auch für den Kontext einer sich etablierenden Profession Beratung feststellen.

Dass Beratungskonzepte mehr Gemeinsamkeiten als Unterschiede aufweisen, konnte anhand der Untersuchung von sieben Beratungstheorien multidisziplinärer Herkunft bestätigt werden. Professionsübergreifend ist Beratungshandeln grundsätzlich charakterisierbar als sozialer Interaktionsprozess, in dem Beratende die Beratenen zur Bearbeitung verschiedener aufeinander bezogenen emotio-kognitive Problemlöseprozesse anregen. Methodisch ist Beratung als Regelsystem beschreibbar, das auf die Stabilisierung und Veränderung der emotio-kognitiven Struktur der Beratenen zielt und dabei fünf zentrale Submethoden, das Stützen, das Reflektieren, das Informieren, das Konfrontieren und das Problemlösetraining verwendet. Je nachdem, ob Beratung eher als allgemeine sozialdiagnostische oder Interventionsmethode beschrieben wird, sind geringfügige konzeptionelle und methodische Variationen hinsichtlich der Gewichtung der Bearbeitung einzelner Problemlöseprozesse bzw. methodischer Schwerpunkte feststellbar. Den ermittelten Gemeinsamkeiten stehen Unterschiede in der Konzeption menschlicher Probleme und ihrer Veränderung gegenüber, die Auswirkungen auf das grundlegende Verständnis des Gegenstands psychosozialer Professionen sowie eines professionellen Erkenntnis- und Handlungsmodus haben.

In der vorliegenden Arbeit wird für ein interprofessionell integratives Modell von Beratung plädiert, das zwischen einer problem-, erkenntnis- und handlungstheoretisch professionsübergreifenden und einer - spezifischen Wissensbasis unterscheidet. Beratung wird darin nicht als eigenständige Profession, sondern als eine zentrale Methode aller psychosozialen Professionen verortet, nicht zuletzt um der unbestrittenen Notwendigkeit einer Methodenvielfalt in der Sozialen Arbeit, aber auch anderen Professionen, Rechnung zu tragen. Beratung findet transprofessionell Verwendung als Beratungsdiagnostik, als Kompetenzen aktivierende und fördernde kommunikative Veränderungsarbeit in Bezug auf den spezifischen Professionsgegenstand und schließlich als spezielle kommunikative Veränderungsarbeit, in der professionsspezifische Bedingungen berücksichtigt werden. Das Analyseresultat verweist vor allem auf Entwicklungsbedarf hinsichtlich der Einbettung problem- und handlungstheoretisch integrativer Beratungsdiagnostik in psychosozialen Professionen und der Entwicklung und Systematisierung spezieller Beratungstheorien.

# Inhalt

## Teil A Einleitung



## Teil B Der Beratungsbegriff – Bestandsaufnahme, Klärungsbedarf, Klärungsversuche



## Teil C Anforderungen an Beratungstheorien – Bestandsaufnahme, Probleme, Lösungen

Teil D **Grundlagen der Beratung nach dem Systemtheoretischen Paradigma – Beschreibung, Analyse und Vergleich mit ausgewählten Beratungsansätzen**

# Abbildungsverzeichnis

# Teil A Einleitung

## 1 Problem- und Fragestellung

Beratung ist eine zentrale Tätigkeit verschiedener psychosozialer Professionen[1], die sich ein großes Spektrum von Handlungsfeldern teilen. SozialarbeiterInnen und SozialpädagogInnen[2], PädagogInnen und PsychologInnen und zunehmend auch SoziologInnen und EthnologInnen[3] beraten in der Kinder- und Jugendhilfe, Familienhilfe, Altenhilfe, der Sozial- und Gesundheitshilfe, in der Erziehung und Bildung usw. Beraten werden einzelne Personen und unterschiedliche soziale Systeme wie Gruppen, Familien, Organisationen und Gemeinwesen bzw. deren Mitglieder. Trotz oder gerade wegen der diversifizierten Tätigkeitsfelder und der sie besetzenden Professionen ist es im deutschsprachigen Bereich bisher nicht gelungen, Beratung als eigenständige Wissenschaft und Profession zu etablieren, wie dies in den USA mit der Counselling Psychology der Fall ist.

> „Beratung als in vielen Lebensbereichen relevantes, multidimensionales, methodisch offenes, auch noch interdisziplinär geprägtes Konzept tut sich schwer mit trennscharfer Ab- und Ausgrenzung bezogen auf Paradigmen, Strategien und Methoden, Qualifikationen und Kompetenzen, Settings und Zuständigkeiten und hat damit auch gewisse Professionalisierungsnachteile" (Nestmann 1997:8).

Dennoch, die bundesdeutsche Beratungsdiskussion weist mit der Gründung der Deutschen Gesellschaft für Beratung (DGfB) im Jahre 2004 unverkennbar in diese Richtung.[4] Zentrale Ziele des Dachverbandes sind u. a. die Aufstellung und Weiterentwicklung eines gemeinsamen Beratungsbegriffs auf sozialwissenschaftlicher Grundlage[5] sowie die Förderung der Reflexion und Entwicklung von Standards für Beratungsausbildungsgänge und Qualitätsstandards für Beratungsleistungen (DGfB 2003). Der „Professionalisierungsschub" (Nestmann & Engel 2002:11) ist im Gange. Dies ist einerseits dem im Jahre 1999 in Kraft getretenen Psychotherapiegesetz zu verdanken, das nur verhaltenstherapeutische, tiefenpsychologische und analytische Verfahren als krankenkassenpflichtige Verfahren zulässt, andererseits aber auch dem wachsenden Bedarf nach Beratung (Barabas 1999:15 ff.). Eine gewisse Zwiespältigkeit gegenüber dieser Entwicklung war u. a. ein wichtiges Motiv für das Schreiben dieser Arbeit. Zwar dürfte Soziale Arbeit die den Professionalisierungsbestrebungen zugrunde liegenden Forderungen in vermutlich vielerlei Hinsicht teilen, angezeigt sind aber auch Bedenken gegenüber dem Entwicklungsprojekt hin zu einer eigenständigen sozialwissenschaftlichen Disziplin und psychosozialen Beratungsprofession. Denn was insbesondere für PsychologInnen, die im Psychotherapeutengesetz nicht berücksichtige wurden. Möglichkeiten eröffnet,

---

1 Die Arbeit beschränkt sich auf Beratung psychosozialer Professionen und klammert u. a. medizinische, ökonomische und seelsorgerische Professionen aus (s. Kap. B 2.1).

2 Mangels eindeutiger Berufsbezeichnung der Sozialarbeit, Sozialpädagogik und in der Schweiz auch Soziokulturelle Animation einschließenden Profession Soziale Arbeit benutze ich im Folgenden der Einfachheit halber nur die Bezeichnung SozialarbeiterIn.

3 In der vorliegenden Arbeit bemühe ich mich um eine geschlechtergerechte Sprache und mache von der Groß-I-Schreibung Gebrauch, wenn es um Personen geht. Bei zusammengesetzten Wortbildungen, wo der Sachbegriff im Vordergrund steht, wie z. B. beraterorientiert, verzichte ich hingegen aus Gründen der Lesbarkeit darauf.

4 Im Jahr 2006 folgte in der Schweiz die Gründung der Schweizerischen Gesellschaft für Beratung (SGfB).

5 Vgl. www.beratung-aktuell.de/beratungsverstaendnis.html

sich einerseits auf dem Beratungsmarkt zu positionieren, sich fachlich neu zu profilieren und sich endlich von „den Fesseln klinisch-psychologischer Herrschaft und psychotherapeutischer Rationalität“ (Nestmann 1998:13) zu befreien, birgt für Soziale Arbeit einmal mehr die Gefahr, ein zentrales Arbeitsfeld zu verlieren (Maus, Schulz-Wallenstein & Beilmann 2002:13). Ein Blick in die USA und Großbritannien zeigt, dass diese Gefahr zumindest nicht ganz von der Hand zu weisen ist. Nicht nur, dass aus der Perspektive der BeraterInnen den SozialarbeiterInnen lediglich die Aufgabe der Triage an SpezialistInnen zukommt (z. B. Vacc & Loesch 2000:12 ff.); auch innerhalb der Sozialen Arbeit besteht kein klarer Konsens darüber, dass Beratung Bestandteil Sozialer Arbeit ist (Zastrow 2003:15 ff.; Brearley 1995:122 ff.). Die fortschreitende Ökonomisierung der Sozialen Arbeit mit den Folgen finanzieller und personeller Restriktionen in der psychosozialen Hilfe und Versorgung und damit verbunden die Reduktion zeitlicher Ressourcen für Beratungen bedeuten nicht nur einen Qualitätsverlust Sozialer Arbeit, sondern motivieren Angehörige der Profession im Weiteren zur beruflichen Neuorientierung. So hat die sozial- und gesundheitspolitische Entwicklung in den USA u. a. dazu geführt, dass SozialarbeiterInnen sich als BeraterInnen weiterqualifizieren und als solche innerhalb der Organisationen, in denen sie tätig sind, Beratungseinrichtungen aufgebaut haben, „um die Qualität des Kontaktes zu ihren Klienten aufrechterhalten zu können“ (McLeod 2004:50). Eine weitgehende Auslagerung von Beratung aus Sozialer Arbeit hat somit auch Folgen für die Attraktivität der Profession.

Knappe Ressourcen scheinen auch die Beratungstätigkeit in der Sozialen Arbeit im deutschsprachigen Raum zu prägen. So führte z. B. die Zunahme von Fallzahlen in sozialen Diensten oder der höhere Bedarf nach Schuldnerberatungen in der Deutschschweiz nicht zu einer Aufstockung des Personals, sondern zu sinkenden zeitlichen Kapazitäten für Beratungen (Kobel 2004:7 ff.; Gschwend 2009:34f.; ferner auch Sommerfeld & Jungck 2001). Zu der beschriebenen Abwanderung hat dieser Umstand glücklicherweise noch nicht geführt.[6] Anlass zur Sorge hinsichtlich der Sicherung und Weiterentwicklung der Professionalität besteht dennoch. Wenn knappe Ressourcen und nicht mehr Problemlagen und Bedürfnisse der AdressatInnen[7] den Ausgangpunkt für professionelle Handlungen bilden, ist der Weg zur Entprofessionalisierung nicht weit (Brack 2007). Einen Schritt in diese Richtung stellt etwa die in der öffentlichen Sozialhilfe institutionalisierte Kurzberatung, die sechs Beratungssitzungen über die Dauer von drei Monaten umfasst, als *Konstitutiv* der beraterischen Intervention dar (z. B. Waldvogel 2005); und zwar dadurch, dass SozialarbeiterInnen keine Möglichkeit zur professionellen Entscheidung über die Art der Beratung bzw. die Anzahl der Beratungssitzungen haben und sie daher unter Umständen gezwungen sind Beratung abzubrechen. Ein noch massiverer Schritt stellt die Tendenz in der öffentlichen Sozialhilfe zur Beschränkung auf Krisenberatung oder zur Auslagerung psychosozialer

[6] Zu unterscheiden ist hier zwischen rollenbezogenen und mentalen Abwanderungen. Letztere kennzeichnen Soziale Arbeit seit den 70er Jahren und sind Ausdruck ihrer Professionalisierungsprobleme (s. u).

[7] Zur Bezeichnung der durch Soziale Arbeit beratenen Personengruppen benutze ich die Begriffe Adressat bzw. Adressatin oder Klient bzw. Klientin und Ratsuchende. Tendenziell verwende ich die Bezeichnungen KlientInnen und Ratsuchende für jene Personen, mit denen ein mündlicher Vertrag zur Zusammenarbeit bzw. zur Beratung vereinbart ist.

Beratung dar (Spindler 2006:1). Das Recht der AdressatInnen auf psychosoziale Hilfe[8] wird dadurch verwehrt oder verzögert. Eine selbstverständliche Aufgabe der Sozialen Arbeit ist Beratung demnach vielfach nicht mehr. Dies fördert die Entstehung von Versorgungslücken und schafft für verschiedene Berufsgruppen Raum diese zu schließen.

Ein schlichter Verweis auf die historische Tradition dürfte unter den gegebenen Bedingungen kaum ausreichen, um Ansprüche der Sozialen Arbeit auf Beratung gegenüber anderen Berufsgruppen geltend zu machen.[9] Das ist auch gut so, sind es doch gerade Selbstverständlichkeiten, welche die (selbst-)kritische Auseinandersetzung verhindern. In Bezug auf Beratung tut diese zweifelsohne Not. Das Aufbrechen der Selbstverständlichkeit von Beratung hat nicht nur negative Effekte. Soziale Arbeit ist nunmehr gezwungen, ihre Zuständigkeits- und Kompetenzansprüche auf Beratung in *fachlicher Hinsicht* deutlich zu machen, eine Aufgabe, die sie trotz ihrer langjährigen Beratungspraxis versäumt hat und die, nicht zuletzt aufgrund ihrer andauernden Diskussion um ihren Gegenstand, bis heute nicht eingelöst ist (Neuffer 2000:100 ff.; Crefeld 2002:57-82). Folge davon ist, dass Beratung in der Sozialen Arbeit mithin noch heute von Auffassungen aus den 1970er Jahren geprägt ist und sie u. a. als mit Sozialer Arbeit nahezu

---

[8] In Deutschland sind die Beratungsansprüche im BSHG §§ 8, 17 und 72 (Barabas 1999:32ff.) neu im SGBXII §§ 5-9 und 10, 11 geregelt. Das Recht auf Beratung besteht, wie Spindler (2006) klarstellt, auch für die Personengruppe, die unter das SGB II (Hilfen der Eingliederung in die Arbeit) fällt. Der Anspruch auf ganzheitliche und persönliche Hilfe und Beratung ist hier jedoch nicht explizit formuliert. Spindler verweist darauf, dass mit der Trennung der Hilfe zum Lebensunterhalt nach SGB XII und der Hilfe zur Eingliederung in die Arbeit nach SGB II ein Problem der Zuständigkeit entstanden ist, was zu Fehlinterpretationen der veränderten Gesetzesgrundlagen geführt hat: „Die Bezugsberechtigung nach SGB II schließt wohl vom Bezug der Hilfe zum Lebensunterhalt nach SGB XII aus, aber nicht mehr und nicht weniger. Also auch nicht von dem vorangestellten Anspruch nach § 10,11 SGB XII auf Beratung und Unterstützung und nicht von den Hilfen nach Kapitel 5-9 SGB XII (den alten Hilfen in besonderen Lebenslagen). Alle diese Ansprüche bleiben unbehelligt neben den SGB-II-Leistungen bestehen." (ebd.:3). Dass Beratung in der Sozialhilfe eine zunehmend untergeordnete Rolle spielt, ist demnach nicht vom Gesetzgeber beabsichtigt, jedoch Ausdruck der neuen Steuerung bei knappen Mitteln. Dies zeigt sich auch in der Schweiz, wo die Sozialhilfe noch immer „ganzheitlich" für die wirtschaftliche und persönliche Hilfe sowie die berufliche und soziale Reintegration zuständig ist.

Im Unterschied zur deutschen Sozialhilfe ist die schweizerische Sozialhilfe wie auch die Kinder- und Jugendhilfe kantonal geregelt. Der Anspruch auf Beratung ist in allen Kantonen mit der Zusicherung der persönlichen Hilfe gegeben. Kantonale Unterschiede versucht der Schweizerische Fachverband für öffentliche und private Sozialhilfe (SKOS) mit der Herausgabe von Richtlinien zu nivellieren, die Regeln sind jedoch nicht verbindlich. Zu einer knappen Darstellung des Sozialhilfesystems sowie der Praxis der Sozialhilfe vgl. Maeder & Nadai 2004; s. auch Meyer & Gneupel 2004.

Die Leistungen bei den Sozialen Diensten der Stadt Zürich erfolgt über die Zuweisung des Klientenbedarfs in Dienstleistungspakete. Als aufwendigstes Dienstleistungspaket gilt die Abklärung, gefolgt von der Kurzberatung, der Begleitung und schließlich der Bearbeitung. „Steigen die Fallzahlen an, während die personellen Ressourcen unverändert bleiben, so werden die Verhältnisse leicht verschoben und mehr KlientInnen in ein Dienstleistungspaket mit niedrigem Bearbeitungsaufwand eingeteilt. Sind die Fallzahlen hingegen rückläufig, fließen die frei gewordenen Kapazitäten in die Kurzberatung und kommen somit denjenigen Personen zugute, die eine sofortige Unterstützung benötigen" (Waldvogel 2005:42). Dass Beratung, wenn sie sich als notwendig erweist, erfolgt, ist somit nicht unbedingt garantiert, sondern abhängig von der Kapazität. Die „benötigte sofortige Unterstützung" erhält jemand nur dann, wenn sie zufällig in eine Phase vorhandener Kapazität fällt. Unter diesem Gesichtspunkt ist die Bemerkung Spindlers überlegenswert: „Vielleicht sollten Behörden inzwischen auch offen dazu stehen, unter dem Druck der neuen Steuerung keine individuelle, in Bezug auf den Anspruch für den Bürger ‚optimierende' Beratung mehr im eigenen Haus leisten zu können" (2005:13).

[9] So findet Maus, dass Soziale Arbeit in Auseinandersetzungen um die Ansprüche von Professionen auf Beratung „ihre viel längere Tradition in Beratung als Profession nicht unter den Scheffel stellen sollte" (Maus et. al.: 2002:13).

identisch oder als eine Art Psychotherapie gefasst wird (ebd.; Ohling 2003:62 ff.).[10] Dass dann nicht von professioneller Beratung in der Sozialen Arbeit gesprochen werden kann, liegt auf der Hand; im ersten Fall ist Beratung erst gar nicht identifizierbar, im zweiten Fall übt Soziale Arbeit nicht mehr ihren Beruf aus.

Die Notwendigkeit eines eigenständigen Beratungsbegriffs gilt in der Sozialen Arbeit als unbestritten (Wendt 2000:97 ff.) Darüber, was dieser Beratungsbegriff beinhaltet, d. h. welche Aktivitäten er ein- und ausschließt, besteht in der Sozialen Arbeit, wie allgemein in psychosozialen Disziplinen, jedoch keineswegs Klarheit. In ihrer Bestandsaufnahme zur Thematisierung psychosozialer Beratung in den vergangenen 30 Jahren stellt Ruth Großmaß fest, dass sich der Beratungsdiskurs vor allem um die Problemstruktur spezieller Klientelgruppen und um theoretische Reflexionen zur Sicherstellung der Professionalität im beruflichen Handeln dreht und resümiert:

> „*Der Beratungsprozess* (= wie Beratung vor sich geht) kommt in den Auseinandersetzungen auch dann nicht vor, wenn anscheinend davon die Rede ist, denn auch bei konzeptionellen Überlegungen zu Beratung sind es vor allem Hervorhebungen und Akzentsetzungen, mit denen auf die Beratungspraxis Bezug genommen wird, wenn z. B. betont wird, Beratung solle ‚Hilfe zur Selbsthilfe' sein (Thiersch 1991, S. 23), oder wenn professionelle psychosoziale Beratung in ein Kontinuum mit ‚Alltagsberatung' gestellt wird (Bäuerle 1969, Nestmann 1983/1984), oder wenn psychosoziale Beratung sich dadurch quasi selbst bestimmt, dass sie - abgrenzend - zwischen zwei andere Arbeitsfelder (Sozialarbeit und Psychotherapie) platziert wird (Hörmann 1985) [...] Für die aktuellen konzeptionellen Überlegungen gilt Entsprechendes: Auch bei ressourcenorientierter Beratung (Nestmann 1996; 1997a; Pearson 1996) oder bei interkultureller Beratung (Mecheril 1996) geht es um Akzent- und Schwerpunktsetzungen, die ein in der Praxis *funktionierendes Beratungshandeln* voraussetzen" (Großmaß 2000:30; Herv. durch die Verf.).

Von der Existenz einer Beratungstheorie, verstanden als ein auf wissenschaftlichem Erklärungswissen gründendes System von handlungsleitenden, zielgerichteten Regeln, ließe sich demnach nicht sprechen. Dieser „Mangelthese" gegenüber steht aber auch die Position, die davon ausgeht, dass eine Vielzahl von Beratungstheorien besteht (z. B. Mc Leod 2004:28; Cunningham & Peters 1993:134; Krech et. al.1992:136.). Die konträren Einschätzungen verweisen erneut auf einen wenig konturierten Beratungsbegriff. Sie legen zudem die Annahme der Verwendung unterschiedlicher beratungstheoretischer Begriffe nahe. Im Weiteren wird vermutet, dass sich die verschiedenen Einschätzungen als Problem dessen manifestieren, was ich in dieser Arbeit als Problem der Beziehung zwischen den allgemeinen und spezifischen Wissensgrundlagen in Bezug auf Beratung bezeichne und was durch mangelhafte Differenzierung zwischen diesen Wissensgrundlagen zum Ausdruck kommt. Als allgemeine Wissensgrundlagen werden die unabhängig von der Problematik einer ‚Beratungsprofession' konzipierbaren Wissenskomponenten aufgefasst. Dabei wird von der Annahme ausgegangen, dass diese Grundlagen eine Gemeinsamkeit in allen Beratungsansätzen darstellen, wenn sich dies auch in unterschiedlicher Deutlichkeit zeigt. Hieraus wird gefolgert - und dies bildet die Kernthese dieser Arbeit - dass die Ansätze *für das Beratungshandeln mehr Gemeinsamkeiten als Unterschiede aufweisen.* Die zahlreichen Beratungsansätze (Nestmann, Engel & Sickendiek 2004:573 ff.; Rechtien 2004a; Krause, Fittkau, Fuhr & Thiel 2003; Ertelt & Schulz 2002 und 1997) dürften sich demnach weniger durch praktische Konsequenzen als vielmehr durch spezifische „Sprachspiele" unterscheiden, die wiederum Ausdruck

[10] Siehe genauer Kap. B 3.1.

unterschiedlicher Wege zur Lösung grundlegender theoretischer Probleme in Handlungswissenschaften, namentlich den Problemen der (multi-)disziplinären Wissensintegration und der Theorie-Praxis-Integration, sind.

In diesem Zusammenhang nimmt sich die Dissertation zur Aufgabe, Beratung als *transprofessionelle bzw. professionsübergreifende Methode* zu beschreiben. Im Weiteren nimmt sie sich zur Aufgabe, Beratung als *professionsspezifische Methode der Sozialen Arbeit bzw. sozialarbeitsspezifische Methode* zu beschreiben. Angedeutet ist damit die Ausgangsposition dieser Arbeit, wonach Beratung grundsätzlich eine *Methode in und von Professionen* ist. Wie oben formuliert, unterstellt sie Beratungsansätzen in dieser Hinsicht eine Reihe von Gemeinsamkeiten. Diese Gemeinsamkeiten sollen in den Mittelpunkt gerückt werden, nicht zuletzt aufgrund der Überzeugung, dass ein professionelles Selbstverständnis von Beratung sich nicht nur aus der Betonung der Unterschiede von Beratungsansätzen, sondern auch aus ihren Gemeinsamkeiten speist. Daher versteht sich, dass das Ziel der vorliegenden Arbeit nicht darin besteht, das Rad in Bezug auf Beratung neu zu erfinden, sondern Beratung *erstens* als professionsübergreifendes und sozialarbeitsspezifisches Handeln kenntlich und *zweitens* sozialarbeiterische Beratungspraxis begründbar und handhabbar zu machen. Damit ist die Hoffnung verbunden, einen Beitrag zur Entwicklung und Festigung eines sozialarbeiterischen Selbstverständnisses der Beratung und damit insgesamt zur Professionalisierung der Sozialen Arbeit zu leisten.
Für die Analyse der professionsübergreifenden und sozialarbeitsspezifischen Aspekte wird ein konzeptionell-normativer Zugang gewählt. Sie erfolgt auf dem Hintergrund des systemtheoretischen bzw. systemistischen Paradigmas der Disziplin und Profession Sozialer Arbeit (abgekürzt: SPSA), wie es von der „Zürcher Gruppe"[11] entwickelt wurde. Dieses stellt als transdisziplinäres handlungswissenschaftliches Modell theoretische Ressourcen zur Verfügung, durch die das Gemeinsame sowie das Trennende von Beratung in psychosozialen Professionen sichtbar wird und die somit auch einen sozialarbeitswissenschaftlichen bzw. systemistischen Beratungsansatz begründen können. Möglicherweise kann innerhalb der aktuellen Beratungsdiskussion ein Beitrag zu einem integrativen oder „vernetzten Modell" von Beratung geleistet werden (Engel, Nestmann & Sickendiek 2004:41; s. Kap. A 2). Die Erarbeitung einer transprofessionellen und sozialarbeitsspezifischen Methode[12] orientiert sich an folgenden übergeordneten Fragen:
(1) Was verbindet und was trennt Beratungsbegriffe in psychosozialen Professionen?
(2) Welche wissenstheoretischen Grundlagen können Professionen (nicht) teilen bzw. welches sind wissenstheoretische Voraussetzungen einer transprofessionellen und professionsspezifischen Beratungstheorie?
(3) Was haben Beratungsansätze gemeinsam? Worin unterscheiden sie sich?
(4) Welche Folgerungen ergeben sich für die methodische Konzeption von Beratung?

[11] Die Bezeichnung „Zürcher Gruppe" hat Hollstein-Brinkmann (2000:51) geprägt. Sie steht für jene Personen, die das von Silvia Staub-Bernasconi und Werner Obrecht in den vergangenen 25 Jahren entwickelte systemtheoretische Paradigma mitgetragen und weiterentwickelt haben. In den 90er Jahren bildet es den Bezugsrahmen für das integrative Curriculum der Abteilung Vollzeitausbildung an der Hochschule für Soziale Arbeit Zürich, der die Verfasserin bis zur Auflösung eben dieses Curriculums im Jahre 2007 angehörte. Der Term „systemistisch" dient in Anbetracht verschiedener Systemtheorien zur Charakterisierung des systemtheoretischen Ansatzes der Zürcher Gruppe.

[12] Synonym kann auch von allgemeiner normativer und spezieller normativer Beratungstheorie gesprochen werden. Professionsübergreifende, transprofessionelle und allgemeine Beratung werden in der Arbeit als Synonyme verwendet.

## 2 Begründungskontext der Forschungsfragen

Beratungsforschung ist ein relativ junges wissenschaftliches Tätigkeitsgebiet. Ein interdisziplinär gesteigertes Interesse an Beratung ist erst seit den 1990er Jahren zu verzeichnen (Schrödter 2004:813). Was die empirische Forschung im deutschsprachigen Raum betrifft, konstatiert Schigl (2005:108 ff.) einen erheblichen Forschungsbedarf sowohl im Bereich der Ergebnis-, Prozess- und Strukturqualität. Tiefel (2004:72 ff.) macht, wie schon Schrödter (2000, 2004), besonders auf den Bedarf der Ergänzung anwendungsorientierter um grundlagenorientierte Studien der Beratungspraxis aufmerksam, durch die das professionelle Selbstverständnis von Beratenden mehr in den Blick gerät. Wie Tiefel mit ihrer Studie „zu professionellem Beratungshandeln in der Moderne" zeigt, können diesbezüglich nicht nur Anhaltspunkte für professionelle Entwicklungsbedarfe gewonnen werden (z. B. Thomsen 2008), sondern auch fruchtbare Konzepte für die Entwicklung der Professionalität.

Wie erwähnt steht auch die vorliegende Arbeit im Kontext Sozialer Arbeit im Dienste der Professionalisierung von Beratung. Sie wählt dazu jedoch den theoretischen Weg. Noch erübrigt sich dieser Weg nicht, wie ein Blick in die einschlägige Literatur bestätigt. Bisher liegen nur wenige systematisch-theoretische Arbeiten zur Beratung in der Sozialen Arbeit vor, d. h. Arbeiten, *die Beratung von einer Theorie Sozialer Arbeit her bestimmen.* Zu nennen sind hier insbesondere die Publikationen von Ansen (2006, 2008), in denen er Beratung auf dem Hintergrund der lebenswelttheoretisch begründeten Sozialen Arbeit nach Thiersch beschreibt.
Thiersch selbst ist in Zusammenarbeit mit Frommann und Schramm (1976) die Einführung des sozialpädagogischen und sozialen Beratungsbegriffs in die Soziale Arbeit zu verdanken und er hat maßgeblich zur Überwindung klinisch orientierter Beratungsbegriffe beigetragen. Zahlreiche Beiträge zum Thema liegen in Form von Aufsätzen vor (z. B. 1989, 1990, 1991, 1997, 2002, 2004a, 2004b). In diesen thematisiert er verschiedene Aspekte von Beratung, ohne diese aber zu einem axiologisch, theoretisch und methodisch begründeten Beratungsansatz zusammenzubinden, was Ansen schließlich aufgreift. In die Richtung einer systematisch-theoretischen Bearbeitung geht auch die Arbeit von Sagebiel & Vanhoefer (2006), in der sie unterschiedliche systemtheoretische Konzepte der Sozialen Arbeit verknüpfen und von hier aus Beratung beschreiben. Betrachtet man das Vorliegen systematisch-theoretischer Arbeiten als *eine* wesentliche Voraussetzung zur Entwicklung professioneller Identität, ist bisher der Beitrag aus der Sozialen Arbeit in Bezug auf Beratung eher marginal. Das Standardwerk von Nando Belardi et al. zur Einführung in die sozialpädagogische Beratung, das 2007 in 5. Auflage erschienen ist, trägt mit seinem Aufbau entlang eines „pragmatischen Eklektizismus" (Belardi, Agkün, Gregor, Neef, Pütz & Sonnen 1999:45) wenig dazu bei. Bereits Stimmer kritisierte die unzureichende Systematik der verwendeten Theorien, die zunächst Entlastung verspreche, im Endeffekt jedoch nur Verwirrung bewirke und betont:

> „Ein ‚pragmatischer Eklektizismus' [...] ist in der differenzierten Praxis der Sozialen Arbeit wohl nützlich und notwendig, aber nur dann, wenn ich eine Basis der Zuordnung habe (‚Kompaß') und daraus ein schlüssiges integratives Konzept entwickeln kann. Dies verhindert, ein immer wieder anderes kleines Mosaiksteinchen als die Rettung für das ganze Unternehmen zu mißdeuten (‚Radargerät')" (1999:o.S.).

Auch dieser Darstellungstyp ist in der einschlägigen Fachliteratur jedoch nicht dominant vertreten. Den Hauptbestand bilden Publikationen, die Beratungsansätze unterschiedlich disziplinärer Herkunft in die Soziale Arbeit einführen, wobei verschiedenartige systemische Beratungsansätze (z. B. Schwing & Fryszer 2007; Lindner 2004; Weber 2003; Geschwinder 1999; Burnham 1995) und der klienten- oder personenzentrierte Ansatz (z. B. Seithe 2008; Culley 1996) überwiegen. Das Ziel ist es in der Regel, aus den theoretischen Konzepten methodische Gestaltungsmöglichkeiten für die sozialarbeiterische Beratungsarbeit abzuleiten. Dabei fällt auf, dass selten eine Prüfung mit sozialarbeitstheoretischen Konzepten stattfindet (vgl. aber Seithe 2008; Geschwinder 1999). Wenn von Hauptbestandteil die Rede ist, so ist anzumerken, dass der Begriff eine relative Größe bezeichnet, denn die Zahl leicht zugänglicher Literatur ist auch hier nicht besonders hoch;[13] hohes Interesse an theoretischen Aufbereitungen scheint insbesondere bei Studierenden zu liegen.[14] Zum Hauptbestand – und quantitativ kann diesbezüglich vom umfangreichsten Bestand ausgegangen werden – gehören im Weiteren Publikationen, die handlungsfeldspezifische Problemstellungen thematisieren (z. B. Schnoor 2006; Pauls 2004; Knatz & Dodier 2003; Schruth, Kunz, Müller, Stammler & Westerrath 2003; Epstein & Brown 2006; Pfeiffer-Schaupp 1999; Simmen 1990). Ein professionelles Selbstverständnis der Beratung, d. h. wie sich Beratung sozialarbeiterisch grundlegend vollziehen soll, ist hier zwangsläufig vorausgesetzt. Den Hauptbestand in Rechnung stellend, bestätigt dieser Befund ein vergleichsweise geringes sozialarbeitswissenschaftliches Interesse an der Theoretisierung des Beratungshandelns.[15] Scherr setzt gegenwärtige sozialarbeiterische Beratung gar in die Nähe von Alltagsberatung und bezweifelt darüber hinaus ihre Professionalisierbarkeit mit folgender Argumentation:

> „Der Anspruch an sozialarbeiterische Beratung, spezifisch unspezifische, nicht von vornherein auf singuläre Aspekte eines Falles eingeschränkten Hilfen [...] zur Verfügung zu stellen, erschwert [...] für sozialarbeiterische Beratung die Konturierung einer eigenständigen, einheitlichen, klar konturierten, lehr- und lernbaren Wissengrundlage, deren Inanspruchnahme geeignet wäre, eine professionelle sozialarbeiterische Beratungskommunikation von alltäglichen Beratungen zu unterscheiden. Dies führt weiter dazu, dass eine Fülle unterschiedlicher und heterogener psychologischer und pädagogischer Theorien als Grundlage sozialarbeiterischer Beratungskommunikation beansprucht wird, ohne dass eine integrative Beratungstheorie und ein Konsens darüber existiert, welche Theorien und Methoden der Beratung die geeignete Grundlage der beruflichen Praxis sind und sein können" (2004:104 f.)

Wesentliche Problemstellungen bzw. Aufgaben, die sich für die theoretische Beschreibung von Beratung stellen, sind mit der Infragestellung einer spezifischen Zuständigkeit sowie einer geeigneten Wissensbasis professioneller, sozialarbeiterischer Beratung angedeutet. Konkreter formulieren Nestmann, Engel & Sickendiek die Anforderungen über den Begriff der Doppelverortung von Beratung und bezeichnen damit eine Wissensbasis, die sich aus handlungsfeldspezifischem und feldunspezifischem Wissen bzw. „Beratungs- und Interaktionswissen" (2004:35) zusammensetzt. Die handlungsfeldspezi-

[13] Ich beziehe mich dabei explizit auf einschlägige Beratungsliteratur. Der professionsunspezifische Bestand an Beratungsliteratur ist wesentlich höher.

[14] Vgl. etwa die Veröffentlichungen unter www.hausarbeiten.de.

[15] Dies war durchaus nicht immer so, wie das nachstehende Zitat des Erziehungswissenschaftlers Mollenhauer aus dem Jahre 1965 verdeutlicht: „Bei der Durchsicht der einschlägigen Veröffentlichungen findet man zwar viel psychologische Grundlegung, viele Fallanalysen, viel diagnostische Erörterungen, kaum aber pädagogische Reflexionen über die pädagogische Struktur und Relevanz des Beratungsvorgangs selbst. Diejenigen Beiträge, die sich intensiver mit der Beschreibung und Analyse des Beratungsvorgangs befassen, entstammen bezeichnenderweise nicht den Erziehungsberatungsstellen, nicht der Feder von Psychologen, sondern vor allem von Sozialarbeitern" (Mollenhauer 1965:27). Zu den Gründen der Entwicklung s. Kap. B 1.

fische Wissenskomponente beinhaltet danach z. B. Faktenwissen zur jeweiligen Problemlage, Kausalmodelle, Interventionsformen und gesetzliche Grundlagen; dem feldunspezifischen Wissen sind z. B. Kommunikations-, Handlungs-, Veränderungs-, Kontext- und Prozessmodelle, Beratungsmethodologie und Methoden zugeordnet (ebd.). Mit anderen Worten könnte man sagen: Professionelle Beratung setzt sich zusammen aus dem professionsbezogenen Fachwissen, das die Fachkompetenz begründet und dem professionsunspezifischen handlungstheoretischen Wissen in Beratungssituationen (Beratungstheorie), das die Beratungskompetenz begründet.[16]

Im aktuellen Beratungsdiskurs, der besonders durch Nestmann, Engel und Sickendiek angestoßen wurde, geht es nicht mehr nur um die Doppelverortung, sondern um die Wahrnehmung von Beratung als eigenständigen Theorie-, Forschungs-, Ausbildungs- und Praxisbereich im Sinne der amerikanischen Beratungspsychologie.[17] Dieser Kontext bildet den zweiten Begründungsstrang der vorliegenden Arbeit. U. a. rückt mit diesem Beratungsdiskurs die Frage in den Mittelpunkt, ob eine Beratungstheorie eine Theorie *der* Beratung oder eine Theorie *für* Beratung sein soll (Moldaschl 2001:134). Zunehmend wird psychosoziale Beratung als Theorie *der* Beratung dargestellt und Schritte zur Einlösung einer geforderten „konzeptionellen ‚Ganzheitlichkeit'" (Nestmann & Engel 2002:38) unternommen (z. B. Nestmann: 2008, 2004b, 1997; Chur 2002, 1997; Großmaß 2000). Hinter dem Postulat verbirgt sich der Anspruch, Beratung auf ein theoretisch unverkürztes Fundament zu stellen, das zum einen dazu dient, einer beratungspraktisch vorschnellen Komplexitätsreduktion problematisch gewordener Realität entgegenzuwirken und zum anderen dazu, verschiedene Beratungsbegriffe miteinander zu verknüpfen. Erforderlich, so Nestmann et al., sei dazu eine theoretische Weiterentwicklung, in der die „gängigsten Thematisierungen von Beratung" (2002:34) miteinander verbunden wären, namentlich die Beratung als

- alltägliche Kommunikationsform,
- professionelle Kommunikationstechnik,
- professionelles Handeln,
- Diskurs über Problemverursachungen, Problemkonstellationen, Problemlösungen und
- als institutionalisierte Form des Umgang mit psychosozialen Problemen (ebd.:34-38).

Erneut ist damit die Frage nach einer integrativen Beratungstheorie gestellt, die schon seit längerer Zeit als Desiderat auf dem Forschungsprogramm psychologisch-pädagogischer Beratungsdiskurse steht. Die 1990 von Brunner & Schönig vorgelegten „metatheoretischen Umrisse einer Beratungstheorie" (ebd.:152-158) werden immer noch über die Bewertungen „sehr allgemein und oberflächlich" (Sickendiek, Engel & Nestmann 1999:54) als Ausdruck des Desiderats herangezogen. Gegenwärtig wird ein vielversprechendes beratungstheoretisches Zukunftsmodell in der „Integration aktueller Konstruktionen von Beratung" (Nestmann & Engel 2002:39) bzw. in einer „transversalen Rahmung" (ebd.:43) verortet, worunter in Anlehnung an den von Welsch geprägten Begriff der „transversalen Vernunft" (1995) die Verbindung zwischen pluralen (inkom-

[16] Statt des Ausdrucks ‚Beratungs- und Interaktionswissen' als Synonym für das feldunspezifische Wissen bevorzuge ich den Ausdruck handlungstheoretisches Wissen. Dadurch wird vermieden, dass die hierunter genannten Wissensaspekte ausschließliche Angelegenheit von Beratung sind. Vielmehr handelt es sich um relevante Aspekte von Professionen. Außerhalb von Beratungssituationen entwickelt sich entsprechend im Ergebnis eine Reflexions-, Handlungs- und Interaktionskompetenz.

[17] Siehe ausführlicher Kap. B 2.4.

mensurablen) Rationalitätstypen bei gleichzeitiger Erhaltung der Pluralität verstanden wird. Mit der transversalen Ausrichtung – häufig auch in Form eines Synonyms als transdisziplinäre Ausrichtung bezeichnet[18] – ist die Hoffnung verbunden, verschiedene, heterogene Ansätze zur Beratung aufzunehmen und Beratung damit als Profession, die den sich heute stellenden komplexen Problemen gerecht zu werden vermag, entwicklungsfähig zu machen.[19]

Transversalität charakterisiert Soziale Arbeit implizit spätestens seit den 1970er Jahren als Folge der Kritik an den „klassischen Methoden“[20] und wird in jüngerer Zeit auch explizit als Erfordernis der Sozialarbeitswissenschaft postuliert (z. B. Kleve 1999, 2003); jedoch ist anzuzweifeln, dass diese ohne Weiteres die Professionalisierung begünstigt. Weder besteht in der Sozialen Arbeit ein gemeinsames Verständnis über eine ‚transversale Vernunftpraxis‘, wovon etwa ein stetiger Zuwachs als neu bezeichneter Paradigmen zeugt (kritisch dazu Staub-Bernasconi 1998:52 f.), noch kann gesagt werden, dass sozialarbeiterische Praxis frei von vorschneller Komplexitätsreduktion ist[21]. Ähnlich stellt Steyrer (1991:21) hinsichtlich der Forschung für die so ausgerichtete Unternehmensberatung einen „Forschungswildwuchs“ fest, dass „die einzelnen Untersuchungen kaum aufeinander abgestimmt sind und jedes Forschungsprojekt das empirische Feld von Grund auf neu zu bearbeiten scheint“ (zit. n. Mohe 2003:53)[22]. Dies deutet an, dass Transversalität, versteht man sie allein als *Form* der Wissensproduktion noch keine Zusammenführung von heterogenem Wissen gewährleistet, sondern im Gegenteil noch zu größerer Heterogenität mit der Folge einer Orientierungslosigkeit in der Praxis oder auch zu einem „mehr desselben“ führen kann. Demgegenüber stellt das SPSA einen transdisziplinären *Bezugsrahmen* zur Verfügung, der die systematische und kohärente Integration heterogenen Wissens ermöglichen soll. In der Entfaltung eines solcherart *transdisziplinären Verständnisses* von Beratung besteht dann auch der Beitrag, durch den das systemtheoretische Paradigma – über die Konzeption von Beratung als sozialarbeitswissenschaftliche Methode hinaus – die beratungswissenschaftliche Diskussion anreichern bzw. bereichern kann.

---

[18] Zu beachten gilt dabei, dass der Begriff der Transdisziplinarität in den Wissenschaften nicht einheitlich definiert ist. Der Begriff steht zum einen für methodologische Konzepte (Theorieprinzip), die auf ein universelles Theoriegebäude durch eine einheitliche Erkenntnistheorie und einen allgemein verbindlichen Rationalitätsbegriff zielen, zum anderen für eine wissenschaftliche Arbeits- und Organisationsform (Forschungs- und Wissenschaftsprinzip), die auf die Überwindung fachlicher und disziplinärer Perspektivenverengung zielt und dies durch Veränderung des Arbeitsprozesses der Wissensproduktion anstrebt (Weingart 1995). An letzteres Verständnis knüpft das Konzept der transversalen Vernunft an, wenn Welsch betont, dass diese in Anbetracht der Fülle verschiedener Rationalitätstypen nicht als Einheitsinstanz zu verstehen sei, sondern als in „einer mit solcher Vielheit konkordanten Form“ (Welsch 1987:265). In dieser Arbeit verwende ich den Begriff der Transdisziplinarität im ersten Sinne und verstehe darunter die über metatheoretische Mittel erfolgende Integration heterogenen (multidisziplinären sowie die Form betreffenden) Wissens (Obrecht 2003; s. Kap C 4.1 und C 4.2).

[19] Das derzeitig im deutschsprachigen Raum von Nestmann, Engel & Sickendiek herausgegebene umfassendste Werk zur Beratung, „Das Handbuch der Beratung“ (2004), folgt diesem Prinzip (vgl. das Vorwort der HerausgeberInnen in Band I).

[20] Unter die klassischen Methoden werden die Einzel(fall)hilfe, die soziale Gruppenarbeit und die Gemeinwesenarbeit zusammengefasst (Galuske 1999:63ff.). Vgl. dort ebenfalls die Beschreibung der Methodenkritik (101ff.); zur kritischen Auseinandersetzung mit der Kritik an den Methoden vgl. Staub-Bernasconi 1986.

[21] Ausdruck davon ist die nicht abreißende Diskussion um die Professionalisierung sowie der vielbeklagte Mangel an Professionalität. Hierauf wird im Verlauf der Arbeit immer wieder zurückgekommen.

[22] Zu einer fokussierten und vernetzten Forschungstätigkeit fordert Sommerfeld (2007:346) auch die junge sozialarbeitswissenschaftliche Forschung auf, wenn eine innere Kohärenz der Sozialen Arbeit hergestellt und verbessert werden soll.

## 3 Aufbau der Arbeit und methodisches Vorgehen

Die Forschungsfragen werden in einem Hauptteil, der sich aus fünf Teilen zusammensetzt, beantwortet.

*Abb. 1: Aufbau der Arbeit*

| **Teil B: Bestandsaufnahme und Problemaufriss I: Begriff Beratung** |
|---|
| Beratungsbegriffe in der Sozialen Arbeit; Abgrenzungsdiskurse; Zuständigkeits- und Kompetenzbereiche psychosozialer Beratung |

| **Teil C: Bestandsaufnahme und Problemaufriss II: Begriff Beratungstheorie** | |
|---|---|
| Wissensstruktur von Beratungstheorien | |
| These der Vielzahl von Beratungstheorien | These des Mangels an Beratungstheorien |
| Differenzierung des Allgemeinen und Spezifischen über Theorien der Theorieintegration und Theorie-Praxis-Integration | |
| Integrationsansatz des SPSA<br>Allgemeine und spezifische Wissensgrundlagen von Professionen | Methodisches Handeln und Methoden<br>Alternative Integrationsansätze |

| **Teil D: Theoretische Grundlagen von Beratung aus der Sicht des SPSA und Vergleich mit ausgewählten Beratungsansätzen** | |
|---|---|
| Komponenten transprofessioneller und sozialarbeitsspezifischer Beratung | Systemistischer Beratungsansatz<br>Analyse und Synthese ausgewählter psychosozialer Beratungsansätze |

| **Teil E: Beratung als transprofessionelle und sozialarbeitsspezifische Methode** | |
|---|---|
| Empirische Befunde zur kommunikativen Veränderungsarbeit | |
| Schritte der allgemeinen Beratungsmethode | Schritte der sozialarbeitsspezifischen Beratungsmethode |
| Beratung im Lichte relevanter Kontextmerkmale Sozialer Arbeit | Fazit: Möglichkeiten und Grenzen, Anforderung und Bedingungen der Beratung in der Sozialen Arbeit |

| **Teil F: Schlussbemerkungen** | |
|---|---|
| Zusammenfassung | Ausblick |

**Teil B** ist als Bestandsaufnahme und Problemaufriss zu verstehen. Daran anknüpfend, dass die Suche nach einem eigenständigen Beratungsbegriff der Sozialen Arbeit nicht als abgeschlossen gelten kann, beginnt Teil B mit einem kursorischen Abriss der Begriffsentwicklung der Beratung in der Sozialen Arbeit, wodurch ein erster Aufschluss über die Entwicklung von Beratungsverständnissen gewonnen wird *(Kapitel B 1)*. Im Anschluss daran werden zentrale disziplinübergreifende Abgrenzungsdiskurse der Beratung im Zusammenhang mit der Begriffsbestimmung skizziert, wodurch Anhaltspunkte für ein überprofessionell vergleichbares sowie sozialarbeitsspezifisches Beratungsverständnisses ermittelt werden sollen *(Kapitel B 2)*.

Auf der Grundlage fortgesetzter Versuche der Begriffsklärung sowie der Annahme eines interdisziplinär tendenziell geteilten Beratungsverständnisses wird erwartet, dass sich hierüber kein Spezifikum sozialarbeiterischer Beratung feststellen lässt. Zuständigkeits- und Kompetenzansprüche auf Beratung in psychosozialen Disziplinen werden deshalb in einem weiteren Schritt vor dem Hintergrund eines handlungswissenschaftlichen Professionsbegriffs analysiert *(Kapitel B 3)*. Der begriffsgeschichtliche Abriss, die Darstellung der Diskurse sowie die professionsbegriffliche Analyse von Beratung stehen im Dienste der Formulierung eines Arbeitsverständnisses von Beratung als transprofessionelle und sozialarbeitsspezifische Methode, womit Teil B abschließt.

**Teil C** befasst sich mit Ansätzen zur Klärung der beratungstheoretisch allgemeinen und spezifischen Wissensgrundlagen. Zu diesem Zweck wird zuerst auf die in der Beratungsliteratur häufig beschriebene, ursprünglich von Herzog (1982) vorgestellte „Wissensstruktur" zurückgegriffen. Für anwendungsbezogene Handlungsmodelle werden vier Wissensebenen und eine Handlungsebene unterschieden, die in einem kohärenten Verhältnis zueinander stehen sollen: a) Metamodell, b) Theorie-Ebene, c) therapie- bzw. beratungstheoretische Ebene, d) praxeologische Ebene und e) konkretes therapeutisches bzw. beraterisches Handeln *(Kapitel C 1)*. Anhand der Wissensstruktur werden die Gründe und Argumentationen für die konstatierte Vielzahl bzw. den Mangel an Beratungstheorien ermittelt. Dadurch eröffnet sich der Blick auf theoretische Probleme in Bezug auf die Entwicklung einer allgemeinen Beratungstheorie sowie des Verhältnisses zwischen allgemeinen und spezifischen Beratungstheorien. In einem weiteren Schritt werden die vorgefundenen Argumentationsfiguren unter dem Aspekt der damit verbundenen Chancen auf Entwicklung einer allgemeinen Beratungstheorie diskutiert *(Kapitel C 2)*. Dies leitet über zu Diskurslinien der Wissensintegration und der Theorie-Praxis-Integration, denen zur Klärung allgemeiner und spezifischer Wissensgrundlagen von Beratung besondere Bedeutung zukommt, verweisen diese letztlich überhaupt erst auf die Möglichkeiten sowie den „Ort" seiner Klärung. Im nachfolgenden Kapitel *(Kapitel C 3)* wird zuerst der Integrationsansatz des SPSA als entscheidende Ressource zur Bestimmung des beratungstheoretisch Allgemeinen und Spezifischen vorgestellt. Er wird im Weiteren im Verhältnis zu alternativen human- und sozialwissenschaftlichen Integrationsansätzen beleuchtet bzw. in diese verortet *(Kapitel C 4)*. Hierdurch können zum einen die Leistungen der jeweiligen Integrationsansätze zur Entwicklung von integrativen Beratungstheorien verdeutlicht und zum anderen Besonderheiten des Integrationsansatzes des SPSA sichtbar gemacht werden.

**Teil D** steht im Dienst des Ziels der Analyse der praktischen Konsequenzen ausgewählter Beratungsansätze im Lichte systemistischer Methodologie und Praxeologie und beinhaltet die Prüfung der Kernthese dieser Arbeit: *Beratungsansätze weisen für das Beratungshandeln mehr Gemeinsamkeiten als Unterschiede auf.* Wie angedeutet wird damit das Ziel verfolgt, vermeintliche Unterschiede, wie sie etwa durch die Wahl verschiedener Terminologien zustande kommen, von tatsächlichen inhaltlichen Unterschieden abgrenzen zu können. Für beratende Disziplinen und Professionen allgemein lässt sich der Nutzen einer solchen Analyse in einer verbesserten interdisziplinären bzw. -professionellen Verständigung sehen. Für die Beratung in der Sozialen Arbeit auf systemistischer Grundlage ermöglicht diese, Kompatibilitäten und Inkompatibilitäten in Bezug auf diese Beratungsansätze festzustellen und über deren Thematisierung das

disziplinäre und professionelle Beratungsverständnis zu schärfen.
Mehrere methodische Zwischenziele sind für die Zielbearbeitung erforderlich. Zum einen gilt es die Darstellung der beratungstheoretisch relevanten Grundlagen des SPSA zu vervollständigen und die sich daraus ergebenden Implikationen für das Beratungshandeln aufzuzeigen. Ein weiteres wichtiges Zwischenziel resultiert aus der Kernthese selbst. Mit der Behauptung einer weitgehenden Übereinstimmung des Beratungshandelns, die ja letztlich auch die Idee einer transprofessionellen Beratungsmethode begründet, ist implizit gesagt, dass diese *Übereinstimmung trotz Unterschieden in den (meta-)theoretischen Positionen* besteht. Infolgedessen sind nicht nur Gemeinsamkeiten, sondern auch Unterschiede aufzuarbeiten. Da der inhaltliche Schwerpunkt jedoch auf der Untersuchung der Konzeption des Beratungshandelns liegt und weder der Anspruch besteht, Beratungsansätze wissenschaftstheoretisch zu reflektieren noch sie auf ihre innere Kohärenz hin zu prüfen, erfolgt die Analyse der Unterschiede nicht über Einzeldarstellungen der Ansätze, sondern auf metatheoretisch systematisierende Weise.
Orientiert an der in Kap. C vorgestellten Logik handlungswissenschaftlicher Modelle umfasst die Beschreibung des SPSA die Darstellung philosophisch-wissenschaftlicher Aspekte des Menschenbildes *(Kapitel D 1)*, der Problemtheorie (auch: Theoriekern) *(Kapitel D 2)* sowie der Interventionstheorie und der Methodik *(Kapitel D 3)*. *Kapitel D 4* befasst sich mit den Implikationen des systemistischen Ansatzes für Beratung. *Kapitel D 5* greift die Frage nach den wichtigsten Unterschieden zwischen Beratungsansätzen auf und beinhaltet die Prüfung der These. Aufgrund der Unterscheidung zahlreicher Beratungsansätze ist für die Analyse eine Auswahl erforderlich. Diese erfolgt nach den Kriterien des disziplinären Ortes der Entstehung und der Aktualität, aber auch nach dem Ausmaß seiner Verbreitung in der Sozialen Arbeit. Daraus erklärt sich ein gewisser Überhang der aus der Psychotherapie entwickelten Ansätze, was ein besonderes Augenmerk auf deren Kompatibilität mit einem sozialarbeitsspezifischen Ansatz erfordert. Konkret werden folgende Ansätze analysiert: (1) der personen- oder klientenzentrierte Ansatz, (2) der Selbstmanagement-Ansatz, (3) der systemisch-konstruktivistische Ansatz, (4) der lösungsorientierte Ansatz, (5) der kooperative Ansatz, (6) der lebensweltorientierte Ansatz und (7) der ressourcenorientierte Ansatz. Der kooperative Ansatz kann tendenziell als pädagogischer Ansatz der Beratung verbucht werden, der lebensweltorientierte und ressourcenorientierte Ansatz stellen Ansätze der Sozialen Arbeit bzw. der Gemeindepsychologie dar.

**Teil E** widmet sich der konkreten Beschreibung der transprofessionellen und professionsspezifischen Beratungsmethode. Dazu erfolgt zuerst die Betrachtung der Grundkonzeption unter Bezugnahme auf wichtige empirische Befunde für die Beratungsarbeit *(Kapitel E 1)*. Unter Berücksichtigung der Ergebnisse aus dem vorhergehenden Teil werden sodann die Schritte der Methoden beschrieben *(Kapitel E 2 und E 3)*. Die Reflexion der Beratungskonzeption bildet den Abschluss dieses Teils. Vor dem Hintergrund relevanter Kontextmerkmale Sozialer Arbeit, die auf das Beratungshandeln in der Sozialen Arbeit Einfluss nehmen, werden Überlegungen zu erforderlichen Modifikationen angestellt. Festgehalten wird dabei am Erfordernis eines handlungswissenschaftlich begründeten Professionsverständnisses, so dass umgekehrt auch die Frage nach Modifikation institutionalisierter Praxis gestellt werden muss *(Kapitel E 4)*.
Mit **Teil F** schließt die Arbeit. Zuerst werden wichtige Ergebnisse entlang des Argumentationsganges zusammengefasst (*Kapitel F 1)*. Anschließend werden Vorschläge für die weitere Bearbeitung der Thematik unterbreitet *(Kapitel F 2)*.

# Teil B Der Beratungsbegriff – Bestandsaufnahme, Klärungsbedarf, Klärungsversuche

Teil B stellt die begrifflichen Voraussetzungen für Beratung als professionsübergreifende Methode und als Methode der Sozialen Arbeit in den Vordergrund. Anhand eines kursorischen Abrisses der Entwicklung des Beratungsbegriffs im Kontext Sozialer Arbeit sowie weiterer wichtiger Zugänge zur Begriffsbestimmung in psychosozialen Professionen wird eine Bestandsaufnahme zum Begriff der ‚professionellen psychosozialen Beratung' vorgenommen, wodurch Grundlagen eines überprofessionell vergleichbaren sowie sozialarbeitsspezifischen Beratungsverständnisses ermittelt werden (Kap. B 1 bis B 2.4). Die Ergebnisse werden in den Kontext des Vorhabens dieser Arbeit gestellt, woraus sich weiterer Klärungsbedarf ableitet (Kap. 2.5). Diesbezüglich werden Klärungsversuche unternommen und ein Arbeitsverständnis transprofessioneller, allgemeiner Beratung und sozialarbeitsspezifischer Beratung vorgeschlagen (Kap. B 3).

## 1 Der Beratungsbegriff in der Sozialen Arbeit: Stationen der Entwicklung

Das Erfordernis eines eigenständigen Beratungsbegriffs der Sozialen Arbeit ist, wie eingangs bemerkt, unbestritten. Klar formuliert Wendt:

> „Es ist angebracht, sich in der Theorie des Beratungshandelns in Sozialer Arbeit von den pädagogischen und psychologischen Bezügen zu lösen, die der sozialberuflichen Auffassung von Beratung oft wie selbstverständlich eingeschrieben werden" (2000:98).

Stattdessen gelte es den sozialen Charakter im Beratungsbegriff zu betonen:

> „Das Wesen sozialer Beratung besteht in ihrer Rückbindung an Gemeinsamkeiten der sich Beratenden. Man kann auch sagen, es geht um praktizierte Solidarität [...]. Beratung [...] geschieht im Miteinander von Menschen, die zusammen eine Problemlösung suchen" (ebd.:97).

Beratung in der Sozialen Arbeit ziele zudem auf Hilfe zur Selbsthilfe im Lebensfeld. Voraussetzung der Beratung ist deshalb „das Wissen um Lebensverhältnisse, um Lebenseinschränkungen und Lebensmöglichkeiten" (Thiersch 1991:25; zit. n. ebd.).

> „Nicht das professionelle Beratungsangebot hält sie vor, sondern der Erfahrungshorizont derjenigen, die sich beraten, also der Ratsuchenden und der Berater in ihrer gemeinsamen Fokussierung von Alltag und sozialer Lebensproblematik" (Wendt ebd.:99).

Die *problemzentrierte Kooperation* und die *Hilfe zur Selbsthilfe im Lebensfeld* stellen – Wendt und Thiersch zufolge – zentrale Bestimmungsgrößen sozialarbeiterischer Beratung dar. Dieser Beratungsbegriff ist keineswegs neu; vielmehr knüpft er unmittelbar an die historischen Wurzeln spezifisch sozialarbeiterischer Beratung an. Verschiedene Einflüsse auf Soziale Arbeit haben jedoch den Beratungsbegriff immer wieder in Frage stellen lassen, wie ein Blick auf die Begriffsgeschichte zeigt.

Die Wurzeln spezifisch sozialarbeiterischer Beratung, d. h. einer Beratung, die weder ausschließlich auf das hilfebedürftige Individuum noch auf dessen Veränderung mittels erzieherischer und therapeutischer Maßnahmen ausgerichtet ist, verorten Müller (2001) und Neuffer (2000) in der Entwicklung der Einzelfallhilfe zu Beginn des 20. Jahrhunderts. In Deutschland wurde die „Beratung im Einzelfall" (Müller 2001:1205) insbesondere von Alice Salomon und später von Siddy Wronsky geprägt. Salomon lehnt sich bei der Konzeption stark an Mary Richmonds im Jahre 1917 erschienenes Lehrbuch „Social Diagnosis" an, übernimmt aber nicht deren Begriff „social case work", sondern bezeichnet ihren Ansatz als Teil der Methoden der Fürsorge. Zentraler Tätigkeitsbegriff der Einzelfallhilfe ist nicht Beraten sondern Behandeln (Neuffer 2000:100; Hottelet 1996:102).

Ausgangspunkt des sozialarbeiterischen Beratungsverständnisses bildet bei Salomon – unter Bezugnahme auf Richmond – ein Verständnis sozialer Probleme, das ihre Entstehung und Stabilisierung nicht einseitig auf psychische Gegebenheiten der Hilfebedürftigen zurückführt, sondern die sie verursachenden sozialen Gegebenheiten mit einschließt. Für die Behandlung fordert Salomon daher eine soziale Anamnese und Diagnose, die sowohl auf Veränderungen der Person als auch der Umwelt zu richten sind:

> „Alle Fürsorge besteht darin, dass man entweder einem Menschen hilft, sich in der gegebenen Umwelt einzuordnen, zu behaupten, zurechtzufinden – oder dass man seine Umwelt so gestaltet, verändert, beeinflusst, dass er sich darin bewähren, seine Kräfte entfalten kann. Persönlichkeitsentwicklung durch bewusste Anpassung des Menschen an seine Umwelt – oder der Umwelt an die besonderen Bedürfnisse und Kräfte des betreffenden Menschen" (Salomon 1926; zit. n. Neuffer 1990:33).

Die Veränderungsarbeit ist nach Salomon zwei Zielen gleichzeitig verpflichtet:

> „Die Maßnahmen, die der Fürsorger trifft, um einen Hilfsplan auszuführen, sind entweder sachlicher Natur oder persönlicher Natur. Man kann vielleicht noch richtiger sagen, es handelt sich für ihn um ‚ausführen' oder ‚führen'" (Salomon 1926:59).

Das primäre handlungstheoretische Ziel der personenbezogenen Behandlung oder der „Führung" sieht Salomon in der Hilfe zur Selbsthilfe:

> „Das Ziel eines jeden, der für andere Menschen fühlt, sollte sein, ihre Entwicklung zu fördern, ihre Kraft zu mehren, ihren Charakter zu stärken – und dieses Ziel kann am besten erreicht werden, wenn ein Mensch seine Schwierigkeiten selber löst" (Salomon 1926; zit. n. Neuffer ebd.).

Das damit verbundene Postulat der aktiven Mitwirkung des Hilfebedürftigen kann als Formulierung einer ersten Handlungsanweisung aufgefasst werden, die für Beratung konstitutiv ist.

In der Weiterführung der Arbeit von Salomon setzt Siddy Wronsky den Schwerpunkt deutlich auf die personenbezogene Behandlung, Veränderungen der Umwelt als Aufgabe der Sozialen Arbeit treten klar in den Hintergrund.

> „Der Zusammenhang zwischen gesellschaftlichen Prozessen und persönlichen Notlagen wird nach wie vor gesehen, doch die eigentliche Aufgabe der Fürsorge bestehe darin, die geistigen und seelischen Kräfte des Menschen wieder herzustellen und ihn zu resozialisieren" (Neuffer 1990:39).

Die damit einhergehende faktische Reduktion des zu bearbeitenden Gegenstandes Sozialer Arbeit auf Individuen läutet die Abkehr von der durch Salomon aufgegriffenen umfassenderen Gegenstandskonzeption Richmonds ein. Wronsky spricht nun auch nicht mehr von Behandlung, sondern von Sozialer Therapie, die aus materieller, geistiger und seelischer Unterstützung besteht. Letztere sieht sie als wichtigsten Faktor an und bei der Umsetzung gewinnen die Erkenntnisse der Individualpsychologie Adlers und der Psychoanalyse Freuds zentrale Bedeutung. Was die Beziehung zwischen Fürsorge und Psychotherapie betrifft, so sieht Wronsky Gemeinsamkeiten und Unterschiede. Während Gemeinsamkeiten im geistigen Ursprung, in Gesinnung, im Objekt und Ziel liegen, wird der Unterschied in den Eigenschaften des Objekts verortet.

> „Der leidende Mensch im Sinne eines individuell bedingten Leidenszustandes ist Objekt der Psychotherapie, der leidende Mensch im Sinne eines sozial bedingten Leidenszustandes ist Objekt der Fürsorge" (Wronsky & Kronfeld 1932:8 f.; zit. n. ebd. 1990:40).

Die mit Wronsky beginnende Entwicklung der methodischen Fokussierung Sozialer Arbeit auf die Beeinflussung von Persönlichkeitsmerkmalen[23] mit dem Ziel der „Mobilisierung der inneren Kräfte" (Neuffer 1990:181) setzt sich im Zuge der Rezeptionsbemühungen unterschiedlicher Ansätze des amerikanischen „social case work" im Anschluss an den Zweiten Weltkrieg bis in die 60er Jahre fort und führt schließlich zu einem Psychologismus im Gegenstands- bzw. Problemverständnis der sozialen Einzelhilfe (Meinhold 2002:512). Bekannt werden insbesondere der psychosoziale, der funktionale und der problemlösende Ansatz[24], wobei diese zu keiner Zeit in der deutschsprachigen Einzelhilfe vollständig rezipiert werden.[25] Tiefenpsychologisch-psychodynamischen Persönlichkeitstheorien verpflichtet, dominieren Methoden der Psychoanalyse die Veränderungsarbeit, die in den 1960er Jahren durch zunehmende Gewichtung der helfenden Beziehung[26] und nach der Methodenkritik in den 1970er Jahren von der von Rogers entwickelten Gesprächspsychotherapie abgelöst werden (Geissler & Hege 1997:42 ff.). Diese wiederum wird später von der Kommunikationstherapie und/oder der Verhaltenstherapie ersetzt (Staub-Bernasconi 1986:25; Mühlum 1999). ‚Beratung' gerät dadurch immer wieder in die Nähe der Behandlung im Sinne der psychotherapeutischen Veränderungsarbeit, die je nach Ansatz Ich-Stärkung über biografische Aufarbeitung, persönliche Reifung über Einsichtsgewinnung, gelingende Kommunikation über Veränderung von

---

[23] Die Fokussierung auf die Veränderung von Persönlichkeitsmerkmalen betrifft nicht nur die Einzelhilfe, sondern auch die Gruppenarbeit, die in den 50er Jahren Verbreitung fand. Hering & Münchmeier sprechen von der Entwicklung eines neuen Verständnisses der Sozialen Arbeit. „Das heißt: in jeder Art von sozialer Hilfe, von Fürsorge oder Sozialarbeit geht es [...] um Veränderungen im Bereich von Verhalten und Persönlichkeit und nie einfach ‚nur' um materielle, äußere Hilfe" (2000:214).

[24] Diese sind mit Namen verbunden wie Gordon Hamilton und Florence Hollis (psychosozialer Ansatz), Otto Rank, Jessie Taft, Virginia Roberts, Ruth Smalley, Ruth Bang (funktionaler Ansatz), Helen Perlman (problemlösender Ansatz) (siehe z. B. Roberts/Nee 1974; Müller 1997).

[25] Die dafür angeführten Gründe sind struktureller und kultureller Art. Die in den USA entwickelten „case work"-Konzepte der diagnostischen und funktionalen Schule, die in Deutschland und in der Schweiz in den 50er Jahren aufgenommen wurden, waren ausschließlich tiefenpsychologisch orientiert. Die ihnen innewohnende Vorstellung eines von der Umwelt unabhängigen, autonomen Menschen fand zwar Interesse, jedoch konnte die „Übertragung dieser Methode in den sozial-administrativen Kontext deutscher Ämter nicht widerspruchsfrei gelingen" (Meinhold 2002:513), da diese für ein freiwilliges Klientel konzipiert war. Die in den USA der 50er Jahre weiterentwickelten Ansätze der ursprünglichen Schulen durch Hollis, Smalley und Perlman, die nunmehr sozialwissenschaftliche Theorien integrierten und den methodologischen Reduktionismus zu überwinden versuchten, wurden schließlich nicht mehr rezipiert, da diese erst Ende der 60er Jahre erschienen, „zu einem Zeitpunkt, in dem bereits über die soziale Einzelhilfe in der Fachdiskussion der Stab gebrochen wurde" (Neuffer 1990:174).

[26] Die helfende Beziehung geht auf Ruth Bang (1964) zurück und bezeichnet die Gesamtheit der im Hilfeprozess ablaufenden Interaktion zwischen Professionellen und KlientInnen mit dem Ziel der psychosozialen Problemlösung (Bechtler 1997:457). Hinter dem Konzept steht die (inzwischen wissenschaftlich empirisch bestätigte) Annahme, dass die Beziehung für KlientInnen eine wichtige Ressource zur Lösung von Problemen darstellt (Grawe 1998:127 ff.).

Beziehungsarrangements oder situationsangemessenes Verhalten über Verhaltensverstärkung bzw. -modifizierung etc. anstrebt.

Der Begriff Beratung selbst wird jedoch erst in den 1970er Jahren zu einem zentralen Begriff in der Sozialen Arbeit. Er löst als Folge der Methodenkritik und der durch sie ausgelösten Welle der Therapeutisierung Sozialer Arbeit (Galuske 1999:121 ff.) die soziale Einzelhilfe ab.

> „Nach der starken [...] die Soziale Arbeit ausschließlich bestimmenden Politisierung und den nachfolgend daraus resultierenden Enttäuschungen war Beratung ab Mitte der 70er Jahre plötzlich Thema der Fachöffentlichkeit" (Neuffer 2000:101).

Mit der theoretischen Bestimmung von Beratung ist die Hoffnung verbunden, der sich mehr und mehr entwickelnden psychotherapeutisch ausgerichteten Praxis Sozialer Arbeit etwas Eigenständiges entgegenzusetzen. Zentrale Beiträge dazu leisten Frommann, Schramm & Thiersch (1976) mit dem *Konzept der sozialpädagogischen Beratung* sowie Seibert (1978a) mit dem *Konzept der Sozialtherapie.*

Auf der Suche nach einem eigenständigen Beratungsbegriff ist die Fachdiskussion jedoch zunächst beherrscht von Fragen der Bestimmung des Verhältnisses zwischen Sozialer Arbeit und Psychotherapie, wie das Sonderheft der „Neuen Praxis" aus dem Jahre 1978 zum Thema „Sozialarbeit und Therapie" zeigt. Thiersch vertritt darin die These der Differenz zwischen Sozialer Arbeit und Psychotherapie, während Seibert Soziale Arbeit und Psychotherapie weitgehend als identische Handlungsformen betrachtet. Dabei richtet Thiersch seine Argumentation stärker an real gegebenen Strukturmerkmalen aus und verweist in diesem Zusammenhang auf unterschiedliche Problematiken, Interventionskontexte, Interventionsmodi und Formen der Selektion der Klientel (Galuske 1999:128). Seine Identitätsthese begründet Seibert allein über professions- bzw. handlungstheoretische Sollensvorstellungen. Soziale Arbeit und Psychotherapie verfolgten die gleichen Ziele und hätten die gleiche Klientel, „Menschen, die wegen ihrer psychischen und sozialen Probleme professionelle Hilfe suchen" (Seibert 1978b: 51). Bei beiden ließen sich professionelle Handlungskonzepte nicht aus Tätigkeiten der PraktikerInnen ableiten, sondern über die Definition professioneller Standards. Vor diesem Hintergrund stellt Seibert die Verbindung von Sozialer Arbeit mit staatlichen Kontroll- und Eingriffsfunktionen in Frage bzw. lehnt eine solche strikt ab:

> „Wie fragwürdig eine solche Berufsdefinition ist, kann man am Beispiel der kirchlichen Ehe- und Erziehungsberatung deutlich machen: Niemand käme auf den Gedanken, einem Psychotherapeuten in kirchlichen Diensten ‚christliche Mission' als Therapiekonzept zuzuschreiben. Berechtigt ist aber auch hier – wie beim Sozialarbeiter – die Frage nach möglichen Kollisionen zwischen Therapiekonzepten [bzw. professionellen Konzeptionen; P.G.] und Auftrag des Anstellungsträgers" (ebd.:51).

Die Bemühungen zur fachlichen Bestimmung von Beratung sind also deutlich überlagert von professionstheoretischen Auseinandersetzungen, woraus sich erklärt, dass die Bestimmungsversuche *tendenziell weniger beratungstheoretische als vielmehr konzeptionelle Überlegungen der Sozialen Arbeit zum Thema* haben. Frommann et al. (1976) fokussieren hierbei auf die Entwicklung eines Gegenstandsverständnisses, das Beratung wieder an die Tradition von Richmond und Salomon anbindet und darauf zielt, „Alltagsprobleme *zugleich* unverkürzt und professionell anzugehen" (717; Herv. im Original). Professionell heißt dabei die Realisierung eines alltagsnahen Handelns[27]. Zweierlei Anforderungen bzw. Begrenzungen resultieren daraus: Zum einen habe sozialpädagogische Beratung offen zu sein für die „‚komplexe Vielfältigkeit von Alltagsproblemen' und sich [...] abzulösen von verwaltungsbestimmten, kontrollierten Handlungsaufträgen [...], sie darf dies aber nicht so tun, dass sie sich [...] auf methodisch gesicherte Verhaltens- und Kommunikationsstrategien festlegt" (Thiersch 1978b:19; zit. n. Seibert 1978b:49); zum anderen gelte es, Beratung sowie eine adressatenbezogene alltagsorientierte Soziale Arbeit allgemein auf Schwierigkeiten zu begrenzen, die ein „mittleres Maß" nicht überschreiten.

> „Beratung ist nur dort angezeigt [...], wo das zu beratende Individuum wenigstens noch so ‚funktionsfähig' ist, dass es die aus der Beratung resultierenden Lösungsansätze in Handlungsschritte umsetzen kann" (Frommann et al. 1976:718; Thiersch 1978a:16).

Aufgegriffen werden damit auch das Ziel der Hilfe zur Selbsthilfe und das der aktiven Mitwirkung (Partizipation) sowie das Konzept der helfenden Beziehung. Ihre Vorstellungen fassen die AutorInnen in folgender Zieldefinition zusammen:

> „Sozialpädagogische Beratung sollte parteinehmende Praxis sein, die gestützt auf Persönlichkeits- und Gesellschaftstheorie, durch reflektierte Beziehungen und Erschließen von Hilfsquellen verschiedener Art das Unterworfensein von Menschen unter belastenden Situationen verändern will. Sie hat die Offenheit von menschlichen Situationen zur Voraussetzung und arbeitet mit den zugleich methodischen wie inhaltlichen Mitteln der Akzeptierung, Sachkompetenz und Solidarisierung" (Frommann et al. 1976:739).

Eine nicht reduktionistische Sicht auf die Problemsituation stellt auch Seibert im Konzept der Sozialtherapie in den Vordergrund und fordert eine umfassende Behandlung:

> „Sozialtherapie bezieht sich auf soziale Konflikte (einschließlich psychischer Probleme), die von den betroffenen Personen oder Personengruppen als Probleme wahrgenommen und definiert werden. Solche Konflikte sind in einem jeweiligen sozialen Kontext entstanden und ihre Behandlung muss sich auf den gegenwärtigen und zukünftigen sozialen Kontext der Betroffenen beziehen. Die Verfahren zur Behandlung setzen sowohl bei den unmittelbar betroffenen Personen wie in ihrer Umwelt an. Für eine Besserung oder eine Lösung der Problematik müssen auch die notwendigen Veränderungen der Lebensbedingungen angestrebt werden" (Seibert 1978b:52).

Auch die anderen genannten Prinzipien teilt Seibert weitgehend, wendet sich aber gegen die von Thiersch vertretene Auffassung eines Widerspruchs zwischen Alltagsnähe und wissenschaftlich fundierter Methodik. Seibert plädiert dafür, Alltagsnähe weniger als ein Methoden ablehnendes Postulat zu fassen, sondern eher als Ausdruck des „Zugangs für den Klienten; der Klient kann sich in seiner gewohnten Umgebung oft wesentlich besser artikulieren als in der für ihn bedrückenden und ängstigenden Atmosphäre eines Sprechzimmers" (ebd.:53). Anders lege die über Alltagsnähe vollzogene definitorische Abgrenzung von Therapie und Sozialarbeit „den Verdacht nahe, dass der Sozialarbeiter einen gemütlichen Plausch mit seinen Klienten hält, wenn er einen Hausbesuch macht [...] Beratungsgespräche in der Wohnung des

---

[27] Alltagsnähe und Alltagsferne stellen in der sozialpädagogischen Beratung bzw. dem sich hier entwickelnden alltags- oder lebensweltorientierten Ansatz Sozialer Arbeit zentrale Ausgangsgrößen für die Unterscheidung von Sozialer Arbeit und Psychotherapie dar (Thiersch 1978a:9f.) Der Begriff der *Alltagsnähe* oder allgemeiner Alltagsorientierung steht für mehrere Maximen lebensweltorientierter Sozialer Arbeit, nämlich (a) eine nicht reduzierende Sicht auf die Komplexität menschlichen Lebens und Handelns, (b) Niederschwelligkeit und Erreichbarkeit von Unterstützungs- und Hilfsangeboten und (c) die Strukturierung und Klärung von Problemen der AdressatInnen unter ständiger Bezugnahme auf die jeweiligen Ressourcen, Erfahrungen und Sichtweisen (Grunwald 2001:111).

Klienten, in einem Gasthaus oder in einer Diskothek sind genauso professionell und methodisch fundiert wie Gespräche im Büro des Beraters" (ebd.:52). Den Stand qualifizierter indikationsorientierter Verfahren schätzt Seibert selbst allerdings kritisch ein (ebd.:53 f.).

Als „Gegensteuerungsmittel" der psychotherapeutischen Orientierung sollte somit auf der einen Seite ein Beratungsverständnis stehen, das ein entwickeltes sozialarbeiterisches Problembewusstsein und die Realisierung der Handlungsmaximen Akzeptanz, Sachorientierung und Partizipation beinhaltet. Auf der anderen Seite sollte einer rein psychologisierenden Problemsicht durch die Weiterentwicklung von Beratungs- oder Behandlungsmethoden entgegengewirkt werden, die sowohl auf Veränderungen der Individuen als auch der Umwelt zielen. Dass es sich bei Seiberts Vorschlag tatsächlich um eine Gegenstrategie zum sich ausbreitenden Psychoboom handelt, wird in der Sozialarbeitsliteratur wenig gewürdigt.[28] Eher findet sein Name Erwähnung im Zusammenhang mit dem Vorwurf, Beratung mit Sozialer Arbeit gleichzusetzen, um sich auf diese Weise der Kontrollfunktion Sozialer Arbeit entledigen zu können (z. B. Galuske1999:160 f.). In erster Linie setzt Seibert aber nicht Soziale Arbeit und Beratung gleich, sondern Soziale Arbeit und Psychotherapie, die er zur Sozialtherapie zusammenführt, sowie Beratung und Therapie bzw. Behandlung (Seibert, 1978a:10). Ersteres gründet darauf, dass Seibert beiden eine gemeinsame Problematik zuschreibt, nämlich soziale und psychische Probleme. Die Trennung von Beratung und Behandlung betrachtet Seibert als berufsständisches Problem, die einer plausiblen wissenschaftlichen Begründung entbehre (ebd.:190 f.). Über die Aufhebung von Professionsgrenzen und Interventionsformen mündet dies freilich in die Gleichsetzung von Sozialer Arbeit und Beratung, was zu Recht kritisiert wurde (Müller 1987; zit. n. Galuske 1999:160).

Eine unzureichende Trennung zwischen Sozialer Arbeit und Beratung und ferner auch Therapie, zeigt sich aber auch bei Frommann et al. Wohl gelingt es dieser Gruppe, ein sozialarbeiterisches Verständnis der Beratung wieder einzuholen, eine auf Beratungssituationen Sozialer Arbeit bezogene Methode entsteht indes nicht. Vorgeschlagen werden als methodische Schritte zur Realisierung von Beratung:
- teilnehmende Diagnose (als gemeinsames Handeln der Erschließung der Situation)
- Umstrukturierung der Situation (als Erschließung materieller Ressourcen, Neudefinition sozialer Beziehungen, Schaffen neuer Räumlichkeiten)
- Konfrontation (als gezielte Aufdeckung von Problemen)
- Aufklärung und Training (als Einsichtsförderung und Handlungskompetenzförderung) (Frommann et al. 1976:735 f.).

Analog dem von Thiersch später entwickelten alltags- bzw. lebensweltorientierten Konzept der Sozialen Arbeit verbleibt auch sozialpädagogische Beratung auf der Stufe eines allgemeinen Rahmenkonzepts. Die offene Konstruktion sieht Galuske dann auch als eine mögliche Ursache dafür, dass therapeutische Methoden trotz eines sozialpädagogischen Beratungsansatzes zunehmend in der Beratungsarbeit Eingang fanden:

[28] Neuffer stellt fest, dass die Sozialtherapie im Sinne Seiberts bis heute „eher ein Schattendasein als Angebot an die Klienten wie auch in Fortbildungen" (2000:102) führt.

> „Weder Problem noch Zielgruppe, weder Ort noch Zeit noch Setting der Beratung können vorab definiert werden, was notwendigerweise erhebliche Probleme im Hinblick auf konkrete Ausformulierung von Phasierungselementen, Handlungsschritten, Gesprächsführung usw. mit sich bringt. Der Offenheit der Situation aber lediglich mit einigen - ohne Zweifel - wichtigen Handlungsmaximen zu begegnen, reduziert die potentielle Handlungsunsicherheit von Beratern und Beraterinnen nur bedingt" (Galuske 1999:161).

Bei aller Kritik ist jedoch zu bedenken, dass es in dieser Zeit mehr um die Entwicklung eines Sozialarbeitsprofils ging, das darauf ausgerichtet war, die AdressatInnen selbst wieder als Gegenstand in die Soziale Arbeit einzuführen und zwar so, dass gleichzeitig die Gefahr einer einseitig ausgerichteten individuumszentrierten und kurativen Interventionsperspektive reduziert wird. Einige dieser Zeit entspringenden Überlegungen finden in der beratungstheoretischen Diskussion bis heute Anerkennung, wenn diese begrifflich in den verschiedenen sozialarbeitstheoretischen Ansätzen auch je spezifische Bedeutung erfahren.

Allgemein kann festgehalten werden, dass in der Sozialen Arbeit tendenziell Konsens darüber besteht, dass ihrem Gegenstand eine Individuum - Umwelt/Gesellschaft-Perspektive oder Person-in-der-Situation-Perspektive zugrunde zu legen ist, was entsprechend auch für Beratung gilt. So fassen Sickendiek, Engel & Nestmann unter dem Titel Soziale Beratung zusammen: Soziale Beratung bezieht sich „auf Schwierigkeiten von Individuen oder Gruppen in und mit ihrer sozialen Umwelt. Unter sozialer Umwelt sind sowohl nähere soziale Kontexte wie Familie, Verwandtschaft, berufliche oder schulische Umwelt oder Freundeskreise zu verstehen als auch übergreifende, z. T. nur noch vermittelt erlebte gesellschaftliche Bedingungen. Soziale Beratung bezieht sich zudem auf die materiellen, rechtlichen und institutionellen Strukturen der Sozialen Umwelt" (ebd. 1999:17).

Mehrheitlich wird hieraus die Notwendigkeit eines ‚doppelten' Fokus sozialarbeiterischer Beratung abgeleitet:

> „Nach diesem Verständnis der Sozialen Beratung zeichnet sie sich gerade dadurch aus, dass sie kommunikative oder gesprächsorientierte Klärungen mit konkreten Unterstützungen kombiniert, die das Umfeld der Ratsuchenden betreffen [...]" (Ansen 2006:18; s. kritisch dazu Kap. B 3.1 und B 3.3).

Nach wie vor stellt Soziale Arbeit die Prinzipien der Akzeptierung und Partizipation - heute eher als *Klientenorientierung* bezeichnet - als wesentliche Bedingung sozialarbeiterischer Beratung ins Zentrum und wendet sich damit gegen ein expertokratisch-technizistisches Vorgehen als Grundlage des Beratungshandelns. „Verständigungsorientierung" (Stimmer 2000:93) und „hermeneutische Sensibilität" (Dewe, Ferchhoff, Scherr & Stüwe 1995:18) oder auch „praktizierte Solidarität" (s. o.) sind weitere alternative Bezeichnungen dieses Interaktionsprinzips. Der Beratungsprozess gerät dadurch zu einem offenen Prozess, „die Ergebnisse sind nicht [von vornherein; P.G.] vorhersehbar oder institutionell festlegbar, sondern je mit den Klienten, orientiert an ihrer besonderen Situation erst ‚auszuhandeln'" (Stimmer 2003:93).
Ebenso sieht sich auch heutige Beratung dem *Konzept der Hilfe zur Selbsthilfe* im Sinne der Kompetenzförderung verpflichtet. Im Mittelpunkt stehen entsprechend Überlegungen, „wie Ratsuchende befähigt werden können, lebenspraktische und soziale Probleme persönlich zu bewältigen" und sie somit „bei der eigenständigen Lösung ihrer Schwierigkeiten zu unterstützen" (Ansen 2006:20).

Der Beratungsbegriff in der Sozialen Arbeit, so lässt sich schließen, hat sich weitgehend als Begriff etabliert, der sozialarbeiterische Beratung als solche kenntlich zu machen vermag. Zu einer allgemeinen Theorie sozialarbeiterischer Beratung ist es bisher dennoch nicht gekommen, was in den zahlreich bestehenden semantischen Verknüpfungen sozialarbeiterischer Beratung zum Ausdruck kommt. Beispielsweise ist die Rede von sozialer Beratung (Thiersch 1992, 1997, 2004), sozialpädagogischer Beratung (Belardi et al. 1999), Sozialberatung (Lüssi 1995) oder psychosozialer Beratung in der klinischen Sozialen Arbeit (Geißler-Pilz, Mühlum & Pauls 2005) oder Sozial- und Rehabilitationspädagogik (Kottler 2004, Schnoor 2006). Diese mögen in praktischer Hinsicht einen Beitrag zu inhaltlichen Akzentsetzungen leisten, wie etwa dazu, das Soziale als Gegenstand der Sozialen Arbeit nicht aus den Augen zu verlieren (soziale Beratung) oder das Leiden an sozialen Problemen anzuerkennen (psychosoziale Beratung) oder auch Beratung als lebensbewältigungsorientiertes professionelles Handeln (sozialpädagogische Beratung) kenntlich zu machen. Unverbunden erschweren solche Gewichtungen jedoch die Entwicklung eines professionsbezogenen Beratungsverständnisses bzw. -handelns erheblich. Mit den Gewichtungen gehen in der Regel auch unterschiedliche metatheoretische, theoretische und methodische Begründungen einher, was eine weitere Erschwernis für die professionelle Orientierung darstellt. Nahezu unmöglich wird diese, wenn der Begründungsrahmen nicht einmal in Beziehung zur Sozialen Arbeit gebracht wird; zum einen dadurch, dass keine sozialarbeitstheoretische Selbstvergewisserung stattfinden kann und zum anderen dadurch, dass Beratung quasi als Alternative für Soziale Arbeit verstanden werden kann.[29]
Da Beratung eine multi- und interprofessionell betriebene Tätigkeit ist und als professionelle Handlung im Fokus verschiedener Disziplinen steht, ist die Entwicklung eines sozialarbeiterischen Beratungsverständnisses nicht nur aus professionsinternen Gründen kein leichtes Unterfangen. Je nach Fragestellungen wird Beratung auch in Zusammenhängen thematisiert, die wohl *Professionen,* nicht aber Beratung als *Methode von Professionen* betreffen. Dies ist beispielsweise der Fall, wenn von „Case-Management als Beratung" (Belardi et al. 1999:191) die Rede ist - eine Formulierung, die nur im Kontext einer Diskussion über die Kombination von Methoden sinnvoll ist. Zur Entwicklung von professionellen Beratungsverständnissen dürfte es hilfreich sein, beratungstheoretisch übergeordnete Fragen auch auszuweisen, was im genannten Beispiel allerdings nicht der Fall ist.

Relativ neu ist, dass *psychosoziale Beratung* im deutschsprachigen Bereich *als eigenständige Disziplin und Profession* diskutiert wird (Möller & Hausinger 2009; Krause, Mayer & Assmann 2007; Großmaß 2006; Petzold 2003; ferner auch Nestmann et al. 2004:41f.). Zeugnis davon geben die unter den gängigsten Thematisierungen von Beratung genannten Auseinandersetzungen über Beratung als professionelles Handeln, als Diskurs über Problemverursachungen, Problemkonstellationen und Problemlösungen oder als eine institutionalisierte Form des Umgangs mit psychosozialen Problemen (s.

[29] Dies ist z. B. bei Belardi et al. (1999) der Fall, der wohl eine Beziehung zu Praxisfeldern Sozialer Arbeit, in denen beraten wird, herstellt, theoretische Grundlagen der Sozialen Arbeit aber nicht thematisiert. Unter der Frage: „Was gehört noch zur sozialpädagogischen Beratung?" (ebd.:189) listet er dann auch sozialarbeitstheoretische Fragestellungen auf, die nunmehr zu beraterischen Fragestellungen werden. Entsprechend liegen Vorstellungen nahe, unter sozialpädagogische Beratung die Weitergabe von Information, die Vermittlung an und Zusammenarbeit mit anderen Stellen, die psychosoziale Begleitung und psychologische Beratung u. a. m. zu fassen, wie dies etwa Bayer unter Bezugnahme auf Belardi et al. tut (Bayer 2002:33 ff.).

Kap. A 2). Angesprochen sind hier a) handlungstheoretische und b) objekttheoretische Probleme sowie c) das Problem institutioneller Bedingungen professionellen Handelns. Disziplin- und professionsbezogene Fragen sind auf diese Weise von beratungsbezogenen Fragen nicht mehr zu unterscheiden. Identitätsbildende Wirkung in Bezug auf Beratung zu erzielen, wird nicht nur für die Soziale Arbeit, sondern auch für andere psychosoziale Disziplinen, die mit Beratung befasst sind, u. U. zur Herausforderung; die Frage nach Gemeinsamkeiten und Unterschieden von Beratungsverständnissen in psychosozialen Professionen gewinnt an Bedeutung.
Das folgende Kapitel widmet sich zuerst den Gemeinsamkeiten des Beratungsbegriffs im Kontext weiterer psychosozialer Professionen und greift anschließend die Frage nach disziplin- und professionsbezogenen Abgrenzungen auf.

## 2 Beratungsbegriffe im Kontext psychosozialer Disziplinen und Professionen: zentrale Diskurse

Zieht man die Fachliteratur verschiedener psychosozialer Disziplinen und Professionen heran, so mündet die Suche nach Gemeinsamkeiten von Beratungsbegriffen vor allem in der Gemeinsamkeit ihres Unterscheidungs- und Abgrenzungsbezuges.[30] Die Begriffsbestimmung wird zum einen über die Abgrenzung zur Informierung und zum anderen über die Abgrenzung von Psychotherapie vorgenommen. Die dazu geführten Diskurse sowie der Versuch ihrer Überwindung durch den ‚neuen Beratungsdiskurs' werden nachfolgend beschrieben. Vorangestellt wird die wissenschaftssystematische Einordnung des Phänomens „psychosoziale Beratung".

### 2.1 Psychosoziale Beratungsdisziplinen

In dieser Arbeit werden die Soziale Arbeit (Sozialarbeit/Sozialpädagogik), die Pädagogik sowie die (amerikanische) Beratungspsychologie und die Psychotherapie als psychosoziale Beratungsdisziplinen bezeichnet.
Diese Wissenschaftsdisziplinen können als Handlungswissenschaften charakterisiert werden, die dadurch definiert sind, dass sie sich a) *auf außerwissenschaftlich definierte kognitive und praktische Probleme unterschiedlicher Art,* in diesem Fall *psychosoziale Probleme,*[31] beziehen und b) auf *Handlungsprobleme von Professionellen als Mitglieder von Professionen* (Obrecht 2006:418 f.).

[30] Auf eine Aufzählung der zahlreichen Definitionen allein innerhalb von Disziplinen wird hier verzichtet und auf Sickendiek et al. (1999:15-21) verwiesen. Allerdings wirkt die dort vorgenommene Unterteilung in psychologische, soziale/sozialarbeiterische, (sozial-)pädagogische und psychosoziale Beratungsdefinitionen in Teilen befremdlich. So existiert zum einen weder eine Disziplin noch Profession ‚Psychosoziales' noch sind Pädagogik und Sozialpädagogik Professionen oder gar Disziplinen eines Wurfs. Wenn im Folgenden von psychosozialer Beratung die Rede ist, ist damit die Beratung gemeint, die sich auf psychosoziale Sachverhalte bezieht.

[31] Zur Definition s. Kap. B 3.2.1

Die kognitive Problematik von Handlungswissenschaften im Sinne ihres Gegenstands[32] ist somit eine doppelte, indem zu ihrem Objektbereich, d. h. den von Professionellen zu bearbeitenden Problemen, sprich, Probleme der AdressatInnen und Adressatensysteme, die Professionellen selbst bzw. deren Handlungen hinzu kommen. Ihre Aufgabe besteht daher zum einen in der Untersuchung der von Professionellen zu bearbeitenden problematischen Zustände und Prozesse und in der Entwicklung wirksamer Methoden bzw. normativer Handlungstheorien, die sie den problemlösenden Professionellen zur Verfügung stellen. Sie besteht zum anderen darin, Theorien der Anwendung von Methoden (auch Theorien methodischen Handelns oder professioneller Problemlöseprozesse genannt) zu entwickeln, die an die Stelle der nicht oder nur wenig bewussten Problemlösetheorien der Professionellen treten und damit einen Beitrag zur Verhinderung eines beliebigen, wahllosen Methodeneinsatzes leisten. Dies wiederum zwingt Handlungswissenschaften dazu, deskriptive und explanative Theorien des Handelns als Grundlage von normativen Handlungstheorien in ihre Problematik aufzunehmen. Obrecht sieht hierin den entscheidenden Unterschied zu Basiswissenschaften und Angewandten Wissenschaften:

> „Während basiswissenschaftliche und angewandte Disziplinen sich in ihrer Problematik auf ihre Objektbereiche beschränken und damit ohne explizites ‚Menschenbild' oder ‚Modell des Menschen' auskommen, beruhen Handlungswissenschaften im strengen Sinne auf einem integralen ‚Bild' des Menschen als handelndes Wesen, das zu seinem Überleben auf erfolgreiches Handeln angewiesen ist und in Form moderner Technologien Verfahren entwickelt hat, deren fachliche Nutzung diesen Erfolg methodisch kontrolliert zu erbringen und bewerten erlaubt" (Obrecht 2006:419).

Anzumerken ist, dass der Begriff der Handlungswissenschaft nicht unumstritten ist (Birgmeier 2003). Mitunter werden Handlungswissenschaften mit angewandten Wissenschaften gleichgesetzt. Auch angewandte Wissenschaften, wie z. B. die klinische und pädagogische Psychologie oder die angewandte Soziologie werden dann als relevante Beratungsdisziplinen bezeichnet (Beck 1991:40). Folgt man Obrecht (2006), besteht jedoch der Unterschied zwischen Handlungswissenschaften und angewandten Wissenschaften eben darin, dass Erstere in ihren Bemühungen über die Entwicklung von wissenschaftlichen Lösungen für außerwissenschaftlich definierte kognitive und praktische Probleme (z. B. prognostische Forschung, Entwicklung von Methoden, Evaluationsforschung) als Problematik von angewandten Wissenschaften hinaus gehen und ihren Fokus um die Untersuchung anwendungsbezogener Probleme von Methoden erweitern (z. B. Entwicklung von Methoden der Methodenanwendung oder Methodenevaluation). Die Bereiche können sich aber überschneiden und zunehmend integrieren auch angewandte Wissenschaften diese Aufgabe,[33] während umgekehrt auch Handlungswissenschaften angewandte Forschung betreiben.

---

[32] In der Wissenschaftsterminologie wird die kognitive Problematik auch als Materialobjekt oder als Gegenstand bezeichnet. Andererseits konstituiert sich eine Disziplin eher durch das Formalobjekt, d. h. anhand ihres theoretischen Verständnisses hinsichtlich des Materialobjekts, so dass mit Gegenstand mitunter auch das Gegenstandsverständnis bezeichnet wird (z. B. Göppner 2009:249 ff.; Moldaschl 2009:19f.). Obrecht (2009a:120) unterscheidet zudem zwischen Real- und Materialobjekt im Sinne des relevanten Objektbereichs bzw. Eigenschaften von Disziplinen, was sich auch als allgemeiner und spezifischer Gegenstand lesen lässt. In diesem doppelten Sinne verwende ich in dieser Arbeit den Gegenstandsbegriff. Wo nötig, bezeichne ich den spezifischen Gegenstand als Problematik.

[33] Für die pädagogische Psychologie vgl. z. B. Krapp & Heiland 1993; für die Soziologie vgl. z. B. Dewe 1996; Dewe & Radtke 1989.

Die vorgenommene Eingrenzung psychosozialer Beratungsdisziplinen ist daher als ein *Entscheid per Definition* zu sehen.[34] Von den genannten Disziplinen sind gegenwärtig die Pädagogik und seit kurzem die Sozialarbeitswissenschaft als solche durch die jeweils zuständigen deutschen/schweizerischen Hochschulbehörden anerkannt. PsychotherapeutInnen haben in der Regel ein Studium der angewandten Psychologie absolviert. Als eigenständige Handlungswissenschaft ist Psychotherapie aufgrund der identischen oder ähnlichen Problematik mit der angewandten Psychologie nicht anerkannt (Baumann 1999:52 f.). Eine Disziplin Beratungspsychologie existiert an Universitäten und Fachhochschulen in der Schweiz und Deutschland nicht. Medizin und Psychiatrie, Jurisprudenz, Betriebswirtschaft und Theologie stellen auch Beratungsdisziplinen dar, werden hier aber aus fachbereichsspezifischen Gründen ausgeklammert.[35]

## 2.2 Abgrenzung zur Alltagsberatung / informatorischer Beratung

Mit der Abgrenzung von professioneller psychosozialer Beratung zur Alltagsberatung verbindet sich im Grunde der Diskurs darüber, was als *professionelle Beratung* zu bezeichnen ist, doch wird dieser erst in geringem Maße unter Bezug auf Professions- oder Professionalisierungstheorien geführt (vgl. aber Nussle-Stein 2006; Krause et al. 2007; Reichel 2005:48 ff.; Hipp 1995). Stattdessen fokussiert die dazu geführte Abgrenzungsdiskussion vor allem auf die Überwindung eines *rein informatorischen Verständnisses* von professioneller psychosozialer Beratung, das an den alltagssprachlich transitiven Gebrauch des Beratungsbegriffs im Sinne von „einen Rat erteilen" gebunden ist.
Etymologisch geht der Term Beratung auf das „Rat und raten" im Sinne von Fürsorge, Abhilfe, gut gemeintem Vorschlag und Empfehlung bzw. im Sinne des Deutens von Zeichen zum Zwecke der gemeinsamen Problemlösung zurück (Hipp 1995). Dewe präzisiert die Bedeutung der transitiven Form wie folgt:

> „[...] einer [oder mehreren; P.G.] anderen Person[en] einen unverbindlichen Handlungsvorschlag machen, wobei ‚unverbindlich' heißt, dass diese andere Person den Handlungsvorschlag ablehnen oder akzeptieren kann, ohne als Folge ihrer Handlung eine Sanktion seitens der sie beratenden Person erwarten zu müssen" (2000:120). In der intransitiven (reflexiven) Form steht der Begriff Beratung für jene „Form der Kommunikation zwischen zwei oder mehreren Personen, mit dem Ziel, zu einer gemeinsam akzeptierten Entscheidung oder zu einem Konsens über die Beschreibung oder Beurteilung eines bestimmten Sachverhalts zu gelangen" (ebd.).

Im Kontext professioneller Situationen weist Brem-Gräser – allerdings eher implizit – auf die durch Bevorzugung des transitiven Beratungsbegriffs bestehende Gefahr des offenen und verdeckten Machtmissbrauchs hin, indem aufgrund der Einseitigkeit von Interaktionen letztlich auch eine auf Ungleichwertigkeit ausgerichtete Beziehungsstruktur mittransportiert wird, der die Ratsuchenden ausgeliefert sind (Brem-Gräser 1993: 15 f.). Betont wird folglich der Beratungsbegriff in seiner intransitiven Bedeutung des „sich Beratschlagens". Als konstitutiv für professionelle Beratung gilt bei beiden Bera-

[34] Bei diesem wurde zudem von einer Positionierung zur diskursiven Verhältnisbestimmung zwischen Sozialarbeitswissenschaft, Erziehungswissenschaft und (Sozial-)Pädagogik abgesehen (vgl. zu dieser Thematik z. B. Thole 2010:38 ff.; Thole & Pfaffenberger 2002:88 f.; Birgmeier & Mührel 2011:40 ff.).

[35] Die Problematik dieser Disziplinen richtet sich nicht auf psychosoziale Probleme, sondern auf biologische (Medizin/Psychiatrie), normative (Jurisprudenz), ökonomische (Betriebswirtschaft) und auf Glaubensprobleme bzw. spezifisch kulturelle Probleme (Theologie).

tungsbegriffen die asymmetrische Wissensverteilung. Mit den unterschiedlichen Interaktionsrichtungen verändert sich aber das Verständnis der Beratungsbeziehung. Während die dem transitiven Begriff immanente einseitige Tauschrichtung von Wissen die *ungleichwertige Verteilung eines bestimmten Wissens* zwischen dem Beratenden als Wissenden und dem Ratsuchenden als Unwissenden nahe legt, meint die reziproke Richtung eine *gleichwertige Verteilung von unterschiedlichem Wissen.*

Über ein informatorisches Verständnis ist Beratung somit von vornherein mehr auf eine Beratungsbeziehung im Sinne eines ExpertInnen-Laien-Verhältnisses denn auf ein ExpertInnen-ExpertInnen-Verhältnis zwischen Beratenden und AdressatInnen angelegt. Für die damit einhergehenden beraterischen Interaktionsprozesse hat insbesondere Schein (1969) den Begriff der Experten- und Prozessberatung geprägt.[36] Beide Beratungsformen sind über die gleiche Ausgangssituation definiert, die darin besteht, dass ein Klient/eine Klientin die Lösung des Problems an den Berater bzw. die Beraterin delegiert. Während aber expertenorientierte Beratende darauf mit dem Vorschlag einer Problemlösung reagieren, lehnen prozessorientierte Beratende diese Handlungsaufforderung ab und versuchen stattdessen, KlientInnen über gemeinsame Interaktionen darin zu unterstützen, eigene Problemlösungen zu entwickeln (Schein 2003:21ff.).

Obschon im Bereich psychosozialer Beratung von einigen Autoren der Vorschlag gemacht wurde, den Beratungsbegriff auf die bloße Weitergabe von Wissen (Informierung) zu beschränken, um hierdurch die mittels Beratung lösbaren Probleme abgrenzen zu können (Bäuerle et al. 1979; Novak et al. 1976; zit. n. Alterhoff 1994:21), hat sich die Prozessorientierung als notwendige Bedingung professioneller Beratung mehrheitlich durchgesetzt. In den zahlreichen Definitionen zur psychosozialen Beratung kommt dies durch verschiedene Bezeichnungen zum Ausdruck, z. B. „die helfende Beziehung" (Dietrich 1991:2), das „kommunikative Miteinander" (Brem-Gräser 1993:15) oder die „professionelle Verständigung" (Redlich 1997:159). Zentraler Grund der Ablehnung eines auf bloße Weitergabe von Wissen beschränkten Beratungsbegriffs ist, dass mit diesem die Tatsache ignoriert wird, dass den Anlassproblemen von psychosozialer Beratung häufig Probleme zugrunde liegen, die durch reine Informationsvermittlung nicht behoben werden bzw. erst gar nicht zur Sprache kommen können.

> „Eine so verstandene Beratung wird sich z. B. im Bereich der Drogenarbeit auf die Aufklärung bzgl. der Drogenarten und der Behandlungsmöglichkeit beschränken müssen" (Alterhoff 1994:21).

Den Schwerpunkt prozessorientierter Beratung auf gemeinsame Interaktionen sowie auf die gemeinsame Erarbeitung von Problemlösungen zu setzen, hat selbstverständlich nicht nur Folgen für das Beziehungsverständnis, das KlientInnen sowohl außerhalb als

---

[36] Die Begriffe sind vor allem in der Organisationsberatung gebräuchlich. Unter Bezugnahme auf Kap. B 1 ließe sich auch von klientenorientierter Beratung (Prozessberatung) versus beraterorientierter oder produktorientierter Beratung (Expertenberatung) sprechen. In der englischen Sprache werden die Formen durch die Terme ‚advice' und ‚counselling' deutlicher unterschieden.
Es sei angemerkt, dass Schein damit nicht eine Dichotomisierung der Beratungsformen, der er eine weitere Form gemäß einem Arzt-Patienten-Modell (engl.: consulting) hinzufügt, beabsichtigte: „Prozessberatung lässt sich am ehesten verstehen, wenn man sie als einen Operationsmodus sieht, den der Berater in jeder gegebenen Situationen wählen kann. Vor allem zu Beginn der Begegnung ist dieser Operationsmodus erforderlich, da sich durch diesen Modus am ehesten erschließen lässt, was der Klient wirklich wünscht und welche Art von Helfer tatsächlich von Nutzen ist. Stellt sich heraus, dass es dem Klienten um einfache Information oder einen Rat geht, und der Berater zufrieden ist, dies anbieten zu können, kann er ohne Gefahr in die Experten- oder Arztrolle schlüpfen" (Schein 2003:40).

auch innerhalb der Beratungssituation mehr Eigenverantwortung einräumt. Auch hat dies Auswirkungen auf die in der und durch Beratung zu bearbeitenden Probleme, die nunmehr unbestimmt sind bzw. deren Erhebung Teil des Beratungsprozesses und deren Lösung die Voraussetzung der angestrebten Beratungsziele bilden. Professionelle psychosoziale Beratung ist dann nicht mehr nur eine einfache, sich auf Fakten- und Ressourcenwissen stützende Methode zur Lösung eines Wissensdefizits, sie ist vielmehr eine Interventionsform, genauer gefasst, eine Fallsteuerungsmethode, die einen „Komplex helfender Maßnahmen" beinhaltet, „die zur Behebung individueller und sozialer Probleme eingesetzt werden" (Novak et al. 1976:60; zit. n. Alterhoff 1994:21).

Die bisherigen Ausführungen verdeutlichen, dass professionelle psychosoziale Beratung mehr als bloßes Informieren umfasst, nämlich die Prozesssteuerung, wodurch ein handlungstheoretisches Kriterium eingeführt wird, das sie von einseitiger „produktorientierter" Beratung abgrenzt.

## 2.3 Abgrenzung zur Psychotherapie

Bis heute ist die Beratungsliteratur professionsübergreifend beherrscht von der Frage der Abgrenzung zwischen psychosozialer Beratung und Psychotherapie. Die Diskussion richtet sich auf folgende Fragen:

(1) Welche Arten von Problemen der KlientInnen sind durch Beratung im Unterschied zur Psychotherapie zu bearbeiten?
(2) Wie unterscheidet sich der Beratungsprozess vom Therapieprozess? Es geht m. a. W. um die Bestimmung des Gegenstands von Beratung im handlungswissenschaftlichen Sinne. Seit über 20 Jahren existieren in diesem Diskurs drei Positionen:
    a) Psychosoziale Beratung und Psychotherapie können anhand einiger Merkmale unterschieden werden.
    b) Zwischen psychosozialer Beratung und Psychotherapie besteht kein Unterschied.
    c) Psychotherapie ist ein Spezialfall psychosozialer Beratung (Alterhoff 1994:34).

Die Auffassungen werden sowohl in Bezug auf die Probleme als auch auf das Handeln sowie auf theoretischem, deskriptivem und pragmatischem Wege zu begründen versucht. Im Folgenden wird nur auf einige Argumentationslinien Bezug genommen, die aktuell eine Rolle spielen.[37]

Die Position der *Unterscheidung* wird vor allem über das Argument verschiedener Problembezüge vorgenommen, wie z. B. Schmitz, Bude & Otto (1989) über die theoretische Analyse des Beratungshandelns ausführen. Ausgangspunkt bildet bei ihnen die Frage nach dem Unterschied von Beratung sowohl zu der Handlungsform (Psycho-)Therapie als auch (Fort-)Bildung. Im Ergebnis kommen die Autoren zu dem Schluss, dass sich Beratung auf die *Situation der Lebenspraxis* bezieht, angesichts derer AdressatInnen ratlos sind, Therapie dagegen auf die *problematische Realität der Person mit ihren Erlebnissen und Vorstellungen.* Bildung schließlich findet ihren Bezug in Individuen beschäftigende *Probleme der Welt* oder, wie die Autoren formulieren, der „‚Welt' der

[37] Für die relativ ausführliche Darstellung der früheren Diskussion siehe Alterhoff 1994:29 ff.

Theorien über bestimmte Probleme und Problemlösung" (Schmitz et al. 1989:138). Zu berücksichtigen sei, dass „in jeder Beratung therapeutische[n] Sequenzen zu finden [sind], in denen die Erlebnisse und Phantasien des Klienten Thema sind, und auch Bildungssequenzen, in denen Theorien der Erfahrung diskutiert werden. Das sprengt den Rahmen der Beratung nicht, solange der Faden zurück zur problematischen Handlungssituation gefunden wird" (ebd.:127).[38]

Ähnlich wie Schmitz et al. verorten auch Sander (1999), Reichel (2005), Dewe & Scherr (1991) sowie Großmaß (2004a) die Unterschiede im Problembezug. Nach Sander ist Psychotherapie eher auf das „Innen" und Beratung mehr auf das „Außen" gerichtet (ebd.:23). Das *Außen* präzisiert Reichel als Themen und Probleme, „die den Menschen in seinem Denken, Fühlen und Handeln als Mitmensch betreffen" (ebd.:19). Auch nach Dewe & Scherr ist von Beratung „nur dann zu sprechen, wenn im Vordergrund der Selbst- und Fremddefinition nicht ein individuell-spezifisches psychisches oder physisches Krankheitssymptom, sondern eine die individuelle Problematik übergreifende sozial typische Problemlage steht. Gegenstand von Beratung sind [...] individuelle Konkretionen von sozial typischen Problemsituationen" (ebd.:7). Für sie ergibt sich daraus auch ein Spezifikum des Beratungshandelns, das darin besteht, „zur problembezogenen Erweiterung des Horizontes an Deutungsmöglichkeiten beizutragen, auf dessen Hintergrund der Klient selbst seine Situation interpretiert und Handlungsalternativen entwirft" (ebd.; s. auch Dewe & Schwarz 2011). Vergleichbar definiert Großmaß Beratung als „professionelles Handeln, das Orientierungshilfe bei der Klärung individueller Probleme bietet, die aus sozialen Anforderungen entstehen und den persönlichen intimen Bereich der Personen betreffen und irritieren" (ebd.:100).

Tendenziell entsprechen die Positionen damit der formalen Regelung eines juristisch definierten Begriffs von „gesund" und „krank". Danach ist Psychotherapie als eine auf Störungen mit Krankheitswert orientierte Heilbehandlung definiert und „Krankheitswert haben u. a. neurotische und psychoneurotische Störungen; neurotische Konflikte und psychopathologische Folgezustände; seelische Behinderungen als Folge körperlicher Erkrankungen; aktuelle seelische Konflikte oder emotionale Mangelsymptomatiken bei seelischen und körperlichen Behinderungen; Entwicklungsdefizite und seelische Behinderungen, wenn psychodynamische Faktoren wesentlichen Anteil daran oder an deren Auswirkungen haben (BF-Drs. 523/93;1; zit. n. Barabas 1999:105 f.). Alle anderen „Maßnahmen, die nicht zum Erkennen, zur Verhinderung, Heilung oder Besserung (inklusive Rehabilitation) einer Krankheit bestimmt sind, [sind] nicht unter dem Begriff Krankenbehandlung zu subsumieren" (Meyer u. a. 1991:27; zit. n. ebd.). Zu ihnen gehören Maßnahmen der „beruflichen Anpassung oder Förderung [...] und [...] Erziehungs-, Familien-, Partnerschaftsprobleme, soweit diese nicht als Folge einer seelischen oder

[38] Über Unterschiede in der Problematik machen Schmitz et al. damit auch Unterschiede bezüglich der Interaktionsstruktur geltend, die sich im Weiteren in einem anderen Verlauf niederschlagen: Die „Differenz des thematischen Fokus [...] weist [...] auf einen Unterschied hinsichtlich der Interaktionsstruktur hin: So muss der Berater auf die Frage des Klienten nach machbaren Handlungsvorschlägen irgendwie antworten, der Therapeut kann auf diese Frage eines Patienten schweigen [...] In einer Beratung muss nach der Klärung dessen, was der Fall ist, eine Erwägung darüber folgen, was man tun kann; in einer Therapie dagegen muss nicht über die Handlungskonsequenzen von Phantasien gehandelt [sic!] werden, ja es ist gerade die weitgehende Entlastung von praktischem Handlungsdruck, die die Thematisierung des Widerständigen und Abgedrängten ermöglicht" (1989:147). Aus Sicht der Verfasserin führt die Differenz der Problematik *nicht zwangsläufig* zu unterschiedlichen Interaktionsstrukturen und -verläufen, hängt dies doch weniger von der Problemklasse/-art als vielmehr von der Theorie der Problemlösung ab.

körperlichen Erkrankung zu verstehen sind" (Barabas 1999:106). Sie sind folglich Indikatoren für psychosoziale Beratung.

Die Position, dass *Psychotherapie und psychosoziale Beratung eher identisch* sind bzw. *Psychotherapie ein Spezialfall psychosozialer Beratung* ist, wird vor allem über Gemeinsamkeiten des Handelns bzw. besonderer Gewichtungen begründet.
Wo die Identität postuliert oder diskutiert wird, wird auf die Gemeinsamkeit der Verwendung psychologischer Mittel, d. h. Methoden, die beim Erleben und Verhalten ansetzen, hingewiesen, durch die erwünschte Veränderungen herbeizuführen versucht werden (Brack 1975:1; Großmaß 2004a:100).
Als Spezialfall der Beratung wird Psychotherapie bei der Differenzierung der sie beinhaltenden Problematiken und Methodik bezeichnet und über das Argument begründet, dass Beratung die therapeutische Methodik einschließe, aber über diese hinausgehe. Wasel & Dettling-Klein (2003) verweisen in diesem Zusammenhang auf das „integrative Modell unterschiedlicher Beratungstypen" von Sander (1999:36). Aus der Kombination von drei (institutionalisierten) Problemfeldern (Lebenswelterfahrung, Beziehungserfahrung und Selbsterfahrung) mit drei Lösungs- oder Bewältigungsformen (Information und Orientierung, Deutung und Klärung, Handlung und Bewältigung)[39] ergeben sich neun Beratungstypen. Die AutorInnen sehen dadurch die „eindimensionale Betrachtungsweise" des Verhältnisses von psychosozialer Beratung und Psychotherapie, in dem Letztere sozusagen als die große und gewichtigere Schwester hervorgeht, überwunden. „Beratung ist nämlich in diesem Modell ein übergeordnetes Konzept. Psychotherapie ist demnach eine Spezialform der Beratung" (ebd.:181); nämlich eine auf Handlung und Bewältigung bei Selbsterfahrungsproblemen gerichtete Aktivität (ebd.:187).

Die aufgezeigten Diskussionsbeiträge entstammen ausschließlich der Beratungsliteratur und resultieren aus dem Bemühen, psychosoziale Beratung von ihrem Image als „kleine Psychotherapie" und damit verbundenen Zuschreibungen wie „*weniger* tiefgreifend, *weniger* langwierig, in *weniger* abgeschottete[n] Settings für *weniger* schwere Störungen" zu befreien (Nestmann & Engel 2002:39; Herv. im Original.

Beiträge seitens der Psychotherapie sind weitaus seltener, haben jedoch mit der Rezeption systemtheoretischer und konstruktivistischer Konzepte in der Psychotherapie zugenommen und finden sich entsprechend in der neueren Psychotherapie-Literatur. Kanfer, Reinecker & Schmelzer (2006:8 f.) betonen die Schwierigkeiten der Abgrenzung aufgrund fließender Übergänge in der Praxis und ziehen als idealtypisches Abgrenzungskriterium die schnelle Weitergabe von Spezialwissen für Beratung gegenüber der längerfristigen systematischen Anleitung zu zielgerichteter Veränderung für Therapie heran. Ludewig (1993:121 ff.) konzipiert als entscheidendes Abgrenzungskriterium das Ziel der Hilfesuche, das bei Beratung in der Hilfe zur Nutzung der eigenen Möglichkeiten und bei Therapie in der Hilfe der Beendigung des Leidens besteht und wegweisend für das Ziel der Hilfestellung ist. Für Beratung verortet er dieses in der Förderung vorhandener Strukturen, für die Therapie in dem Beitrag zur (Auf)Lösung des Problemsystems. Während Ludewig damit die Handlungsintention als wesentliches Unterscheidungsmerkmal betrachtet, verwirft

[39] Die Problemfelder bilden nach Sander die Didaktik der Beratung und die Lösungs- und Bewältigungsformen deren Methodik (Sander 1999:36).

Schmidt (2005) dieses vehement:

> „Mit dem Begriff ‚Beratung' wird fast immer tendenziell mehr ein Kompetenzfokus assoziiert als mit ‚Psychotherapie' im üblichen Diskurs des Gesundheitssystems (welches man wohl eher treffend als ‚Krankheitssystem' bezeichnen sollte). Das bringt [...] Psychotherapeuten, welche lösungsfokussierend arbeiten wollen, in permanente Zwickmühlen in einem solchen ‚Gesundheitssystem'" (ebd.:77).

Die Unterscheidung eigne sich eher dazu, KlientInnen, sofern sie die Krankenkassenbeteiligung wollen, einzuladen, die Wirkung der durch Anamnesen und Diagnosen produzierten Beschreibungen und Bewertungen auf sie zu prüfen.

> „Schon diese Reaktionen, die in aller Regel eher eine niederdrückende und einengende Wirkung widerspiegeln, können wir nutzen, um KlientInnen erfahrbar zu machen, dass es ihnen nicht einfach so oder so ‚geht', sondern dass dies jeweils in direktem Zusammenhang steht mit den gewählten Beschreibungen, Bewertungen, Erklärungen in Bezug auf sie etc." (ebd.:78).

Wie schon angedeutet, ließe sich die Diskussion zur Abgrenzung zwischen psychosozialer Beratung und Psychotherapie noch weiter führen, was jedoch wenig gewinnbringend ist, macht allein die getroffene Auswahl des Diskurses ersichtlich, dass das Resultat eng an den jeweiligen Analysefokus und theoretischen Bezugsrahmen gebunden ist. Nussle-Stein (2006) hat sich der Abgrenzungsproblematik in ihrer Dissertation ausführlich gewidmet und kommt zu dem Schluss, dass sich einzig zwei Kriterien zur Differenzierung von Beratung und Therapie eignen, die sog. *inhaltliche Zentrierung* und die *Zielbereiche*. Beratung sei „offen für die ganze Problembreite, alltagsnah und konzentriert auf die Lösung von Schwierigkeiten von Einzelpersonen oder Gruppen in ihrem Umfeld [...] In der Therapie findet dagegen eine inhaltliche Zentrierung auf Persönlichkeitsprobleme, das individuelle Erleben und Verhalten statt, was an eine Reduktion der Problembreite gekoppelt ist. Als *Zielbereiche* werden eine tiefgehende Umgestaltung der Persönlichkeit, die Veränderung von Haltungen, Denk- und Handlungsweisen anvisiert" (ebd.:150; Herv. im Original).

Genau besehen ist damit, wie auch in der bisherigen Darstellung der Diskussion, aber immer noch nicht klar, was denn nun die Problematik von Beratung ist.[40]

Grundlegende Unterschiede zwischen Beratungshandeln und Therapiehandeln sieht auch Nussle-Stein nicht, setzt aber dennoch Akzente. Auf der Grundlage eines Therapiebegriffs als innenperspektivische Arbeitsweise und eines Beratungsbegriffs als außenperspektivische Arbeitsweise[41] lassen sich nach Nussle-Stein für Beratung festgestellte relevante ‚Handlungsweisen', wozu gemäß ihrer Analyse die Prävention, Stützung, Einstellungsveränderung und Ressourcenförderung zählen, beraterisch wie therapeutisch einsetzen. Die Informationsvermittlung wird tendenziell der Domäne der Beratung zugeordnet. Die Verbesserung der Selbststeuerung und Selbstorganisation und die Persönlichkeitsentwicklung, aber auch die Förderung persönlicher Ressourcen werden als reine Domäne der Psychotherapie betrachtet, „weil sich in beiden Fällen die inhaltliche

[40] Sowohl Offenheit für die gesamte Problembreite und Alltagsnähe als auch die Zuschreibungen „Innen" und „Außen" taugen nicht zu einer Problembestimmung. Am ehesten verschafft diesbezüglich noch der Hinweis von Dewe und Scherr auf sozial typische Problemsituationen Orientierung.

[41] Nussle-Stein lehnt sich hier an Begriffe von Fuhr an (2003:89 ff.), der damit – wiederum in Anlehnung an Wilber (1996) – erkenntnistheoretische Konzepte von Beratungs- und Psychotherapieansätzen beschreibt, ohne diese jedoch – und dies im Unterschied zu Nussle-Stein – als Kriterium für Beratung bzw. Psychotherapie zu verwenden. Im Gegenteil erachtet Fuhr gerade auch die Innenperspektive, die Nussle-Stein als Refugium der Psychotherapie betrachtet, als konstitutiv für pädagogische Beratung (Fuhr 2003:92 f.).

Zentrierung auf die Innenperspektive und Veränderung von psychischen Denk- und Handlungsmodellen [dreht]" (ebd.:175).[42]

## 2.4 Der neue Beratungsdiskurs – Counselling

Der neue Beratungsdiskurs zielt darauf, die Begrenzung von Beratung auf Informierung oder „kleine Psychotherapie" endgültig zu überwinden.
Als neuen Beratungsdiskurs bezeichne ich hier das mit der Beratungsdiskussion der 90er Jahre aufgekommene Postulat, psychosoziale Beratung sozialwissenschaftlich, multi- und interdisziplinär zu begründen und zu einem Selbstverständnis zu führen, das durch den Begriff Counselling repräsentiert wird. In diesem wird psychosoziale Beratung als eigenständiger interdisziplinär orientierter Wissenschafts-, Forschungs-, Ausbildungs- und Praxisbereich verstanden.[43]
Grundlegend für dieses Beratungsverständnis ist, wie Nestmann & Engel in Anlehnung an Whiteley (1999) betonen, ein kontextuelles Paradigma:

> „Ein *kontextuelles Paradigma* der Beratung erweitert den psychologischen und psychosozialen Blick auf die gesamten Lebensumstände von Personen und Gruppen in einer sich dramatisch verändernden Welt. Es berücksichtigt ökonomische, ökologische, kulturelle und andere Lebensdimensionen derer, die Beratung nutzen können und die Beratung suchen. Es wirft den Blick auf Menschen mit Beratungsbedürfnissen in normativen Lebensherausforderungen und Lebenskrisen, die Beratung suchen, um ihr Leben (besser) leben zu können, ihr Leben verändern zu können, ihr Leben gestalten und ihm eine bestimmte Richtung geben zu können" (Nestmann & Engel 2002:21; Herv. im Original).

Angesprochen ist damit die geforderte beratungstheoretische „Ganzheitlichkeit" (s. Kap. A 2). Im Sinne eines Zukunftsmodells speist sich Beratung aus vielfältigen theoretischen Zugängen und übernimmt vier Funktionen in Hilfeprozessen, nämlich a) eine informierende, b) eine präventive, c) eine entwicklungs- bzw. wachstumsfördernde und d) eine kurativ-heilende Funktion. Beratende helfen entsprechend bei der Wissensbeschaffung, der Verarbeitung und Handhabung von Wissen, versuchen problematischen Entwicklungen durch Förderung von individuellen Kompetenzen und Selbsthilferessourcen vorzubeugen, unterstützen Menschen darin, ihre Potenziale zu erkennen und weiterzuentwickeln und unterstützen Individuen und Gruppen bei der Bearbeitung von Anforderungen, der Bewältigung von Problemen, beim Wiedererlangen von Handlungsfähigkeit nach Krisen und kritischen Lebensereignissen sowie beim Arrangement mit Unveränderbarem (Nestmann 2008:77 f., 2004:64).

---

[42] Problematisch an dieser Zuordnung ist m. E. die Vermischung von Veränderungszielen (z. B. Selbststeuerung verbessern), Funktionen (z. B. Prävention) und Methoden (z. B. Stützung), die mehr oder weniger alle als „Handlungsweisen" bezeichnet werden, ein Begriff, der wiederum nicht klar definiert wird. Allenfalls könnten die genannten Handlungsweisen unter dem Begriff der Handlungsziele bzw. instrumentelle Ziele subsummiert werden.

[43] In den USA ist Beratungspsychologie seit den 80er Jahren Teildisziplin der wissenschaftlichen Psychologie und verdankt dies dem bereits 1951 gegründeten Beratungsverband, der American Counseling Association (ACA), der heute 15 Divisionen umfasst und mehrere Beratungsspezialisierungen offiziell anerkannt hat. Auch der Psychologenverband, die American Psychological Association (APA), führt eine Beratungsdivision, die Counseling Devision 17. Ausbildungs- und Anerkennungsprogramme für Beratung an Universitäten und Hochschulen (Colleges) gibt es über 400. Darüber hinaus bestehen weitere Zertifizierungsmöglichkeiten an öffentlichen und privaten Instituten, die alle gesetzlich verankert sind. Seit den 90er Jahren sind von der APA über 50 universitäre Beratungsausbildungsprogramme für Counseling Psychology mit Promotion bewilligt (Vacc & Loesch 2000; Nestmann 2004c:63 ff.).

Die Entwicklung einer „eigenständigen konzeptionellen Identität“ psychosozialer Beratung“ (Nestmann 1997:8) steht als Ziel im Zentrum dieses Diskurses. Das neue Beratungsverständnis zwingt sozusagen psychosoziale Disziplinen und Professionen zur Klärung ihrer (handlungs-)wissenschaftlichen und professionellen Standards im Hinblick auf die Professionalisierung der Beratung. Setzungen dazu sind seitens der Deutschen Gesellschaft für Beratung gemacht. Unter anderem

- ist Beratung von anderen Tätigkeiten abgrenzbar,
- übernimmt sie kurative, präventive und rehabilitative Funktion,
- basiert Beratung auf einer professionellen Beratungsbeziehung,
- ist die Beratungsbeziehung ein rechtlich geschütztes Vertrauensverhältnis,
- orientiert sich Beratung am Schutz der Menschenwürde und an berufsethischen Standards,
- erfolgt Beratung prozess- und zielorientiert,
- fußt professionelle Beratung auf einem interdisziplinär und wissenschaftlich fundierten sowie für Beratende und Ratsuchende transparenten und evaluierbaren Arbeitskonzept,
- entwickeln professionelle Beratende wissenschaftlich fundierte Beratungsqualifikationen in Aus- und Weiterbildungen, deren Zulassung in der Regel einen Hochschulabschluss in dem für das Arbeitsfeld relevanten Bereich voraussetzt.

(vgl. ausführlich DGfB)

## 2.5 Klärungsbedarf

Was lässt sich nach den bisherigen Ausführungen hinsichtlich der Entwicklung eines vergleichbaren sowie sozialarbeitsspezifischen Verständnisses von professioneller psychosozialer Beratung festhalten? Wo besteht hinsichtlich der Verortung psychosozialer Beratung als transprofessionelle und sozialarbeitsspezifische Methode Klärungsbedarf?
Begrifflich scheint in psychosozialen Professionen, sofern man aus den Diskursen Gemeinsamkeiten ableitet, Konsens darüber zu bestehen, dass Beratung a) im Unterschied zur Informationsvermittlung ein problemzentrierter Kooperationsprozess ist, der b) im Unterschied zur Psychotherapie eine Hilfe für psychisch gesunde Menschen darstellt und Problemstellungen außerhalb des Individuums – umschrieben z. B. als das ‚Außen‘, lebenspraktische Probleme oder individuelle Konkretionen von sozial typischen Problemsituationen – zum Thema hat und c) dabei die Komplexität der Beratungsanlässe bzw. die potenzielle Vielfältigkeit von Problemen nicht vernachlässigt bzw. berücksichtigt.
Auch der sozialarbeiterische Beratungsbegriff weist diese Merkmale auf, so dass mit diesen Anknüpfungspunkte für die Verortung von Beratung als transprofessionelle Methode bestehen. Andererseits wird das Merkmal der Komplexität der potenziellen Vielfalt von Beratungsproblemen aber auch zum Anlass für die Rechtfertigung einer eigenständigen Beratungsprofession genommen. Aufgeworfen ist die grundsätzliche Frage, ob psychosoziale Beratung eine Profession oder eine Methode ist.

Auch die Verortung von Beratung als sozialarbeitsspezifische Methode stellt vor weiteren Klärungsbedarf. Ausgehend vom Konsens über Beratung als eine die Informationsabgabe überschreitende Tätigkeit, ist das von Wendt und Thiersch (s. Kap. B 1) formulierte Merkmal der problemzentrierten Kooperation nicht sozialarbeitsspezifisch. Nimmt man das von den Autoren genannte weitere Merkmal der Hilfe zur Selbsthilfe im Lebensfeld hinzu, ergibt sich - dem psychotherapeutischen Abgrenzungsdiskurs folgend - zum einen das Problem, dass der ‚Außenbezug' für alle Beratungsprofessionen konstitutiv ist, zum anderen beansprucht auch die Psychotherapie die mit dem Konzept der Hilfe zur Selbsthilfe verbundenen Aktivitäten der Kompetenzförderung. Entsprechend sind hier die Fragen nach der Beziehung zwischen psychosozialen Professionen und - erneut - nach der Beziehung zwischen Beratung und Psychotherapie aufgeworfen.

Für die Verortung von psychosozialer Beratung als transprofessionelle Methode und als spezifische Methode Sozialer Arbeit besteht demnach folgender Klärungsbedarf:

(1) die Klärung von Beratung als psychosoziale Profession oder Methode in psychosozialen Professionen,
(2) die Klärung der Beziehung zwischen den Professionen, in denen beraten wird und
(3) die Klärung der Beziehung zwischen Beratung und Psychotherapie.

# 3 Zuständigkeits- und Kompetenzansprüche hinsichtlich Beratung

Da die Professionalisierung der Beratung mehrere Disziplinen und Professionen betrifft, stellen sich mit ihr nicht nur theoretische, sondern auch berufspolitische Fragen zur Beratung. Das folgende Kapitel widmet sich jedoch weniger berufspolitischen Standpunkten, sondern den Möglichkeiten, Beratung als transprofessionelle und professionsspezifische Methode bestimmbar zu machen. Als Aufgabe stellt sich damit zu plausibilisieren, dass psychosoziale Beratung keine Profession ist bzw. keine Notwendigkeit einer solchen besteht und dass die Begriffsbestimmung von psychosozialer Beratung nur im Kontext der jeweiligen Professionen sinnvoll ist, wozu auch die Psychotherapie zählt (s. Kap. B 2.1).

Im folgenden Abschnitt (Kap. B 3.1) werden die beschriebenen Diskurse im Hinblick auf die mit ihnen verbundenen Probleme zur Bestimmung professioneller psychosozialer Beratung kritisch reflektiert. Hieraus begründet sich der anschließende neue Bestimmungsversuch (Kap. B 3.2), der schließlich in das dieser Arbeit zugrunde gelegte Verständnis von Beratung mündet (Kap. B 3.3).

## 3.1 Das ungelöste Problem der Bestimmung des Verhältnisses von psychosozialer Beratung, Psychotherapie und Sozialer Arbeit

Betrachtet man den Klärungsbedarf vor dem Hintergrund seines Entstehungskontextes, kann festgestellt werden, dass ein Kernproblem der referierten typischen Abgrenzungsdiskurse[44] im Verzicht auf einen angemessenen Analyserahmen liegt. Diese weisen deutliche Lücken hinsichtlich ihres Potenzials zur Bestimmung professioneller psychosozialer Beratung auf.

Der alltagssprachliche Zugang ermöglicht zwar die Verortung von Beratung als komplexen Handlungstypus im Sinne der problemzentrierten Kooperation. Was sie als *professionelle* Tätigkeit charakterisiert, lässt sich hier jedoch nur über die Art der Beziehung zwischen sich Beratenden bestimmen. Auf diese Weise kommt ein professionsbezogenes inhaltliches Abgrenzungskriterium erst gar nicht ins Spiel, so dass der Begriff der professionellen Beratung allein durch eine Professionsrolle „Beraterin" bzw. „Berater" definiert wäre. Die Möglichkeit zur professionellen Beratung wäre dadurch von vornherein reduziert; ein großer Bereich der sozialarbeiterischen Beratung wäre vorab als nicht professionell zu qualifizieren.
Kritisch zu sehen ist in diesem Zusammenhang dann auch die von Nestmann (2004d:548 f.) vorgenommene Gleichsetzung der Formalisierungsgrade von Beratung, die in informelle, halbformalisierte und formalisierte Beratung unterteilt werden, mit nicht-, halbprofessioneller und professioneller Beratung. So heißt es etwa:

> „Konstellationen, die Beratung als [...] genuinen Anteil unterschiedlicher pädagogischer, sozialer, psychologischer, gesundheitlicher oder auch juristischer und konfessioneller Berufe und professioneller Funktionen umfassen, lassen sich als ‚halbformalisierte Konfigurationen' beschreiben. Sie bilden quasi den Übergang von der informellen zur professionellen Beratung [...] Sie wird auf dem Hintergrund von Erfahrungswissen, Fachexpertise im Handlungsfeld und vermehrt auch beraterischer Fortbildung und Trainings geleistet" (ebd.).

Professionelle Beratung würde in öffentlich ausgewiesenen Beratungseinrichtungen durch „(wissenschaftlich) methodisch wie inhaltlich ausgebildete Berater" geleistet (ebd.:549). Nestmann verweist darauf, dass mangels gesetzlicher Regelung eines oder verschiedener Beratungsberufe die Grenze zwischen halbformalisierter und formalisierter, sprich halbprofessioneller und professioneller Beratung fließend sei.
Mit der Gleichsetzung von wissens- und handlungstheoretischen mit strukturellen Kriterien wird hier ein Bild von Beratung gezeichnet, das professionell, d. h. unter Rückgriff auf wissenschaftliches Wissen zu beraten nur unter der Bedingung hoher Formalisierung erlaubte, demgegenüber halbformalisierte Beratung sozusagen naturwüchsig mit der Verwendung von Erfahrungswissen verwoben wäre. Der von Thiersch behauptete Widerspruch zwischen Alltagsnähe und wissenschaftlich fundierter Methodik wird damit wiederbelebt (s. Kap. B 1). Unterstützt wird damit selbstverständlich auch das Erfordernis einer eigenständigen Beratungsprofession. Unabhängig davon, ob man Beratung als Methode in und von Professionen verstehen will oder als eigenständige Profession, ist ein wissens- und handlungsbezogener Professionsbegriff die Voraussetzung für die Bestimmung professioneller Beratung.

[44] Nicht erwähnt wurde hier die Vielzahl von subjektiven Definitionen von Beratung sowie viele Versuche, Beratung über Strukturkriterien, wie z. B. Zielgruppe, Anwendungsfeld, Formalqualifikation oder Finanzierungspraxis zu definieren (Rudeck 2000).

Nicht weniger problematisch für die Bestimmung von professioneller psychosozialer Beratung ist die Fixierung auf die Abgrenzung zur Psychotherapie. So führen die in Abgrenzung zur Psychotherapie genannten Merkmale des externen Problembezugs letztlich zu Problemen der Abgrenzung zwischen psychosozialer Beratung und u. a. Sozialer Arbeit. Gleiches gilt für das postulierte „Mehr" an Interventionsstrategien. Diesbezüglich wird in der Beratungsliteratur häufig auch auf Leistungen der Sozialen Arbeit verwiesen. So formuliert Nestmann:

> „Soziale Beratung und Sozialpädagogik erweitern bereits seit den 70er Jahren ein vornehmlich Individuum bezogenes Methodenrepertoire, um stärker auf praktische Hilfen als auf soziale Kontexte und die Lebenswelt der Adressaten gerichtete Unterstützungsformen (Training, praktische Handlungsvollzüge, Alltagsbegleitung, materielle Unterstützung, soziale Gruppenarbeit, Sozialraum- und Lebensweltanalysen)" (2004b:788).

Eine analytisch eindeutige Unterscheidung zwischen Sozialer Arbeit und Beratung ist auf diese Weise nicht mehr möglich (Ohling 2003:62).
Allgemein zeigt sich bei Definitionen über den Psychotherapievergleich als Grundproblem, dass die Abgrenzungsdiskussion in einer Form geführt wird, bei der Beratung ohne Einbindung in bestehende Professionen betrachtet wird. Die Auseinandersetzung über die inhaltliche Problematik im Kontext „gesund – krank" oder auch „normale" psychische Probleme vs. psychische Störungen (s. dazu Kap. B 3.2) greift zu kurz und blendet alle nicht-psychologischen Beratungsdisziplinen und -professionen aus. Dadurch wird auch die Chance vertan, die Problematik genauer zu bestimmen. Das Grundproblem zeigt sich im Weiteren im Kontext der Diskussion um Beratungs- und Therapiehandeln. In dieser wird der Therapiebegriff unmittelbar an die Psychotherapie angebunden. Ausgeschlossen wird damit, dass auch in der Psychotherapie beraten werden kann und umgekehrt in allen psychosozialen Professionen in der Regel auch therapeutisch gearbeitet wird. Verglichen wird damit stets die *Handlungsform* Beratung mit der *Profession* Psychotherapie oder, anders gesagt, eine „Nicht-Profession ohne eigene Problematik" (psychosoziale Beratung) mit einer „Profession mit einer spezifischen Problematik" (Psychotherapie). Auch die sprachliche Wendung der „Psychotherapie als spezifische Form psychosozialer Beratung" (s. Kap B 2.3) muss daher kritisch betrachtet werden. Sie suggeriert die Existenz *einer* Beratungsprofession, die es zu diesem Zeitpunkt nicht gibt. Die disziplin- und professionsbezogene Kontextualisierung des Problembegriffs einerseits und die Dekontextualisierung des Therapiebegriffs von der Psychotherapie bilden damit wichtige Voraussetzungen für die Verortung von Beratung als professionsspezifische wie als -übergreifende Methode.

Psychosoziale Beratung als eigene Profession zu denken, kann als Versuch verstanden werden, der psychologischen Beratung zu einem neuen, von einem psychotherapeutisch unterscheidbaren Fachverständnis zu verhelfen. Der am Leitbild der ‚counselling psychology' orientierte Beratungsdiskurs greift, wie man den formulierten Standards (s. Kap. B 2.4) entnehmen kann, Fragen im Zusammenhang mit Beratung auf, die über die gängigen Abgrenzungsdiskurse kaum zur Sprache gelangen. Neben den dort zum Thema werdenden beziehungs-, problem- und handlungstheoretischen Aspekten, kommen u. a. funktionale, rechtliche und ethische Aspekte der Beratung hinzu. Nestmann macht deutlich:

> „Beratung ist [...] nicht nur ‚Methode', wie man bei der Lektüre so mancher Beratungsbücher vermuten könnte. Sie hat theoretischen und empirischen Anspruch" (2008:77).

Dass manche methodenübergreifende Fragen in der Beratungsliteratur eher vernachlässigt werden, hängt vermutlich aber auch damit zusammen, dass sie Themen der Profession darstellen und Beratung als Methode behandelt wird. Dies rechtfertigt keinesfalls ihr Ausblenden, würde der Begründungszusammenhang der Methode doch im Verborgenen bleiben (s. Teil C). Die Ausweisung der handlungswissenschaftlichen Grundlagen ist allein schon für eine konzertierte Professionalisierung der Beratung zentral. Der sich gerade mit der Leitfigur der ‚counselling psychology' im deutschsprachigen Raum einmal mehr explizit, ein andermal eher implizit erhobene Anspruch auf eine eigenständige Disziplin und Profession Psychosoziale Beratung muss jedoch vor dem Hintergrund bestehender psychosozialer Professionen hinterfragt werden.
Die Forderung nach einem kontextuellen Paradigma der Beratung ist jedenfalls kaum beratungsspezifisch und ist unter dem Stichwort „systemischer Ansatz" oder „sozialökologischer Ansatz"[45] in allen psychosozialen Disziplinen, ob Psychotherapie, Soziale Arbeit oder Pädagogik, zu finden. Die im neuen Beratungsdiskurs zum Ausdruck kommende Betonung eines erweiterten theoretischen Bezugsrahmens für Beratung, den Straumann gar als „neue Fachlichkeit der Beratung" (2001:66) bezeichnet, vermag – je nach psychologischer Schule – hinreichendes Kriterium zur Abgrenzung von Psychotherapie sein, nicht aber von Sozialer Arbeit, denn die „neue Fachlichkeit der Beratung" stellt sozusagen die „alte Fachlichkeit" der Sozialen Arbeit dar.

Auszüge aus der im Jahre 2001 von der „International Association of Schools oft Social Work" (IASSW) und der „International Federation oft Social Workers" (IFSW) verabschiedeten internationalen Definition Sozialer Arbeit vermögen genannte Abgrenzungsprobleme zur Sozialen Arbeit zu verdeutlichen:
„[...]
Social work bases its methodology on a systematic body of evidence-based knowledge derived from research and practice evaluation, including local and indigenous knowledge specific to its context. It recognises the complexity of interactions between human beings and their environment, and the capacity of people both to be affected by and to alter the multiple influences upon them including bio-psychosocial factors. The social work profession draws on theories of human development and behaviour and social systems to analyse complex situations and to facilitate individual, organisational, social and cultural changes.
[...]
Social work addresses the barriers, inequities and injustices that exist in society. It responds to crises and emergencies as well as to everyday personal and social problems. Social work utilises a variety of skills, techniques, and activities consistent with its holistic focus on persons and their environments. Social work interventions range from primarily person-focused psychosocial processes to involvement in social policy, planning and development. These include counselling, clinical social work, group work, social pedagogical work, and family treatment and therapy as well as efforts to help people obtain services and resources in the community. Interventions also include agency administration, community organisation and engaging in social and political action to impact social policy and economic development. The holistic focus of social work is universal, but the priorities of social work practice will vary from country to country and from time to time depending on cultural, historical, and socio-economic

[45] Genauer dazu s. Kap. D.

conditions."

Zu fragen ist daher, welche Folgen sich aus dem „neuen Fachverständnis" für das Beratungshandeln und welche Möglichkeiten und Grenzen sich bei welchen durch Beratung zu bearbeitenden Problemen ergeben: Kann Beratung tatsächlich Probleme der Umwelt verändern, wie VertreterInnen der Sozialen Arbeit selbst mit dem ‚doppelten Fokus sozialarbeiterischer Beratung' (s. Kap. B 1) formulieren oder auch die Rede von einer „Beratung mit Eingriffsmöglichkeit" (Sander 1999:27) den Eindruck erweckt?[46] Weiter gefragt: Sind die damit verbundenen Tätigkeiten noch Beratung? Ist es andererseits haltbar, die Verbesserung der Selbststeuerung als reine Domäne der Psychotherapie zu fassen, wie Nussle-Stein (s. Kap. B 2.4.) dies tut? Wieder anders gefragt: Ist jedes psychische Problem ein psychotherapeutisches Problem, also Gegenstand der Psychotherapie? Und schließlich: Bei welcher Profession ist die beraterische Bearbeitung welchen Problems am besten aufgehoben?
Dies sind u. a. wichtige Fragen, die vor dem Hintergrund des „kontextuellen Paradigmas" zu klären sind, zum einen, um der zu seiner Realisierung notwendigen Kooperation zwischen psychosozialen Beratungsdisziplinen und -professionen näher zu kommen, zum anderen um, wie schon erwähnt, disziplin- und professionsbezogene Fragen von beratungstheoretischen Fragen besser voneinander abgrenzen zu können und damit schließlich auch zu *professionsbezogenen Identitäten* von psychosozialer Beratung im Unterschied zu einer *isolierten Beratungsidentität* beizutragen.
Mindestens zu klären ist in diesem Zusammenhang die Notwendigkeit einer eigenständigen, d. h. psychologischen Disziplin und Profession. Diesbezüglich fällt auf, dass die Literatur, welche die Professionalisierung von Beratung zum Thema hat, sich ausgiebig mit der Begründung des interdisziplinären Beratungsverständnisses im Sinne des ‚counselling' befasst (z. B. Nestmann & Engel 2002; Nestmann 1997). Welche Folgen dies für das Beratungshandeln hat bzw. welche anderen als die durch bisherige Professionen erzeugten Effekte durch eine eigenständige Beratungsprofession zustande kämen, ist hingegen kaum Thema. Dies wäre insofern von Bedeutung, als dass ein Bedarf danach dann nicht nur im Zusammenhang mit berufspolitischen Interessen psychologischer Beratender, die tatsächlich die ungeklärteste Rolle im „Beratungsgeschäft" haben (s. Kap. B 3.2) nachvollziehbar wäre, sondern auch sichtbar würde, inwiefern ein gesellschaftlich relevanter Problembereich unzureichend abgedeckt ist.

Die Begrenzungen der bisher diskutierten Abgrenzungsdiskurse in Rechnung stellend, wird der Analyserahmen im nächsten Abschnitt erweitert. Die Frage „Was ist Beratung?" stellt sich hier genauer als Frage „Was ist Beratung im Kontext psychosozialer Beratungsprofessionen?" Die Analyse stellt auf einen handlungswissenschaftlichen Professionsbegriff ab, in dessen Rahmen die Kontextualisierung des Begriffs ‚normale Probleme', und die Dekontextualisierung des Therapiebegriffs von Psychotherapie versucht wird. Dazu, und insbesondere auch zur Klärung des Bedarfs nach einer eigenständigen Profession psychosozialer Beratung, ist es erforderlich, schon auf einige für diese Arbeit wichtige theoretische Konstrukte zurückzugreifen.[47]

[46] Sander schreibt von „äußeren Bedingungen" (1999:27), die als Probleme im Vordergrund stehen, und nennt in diesem Zusammenhang einengende Umweltbedingungen sowie schwierige Lebensereignisse und zwischenmenschliche Bedingungen. Die Eingriffsmöglichkeiten scheinen jedoch eher Einflussmöglichkeiten der Beratenden auf ihre Umwelt zu charakterisieren, so dass lediglich die Bezeichnung irritiert.

[47] Die den Konstrukten zugrunde liegenden theoretischen Überlegungen werden im Teil C und vor allem Teil D ausführlicher erläutert, während sie in diesem Teil überwiegend als Begriffe und Definitionen genannt

## 3.2 Zur Professionsstruktur der Beratung: Beratung als Profession oder Professionalisierung von Beratung in psychosozialen Professionen?

Wenn Soziale Arbeit und, wie eingangs Kap. 2.1 erwähnt, auch die Pädagogik den psychosozialen Beratungsprofessionen zugeordnet werden, ist dies nicht selbstverständlich, denn die Debatte über deren Status als Profession kann immer noch nicht als abgeschlossen betrachtet werden. Dass beide heute mitunter als Profession bezeichnet werden, verdankt sich vor allem den in den frühen 80er Jahren beginnenden und ab den 90er Jahren verstärkten Bemühungen um die Entwicklung eines eigenen Professionalisierungsmodells. Dadurch erfuhr der bis dahin bestehende Fokus des Professionsdiskurses auf das Erreichen der den klassischen Professionen zugrunde liegenden Attribute[48] einen Wandel[49]. Das Anliegen der Professionalisierung konzentriert sich seither weniger auf den Erwerb der fehlenden Attribute[50], als vielmehr auf Merkmale, die Soziale Arbeit mit anderen Professionen teilt. Im Mittelpunkt der neueren Professionalisierungsdiskussion steht die binnenstrukturelle Entwicklung der Professionen und mit ihr die Frage des Zugewinns der professionellen Leistung bzw. der Professionalität, verstanden als effektives, effizientes und den beruflichen Standards entsprechendes Handeln (Heiner 2004a:24; Mieg 2003:23 ff.). Neben Fragen nach institutionellen und organisatorischen Bedingungen professionellen Handelns erhält hier die wissenschaftliche Grundlegung des Handelns - oder anders gesagt, die Beziehung zwischen Wissen und Handeln - besonderes Gewicht (Heiner 2004a:26; Dewe et al. 1995:38 f., s. auch Kap. C 2.2).

Ausgehend von einem solchen enger gefassten Professionsverständnis und unter Zugrundelegung eines handlungswissenschaftlichen Professionsbegriffs, der auf die Struktur professionellen Wissens rekurriert (Obrecht 2009:61ff.) ist die Wissensbasis einer Profession durch mehrere Merkmale charakterisiert:

werden. Das Vorgehen erscheint mir aufgrund eines thematisch engen Zusammenhangs mit professionstheoretischen Problemstellungen gerechtfertigt.

48 Dem Attribute-Modell der klassischen Professionen gemäß weisen Professionen folgende Charakteristika auf: eine lange und anspruchsvolle Ausbildung, besondere Prüfungs- und Zulassungsverfahren, ein besonderes, systematisches, wissenschaftlich fundiertes Wissen, eine spezielle gesetzlich legitimierte (staatlich anerkannte) Kontrolle über den Berufszugang, die Festlegung und Kontrolle inhaltlicher Standards durch eine institutionalisierte wissenschaftliche Fachkultur, berufsständische Normen und Organisationsformen und damit verbunden professionelle ethische Codes sowie persönliche und fachliche Entscheidungs- und Gestaltungsfreiheit der Tätigkeit (Müller 2002:728; Bock 1997:734). Gemessen an diesem Modell sowie seinen Modifikationen durch soziologische Professionsmodelle werden Soziale Arbeit und Pädagogik als Semiprofessionen gefasst (Etzioni 1969; Stichweh 1996; zusammenfassende Arbeiten zentraler Professionsmodelle finden sich z. B. bei Merten 2002; Combe & Helsper 1996; Heiner 2004a; Knoll 2010).
Unabhängig von den Einschätzungen plädiert Müller (2002:739) dafür, zwischen faktischem Professionalisierungsgrad und Professionalisierungsbedürftigkeit zu unterscheiden, denn Ersterer rechtfertige nicht, „dass Soziale Arbeit sich mit einem semiprofessionellen Status und entsprechenden Handlungsbedingungen abfindet".

49 Zur frühen Professionalisierungsdebatte in der Sozialen Arbeit siehe Heiner 2004a:15 ff.; Galuske 1999:109 ff.; zum Wandel der Professionalisierungsdiskussion siehe Dewe & Otto 2005:1399 ff.

50 Mit der Orientierung an auf die klassischen Professionen bezogenen Professionsmodellen erwies sich insbesondere das Erreichen des Merkmals der persönlichen und fachlichen Entscheidungs- und Gestaltungsfreiheit bzw. Autonomie aufgrund der Einbindung Sozialer Arbeit und Pädagogik in bürokratische Einrichtungen als hinderlich, den Status als Profession je beanspruchen zu können. Für Soziale Arbeit wird darüber hinaus ein abgegrenzter Zuständigkeitsbereich, basierend auf einer eigenen wissenschaftlichen Wissensdomäne, bezweifelt (z. B. Dassler 1999; Heiner 2004a:16 f.; Maeder & Nadai 2003:147ff.)

(a) ihren Gegenstand (Objektbereich), auf den sie sich bezieht;
(b) die Eigenschaften des Objektbereichs (Problematik), die sie bearbeitet;
(c) das theoretische Verständnis des Gegenstands und der Problematik (Gegenstands- bzw. Problemverständnis) und die Metatheorien, auf die sich die basiswissenschaftlichen Theorien stützen;
(d) die Ziele, auf deren Erreichen sie gerichtet ist;
(e) den professionellen Modus des Handelns und die Methoden, die sie dabei benutzt sowie
(f) die Werte, auf die sie sich stützt und die Normen, von denen sie sich leiten lässt (Obrecht 2005:154; Staub-Bernasconi 1995:95 ff.).

Ein erfolgreiches ‚eigenständiges' Professionsprojekt Beratung bedingt insofern, nebst strukturellen Dimensionen der Professionalisierung, wie Errichtung von Hochschulstudiengängen, lizenzierte Ausbildungen, gesetzlich legitimierte Kontrolle über den Berufszugang, wissenschaftliche und praktische Fachgesellschaften (Müller 2002:727 f.), die Bestimmung dieser Merkmale (a) bis (f). Dies aber macht bis zum gegenwärtigen Zeitpunkt Schwierigkeiten, existiert doch kein Merkmal, durch das sich Beratung als Profession von bestehenden psychosozialen Beratungsprofessionen abgrenzen könnte. Das Folgende greift die im Zusammenhang mit Abgrenzungsfragen wesentlichen Punkte (a), (b), (c) (Kap. B 3.2.1) und (e) (Kap. B 3.2.2) auf.[51] Die Analyse bezieht sich auf Arbeitsergebnisse des Kapitels B 2 und wird um die gegenwärtig viel zitierte Definition der psychosozialen Beratung von Nestmann & Sickendiek ergänzt:

> „Beratung ist eine Form der helfenden Interaktion zwischen zwei oder mehreren Beteiligten, bei der BeraterInnen ratsuchende KlientInnen dabei unterstützen, in Bezug auf eine Frage oder ein Problem an Orientierung, Klarheit, Wissen, an Bearbeitungs- und Bewältigungskompetenzen zu gewinnen [...] Die Interaktion richtet sich auf kognitive, emotionale und handelnde Problemlösung und -bewältigung von KlientInnen oder Klientensystemen (Einzelpersonen, Familien, Gruppen, Organisationen) sowohl in lebenspraktischen Fragen wie auch in psychosozialen Konflikten und Krisen und erstreckt sich auf präventive, kurative und rehabilitative Aufgaben" (2001:140).

### 3.2.1 Zuständigkeitsbereiche psychosozialer Beratungsprofessionen

Den Gegenstand, Individuen und soziale Systeme, teilen Soziale Arbeit, Pädagogik und Psychotherapie alle, wobei nebst der Arbeit mit Einzelnen insbesondere die Arbeit mit kleineren sozialen Systemen, wie z. B. Familien oder Gruppen, Überschneidungsbereiche bilden.[52]

---

[51] Zur Klärung der professionellen Identität sind weiterhin die Ausweisung des gesellschaftlichen Auftrags bzw. des Zentralwertes (f) und die sich daraus ergebenden allgemeinsten Ziele (d) von Bedeutung. Hier verweisen die von Nestmann beschriebenen vier Funktionen von Beratung (s. Kap. B 2.4), die er auch als „Identitätspfeiler" (Nestmann 2008:77) beschreibt, auf die Einbettung von psychosozialer Beratung in gesellschaftliche Aufträge der Psychotherapie (Wiederherstellung von psychischer Gesundheit über die kurativ-rehabilitative Funktion), Pädagogik (Bildung im Sinne von Kulturvermittlung über die informierende Funktion) und der Sozialen Arbeit (Herstellung und Wiederherstellung der Realisierungschancen der Befriedigung sozialer Bedürfnisse über die präventive und entwicklungsfördernde Funktion). Da damit kein spezifischer Zentralwert postuliert wird, erübrigt sich ein Vergleich.

[52] Unter dem Gesichtspunkt der zahlreichen Fachrichtungen der Pädagogik und der angewandten Psychologie ergeben sich selbstverständlich viele weitere Überschneidungen auch in Bezug auf größere soziale Systeme (z. B. zwischen Sozialer Arbeit, Gemeindepsychologie und interkultureller Pädagogik).

Die beschriebene Unterscheidung des *Problembezugs* zieht lediglich die Unterscheidung nach sich, dass psychosoziale Beratung *nicht problematische psychische Zustände und Prozesse*, d. h. psychische Störungen bearbeitet. Die Beschreibung der Probleme als Probleme der Situation der Lebenspraxis (s. Kap. B 2.3) ist weder zur Abgrenzung von Sozialer Arbeit noch Pädagogik ausreichend.

Soziale Arbeit beansprucht, soziale Probleme zu bearbeiten. Aus der Sicht des systemtheoretischen Paradigmas Sozialer Arbeit sind hierunter a) praktische Probleme von Individuen zu verstehen im Sinne eines momentanen oder anhaltenden Unvermögens, ihre sozialen Bedürfnisse in einem für ihre nachhaltige Entwicklung hinreichendem Maß und einer für sie und andere ethisch angemessenen Weise durch eigene Anstrengungen zu befriedigen oder b) Probleme der Struktur sozialer Systeme, die Individuen eine angemessene Bedürfnisbefriedigung nicht ermöglichen[53] (Obrecht 2005:154 f.).
Unbefriedigte soziale Bedürfnisse stellen in dieser Definition ein entscheidendes Kriterium für soziale Probleme dar. Soziale Probleme werden, wie alle anderen menschlichen Probleme, als „faktische emotio-kognitive Zustände innerhalb menschlicher Nervensysteme“ aufgefasst, die sich als Folge „relationaler Eigenschaften“, konkret der „Einbindung in die Sozialstruktur, ergeben“ (Obrecht 2002b:23).

Vor diesem Hintergrund stellt auch der in der Definition von Nestmann & Sickendiek enthaltene Hinweis auf psychosoziale Konflikte und Krisen kein ausreichendes Abgrenzungskriterium dar, sind diese doch eine bestimmte Art sozialer Probleme, nämlich Probleme divergierender Ziele und aneinander gestellter Erwartungen zwischen mindestens zwei Akteuren, kurz, Interaktionsprobleme (in Anlehnung an Lehr & Thomae 1965.; zit. n. Oestreich 1997:571)[54]. Als fragwürdig erweist sich ebenso die in der Beratungsliteratur häufig anzutreffende Unterscheidung zwischen sozialer und psychosozialer Beratung, worauf auch Ansen (2006:16 f.) hinweist. Mit der Unterscheidung wird der Eindruck erweckt, dass diese notwendigerweise zwei verschiedene Beratungsansätze beinhalten muss, in denen einmal mehr die problematische Ressourcenlage an sich in den Fokus der Aufmerksamkeit rückt und ein anders Mal mehr das Erleben der problematischen Ressourcenlage. Mit der bedürfnistheoretisch hergeleiteten Definition sozialer Probleme ist eine solche Unterscheidung nicht aufrechtzuerhalten. Soziale Probleme werden, sofern man von ihnen betroffen ist, immer als emotional-kognitive Spannungszustände erlebt. Bezüglich der Problematik bestünde damit deutliche Nähe einer potenziellen eigenständigen Beratungsprofession zur Sozialen Arbeit.

Bewegt sich der Abgrenzungsdiskurs entlang der Linie „gesund - krank“ treten zusätzlich Abgrenzungsprobleme gegenüber der Pädagogik auf, die sich mit kognitiven Pro-

---

53 Auf die Kontroverse bezüglich des Gegenstands bzw. der Problematik innerhalb der Disziplin Soziale Arbeit wird hier nicht eingegangen (ausführlich dazu Staub-Bernasconi 1997 und 2002).

54 Lehr et al. grenzen hier den psychischen Konflikt als divergierende Strebungen des eigenen Selbst ab. Als Krise definiert Rauchfleisch eine „Konfliktsituation, [die sich] in einem solchen Ausmaß zugespitzt hat, dass die dem betreffenden Menschen zur Verfügung stehenden Verarbeitungs-(Coping-)Strategien erschöpft sind oder sich als unzureichend erweisen und damit das individuelle Anpassungsvermögen überschritten wird“ (2001:63). Der Krisenbegriff steht in enger Beziehung zum Konfliktbegriff. Entsprechend kann zwischen psychosozialer Krise als Ausdruck der Zuspitzung einer Art sozialer Probleme und psychischer Krise als Ausdruck der Zuspitzung einer Art psychischer Probleme differenziert werden. Bedürfnistheoretisch könnte die „Zuspitzung“ als Zustand der Überschreitung der Elastizitätsgrenze von Bedürfnissen präzisiert werden, so dass ein Individuum die Fähigkeit verliert, Probleme aus eigenen Kräften zu lösen (Obrecht 2009c:70; s. Kap. D 1.2.2.1).

blemen, also Problemen von Lernen und Wissen befasst (Krause 2003:25 ff.; Krause et al. 2007). Wie angedeutet, steht eine außerjuristische, fachliche Definition „normale psychische Probleme" und psychische Störungen weitgehend aus. Häufig begnügt man sich zur Charakterisierung normaler psychischer Probleme mit dem Hinweis auf einen geringeren Schweregrad (kritisch dazu Großmaß 1997:116).
In der amerikanischen Beratungspsychologie ist die Rede von Problemen, die sich im Bereich des Normalen bewegen (Gelso & Fetz 2001:17).

> „Allgemeine Lebensprobleme, die als *normative* wie *nicht normative kritische Lebensereignisse* im Leben vieler Menschen eintreten, alltägliche psychosoziale Schwierigkeiten und Anforderungen, ‚normal-neurotische' und nicht psychotische Störungen stehen im Vordergrund" (Nestmann 1997b:175; Herv. im Original).

Im Unterschied dazu will sich Colin Feltham als ein Vertreter der britischen Beratungspsychologie nicht mit einer phänomenologisch vorgenommenen Differenzierung in normale und pathologische Probleme begnügen. Aus seiner Sicht ist die Frage nach der Problematik sowohl von Beratung als auch von Psychotherapie noch ungeklärt. Im Vorwort seines 1995 erschienenen Buches „What is counselling?" erscheint dann auch die ernüchternde These: **„Counselling and psychotherapy do not exist; there ist no such profession.** One reason, that ‚it' is not a profession, or a discipline, or a field of study, is that we don't even know what to call ‚it' or what it is" (Mahler; zit. in Feltham 1995:VI; Herv. im Original).
Um sich einer Klärung der Problematik anzunähern, hält Feltham vorerst die Entwicklung eines Denkens, das sich von den personenbezogenen Therapieschulen wegbewegt, für unabdingbar:

> „We might (but we won't) inject some ontological seriousness into our thinking and training, shifting the axis from received wisdom and ‚conceptual imperialism' (Goldfried et al. 1992) to live, urgent, owend and shared analysis of the human conditions [...] As still relatively young and status-hungry professions, counselling and psychotherapy are probably in no mood for any radical revision of their theories and practices. This is regrettable, since not only do they thereby defend untenable orthodoxies, but unwittingly and oppressively place an obstacle in the path of real inquiry and growth" (Feltham 2001:10).

Ähnlich Whiteley (1999) fordert auch Feltham ein kontextuelles Paradigma, das aber weniger den Anspruch erhebt, ein Paradigma der Beratung zu sein als vielmehr ein Paradigma von Professionen, in deren Mittelpunkt „immer wiederkehrendes Leiden" (perennial human suffering) oder „menschliche Lebensbedingungen" (human conditions) stehen. Beratung und Psychotherapie teilen dann mit anderen Professionen eine Problematik, die Feltham als „anthropathology" bezeichnet und die klinische, moralische und soziale Probleme einschließt (Feltham 2004:565). Die Problematik von Beratung und Psychotherapie ist dann einzig über die Frage zu bestimmen, welche Probleme über diese Hilfeformen realistischerweise veränderbar sind (Feltham 2002:2).

Sowohl Obrecht als auch Feltham stellen eine allgemeine Theorie des menschlichen Leidens bzw. menschlicher Probleme ins Zentrum der Bemühungen um einen inhaltlich definierten Problembegriff. Obrecht legt hierzu eine Theorie menschlicher Bedürfnisse vor (Obrecht 1998a; s. Kap. D 1.2.2.1). In diese Linie ist auch die Konsistenztheorie von Grawe (1998, 1999, 2004) einzuordnen. Zur Klärung der Beziehung „normale psychische Probleme" und psychische Störungen und damit auch der Beziehung zwischen Beratungspsychologie und Psychotherapie können diese einen

wichtigen Beitrag leisten.
Auf der Grundlage allgemeinpsychologischer Forschung beschreibt die Konsistenztheorie die Funktionsweise des psychischen Geschehens und damit auch die Zusammenhänge zu psychischer Gesundheit und Psychopathologie. Im Kern besagt die Theorie, dass es für die psychische Gesundheit eines Menschen entscheidend ist, grundlegende psychische Bedürfnisse zu befriedigen. Normale psychische Probleme sind in dieser Sicht Probleme im Sinne eines momentanen oder anhaltenden Unvermögens, diese Bedürfnisse zu befriedigen, wie z. B. ein Mangel an Information oder ein Übermaß an unzutreffenden Informationen, ein Mangel an Abwechslung oder an effektiven Fertigkeiten. Davon abzugrenzen sind psychische Störungen, die als Probleme der Vermeidung und Verdrängung bedürfnisbefriedigender Erfahrungen verstanden werden bzw. als psychische Ordnungsmuster der Reduktion von Inkonsistenzspannungen und die sich als Schutz vor fortdauernder Versagung von Bedürfnissen entwickeln (Grawe 1999:125 ff.). Die Problematik der Psychotherapie stellen demnach nicht einfach(e) Probleme der Selbststeuerung dar, also eingeschränkte Fähigkeiten und Fertigkeiten der auf Bedürfnisbefriedigung gerichteten Steuerung der psychischen Prozesse, sondern *Probleme der Vermeidung und Verdrängung der auf Bedürfnisbefriedigung gerichteten Selbststeuerung.*[55] Ihre Bearbeitung gestaltet sich besonders schwierig, da die Vermeidungsroutinen für die Betroffenen funktionalen Charakter haben (Grawe 2004:362 ff., 373 ff.).

An eine Profession Beratung stellte sich damit die Aufgabe, *„normale psychische" Probleme oder Probleme der Selbststeuerung zu verhindern, zu lindern und zu lösen.* Hier bestehen nun eindeutige Parallelen zur Pädagogik, die ja kognitive (psychische) Probleme zum Thema hat, wiewohl sich ihr Tätigkeitsgebiet vor allem auf den Erziehungs- und Bildungsbereich und weniger auf den Gesundheits- oder Psychobereich erstreckt.[56]

Unter dem Aspekt der durch Soziale Arbeit und Pädagogik mindestens potenziell abdeckbaren Problembereiche psychosozialer Beratung ist die Notwendigkeit einer beratungspsychologischen Profession nicht ohne Weiteres gegeben. Zu einer ähnlichen Einschätzung gelangt Nussle-Stein (2006), allerdings aufgrund der m. E. verkürzten Sicht, dass jede auf die Person bezogene kommunikative Tätigkeit Therapie ist und auf die Umwelt bezogene Tätigkeit Beratung. Infrage gestellt wird dort eine psychologische Beratung, weil es sich bei dieser im Grunde um Therapie handelt und die „psychologische Ausbildung - mit Ausnahme der Sozialpsychologie - nicht ausreichend Kompetenz zur Berücksichtigung und Bearbeitung des sozialen Umfeldes [beinhaltet]" (ebd.:180). Andererseits kann aber auch argumentiert werden, dass gerade deshalb eine interdisziplinär verstandene Beratungsprofession der Psychologie etabliert werden muss. Umgekehrt könnte eine Beratungspsychologie der Sozialen Arbeit und Pädagogik entgegenhalten, in der Ausbildung zu wenige Kenntnisse über die im Zusammenhang mit Beratung stehenden psychischen Vorgänge zu erwerben. Hier läge

---

[55] Der Begriff der Selbststeuerung, häufig auch als Selbstmanagement bezeichnet, wird in der Literatur auf unterschiedliche Arten von Systemen angewendet und bezeichnet in allgemeinster Weise die Fähigkeit von (sich selbst organisierenden) Systemen, Systemprozesse selbstbestimmt, d. h. in Bezug auf ein selbst gesetztes Ziel, zu gestalten. Auf menschliche Individuen bezogen beinhaltet Selbststeuerung entsprechend die selbstbestimmte Steuerung emotionaler, kognitiver und psychomotorischer Prozesse, auf soziale Systeme bezogen die Steuerung sozialer und kultureller Vorgänge im System in Bezug auf die von Mitgliedern des sozialen Systems gewählten Ziele (Schattenhofer 1992; Schattenhofer & Weigand 1998; genauer s. Kap. D 1.2.2.3 und 1.2.3.2).

[56] Es handelt sich hier um eine relative Aussage. Faktisch sind auch im Bildungs- und Erziehungsbereich mehr PsychologInnen als PädagogInnen tätig (Gröning 2009:104).

eine Verbindungsmöglichkeit zwischen einer Disziplin Beratungspsychologie zu denjenigen der psychosozialen Beratungsprofessionen. Ihr Gegenstand wären dann nicht soziale und psychische Probleme Ratsuchender, sondern Beratungssituationen psychosozialer Beratungsprofessionen oder auch medizinischer, juristischer etc., also Professionen, in denen Beratung stattfindet. In diesem Sinn definiert auch Dietrich die Beratungspsychologie als „Teildisziplin der wissenschaftlichen Psychologie, welche die psychischen Vorgänge, die im Zusammenhang mit Beratung stehen, und die psychischen Veränderungen, die sich auf Grund von Beratung beim Klienten ergeben, beschreibt und erklärt“[57] (1991:16). AdressatInnen professioneller BeratungspsychologInnen wären dann sämtliche Professionelle, die beratend tätig sind. Die interdisziplinäre Zusammenarbeit wäre hierfür selbstverständlich unabdingbar.
Die nachfolgende Abbildung fasst die Ergebnisse der bisherigen Analyse zusammen.

*Abb. 2: Übersicht von Merkmalen der Wissensbasis in psychosozialen Professionen*

| **Profession/Merkmal Wissensbasis** | **Soziale Arbeit** | **Pädagogik** | **Psychotherapie** | **Beratungspsychologie** |
|---|---|---|---|---|
| **Gegenstand** | Einzelne, Dyaden, kleinere und größere soziale Systeme | | | |
| **Problematik** | Soziale Probleme | Probleme des Lernens und Wissens<br>Fokus: Erziehungs-, Bildungsbereich | Psychische Störungen | Probleme des Lernens und Wissens<br>Fokus: unbestimmt |
| **Gegenstands-verständnis** | Potenziell multidisziplinär (z. B. Systemansätze, sozioökologische Ansätze, lebensweltorientierte Ansätze) | | | |

Quelle: eigene

Die Analyse der Problematik von Beratung im Kontext von Professionen zeigt, dass es für die Professionalisierung von psychosozialer Beratung wesentlich gewinnbringender ist, diese von der eigenen Profession aus zu denken, als über die Abgrenzung zur Psychotherapie. Auseinandersetzungen um die Problematik psychosozialer Beratung erübrigten sich. Auf der Grundlage einer allgemeinen Theorie menschlicher Probleme ist die Zuständigkeitsfrage eine Frage der Bearbeitung bestimmter Problemklassen und-arten, nicht aber zwingend an ein unterschiedliches Problemverständnis gebunden. Für die professionelle Identität und Kooperation ist das Wissen um die Zuständigkeit für Problemklassen und -arten daher unerlässlich. Ein (neues) Beratungs- bzw. Problemverständnis an sich kann dies nicht bewirken. Solange die Problematik einer potenziellen Beratungsprofession unklar ist, ist die Rede von einer neuen Fachlichkeit oder einem neuen Selbstverständnis der Beratung wenig sinnvoll, weil wir nicht wissen, worauf es sich bezieht. Insofern kann nur von einem sozialarbeiterischen, pädagogischen oder psychotherapeutischen Verständnis *in Bezug auf* die Beratungstätigkeit gesprochen werden, das innerhalb der jeweiligen Profession wiederum variieren kann. Gleiches gilt für die therapeutische und erzieherische Tätigkeit.

[57] Zu fragen ist jedoch, ob die Beratungspsychologie nach dieser Definition nicht eher als handlungsfeldspezifisches Fachgebiet der Sozialpsychologie zu verorten wäre.

In dieser Arbeit plädiere ich dafür, Professionen und Handlungsformen strikt zu unterscheiden. Weder Beratung noch Therapie noch Erziehung sollten als Domäne *einer* psychosozialen Profession zugehörig betrachtet werden, sondern als Handlungsformen, von denen jede dieser Professionen Gebrauch macht. Wann Erziehung, Beratung, Therapie zum Einsatz gelangen soll, ist dann erneut eine im Kontext der Professionen zu beantwortende Frage.

### 3.2.2 Beratung, Behandlung und Erziehung als Handlungsformen[58]

Eine Möglichkeit, den Beratungs- und Therapiebegriff zu unterscheiden, stellt die Differenzierung nach Handlungsintentionen dar, wie z. B. von Ludewig vorgeschlagen (s. Kap. B 2.3). Demgegenüber besteht in der Psychotherapie wie auch in der Sozialen Arbeit die Tendenz, eine handlungsintentionale Unterscheidung des Beratungs- und Therapiebegriffs aufzugeben. So stellt Schmidt die enge Anbindung des Beratungsbegriffs an einen Kompetenzfokus und den Therapiebegriff an einen Problemfokus in Frage (s. Kap. 2.3). Haselmann übt an Ludewigs Differenzierung Kritik, indem sie auf fließende Übergänge im Verlauf des Hilfeprozesses verweist (Haselmann 2007:187 f.). Fließende Übergänge rechtfertigen jedoch nicht den Verzicht auf Differenzierungen. Gerade in der Sozialen Arbeit besteht meines Erachtens großer Bedarf nach voneinander abgrenzbaren Tätigkeitsbeschreibungen[59], nicht zuletzt deswegen, weil sie auf zahlreiche Handlungsformen[60] zurückgreift.

Wie erwähnt ist eine wichtige Voraussetzung hierfür, Beratung, Therapie und auch Erziehung von einer Gebundenheit an bestimmte Professionen zu entkoppeln. Auch in der Sozialen Arbeit ist der Therapiebegriff eng mit der Profession Psychotherapie verbunden, so dass im Folgenden als Synonym der therapeutischen Tätigkeit der Begriff der Behandlung gewählt wird.

Beratung, Behandlung und Erziehung können dann über den Begriff der Handlung bzw. über die mit den Tätigkeiten verbundenen Veränderungsabsichten näher bestimmt werden. Einen diesbezüglichen Vorschlag unterbreitet Textor (1987) in Anlehnung an Brezinka (1971) und Böttcher (1975). An diesen anknüpfend können Erziehung, Beratung und Behandlung innerhalb eines Kontinuums interpersonaler Einwirkungen spezifische Intentionen zugewiesen werden.[61] Danach hat a) *Erziehung* die Intention, vorhandene, als wertvoll erkannte Dispositionen[62] zu fördern und zu

[58] Der nachstehende Text ist angelehnt an Gregusch (2008).

[59] Dies zeigen vor allem meine Erfahrungen in der Ausbildungssupervision mit Studierenden. Sie sprechen von Gesprächsführung, Beratung, Begleitung, Unterstützung, Betreuung u. a. m. (von Therapie wird nicht gesprochen), können aber kaum beschreiben, was sie genau tun. Die Beschreibung fällt umso diffuser aus, je mehr Tätigkeiten in einem Begriff verankert sind, z. B. Alltagsbegleitung. Ähnliches konstatiert Großmaß für die Arbeit in Beratungseinrichtungen: „Die Sache, in der beraten werden soll (Schwangerschaftskonflikte, Aids, Drogen, Ehe, Leitungskompetenz ...) wird in der Regel klar benannt. Was jedoch in einer Beratung Spezifisches geschieht (im Unterschied zu anderen denkbaren Formen, diese Themen zu besprechen), wird in den Selbstbeschreibungen nicht so recht deutlich." (1997:112)

[60] Ich beschränke mich hier auf die genannten Handlungsformen und verweise auf Differenzierungsvorschläge weiterer Handlungsformen bei Stimmer (2000).

[61] Textor führt eine weitere Unterscheidung zwischen (Psycho-)Therapie und Behandlung ein, die hier nicht aufgenommen wird, da sie eher auf professionsspezifische Aspekte Bezug nimmt.

[62] Der Dispositionsbegriff bezieht sich auf die dem Erleben und Verhalten zugrunde liegenden relativ dauerhaften psychischen Bereitschaften wie Einstellungen, Interessen, Fähigkeiten, Gefühle, Kenntnisse etc. (Textor 1987).

stabilisieren , b) *Beratung* die Intention, neue, als wertvoll erkannte Dispositionen zu schaffen und c) *Behandlung* die Intention, als schädlich erkannte Dispositionen zu beseitigen. Anzumerken ist, dass der Erziehungsbegriff hier im engen Sinne, d. h. durch einen erzieherischen Kontext definiert ist. Keine Notwendigkeit der Unterscheidung zwischen Erziehungs- und Beratungsbegriff sieht Textor unter Zugrundelegung eines Erziehungsbegriffs mittlerer Reichweite, der dann die „Entfaltung und Modifikation bestimmter Verhaltensweisen" (Textor 1987:5) beinhaltet. Den Behandlungsbegriff verwendet Textor im Sinne der psychotherapeutischen und psychiatrischen Behandlung.
Hinsichtlich des Behandlungsbegriffs besteht relativ klare Übereinstimmung mit der von Ludewig vorgenommenen Differenzierung (Therapie als Problemauflösung bzw. -beseitigung). Den Begriff Erziehung verwendet Ludewig nicht, sondern spricht von Anleitung als Zurverfügungstellung von Wissen in einer auf Dauer angelegten Beziehung. Damit sind durchaus Parallelen zum Erziehungsbegriff bei Textor gegeben. Die Abgrenzung zur Beratung erfolgt im Wesentlichen und Textor ähnlich über die Form der Beziehung, die das Entstehen einer dauerhaften Beziehung vermeidet (Ludewig 1993:122). Im Unterschied zu Textors Beratungsbegriff, der die Förderung *neuer* Dispositionen beinhaltet, begrenzt Ludewig diesen jedoch auf die Förderung *vorhandener* Dispositionen. Insofern sind Erziehungs- bzw. Anleitungsbegriff und Beratungsbegriff bei ihm quasi vertauscht (Anleitung als auf Erweiterung von Möglichkeiten gerichtete Hilfestellung und Beratung als auf die Nutzung vorhandener Möglichkeiten gerichtete Hilfestellung). Ein weiterer Unterschied besteht darin, dass bei Ludewig die Handlungsintention der AdressatInnen den Ausgangspunkt der Differenzierung bilden, demgegenüber Textor die Handlungsintention der Professionellen ins Zentrum stellt. Dies erklärt, dass sich bei Textor auch Hinweise auf normative Entscheidungen finden. Dies erklärt im Weiteren auch die unterschiedliche zieltheoretische Auslegung des Erziehungs-/Anleitungs- und Beratungsbegriffs. Während Ludewig die Begriffe ausgehend von dem Grund des Leidens der AdressatInnen konzipiert, bildet das konzeptuelle Kriterium bei Textor ein umfassender Erziehungsbegriff, der in differente ‚Erziehungshandlungen' unterteilt wird (s. o.).

Beide Konstruktionen haben ihre jeweilige Berechtigung, bergen aber eine hohe Wahrscheinlichkeit, dass die Handlungsbegriffe an bestimmte Professionen gebunden bleiben. Die Dekontextualisierung der Begriffe gelingt nur zum Teil; so ist der Behandlungsbegriff bei Textor weiterhin eng an die Psychotherapie gekoppelt und bindet Ludewig den Anleitungsbegriff stark an einen pädagogischen Kontext.
Aussichtsreich für neue Überlegungen des begrifflichen Beziehungsverhältnisses scheint die Ansicht von Veränderungsarbeit unter neurotheoretischen Gesichtspunkten zu sein. In seinem Buch „Neuropsychotherapie" nimmt Grawe eine so begründete Unterteilung von Veränderungsarbeit vor, die sich grundsätzlich auch mit der handlungsintentionalen Differenzierung nach Textor verbinden lässt. *Anleitung*[63] kann in der Terminologie Grawes

[63] Ich verwende fortan den Term ‚Anleitung' und nicht ‚Erziehen'.

a) als die *Aktivierung vorhandener* neuronaler Erregungsbereitschaften (Reaktionstendenzen),
b) *Beratung* als die *Bahnung neuer* neuronaler Bereitschaften und
c) *Behandlung* als die *aktive Hemmung bestehender* neuronaler Bereitschaften charakterisiert werden (Grawe 2004:423 ff.).

Gegenüber den handlungsintentional begründeten Unterscheidungen hat diese Differenzierung durch den Einbezug des Konstrukts der „neuronalen Mechanismen" für die Veränderungsarbeit den Vorteil, dass sie auch zu einer klareren Beschreibung dessen beiträgt, was man tut, wenn man anleitet, berät oder behandelt. Über die Art der Selbststeuerungsproblematik, die sich, wie angedeutet, in einem Reflexions- und Lern- bzw. Bildungsdefizit oder aber in der dysfunktionalen Selbststeuerung äußern kann, können die mit den Handlungsformen verbundenen Ziele genauer bestimmt werden (s. Kap. 3.2.1 sowie das nachfolgende Kap.):

- Wir lenken psychische Prozesse unserer KlientInnen auf vorhandene innere und äußere Ressourcen (körperliche, emotionale, kognitive, motorische bzw. soziale, ökonomische, kulturelle, ökologische Ressourcen), wenn wir anleiten und versuchen hierüber vorhandene Selbststeuerungskräfte, verstanden als (systeminterne) Potenziale zur selbstgesteuerten Problemlösung, zu mobilisieren und bewusst zu machen.
- Wir lenken psychische Prozesse unserer KlientInnen auf *potenzielle innere und äußere Ressourcen,* wenn wir beraten und versuchen hierüber *Selbststeuerungskräfte zu entwickeln.*
- Wir unterbrechen bestehende (emotionale, kognitive, motorische, soziale etc.) Muster unserer KlientInnen, wenn wir therapieren und versuchen hierüber selbststeuerungshinderliche Prozesse abzubauen bzw. Selbststeuerung wiederherzustellen.

Zu beachten ist bei der Beschreibung der Aktivitäten Anleitung und Beratung, dass der zugrunde liegende neuronale Veränderungsmechanismus nicht ein grundlegend anderer ist, sondern sich lediglich durch die Häufigkeit der Aktivierung von Erregungsbereitschaften unterscheidet. [64] Was als Anleitung und Beratung im handelnden Sinne bezeichnet wird, ist insofern eine Frage des Konsenses. Die oben getroffene Entscheidung begründet sich auf einer Logik professioneller Handlungssituationen, die unterstellt, dass unabhängig vom Handlungsfeld die Erschließung vorhandener Selbststeuerungskräfte der Entwicklung derselben vorausgeht.[65] Letztlich können alle Handlungsformen auf die Veränderung verschiedener Gegebenheiten (emotionaler, kognitiver, motorischer, sozialer etc.) gerichtet sein. Ihr Unterschied besteht darin, dass sie Veränderungen über unterschiedliche kommunikative Fokussierungen anzustreben versuchen. Diese Fokussierungen können jedoch nicht einer bestimmten psychosozial

---

[64] Wenn *neue* synaptische Übertragungsbereitschaften gebahnt werden sollen, reicht einmalige Aktivierung nicht aus. „Damit etwas gut gebahnt wird, muss es wiederholt und anhaltend aktiviert werden. Alles, was der Patient mehr denken, fühlen und tun soll, muss also möglichst oft hervorgerufen und möglichst lang aufrechterhalten werden" (Grawe 2004:429). Ergänzend zur Aktivität Therapie sei angemerkt, dass die Unterbrechung gebahnter synaptischer Übertragungsbereitschaften einen „Löschungsprozess" erfordert, der nach Grawe jedoch eher ein Neubahnungsprozess im Sinne des Aufbaus situationsangemessener Hemmprozesse ist. Entscheidend ist dabei die Ermöglichung neuer Erfahrungen (ebd.:424 f.).

[65] Diese Logik steht einer institutionellen Logik entgegen. In dieser kommen, wie schon bei Ludewig deutlich wurde, Erziehung/Anleitung und Bildung die Funktion zu, Selbststeuerungsfähigkeiten grundlegend zu entwickeln, während der Beratung die Funktion obliegt, spezifische Selbststeuerungsfähigkeiten zu fördern (Birgmeier 2005:220; Dietrich 1991:14).

tätigen Berufsgruppe zugeordnet werden. In der Sozialen Arbeit leiten wir an, wenn wir KlientInnen und Klientensysteme darin unterstützen, zu eigenen guten Lösungen in Bezug auf ihre vorgebrachten Probleme zu gelangen, wozu wir intensiv am Ist-Zustand orientierte Ressourcenkommunikation betreiben. Wir beraten, wenn wir sie darin unterstützen, zu neuen guten Problemlösungen oder einer besseren Problembewältigung in Bezug auf soziale Probleme zu gelangen und betreiben zu diesem Zweck intensiv an Soll-Zuständen orientierte Ressourcenkommunikation. Wir behandeln, wenn wir sie darin unterstützen ungeeignete Problemlösungen in Bezug auf soziale Probleme aufzugeben und betreiben zu diesem Zweck intensiv am Ist-Zustand orientierte Problemkommunikation. Alle Handlungsformen stehen im Dienste der Ziele Sozialer Arbeit, soziale Probleme zu verhindern, zu lindern und zu lösen (Obrecht, 2005a:155).

Auf keine dieser Handlungsformen kann in der Sozialen Arbeit verzichtet werden und dies dürfte für alle psychosozialen Beratungsprofessionen zutreffen. Als empirisch hinreichend bestätigt gilt in diesem Zusammenhang, dass Anleitung und Beratung, versteht man sie als ressourcenaktivierende und -entwickelnde Methoden, für jede Veränderungsarbeit und damit für jede Profession, die sich mit der Bearbeitung menschlicher Probleme befasst, unverzichtbar ist (Orlinsky, Grawe & Parks 1994; Schulte 1996; zit.n. Grawe 1998:96; für ein Anwendungsbeispiel von Beratung in der Psychotherapie s. Fiedler 2000). Umgekehrt werden Professionen nicht ohne Behandlung auskommen, wollen sie auch in Zukunft nicht darauf verzichten, Probleme zu lösen und zu mindern. Hierzu werden Methoden gebraucht, die nicht nur die Potenziale zur Problembewältigung in den Blick nehmen, sondern darüber hinaus geeignet sind, selbststeuerungshinderliche Prozesse, seien diese innerhalb einer Person, in sozialen Systemen oder in der natürlichen und sozialen Umgebung gelegen, zu beseitigen oder zu kompensieren.

Meines Erachtens besteht keine Notwendigkeit dazu, den Behandlungsbegriff an Krankheit und psychische Störungen zu binden. Wenn die therapeutische Handlung als Überschreibung eines bestehenden Erregungsmusters oder auch als Umlernprozess verstanden werden kann, ist im Prinzip nicht einsehbar, dass sich Umlernprozesse nur auf psychische Störungen beziehen sollen. Vielfältige Probleme, seien sie biologischer, psychischer, sozialer oder ökologischer Art, können Umlernen erforderlich machen. Die entscheidende Frage, die sich in diesem Zusammenhang für Soziale Arbeit als auf die Bearbeitung sozialer Probleme gerichtete Profession stellt, ist allerdings, ob a) ausschließlich KlientInnen das Umlernen zugemutet werden soll oder muss und b) darüber hinaus, welche Aktivitäten das Umlernen in der Sozialen Arbeit gegenüber dem Umlernen in der Psychotherapie beinhaltet.

In der Regel gelangt Behandlung in der Sozialen Arbeit dann zur Anwendung, wenn selbststeuerungshinderliche soziale Gegebenheiten von KlientInnen und den sozialen Systemen, in die sie eingebettet sind, verändert werden sollen. Sie bedingt die Feststellung, dass soziale Probleme durch soziale Prozesse und Zustände drohen[66] oder sich

[66] Beispielsweise ist dies der Fall, wenn KlientInnen oder Klientensysteme soziale Kompetenzen unzureichend einsetzen oder daran gehindert werden, sie zureichend einzusetzen; wenn sie sich sozial isolieren oder isoliert werden; wenn sie ihre Teilnahme- und Teilhabemöglichkeiten nicht bedürfnisgerecht nutzen oder ihnen zu wenig Möglichkeiten zugestanden werden; wenn sie Beziehungen problematisch gestalten oder aber die Bedingungen zur Gestaltung problematisch sind.

erhalten und hat die Veränderung von Rollen- und Beziehungsmustern und -anordnungen (Positionen) zur Aufgabe. Umlernen bezieht sich in der Sozialen Arbeit somit auf die Herstellung verbesserter sozialer Prozesse bzw. den Abbau ungünstiger sozialer Zustände. Bezogen auf das Konstrukt der neuronalen Mechanismen lässt sich sozialarbeiterische Behandlung dann als Mittel der indirekten Hemmung neuronaler Erregungsbereitschaften interpretieren; im Unterschied zur Psychotherapie, der es beim Konzept der aktiven Hemmung neuronaler Erregungsmuster um den Aufbau psychischer Schutzmechanismen geht, durch die KlientInnen das Bedürfnisbefriedigung verhindernde Vermeidungsverhalten aufgeben können, steht sozusagen der Aufbau sozialer Schutzmechanismen im Mittelpunkt sozialarbeiterischer Behandlung.
Mehr noch als die behandelnde (therapeutische) Tätigkeit in der Psychotherapie reicht die Behandlung in der Sozialen Arbeit oft über die auf Kommunikation begrenzte Handlung hinaus[67] und erstreckt sich auf ein erweitertes Klienten- und Helfersystem. Sozialarbeiterische Behandlung umfasst mitunter Ressourcen erschließende Maßnahmen, Sozialtrainingsmaßnahmen, Maßnahmen zur Vernetzung und zum Ausgleich von Rechten und Pflichten, zur Ermächtigung und Machtbegrenzung sowie zur Veränderung institutionalisierter Werte und Normen (Staub-Bernasconi 1995, 2007; s. Kap. D 2.3; für die klinische Soziale Arbeit vgl. Gahleitner & Pauls 2010).

An die Grenze stößt sozialarbeiterische Behandlung dann, wenn die am sozialen Problem beteiligten sozialen Systeme unzugänglich sind. Veränderungen der sozialen Umweltsysteme von KlientInnen bedürfen – gelingt es nicht, diese in die Beratungs- oder Therapiesituation einzubeziehen – weiterer, mittelbarer Handlungsformen auf verschiedenen sozialen Ebenen. Zu denken wäre etwa an anwaltschaftliche Vertretung, Anrufung höherer Instanzen oder auch an Veröffentlichung.

Zusammengefasst können Anleitung, Beratung, und Behandlung unter Zugrundelegung des bedürfnistheoretischen Problemkonstrukts und dem Konstrukt der neuronalen Mechanismen als je auf spezifische Selbststeuerungsproblematiken bezogene Handlungsformen verstanden werden. Deren zentrale Merkmale sind abschließend in unten stehender Abbildung dargestellt.

*Abb. 3: Merkmale der Handlungsformen Anleitung, Beratung, Behandlung*

| | **Anleitung** | **Beratung** | **Behandlung (Therapie)** |
|---|---|---|---|
| Neuronale Tätigkeit | Aktivierung vorhandener neuronaler Erregungsbereitschaften | Entwicklung neuer neuronaler Erregungsbereitschaften | Hemmung bestehender neuronaler Bereitschaften |
| Kommunikative Tätigkeit | am Ist-Zustand orientierte Ressourcenkommuniaktion | am Soll-Zustand orientierte Ressourcenkommunikation | am Ist-Zustand orientierte Problemkommunikation |
| Ziel | Mobilisierung von Selbststeuerungskräften | Entwicklung von Selbststeuerungskräften | Abbau selbststeuerungshinderlicher Zustände und Prozesse bzw. Wiederherstellung von Selbststeuerung |

Quelle: eigene

67 Davon ausgehend, dass, wie Grawe postuliert, wirksame Behandlung psychischer Störungen u. a. auch die Erfahrung der KlientInnen bedingt, dass das Bedürfnisbefriedigung vermeidende Verhalten überflüssig ist, ist auch die Psychotherapie auf die Überschreitung kommunikativen Handelns angewiesen; z. B. Expositionsübungen, In-vivo-Interventionen, Hausaufgaben (z. B. Kanfer, Reinecker & Schmelzer 2006:300).

Dass am Schluss dieses Abschnitts auf die sozialarbeiterische Behandlung eingegangen wurde, hat seinen Grund darin, dass ein Verweis auf die Wichtigkeit dieser Handlungsform ob der verbreiteten lösungsorientierten Sozialen Arbeit zunehmend geboten erscheint (Gregusch 2005). Die begrifflichen Differenzierungen stellen selbstverständlich nicht in Frage, dass in der Praxis fließende Übergänge bestehen. Sie unterscheiden zu können, stellt u. a. einen notwendigen Schritt jeder Professionalisierung dar.

### 3.3 Beratung in der Sozialen Arbeit – eine professionsspezifische und transprofessionelle Methode

Mit Hilfe der Konstrukte kann nun näher bestimmt werden, was Beratung in der Sozialen Arbeit ist: Beratung in der Sozialer Arbeit wird in dieser Arbeit verstanden als eine auf die *Mobilisierung und Entwicklung von Selbststeuerungskräften* gerichtete Handlungsform[68] in Bezug auf *unbefriedigte soziale Bedürfnisse* von Individuen und verschiedenen Arten von sozialen Systemen (Familien, Gruppen, Organisationen etc.). Beratung kann so als Interventionsmethode konzipiert werden, die einen ganz bestimmten Beitrag zur Erreichung der Ziele Sozialer Arbeit leisten soll, nämlich den Beitrag, über die Aktivierung und Verbesserung der Selbststeuerungskompetenzen von KlientInnen und Klientensystemen sowie soziokultureller Umweltsysteme soziale Probleme zu verhindern, zu verringern oder zu lösen bzw. die Befriedigung sozialer Bedürfnisse zu befördern und wiederherzustellen, worüber sie wiederum einen präventiven Beitrag im Hinblick auf die Entstehung gesellschaftlicher Risiken leisten kann. Wie die Behandlung auch, bedingt dies die Feststellung des Vorliegens eines sozialen Problems sowie Hinweise, dass diese sich tatsächlich durch ungünstige Gestaltung individueller oder kollektiver Selbststeuerungsprozesse oder aber durch Wissensdefizite erhalten oder drohen. In Bezug auf Individuen ist in diesem Fall die eigenständige Problemlösung sozialer Probleme z. B. durch die ungenaue oder einseitige Wahrnehmung der eigenen Situation, dem Fehlen attraktiver Ziele, unzureichender Planung oder übermäßiger Resignation bei erfolglosen Handlungen erschwert. In Bezug auf soziale Systeme fehlt es u. U. an Strategien zur Entwicklung von Problemlösungen oder auch an Kenntnis der dafür erforderlichen strukturellen Rahmenbedingungen und der sie begünstigenden sozialen Regeln. Beratung in der Sozialen Arbeit kommt dann die Aufgabe zu, zur Entwicklung von Kognitionen zu verhelfen, durch die vorhandene oder drohende soziale Probleme in eigener Regie bearbeitet werden können.

Auf der Grundlage von Beratung als Interventionsmethode Sozialer Arbeit ist damit auch klar, was Beratung nicht ist bzw. nicht leisten kann:

- Beratung ist nicht Soziale Arbeit, sondern eine von mehreren Handlungsformen Sozialer Arbeit, die, soll sie professionell durchgeführt werden, als Methode Sozialer Arbeit zu konzipieren ist.
- Beratung in der Sozialen Arbeit beinhaltet nicht mehr als beratende Aktivitäten. Ein doppelter Fokus sozialarbeiterischer Beratung (s. Kap. B 1 und B 3.1) schafft mehr Verwirrung als Klärung bezüglich dessen, was Beratung leisten kann. Kurz, es gibt

[68] Der Anleitungsbegriff wird an dieser Stelle in den Beratungsbegriff integriert.

keine Beratung, die gleichzeitig z. B. auch noch materielle Unterstützung oder auch Handlungstraining ist. Dass SozialarbeiterInnen häufig auf andere Methoden zurückgreifen müssen, rechtfertigt nicht, den Beratungsbegriff zu überdehnen. Beratung kann Probleme der sozialen Umwelt nicht auf direktem Wege verändern. Gleichwohl wird davon ausgegangen, dass Beratung soziale Umweltsysteme von AdressatInnen und KlientInnen zugunsten derselben beeinflussen kann (s. Kap. D 2.3 und D 3.1).

- Beratung in der Sozialen Arbeit kommt eine präventive, informierende, entwicklungsfördernde, nicht aber eine kurative oder rehabilitative Funktion zu, wie z. B. Nestmann & Sickendiek in ihrer Definition von psychosozialer Beratung festhalten (s. Kap. B 3.2). Die kurative und rehabilitative Funktion Sozialer Arbeit besteht in der Beseitigung eines bedürfnisverletzenden bzw. in der (weitestmöglichen) Wiederherstellung eines bedürfnisbefriedigenden sozialen Zustands. Die Wahrnehmung dieser Funktionen erfordert somit sozialarbeiterische Behandlung. Damit ist nicht gesagt, dass Beratung nicht einen Beitrag für diese Funktionen leisten kann. Beraterisch lösbar oder reduzierbar sind aber nur Probleme im emotional-kognitiven Bereich, die – der Unterscheidung der Beschaffenheit von Selbststeuerungsproblemen folgend – noch keine funktionalen Defizite hinsichtlich der Befriedigung psychischer Bedürfnisse aufweisen, sondern Wissens-, Fähigkeits- und Fertigkeitsdefizite im Hinblick auf die Befriedigung sozialer Bedürfnisse darstellen. Die Funktion von Beratung für die Herstellung soziale Bedürfnisse befriedigende Zustände lässt sich am treffendsten als entwicklungsfördernd bezeichnen: Beratung versucht, Individuen/Gruppen dabei zu unterstützen, ihre Chancen aus Erfahrungen über ihre eigenen Ressourcen zu erkennen, diese für die Problemlösung zu nutzen, weiterzuentwickeln und zu erhalten (in Anlehnung an Nestmann 1997b:174; s. Kap. B 2.4). Informierende sowie proaktive kompetenzfördernde Interventionen bilden in diesem Kontext oft unverzichtbare weitere Bestandteile der Beratungsarbeit.

Sowohl für den Einsatz von Beratung als auch von Behandlung in der Sozialen Arbeit wurden als Voraussetzung das Feststellen sozialer Probleme und Kenntnisse über die Bedingungen ihres Zustandekommens genannt. Voraussetzung der Wahl der Handlungsform bildet mit anderen Worten die Identifizierung der Art des Problems und der Problemmechanismen. Erst dies ermöglicht es Professionellen, anhand der fachlich definierten Professionsgrenzen sowohl über den Zuständigkeitsbereich als auch über *die Wahl der Handlungsformen bzw. mit diesen verbundenen Methoden* zu entscheiden. Hierin besteht die Aufgabe von transprofessioneller Beratung, worunter eine auf die geeignete Hilfe gerichtete sozialdiagnostische und gleichzeitig eine auf die Entdeckung von Problemlösungen gerichtete Methode verstanden wird, die sich einer anleitungsnahen Vorgehensweise bedient.[69] In der Beratungsliteratur existieren verschiedene Bezeichnungen für diese Beratungsform, u. a. die „Hilfeprozessberatung“ (Herwig-Lempp & Schwabe 2002), oder die „Orientierungsberatung“ (Wendt 2007). Auch die „Beratung als Über-Setzung und Re-Artikulation von Erfahrung“ (Maurer 2006), die „subjektive Verstehensbegleitung“ (Haselmann 2007) oder das „hermeneutische Ohr“ (Helfferich & Kruse 2007:175 ff.) können zumindest hinsichtlich ihres Beratungsmodus hierunter

[69] Ich verwende also auch hier nicht die Bezeichnung transprofessionelle Anleitung, wofür insbesondere spricht, dass die Anleitungsfunktion stark mit der allgemeinsten Definition von Beratung als Kooperation korreliert.

gefasst werden. Davon ausgehend, dass alle psychosozialen Professionen von dieser Methode Gebrauch machen (müssen), soll professionelle Hilfe effektiv und auch ethisch vertretbar sein, betrachte ich diese Methode als allgemeine, professionsübergreifende Methode.

Vor dem Hintergrund der sich durch die Bearbeitung unterschiedlicher Problemklassen auszeichnenden psychosozialen Professionen und des überprofessionellen Einsatzes von Beratung als Handlungsform wird dieser Arbeit das folgende Verständnis von Beratung zugrunde gelegt:

**Beratung in psychosozialen Professionen**, einschließlich Sozialer Arbeit, ist eine soziale Interaktion zwischen einer professionellen Person und einem Adressatensystem, in der diese Letzteres anleitet, die emotional-kognitiven Prozesse – und im Fall eines sozialen Adressatensystems die sozialen und kulturellen Prozesse – so zu steuern, dass es AdressatInnen potenziell möglich ist, für die vorgetragenen Anlassprobleme eine Idee zu ihrer Lösung zu entwickeln, so dass vorhandene Selbststeuerungskompetenzen (potenziell) (wieder-)entdeckt werden. Beratung ist in diesem Sinne eine auf Selbstklärung gerichtete allgemeine (professionsübergreifende bzw. transprofessionelle) Methode.

Darüber hinaus ist **Beratung in der Sozialen Arbeit** eine soziale Interaktion zwischen einer Sozialarbeiterin bzw. einem Sozialarbeiter und einem (sozialen) Klientensystem, in der die Sozialarbeiterin bzw. der Sozialarbeiter KlientInnen unterstützt, Selbststeuerungskompetenzen in Bezug auf ein vorhandenes oder drohendes soziales Problem zu entfalten und zu entwickeln, die seine/ihre eigenständige Problembewältigung ermöglichen bzw. das Eintreten von (weiteren) sozialen Problemen verhindern oder verringern. Beratung ist in diesem Sinne eine professionsspezifische Methode, die auf einen Reflexions- und Lernzuwachs in Bezug auf die Einflussmöglichkeiten hinsichtlich eines bestimmten Problembereichs zielt.

**Spezifische sozialarbeiterische Beratung** findet ihre professionelle Grenze, wenn Probleme der AdressatInnen medizinischer, psychiatrischer oder psychopathologischer Art sind und kein sozialer Bezug psychischer Probleme gegeben ist, es sich also um reine Lernprobleme handelt. Als Handlungsform findet die sozialarbeiterische Beratung ihre Grenze, wenn die Notwendigkeit besteht, soziale Zustände und Prozesse (wieder-)herzustellen, welche die Befriedigung sozialer Bedürfnisse ermöglichen.

# 4 Resümee und Diskussion

Um Beratung als transprofessionelle und sozialarbeitsspezifische Methode verorten zu können, richtete sich der Fokus in diesem Teil zuerst auf den Beratungsbegriff in psychosozialen Professionen. Dabei erwiesen sich die Merkmale ‚problemzentrierte Kooperation', ‚externer Problembezug' und ‚komplexe Hilfeanlässe', im Weiteren das Merkmal der ‚Hilfe zur Selbsthilfe' als übergeordnete, relevante Merkmale für professionelle psychosoziale Beratung, die sich aus unterschiedlichen Zugängen zur Definition professioneller psychosozialer Beratung speisen. Für das Vorhaben dieser Arbeit zeigte es sich als erforderlich, die Begriffsbestimmung in einen professionstheoretischen Kontext zu stellen, da die dargestellten Herangehensweisen zur Begriffsbestimmung weder für eine professionsübergreifende noch für eine sozialarbeitsspezifische Definition von Beratung hinreichend waren. Offen waren immer noch die Fragen, was als professionelle Beratung und als professionsspezifische Beratung verstanden werden kann und darüber hinaus, ob Beratung eine Methode oder Profession ist. Auf der Grundlage eines wissensorientierten Professionsbegriffs und sozusagen *ad hoc* eingeführter Problem- und Handlungsbegriffe, wodurch die Zuständigkeitsfragen geklärt und die Handlungsform Beratung besser fassbar gemacht werden sollten, wurde die Definition allgemeiner und sozialarbeitsspezifischer Beratung hergeleitet. Aus der Bestimmung von Beratung als sozialdiagnostische Methode und als Interventionsmethode werden psychosozialer Beratung ein gemeinsamer und ein besonderer Kompetenzbereich unterstellt.

Im Zuge der Professionalisierung von Beratung sind psychosoziale Beratungsdisziplinen u. a. dazu aufgefordert, ihr Beratungsterritorium begründet abzustecken, das Beratung zugrunde gelegte Problemverständnis auszuweisen und Beratung als wissenschaftlich begründete Interventionsmethode beschreibbar zu machen. Sie sind damit im Grunde zu etwas aufgefordert, was unter Bezugnahme auf einen handlungswissenschaftlichen Professionsbegriff schon immer ihre Aufgabe war. Seltsamerweise wird diese Aufgabe seit der neuen Professionalisierungsdiskussion oft nicht als weiterer notwendiger Professionalisierungsschritt im Rahmen der eigenen unvollständigen Professionalisierung[70] gewichtet; betont wird stattdessen der Beitrag für die Entwicklung einer „Leitprofession ‚Beratung'" (Krause et al. 2007), einer „Profession im Werden" (ebd.). Vor dem Hintergrund des verwendeten Professionsbegriffs und auf der Grundlage eines bedürfnisorientierten Problembegriffs ließ sich nicht ermitteln, welcher gesellschaftlich relevante Problembereich nicht durch bestehende psychosoziale Beratungsprofessionen abgedeckt ist bzw. eine eigenständige Beratungsprofession erforderlich machen würde. Von Nutzen wären möglicherweise eine Disziplin und eine Art Ausbildungsprofession Beratungspsychologie (ähnlich auch Hausinger 2009:179). Warum also die Bestrebungen zu einer eigenen Beratungsprofession?

Gegenwärtig scheint allgemein ein Trend zur Professionalisierung ehemals innerhalb von Professionen integrierter Handlungsformen (meist unter neuer Bezeichnung) zu bestehen. So etwa stellt Mediation einen Fall möglicher Professionalisierung dar (Maiwald 2004) und auch das Coaching wird als Profession diskutiert (Birgmeier 2006). Unter Bezugnahme auf in der traditionellen Professionssoziologie stark gewichteten Merkmale der persönlichen Leistung sowie der selbstständigen, weisungsungebundenen Arbeit (Mieg 2003:18) hätten Beratung, Coaching etc. gegenüber Sozialer Arbeit und Pädagogik sogar wesentlich bessere Chancen, sich relativ rasch als Profession zu etablieren. Ihre Abgrenzung voneinander dürfte dagegen zunehmend schwerer fallen. Im Hinblick auf die potenzielle Professionalisierung vieler sozialer Handlungen, so auch der Beratung, stellt sich nicht nur die Frage nach der Notwendigkeit dazu, sondern auch nach der Wünschbarkeit der damit einhergehenden Fragmentierung von Professionen in zahlreiche Tätigkeiten bzw. „Tätigkeitsprofessionen" mit ähnlicher oder identischer Problematik.

Die Notwendigkeit von psychosozialer Beratung steht heute, wo bereits von einer „beratenen Gesellschaft"[71] gesprochen wird, außer Frage. Zwar bestehen weder in Deutschland noch in der Schweiz Statistiken über Beratungsangebote, Beratungsbedarf oder die tatsächliche Nachfrage, jedoch liegen für bestimmte Beratungstätigkeiten zuverlässige Angaben über Umfang und Beratung vor, die eine signifikante Steigerung des Umfangs institutioneller Beratung belegen (Barabas 1999:15 f.). Zurückgeführt wird dies auf folgende Entwicklungen:

---

[70] Soziale Arbeit verfügt beispielsweise erst in Ansätzen über einen spezifischen Bestand eines, an ihrer Problematik ausgerichteten theoretischen und methodischen Wissen, was u. a. aber auch ihrem relativ jungen Status als Wissenschaft geschuldet ist.

[71] So der Buchtitel von Schützeichel & Brüsemeister (2004), siehe auch Fuchs & Mahler (2000).

(1) die Ausdifferenzierung der Gesellschaft in hoch spezialisierte Teilsysteme und damit verbunden ein zunehmendes Maß an Individualisierung und Pluralisierung, das den Einzelnen hinsichtlich Wahl und Entscheidung überfordert;
(2) den Werte- und Strukturwandel der Gesellschaft und damit verbunden ein Aufbrechen ehemals bestehender Solidaritätsstrukturen, wodurch der Einzelne vermehrt auf fremde Hilfe zur Bewältigung von Anforderungen oder Belastungen angewiesen ist;
(3) die durch Erhöhung der Eigenverantwortlichkeit entstehende Zunahme von Stress- und Belastungssituationen insbesondere der ModernisierungsverliererInnen;
(4) ein gestiegenes Bewusstsein für Probleme sowie
(5) die Entdeckung von Beratung als ökonomischen Wachstumsfaktor, die dem/der Einzelnen ermöglicht, soziale Kompetenzen zu erwerben, zu sichern und produktiv einzusetzen (Barabas 1999:19 ff.; Marschner 1999; Nestmann & Engel 2002:20 ff.; Krause 2003:19 ff.; NZZ Folio 2/2006; Seel 2009).

Über die Wünschbarkeit von psychosozialer Beratung als Profession ist bisher wenig nachgedacht worden, möglicherweise aufgrund dessen, dass Professionen mit Beratungsfunktion selbst erst vor kurzem angefangen haben, über ihr Beratungsverständnis nachzudenken. Nestmann drückt dies so aus:

> „Über die einzelnen Beratungsfelder, über ihre Aufgaben und Funktionen, die anfallenden Anforderungen und Probleme, die hilfesuchende Klientele, auch zu diagnostischen und interventiven Vorgehensweisen und Strategien, wird diskutiert und publiziert [...] auch über die Helfer und Helferinnen, über gesellschaftliche Rahmenbedingungen und institutionelle Strukturen und Abläufe wird nachgedacht. Im dunkeln [sic!] bleibt allerdings meist, was Beratung *selbst* feldspezifisch und vor allem feldübergreifend ausmacht? [sic!]“ (1997:7 f.; Herv. im Original).

Wo für eine eigenständige Beratungsprofession und -disziplin plädiert wird, geschieht dies aufgrund der Annahme, dass Beratung „die Tätigkeit der Zukunft sein“ wird (Report Psychologie 4/97; zit. n. Nestmann 1998:15), die es angesichts des ausufernden und von Scharlatanerie durchzogenen Beratungsmarktes gesetzlich zu legitimieren gilt, sowie der Überzeugung, dass die Anerkennung von Beratung als professionelle Leistung mehr Anstrengungen als bisher erfordert:

> „Für die öffentliche Anerkennung, Würdigung und Glaubwürdigkeit von Beratung in der Zukunft wird es [...] wichtiger werden, eine Grundlagenforschung in Deutschland zu etablieren, wie eine kontinuierliche Praxisevaluation von Beratung zu gewährleisten, die Beratungsqualität zu sichern ist und sich Beratungserfolg nachweisen lässt“ (Nestmann & Engel 2002:12).

Trotz der zum Ausdruck kommenden berechtigten Motive stellt sich die Frage, ob die Ziele nicht auch und sogar besser über vermehrte Anstrengungen der sozialen und pädagogischen Professionen zu erreichen sind; in Bezug auf die Praxis z. B. durch eine größere Gewichtung von Beratung in den Bachelor-Ausbildungen und durch zusätzliche Master-Ausbildungen, wie sie an einigen Orten in Deutschland und in der Schweiz seit geraumer Zeit auch angeboten werden. Die Vorteile eines Modells der Professionalisierung innerhalb bestehender Professionen und damit vor allem der Professionalisierung des *Beratungshandelns* bestünden darin, dass erstens ein fach- und problembezogenes Verständnis von Beratung und zweitens ein Verständnis von Beratung als eine unhinterfragt wichtige, aber nicht einzige oder in jedem Fall zu bevorzugende Handlungsform gesichert wäre. In Bezug auf Soziale Arbeit wäre die Gefahr eines Wandels von einer Sozialarbeitsidentität zu einer Beratungsidentität, die aufgrund eines prestigeträchtigeren Status nahe liegt, reduziert (Frommann 1978). Eher gewährleistet wäre damit auch der Erhalt der in der generalistischen Rolle liegenden Stärke der Sozialen Arbeit.

Stellt man die Ursachen des angewachsenen Beratungsbedarfs und die daraus resultierenden Folgeprobleme für den Einzelnen in Rechnung, wird Beratung in vielen Fällen zur Verhinderung, Minderung oder Lösung von diesen Problemen nicht ausreichen. In diesem Sinn formuliert auch Feltham:

> „A first step in rethinking counselling is, perhaps, to put it in its place, however enthusiastic we may be about it, we must get some sense of proportion. It is not a panacea. It is well-intentioned and generally helpful, but it sometimes fails or is not the correct remedy for certain problems." (2004:565)

Eingedenk der Grenzen von Beratung sind die generalistische Rolle Sozialer Arbeit und die mit ihr einhergehende Übernahme verschiedener Aufgaben von besonderem Wert. Sie erlaubt es, Beratung mit weiteren Handlungsformen bzw. Methoden zu kombinieren und trägt dadurch dazu bei, dass auch die nicht im Einflussbereich von Beratung liegenden Probleme nicht nur erkannt, sondern auch aktiv zu verändern versucht werden, mit dem Ziel, die bestmöglichen Voraussetzungen für selbstgesteuerte Problemlösungen zu schaffen.[72]

Schließlich birgt die Herausbildung von immer mehr vornehmlich anhand von Tätigkeitsprofilen statt von Problematiken unterscheidbarer Berufsbilder bzw. die Fragmentierung von Professionen die Gefahr, dass letztlich tatsächlich mehr das Profil als das Problem das professionelle Handeln bestimmt. Die Entwicklung in den USA zeigt, dass immer weniger fachliche Standards für die professionellen Leistungen ausschlaggebend sind: In einer Studie Anfang der 1990er Jahre stellen Fretz und Simon (1992; zit. n. Nestmann 1997b:166) fest, dass der behandlungs- und therapieorientierte Beratungstrend die ursprünglich an pädagogischen Konzepten orientierte und auf Prävention und Entwicklung gerichtete Beratungsarbeit zu verdrängen droht. Sie führen dies auf den Rückgang öffentlich finanzierter präventiv orientierter Einrichtungen zurück. 1995 spricht Cummings (zit. n. Nestmann & Engel 2002:17) von der größten „,Resozialisierung der Psychologen' seit dem Boom der klinischen Psychologie in der Nachkriegszeit". Dies, nachdem sich durch die zunehmende Ökonomisierung und Marktorientierung des gesamten Gesundheits- und psychosozialen Versorgungsbereichs und der

[72] Wie deutlich gemacht, gehe ich zwecks analytischer Unterscheidung von Handlungsformen und Methoden auch innerhalb von Professionen von einem ontisch engen Beratungsbegriff aus. Auf die Tatsache, dass der Wirkbereich von Beratung dadurch sehr eingeschränkt ist, sprich: sich auf psychische Veränderungen beschränkt, kann theoretisch auch mit der Ausdehnung des Beratungsbegriffs geantwortet werden. Im Bestreben einer eigenständigen Beratungsprofession schlägt z. B. Großmaß vor, die Beurteilung der Effektivität von Beratung nicht allein an das Beratungshandeln zu knüpfen, sondern dieses mit der Funktion von Beratung als institutionelles Subsystem in Beziehung zu setzen (Großmaß 1997:118). Fragen des Wirkbereichs werden so über den Kontext der Beratungssituation hinaus gedacht und es ist das Gesamt der institutionellen Aktivitäten, die „Kommunikationsangebote und Bereitstellung von Orientierungswissen und Orientierungspunkten" (ebd.:135), woran sich die Wirkung von Beratung bemisst. Meines Erachtens stehen die Überlegungen Großmaß' eher im Dienste einer Theorie institutionalisierten professionellen Handelns allgemein und können nicht als Beratungsspezifikum verbucht werden. Begrifflich tut sich das in Kap. B 3.1 angesprochene Problem auf, dass Beratung nicht mehr eindeutig von anderen Aktivitäten unterscheidbar ist.

damit einhergehenden „Managed care"-Systeme[73] die Situation für in freier Praxis niedergelassene TherapeutInnen radikal gewandelt hat. Gefragt sind zeitlich begrenzte Unterstützungsmethoden, die Versorgung impliziert eine völlig neue Struktur. In Anlehnung an Cummings (1995) nennen Nestmann & Engel (ebd.:17 f.) u. a. folgende Änderungen:

- Verschiebung von Einzel- und Gruppentherapie in freier Praxis zur Prävention in der Gemeinde mit Fokus auf Mobilisierung und Förderungen aller lokaler Hilferessourcen;
- Verschiebung von Einzelberatung in langen Beratungsprozessen zur Arbeit mit vielen KlientInnen in kurzen Interventionsepisoden im Rahmen von lösungsorientierten Strategien, Trainings sozialer Kompetenz, Stressbewältigungstrainings, Gruppenarbeit für Paare, Eltern etc. in psychoedukativen Programmen, Berufs- und Laufbahnberatung, Kurse für gesunde Lebensführung etc.;
- Verschiebung von langwierigen Behandlungen in häufigen Sitzungen zu kurzen, zeitweise wiederholten Hilfen und Beratungen im Laufe des Lebens;
- Verschiebung eines Helferbildes vom Heiler zu einem Helferverständnis als über die Förderung und Entwicklung individueller Ressourcen und der Aktivierung sozialer Unterstützungskräfte fungierender Katalysator von Veränderung;
- Verschiebung eines auf Heilung gerichteten Behandlungsverständnisses zur Vorstellung einer Entwicklung anstoßender Behandlung, die vorläufig unterbrochen, beendet und wieder aufgenommen werden kann.
- Verschiebung eines Finanzierungsmodus, der die therapeutische Dienstleistung nachträglich abrechnet zu einem Modus auf eine Pro-Kopf-, Fallzahl- oder global orientierter Vorfinanzierung von Diensten, die mit kontinuierlichen Auflagen zur Evaluation und Effizienzkontrolle – dies bereits nach kurzer Zeit – verknüpft sind.

Gegenüber der Psychotherapie erhält Beratung dadurch Aufwind, jedoch zum Preis, dass u. U. nicht einmal mehr die Behandlung psychischer Störungen nach fachlichen Kriterien gewährleistet ist, ganz zu schweigen davon, dass, sofern der Fokus ausschließlich auf Ressourcenorientierung gerichtet ist, die Veränderung der Ursachen von sozialen Problemen je zur Bearbeitung gelangen. Der Individualisierung von gesellschaftlichen Problemen wird damit in höchstem Maße Vorschub geleistet. Die „managed care"-Systeme haben auch in den USA zu großen Kontroversen geführt, da die Verknüpfung fachlicher Standards mit privatwirtschaftlichen Interessen einer gewinnorientierten Gesundheitsindustrie und eines sparorientierten Gesundheitswesen kaum möglich ist (ebd.:18 f.) Eine gefestigte problemspezifische Identität ist daher unentbehrlich, will psychosoziale Beratung nicht Gefahr laufen, dem hier sichtbar werdenden neoliberalen Menschenbild zu erliegen, dem zufolge Menschen keine Bedürfnisse mehr unterstellt werden, sondern sie nur noch das Problem haben, sich zwischen alternativen Ressourcen zu entscheiden (Kreisky 2003:8).

[73] ‚Managed care' ist die derzeitige Regelversorgung im amerikanischen Gesundheitssystem und bedeutet allgemein „die Anwendung von Managementprinzipien, die zumindest partielle Integration der Leistungsfinanzierung und -erstellung sowie das selektive Abschließen von Verträgen der Leistungserbringer mit ausgewählten Leistungsfinanzierern" (Schwiedernoch & Özyurt 2004). Dabei existieren verschiedene Management-Instrumente und Organisationsformen.

Eine Profession psychosoziale Beratung muss selbstverständlich nicht einem Problemverständnis Sozialer Arbeit, Pädagogik oder auch Psychotherapie widersprechen, wie dies auch zwischen diesen Professionen nicht der Fall sein muss. Faktisch bestehen aber selbst innerhalb der Professionen zahlreiche divergierende Problembegriffe. Gleiches gilt auch für den professionellen Handlungsbegriff. Von einer starken professionellen Identität kann in vielen Professionen, im Besonderen in der Sozialen Arbeit,[74] zurzeit noch nicht gesprochen werden. Nebst der Unauffindbarkeit einer offenen Problematik, die eine Beratungsprofession rechtfertigte, stellt auch dies m. E. ein Argument dafür dar, die Professionalisierung von Beratung vor allem in die Hände der bestehenden Beratungsdisziplinen zu legen. Wie bei jedem Professionalisierungsvorhaben stellen sich damit innerhalb und bei einer konzertierten Professionalisierung auch zwischen den beteiligten Disziplinen grundlegende (handlungs)wissenschaftliche Fragen. Der Grad der Übereinstimmung bzw. Abweichung der Beantwortung dieser Fragen hat erheblichen Einfluss auf den Beitrag der Disziplinen zur Entwicklung von professionellen Identitäten und damit auch zur Entwicklung geteilter oder nicht geteilter Problem- und Handlungsverständnisse der Professionen in Bezug auf Beratung.

[74] Zahlreiche Studien bekunden dies; siehe in Form einer Übersicht Ackermann (2000); im Weiteren Karges & Lehner (2005); Nadai, Sommerfeld, Bühlmann & Krattiger (2005); Hochstrasser, Muggli & Nüesch (2007); Gerull (2009).

# Teil C Anforderungen an Beratungstheorien – Bestandsaufnahme, Probleme, Lösungen

Anknüpfend an den Grundgedanken beratungstheoretisch gemeinsamer und besonderer Kompetenzbereiche befasst sich dieser Teil mit den handlungswissenschaftlichen Anforderungen von psychosozialer Beratung als transprofessionelle und professionsspezifische Methode, wobei das Gewicht besonders auf professionsübergreifende Voraussetzungen gelegt wird. Vor dem Hintergrund der Struktur von handlungswissenschaftlich begründeten Theorien (Kap. C 1) erfolgt eine Bestandsaufnahme zur beratungstheoretischen Situation, die den Blick auf sich in diesem Zusammenhang stellende theoretische Probleme eröffnet (Kap. C 2). Das SPSA wird als Lösungsvorschlag für diese Probleme vorgestellt und auf dieser Basis das beratungstheoretisch Allgemeine und Spezifische inhaltlich präzisiert (Kap. C 3). Mit der Reflexion der Leistungen des SPSA im Kontext der aktuellen sozialarbeitstheoretischen Methodendiskussion sowie im Kontext bestehender alternativer Lösungsvorschläge für die ermittelten Probleme schließt der Teil ab (Kap. C 4).

## 1 Zur handlungswissenschaftlichen Struktur von Beratungstheorien und zur handlungswissenschaftlichen Terminologie

Was Beratungstheorien sind, kann sehr unterschiedlich beantwortet werden. Folgt man z. B. Dietrich (1991), so sind Beratungstheorien auf die Beratungssituation bezogene deskriptive und explanative Theorien, also *Theorien der Beratung*.[75] In dieser Arbeit werden Beratungstheorien hingegen als normative Theorien verstanden, d. h. als *Theorien für Beratung*. Diese Auffassungen schließen sich nicht aus, sie bilden lediglich den unterschiedlichen Status von Beratung als eigenständige Disziplin oder als spezifische Form des Handelns in bestehenden Handlungswissenschaften ab. Anders gesagt: Die Theorien stellen unterschiedliche Komponenten der Wissensstruktur in Handlungswissenschaften dar.

Wo Beratungstheorien als handlungswissenschaftlich begründete Theorien verstanden werden, besteht weitgehend Einigkeit darüber, dass ihre Konstruktion einer Wissensstruktur folgt, die mehrere Theorietypen umfasst (s. u.). Beratungstheorien werden als Ergebnis der Verknüpfung der verschiedenen Theorietypen betrachtet, die ihrerseits eine spezifische Funktion für die Theoriekonstruktion und für das Handeln einnehmen. Sie sind also Produkt integrierter Theoriesysteme oder „Schachteltheorien" (Mutzeck 1999:29). In der Literatur ist die Wissensstruktur oft anhand eines 5-Ebenen-Modells dargestellt, wie es von Herzog (1982) und Hagehülsmann (1984/1994) für professionsbezogene, anwendungsorientierte Modelle vorgeschlagen wurde und das in der Beratungs- und Supervisionsliteratur mehrfach aufgegriffen wird (Rechtien 2004a; Schreyögg 2000, 2003; Birgmeier 2006; Schwarz 2008). In der folgenden Abbildung sind das Modell, das aus vier Ebenen der Wissensstruktur sowie der Ebene des Handelns

[75] Diese können, wie bei Dietrich, psychologischer Art sein. Sie können grundsätzlich aber auch multidisziplinärer Art sein.

besteht, und die Funktion der jeweiligen Theoriekomponente für das Beratungshandeln in Anlehnung an Schreyögg dargestellt:

*Abb. 4: Wissensstruktur von Beratungstheorien und ihre Funktion für das Beratungshandeln*

| **Ebenen der Wissensstruktur** | **Funktion im Rahmen von Beratungstheorien als handlungsanleitende Modelle für Beratende** |
|---|---|
| Meta-modelltheoretische Ebene | Beschreibung der (begründeten) anthropologischen und erkenntnistheoretischen Annahmen als *normativ orientierender Rahmen des Beraterhandelns*: Welche Auffassung über Mensch-Sein und Erkenntnis sollen Beratende der Beratung zugrunde legen? |
| Theorie-Ebene | Beschreibung relevanter Objekttheorien als *Strukturierungs- und Interpretationsrahmen der beraterisch relevanten Ist- und Soll-Zustände*: Welche Theorien sollen Beratende der Beratung aus welchen Gründen zugrunde legen? |
| Ebene der Anweisungen zur Methodenanwendung[76] (auch: beratungs-, therapie-, supervisionstheoretische etc. Ebene) | Beschreibung relevanter Ziele, Rekonstruktionsformen, Wirkungsfaktoren und des bevorzugten Interaktionsstils als *Rahmen des Veränderungshandelns der Beratenden*: Welche Handlungen bzw. Handlungsabfolgen sollen Beratende zum Erreichen welcher Soll-Zustände aus welchen Gründen realisieren? |
| Praxeologische Ebene | Beschreibung relevanter Methoden als *Rahmen der beraterischen Prozesssteuerung*: Welche methodischen Maßnahmen und prozessualen Regelungen sollen Beratende zur Gestaltung des Veränderungsprozesses aus welchen Gründen verwenden? |
| Ebene des konkreten Handelns[77] | Beschreibung der Verfahren und Techniken als *Werkzeuge der Umsetzung der Methoden*: Welche Verfahren und Techniken werden zur Realisierung der Methoden benötigt? |

Quelle: Zusammenstellung in Anlehnung an Schreyögg 2000:83 f., 2003:138 ff.

Von dieser Struktur ausgehend lässt sich also eher von einem beratungstheoretischen System als von Beratungstheorien sprechen. Die Komponenten sollen in systematischer und kohärenter Weise zu einem *integrierten Handlungs- bzw. Beratungsmodell* miteinander verbunden sein. Insbesondere die Ebene 4 erscheint aber häufig auch isoliert, wie dies durch zahlreiche rezeptartige Praxisbücher repräsentiert ist (z. B. Köllner 1996; Hackney & Cormier 1998). Methoden geraten auf diesem Wege zu Faustregeln, da ihre Wirkungsweise wissenschaftlich nicht nachvollzogen werden kann (s. kritisch dazu z. B. Sander 1999:33; Nestmann 2004b:784). Professionelle Methoden sind dagegen als auf *deskriptiven und explanativen sowie auf Interventionstheorien (auch: nomopragmatische Theorien)*[78] *gründende Systeme von handlungsleitenden Regeln*[79] *zur Erreichung bestimmter praktischer bzw. Hand-*

[76] Vgl. Birgmeier 2006:82.

[77] Die Ebene konkreten Handelns bildet in der Beschreibung bei Schreyögg eine Leerstelle bzw. sie verortet Verfahren und Techniken auf der Ebene 4. Die Trennung zwischen Methoden und Verfahren sowie Techniken wurde von der Verfasserin dieser Arbeit vorgenommen.

[78] Interventions- oder nomopragmatische Theorien sind Aussagensysteme über die gesetzmäßigen (teleonomen) Wirkungen von Handlungen, m. a. W. deskriptive Handlungstheorien (s. Kap. C 3.2). Die Verwendung des Begriffs Intervention bzw. Interventionstheorie wird also nicht in Abgrenzung zu Beratung bzw. Beratungstheorie verwendet.

[79] Analog zur Psychotherapie sind die Fragen zu klären: Wie kommen Veränderungen durch Beratung zustande? Wie kann die Wirkungsweise von Beratung verstanden werden? (Grawe 1998).

*lungsziele*[80] definiert oder kurz als *Technologien* (Obrecht & Brack 1998; Obrecht & Gregusch 2003:63 ff; Obrecht 2006:417 f.). Verfahren werden hier als *standardisierte Abfolgen von motorischen Operationen (Handlungen) zur Erreichung bestimmter Ziele* verstanden, wobei *Techniken abgrenzbare habitualisierte motorische Operationen (Fertigkeiten), d.h. routinisierte Komponenten von Verfahren* sind (Obrecht & Brack 1998; Geiser, Gregusch & Martin 2006). Methoden und Verfahren stehen in unmittelbarer Beziehung zueinander: Erstere beinhalten die kognitiven Operationen, Letztere die motorischen Operationen in Bezug auf ein zu erreichendes Ziel. Die Definitionen sollen nicht darüber hinwegtäuschen, dass die handlungstheoretische Begrifflichkeit und Terminologie in der Literatur eher uneinheitlich und inhaltlich wenig eindeutig sind. Dies gilt für den Methoden-, Verfahrens- und Technikbegriff wie auch für die verwendeten Begriffe und Termini zur Bezeichnung der Ebenen der Wissensstruktur.

In Bezug auf den Methodenbegriff besteht in der sozialarbeitswissenschaftlichen Literatur in dem Sinne Konsens, dass eine Methode bestimmtes Wissen involviert. Dieses Wissen wird jedoch meist nicht benannt, sondern mit dem Begriff des Konzepts umschrieben, das definiert ist als „Handlungsmodell, in welchem die Ziele, die Inhalte, die Methoden und Verfahren in einen sinnhaften Zusammenhang gebracht sind" (Geißler & Hege 1995:23; zit. n. Galuske 1999:21). Klar ist dadurch lediglich, dass Methoden „konstitutive Teilaspekte von Konzepten" (Galuske 1999:22; s. auch Zwilling 2007:28 f.; Birgmeier 2006:122 f.) sind. Als solche seien sie „die im Kontext eines Konzepts begründete Planung des Vorgehens, die Planung der Intervention" (Galuske, 1999:22). Das Problem an der Definition ist zum einen, dass der Begriff des „Konzepts" inhaltlich unklar bleibt und sich die Begründungsbasis entsprechend auf verschiedene wissenstheoretische Ebenen beziehen könnte. So verortet Birgmeier (2006:122) den lebensweltorientierten Ansatz, den prozessual-systemischen Ansatz, den systemisch-konstruktivistischen Ansatz, einen supervisorischen, psychologisch-therapeutischen oder ökonomisch-beratenden Ansatz gleichermaßen als Konzepte. Während die ersten Ansätze die Ebenen 1 und 2 involvieren, sind die letzten drei Ansätze den Ebenen 2 und 3 zuzuordnen. Ein weiteres Problem ergibt sich bei diesem weiten Methodenbegriff, der seinen Ausdruck in der Umschreibung der *Planung von Interventionen* findet, in Bezug auf die Abgrenzung zu den auf der Wissensstrukturebene 3 verorteten grundlegenden Fragen methodischen Handelns. Die Planung von Interventionen als Frage nach ihrer Begründung gehört logischerweise dieser Ebene an und muss von der Ebene des Methodeninventars als Set an Handlungsempfehlungen/-anweisungen unterschieden werden, will man eine handlungswissenschaftlich trennscharfe Begrifflichkeit in die Soziale Arbeit einführen. Das in der Sozialen Arbeit bestehende Methodenproblem ist nicht zuletzt auch dem weiten und unpräzisen Methodenbegriff zu verdanken (s. Kap. C 3.4.1). Der Verfahrens- und Technikbegriff wird mehrheitlich nach dem Grad der Komplexität vom Methodenbegriff abgegrenzt, so dass Methoden letztlich „ein ganzes Set an unterschiedlichen Techniken/Verfahren [umfassen]" (Galuske 1999:22). Formal betrachtet gehören die Begriffe Methode/Handlungsregel und Verfahren/ Technik jedoch unterschiedlichen Klassifikationen an. Für die Kennzeichnung der Komplexitätsgrade werden in dieser Arbeit deswegen die Begriffe Submethode und Subregel bevorzugt. Die Verwendung des Verfahrens- und

[80] Methoden können sich auch auf das Erreichen von kognitiven Zielen beziehen, es handelt sich dann um Erhebungs- und Analysemethoden.

Technikbegriffs für motorische Operationen statt für detaillierte kognitive Operationen hat den Vorteil, dass die ‚Leerstelle' des konkreten Handelns über die Frage nach Möglichkeiten der Habitualisierung von Methoden explizit Gegenstand handlungstheoretischer Überlegungen werden kann.[81]

Konzeptionell und terminologisch variiert die Darstellung der Wissensstruktur in der Literatur zum Teil erheblich. Rechtien (2004a:37) gliedert das 5-Ebenen-Schema nach a) Anthropologie, b) Persönlichkeits- und Entwicklungstheorie, c) Therapietheorie/ Beratungstheorie, d) Interventionstheorie und e) Praxeologie.
Unter Therapietheorie/Beratungstheorie fasst Rechtien die „Auffassungen über Gesundheit, Krankheit, Störungen und Störungsursachen, über Beratungsprozesse bzw. therapeutische Prozesse" (ebd.). Der Term steht also u. a. auch für Theorien von Problemen und Veränderung. Je nach „Profession" kann die Ebene über terminologische Anpassungen problemlos als psychotherapietheoretische, sozialarbeitstheoretische, supervisionstheoretische, coachingtheoretische usw. Ebene bezeichnet werden. Bei Schreyögg umfasst die beratungstheoretische Ebene dagegen ausschließlich handlungstheoretische Aspekte, wie Zielsetzungen, Rekonstruktionsformen, Wirkungsfaktoren und Interaktionsstile. Die Wirkungsfaktoren bilden bei Rechtien eine eigene interventionstheoretische Ebene. Unklar ist hier die Abgrenzung zur beratungstheoretischen Ebene, auf der Veränderungsprozesse bereits thematisiert werden.[82]

Im Unterschied zu Rechtien, der mit der Unterteilung von Persönlichkeits-, Entwicklungs- und Störungstheorien objekttheoretische Differenzierungen vornimmt, verzichtet Schreyögg auf eine solche. Obwohl sie darauf hinweist, dass die Theoriewahl sich zum einen pragmatisch nach der Problematik, zum anderen nach den Annahmen des Meta-Modells bestimmt (Schreyögg 2000:85), birgt dieser Verzicht die Gefahr, dass die Problematik theoretisch unbestimmt bleibt.
Schreyögg verweist im Weiteren darauf, dass auf der meta-modelltheoretischen Ebene nicht nur die anthropologischen, sondern auch die erkenntnistheoretischen Prämissen zu explizieren sind:

> „Mit anthropologischen Orientierungen geht auch eine jeweilige Erkenntnishaltung einher. Gerade in der supervisorischen Praxis kann es nicht gleichgültig sein, welche Vorstellungen Supervisoren über das eigene Erkennen und das ihrer Supervisanden transportieren, denn mit ihrer jeweiligen Erkenntnisposition geht auch wieder eine mitmenschliche Haltung einher" (ebd.:84).

Bei der Forderung nach einer Detaillierung dieser Ebene bleibt dann allerdings unklar, warum dann nur diese und nicht etwa auch handlungstheoretische Prämissen, die ja ebenfalls die ‚mitmenschliche Haltung' konstituieren.
Ähnliche Begriffe wie in der an Schreyögg orientierten Abb. 4 verwendet Schumacher (1997:104). Hier ist die Rede von a) Meta-Ebene, b) Theorien-Ebene, c) interventionstheoretische, d) praxeologische und e) Handlungsebene. Ersetzt wird lediglich der Term

[81] Denn auch mit detaillierten Handlungsanweisungen, wie z. B. im Rahmen der Gesprächsführung etwa die Anweisung dem Gegenüber aktiv zuzuhören oder positives Feedback zu geben, um eine Beziehung herzustellen oder im Rahmen der Mediation die Anweisung KlientInnen aufzufordern, Optionen und Alternativen für Konflikteinigungen zu erarbeiten, um zu einer tragfähigen Lösung für beide Parteien zu gelangen, ist die Frage, wie dies zu tun ist bzw. welche Fertigkeiten diese implizieren, noch nicht beantwortet.

[82] In seiner Beschreibung ausgewählter Beratungsansätze fasst Rechtien die Therapie- und Interventionstheorie dann auch zusammen.

der ‚Anweisung zur Methodenanwendung' bzw. ‚beratungstheoretischen Ebene' durch ‚interventionstheoretische Ebene'. Mutzeck unterscheidet drei wissensstrukturelle Ebenen, nämlich a) die Ebene der Beratung zugrunde gelegten Menschenbildannahmen und b) der zugrunde gelegten Handlungs- und Störungstheorie von c) der Beratungskonzeption im engen Sinne. Diese umfasst eine Realitäts-, Beziehungs-, Methoden-, Bedingungs- sowie eine Evaluations- und Supervisionskonzeption (1999:30 f.). Das Spektrum an Variationen der Wissensstruktur sieht in einer Übersicht wie folgt aus:

*Abb. 5: Gliederung der Wissensstruktur und Bezeichnungen der Wissensebenen*

| **Schreyögg (2000)** | **Rechtien (2004a)** | **Schumacher (1997)** | **Mutzeck (1999)** |
|---|---|---|---|
| Meta-Modell<br>*Anthropologische und erkenntnistheoretische Prämissen* | Anthropologie<br>*Menschenbild* | Meta-Ebene<br>*Anthropologische und erkenntnistheoretische Prämissen* | Menschenbildannahmen |
| Theorie- Ebene | Persönlichkeits- und Entwicklungstheorie | Theorien-Ebene | Handlungs- und Störungstheorie |
| Beratungstheoretische Ebene<br>*Zielstruktur, Rekonstruktion von Praxis, Wirkungsfaktoren, Interaktionsstil* | Beratungs-/Therapie-theorie<br>*Auffassungen über Gesundheit, Krankheit, Störungen, Störungs-ursachen, Beratungs- bzw. Therapieprozesse* | Interventionstheoretische Ebene<br>*Faktoren zur Interventionssetzung und Annahmen ihrer* Auswirkungen | Beratungskonzeption im engen Sinne<br>*Realitäts-, Beziehungs-, Methoden-, Bedingungs-, Evaluations- und Super-visionskonzeption* |
| Praxeologische Ebene<br>*Methodik und prozessuale Regelungen* | Interventionstheoretische Ebene<br>*Annahmen über Indikation und über Wirkungen von Intervention* | Praxeologische Ebene<br>*Methoden* | |
| Ebene des konkreten Handelns[83] | Praxeologische Ebene<br>*Instrumentarium von Haltungen und Inter-ventionen von Beratern und Therapeuten; Setting* | Handlungsebene<br>*Konkrete Umsetzung der Prämissen der voraus-gegangenen Ebenen* | |

Quelle: eigene Zusammenstellung

Bereits konzeptionelle und terminologische Differenzen erschweren es somit, Klarheit über die Frage zu gewinnen, was mit Beratungstheorie gemeint ist. Konzeptionell können allein Darstellungen über Beratungen, die eine bestimmte Theoriekomponente fokussieren, ohne einen Bezug zu den anderen Komponenten herzustellen, den Eindruck der Existenz zahlreicher verschiedener „Beratungstheorien" erwecken. Terminologisch kann Beratungstheorie, wie schon erwähnt, Objekttheorien kennzeichnen, aber auch Interventionstheorien und Methoden. Im Folgenden unterscheide ich zwischen *Beratungstheorien* als auf der Ebene 4 verortete Methoden oder normative Handlungstheorien, *Theorien des Beraterhandelns* als auf der Ebene 3 verortete Interventionstheorien, *Theorien der Beratung* (auch: Beratertheorien) als auf der Ebene 2 verortete Gegenstands-

[83] Die Ebene konkreten Handelns bildet in der Beschreibung bei Schreyögg eine Leerstelle bzw. sie verortet Verfahren und Techniken auf der Ebene 4.

und Problemtheorien und *Beratungsansatz/-paradigma* als auf der Ebene 1 angesiedelte Meta-Modelle der Beratung. Als *Beratungsmodelle* werden schließlich die Ebenen 1 bis 4 verbindende, substanzielle Theoriesysteme bezeichnet, die ihrerseits Ergebnis von Beratungsansätzen oder -paradigmen sind. Nach Bunge lässt sich der Begriff des Ansatzes oder Zugangs als „way of looking at things or handling them" beschreiben. Er schlägt vor, den Begriff zu konstruieren „as a body B of background knowledge with a set P of problems (problematics), a set A of aims, and a set M of methods (methodics)" (1999:21 f.). Ein Paradigma ist über einen Ansatz hinaus durch die Verbindung des Hintergrundwissens mit *partikulären Hypothesen* gekennzeichnet (ebd.:205 f.). Der Unterschied in der Konstruktion von Beratungsmodellen besteht somit darin, dass ein Paradigma einen Theoriekern ausweist, durch den die Problematik erklärt und damit die funktionale Problematik einer Profession ausgewiesen wird, die ihre Intervention notwendig macht (Sahle 2002:50).

Wie angedeutet wird bezüglich der Wissensstrukturebene 1 davon ausgegangen, dass es der Ergänzung der anthropologischen und erkenntnistheoretischen Prämissen bedarf (s. Kap. C 3). In diesem Zusammenhang erscheint etwa die durchwegs bestehende Verwendung des Begriffs Praxeologie sowohl für die Methodik als auch für Verfahren ausgehend von seiner Definition als „angewandte Logik des Handelns" (Preis 2009:157) fragwürdig, wird doch dadurch Methodik mit Handlungsmethodologie gleichgesetzt. Der Begriff der Praxeologie wird in dieser Arbeit daher nur in der Bedeutung der professionellen Handlungsmethodologie benutzt (s. Kap. C 3.2) und ist damit, vergleichbar der normativen Erkenntnistheorie von Basiswissenschaften, der metatheoretischen Ebene zugeordnet und der Interventionstheorie als deskriptive Handlungstheorie sowie der Methodik vorgeordnet. Die Begriffe „anthropologische Prämissen" oder gar „Setzungen" (Schreyögg 2000:87) werden im Folgenden weitgehend durch den allgemeineren Ausdruck wirklichkeitstheoretische/ontologische Annahmen ersetzt, wodurch zum einen Konfusionen mit der Verwendung des Menschenbildbegriffs als Gegenstandstheorie, zum anderen eine axiomatische Auffassung des Menschenbildbegriffs vermieden werden soll. Mit Asendorpf (2007:16) und Obrecht (2001:4) sind hier unter einem Menschenbild generalisierte Aussagen über *Eigenschaften menschlicher Individuen* und Systeme von Hypothesen *über Herkunft, Struktur und Verhalten aller Menschen* zu verstehen und von Annahmen über individuelle Besonderheiten abzugrenzen. Wissensstrukturell sind Menschenbilder damit auf Ebene 2 zu verorten. Zur Orientierung erfolgt abschließend eine Übersicht der hier verwendeten Terminologie und Begriffe:

*Abb. 6: Verwendung handlungswissenschaftlicher Terminologie und Begriffe*

| **Terminologie bzgl. der Wissensstruktur** | **Begriffliche Bestimmung** |
|---|---|
| Metatheoretische Ebene<br>*(Beratungsansatz, -paradigma)* | Gesamt an metatheoretischen (philosophischen) Aussagen zur Konstruktion von Beratungsmodellen (u. a. Wirklichkeitstheorie, Erkenntnistheorie, Methodologie, Praxeologie) |
| Objekt- und problemtheoretische Ebene<br>(auch: Gegenstands-, Problem-/Wandeltheorien=*Theorien der Beratung, Beratertheorien*) | Aussagensysteme über Gesetzmäßigkeiten von (bewerteten) Sachverhalten in Bezug auf die Entstehung, den Aufbau und Wandel von Objekten |
| Interventionstheoretische Ebene<br>(auch: nomopragmatische Theorien, Theorien der Veränderung=*Theorien des Beraterhandelns*) | Aussagensysteme über die gesetzmäßigen Wirkungen von Handlungen |
| Methodische Ebene<br>(auch: Methodik, normative Handlungstheorien, Prozessteuerungstheorien=*normative Beratungstheorien*) | Systeme von Handlungsregeln, d. h. systematisierte und objektivierte Abfolgen von kognitiven Operationen zur Erreichung bestimmter kognitiver/praktischer Ziele, bestehend aus Handlungsregeln als Anweisungen zur Durchführung einer bestimmten Anzahl von Operationen |
| Praxisebene<br>(auch: Beratungsverfahren, -techniken) | Systeme von Techniken, d. h. standardisierte Abfolgen von motorischen Operationen zur Erreichung bestimmter Ziele, bestehend aus Techniken als abgrenzbare habitualisierte motorische Operationen |

Im Rahmen der vorliegenden Arbeit sind im Weiteren die Begriffe ‚Beratungskonzept' oder ‚Beratungskonzeption', die in der Literatur ebenso uneinheitlich verwendet werden (Hausinger 2008:23), definitionsbedürftig. Der Begriff des Konzepts bzw. Konzeption ist allgemein als gedanklicher Entwurf bzw. als Plan definiert, wobei sich der Konzeptionsbegriff gegenüber dem Konzeptbegriff durch einen höheren Detaillierungsgrad auszeichnet (Duden 2006:564; wikipedia.de). Kron macht keine Angaben zu einer Unterscheidung. Als Konzept bezeichnet er Handlungsentwürfe, welche von Modellen - worunter vereinfachende Darstellungen komplexer theoretischer oder praktischer Zusammenhänge verstanden werden - für die Praxis abgeleitet werden (1999:77 f). In diesem Sinne können Beratungskonzepte oder -konzeptionen als die *erkenntnis-* und *handlungsanleitenden Komponenten, also die diagnostischen und methodischen Komponenten, durch die Beratende ein Beratungsmodell realisieren,* aufgefasst werden und die auf der Grundlage der methodologischen und praxeologischen Annahmen auf der Ebene 4 ausformuliert werden.

## 2 Beratungstheoretische Bestandsaufnahme – Vielzahl oder Mangel an Beratungstheorien?

Wie in der Einleitung erwähnt, wird in der Beratungsliteratur sowohl eine Vielzahl von Beratungstheorien als auch ein Mangel derselben konstatiert, wie folgende Zitate veranschaulichen:

> „Leider gibt es keine , Theorie der sozialpädagogischen Beratung', denn die Verknüpfung von Beratungszielen und Beratungsmethoden mit den sehr unterschiedlichen Institutionen und Klientelgruppen ist eine unlösbare Aufgabe. Man müsste vielmehr ausgehen von der Vielfalt und den spezifischen Aufgaben (Beratungsaufträgen) für die Ratsuchenden" (Belardi et al. 1999:189).[84]

> „Die Vielfalt der Beratungsanlässe und der Beratungsaufträge in der Sozialen Arbeit hindert im Übrigen nicht an einer einheitlichen Theorie der Beratung, sofern diese Vielfalt selbst als ein Ausdruck der Sachbezogenheit sozialer Beratung aufgefasst wird" (Wendt 2000:99).

> „Gegenwärtig existiert noch keine integrierende Beratungstheorie, die einen theoretischen Rahmen vorlegt oder handlungsanleitend für die Praxis ist" (Sickendiek, Engel & Nestmann 1999:54).

> „Praxishandeln in der Beratung lässt sich nicht vollständig planen, allenfalls antizipieren, um dann im konkreten Fall doch ganz anders zu sein. Eine ‚Praxeologie der Beratung' hat somit die Eigenheit, dass sie keine allgemeinen und endgültigen Praxistheorien entwirft. Es kann nur gesagt werden, dass im besten Falle jeder Fall seine eigene Praxeologie schafft" (Ortmann & Schaub 2004:602).

In den ersten beiden Zitaten wird deutlich, dass im Zusammenhang mit der Bewertung des Bestandes und der Entwicklung von Beratungstheorien zwei grundverschiedene Positionen bestehen, nämlich die *Zwangsläufigkeit ihrer Vielfalt* einerseits und die *Möglichkeit einer einheitlichen, sprich allgemeinen bzw. integrierenden Beratungstheorie* andererseits. Diesbezüglich wird ein *Mangel bzw. ein Entwicklungsbedarf* gesehen, worauf das dritte Zitat verweist. Im vierten Zitat kommt schließlich die Position zum Ausdruck, professionelle Beratung als ein stets neu zu erzeugendes Handeln zu begreifen, *was Beratungstheorien obsolet werden lässt.* Ein Mangel kann somit auch als ein „gewollter" Mangel verstanden werden.

Tatsächlich besteht große Unklarheit über den Bestand an Beratungstheorien. Je nach Autorenschaft beläuft sich die geschätzte Zahl auf 43 bis zu 140 Beratungs- und Therapietheorien (Cunningham & Peters 1993:134; Krech, Crutchfield, Licson, Wilson & Parducci 1992:84 f). McLeod (2004:28) spricht gar von 400 Beratungs- und Therapiemodellen. Nach Mutzeck fehlt es weitgehend an Theorien der Beratung und des Beraterhandelns. Bei genauerem Hinschauen würde deutlich, dass es sich bei diesen schlussendlich um „Erklärungs- bzw. Störungsansätze bzw. Behandlungs- oder Therapieansätze handelt" (1999:27). Während Mutzeck diesen Mangel klar in der Übertragung psychotherapeutischer Problem- und Interventionsansätze auf Beratungssituationen begründet sieht, der prinzipiell behebbar wäre, kommt in den o. g. Zitaten darüber hinaus ein nicht behebbarer Mangel an einer konstatierten Vielzahl oder eben auch die Erwünschtheit eines Mangels zum Ausdruck.

Unter Bezugnahme auf die Wissensstruktur wird nun in einem ersten Schritt (Kap. C 2.1) den Gründen für die Vielzahl von Beratungstheorien und damit gleichzeitig den

[84] Das Zitat von Belardi et al. ist im Sinne von keine ‚einzige Theorie' zu lesen.

Hindernissen für die Entwicklung integrierender Beratungstheorien nachgegangen. Danach werden die Argumente für die Position eines Verzichts auf Beratungstheorien bzw. Methoden allgemein dargelegt (Kap. C 2.2). Die im Hinblick auf eine allgemeine normative Beratungstheorie bestehenden theoretischen Probleme werden hier zusammengetragen. Vor dem Hintergrund der genannten Gründe, welche die Notwendigkeit der Vielzahl einerseits und die Möglichkeit einer integrierenden Beratungstheorie andererseits stützen, werden im anschließenden Kapitel Ansatzpunkte sowie Bedingungen zur Realisierung einer allgemeinen normativen Beratungstheorie diskutiert (Kap. C 3).

## 2.1 Gründe für die Vielzahl von Beratungstheorien

Wissensstrukturell kann mit McLeod festgehalten werden, dass die Vielzahl von Beratungstheorien in der Konzeption jeder der ersten drei Ebenen der Wissensstruktur begründet ist. Bei den objekt- und interventionstheoretischen Ebenen 2 und 3 beginnend sieht McLeod einen ersten Grund für die Vielzahl von Beratungstheorien „in der theoretischen Fülle, die aus der Komplexität der Phänomene entsteht, mit denen sich eine Theorie auseinandersetzen muss" und bemerkt, dass die meisten Beratungstheorien sich vor allem mit der *Erklärung einiger bestimmter Sachverhalte* beschäftigt haben (2004:259). Mit Krause (2003:19) kann ergänzt werden, dass diese Komplexität zusätzlich sehr variationsreich ist und die Passgenauigkeit der Theorien je nach Objekt differenziert wird. Hinweise hierauf geben die zahlreichen Unterscheidungsmerkmale, wie etwa a) *die Unterscheidung der Klientensysteme* (z. B. Einzelberatung, Paarberatung, Gruppenberatung, Teamberatung, Familienberatung, Organisationsberatung) und b) *bestimmte soziale Eigenschaften der Klientel* (z. B. Beratung für Jugendliche, MigrantInnen, Frauen, Männer, SchülerInnen, StudentInnen). Im Weiteren geben die Bedingungskonstellationen der Praxisfelder, wie c) *bestimmte Problemarten* (z. B. Aids-, Schulden-, Arbeitslosenberatung), d) *bestimmte Interaktionsformen* (z. B. telefonische Beratung, Internetberatung) und e) *bestimmte ortsbezogene Settings* (z. B. aufsuchende Beratung, niederschwellige Beratung) Anstöße zu Theorievarianten. Dietrich (1991) fasst zusammen:

> „Die Fragen, welche die Beratungspraxis stellt, sind zahlreich und vielschichtig. Sie reichen von der Problematik und Verursachung und Genese von Belastungen und Störungen über diejenige der Bedingungen der Herstellbarkeit eines förderlichen Beratungsverhältnisses bis hin zu den Fragen nach den Voraussetzungen, die vom Klienten selbst im Hinblick auf seine Veränderung erbracht werden müssen, und nach dem Ursprung und Sinn der Ratbedürftigkeit [...] Die Aufgabe der Erklärung der Veränderung des Klienten in und durch Beratung aus möglichst wenigen Prinzipien ist schwierig zu erfüllen" (ebd.:20 ff.).

Damit ist jedoch die Tatsache noch nicht erklärt, dass auch Erklärungen derselben Sachverhalte vollkommen unterschiedlich ausfallen können, was zu den Gründen für die Vielzahl von Beratungstheorien auf der Wissensstrukturebene 1 führt.
Dabei kann zuerst die Konkurrenz zahlreicher Zugänge oder Paradigmen zum Menschenbild in den Human- und Sozialwissenschaften genannt werden, die häufig einseitige Zentrierungen aufweisen, indem sie sich z. B. ausschließlich auf „die Person *oder* die Umwelt, den Trieb *oder* den Geist, die Verhaltensmechanik *oder* die Willensfreiheit"

(ebd.:28 f.) beziehen[85]. Obwohl diese Einseitigkeit seit langem als problematisch beurteilt wird, behalten die darauf basierenden Modelle ihre Gültigkeit, wie die Aufrechterhaltung der Tradition schulenbezogener Handlungsmodelle zeigt.[86] Folge davon sind physikalistische, biologistische, psychologistische (mentalistische), soziologistische bzw. kulturalistische Menschenbilder bzw. Partialbilder, die in ein und derselben Disziplin vorhanden sein können.[87] Daraus resultieren nicht nur fragmentierte Theorien über den Menschen; vielmehr erwachsen aufgrund unterschiedlicher wirklichkeits- und erkenntnistheoretischer Auffassungen (s. u.) in und zwischen Disziplinen auch einander widersprechende Theorien. Für Handlungswissenschaften bzw. Beratungsdisziplinen und -professionen stellt dies aus zwei Gründen ein besonderes Problem dar: Erstens ist dadurch die Möglichkeit erschwert, effektive Methoden bzw. Beratungstheorien zu entwickeln und anzuwenden, bemisst sich die Chance dazu schließlich an der Qualität der Objekttheorien. Zweitens sind Menschenbilder zentraler Bestandteil des Professionswissens selbst, so dass Handlungswissenschaften auf wissenschaftlich kohärente Theorien, namentlich Theorien des Menschen als handelndes Wesen angewiesen sind (s. Kap. B 2.1).
Vielzahl und Fragmentierung erschweren somit die Professionsentwicklung und die Glaubwürdigkeit von Professionen schlechthin. Sowohl Soziale Arbeit, Pädagogik als auch Pflege und Psychotherapie haben hierin Erfahrung. Für die Psychotherapie formuliert Wagner:

> „Die Anwendung von Methoden und Verfahren unterschiedlicher theoretischer Provenienz bei einem Patienten in einer psychotherapeutischen Behandlung ist nicht nur wenig wissenschaftlich, sondern sie verhindert auch das übergeordnete Ziel von Psychotherapie, eine (bessere) Integration des Handelns und Erlebens des Patienten zu erreichen, da dieser kein einheitliches Erklärungsmodell seiner Probleme erhält" (1999:49 f.).

Eine erste Reduktionsmöglichkeit der Anzahl von Beratungstheorien bestünde damit in der Entwicklung eines einheitlichen Erklärungsmodells der Probleme von Beratung, was seinerseits ein einheitliches Modell des Menschen voraussetzte. Genau dies zu erreichen, hält McLeod für schlichtweg unmöglich. Es „wäre [...] vollkommen unrealistisch, von einer Therapie [bzw. Profession schlechthin; P.G.] in einer postmodernen Welt zu erwarten, dass sie über ein monolithisches, universelles Theoriegebäude verfügt (2004:261). Auch Obrecht beurteilt die Entwicklung und Akzeptanz eines solchen Modells in Anbetracht zahlreicher Wissenschaftsbegriffe skeptisch, besonders seitdem in den Human- und Sozialwissenschaften dazu übergegangen wurde, die „Grenzen zwischen theoretischem und metatheoretischem Pluralismus zu verwischen" (2002a; 2003c: 129). Die Hindernisse sieht er in der Aufrechterhaltung der konträren metatheo-

---

[85] Häufig wird bereits eine Eigenschaft als Menschenbild modelliert (homo ludens, homo faber, homo symbolicus). Lenk (2000) zählt 269 Menschenbilder.

[86] McLeod führt dies u. a. auf die durch „Markennamen" und „besondere Zutaten" verbesserten Marktchancen zurück: „Wenn Beratungs- und Therapiedienste so wie heute unter dem Zwang stehen, ihre Kosteneffizienz unter Beweis zu stellen, entsteht auch ein starker Druck dahingehend, sich um die einflussreichen Markennamen zu konsolidieren. Sodann kann nach einem Weg gesucht werden, eigene Ressourcen durch Fusion und Integration mit einfließen zu lassen" (2004:251). Auch wissenschaftssystemübergreifende Mechanismen spielen somit für die Vielzahl eine Rolle, worauf hier aber nicht weiter eingegangen wird (ebd.:250-258, 260 f.).

[87] Obrecht (2002c, 2005b) nennt als Beispiel hierfür die Soziologie, deren Modelle von soziobiologischen, behavioristischen, tiefenpsychologischen, textualistischen bis hin zu rational choice und epistemischen Modellen reichen. Im Bereich der Psychologie konstatiert Zimbardo (1992:5-14) fünf dominante Modelle: das biopsychische, das psychodynamische, das behavioristische, das kognitive und das humanistische Modell.

retischen Auffassungen in diesen Wissenschaften, die er als metatheoretische bzw. grundlegende ontologische und erkenntnistheoretische Dilemmata und Trilemmata bezeichnet. Als Dilemmata formuliert, beziehen sich diese insbesondere auf:

(1) die Betonung der Existenz sozialer Ganzheiten versus die Negierung der Existenz solcher Gebilde und individueller AkteurInnen (Individualismus-Holismus-Dilemma);
(2) die Annahme der konkreten bzw. materiellen Natur sozialer und psychischer Systeme versus ihr immaterieller (ideeller) Charakter (Materialismus-Idealismus-Dilemma) und, damit verbunden, das Postulat der Gesetzmäßigkeiten der Prozesse in und zwischen den Ganzheiten versus Denken und Handeln als Folgen von Aktivitäten des autonomen immateriellen Geistes von Individuen (Nomianismus-Antinomianismus-Dilemma);
(3) die Annahme der Erkennbarkeit der realen Welt versus die Annahme ihrer Unerkennbarkeit (erkenntnistheoretischer Realismus versus Antirealismus);
(4) die Auffassung, dass die existierenden Dinge mittels der wissenschaftlichen Methode erfasst und in ihrem Aufbau und Verhalten erklärt werden können versus die Auffassung, dass es dazu einer anders gearteten verstehenden Methode bedarf (Positivismus-Idealismus [Hermeneutik]-Dilemma) (Obrecht:2005b).

Die Auseinandersetzung um die Dilemmata in den Human- und Sozialwissenschaften reicht historisch weit zurück und ihre Spaltung in einen ontologisch naturalistischen (materialistischen) und idealistischen sowie erkenntnistheoretisch realistischen und antirealistischen Zweig besteht bis heute fort.[88] Bereits Dietrich hat den Zustand in Psychotherapie und Beratung, den er als „Theorie-Inflation bei gleichzeitigem Theorie-Defizit" (1991:28) bezeichnet, auf die verschiedenen Wissenschaftstheorien und -philosophien zurückgeführt. Angesichts der Anzahl aber auch der unterschiedlichen Beurteilung der Anzahl von Psychotherapie- und Beratungstheorien scheint sich daran bis heute nur wenig geändert zu haben. Was schlussendlich als Theorie der Beratung qualifiziert wird, ist aufgrund unterschiedlicher Wissenschafts- und Theoriebegriffe nicht eindeutig bestimmt. Unter Umständen kann dies für den Bestand und die Erzeugung von (normativen) Beratungstheorien bedeuten, dass sie sich weniger in inhaltlicher Hinsicht als rein sprachlich unterscheiden.

**Zusammengefasst** erwächst die Vielzahl von Beratungstheorien zum einen in konzeptioneller Hinsicht aus einem Manko übereinstimmender Problemerklärungsmodelle, die ihren Ursprung in unterschiedlichen Gegenstandsauffassungen bzw. Menschenbildern und diese wiederum in unterschiedlichen philosophischen Auffassungen haben. Die Position der ‚Unüberwindbarkeit' dieser Differenzen schafft zwangsläufig beratungstheoretische Vielfalt. Zum anderen ist die beratungstheoretische Vielzahl aber auch auf den Umstand einer Reihe von variierenden Gegebenheiten zurückzuführen, wie ein variierender Objektbereich (Einzelne, Gruppen,

[88] Mahner und Bunge sprechen hier von einem kosmologischen bzw. naturalistischen und einem anthropozentrischen Weltbild: „Dem einen zufolge steht das menschliche Ich bzw. Bewusstsein, sei es individuell (mein Ich) oder kollektiv (unsere miteinander kommunizierenden Iche), im Zentrum allen Fragens, wenn nicht gar im Zentrum der Welt. Bringt unser Geist nicht schon die ganze Welt hervor, so sind zumindest deren Eigenschaften nicht unabhängig von unserer Erkenntnistätigkeit. Demnach ist das Geistige - in und oder vielleicht auch außerhalb von uns existierend - das Primäre. Der anderen Sichtweise zufolge ist die reale Welt das Primäre, und der Mensch ist ihr Produkt. Die Welt ist also vor uns und außerhalb von uns da, und wir können sie erkennen, weil wir - samt unserem Geist - Teil von ihr sind. Dem Menschen kommt darin keine zentrale Stellung zu: Er ist nicht Nabel der Welt" (2004:1).

Organisationen etc.), Problem- bzw. Interventionsbereich (z. B. Entwicklungskrisen, Trauer, Aids etc.) oder variierende Praxissituationen (direkter oder indirekter Kontakt mit KlientInnen, institutionalisiertes- oder Alltagssetting). Sowohl die Position der Unvereinbarkeit der philosophischen Annahmen als auch die Position, dass Beratung zahlreichen Sachverhalten Rechnung zu tragen hat, unterstützen das Erfordernis einer Vielzahl an Beratungstheorien. Ein Hindernis für die Entwicklung einer allgemeinen bzw. integrierenden Beratungstheorie stellt aber nur erstere Position dar. Ein weiteres Argument gegen die Vorstellung integrativer Beratungstheorien bildet die erschwerte oder gar verunmöglichte Entwicklung von Professionalität, sei es durch fehlende Bildung einer Rollenidentität, durch die Entstehung von kognitiven Dissonanzen und Handlungsparadoxien oder auch durch kognitive Überforderung beim Erlernen unterschiedlicher Konzepte und Methoden (McLeod 2004:272 ff. mit Bezug auf Eysenck 1970; Szaz 1974 und Patterson 1989). Auf diese Einwände wird in einem späteren Kapitel zurückgekommen (s. Kap. C 4.2).

## 2.2 Gründe für den Verzicht auf Beratungstheorien

In der wissenschaftlichen Psychotherapie bestehen seit den 1980er Jahren verstärkte Bemühungen zur Integration von Theorien (McLeod 2004:29; s. Kap. C 4.4.2). Ein wesentliches Motiv für die Integrationsbestrebungen ist u. a. die festgestellte Kluft zwischen Theorie und Praxis, d. h. die nicht konsequente Umsetzung von Psychotherapietheorien (ebd.:275). Angedeutet ist damit, dass sich Integration nicht nur als Frage theoretischer, sondern auch als Frage praktizierter Integration stellt.
Erhebliche Auswirkungen hat auch in diesem Zusammenhang die Positionierung innerhalb des metatheoretischen Diskurses. Sie erweist sich nicht nur in methodologischer, sondern auch in praxeologischer Hinsicht als bedeutsam, wird doch mit den metatheoretischen Auffassungen nicht nur die Beantwortbarkeit der Frage nach der Natur von Wissen, sondern auch von (professionellem) Handeln entschieden. Analog der methodologischen Spaltung in einen nomologischen und einen nichtnomologischen Zweig, die sich in der Trennung zwischen Natur- und Geistes- oder Kulturwissenschaften ausdrückt, stehen sich bis heute in einer Reihe von Handlungswissenschaften mindestens zwei professionelle Handlungsverständnisse gegenüber. Während professionelles Handeln im ersten Fall u. a. auf der Nutzung von Methoden beruht, die sich auf wissenschaftliche Einsichten über Gesetzmäßigkeiten in bestimmten Interventionsbereichen stützen, stellt sich dieses im zweiten Fall als ein Prozess des stellvertretenden Deutens auf der Grundlage „geisteswissenschaftlich überlegenem Reflexionswissen", dar (Obrecht 2004:3). Dass wissenschaftliche Theorien als generalisiertes Beschreibungs-, Erklärungs- und Interventionswissen für professionelles Handeln handlungsanleitende Funktion zukommt, wird hier in Frage gestellt. Es könne lediglich darum gehen, die das Handeln steuernden subjektiven Theorien und das ‚handlungleitende Wissen' der Praktiker anzureichern (Dewe, Ferchhoff & Radtke 1992:74 f.).

Unter dem Stichwort Theorie-Praxis-Problem wird das Verhältnis zwischen Disziplin und Profession bzw. zwischen wissenschaftlichem Wissen und professionellem Handlungswissen bereits seit den 1970er Jahren sowohl in der Sozialen Arbeit als auch in der Pädagogik, der pädagogischen Psychologie und Psychotherapie kontrovers diskutiert (z. B. Lüders 1989; Dewe, Ferchhoff, Scherr & Stüwe 1995; Krapp & Heiland 1993;

Westmeyer 2009; Westmeyer & Hoffmann 1977; Buchholz 1999; Kaiser 1993)[89]. Die Diskussion ist in der Sozialen Arbeit facettenreich und bezieht sich u. a. a) auf das Verhältnis zwischen Basiswissenschaften und angewandten Wissenschaften bzw. Handlungswissenschaften (wofür mitunter auch der Term Profession als Synonym verwendet wird; Birgmeier & Mührel 2011:56) und damit verbunden die Frage nach dem Wissenschaftsprogramm und dem Wissenschaftstypus Sozialer Arbeit (ebd.:64ff.), b) auf das Verhältnis zwischen Handlungswissenschaft und Profession (wobei hier der Begriff Profession als auf die Veränderung praktischer Probleme gerichtete praktische Tätigkeit definiert ist; Staub- Bernasconi 2009a:133) und damit verbunden die Frage nach der Rolle von nomologischem Wissen im professionellen Handeln (Obrecht 2004: 14ff.) und c) nach dem Verhältnis zwischen Wissenschaften und Praxis und damit verbunden die Frage nach der Produktion und Verwendung von Wissen in Organisationen (Dewe 2009:89). In Bezug auf die Verhältnisbestimmungen scheint aktuell die Positionen an Relevanz zu gewonnen zu haben, wonach Basis- und Handlungswissenschaften als voneinander getrennte Bereiche zu konzipieren sind, ebenso wie Wissenschaften und Professionen sowie Professionen und Praxis (Dewe & Otto 2005: 1966 ff.; Ortmann & Schaub 2004:598 ff.). Diesem „Divergenztheorem" folgend (Birgmeier & Mührel 2011: 60) hat weder basiswissenschaftliches Wissen für handlungswissenschaftliches Wissen noch wissenschaftliches Wissen an sich für handlungspraktische (professionelle) Kontexte handlungsleitende Funktion; eine wissensanreichernde Funktion zwischen Wissenschafts- und Professionssystem, im Weiteren auch zwischen Professions- und Praxissystem entfällt damit. Die Beziehung zwischen wissenschaftlichem Wissen und praktischem Handlungswissen betreffend formulieren Dewe, Ferchhoff & Radtke:

> „Die wissenschaftliche Perspektive, die darauf zielt, die Regel zu formulieren, unter der eine Handlung gestanden hat, und die praktische Perspektive, in der der Regel gefolgt wurde, *ergänzen* sich in dieser Anordnung nicht, sondern bleiben nebeneinander stehen. Wissenschaftliche Erkenntnis und praktisches Handlungswissen beobachten sich gegenseitig und können die blinden Flecken der jeweils anderen Perspektive aufdecken [...] Wissenschaftliches Wissen und Handlungswissen stehen im Verhältnis der Komplementarität. Als Ergebnis der ‚Kontrastierung' oder ‚wechselseitigen Beobachtung' von Wissenschaft als einer bestimmten Sichtweise auf die Praxis, und Praxis als einer anderen, entsteht eine Relativierung der Perspektive, die nicht mehr versöhnt bzw. auf die eine oder andere Wissensform reduziert werden kann. An die Stelle von Problemdeutungen treten Strukturdeutungen pädagogischer Handlungen, deren Verarbeitung dem beobachteten und beobachtenden Professionellen in eigener Autonomie überlassen bleibt, seinem Können jedoch Reflexivität hinzufügt" (1992:79f.; Hervorheb. im Orig.).

In der Konsequenz bedeutet dies, davon auszugehen, dass das in Wissenschaften erzeugte Wissen keinen *eigenen* Beitrag zur Professionalität zu leisten vermag. Die Autoren betonen dann auch den Status dieses Wissens als ein Vorwissen, welches aber noch keine Aussicht auf eine gelingende Handlungspraxis garantiere (ebd.:84). Professionswissen stelle vielmehr eine eigene Kategorie des Wissens dar, und es setzt sich zusammen aus dem praktischen Begründungs- und Entscheidungswissen, das unter den Bedingungen der Praxis entstanden und in der Auseinandersetzung mit der Realitiät routinisiert und habitualisiert wurde (ebd.:83f.). Andererseits konstatieren sie, dass erst die *Relationierung beider Wissensformen,* d. h. des am Kriterium der Wahrheit orientierten

[89] Auch in der Medizin ist dies zunehmend der Fall (z. B. Raspe 2005).

Wissenschaftswissen und am Kriterium der situativen Angemessenheit orientierten praktischen Handlungswissen Professionalität ausmacht:

> „Konstitutiv für die Handlungslogik des professionellen Praktikers ist die gleichzeitige Verpflichtung auf beide Urteilsformen (Wahrheit und Angemessenheit), ohne eine zu präferieren, nicht aber das Zusammenzwingen zweier Wissenskomponenten unter einem Einheitspostulat" (ebd.:82).

Die Handlungslogik enspricht einer reflexiven Professionalität, in der sich zwei Wissensformen begegnen, deren Deutungen kontrastieren, dadurch zur Reflexion der Bedingungen und Logiken professionellen Handelns auffordern und es somit ermöglichen, praktische Probleme von KlientInnen aus der Distanz stellvertretend, wissenschaftlich reflektiert und gleichzeitig individuell einmalig zu bearbeiten (ebd.:81; Dewe & Schwarz 2011:168). Ausgegangen wird davon, dass sich eine solche Professionalität vor allem über den Weg des berufsförmigen Vollzugs dieser Tätigkeiten, „d. h. durch Eintritt in eine kollektiv gültig gemachte Praxis als Verfahren" (Dewe & Otto 2005:1419) entwickelt, das eine gesteigerte Reflexionskompetenz der Routinen und Erfahrungen als die prozeduralen Anteile des Handelns ermöglicht. Auf dem Verständnis eines reflexiven Modernierungsauftrags moderner Professionen verweisen die Autoren auf die entscheidende Bedeutung einer demokratischen Rationalität von Professionen in Abgrenzung zu wirtschaftlicher und verabsolutierter kognitiver Rationalität. Diese verlangt einen multiperspektivischen Blick auf soziale bzw. politische Phänomene, ohne dabei den Situationsbezug und die Einzigartigkeit der AdressatInnen und KlientInnen und – in Anbetracht strukurell bedingter sozialer Ungleichheit Parteilichkeit diesen gegenüber – aufzuheben. Der Begriff der reflexiven Professionalität als kompetenter Umgang mit spezifischen Wissensformen erfährt dann durch die Fähigkeit in einer Situation auch politisch (kritisch) reflexiv zu handeln eine erweiterte Bedeutung:

> „Eine [...] Reflexionskomptenz, die sich in der Lage sieht, die eigene Handlungsvollzüge – wenn man so will – vom *eigenen* Nichtwissen her zu reflektieren, nenne ich *‚reflexive Professionalität'*" (Dewe 2009:105; Hervorheb. i. Orig.)

Es kann festgehalten werden, dass gemäß dem Divergenztheorem ein Graben zwischen Disziplin und Profession besteht, der unüberwindbar ist. Dies nicht aus dem Grund, dass WissenschafterInnen und Professionelle sich nicht aufeinander beziehen könnten, sondern weil die Logik der Wissenschaft nicht in jener der Profession aufgeht, so dass von ihrer Seite erst gar keine Option zur Lösung des Theorie- Praxis-Problems erwartet werden kann. Damit einher geht auch eine kritische Haltung gegenüber anwendungsorientierten Wissenschaften und die Ablehnung sozialtechnologischer Handlungsmodelle, u. a. aufgrund des Zweifels an ihrer Tauglichkeit für berufstypisch komplexe, ungewisse, mehrdeutige und von Wert- und politischen Interessenskonflikten geprägten Situationen, ihres mit der reflexiven Professionalität im Widerspruch stehenden Wissens- und Wissensverwendungskonzepts und der mangelnden Berücksichtigung professionellen Nicht-Wissens (Dewe & Otto 2010:214). Aus einer professionsbezogenen reflexionswissenschaftlichen Perspektive (ebd.:198), die sich zur Aufgabe macht, die professionelle Wissensbasis aus der Beobachtung „einer kontextspezifischen Praxis der Wissensverwendung" (ebd.:209) zu generieren, haben normative Beratungstheorien somit nur sehr bedingt einen Nutzen für eine professionelle Praxis. Eher könnte diesem Verständnis nach eine grundlagenbezogene Disziplinforschung der Sozialarbeitswissenschaft beitragen über die Generierung von Erklärungswissen, das den Professionellen in der Praxis als Reflexionswissen und Basis für die Bildung eigener Professions- bzw. Handlungstheorien diente (Dewe & Otto 2005:1969 ff.)

Liegen die Gründe für den Verzicht auf eine durch Wissenschaft zu leistende Methodenentwicklung gemäß obiger Argumentation in einer strukturell bedingten Differenz zwischen Disziplin und Profession, welche die Frage nach der Sinnhaftigkeit wissenschaftlicher Methodenproduktion aufwirft, radikalisiert sich die antitechnologische Position noch einmal bei der Einnahme einer streng konstruktivistisch orientierten wissenschaftstheoretischen Perspektive. Indem Wissenschaft der Idee der Annäherung an eine subjektunabhängige Wirklichkeit eine Absage erteilt und sich wissenschaftliche Aussagen stets nur an sozialer Übereinkunft oder an der Viabiltät als möglicher (kontingenter) Handlungserfolg versprechender Weg bemessen lassen,[90] ist hier Wissenschaft *grundsätzlich* nicht in der Lage, einen Beitrag zur optimalen Gestaltungsmöglichkeit professionellen Handelns zu leisten, ebenso wenig wie Professionelle in Bezug auf ihre KlientInnen dazu in der Lage sind[91].

> Ob die Interventionen von SozialarbeiterInnen, die diese auswählten, da sie ihnen bezüglich der zu lösenden sozialen Probleme als hilfreich und adäquat erschienen, auch in gleicher Weise von KlientInnen aufgenommen werden, ist [...] in höchstem Maße unsicher" (Kleve 1996:248; zit. n. Galuske 1999:51).

Denn:

> „Nicht der Eingreifende (Intervenierende) verändert das zu verändernde System, dieses *kann nur* sich selbst verändern" (Willke 1999:30; Hervorheb. i. Orig.).

Eine extreme Folge davon ist die Beschränkung des Interventionsbegriffs auf die Unterstützung der KlientInnen in der selbstständigen Definition und Bearbeitung von Problemen. Eine weitere, weniger extreme Folge ist, dass Methoden weniger als Technologien, sondern mehr als „Suchstrategien für jeweils zu erfindende Lösungen" (Müller 2002:741) verstanden werden. Methodenentwicklung vollzieht sich in einer fallverstehenden Hilfepraxis als „‚reflection-in-action', mit der Praktiker als ‚reflective practitioners'[92] zu Forschern im Handlungsvollzug ihrer eigenen Praxis werden und Praxistheorien generieren, die permanent weiterentwickelt werden, ohne zu Theoriewissen zu erstarren, das für praktisches Handeln bedeutungslos ist [...] ‚Praxis' (und ‚Theorie') wird immer wieder neu erzeugt, d. h. zwischen den Beteiligten ausgehandelt und erfunden" (Ortmann & Schaub 2004:601).

---

[90] Zum Konstruktivismus vgl. z. B. Seipel & Rieger 2003:74 ff.

[91] In der Professionalisierungsdiskussion ist in diesem Zusammenhang die Rede vom „strukturellen Technologiedefizit" (Luhmann & Schorr 1982). Danach bestehen im professionellen Handeln über Habitus, Routinen und Orientierungswissen zwar gewisse Technologiemöglichkeiten, jedoch finden diese ihre strukturelle Grenze in der prinzipiell immer möglichen Einzigartigkeit und Neuheit von Fällen, was sich durch den Subjektcharakter des Gegenstandes erklärt (Koring 1989). Entsprechend ist die Struktur professionellen Handelns in sozialen und pädagogischen Berufen durch konstitutive Unsicherheitsquellen geprägt. Diese These wurde später mit der Theorie der operationalen Geschlossenheit des Nervensystems von Maturana & Varela (1984) ergänzt, woraus in Erweiterung der Theorie auf lebende und soziale Systeme der Schluss gezogen wurde, dass es in hohem Maße unwahrscheinlich ist, dass Interventionen ein gesetztes Ziel sicher zu erreichen vermögen. Interventionen können nur in dem Maße erfolgreich sein, wie es gelingt, anschlussfähige Lösungen für Menschen als lebende autonome Systeme zu finden. Entsprechend, so die Argumentationsführung, sind die an Zielen und Methoden einer Profession orientierten Behandlungsmodelle (Expertenmodelle) durch partizipative Behandlungsmodelle (Kooperationsmodelle) zu ersetzen, in denen die Problemdefinition und -lösung eine auf Aushandlung beruhende partnerschaftliche Zusammenarbeit darstellt (vgl. hierzu die Zusammenfassung von Galuske 1999:45 ff.).

[92] Die Autoren beziehen sich hier auf Schön (1983).

## 2.3 Entwicklungschancen einer allgemeinen normativen Beratungstheorie

### 2.3.1 Differenzierung genereller und spezifischer Aspekte von Beratung als Ansatz zur Neubewertung des Vielzahl-Mangel-Diskurses

Die vorstehenden Kapitel haben deutlich gemacht, dass, geht es um die Beurteilung, was eine Beratungstheorie ist und somit auch des Bestandes wie der Entwicklung von Beratungstheorien, nach wissensstrukturellen, objekt-, wissenschafts- und professions- bzw. handlungstheoretischen Kriterien differenziert werden muss.
Wissensstrukturell besteht relativ großer Konsens darüber, dass Beratungstheorien nicht als isolierte Methoden verstanden werden sollen, sondern als handlungswissenschaftliche Modelle. Hiernach besteht die Anforderung, auf der Grundlage eines metatheoretischen Bezugsrahmens (Ebene 1) Wissen zwischen den objekt- und interventionstheoretischen Ebenen 2 und 3 und der methodischen Ebene 4 zu verknüpfen (s. Kap. C 1). Als Kontra-Argument (s. Zitat Belardi, S. 70), gleichzeitig aber auch als Pro-Argument (s. Zitat Wendt, S. 70) für ein allgemeintheoretisches Verständnis von psychosozialer Beratung wurden in Bezug auf die Ebenen 2 und 3 vor allem die Komplexität der beraterischen Problemstellungen genannt. Betrachtet man die Argumentationen nun unter rein logischen Gesichtspunkten, müssen sich die Argumente nicht zwangsläufig widersprechen. Denn Ebene 2 und 3 kann sowohl allgemeine als auch spezielle Gegenstands-, Problem- und Interventionstheorien beinhalten. *Eine* Theorie sozialpädagogischer Beratung zu verneinen (Belardi et al.), verweist folglich auf ein Verständnis von Beratungstheorie als vor allem auf *spezifischen Theorien* gründende Methoden, also Beratungstheorie als *klient-, problem-, kontext-, kurz, als situationsspezifische* Methoden. Sie zu bejahen (Wendt) zeugt dagegen von einem Verständnis von Beratungstheorie auch auf allgemeinen Theorien gründende *objekt-* und *interventions- bzw. problembereichsunspezifische Methoden.*
Auf diese Weise kommt es nicht zum Widerspruch, sondern zu einer Differenzierung des beratungstheoretischen Begriffs. Das Erfordernis einer Vielzahl von Beratungstheorien kann als Aufforderung zur situationsadäquaten Beratung verstanden werden und das Erfordernis einer einheitlichen Beratungstheorie als Aufforderung zur komplexitätsangemessenen Beratung, die, logisch betrachtet, erst zur situationsadäquaten Beratung führt. So gesehen bieten die Argumentationen Anknüpfungspunkte für die Unterscheidung des beratungstheoretischen Begriffs in *spezielle* normative Beratungstheorien, für die ein bestimmtes Gegenstands-, Problem- und Kontextwissen und daraus resultierendes Interventions- und Prozesssteuerungswissen erforderlich ist und *allgemeinen* normativen Beratungstheorien, die auf diesbezüglich allgemeinem Wissen beruhen.

Zweifellos sind spezielle normative Beratungstheorien in Anbetracht der zahlreichen variierenden Gegebenheiten einer Beratungssituation innerhalb von Professionen unverzichtbar. Andererseits kann aber auch nicht bestritten werden, dass Beratungssituationen Parallelen aufweisen, die darin bestehen, dass Beratende mit Menschen zu tun haben, die momentan nicht in der Lage sind, praktische Probleme, aus welchen Gründen auch immer, aus eigener Kraft zu bewältigen und hierzu mittels Beratung, also der Steuerung hin zu selbstgesteuerten Problemlösungen, wieder befähigt werden sollen. Die *potenzielle Vielfalt der Beratungsanlässe* von *Individuen* und das *eigenständige Problemlösen* stellen damit zentrale Bestimmungsstücke einer allgemeinen normativen Beratungstheorie dar. Eine allgemeine normative Beratungstheorie, die, um als allgemein bezeichnet werden zu können, zwangsläufig auf einem integrativen Erklärungsmodell von menschlichen Handeln und Problemen basieren muss, ebenso aber – mit Bezug auf die *eigenständige* Problemlösung betonende Zielsetzung von Beratung – eine integrative Theorie des Problemlösens benötigt, kann dann als Klammer für spezielle normative Beratungstheorien fungieren. Beides hat zudem den Vorteil, dass dadurch auch einer Theorie- und Methodenbeliebigkeit entgegengewirkt wird, verlangt ihre Konzeption doch ebenso ein integratives Menschenbild, welches dann für Beratende eine korrektive und regulative Funktion für ihr Denken und Handeln einnimmt (Mutzeck 1999:30). Allein ein *differenzierterer Methodenbegriff* kann damit zur Klärung des Generellen und Spezifischen von Beratung und damit zu einer Neubewertung des Vielzahl-Mangel-Diskurses beitragen.

Faktisch werden allgemeine und spezielle normative Beratungstheorien jedoch kaum expliziert. Wie beschrieben betrachtet Mutzeck die meisten Beratungstheorien als Psychotherapietheorien (s. Kap. C 2). Eine Beratungstheorie macht er daran fest, dass sie eine Verhaltens- oder Handlungstheorie zum Ausgangspunkt hat, nicht aber – und hieran macht er Psychotherapietheorien fest – eine Störungstheorie (ebd.:30). Ob es zutrifft, dass Handlungstheorien in der Psychotherapie vernachlässigt werden, soll hier nicht weiter diskutiert werden. Jedoch kann davon ausgegangen werden, dass auch Psychotherapietheorien mindestens implizit beratungstheoretisch generelle Aspekte (und damit auch implizite Handlungstheorien) beinhalten. Diese resultieren jedoch mehr aus der Zwangsläufigkeit der, wie in Kap. B 3.3 behauptet, mit jedem problemlösenden Handeln verbundenen Schritte oder Phasen, die im Allgemeinen in Anamnese – Diagnose – Intervention (Müller 1993) gegliedert sind, als dass sie als generelle Beratungsmethode aufgefasst und/oder als solche beschrieben werden. Die Schritte oder Phasen des Hilfeprozesses gelten hier in der Regel als Vorphase der „eigentlichen Therapiearbeit“[93]. Ignoriert wird dabei, dass zumindest in Bezug auf das Ziel der selbstgesteuerten Problemlösung, KlientInnen oder PatientInnen selbst die Schritte problemlösenden Handelns durchlaufen müssen, und zudem, dass durch Anamnese und Diagnostik veränderungsförderliche oder -hinderliche Wirkungen erzeugt werden und sie damit bereits Teil der Intervention sind.[94]

Ansätze zur Beschreibung genereller Beratungsmethoden in expliziter Form finden sich, wenn sie auch nicht als solche ausgewiesen sind, in unterschiedlichen Varianten prozess- und problemlösungsorientierter Beratung, z. B. bei Mutzeck (1999), Flügge (1991), Bürgi & Eberhart (2004). Bei diesen ist wiederum festzustellen, dass der Beziehung zwischen diesen und speziellen Beratungsmethoden wenig Beachtung geschenkt wird. Beispielsweise verweist Mutzeck nur allgemein auf die Bedeutung vorangegangener Lösungsschritte für die „kreative Entwicklung von Handlungswegen“ (ebd.:97f.). Bürgi betont in Anlehnung an de Shazer die Bedeutung der Passung von Interventionen, stellt dann aber „Kategorien von Interventionen dar“ (ebd.:208), von denen nicht klar ist, zur Veränderung welcher Probleme bzw. zur Erreichung welcher Ziele sie geeignet sind. In Bezug auf das Beraterhandeln entsteht dadurch eine

---

[93] Vgl. hierzu z. B. die Beschreibung der psychodynamischen Beratung, der entwicklungsbezogenen Beratung und der behavioristisch orientierten Beratung bei Ertelt & Schultz (1997:51-76).

[94] Die Thematik der unvermeidbaren Intervention wurde in den vergangenen Jahren auch von der rekonstruktiven Sozialarbeitsforschung (erneut) aufgenommen mit dem Ziel Interventionsmethoden zu entwickeln (Miethe 2007:24 ff.).

theoretische Lücke, die in speziellen Beratungsmethoden ungeschulte Beratende u. U. verleitet, Lösungswege zu forcieren, die sie sowieso im Sinn hatten, oder Ratsuchende in der Wahl von Lösungswegen zu unterstützen, die diesen sympathisch, jedoch wenig wirksam sind. Problemtheorien erweisen sich daher auch für Beratung als unumgänglich. Als grundsätzliches Kriterium für die Einteilung in Psychotherapie- bzw. Beratungstheorien eignet sich eine Dichotomie von Handlungs- *oder* Problemtheorien somit nicht. Richtig ist aber, dass psychische Störungstheorien als Theorien psychischer Erkrankungen nicht dem Gegenstandsbereich von Beratung zuzurechnen sind (s. Kap. B 3.2.1).

Auch wenn die beratungstheoretische Begriffsdifferenzierung zu einer Neubewertung des Vielzahl-Mangel-Diskurses beitragen kann, so heißt das selbstverständlich nicht, dass die den Diskurs kennzeichnenden Probleme hauptsächlich methodentypologischer Art sind. Letztlich werden ja ein allgemeiner Methodentyp oder Methoden schlechthin sowie ein ‚universelles Theoriegebäude' in Frage gestellt. Die mangelnde Differenzierung zwischen allgemeinen und speziellen normativen Beratungstheorien kann damit auch als Folge unterschiedlicher (oder auch fehlender) metatheoretischer Positionierungen in (Handlungs-)Wissenschaften interpretiert werden, welche sich auf Probleme der wissensstrukturellen Ebene 1 beziehen.

### 2.3.2 Objekt- und handlungstheoretische Integration als Anforderung an eine allgemeine normative Beratungstheorie

In Kapitel 2 wurden bereits auch die zentralen Probleme angedeutet, die es erschweren, generelle und spezifische Aspekte von Beratung inhaltlich in Beziehung zueinander zu setzen - oder überhaupt eine solche Unterscheidung vorzunehmen. Behandelt werden die Probleme als Diskurse der Theorieintegration und der schon erwähnten Theorie-Praxis-Integration. Eine nicht behebbare Vielzahl von Theorien *der* Beratung (Ebene 2) speist sich dabei aus den ‚unüberwindbaren' Differenzen in den von Wissenschaften eingenommenen wirklichkeits-, erkenntnistheoretischen und methodologischen Positionen, in deren Folge die Entwicklung eines integrativen Modells des Menschen und damit auch eines integrativen Erklärungsmodells menschlicher Handlungen und Probleme erschwert ist.

Kernfragen um das wirklichkeitstheoretische Verständnis des Menschen, die in unmittelbarer Beziehung zueinander stehen, sind diejenigen nach dem „stuff" (Substanz), aus dem Individuen bestehen, nach der Willensfreiheit sowie nach den verhaltensbestimmenden Determinanten der Person.[95] Deren Antworten sind unmittelbarer Ausdruck der allgemeinen ontologischen Dilemmata (s. Kap. C 2.1). Was den ersten Punkt betrifft, werden Diskurse dazu unter dem Stichwort *Leib-Seele-Problem* bzw. *Geist-Gehirn-Problem* und der zweite unter dem Stichwort *Willensfreiheit-Determinismus-Problem* geführt. Hinter dem dritten Punkt steht die *Anlage-Umwelt-Problematik*. Hier wird die Auseinan-

[95] Es sei angemerkt, dass Konzeptionen zur Dimensionierung der menschlichen Natur sehr unterschiedlich sind. In Anlehnung an Hjelle & Ziegler (1981) differenziert etwa Schneewind (1982/1992) zehn Dimensionen, die für die Theorie(re)konstruktion vom Menschen bedeutsam sind. Auf diese „Taxonomie von Persönlichkeitstheorien" wird an späterer Stelle in dieser Arbeit zurückgekommen (s. Kap. D). Insofern handelt es sich bei den o. g. Aspekten um ausgewählte Dimensionen. Besonders dem ersten Aspekt kommt für alle weiteren gewichtige Bedeutung zu (ebd.:216-240).

dersetzung geführt, ob die ererbten Anlagen (Persönlichkeitsdispositionen, Reaktionen) oder Umwelteinflüsse (Situationen, Reize) das Verhalten von Menschen bestimmen bzw. ob Verhaltensweisen ererbt oder erworben werden. Diametral gegenüber stehen sich diesbezüglich folgende Auffassungen:

(a) die Auffassungen von Leib-Seele als materielle *und* immaterielle Entitäten (psychophysischer Dualismus) versus Leib-Seele als *eine* Entität (psychophysischer Monismus), wobei beide Auffassungen wiederum in sehr unterschiedliche und konträre Positionen gespalten sind;[96]
(b) die Position der vollkommenen Freiheit des Geistes (Indetermination) versus die der Gesetzmäßigkeit auch psychischer Prozesse (Determination) und
(c) die Auffassung, dass entweder Anlage *oder* Umwelt verhaltensbestimmend ist (nature versus nurture) versus die Annahme, dass beides als ein Zusammenwirken zu betrachten ist (nature cum nurture).

Eine Diskussion philosophischer Standpunkte ist nicht Bestandteil dieser Ausführungen. Allgemein lässt sich jedoch fragen, welche Chancen die konträren Standpunkte für die Entwicklung von integrativen Handlungs- und Problemtheorien als *eine* Voraussetzung für Beratungstheorien bieten. Es liegt nahe, dass das Festhalten an einer einseitigen Auffassung der Anlage-Umwelt-Problematik keine integrative Theorie des Menschen ermöglicht, denn mit den Auffassungen geht zwangsläufig ein methodologischer Reduktionismus einher. Das Festhalten am Indeterminismus macht eine integrative Theorie des Menschen unwahrscheinlich oder überflüssig: unwahrscheinlich, weil, wenn soziale und psychische Systeme keinen Gesetzmäßigkeiten unterliegen, „alles immer anders ist" und damit ein geteiltes Menschenbild bestenfalls über gemeinsame Sinnkonstruktionen hergestellt werden müsste, was wohl schwer zu erreichen sein dürfte; überflüssig, wenn Wissenschaft die Funktion, objektives Wissen zu erzeugen, abgesprochen wird. Insofern erschweren sowohl dualistische als auch idealistische Konzeptionen des Leib-Seele-Problems aufgrund des damit einhergehenden Indeterminismus integrative Theoriebildung, ebenso aber auch reduktionistisch materialistische Konzeptionen durch damit einhergehende theoretische Verkürzungen.
Ein theoretisch integratives Menschenbild ist faktisch auch nicht unbedingt ein angestrebtes Ziel in den Wissenschaften. Integrationsansätze fokussieren daher auch nicht alle auf theoretische Integration. Als alternative Ausrichtung existiert auch die Form der atheoretischen, pragmatischen und empirischen Integration (McLeod 2004:277; s. Kap. C 4.4.2). Bei diesen geht es entsprechend ausschließlich um die Theorie-Praxis-Integration.

Im Unterschied zu Basiswissenschaften können Handlungswissenschaften das Problem der theoretischen Integration nicht ignorieren, denn schlussendlich verlagern sie es dadurch nur auf das Problem der Theorie-Praxis-Integration, was sich etwa in der Problematisierung einseitiger oder verkürzter Modellvorstellungen von Beratungsproblemen und Handlungen ausdrückt (z. B. Thiersch 1990:129 ff.; s. auch Kap. A 2 und B 2.4). Allerdings lässt sich auch das Kernproblem des Theorie-Praxis-Komplexes – die *Beziehung zwischen wissenschaftlichem Wissen und professionellem Handlungswissen* – umgehen, wenn dieses, statt als handlungstheoretisches, als wissenssoziologisches Problem aufgefasst

[96] Vgl. hierzu z. B. Bunge (1984:6 ff.); Fahrenberg (2008:221f.).

wird, wonach sich, wie dargelegt, die Trennung zwischen den Wissenstypen über die unterschiedlichen Funktionsweisen des Wissenschafts- und Professionssystems begründet, infolgedessen sich die Entwicklung einer außerpraktisch entwickelten Theorie *für* Beratung erübrigte. Diese antitechnologische Haltung ist insbesondere in der Sozialen Arbeit nicht neu. Im Zuge der Dominanz von Alltagsorientierung und ihrer Absage an Technokratie und Wertfreiheit von Wissenschaft spielt diese als „ungelöste Methodenfrage" seit Langem eine Rolle (Staub-Bernasconi 1998). So hält Thiersch an der These fest, dass Handlungsregeln, die über allgemeine Handlungs- und Strukturmaximen hinausgehen, „die Gefahr eines nur selbstreferentiellen Bezuges der Sozialen Arbeit auf sich selbst [...] und der Kolonialisierung des Alltags durch die Professionellen und ihrer Institutionen [verstärken]." (Sahle 2002:61; in Anlehnung an Thiersch 1998:293). Luthe konstatiert:

> „Nirgendwo sonst ist das Misstrauen gegenüber jeglicher Form von Expertentum so sehr zu einem Thema professioneller Selbstinszenierung, ja als neuer Anspruch an Fachlichkeit aufgewertet worden wie im Bereich Sozialer Arbeit" (2003:39).

Eine Folge davon ist, dass bis heute in der Sozialen Arbeit ein synkretistischer Methodenpluralismus vorherrscht (Effinger 2005:227; s. auch Kap. C 3.4.2), dem gegenwärtig, wie in Kap. C 2.2. zum Ausdruck kam, vornehmlich durch die epistemologische Begründung von Praxis, im Weiteren durch wert- und normkritsche Begründungen beizukommen versucht wird. Dass auf diesem Weg die Chancen effektiver und effizienter Praxis mindestens nicht ausgeschöpft werden, liegt auf der Hand.
Der Beitrag einer allgemeinen normativen Beratungstheorie hierfür besteht vor allem darin, dass durch sie ein Bindeglied für die Entscheidung spezifischer Hilfe, z. B. für spezifische Beratung in der Sozialen Arbeit, geschaffen wird. Die explizite Beschreibung allgemeiner und spezifischer normativer Beratungstheorie ermöglicht hoffentlich im Weiteren, sich im ‚Dschungel von Beratungstheorien' besser zurechtzufinden und schützt möglicherweise auch davor, allgemeine normative Beratungstheorien stets neu als spezielle Beratungstheorien zu ‚erfinden'.

Die bisherigen Ausführungen zeigen, dass sich die Frage nach einer Wissensbasis für Beratung als grundsätzliches Problem des Ortes der Wissenserzeugung stellen kann. Wird dieser Ort in der Praxis gesehen, muss der Gedanke an eine allgemeine normative Beratungstheorie aufgegeben werden. Wird dieser Ort in Handlungswissenschaften gesehen, stellt sich die Frage nach einer *allgemeinen* Wissensbasis für Beratung als Problem der objekttheoretischen und handlungstheoretischen Integration. Im folgenden Kapitel wird der Integrationsansatz des SPSA, in welchem Soziale Arbeit klar als normative Handlungswissenschaft konzipiert ist, beschrieben (Kap C 3). Das SPSA hat sich von Anfang an der Frage gewidmet, wie das seit Beginn Sozialer Arbeit als notwendig erachtete multidisziplinäre Wissen aus wissenschaftlichem Erklärungswissen und professionellem Handlungswissen zusammengeführt werden kann. Inzwischen ist das Paradigma soweit entwickelt, dass es als allgemeines Modell einer Handlungswissenschaft verstanden werden kann und stellt damit sowohl für Beratung als transprofessionelle wie als professionsspezifische Methode wichtige theoretische Ressourcen zur Verfügung. Diese werden im Anschluss an die Beschreibung benannt (Kap. C 3.3).
Da sich die Arbeit auf der Grundlage des SPSA zum Ziel gesetzt hat, psychosoziale Beratung als real[97]- und handlungswissenschaftlich begründete Methode *in der* Sozialen

[97] I. S. d. wissenschaftlichen Realismus.

Arbeit und *der* Sozialen Arbeit zu beschreiben, demgegenüber sich der augenblickliche sozialarbeitstheoretische Mainstream einem hermeneutisch-interpretativen und reflexionswissenschaftlichen Begründungszugang zur Methodenentwicklung verpflichtet sieht (Müller 2002:741), erfolgt vor dem Hintergrund des Integrationsansatzes ein kritischer Rückblick auf das sich damit etablierende Methodenverständnis als Suchstrategie für zu erfindende Lösungen (Kap. C 4.2.1). Danach werden weitere Diskurslinien zur Integration sowie auch diesbezügliche Einwände aufgenommen.

## 3 Der Integrationsansatz des Systemtheoretischen Paradigmas Sozialer Arbeit

> „Dass Soziale Arbeit integrativ (‚ganzheitlich') ist und zu sein hat, ist eine alte Erfahrung und Forderung aller, die im Bereich der Sozialen Arbeit theoretisch oder praktisch tätig waren und sind." (Obrecht 2001:19)

Der Integrationsansatz des SPSA gründet auf den Bemühungen, Sozialarbeitswissenschaft zu einem Status als Disziplin zu verhelfen, die den Kriterien der Wissenschaftlichkeit Rechnung trägt und zur Kohärenz der Disziplin beiträgt. Entgegen der Auffassung, dass „die tatsächliche Komplexität sozialer Problemlagen und Fragestellungen [...] jeden Versuch einer theoretischen Systematisierung absurd erscheinen lässt", wird hier umgekehrt vertreten, „dass gerade die hohe Komplexität der Probleme besondere Systematisierungsanstrengungen erst erforderlich macht" (Biermann 1994:262). Hierfür haben sich Staub-Bernasconi (1983) und Obrecht (1996a) an der Idee der integrativen Funktion eines transdisziplinären Bezugsrahmens orientiert, der vier Bedingungen erfüllen muss:

(1) Er muss allgemeiner sein als die in Frage stehenden Disziplinen.
(2) Er muss wissenschaftlich sein.
(3) Er muss sowohl Objekttheorien als auch Objekt- und Handlungstheorien miteinander verknüpfen.
(4) Er muss ein Modell des Individuums und der Gesellschaft beinhalten, das die Beziehung zwischen Individuum und sozialen Systemen aufzeigt. Das Modell des Individuums muss zum anderen die Beziehung zwischen professionellem Wissen und praktischem Handeln aufzeigen

(Obrecht 1996a:123).

Im Ergebnis präsentiert sich Sozialarbeitswissenschaft – vergleichbar der in Kap. C 1 vorgestellten Wissensstruktur – als 5-Ebenen-Struktur, in der vier Arten von Theorien, die – logisch und funktional verknüpft – die Grundstruktur von Handlungswissenschaften und damit die Grundstruktur für jedes handlungswissenschaftliche Modell bilden. Die Differenzen zwischen bestehenden Modellen, so wurde bei der Untersuchung der Vielzahl von Beratungstheorien deutlich, ergeben sich vor allem aus den metatheoretischen Positionierungen innerhalb der genannten Dilemmata und Trilemmata. Das Folgende beschreibt nun die Lösungsvariante des SPSA für diese Grundprobleme, oder anders formuliert, *die theoretischen Mittel zur Integration* von Theorien unterschiedlicher Objektarten und zur Integration von Erklärungs- und Handlungswissen. Angestrebt wird die Überwindung des Materialismus-Idealismus- und des Individualismus-Holismus-Dilemmas sowie des Positivismus-Idealismus-Dilemmas. Der Integrationsansatz steht in der Tradition des wissenschaftlichen Realismus, der Wissenschaft grundsätzlich eine (wie auch immer geartete) naturalistische Ontologie[98] unterstellt und wissenschaftliche Erkenntnis als besonderen, den Kriterien der Vernunft und der Erfahrung verpflichteten Zugang zur Realität auffasst (Ratioempirismus)[99]. Zentrale Ressource für die Integration multi- und interdisziplinären Objektwissens ist die materialistisch systemische Ontologie des *emergentistischen Systemismus*. Hiervon ausgehend hat Obrecht eine allgemeine Theorie problemlösenden Handelns oder *allgemeine normative Handlungstheorie* als *Metatheorie professionellen Handelns* formuliert, welcher die Funktion der Theorie-Praxis-Integration zukommt. Beide zusammen bilden die metatheoretischen Grundlagen von Handlungswissenschaften, so dass sich deren Matrix wie folgt darstellt:

*Abb. 7: Die Wissensstruktur der Sozialarbeitswissenschaft im SPSA*

| **Ebenen der Wissensstruktur** | **Wissensinhalte** |
|---|---|
| I. Metatheorie | Emergentistischer Systemismus als wirklichkeitstheoretischer Bezugsrahmen von (Handlungs-)-Wissenschaften und damit Basis der erkenntnis- und handlungstheoretischen Position von Wissenschaft und Profession: *realistische Erkenntnistheorie, ratioempiristische Wissenschaftstheorie, realistische Axiologie/Ethik, philosophische Handlungstheorie* |
| II. Objekttheorien | Auf der ratioempiristischen Wissenschaftstheorie gründende Theorien der für die jeweilige handlungswissenschaftliche Disziplin und Profession relevanten Wirklichkeitsbereiche: *Biologie, Psychobiologie/ Psychologie, Sozialpsychologie, Soziologie, Ökonomie, Politologie, Ethnologie (für Soziale Arbeit)* |
| III. Allgemeine normative Handlungstheorie | Auf der philosophischen Handlungstheorie (inkl. realistischer Axiologie/Ethik) und der allgemeinen erklärenden Problem- und Handlungstheorie gründende *allgemeine (sozialarbeiterische) Theorie problemlösenden Handelns* |
| IV. Spezielle normative Handlungstheorien | Auf der allgemeinen normativen Handlungstheorie gründende je nach Interventionsbereich der Profession (Ebene V) vorgenommene Spezifizierungen (Methoden) |
| Profession Soziale Arbeit | |
| V. Praxis bzw. spezifische Interventions- und Objektbereiche und strukturelle Rahmenbedingungen | Anwendung des von Ebene II–IV erzeugten Erklärungs- und Handlungswissens zur Bearbeitung praktischer Probleme je nach professionsspezifischen Objekt- bzw. Interventionsbereichen |

Quelle: in Anlehnung an Obrecht 2000a:122

98 Unter Ontologie wird im SPSA die säkulare Version der Metaphysik verstanden, d. h. die allgemeinste Wissenschaft, die sich mit den allgemeinsten Zügen der Wirklichkeit beschäftigt (Bunge & Mahner 2004:4 ff.). Weiterhin ist für Wissenschaften der Ausschluss der Existenz übernatürlicher Dinge oder Eigenschaften konstitutiv, wenn auch die Frage, was real existiert, unterschiedlich beantwortet wird.

99 Der Ratioempirismus erkennt alle Formen des Erkennens zur Generierung wissenschaftlichen Wissens – also Intuition, Vernunft, Erfahrung und Handeln – als notwendig, aber nicht hinreichend an. Als besonderer Fall von Wissen gilt für wissenschaftliches Wissen, dass es eine annähernde Korrespondenz zwischen Repräsentanz und Realität herzustellen versucht. Hierzu stützt sich der wissenschaftliche Realismus auf eine realistische Semantik mit ihrer Korrespondenztheorie der Wahrheit, wonach eine „Faktizitätsbehauptung wahr [ist], wenn der postulierte und der faktische Sachverhalt annähernd übereinstimmen oder anders gesagt, wenn der Referent der Proposition die ihm in Form eines Prädikats zugesprochene Eigenschaft tatsächlich aufweist" (Obrecht 2005:105). Theorien sind wahr, wenn sie intern und extern konsistent (logisch) und empirisch (faktisch) wahr sind (Staub-Bernasconi 2000:163 f.; 2007:236f.).

## 3.1 Emergentistischer Systemismus

Die Integration disziplinären Wissens aus der Sicht des SPSA geht von der grundsätzlichen Annahme aus, dass verschiedene Arten von Dingen, auf die sich verschiedene Theorien beziehen, miteinander faktisch in einer konkreten bzw. physischen Beziehung stehen; es stützt diese Annahme auf die wissenschaftliche Ontologie des emergentistischen Systemismus, deren Entwicklung insbesondere auf den Philosophen und Physiker Mario Bunge (1977, 1979) zurückgeht. Die zentralen Hypothesen hat Obrecht (2000b: 210 ff.; 2001:28 ff.) zusammengefasst, woran sich nachfolgende Beschreibung eng anlehnt:

1. Es gibt eine Welt, die aus sich selbst heraus existiert.
2. Die Welt besteht ausschließlich aus Dingen, d. h. konkreten oder materiellen Gegenständen. Dinge sind konkret, wenn sie die Eigenschaft der Veränderbarkeit aufweisen und sind so von begrifflichen Dingen, d. h. Konstrukten, Fiktionen oder Abstraktionen als Synonyme, zu unterscheiden. Bunge & Mahner (2004) formulieren:

   „Demgegenüber sagen wir von begrifflichen oder abstrakten Objekten, wie Zahlen oder Theorien, das ihnen die Eigenschaft der Veränderbarkeit nicht zukommt: Nur die Gehirne, von denen sie gedacht werden, sind veränderbar“ (ebd.:20).
3. Dinge vereinigen sich von selbst zu Systemen, weshalb sie entweder ein System oder eine Komponente eines Systems sind. Dabei ist ein System dadurch charakterisiert, dass seine Komponenten untereinander konkrete Beziehungen unterhalten, die sie mehr untereinander (interne Struktur) als gegenüber anderen Dingen (Umwelt) binden und sie damit von der Umwelt abgrenzen. Die Bindungsmechanismen zwischen den Komponenten können energetischer, stofflicher, informationeller oder emotionaler Art sein oder auch eine Kombination davon.
4. Dinge haben eine Reihe von Eigenschaften und diese sind so real wie die Dinge/Systeme selbst. Unterschieden werden können Eigenschaften, die nur dem System zukommen, nicht aber seinen Komponenten, aus deren Interaktionen sie hervorgegangen sind. Diese werden als emergente oder Systemeigenschaften bezeichnet und sind wie folgt definiert: „P [ist] eine emergente Eigenschaft (eines Dinges) b genau dann, wenn entweder (i) b ein komplexes Ding (ein System) ist, dessen Komponenten P nicht besitzen, oder (ii) b ein Ding ist, welches P dadurch erworben hat, dass es Teil eines (anderen) Systems geworden ist (d. h. b besäße P nicht, wenn es ein unabhängiges oder isoliertes Ding wäre)“ (Bunge & Mahner 2004:79). Daneben gibt es Eigenschaften, die nur die Komponenten aufweisen (submergente Eigenschaften) und solche, die beide aufweisen (resultante Eigenschaften).
5. Alle Dinge unterliegen in ihrem Aufbau, ihrer Stabilität und Veränderung Gesetzmäßigkeiten, seien diese kausaler, stochastischer (objektiv zufälliger), chaotischer (zirkulärer) oder teleonomer (zielgerichteter) Art.
6. Jedes System ist über Beziehungen mindestens einiger seiner Komponenten zu anderen Systemen oder deren Komponenten verbunden (externe Struktur), so dass es immer auch Einflüssen von Dingen in der Umwelt unterliegt. Daher gibt es weder ganz offene noch ganz geschlossene, sondern nur graduell offene oder geschlossene Systeme.

7. Es gibt verschiedene Arten von konkreten Systemen (Systemebenen, Systemniveaus), die zu bestimmten Bündeln von Systemebenen zusammengefasst werden können: physikalische, chemische, biologische und soziale Wirklichkeitsbereiche.[100] Jeder Wirklichkeitsbereich sowie jedes System innerhalb diesem weist spezifische emergente (und damit nicht nur physikalische) Eigenschaften und Gesetzmäßigkeiten auf. Psychische Eigenschaften sind emergente Eigenschaften komplexer neuronaler Systeme und somit Subsysteme des biologischen Systems (psychobiologische Identitätshypothese).
8. Alles, was es gibt, unterliegt Wandel, d. h. Sein heißt Werden.
9. Jedes System einer bestimmten Art ist ein Glied in einer evolutionären Kette, das aus der Selbstvereinigung von Systemen vorhergehender Arten gebildet ist (universelle Evolution), eingeschlossen der zu Selbstwissen und Selbstorganisation fähigen Systeme mit plastischem, lernfähigem Nervensystem (Bioevolution).
10. Kein Ding entsteht aus nichts und kein Ding verschwindet ohne Spur in andern, was bedeutet: „je komplexer ein System ist, desto zahlreicher sind die Schritte bei dessen Bildung und desto zahlreicher die Wege, auf denen es zusammenbrechen kann" (Obrecht 2000b:211).

Auf den Punkt gebracht erweisen sich für die Überwindung des Materialismus-Idealismus und Holismus-Individualismus-Dilemmas der Begriff des *konkreten Systems* und der strikt ontologische Begriff der *Emergenz*[101] als zentral. Ersterer vermag mit der Unterscheidung von Ding und Konstrukt zum einen Reifikation, d. h. die Verdinglichung von Ideen als reale Gegenstände, zum anderen Ideaefikation, d. h. die Fiktionalisierung von realen Gegenständen, zu verhindern[102] und führt zu einer substanzmonistischen, nicht aber zu einer physikalistischen Materialismusauffassung, denn mit dem Konzept der Emergenz wird gleichzeitig ein *Eigenschaftspluralismus* vertreten (Bunge & Mahner 2004:148 f.) Diesem zufolge sind emergente bzw. Systemeigenschaften nicht auf ihre Komponenten reduzierbar, wie im Atomismus postuliert, gleichwohl aber auch nicht ohne Komponenten denkbar, wie dies holistische Systemkonzeptionen einfordern.[103] Schmidt-Salomon verdeutlicht das Emergenzkonzept anhand der naturalistischen Prinzipien der Mikro- und Makrodetermination. Das Prinzip der Mikrodetermination

---

[100] Diese Klassifikation beruht auf primären, intrinsischen Eigenschaften konkreter Systeme, d. h. die unabhängig vom Beobachter sind und „die das Ding unabhängig von anderen Dingen besitzt, selbst wenn es sie unter dem Einfluss anderer Dinge erworben haben sollte" (Bunge & Mahner 2004:23). Artifizielle Systeme, wie Werkzeuge, Kommunikationsmittel, Organisationen, werden nicht dazu geordnet, handelt es sich zwar nach deren Schaffung um konkrete Systeme mit intrinsischen Eigenschaften, ihre Entstehung und Funktion verdanken sie jedoch sekundären (phänomenalen, relationalen) Eigenschaften.

[101] Weitaus weiter verbreitet als der ontologische Begriff ist der erkenntnistheoretische Begriff von Emergenz, wonach emergente Eigenschaften nicht aus der Kenntnis der Eigenschaften der Komponenten erklärt oder vorhergesagt werden können. Nach Bunge & Mahner kommt es dadurch unweigerlich zu einem Kategorienfehler und sie betrachten das Konzept als idealistisches Relikt: „Für die Neuheit einer Eigenschaft eines Systems kann es keine Rolle spielen, ob wir sie voraussagen oder erklären können oder nicht: Qualitative Neuheit bleibt - wenn es sie gibt - ontisch qualitative Neuheit, ob sie erkannt wird oder nicht. Mit anderen Worten: Erklärte Neuheit ist nicht weniger neu als unerklärte, und vorausgesagte Neuheit ist ontisch genauso neu wie nicht vorhergesagte oder gar unvorhersagbare Neuheit" (Bunge & Mahner 2004:83).

[102] Reifikation betreiben vor allem ontologisch holistische Lehren, z. B. die General-System-Theory, die Mengen mit realen Objekten gleichsetzt oder Luhmanns Systemtheorie, in der Relationen ohne Relata existieren. Ideaefikation findet sich in ontologisch idealistischen Lehren, wie der Hermeneutik und allen antirealistischen Erkenntnislehren (z. B. radikaler Konstruktivismus, sozialer Konstruktionismus).

[103] Zum Vergleich holistischer Systemtheorien und der emergentistischen Systemtheorie sowie auch zur Unterscheidung zum Atomismus siehe Staub-Bernasconi 2007:159 ff., 1995:117 ff.).

besagt, dass jedes emergente System, z. B. Kultur, durch basale Determinanten bestimmt ist: Physikalische Prozesse determinieren chemische Prozesse, die wiederum biologische Prozesse bestimmen, welche wiederum biopsychischen, sozialen und kulturellen Prozessen zugrunde liegen.

> „Es gibt demnach keine kulturellen Prozesse, die den grundlegenden [sozialen, biopsychischen; P.G.] biologischen, chemischen und physikalischen Prozessen widersprechen [ i. S. eines Zuwiderlaufens; P.G.]" (2010:320, o. Hervorheb.).[104]

Das Prinzip der Makrodetermination postuliert, dass emergente Systeme auf die Teile der niedrigeren Integrationsebene zurückwirken. Dabei stellt Schmidt-Salomon klar, dass dieser Rückwirkungsprozess nicht im Sinne von Kausalitätsprinzipien interpretiert werden darf, sondern im Sinne des „darwinschen Evolutions- bzw. Selektionsprinzips" (ebd.; o. Hervorheb.). Die abwärtsgerichtete Wirkung emergenter Systeme ist demnach zu verstehen „als ein Resultat des Wirkens von emergenten Selektionskräften [...], die bestimmte ‚Ordnungen der Teile' begünstigen oder diese unwahrscheinlich machen [...] Wenn in einer Kultur Horrorfilme erfolgreicher im Kino laufen als Liebesromanzen, hat dies keinen Einfluss darauf, dass romantische Gefühle durch das Neuropeptid Oxytocin und Stressreaktionen durch das Hormon Adrenalin ausgelöst werden, aber es hat sehr wohl Einfluss auf die relative Häufigkeit der Ausschüttung von Oxytocin und Adrenalin in einer Kultur" (ebd.:323).
Die Wirkung emergenter Systeme besteht somit *nicht* in einer direkten Einflussnahme der Funktionsweise von Dingen des tieferen Niveaus, vielmehr nehmen sie Einfluss auf die *Häufigkeit* des Auftretens von Prozessen des niedrigeren Niveaus (ebd.:324 f.).

In normativ erkenntnistheoretischer Hinsicht und damit für das Thema der Integration von Theorien bedeutsam ist, dass zum einen jedes Systemniveau für sich untersucht werden sollte, da es durch besondere Eigenschaften und Gesetzmäßigkeiten charakterisiert ist. Jedes Niveau sollte aber auch in seiner Beziehung zu dem es umgebenden (höheren oder niedrigeren) Niveau untersucht werden, „um zu klären, inwieweit und auf welche Weise die Prozesse [in Dingen; P.G.] eines bestimmten Niveaus aus Prozessen [in Dingen; P.G.] eines darunter liegenden Niveaus hervorgehen, und wie sie durch Prozesse beeinflusst werden, die sich [in Dingen; P.G.] auf einer höheren Ebene abspielen" (Obrecht 2000b:212). Die Kombination von Mikroreduktion bzw. methodologischem Abwärtsreduktionsmus und Makroreduktion bzw. methodologischem Aufwärtsreduktionismus bezeichnet Obrecht als ein „erkenntnistheoretisch reduktionistisches Programm" auf der Grundlage der „nichtreduktionistischen systemischen Ontologie" oder kurz, einer Mehrebenenontologie (Obrecht 1996a:128). Der Fragmentierung von Wissen in Disziplinen soll sowohl auf dem Weg der Interlevel-Integration als Modus der Integration von Wissen unterschiedlicher Systemebenen als auch auf dem Weg der Intralevel-Integration als Modus der Verknüpfung von Theorien und Hypothesen eines bestimmten Systemniveaus entgegengewirkt werden. Beides verlangt vorausgehend die wissenschaftstheoretisch geleitete Selektion von Theorien. Die Interlevel-Integration verlangt im Weiteren die Modifikation der Theorien durch die Bildung systemtheoretischer Theorien, d. h. Theorien, die einen bestimmten Sachverhalt unter Einbezug min-

---

[104] Schmidt-Salomon macht bei der Darstellung von Mikrodetermination keine genauen Angaben über zu differenzierende Systemebenen. Die Ergänzungen in Klammern entsprechen der o.g. Bunge'schen Klassifikation von (Sub-)systemebenen.

destens zweier ontologischer Niveaus erklären (ausführlich Obrecht 2003c:151 ff.). System- und Emergenzbegriff begründen im Weiteren einen methodologischen Monismus, da mit ihnen die Differenz zwischen Erklären und Verstehen aufgehoben bzw. ein neuer Erklärungsbegriff eingeführt wird. Wissenschaftliche Erklärung ist nicht, wie der positivistische Erklärungsbegriff nahelegt, auf (logische) Subsumtion begrenzt, widerspricht dies doch dem Konzept der Emergenz. Erklärung bedarf vielmehr über Subsumtion hinaus des Aufzeigens der *Mechanismen*, durch die die vorgefundene Gesetzmäßigkeit als eine Folge der Aktivitäten der Komponenten unter gegebenen Bedingungen verstanden werden kann. Obrecht fasst dies kurz so zusammen:

> „*Etwas erklären heißt zeigen, wie es* [d. h. die Entstehung, Stabilisierung und Veränderung von Systemen; P.G.] *funktioniert*" (2003c:152; Hervorheb. im Orig.).[105]

Da mit dem Systembegriff mentale Prozesse als eine besondere Form konkreter Bioprozesse aufgefasst werden, ist zur Erklärung mentaler Prozesse auch keine „Verstehensmethodologie" erforderlich. Für den Erkennens- bzw. Wissensbegriff resultiert daraus, dass auch diese reale Referenten haben. Sowohl kognitive Prozesse als auch Wissen sind entsprechend als konkrete Zustandsveränderungen und Zustände konzipiert. Als Zustandsveränderungen bzw. Zustände im plastischen Bereich des Gehirns unterliegen sie, wie alles andere auch, Gesetzmäßigkeiten und sind damit als emergente neuronale Prozesse im (Neo-)Kortex (Lernen) bzw. daraus resultierender neuropsychischer Zustände (Wissen) erklärbar im Sinne eines mechanismischen Erklärungsbegriffs. Akzeptiert man diese ontologische Prämisse, erübrigt sich ein methodologischer Dualismus. Verstehen ist dann eine Operation im Rahmen des Prozesses des Erklärens und bedeutet das Formulieren von Hypothesen über innere emotio-kognitive Zustände und Prozesse. Obrecht räumt ein, dass es „richtig [ist], dass solche Prozesse sowohl in einer mentalistischen als auch in einer neurotheoretischen Sprache beschrieben werden können, doch [sei] dies kein Anlass für Zweifel an der Hypothese, wonach Erleben lediglich die Form ist, in der emergente neuronale Prozesse im Inneren von Systemen auftreten, die von Außen einem anderen solchen System als ein sprachfähiges und zu komplexem Verhalten fähiges Biosystem erscheint" (2005b:11).

Zusammengefasst stellen die Mehrebenenontologie sowie der mechanismische Erklärungsbegriff die zentralen theoretischen Mittel der Integration von multidisziplinärem Wissen dar. Ausgangspunkt der Integration bilden entsprechend nicht disziplinäre Abgrenzungen, sondern die für eine Handlungswissenschaft und Profession relevanten Sachverhalte (Problematik), von wo aus Interlevel- oder Intraleveloperationen zur Wissensintegration erfolgen können.

Die Einsicht in die Gesetzmäßigkeit aller Dinge, einschließlich menschlicher Individuen, hat maßgeblich zur Entwicklung der allgemeinen normativen Handlungstheorie als Lösungsvariante des Theorie-Praxis-Problems aus der Sicht des SPSA beigetragen, was Thema des nächsten Abschnitts ist.

---

[105] Der Weg zu einer mechanismischen Erklärung besteht im Formulieren von sog. Translucent-Box-Hypothesen (Bunge & Mahner 2004:79). Diese postulieren *Prozesse* in Dingen (unter gegebenen äußeren Bedingungen) und werden von Black-Box- oder Grey-Box-Hypothesen abgegrenzt, die entweder nur *externe Zustände* von Dingen oder *externe und interne Zustände* in Dingen postulieren, nicht aber Zustandsveränderungen bzw. Prozesse (ebd.:78 f.). Als Zustand wird das Gesamt der zu einem bestimmten Zeitpunkten gegebenen Eigenschaften eines Objekts verstanden (ebd.:51).

## 3.2 Allgemeine normative Handlungstheorie (AHT)

Wie die Wissenschaftsphilosophie im Rahmen des SPSA die Funktion der Klärung der Beziehung unterschiedlicher Objekttheorien übernimmt, obliegt dies der Philosophie der Technologie oder philosophischen Handlungstheorie für die Klärung der Beziehung zwischen Erklärungs- und Handlungswissen. Diese befasst sich, zusammen mit der Ethik, mit Problemen methodischen Handelns und zielt – analog der Wissenschaftstheorie im Hinblick auf kognitive Operationen – auf die Entwicklung kritischer Standards für „gute" Handlungen sowie auf die Entwicklung von allgemeinen Regeln ihrer Erzeugung (Obrecht 2001:48). Ihre Bedeutung für Handlungswissenschaften besteht darin, dass diese im Unterschied zu Basiswissenschaften mit Fragen professioneller Handlungen befasst und somit über die kognitiven Operationen des Beschreibens, Erklärens und Prognostizierens als deren Thema hinausgeht (Obrecht 2004:12). Entsprechend besteht das primäre Ziel von Handlungswissenschaften in der Lösung kognitiver Probleme im Hinblick auf die Lösung praktischer Probleme, weshalb der philosophischen Handlungstheorie als Methodologie der Lösung praktischer Probleme in Ergänzung zur Methodologie der Lösung kognitiver Probleme zentrale Funktion zukommt und den Kern der systemistischen Auffassung von professionellem Handeln (Praxeologie) bildet.

So wenig wie nach der materialistischen Ontologie Wissen aus dem Nichts entsteht, gilt dies für Handlungen. Auch motorische Prozesse sind durch konkrete Gehirnprozesse gesteuert und – so die Kernhypothese der Beziehung zwischen Wissen und Handeln – mit Denken, Bedürfnissen und Motivation verknüpft (s. Kap. D 1.2.2). Obrecht definiert Handeln dann auch als den „motorische[n] Prozess, in dessen Verlauf ein Organismus versucht, einen aktuellen Zustand, der sich außerhalb des durch ihn selbst definierten [bzw. ihn selbst bestimmten; P.G.] Toleranzbereichs befindet und von ihm daher als Bedürfnisspannung erfahren wird, in einen Zustand zu überführen, der innerhalb des Toleranzbereichs liegt und keine solche Spannung mehr zur Folge hat. Das Mittel, mit dem der Organismus die Steuerungsleistung vollbringt, ist sein Wissen über sich selbst und seine Umwelt, das er im Laufe seiner Geschichte durch Lernen erworben hat" (1996b:119).

Anders gesagt: Handeln ist ein durch bewusste oder nicht bewusste Bedürfnisse motivierter und damit absichtsvoller Vorgang, zu dessen Befriedigung zu Wissen fähige Organismen dieses einsetzen. Aufgrund dieses Verhältnisses und der Fähigkeit von Menschen zu reflektiertem Erleben (Selbstwissensfähigkeit) lässt sich wirksames Handeln durch die bewusste Anwendung von systematischem und in Bezug auf Wahrheit bzw. Wirksamkeit überprüftem Wissen fördern. Da professionelles Handeln dem Anspruch nach bestmögliche Hilfe sein soll, verbindet sich mit diesem untrennbar der Anspruch an Rationalität.[106] Auf dieser Grundlage sind an professionelles Handeln im Unterschied zu anderen Formen des Handelns, wie dem Alltags- bzw. Routinehandeln oder dem habitualisierten Handeln[107], folgende Anforderungen zu stellen:

---

[106] In diesem Zusammenhang betont Obrecht nachdrücklich, dass der Rationalitätsbegriff Emotionen nicht ausschließt: „Rationalität ist im Gegenteil eine von Emotionen gesteuerte Form des Handelns, die einem affektiv besetzten Ziel zuliebe auf Zeit andere Emotionen unter Kontrolle hält" (2001:50).

[107] Mit Bezug auf alltägliche, habitualisierte und professionelle Handlungen unterscheidet Obrecht drei unterschiedliche Denk- und Wissensformen nach dem Grad der Reflexion und Systematik. Alltagshandeln oder Routinehandeln beruht danach auf Erleben, d. h. automatischen kognitiven Prozessen, wie Wahrnehmung, Erwartungen, affektiven Bewertungen und exekutiven Funktionen. Habitualisiertes Handeln beruht auf

„(1) Es ist selbstbewusst, (2) es ist auf ein explizites praktisches Ziel gerichtet, (3) es erreicht das Handlungsziel dadurch, dass es in seinem Verlauf eine ganz bestimmte Abfolge von aufeinander bezogenen kognitiven Problemen löst, die alle der Entwicklung, Steuerung und Bewertung von zielführenden Verhaltensschritten dienen und es stützt sich (4) bei der Lösung dieser Probleme [u. a.; P.G.] systematisch auf wissenschaftliches Wissen" (ebd.:69).

Das von Obrecht entwickelte „Normative Modell rationalen Handelns" (1996b) ist eine allgemeine normative Handlungstheorie, die diese Kriterien erfüllt. Ausgehend von der ontologischen Annahme, dass alle Dinge sich jederzeit gesetzmäßig verhalten, folgt daraus für planvolles Handeln, dass dieses nur erfolgreich sein kann, „wenn es auf die aktuellen Zustände der Dinge Bezug nimmt, auf die es bewahrend oder verändernd einwirken will [...] und wenn [...] seine Steuerung (Regeln) davon ausgehend den Gesetzmäßigkeiten Rechnung trägt, denen ihr Verhalten unterliegt" (ebd.:170). Die Kernaufgabe der Integration von Erklärungs- und Handlungswissen besteht daher in der Verknüpfung nomologischer Theorien mit speziellen normativen Handlungstheorien bzw. Methoden. Ermöglicht wird dieses über die Metamethode zur rationalen Gewinnung inhaltlich-technologischer Theorien, wie sie von Bunge (1967, 1998) vorgeschlagen wurde und heute unter der Bezeichnung „Transformativer Dreischritt" (Staub-Bernasconi 1995, 2001, 2002, 2006) oder „Transformationsschema" ( Krapp & Heiland 1993; Hofer 1996) bekannt ist. Dieses sieht wie folgt aus:

(1) Gegeben ist eine theoretische Aussage der Form „Wenn A, dann B", die innerhalb einer Theorie begrifflich hinreichend und empirisch erhärtet ist.
BEISPIEL[108]: Wenn einheimischen Jugendlichen in ihrem sozialen Umfeld unzureichende Ressourcen (z. B. Arbeitsplätze) zur Verfügung stehen und sie unter dieser Bedingung mit MigrantInnen um die Ressourcen konkurrieren, ethnisieren sie sozialstrukturelle Probleme.

(2) Aus der Gesetzesaussage gewinnt man zunächst eine auf Tätigkeiten bezogene nomopragmatische Aussage der Form „Wenn man ... tut, dann ...":
BEISPIEL: Wenn man Ressourcen für einheimische Jugendliche in ihrem sozialen Umfeld knapp hält und sie um diese mit MigrantInnen konkurrieren lässt, werden sie die sozialstrukturellen Probleme ethnisieren.

(3) Aus der nomopragmatischen Aussage gewinnt man im dritten Schritt zwei Regeln der Form: „Um zu ..., tue ..." .
BEISPIEL: (a) Um die Ethnisierung sozialstruktureller Probleme durch einheimische Jugendliche zu fördern, verknappe Ressourcen und unterstütze den Konkurrenzkampf um diese mit MigrantInnen. (b) Um die Ethnisierung sozialstruktureller Probleme durch einheimische Jugendliche zu verringern, schaffe ausreichende Ressourcen und unterbinde den Konkurrenzkampf um diese mit MigrantInnen.

Im Kern lautet die Metaregel zur Gewinnung von Handlungsregeln somit: Wenn A→B eine Gesetzmäßigkeit ist, dann suche die Regeln „B per A" und „Nicht B per Nicht A".

---

Erfahrung, d. h. Alltagstheorien. Diese basieren auf bewusstem, aber nicht kritischem und systematischem Denken (Obrecht 1996b:124). Deutlich wird auch, dass das Wissen-Handeln-Problem lediglich eine Frage der Art und Qualität von Wissen ist.

[108] Das Beispiel ist entnommen aus Borrmann (2005:217), der ein Set an allgemeinen Regeln für die Bearbeitung des Problems des Rechtsextremismus bei Jugendlichen bearbeitet. Einige Formulierungen wurden wegen ihrer lehrbuchmäßigen Darstellung verändert.

Dabei verweist das Wort „suchen" darauf, dass Regel- und Methodenentwicklung immer im Sinne eines Abgebens begründeter Empfehlungen zu verstehen ist und die Anwendung von Regeln und Methoden nicht einfach ein Übernehmen bedeuten kann. Da die Beziehung zwischen nomopragmatischer Aussage und Regel eine pragmatische ist, lassen sich Regeln also nicht aus den nomopragmatischen Gesetzmäßigkeiten folgern, wie dies bei logischen Schlussfolgerungen aus den Prämissen der Fall ist. Die Wirksamkeit von Regeln auf der Grundlage der nomopragmatischen Gesetzmäßigkeiten ist nahegelegt, nicht aber garantiert.[109] Regeln können vor allem unwirksam werden, wenn sich Gesetzmäßigkeiten auf ein zu verallgemeinertes Modell eines konkreten Systems beziehen (Bunge 1967; Obrecht 1996b:169). Herrmann (1979; zit. n. Krapp & Heiland 1993:63) hat dies als Allgemeinheits-Konkretionsdilemma des Bunge'schen Transformationsschemas bezeichnet. Werden Handlungsregeln zu allgemein formuliert, ergibt sich das Problem, dass sie zwar für viele Handlungssituationen anwendbar, jedoch in ihrem Gehalt trivial sind. Damit stellt sich für die handelnde Person die Aufgabe, die Regeln für die spezifischen Bedingungen der Situation zu konkretisieren. Umgekehrt haben stark spezialisierte Regeln den Nachteil, dass sie nur für einen sehr kleinen Bereich anwendbar sind und „in allen übrigen Fällen den Praktiker ratlos zurück[lassen]" (Krapp & Heiland 1993:63). Einen Beitrag zur Reduzierung dieses Dilemmas leistet die allgemeine normative Handlungstheorie, indem sie professionelles Handeln nicht allein auf Methoden, sondern auf verschiedene Formen des Wissens abstellt (s. u.).

Wie Staub-Bernasconi (2007:262 ff.) deutlich macht, ist eine nomologische sowie empirische Begründungsbasis für die Entwicklung professioneller Methoden wie auch ihrer Verwendung wohl notwendig, jedoch nicht hinreichend. Angesichts dessen, dass nomopragmatische Gesetzmäßigkeiten nach zwei Seiten hin interpretierbar sind, bedürfen sie stets auch einer ethischen Begründungsbasis, sprich Werturteile, aufgrund derer die mit den Methoden angestrebten Effekte transparent und kritisch reflektierbar und auch ihre Anwendung ethisch verantwortungsvoll erfolgt. Staub-Bernasconi fordert, dass die Einbindung in Wertfragen und der dazugehörigen Ethik für Professionen wie auch Wissenschaft ein Muss ist, da jeder wissenschaftlich erhobene Zusammenhang als wissenschaftliche Begründungsbasis sowohl für die Verminderung und Lösung, als auch auf zynische, schreckliche Weise für die Verschärfung von Probleme dienen kann.[110]

---

109 Dies ist der Grund, warum Methoden in jedem Falle einer Wirksamkeitsüberprüfung bedürfen. Unterstellt man gesetzmäßiges Verhalten aller Dinge, ist der umgekehrte Weg aber problematisch. Der Weg von erfolgreichen Handlungen zu (wahren) Theorien ist nämlich unbegrenzt und eben auf die fehlende logische Beziehung zwischen Gesetzmäßigkeiten und Regeln zurückzuführen. Die Regel „Um B zu erhalten, tue A" ist nur wirksam, wenn A und B der Fall ist, also die entsprechende Gesetzmäßigkeit vorliegt. Welche Gesetzmäßigkeit dies ist, kann aus der Regel nicht logisch gefolgert werden, da sich eine unbegrenzte Anzahl von Möglichkeiten eröffnet (Bunge 1967; Obrecht 1996b:169).

110 Dies wird auch zunehmend in der wissenschaftlichen Psychotherapie so gesehen. Im Unterschied zur Sozialen Arbeit, die sich in den vergangenen drei Jahrzehnten vor allem einer *wertrationalen Begründung ihres Handelns* verpflichtet sah, mit dem Resultat, dass sie kaum über systematisch erzeugte Veränderungsmethoden verfügt, hat sich in der Psychotherapie eine stark *zweckrationale Orientierung* entwickelt mit dem Resultat, dass zwar zahlreiche Methoden zur Verfügung stehen, die Risiken bei der Anwendung aber deutlich unterschätzt wurden (Wagner 1999:48). Als zentrale Aufgabe der gegenwärtigen Psychotherapie erachtet Wagner dann auch die Erarbeitung eines metatheoretischen Rahmenmodells, „welches sich an anthropologischen Kernannahmen orientiert" und „neben der empirischen Effizienz auch ethische Aspekte als Kriterien für die Auswahl von psychotherapeutischen Interventionen erlaubt" (Wagner 2008:251-272).

„Nicht alles, was empirisch und sogar wissenschaftlich abgesichert Erfolg bringt, ist auch ethisch legitimierbar“ (ebd.:263).

Die allgemeine normative Handlungstheorie ist ihrerseits eine über die Metamethode erzeugte Technologie problemlösenden Handelns. Gestützt auf eine psychobiologisch begründete Theorie des Handelns sowie auf eine Theorie des Wissens und der Rationalität sind in ihr die kognitiven Operationen verknüpft, die sich einer handelnden Person zur wirkungsvollen Lösung praktischer Probleme stellen. Hierin besteht dann auch ihr Beitrag zur Handhabung des Theorie-Praxis-Problems. Im Ergebnis stellt sie sich als ein Phasenmodell dar, in dem Wissen verschiedener Wissensformen als Antworten auf eine je spezifische Frage (W-Fragen) unterschieden wird.[111] Wissensformen und W-Fragen sind entlang einer auf Individuen bezogenen Semantik formuliert. Hierdurch ist dem Umstand Rechnung getragen, dass sich professionelle Handlungen in der Sozialen Arbeit auf menschliche Individuen, also ihrerseits selbstwissens- und kommunikationsfähige Lebewesen, beziehen, weshalb sich das normative Handlungsmodell im Unterschied zur philosophischen Handlungstheorie, die eine objektbereichsunspezifische Handlungstheorie ist, auch als objektbereichsspezifische normative Handlungstheorie versteht. Hieraus erklärt sich im Weiteren, dass professionelles Handeln nicht nur der Form nach rational sein sollte. Erforderlich ist auch qualitative Rationalität, sollen Handlungen sowohl theoretisch begründbar, wirksam als auch ethisch verantwortbar sein. Die folgende Tabelle zeigt die Phasen und Struktur der W-Fragen und Wissensformen als theoretisch-gedankliche Abfolge[112] der Lösung kognitiver Probleme im Rahmen der Problemlösung sowie der den Wissensformen zugrunde gelegten substanziellen Rationalitätskriterien.

[111] Obrecht sieht den entscheidenden Unterschied zu den zahlreichen bestehenden Phasenmodellen, welche die Grundstruktur professionellen Handelns beschreiben, darin, dass diese „das Problem problemlösungsorientierten Handelns von den im planenden Handeln identifizierbaren Phasen her angehen und nicht von einer Erklärungstheorie der Werte (Bedürfnisse, Motivation) und des Wissens (Bilder und kulturelle Codes) menschlicher Individuen und ihren Funktionen im Handeln“ (Obrecht 1996b:177.)

[112] Reale Prozesse praktischer Problemlösung folgen dagegen einer kommunikativen und handlungsbezogener Abfolge (Obrecht 2003c:159).

*Abb. 8: W-Fragen und Wissensformen*

| W-Fragen | Wissensform | Rationalitätskriterium |
|---|---|---|
| | Phase I: Situationsanalyse | |
| 1. Was? | Bilder (Gegenwarts- und Vergangenheitsbilder)<br>= *Beschreibungswissen* | *exakte* Beschreibung einer Situation |
| 2. Warum? | Codes (Beschreibungs- und Erklärungstheorien)<br>= *Erklärungswissen* | *gültige (wahre), tiefe* (mehrniveuanale) Erklärung |
| | Phase II: Bewertung und Problembestimmung | |
| 3. Wohin? | Zukunftsbilder (Prognosen, Trends)<br>= *Prognosewissen* | *gültige (dynamische)* Prognose |
| 4. Was ist gut? | Werte<br>= *Wertewissen* | *gültige (wahre)* Werturteile |
| 5. Was ist nicht gut? | Probleme<br>= *Problemwissen* | *gültige (wahre)* Werturteile |
| | Phase III: Zielsetzung und Planung | |
| 6. Woraufhin? | Ziele, Mandat<br>= *Zielwissen* | *realistische* Ziele |
| 7. Wie? | Pläne, Methoden Fertigkeiten (Skills)<br>= *Interventionswissen* | *theoretisch begründete, effektive, ethisch verantwortbare, effiziente* (allgemeine und spezifische) Methoden<br>und *valide* Pläne (policies) |
| 8. Womit? | Ressourcen<br>= *Ressourcenwissen* | *effiziente Nutzung* von nicht personengebundenen und von personengebundenen Ressourcen[113] |
| | Phase IV: Entscheidung und Implementierung des Planes | |
| 9. Welche? | Entscheidung<br>= *Entscheidungswissen* | an Effektivität, Wünschbarkeit und Effizienz orientierte Entscheidungen |
| | Phase V: Evaluation | |
| 10. Was (Ergebnis)? | Evaluation<br>= *Evaluationswissen* | an Effektivität, Effizienz und Wünschbarkeit orientierte Erfolgsüberprüfung |

Quelle: eigene (in Anlehnung an Obrecht 1996b:132 f. und Geiser 2013:292 ff.)

Obrecht definiert professionelles Handeln zusammenfassend als „eine Abfolge von durch bewusste Werte getriebenen und durch [kontrollierte; P.G.] Emotionen gesteuerten kognitiven Operationen, die ihrerseits Abfolgen von zielorientierten neuromotorischen Operationen bzw. Handlungen steuern" (2003c:159). Bezogen auf das Theorie-Praxis-Problem folgt daraus, dass nomologische Theorien eine wichtige kognitive Ressource für professionelles Handeln darstellen, sind sie doch eine notwendige Bedingung

[113] Obrecht unterscheidet personenungebundene und personengebundene Ressourcen über die „Womit"-Frage als Frage nach personenungebundenen Ressourcen und die Wer-Frage als Frage nach „Handelnden, deren Wissen, Handlungsvermögen oder Besitz als Ressourcen im Rahmen von komplexen [...] Interventionen einbezogen werden können (1996b:173). Ich ziehe es vor, beide Ressourcenaspekte unter die „Womit"-Frage zu subsumieren.

für die Erzeugung von Wissen aller Wissensformen. Zwar werden rationale Handlungen nicht unmittelbar über nomologische Theorien gesteuert, denn dies erfolgt über Wahrnehmung und begriffliche Bilder, d. h. über Beschreibungen von gegenwärtigen, erwarteten und gewünschten Zuständen sowie von Plänen und Methoden (ebd.:159 f.). Dennoch stellen sie die begrifflichen Mittel dieser Beschreibungen bereit, so dass gilt: ohne wissenschaftliche Theorie kein professionelles Handeln.

Von handlungstheoretischer Bedeutung für die Soziale Arbeit aus der Sicht des SPSA ist die *Theorie sozialer Probleme*, die als Kerntheorie die Funktion der Bestimmung des zu bearbeitenden Wirklichkeitsausschnitts durch die Sozialarbeitenden (Punkt 1 und 2) übernimmt. Ihr kommt zusammen mit der auf dem moralischen Realismus gründenden *Theorie der Biowerte oder Bedürfnisse* (Punkt 4 und 5) auch die Funktion der Bewertung der beschriebenen Situation sowie des Veränderungsbedarfs zu (s. Kap D 2).

Die bisherigen Ausführungen machen den allgemeinen Charakter der allgemeinen normativen Handlungstheorie und damit auch ihren Nutzen für Professionen deutlich, in deren Mittelpunkt menschliche Individuen stehen. Umgekehrt lässt sich formulieren, dass, wo immer professionell gehandelt wird, die Handlungen sich über ihre Struktur der allgemeinen normativen Handlungstheorie abbilden lassen müssen, um als professionell bezeichnet zu werden. Sie stellt daher auch ein zentrales Mittel handlungstheoretischer Analysen dar (Obrecht & Gregusch 2003). In Bezug auf Methoden kommt ihr damit sowohl die Funktion der Methodenentwicklung als auch der Methodenintegration zu.

Was die *Methodenentwicklung* betrifft, besteht der Beitrag der allgemeinen normativen Handlungstheorie darin, dass sie die für professionelles Handeln erforderlichen Wissensformen bereits integriert hat und Methoden im Rahmen dieser Struktur einer *Spezifizierung des Objekt-* und/oder *Interventionsbereichs* und/oder der *strukturellen Rahmenbedingungen* und entsprechender Theorien bedürfen, aus denen diese zu entwickeln sind.

Hinsichtlich des *Gebrauchs von Methoden* ist das Allgemeinheits-Konkretionsdilemma, sofern Problem- und Werttheorien zur Verfügung stehen und sofern die handelnde Person von der allgemeinen normativen Handlungstheorie Gebrauch macht, deutlich abgeschwächt, geben Erstere den Referenzrahmen professioneller Interventionen vor und sorgt Letztere für deren fallspezifische Erzeugung bzw. Einsatz. Freilich ist das Entwickeln und Prüfen von Methoden eine komplexe und damit eher eine Angelegenheit der Wissenschaft (Hofer 1996:26 f.). Doch auch wo keine Methoden zur Verfügung stehen, sondern nur Objektwissen, sind PraktikerInnen nicht allein auf Intuition angewiesen, sofern sie über „Transformationskompetenz“ verfügen, sie also das Transformationsschema fallbezogen anwenden können und dadurch „zum kreativen Umgang mit Wissen unter Einbezug der personellen, organisationellen und ressourcenbezogenen Voraussetzungen“ in der Lage sind (Staub-Bernasconi 2007:261f.).

Hinsichtlich der *Methodenintegration* besteht ihre Funktion vor allem in der Kodifikation von Methoden, deren Notwendigkeit sich bei unsystematischer Darstellung und/oder unklarem wissenschaftlichen Status einer Methode ergibt. Insbesondere bedarf es der Methodenevaluation bei Methoden, deren Wirksamkeit zwar nachgewiesen, deren Wirkungsweise aber nicht erklärt ist und die damit eine Zwischenposition zwischen Alltagsmethoden (Faustregeln) und wissenschaftsbasierten Methoden einnehmen (Obrecht & Gregusch 2003:64; zu vergleichbaren Verfahren der Methodenanalyse vgl. Schlee 2002:39 ff.; Proschaska & Norcross 2003). Kann die Wirkungsweise erklärt werden, ist in einem nächsten Schritt der Beitrag der Methode für die je nach Profession zu lösenden Probleme zu beurteilen, wofür wiederum die Kerntheorien, im Fall der Sozialen Arbeit die Theorie sozialer Probleme und die Bedürfnistheorie, den Bewertungsmaßstab bildet. Das Verfahren basiert somit auf einer Umkehrung des für die Methodenentwicklung grundlegenden Verfahrens der Transformation. Die Operationen sind im folgenden Flussdiagramm dargestellt:

*Abb. 9: Eine Methode der Kodifikation von Methoden*

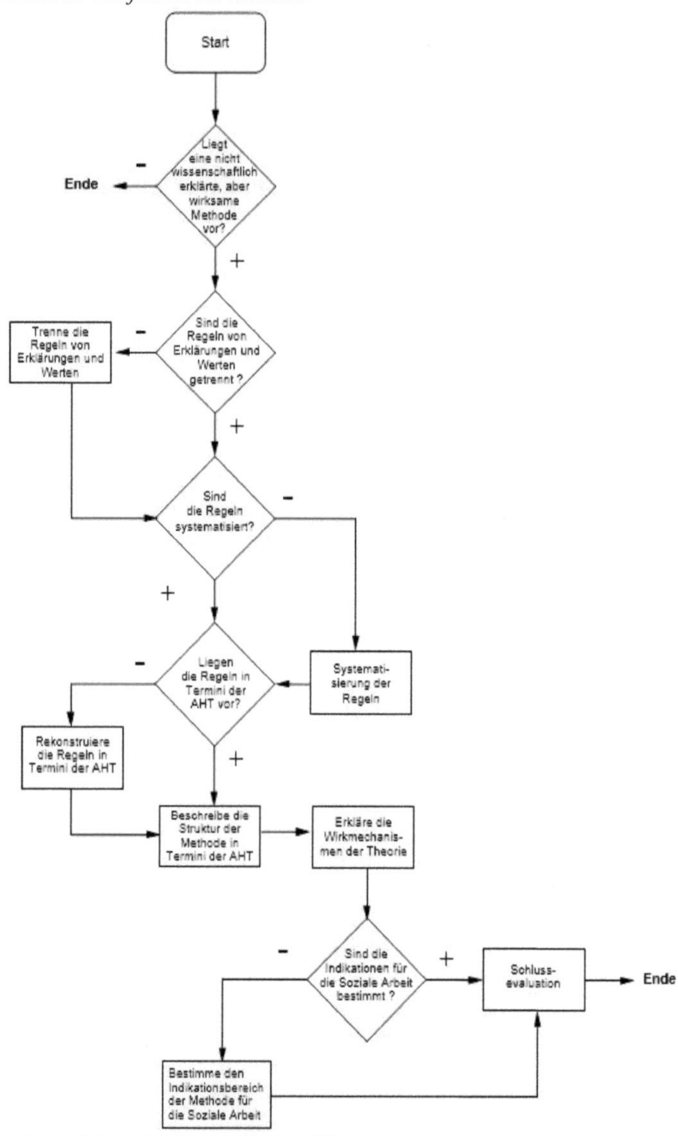


Quelle: Obrecht & Gregusch 2003:64, vgl. auch Obrecht 2003c:163

Die theoretischen Ressourcen des SPSA zur Theorieintegration und Theorie-Praxis-Integration, im Weiteren der Methodenintegration als Fundamente für Theorie- und Methodenentwicklung sind nun dargelegt, so dass eine Präzisierung des beratungstheoretisch Allgemeinen und Spezifischen erfolgen kann.

## 3.3 Das beratungstheoretisch Allgemeine, Spezifische und Spezielle

Wie zu Beginn dieses Kapitels formuliert, zielt der Integrationsansatz des SPSA auf die Entwicklung einer eigenständigen Sozialarbeitswissenschaft, die sich *nicht einer bestimmten Leitdisziplin* unterwirft. Die materialistisch-emergentistische Ontologie und die allgemeine normative Handlungstheorie sind *transdisziplinäre Integrationstheorien* und sie ermöglichen es, Wissen bestehender basiswissenschaftlicher und anderer handlungswissenschaftlicher Disziplinen (Ebene II und IV der Wissensstruktur) in Bezug auf spezifische Fragestellungen der Sozialen Arbeit (Ebene V) miteinander zu verknüpfen, ohne dass diese dadurch ihre Eigenständigkeit verlieren.
Angesichts der Komplexität menschlicher Realität ergibt sich die Notwendigkeit transdisziplinärer Theorien jedoch in allen Human- und Sozialwissenschaften und erst recht in Handlungswissenschaften und Professionen. In Anbetracht des Erklärungsbegriffs ist Autonomie von (Handlungs-)Wissenschaften immer relative Autonomie, die nur über die professionsspezifische Problematik konstituiert wird (Staub-Bernasconi 2000:166). Das Modell der transdisziplinären Integration kann folglich als Mittel der Synthese von Wissen auch in anderen Handlungswissenschaften eingesetzt werden. Die unterschiedliche Problematik in Rechnung stellend ergeben sich dann Unterschiede in der Konfiguration der je relevanten Objekttheorien und der problemspezifischen Methoden (Ebene II und IV der Wissensstruktur) und in Bezug auf die Professionen im Interventionsbereich (Ebene V). Dabei gilt dieses auch nur teilweise, da viele Handlungswissenschaften zumindest das allgemeine objekttheoretische Wissen und auch methodisches Wissen teilen (Obrecht 2001:101ff.).

Hieran anknüpfend wird in dieser Arbeit die Theorie der Anwendung der allgemeinen normativen Handlungstheorie als *allgemeine normative oder transprofessionelle Beratungstheorie* verstanden, die, wie die Handlungstheorie auch, auf die optimale Steuerung von Problemlösungsprozessen zielt. Der allgemeinen normativen Handlungstheorie kommt damit unmittelbarer Nutzen für Beratungstheorien zu (Geiser 2001:15ff.). Im Unterschied zu dieser Handlungstheorie, die auf Optimierung des Steuerungsprozesses Professioneller gerichtet ist, zielt allgemeine Beratungstheorie darauf, selbstgesteuerte Problemlösungen der AdressatInnen grundsätzlich zu ermöglichen, in dessen Folge nicht die gleichen Maßstäbe hinsichtlich der Rationalitätskriterien anzulegen sind. Die allgemeine normative Beratungstheorie, die ebenso wie die allgemeine normative Handlungstheorie eine (noch zu beschreibende) allgemeine Theorie von Problemen und Bedürfnissen einschließt, dürfte Parallelen mit Beratungs- oder Therapieansätzen aufweisen, die sich einer bio-psycho-sozial-kulturellen Sicht auf menschliches Verhalten verpflichtet sehen und den KlientInnen eine gewichtige Rolle bei der Problemlösung zuschreiben.

Als *spezifische, sozialarbeiterische, normative Beratungstheorie* wird hier eine auf den systemistischen Theorien sozialer Probleme, sozialer Bedürfnisse und soziokultureller Werte und Normen gründende Handlungstheorie verstanden, die darauf zielt, soziale Probleme über die Förderung von Selbststeuerungskompetenzen, die nunmehr im Hinblick auf die kognitive Dimension der Selbststeuerung als Problemlösungskompetenzen (genauer als Beschreibungs-, Codierungs-, Antizipations-, Bewertungs- Zielbildungs-, Interventions-, Planungs-, Entscheidungs- und Evaluationskompetenzen) bezeichnet werden können, aufzuheben, zu mildern oder diesen (und weiteren Problemen) vorzubeugen. Auch diese Theorien sind noch darzustellen (s. Kap. D).

Beratung wird damit einerseits als objektbereichsspezifische, sprich auf Individuen als Mitglieder sozialer Systeme bezogene Methode, und problemunspezifische Methode (transprofessionelle oder allgemeine Beratung) und andererseits als objektbereichsspezifische und problemspezifische Methode (sozialarbeiterische Beratung) konzipiert. In Bezug auf Soziale Arbeit wird damit eine spezielle Handlungstheorie entwickelt, die vom potenziell größten gemeinsamen Nenner der Profession, namentlich sozialer Probleme, ausgeht. Geprüft wird im Weiteren, welche Modifikationen im Falle der Beratung unter einigen relevanten Kontextmerkmalen der Sozialen Arbeit vorzunehmen sind (s. Kap. E 4).

Beratungstheorien, die ganz bestimmte Merkmale einer Beratungssituation im Rahmen einer Profession berücksichtigen, sei es in Bezug auf das Klientensystem, in problemtypischer oder kontextbezogener Hinsicht, werden als *spezielle normative Beratungstheorien* bezeichnet; Beispiele dafür sind etwa die Schuldenberatung oder die Gemeinwesenberatung. Mit der Unterscheidung in spezifische und spezielle Beratungstheorien soll dem Umstand Rechnung getragen werden, dass bereits die Problematik und ihre Bearbeitung professionsbezogene Spezifika darstellen, die innerhalb der Profession aber noch vielfältig variieren können.

Indem die Methodenentwicklung theoretisch erfolgt und sich hierbei an den objekt- und handlungstheoretischen Grundlagen des SPSA orientiert, erhalten die Methoden den Status einer Prototechnologie. Im Unterschied zur Technologie sind diese durch das Fehlen eines (zu leistenden) empirisch systematischen Wirksamkeitsnachweises gekennzeichnet (Obrecht 2003c:162).

## 4 Reflexion der Leistungen des Integrationsansatzes im Kontext des sozialarbeitstheoretischen Methodendiskurses und alternativer Integrationsansätze

Im Kontext der Sozialen Arbeit handelt es sich bei dem Modell transdisziplinärer Integration um den bisher am weitesten ausgearbeiteten Vorschlag zur Bearbeitung der Probleme theoretischer und handlungstheoretischer Wissensintegration. Wie schon in Kap. B 3.2 erwähnt, besteht in der Sozialen Arbeit nicht nur kein Konsens über die Beziehung zwischen Erklärungs- und Handlungswissen. Auch in der Frage der Problematik und damit, welches Wissen überhaupt als relevant zu betrachten ist, bestehen Diskrepanzen und es existieren zahlreiche Paradigmen und Ansätze nebeneinander (Sahle 2002:42 ff.). Vorschläge zur Integration multidisziplinären Wissens bleiben meist sehr allgemein, wie etwa das Konzept des „sozialpädagogischen Blicks“ (Rauschenbach, Ortmann & Karsten 1993) mit seiner methodisch „strukturierten Offenheit“ (Thiersch

1993:11 ff.) der lebensweltorientierten Sozialen Arbeit zeigt. Sozialarbeitswissenschaftliche Konzepte, die explizit als transdisziplinär ausgewiesenen sind (z. B. Kleve 1999; Engelke 2003), enthalten, wie Büchner (2011) in ihrer Analyse feststellt, keine Aussagen zur Integration, sondern allenfalls zu Voraussetzungen von Integration. Hinweise zur Methodenentwicklung und -integration finden sich selten (vgl. aber bereits Staub-Bernasconi 1986; Zwilling 2007; Fassler 2007). Umfangreichere Bemühungen sind dagegen im Bereich des methodischen Handelns zu erkennen (z. B. Heiner 2004a; von Spiegel 2004), worauf auch das in Kap. C 2.2 genannte Konzept des ‚reflective practitioners' hinweist. Auf das damit verbundene Methodenverständnis wird im Folgenden kritisch eingegangen; umgekehrt werden die Leistungen des Integrationsansatzes im Kontext des sozialarbeiterischen Methodendiskurses reflektiert (Kap. C 4.1).

Zur Reflexion der Leistungen des Integrationsansatzes lohnt sich zudem ein Blick auf die diesbezüglichen Bemühungen und Beispiele seitens der Psychotherapie. Wie erwähnt, hat sich diese in den vergangenen 25 Jahren verstärkt Fragen der Integration gewidmet und damit auf den faktisch vorherrschenden Eklektizismus von PsychotherapeutInnen, wie er in verschiedenen Studien nachgewiesen wurde, reagiert.[114] Das Thema der Integration ist im Bereich der Psychotherapie am weitesten fortgeschritten (Petzold 1982). Die Suche nach Antworten auf die Kernfrage von Integration, nämlich „welche Behandlung, die von wem durchgeführt wird, wirkt bei diesem Menschen mit diesen besonderen Problemen und in welcher Bedingungskonstellation am besten?" (Lazarus 2000:236), hat drei Integrationsansätze hervorgebracht:
- die Suche nach gemeinsamen Faktoren (common factors),
- die technische Integration und
- die theoretische Integration (Arkovitz 1997).

Von Interesse ist hier die Frage nach den Beiträgen zur Entwicklung der Integrationsansätze bzw. nach entstandenen Modellen zur Entwicklung integrativer Beratungs- bzw. Therapietheorien, wozu zwecks Einordnung wieder die Wissensstruktur herangezogen wird. Mit einer vergleichenden Betrachtung der Ansätze sowie ihrer Leistungen für die Professionalisierung, auf die alle letztlich zielen, aber auch der diesbezüglichen Bedenken durch Integration, schließt das Kapitel ab (Kap. C 4.2).

## 4.1 Methoden als „Suchstrategien für zu erfindende Lösungen" oder als Technologien?

Staub-Bernasconi (2007:265 ff.) hat die häufigsten Argumentationen gegen den hier vorgestellten Zugang zum Theorie-Praxis-Problem zusammengefasst und bezeichnet diese als (1) Komplexitätsargument, (2) Technokratie-Argument, (3) Argument der Zwecklosigkeit der Warum-Frage und (4) Argument der Nichtsteuerbarkeit von Men-

[114] In den USA ergab eine von Garfield und Kurz im Jahre 1974 durchgeführte Untersuchung, dass sich 55 % der PsychologInnen als eklektisch bezeichneten. Nach einer von Proschaska und Norcross vorgelegten Studie im Jahre 1983 arbeiteten 30 % der PsychotherapeutInnen eklektisch, 18 % psychodynamisch, 9 % psychoanalytisch, 8 % kognitiv, 6 % verhaltenstherapeutisch, 4 % existenziell, 3 % gestalttherapeutisch, 4 % humanistisch und 2 % personenzentriert. Die übrigen 15 % gaben weitere Ansätze an (Mc Leod 2004:270). Auch in Großbritannien und Deutschland wurde die vorherrschende eklektische Orientierung bestätigt (O'Sullivan und Dryden 1990; Gerstenmaier & Nestmann 1984; Fichter, Wittchen & Dvorak 1980; Breuer 1991).

schen und sozialen Organisationen. Auch bei der Betrachtung der beratungstheoretischen Situation spielten einige dieser Argumente eine Rolle.
Mehr oder weniger haben alle Argumente hinsichtlich einer professionellen Praxis gewisse Berechtigung. So kann das *Komplexitätsargument*, aus dem sich u. a. der Zweifel an eine allgemeine Beratungstheorie speist, als im Dienste der Verhinderung der Entwicklung eines supertheoretischen Methodenverständnisses stehend interpretiert werden („Eine Methode kann für alle Probleme verwendet werden"). Das *Technokratie-Argument*, das zur Zurückhaltung von Wissenschaft in Fragen der Praxis auffordert, kann als Argument verstanden werden, durch das die Entwicklung eines Methodenverständnisses verhindert werden soll, welches die Besonderheiten einer Klientensituation ausblendet („Zu bevorzugen ist immer die Methode, die am effektivsten und effizientesten ist"). Das *Argument der Zwecklosigkeit der Warum-Frage* und ebenso das *Argument der Nichtsteuerbarkeit*, die zur Aufgabe problem- und fremdsteuerungsorientierten Arbeitens aufrufen, kann die Funktion haben, der Entwicklung eines ausschließlich sozialarbeiter- bzw. beraterzentrieren Methodenverständnisses vorzubeugen („Ich weiß auch ohne Sie, was Ihnen hilft"). All diese möglichen Negativ-Entwicklungen werden auch im SPSA gesehen und, um ihnen entgegenzuwirken, ein Rollenverständnis von Professionellen als reflektierende PraktikerInnen als unabdingbar betrachtet (Staub-Bernasconi 2010:129 f.; Staub- Bernasconi 2009b:36 ff.).
Im Unterschied zum Gros der sozialarbeiterischen Methodendiskussion werden solche möglichen Entwicklungen jedoch nicht zum Anlass genommen, Methoden von vornherein mit Technokratie und Expertokratie in Beziehung zu bringen.[115] Wie dargelegt, kommt es darauf an, auf welche Grundlagen Professionelle die Wahl von Methoden abstellen oder anders gesagt, auf welche der ihnen zur Verfügung stehenden Theorien methodischen Handelns.

Fragen methodischen Handelns beschäftigen die Soziale Arbeit unter dem Stichwort der sozialpädagogischen Kasuistik oder des Fallverstehens als „wissenschaftlich fundierte Verfahren der Wissensgewinnung und -auswertung" (von Spiegel 2004:251) weitaus mehr als die Frage nach Methoden im engen Sinne bis dahin, dass Methode mit methodischem Handeln schlechthin gleichgesetzt wird, so dass allgemeine und spezifische Aspekte des professionellen Handelns nicht mehr klar voneinander differenziert werden können (Preis 2009:157ff.). Dies ist z. B. bei Müller der Fall, wenn er Methode als „selbstreflexives Arbeitskonzept" oder als „Hermeneutik des Fallverstehens" definiert (Müller 1993:11). Auch bei Thiersch ist das Verwechslungsrisiko groß, wenn „Methode als Grundmuster" verstanden werden soll, „das in unterschiedlichen Aufgaben unterschiedlich akzentuiert und konkretisiert wird, indem aber immer das Moment der Strukturierung instrumentell für die Situation realisiert wird" (1993:24). So zieht Galuske das Fazit: „Sozialpädagogische Methode wäre demnach weniger denn je mit schematisch anzuwendender Technik, mit einer Sammlung konkreter Handlungsanweisungen zu verwechseln. Sie wäre vielmehr ein flexibel nutzbares Instrument zur Analyse, Planung und Realisierung von Hilfe im Alltag" (1999:135).
Ein solches Methodenverständnis als ‚Suchstrategien für jeweils zu erfindende Lösungen' (s. Kap. C 2.2) soll der Gefahr entgegenwirken, Professionalität als ein rezeptartiges Vorgehen zur Lösung jedweder Probleme zu verstehen. Die Absicht ist vor dem

[115] Vgl. dazu die Kritik an der Begründungsbasis der Argumente bei Staub-Bernasconi (ebd.).

Hintergrund unkritischer, sprich supertheoretischer, technokratischer und expertokratischer Methodenverwendung richtig und nachvollziehbar. Möglich wird dies aber auch nicht, wenn die Operationalisierung der Suchstrategien bei Problemdeutungen enden und ebenso wenig, wenn keine klaren Kriterien gelten, aufgrund derer Professionelle ihre kognitiven Prozesse - Müller spricht in diesem Zusammenhang von „‚Lesarten' jeweiliger Fallkonstellationen" (Müller 2002:741) - steuern können.
Für Ersteres sei exemplarisch auf die rekonstruktive Sozialpädagogik (Jakob & Wensierski 1997) hingewiesen.[116] Zu Recht macht Galuske auf deren beschränkten Nutzen für die sozialarbeiterische Praxis aufmerksam, ist es doch nicht nur Aufgabe der Sozialen Arbeit, „Sinnrekonstruktionen zu erzeugen, sondern auch (bestenfalls: gemeinsam mit Klienten) zu handeln" (1999:205). Zweiteres trifft z. B. auf die multiperspektivische Fallarbeit von Müller (1993) zu. So bleibt bei den (Multi-)Perspektiven „Fall von", „Fall für" und „Fall mit" beispielsweise offen, worauf sich die Auswahl der „Perspektive" innerhalb der jeweiligen Perspektive begründet. Zu einer begründeten Wahl von Methoden können Sozialarbeitende damit nicht gelangen, da sie u. a. auch gezwungen sind, die „Theorieperspektive" zu erfinden. Sollen sie darüber hinaus Theorien stets neu erfinden (s. Kap. C 2.2), wie dies hermeneutisch-interpretative Methodenbegründungen prinzipiell erforderlich machen, stellt sich die grundsätzliche Frage, wie sich eine professionalisierte Praxis entwickeln könnte. An dieser Frage entfacht sich der Methodendiskurs bzw. verweist diese auf die Differenz zwischen der handlungswissenschaftlichen Lösung des Theorie-Praxis-Problems im Verständnis des SPSA und seinen reflexionswissenschaftlichen Alternativen der stellvertretenden Deutung (z. B. Oevermann 2000) oder der aktuell diskutierten Relationierung von Wissensformen, bei der wissenschaftliches Wissen einerseits und praktisches Erfahrungswissen andererseits als einander gleichgestellte Grundlagen des professionellen Handelns konzipiert werden (Dewe & Otto 2005, s. auch Kap. C 2.2).[117]

Die Kritik aus systemistischer Sicht an einer sich reflexionswissenschaftlich begründenden Praxis richtet sich dabei vor allem auf die Vernachlässigung der für professionelles Handeln relevanten Beziehung zwischen wahren Theorien (im korrespondenztheoretischen Sinn) und wirksamem Handeln. Die Frage, was „wirksam" im professionellen Sinne bedeutet, ist diesem Verständnis nach nicht eine auf der Grundlage (beliebig) vielfältiger sozialer Realitätskonstruktionen zu beantwortende Frage, wozu hermeneutisch-interpretative Theorie-Praxis-Ansätze mit der Betonung des gemeinsamen Aushandelns und Erfindens von Lösungen auffordern. Vielmehr verlangt deren Beantwortung Wissen über objektive und moralische Fakten, welches die methodische Entscheidung Professioneller begründet, will man verhindern, dass Wirksamkeit einfach „Erfolg haben" bedeutet.[118] Nomologische Theorien sind infolge dessen überhaupt Voraussetzung zur

[116] Darstellung und Analyse der zahlreichen Ansätze und Modelle der Kasuistik können an dieser Stelle nicht geleistet werden (zur Darstellung vgl. z. B. Thole 2002:485-635.; Heiner 2004b; zur Analyse einiger Modelle vgl. z. B. Galuske 1999:175 ff. u. 199 ff.).

[117] Von einer vertieften Diskussion des Theorie-Praxis-Problems wird in dieser Arbeit abgesehen. Für einen kritischen Vergleich der Relationierungsvariante mit dem handlungswissenschaftlichen Konzept des SPSA vgl. Gregusch 2006.

[118] Ein solches Szenarium skizziert Heiner: „Und am Ende zählt nicht einmal, ob das [...] generierte fallspezifische Wissen stimmt, also dem Kriterium der Wahrheit/Richtigkeit entspricht, sondern wie beim Aspirin kommt es [...] z. B. bei der Annahme, es handle sich um einen Ödipuskomplex, nicht darauf an, ob es

Entwicklung und Verwendung tendenziell wirksamer Methoden, sie liefern häufig erst die guten Gründe für Methoden, auch wenn diese nicht deduktiv aus ihnen folgen (s. Kap. C 4.2; vgl. Bunge & Mahner 2004: 180). Insofern können sie weder, wie etwa Dewe & Otto (2002:194) formulieren, als ein dem Erfahrungswissen gleichzustellendes Vorwissen gefasst werden oder gar als überflüssiger Ballast, der alltagsrelevantes Handeln eher verhindert als ermöglicht (Schumacher 1997:104). Auch ist deswegen die von Ortmann & Schaub (2004) für professionelle Beratung genannte Strategie, aus der beraterischen Praxis heraus Theorien zu entwickeln, die dann der „*Beratungsarbeit* Struktur und Überprüfbarkeit im Hinblick auf definierte *Beratungsziele* geben" (ebd.:602; Hervorheb. im Orig.) problematisch. Im Kern beinhaltet diese, die Leitfigur des epistemologischen Subjekts (Groeben, Wahl, Schlee & Scheele 1988) erneut aufzunehmen und über die Erforschung der Alltagstheorien von PraktikerInnen, zu „Best-practise-Modellen" zu gelangen. Problematisch daran ist, dass, wie beschrieben, der Weg von erfolgreichen Handlungen zu (wahren) Theorien unbegrenzt und daher für eine wissenschaftsbasierte Praxis wenig nützlich ist. Oberflächenbeschreibungen sind für diese nicht hinreichend, die Herleitung von Handlungsregeln über Gesetzmäßigkeitsaussagen unabdingbar. Mindestens sollte von einer Doppelstrategie der Praxisbegründung ausgegangen werden (Preis 2009:168).

Die Erträge der sehr unterschiedlichen *Ansätze und Modelle des Fallverstehens* sollen deswegen keineswegs gering geschätzt werden. Gerade für die Praxis der allgemeinen Beratung bieten die Zugänge mit ihrem Angebot von Verständigungs- und Verstehensmethoden, also Methoden zur Herstellung eines kommunikativen Konsenses und zur Erschließung der emotio-kognitiven Struktur von KlientInnen wertvolle Anregungen an, denn wie gesagt, sind allgemeine normative Beratungstheorien ja nichts anderes als auf ein Gegenüber angewandte Theorien problemlösenden Handelns. Dass vor allem auch die rekonstruktive Sozialarbeitsforschung das Feld von Beratung für sich entdeckt hat, verwundert daher nicht, bieten die Forschungsmethoden – infolge des sich forschungsmethodisch stellenden Problems der „doppelten Hermeneutik"[119] – doch eine Reihe von Möglichkeiten, Wissen hervorzubringen, wodurch bei den Beratenen gleichzeitig ein *Prozess der Selbstklärung* in Gang gesetzt wird, der bereits zur Veränderung der

überhaupt so etwas wie einen Ödipuskomplex gibt und ob er in diesem Fall gegeben ist, sondern ob der Umgang mit dem Klienten unter der Prämisse, dass es sich um einen Ödipuskomplex handelt, zum Erfolg führt. Vielleicht ist ‚Ödipuskomplex' dabei nur eine Deutung seiner Probleme [der Probleme des Klienten oder der Klientin; P.G.], die eine Einstellung zu ihm nach sich zieht, die für die Person hilfreich ist. Zwar ist dann die Deutung der Ursache nicht richtig, aber dennoch die Ursache für ihre positive Wirkung" (2001b:6). Abgesehen davon, dass sich auf dem Wege beliebiger Relevanzkriterien der Verwendung disziplinären Wissens keine Profession entwickeln kann, birgt ein solches Vorgehen auch moralische Gefahren. Kritisch äußert auch Heiner, dass „man natürlich auch das falsche theoretische Raster, die verkürzte Erklärung benutzen [kann], um sich die Wirklichkeit ‚verfügbar' zu machen" (ebd.:7) und konstatiert, dass sich hierzu in der konstruktivistisch orientierten Diskussion nur wenig Aussagen finden. „An die Stelle der früher viel beschworenen Gefahr einer begriffslosen, blinden und unreflektierten Praxis ist in fast allen Publikationen ein größeres Verständnis für die selektive, eklektische Wissensnutzung durch die Praxis getreten, die auf eine Theorie [gemeint ist die Systemtheorie Luhmanns; P.G.] zurückgeht, die auf die Differenz und Autonomie der Systeme pocht, allerdings ohne sich noch groß zu fragen, wie weit das Kriterium der Wirksamkeit ausreicht, und wer denn welche Wirkung und welches Ausmaß an Wirksamkeit nach welchen Kriterien definiert" (ebd.).

[119] Der Begriff der doppelten Hermeneutik bezeichnet das Problem hermeneutisch orientierter SozialwissenschaftlerInnen, eine Interpretation der Interpretation vornehmen zu müssen, wozu zuerst die Interpretationen der Beforschten zu erheben sind (Konstruktion 1. Ordnung). Die Rekonstruktion des Sinngehalts durch die ForscherInnen ist wieder eine Interpretation (Konstruktion 2. Ordnung) (vgl. z. B. Seipel & Riecker 2003:52).

internen Modelle führen kann (s. auch Kap. D 4.2). Für Soziale Arbeit insgesamt genügen jedoch weder verständigungs- und sinnverstehende methodische Ansätze noch selbstreflexive Arbeitskonzepte an sich. Spätestens wenn sich nach Durchführung allgemeiner Beratung keine Veränderungen zeigen, stellt sich die Frage nach dem „Wie weiter?". Bietet Sozialarbeitswissenschaft hier keine weiteren spezifischen Beratungs- oder auch Behandlungsmethoden an, trägt sie dazu bei, dass der fachliche Beitrag Professioneller bzw. beratender Sozialarbeitenden ein reines Unterfangen von Versuch und Irrtum darstellt, bei dem sie Glück haben können oder auch nicht. Von einer professionalisierten Praxis bleibt Soziale Arbeit dann aber weit entfernt. Hierzu bedarf es u.a. wissenschaftlich begründeter Methoden, von denen erst gesprochen werden kann, wenn die ihnen zugrunde liegenden Wirkmechanismen auch offengelegt sind.

Die in der Sozialen Arbeit in hohem Masse vorhandene begriffliche Verwischung von Handlungsansätzen bzw. Theorien methodischen Handelns und Methoden führt letztlich in eine Sackgasse der Profession, der nur mit einem „sowohl - als auch" entgegengewirkt werden kann. Dies bedingt aber auch eine klare Differenzierung der Konzepte. Nur darüber kann eine Klärung der Methodenfrage im Kontext Sozialer Arbeit erreicht werden. Gleiches gilt für die Diskussion um Prozess- versus Expertenberatung. Auch hier kann es nicht um ein „Entweder - oder" gehen.
Methoden sind Methoden (s. Kap. C 1) und eben nicht gleichzeitig auch Methodologien und/oder Praxeologien (s. Kap. C 1 und C 3.2), gleichwohl Letztere über die Erzeugung und Verwendung Ersterer entscheiden. Ähnlich formuliert Preis auf der Grundlage der Unterscheidung zwischen einer Makro- und Mikromethodik als fallunspezifische bzw. fallspezifische Vorgehensweisen:

> „Der Vorwurf, mit der Einführung von Sozialtechnologie sei eine Entindividualisierung Sozialer Arbeit verbunden, verkennt den Unterschied zwischen Makro- und Mikromethodik. Die Frage, wann und wie Sozialtechnologien eingesetzt werden, ist eine Frage der methodischen Sensibilität und ethischen Reflexion auf der Ebene der Mikromethodik" (2009:166).

Im Sinne eines ‚Versöhnungsvorschlags' zwischen Methoden als Suchstrategien der jeweils zu erfindenden Lösungen und Methoden als Technologien kann eine allgemeine normative Beratungstheorie verstanden werden, die ihrerseits auch eine (Proto-)Technologie (auch: heuristische Theorie) darstellt (s. Kap. C 3.3). Durch sie werden vor allem KlientInnen, darüber wiederum aber auch Professionelle angeregt, Ideen für die Problemlösung zu entwickeln. Ist damit aber keine Problemlösung gefunden, gilt für Professionelle, nach weiteren Methoden für die Problemlösung zu suchen bzw. eine sowohl theoretisch, empirisch als auch ethisch begründete Auswahl gefundener Problemlösungsverfahren zu treffen.
Auch in der sich (emergentistisch) naturalistisch begründenden Sozialarbeitstheorie des SPSA haben hermeneutische Operationen damit einen wichtigen Stellenwert, womit Professionellen die Aufgabe zukommt, fallbezogenes Wissen zu erzeugen oder, in den Worten Moldaschls, „wissenschaftliches Wissen für die *besonderen* Verhältnisse zu (re-) kontextualisieren" (2001:149; Hervorheb. im Orig.). Für dieses Erfordernis bedarf es nicht einmal des Herbeiziehens konstruktivistischer Lehren. Das Erfordernis der Kontextualisierung lässt sich ebenso auf der Grundlage eines wissenschaftlichen Menschenbildes (und selbstverständlich auch ethischer Gesichtspunkte) begründen. Da die Handlungen von Menschen in hohem Maße von ihren internen Modellen (oder ihrer subjektiven Wirklichkeitsvorstellung; s. Kap. D 1.2.2.2) gesteuert sind, kann eine

vorgeschlagene Problemlösung erst dann wirksam werden, wenn sie auch innerhalb der jeweiligen Modelle dieser Menschen liegt. Folglich bedarf es des Kennenlernens der Modelle von Hilfesuchenden, ihres Verstehens bzw. ihres mechanismischen Erklärens sowie der Kommunikation über das Verstandene. Theorien problemlösenden Handelns sind hierfür ebenso unverzichtbar wie allgemeine Beratungstheorien (s. genauer Kap. D 4.2). Während Erstere die Funktion haben, die kognitiven Operationen von Professionellen *zum Verständigen, zum Verstehen*, im Weiteren *zur Bewertung* und schließlich *zur Interventionsentscheidung* zu steuern, haben Letztere die Funktion die dafür erforderlichen *Informationen hervorzubringen*. Davon, dass Probleme damit bereits gelöst werden können, kann aber nicht grundsätzlich ausgegangen werden. Hierdurch ist ein Bedarf an weiteren Methoden begründet.

Wichtige Leistungen des Integrationsansatzes im Kontext der sozialarbeitstheoretischen Methodendiskussion sind in den erfolgten Ausführungen teilweise schon angeklungen. Mit welchen Mitteln den o. g. zentralen Bedenken entgegenzuwirken versucht wird, sei hier abschließend zusammengefasst:

- Zur Verhinderung einer supertheoretisch geführten Praxis fordert das SPSA auf, Methodenentwicklung und -verwendung stets vor dem Hintergrund der Mehrebenenontologie zu betreiben; die Analyse eines Sachverhaltes soll über mindestens drei Systemniveaus erfolgen und damit Wissen mehrerer Disziplinen involvieren.
- Zur Verhinderung der Entwicklung einer technokratisch geführten Praxis fordert das SPSA auf, Methodenentwicklung und -verwendung nicht nur nach zweck- und mittelrationalen, sondern auch nach wertrationalen Gesichtspunkten zu betreiben. Axiologie, Ethik und philosophische Handlungstheorie bzw. Wert-, Moral- und erklärende Handlungstheorie haben neben erklärender und normativer Erkenntnistheorie (kognitive Rationalität) zentralen Stellenwert für Methodenentwicklung und -verwendung.
- Zur Verhinderung der Entwicklung einer expertokratisch geführten Praxis kann der Integrationsansatz selbst keinen Beitrag leisten. Er ergibt sich aber auf der Grundlage des wissenschaftlichen Menschenbildes des SPSA als Folge des Integrationsansatzes, auf das sich eine allgemeine normative Beratungstheorie schließlich begründet. Hierauf wird in Kapitel D 4.2 zurückgekommen.

## 4.2 Das Verhältnis zu alternativen Integrationsansätzen: Common factors – technische bzw. empirische Integration – theoretische Integration

### 4.2.1 Common-factors-Ansätze

Die Suche nach Common factors basiert auf der Hypothese, dass effektive Psychotherapien gemeinsamen Wirkmechanismen, d. h. therapieformunspezifischen Wirkfaktoren unterliegen. Integrationsmodelle entstehen hier auf dem Wege der Erforschung der Parameter, die in verschiedenen Therapierichtungen übereinstimmen. Nicht die Unterschiede, sondern die *Schulen übergreifenden Wirkfaktoren* sollen also identifiziert werden. Arbeiten dieses Integrationsansatzes stammen z. B. von Frank (1981), Strupp (1973),

Garfield (1980, 2003), Orlinsky & Howard (1986) und Grawe, Donati & Bernauer (1995). Die Ergebnisse dieser Arbeiten variieren leicht.[120] Als elaborierteste und differenzierteste Studie gilt gegenwärtig die Arbeit der Forschungsgruppe um Grawe (Sickendiek et al. 1999). Grawe (1998) formuliert vier unspezifische Wirkfaktoren bzw. Wirkprinzipien:

### Aktive Hilfe zur Problembewältigung (Intentionsrealisierung)

Hierunter ist zu verstehen, dass TherapeutInnen PatientInnen bei der Umsetzung (Realisierung) der Absichten in Handlungen mit geeigneten Maßnahmen unterstützen. Dabei ist vorausgesetzt, dass die Unterstützungsleistung in Zusammenhang mit der Art der Störung steht, durch die PatientInnen eine positive Bewältigung ihrer Probleme erfahren (z. B. Selbstsicherheitstraining bei selbstunsicheren Personen, Entspannungsverfahren bei Personen, die unter Stress leiden).

### Klärungsarbeit (Intentionsveränderung)

Klärungsarbeit bedeutet, PatientInnen dazu zu verhelfen, Einsicht über die hinter einem Problem liegenden Bedingungen und Motive zu gewinnen. Dazu lenken TherapeutInnen die Aufmerksamkeit von PatientInnen auf den Prozess der Zielbildung und der darin eingegangenen Prämissen (z. B. Gefühle, Wünsche, Befürchtungen, Überzeugungen), die ihren Vorstellungen und getroffenen Entscheidungen zugrunde liegen. Es geht also um einen bewusstseinsbildenden Prozess vom „Nichtwissen und Nichtverstehen zum Erkennen und Sich-selbst-verstehen“ (Sickendiek et al. ebd.:124).

### Problemaktualisierung (prozessuale Aktivierung)

Dieses Wirkprinzip bezeichnet das Erfordernis, Veränderungsprozesse unmittelbar erfahrbar zu machen und steht im Dienste der Erreichung der Intentionsrealisierung und -veränderung. Es beruht auf der Annahme, „dass nur das geändert werden kann, was gerade prozessual, d. h. in der gegenwärtigen Situation abläuft. Angst vor der Angst, den Impuls zu vermeiden, die Neigung, bei Unangenehmem wegzugucken, Befürchtungen, was der andere (z. B. der Therapeut) tun könnte ..., all diese [...] problematischen Erlebnis- und Verhaltensweisen können nur geändert werden, während sie in einer bestimmten Situation auftreten, denn Änderung bedeutet, dass anderes Erleben und Verhalten in dieser Situation stattfindet. Änderung realisiert sich im aktuellen Erleben und Verhalten. Gespräche über Erleben und Verhalten, ohne dass dieses gerade prozessual stattfindet, können nützlich sein, um solche Veränderungen vorzubereiten, aber die Veränderung realisiert sich im Moment des aktuellen Erlebens“ (Grawe 1998:94).

[120] Dies nicht zuletzt aufgrund unterschiedlicher Forschungsziele und Forschungsmethoden, auf deren Darstellung hier aber verzichtet wird (vgl. dazu etwa Grawe et al. 1995:45 ff.)

#### Ressourcenaktivierung

Auf dieses Wirkprinzip wurde schon in Kapitel B 3.2.2 hingewiesen. Das Anknüpfen an und Fördern von Kompetenzen steht hier im Mittelpunkt, durch das KlientInnen ihre Stärken erleben und ihre Potenziale erschließen lernen. Ressourcen sind sozusagen „der Motor und das Vehikel der Veränderung“ (ebd.:96). Sie beziehen sich sowohl auf interne Bewältigungspotenziale als auch auf jene der sozialen Umwelt.

### 4.2.2 Technische Ansätze

Technische Integration wird sowohl als synkretistischer als auch als systematischer Eklektizismus interpretiert. Im ersten Fall verwendet ein Therapeut oder eine Therapeutin die nach *subjektiven Ermessen geeigneten Konzepte, Hypothesen und Methoden unterschiedlicher Therapieschulen* zur Steuerung des Veränderungsprozesses. Bei dem systematischen Eklektizismus ist die *Auswahl von Methoden empiriegeleitet* und somit durch eine *pragmatische Orientierung am Erfolg* gekennzeichnet. Hierzu gehören die multimodale Therapie von Lazarus (2000) und die systematisch eklektische Psychotherapie von Beutler (1983, Beutler & Consoli 2003/1992:264 ff.).
Beide sind dadurch charakterisiert, dass sie Integration auf die Integration von Methoden verschiedener Therapierichtungen beschränken, ohne deren metatheoretischen und theoretischen Überbau zu berücksichtigen: „To attempt a theoretical integration rapprochement is as futile as trying to pricture the edge of the universe. But to read through the vast amount of literature on psychotherapy, *in search of techniques*, can be clinically enriching and therapeutically rewarding (Lazarus 1967; zit. n. Norcross & Newman 2003:11; Hervorheb. im Orig.).

### 4.2.3 Theoretische Ansätze

Theoretische Integration beinhaltet die Zusammenführung von zwei oder mehr Therapierichtungen und wird in die Formen der assimilativen Integration oder Syntheseansätze und der transtheoretischen Integration unterteilt. Assimiliative Integration basiert auf dem Versuch, *theoretische und methodische Komponenten einer oder mehrerer Therapieansätze dem eigenen Ansatz neu zuzuordnen.* Arbeiten hierzu kommen z. B. von Dollard & Miller (1950), van Quekelberghe (1979), Truax & Carkhuff (1967), Haley (1963). Als Beispiel für diesen in der Sozialen Arbeit angewandten Ansatz kann die oben erwähnte Arbeit von Fassler gelten, in der er die Methode der motivationalen Gesprächsführung (Miller & Rollnick 2004) in das Modell der aufgabenzentrierten Sozialen Arbeit (Reid & Epstein 1979, Epstein & Brown 2006) integriert.
Transtheoretische Integration zielt dagegen darauf, „nahezu alle bekannten Therapierichtungen zu einer umfassenden und Vollständigkeit anstrebenden Theorie zu vereinen [...] Dazu sollen komplementäre Elemente aus verschiedenen Therapieansätzen miteinander verbunden und gegensätzliche oder scheinbar inkompatible von einer ‚höheren‘ Position aus der Synthese zugeführt werden. Die Integration soll dabei sowohl auf der theoretischen Ebene als auch auf den Ebenen der klinischen Strategien [...] und der Techniken erfolgen [...] Aufgrund der Übersummativität und Synergie sollten sie im Vergleich zu ihnen [den einzelnen oder

der Kombination von zwei Therapierichtungen; P.G.] eine neue Qualität besitzen" (Textor 1988:208). Diesem Ansatz können im deutschsprachigen Bereich z. B die integrative Therapie von Petzold (1993) und die integrative psychologische Psychotherapie von Sponsel (1995) zugerechnet werden. Auch das SPSA ist dem Ziel dieses Integrationsansatzes verpflichtet.[121]
Als integrative Ansätze gelten im englischsprachigen Raum z. B. das Microcounseling-Modell von Ivey & Authier (1978), im Weiteren auch das transtheoretische Modell von Proschaska & DiClemente (1982, 2003) sowie das Modell des Skilled helpers von Egan (1990). Bei den beiden Letztgenannten handelt es sich jedoch nicht um umfassende Integrationstheorien. Bearbeitet wird in diesen ausschließlich der Aspekt der handlungstheoretischen Integration (vgl. auch McLeod 2004:279 ff.).

### 4.2.4 Der Beitrag zu einer integrativen Beratungs- oder Therapietheorie

Textor (1988) verweist auf die unterschiedlichen Motive und Ziele der Integrationsansätze. Ist die Suche nach gemeinsamen Faktoren von *ähnlichen Erfolgsquoten unterschiedlichster Therapieansätze* geleitet, gründen die Motive technischer und theoretischer Integration auf der Einsicht der *Einseitigkeit und Begrenztheit der einzelnen Ansätze.* Je nachdem, welche Gründe dafür in den Mittelpunkt der Betrachtung gestellt werden, zielt Integration auf problemadäquate Behandlung (systematischer Eklektizismus), sprachliche Vereinheitlichung und Erweiterung eines Behandlungsansatzes (Syntheseansätze) bis hin zu einer allgemeinen Psychotherapie (transtheoretische Integration). Entsprechend unterscheiden sich die Beiträge wie auch die Methoden zur Integration:

- Der „Common factors"-Ansatz strebt ein allgemeines Modell des Handelns an und ist wissensstrukturell auf der Ebene III zu verorten im Sinne eines best-practice-Modells. Methodologisch geschieht Integration über vergleichende Analysen in Verbindung mit empirischen Untersuchungen; der Ansatz ist somit theorielos.
- Der systematische Eklektizismus strebt auf der Grundlage empirisch gesicherter Ergebnisse die praktische Erweiterung des eigenen Ansatzes zur Realisierung problemangemessener Intervention an und fokussiert damit die Entwicklung differentieller, d. h. *fallspezifischer Modelle der Veränderung.* Wissensstrukturell ist er auf der Ebene IV im Sinne *spezieller normativer Beratungstheorien* zu verorten. Methodologisch erfolgt Integration über eine Methode zur Methodenintegration.
- Bei den theoretischen Syntheseansätzen geht es mehr um die theoretische Erweite-

[121] Was die diesem Integrationsansatz zugrunde liegende Absicht betrifft, kann auch die Arbeit von Zwilling (2007) diesem Ansatz zugeordnet werden. Im Mittelpunkt der Arbeit steht die Entwicklung eines integrativen Handlungsmodells im Kontext Beratung, anhand dessen Methoden in Form eines Basis- und Komplementärchecks integriert werden sollen. Das Handlungsmodell gründet auf erkenntnistheoretischen, handlungsphilosophischen, axiologischen und gesellschaftstheoretischen Komponenten in der Tradition Habermas', der Theorie sozialen Handelns Webers und wird dann noch gegenstandsbezogen um weitere „Leittheorien und Axiologien" (ebd.:84) unterschiedlicher Ansätze und Philosophien ergänzt. Letztlich ist hier wenig nachvollziehbar, warum welche Theorien und Axiologien und schließlich auch Erhebungs- und Analysemethoden integriert bzw. nicht integriert werden. Dies dürfte dem eingeschränkten wirklichkeitstheoretischen (psychosozialen) Bezugsrahmen geschuldet sein, aber auch der „Integrationsstrategie" (ebd.:15), bei der es sich eher um eine Strategie der reduktiven, assimilativen Integration als um eine der Theorieintegration handelt (vgl. zum ersten Aspekt kritisch auch Süleyman 2007; zur Unterscheidung von Theoriereduktion und -integration vgl. Obrecht: 2003c:145 ff.).

rung des eigenen Ansatzes. Wissensstrukturell sind sie auf der Ebene II zu verorten. Methodologisch erfordert dies vor allem die begriffliche (semantische und logische) sowie terminologische Reformulierung anderer Ansätze.

- Transtheoretische Integration bezieht sich schließlich auf die Entwicklung eines neuen, umfassenden Ansatzes, zu dessen Realisierung es einer Theorie der theoretischen Integration, der Theorie- und Praxis-Integration sowie der Methodenintegration bedarf. Notwendigerweise bildet wissensstrukturell die Ebene I den Ausgangspunkt der Entwicklung.

### 4.2.5 Der Beitrag zur Professionalisierung

Im Unterschied zur Sozialen Arbeit, in der Integration als handlungswissenschaftliche Fragestellung nur wenig Beachtung geschenkt wurde, ist dies in der psychotherapeutisch geführten Diskussion ein zentraler Aspekt.
Die fachinterne Auseinandersetzung findet vor allem zwischen Vertretern der technischen und der theoretischen Integration statt. So etwa warnt van Quekelberghe (1979) vor einem technischen Eklektizismus, der auf eine theoretische Begründung verzichtet, denn dieser führe „zwangsläufig zu der wissenschaftstheoretisch unhaltbaren Position eines naiven Empirismus“ (ebd.:32). Umgekehrt warnt Lazarus (2000) vor einer „Vermischung unterschiedlicher Theorien“ (ebd.:234) und teilt uneingeschränkt die Position Wolpes (1994):

> „Die wesentliche Frage ist nicht, an welche Theorie man glaubt, sondern welche empirische Gewähr es für die Wirksamkeit eines bestimmten psychotherapeutischen Verhaltens gibt“ (zit. nach ebd.:235).

Am Modus der theoretischen Integration kritisiert Lazarus die Vermischung phänotypischer Theorieelemente, die über genotypische Unterschiede völlig hinwegsehen und spricht damit die Notwendigkeit der Unterscheidung erkenntnistheoretischer und wirklichkeitstheoretischer Dimensionen für die Theoriebildung an. Auf deren strikte Trennung basiert schließlich auch seine Präferenz für den technischen Eklektizismus:

> „Ich kann beispielsweise beobachten, dass eine Person ihren Ärger an einem anderen als dem eigentlichen Objekt auslässt oder ihre Wut abstreitet, doch daraus folgt nicht, dass ich mit irgendwelchen tiefenpsychologischen Theorien zu sogenannten Abwehrmechanismen konform ginge [...] Ebenso wenig praktiziere ich Gestalttherapie oder Psychodrama, wenn ich mir die Technik des leeren Stuhls zunutze mache, denn sowohl meine Gründe dafür als auch die Art, wie ich diese Techniken einsetze, unterscheiden sich erheblich von ihrer ursprünglichen Form und Intention. Und doch würden bestimmte Kollegen [...] die Auffassung vertreten, ich sei ein ‚verkappter Analytiker‘ oder hätte eigentlich ‚Gestalttherapie‘ praktiziert. In Wirklichkeit aber entlehnte ich einige Techniken aus verschiedenen Schulrichtungen, baute sie in mein eigenes theoretisches Bezugssystem ein und verwandelte sie damit in etwas, das sich von dem unterscheidet, wie sie innerhalb ihres ursprünglichen Paradigmas konzipiert sind und angewendet werden“ (ebd.:225 ff.).

Betrachtet man den „Zwist“ zwischen den exemplarisch ausgewählten Vertretern unterschiedlicher Integrationsmodi genauer, löst sich dieser auf, wenn man die Auseinandersetzung als *unterschiedliche Stadien der Integration* interpretiert. Während van Quekelberghe den *Einfluss von Theorien auf die Generierung von Daten und Methoden* und damit wissenschafts- und handlungstheoretische Probleme betont, hat Lazarus diese Probleme implizit

„gelöst“ und stellt von da aus die entscheidende Bedeutung einer *Theorie-Daten-Differenz für die Methodenintegration* in den Vordergrund. Schlussendlich tut Lazarus genau das, was van Quekelberghe fordert, denn „seine“ Auswahl von Methoden begründet sich nicht nur empirisch, sondern auch auf dem theoretisch-philosophischen Hintergrund der kognitiven Verhaltenstherapie, so dass nur Methoden anderer Therapieansätze ausgewählt werden, die mit diesen vereinbar sind.

Mit anderen Worten machen beide die in methodologischer Hinsicht bestehende Relevanz logischer Konsistenz und empirischer Überprüfung von Daten, Theorien und Normen, wie sie im SPSA gefordert ist, deutlich. Da Daten und Regeln bzw. Methoden nicht theorielos und umgekehrt Theorien nicht ohne Daten und Regeln entwickelt werden können, ist beides nötig und gleich wichtig.

Wie Mutzeck (1999) grundsätzlich an Therapie- und Beratungsmodellen die fehlende Offenlegung des Menschenbildes kritisiert, kritisiert Schreyögg (2000) an empirischen Integrationsmodellen, dass „die Sinnhaftigkeit empirisch ermittelter Modellkonstruktionen“ im Verborgenen bliebe. Ohne Empirie hingegen wird Theorie, wie Wolpe andeutet, eine Frage des Glaubens. Die Notwendigkeit aller Integrationsmodi inklusive des „Common factors“-Ansatzes fassen Norcross & Newman zusammen:

> „Moreover, we hasten to add that these integrative strategies are not mutually exclusive. No technical eclectic can totally disregarded theory, and no theoretical integrationist can ignore technique. Without some commonalities among different schools of therapy, theoretical integration would be impossible. And even the most ardent proponent of common factors cannot practice 'nonspecifically' or 'commonly'; specific techniques must be applied“ (2003:14).

Die Autoren bringen damit die für die Professionalisierung jeden Berufs notwendige Anforderung, Methoden handlungswissenschaftlich *begründet* einsetzen zu können, auf den Punkt.

Letztlich verbleibt als Kernproblem auch in der psychotherapeutisch geführten Integrationsdiskussion, wie die „höhere Position“, d. h. die wirklichkeits- und erkenntnistheoretische Position beschaffen sein soll, von der aus Erklärungswissen auf der einen Seite sowie Erklärungs- und Handlungswissen auf der anderen Seite zusammenzuführen ist, so dass eine systematische Kombination im Unterschied zur Vermischung von Theorien und Methoden möglich wird. Was den metatheoretischen Überbau betrifft, übt etwa Sponsel (1995) harte Kritik an der integrativen Therapie nach Petzold:

> „Es ist insgesamt das Konzept eines Schulenführers und Gurus, der das Etikett integrativ mit seiner ganz persönlichen Schule zu besetzen versucht“ (ebd.:50).

Sponsel begründet dies u. a. damit, dass die integrative Therapie „in der Philosophie [wurzelt][122] und den empirischen Geist, die empirisch-experimentelle Dimension und Tradition der Psychologie vermissen [lässt]“ (ebd.:49).[123] Ein weiterer Kritikpunkt in der psychotherapeutischen Integrationsdiskussion bzw. in der Psychotherapie allgemein bezieht sich auf die Vernachlässigung handlungstheoretischer Fragen.

---

[122] Petzold (1993a) gründet sein Modell auf der Phänomenologie im Sinne Merleau-Pontys und der Tiefenhermeneutik Ricoeurs (ebd.:403) und bezeichnet die wissenschaftstheoretische Position als metahermeneutisch bzw. evolutiv-pluralistisch (ebd.:405).

[123] Die integrative psychologische Psychotherapie sieht sich selbst einer erkenntnistheoretisch-ontologischen Position des konstruktiven Realismus verpflichtet, die eine Form relativistischer Wissenschaftstheorien darstellt (Sponsel 1995:112).

Buchholz (1999) bemängelt, dass bis heute eine Theorie professionstypischer Wissensverarbeitung aussteht (ebd.:138).

Vor diesem Hintergrund erscheinen die Leistungen eines Modells der transdisziplinären Integration in zweifacher Hinsicht bedeutsam. Mit der allgemeinen normativen Handlungstheorie trägt das Modell nicht nur den Problemen von KlientInnen, sondern auch denen von Professionellen Rechnung. Sie liefert damit den theoretischen Hintergrund für die Ziele der Common-factors und der systematisch eklektischen Ansätze. Zum anderen ist das Modell „antidogmatisch im philosophischen Sinne [...] und damit durch Forschung an qualifiziertem substantivem Wissen orientiert, statt an Autoritäten und mit ihnen verbundenen personenbezogenen Kultlehren irgendwelcher Art" (Obrecht 2001:108). Insofern ist das SPSA offen für die Integration wissenschaftlicher Erklärungstheorien sowie für wissenschaftlich begründete und in ihrer Wirksamkeit überprüfte Methoden.

Betrachtet man die Einwände gegen integrative Ansätze, wie sie in Kap. C 2.2 genannt wurden – fehlende Rollenidentität, Entstehung von kognitiven Dissonanzen und Handlungsparadoxien, kognitive Überforderung beim Erlernen unterschiedlicher Konzepte und Methoden – sind diese vor allem im Lichte unvollständiger Integration nachvollziehbar, zu der alle Modi außerhalb der transtheoretischen bzw. -disziplinären Integration gezählt werden müssen. Zumindest zur Entstehung von kognitiven Dissonanzen und Handlungsparadoxien kommt es nur dann, wenn Integration eine Form der ‚additiven' Integration annimmt, in der PraktikerInnen die Aufgabe zukäme, unterschiedliche Theorien und Methoden in Beziehung zu setzen, ohne die Mittel der Integration an die Hand zu bekommen. Ein integrativer, sprich metatheoretischer Bezugsrahmen, der explizit gelehrt und gelernt wird, ist daher auch notwendige Bedingung zur Entwicklung einer ‚integrativen' Professionalität. Die Bildung einer Rollenidentität ist durch die mit Integrationskonzepten verbundene Anforderung, die Rollen flexibler, d. h. auf Probleme und Ressourcen der Klientel abgestimmt zu gestalten, tatsächlich erschwert. Geht man aber davon aus, dass sich im Zuge der Praxiserfahrungen durch die Erfahrung der Grenzen eines reduktiven Theorie- und Interventionsansatzes tendenziell dennoch eine eklektische Orientierung ausbreitet, bedeutet das Festhalten an spezifischen Ansätzen lediglich eine zeitliche Verschiebung des Problems. „Theorie-Puristen" (McLeod 2004:273) könnten weiter argumentieren, dass die Bewältigung der mit unterschiedlicher Rollenanforderungen einhergehenden Probleme dennoch erst durch solide Kenntnis eines Ansatzes sowie Erfahrungen möglich wird. Interessant ist in diesem Zusammenhang die Dissertation von Strasser (2006), in der der Frage nachgegangen wird, wie Wissen und Erfahrung zu verbinden sind, so dass eine fundierte Beratungskompetenz entsteht. Erfahrungsanalytisch zeigte sich u. a. als ein wichtiges empirisches Ergebnis, dass sich beraterisches Expertenwissen eben nicht durch die trennscharfe Unterscheidung von Konzepten, sondern durch deren Verknüpfung auszeichnet, die zudem zu weiterer Reflexion verhilft:

> „Denn durch sie werden Kapazitäten frei, sie erlaubt Beraten(sic!) eine Metaperspektive einzunehmen, von der aus sie extensiv ihre Arbeit und die Bedingungen ihres Handeln reflektieren können" (ebd.:285).

Wenn damit auch nicht mögliche Vorteile einer ‚puristischen Ausbildung' in Frage gestellt sind, lässt sich mit diesem Befund mindestens die Notwendigkeit des Erlernens *eines* Ansatzes als Voraussetzung professioneller Entwicklung hinterfragen. Gleichzeitig zeigte sich, dass die Metaperspektive mit zunehmender Erfahrung alltagssprachlich und nicht fachsprachlich artikuliert wird. Dies kann, wie Strasser interpretiert, auf eine grundsätzlich komplexe Struktur des domänenspezifischen Wissens zurückgeführt werden, jedoch muss dabei wohl auch ein fachterminologisches Manko in Betracht gezogen werden. Ein solches ist für die Professionalisierung nicht unerheblich, erleichtert die durch theoretische Modelle entstandene Sprache schließlich erst, die komplexe Realität der Arbeit gemeinschaftlich zu diskutieren und zu reflektieren (McLeod 2004:273; Obrecht 2009a:122 ff.). Hierfür könnte die Kodifzierung von Theorien und Methoden in Termini von transtheoretischen Codes, wie die systemische Mehrebenenontologie und die Allgemeine normative Handlungstheorie hilfreich sein. Es versteht sich von selbst, dass für die Entwicklung integrativer Professionalität entsprechende Ausbildungskonzepte von hoher Bedeutung sind.[124]

# 5 Resümee

Zur Reflexion der Anforderungen, insbesondere der Realisierung einer professionsübergreifenden Beratungstheorie, wurden in diesem Teil die beratungstheoretische Situation und die dort behandelten Frage- und Problemstellungen thematisiert, deren Beantwortung und Lösungen die Entwicklung einer allgemeinen normativen Beratungstheorie wahrscheinlicher bzw. unwahrscheinlicher werden lassen. Dabei zeigte sich schon auf konzeptioneller Ebene hinsichtlich der Frage, was eine Beratungstheorie eigentlich ist, ein Klärungsbedarf. Die Struktur handlungswissenschaftlicher Theorien verhilft hier zur Klärung, sie setzt aber ihrerseits voraus, dass offengelegt ist, ob Beratung als eigenständige Beratungswissenschaft betrachtet wird oder als Handlungsform anderer Handlungswissenschaften, denn ohne diese Offenlegung bleibt unklar, ob von einer Theorie der oder für Beratung die Rede ist. In dieser Arbeit wird Beratung als sozialarbeitswissenschaftlich begründete Interventionsform verstanden, was zur Konsequenz hat, dass Beratung als Methode verstanden wird, wissensstrukturell also auf der Ebene IV (Methodik) verankert ist (s. Kap. C 1). Eine Theorie der Beratung wird in diesem Falle zu einer Theorie Sozialer Arbeit, an die, wie in allen Handlungswissenschaften, die Fragen nach ihrer Gegenstands-, Problem-, Interventions- und Prozesssteuerungstheorie sowie ihrer Begründungsbasis gestellt sind. Deren Antworten innerhalb der Sozialen Arbeit sowie zwischen dieser und anderen Beratungsdisziplinen sind entscheidend für die Beantwortung der Frage nach dem feldübergreifenden Wissen von Beratung bzw. dem beratungstheoretisch Allgemeinen. Im Unterschied zu konzeptionellen Problemen ist die damit verbundene inhaltliche Klärung von Beratungstheorien und ihren generellen und spezifischen Aspekten auf weniger einfachem Wege zu erreichen. Vor dem Hintergrund der beratungstheoretischen Diskussion der Unmöglichkeit bzw. Möglichkeit einer allgemeinen normativen Beratungstheorie ließ sich als günstigster Ansatzpunkt für deren Entwicklungsmöglichkeit die Differenzierung des beratungstheoretischen Begriffs in allgemeine versus spezielle Beratungstheorie ausmachen, wodurch sowohl der Position einer notwendigen Vielzahl von Beratungstheorien als auch der Position der Realisierung einer einheitlichen bzw. integrativen Beratungstheorie Rechnung

[124] Vorschläge dazu finden sich bei Strasser (2006:300 ff); Obrecht & Staub-Bernasconi (1996).

getragen werden kann. Wie dargelegt, liegen die Kernprobleme für die Entwicklung einer allgemeinen normativen Beratungstheorie jedoch auf der Ebene der verschiedenen metatheoretischen Prämissen in Sozial- und Handlungswissenschaften, infolge derer kein Konsens darüber besteht, was als Theorie und Methode verstanden werden soll.

Das SPSA sieht sich wissenschaftstheoretisch dem Ratioempirismus verpflichtet und begründet diesen über die Mehrebenenontologie des Bunge'schen materialistisch-emergentistischen Systemismus und den kritischen Realismus. Theorien sind entsprechend Aussagesysteme über Gesetzmäßigkeiten betreffend Entstehung, Aufbau und Verhalten konkreter Dinge bzw. unterschiedlicher Arten von Systemen. Aus der sich ontologisch begründenden Sicht des gesetzmäßigen Verhaltens der Dinge der Welt, also auch psychischer und sozialer Systeme, resultiert die Kenntnis der Gesetzmäßigkeiten als eine Bedingung für die Entwicklung wirksamer Methoden neben der weiteren Bedingung der Wirkungssicherheit. Weil der Methodeneinsatz im Weiteren von Wertsetzungen abhängt und professionelles Handeln nicht nur wirksames und effizientes, sondern auch ethisch verantwortungsvolles Handeln ist, bedarf Methodenentwicklung im Weiteren einer (realistischen) axiologischen Begründungsbasis als dritte Bedingung.

Der unklare Bestand an Beratungstheorien, der sich gleichzeitig in einer Vielzahl und in einem Mangel ausdrückt, lässt sich u. a. als Resultat verschiedener, konkurrierender metatheoretischer Auffassungen interpretieren. Sie erschweren die Entwicklung von integrativen Menschen- und Gesellschaftsbildern sowie Problem- und Handlungstheorien und erzeugen hierüber eine Theoriesituation, die es nur mit erheblichen Anstrengungen zulässt, Gemeinsamkeiten von Beratungstheorien zu beschreiben und diese von Spezifika zu unterscheiden. Wie dargelegt, lassen sich diese Anstrengungen auch umgehen, indem Sinnhaftigkeit und Notwendigkeit von wissenschaftlich erzeugten Beratungstheorien (bzw. Methoden allgemein) gänzlich in Frage gestellt werden: sei es über das wissenssoziologische Argument des unterschiedlichen Funktionierens von Wissenschafts- und Professionssystemen, über das konstruktivistische Argument der Nichtsteuerbarkeit lebender und sozialer Systeme sowie über das alltagsorientierte Argument der sich vergrößernden Gefahr des selbstreferentiellen Bezuges einer Profession und der Kolonialisierung des Alltags. All diese innerhalb des Theorie-Praxis-Diskurses Sozialer Arbeit vorgebrachten Argumente verkennen dabei die Notwendigkeit der Unterscheidung zwischen Fragen professionellen Handelns und Methoden. Ein einseitiger Fokus auf das Fallverstehen lässt das Methodenproblem ungelöst. Damit wird es an PraktikerInnen delegiert. Der in der Sozialen Arbeit vorherrschende synkretistische Pluralismus wird somit seitens der Sozialen Arbeit geradezu gefördert. Dabei kann selbstverständlich nicht die Absicht dazu unterstellt werden.

Der Integrationsansatz des SPSA macht deutlich, dass eine wissenschaftsrealistische Grundlage von Praxis weder objekt- noch handlungstheoretische Verkürzungen implizieren muss, was gerade in der Sozialen Arbeit u. a. ein zentraler Grund ist, an ontologisch dualistischen Lehren und/oder antirealistischen Erkenntnistheorien festzuhalten. Wenn hiervon ausgehend von einer allgemeinen normativen Beratungstheorie gesprochen wird, so ist der Begriff ‚allgemein' – und dies dürfte auch noch einmal im Kontext der Integrationsansätze klar geworden sein – nicht identisch mit „endgültig", weder im

Sinne von Vollständigkeit (als Supermethode) noch im Sinne gewissen Wissens.[125] Welcher Art Integrationsstrategien auch sind, Vollständigkeit bezieht sich auf theoretische Vielseitigkeit und/oder methodische Umfassenheit. Die exemplarisch angeführte Auseinandersetzung zwischen van Quekelberghe als Vertreter der theoretischen Integration und Lazarus als Vertreter der technischen Integration verweist darauf, dass das eine aber nicht ohne das andere geht. M.a.W. kann methodische Umfassenheit nicht ohne theoretische Vielseitigkeit erreicht werden und umgekehrt muss theoretische Vielseitigkeit nicht zwangsläufig zur methodischen Umfassenheit führen. Es sind die Mehrebenenontologie und die allgemeine normative Handlungstheorie, die als metatheoretische bzw. metamethodische Bindeglieder theoretischen und methodischen Verkürzungen entgegenzuwirken vermögen und darüber hinaus die Vielzahl von Theorien und Methoden zu systematisieren verhelfen.

Das Allgemeine der Beratung leitet sich auf dieser Grundlage von den objekt- und handlungstheoretischen Gemeinsamkeiten psychosozialer Beratungspraxis ab, die darin bestehen, dass diese sich auf Individuen und soziale Systeme und auf verschiedene Arten psychosozialer Probleme bezieht sowie auf die selbstgesteuerte Problemlösung abzielt. Diesbezüglich stellt bereits die allgemeine normative Handlungstheorie eine zentrale theoretische Ressource für Beratung dar, die zusammen mit einer allgemeinen Beratungstheorie wichtige Bindegliedfunktion für spezifische und spezielle normative Beratungstheorien und weiterer Methoden einnehmen.

[125] Beides widerspräche dem wissenschaftlichen Realismus. Vollständigkeit, so wurde bei der Beschreibung des emergentistischen Systemismus deutlich, ist eine Größe, deren erkenntnistheoretische Erreichbarkeit nur unter der philosophischen Prämisse eines Eigenschaftsmonismus zu haben ist, sei dieser physikalistischer oder mentalistischer Art. Gewisses Wissen ist nur unter der philosophischen Prämisse der Unveränderbarkeit der Dinge (Eleatismus) und/oder des naiven Realismus zu haben. Letzteres wird meines Wissens in keiner Wissenschaft mehr vertreten, ein Eigenschaftsmonismus hingegen schon.

# Teil D Grundlagen der Beratung nach dem Systemtheoretischen Paradigma – Beschreibung, Analyse und Vergleich mit ausgewählten Beratungsansätzen

Teil D ist auf die Überprüfung der Kernthese ausgerichtet, wozu in einem ersten Schritt die theoretische Ausgangslage erarbeitet wird. Kap. D 1 bis D 3 beinhalten die Beschreibung weiterer theoretischer Komponenten des SPSA, die für die Begründung transprofessioneller und sozialarbeitsspezifischer Beratung wichtig sind, was entlang der wissensstrukturellen Ebenen geschieht. An die Beschreibung der wissensstrukturellen Komponenten schließt in Kap. D 4 die Darstellung der relevanten Implikationen für Beratung an, woraus sich letztlich die systemistische Konzeption von Beratung ergibt. Diese bildet weiter die Hintergrundfolie für die vergleichende Analyse der praktischen Konsequenzen der verschiedenen Beratungsansätze in Kap. D 5, wodurch schließlich die Prüfung der These erfolgt.

## 1 Das systemistische Menschen- und Gesellschaftsbild als philosophisch-theoretischer Bezugsrahmen von Grundlagen-, Handlungswissenschaften und Professionen

### 1.1 Philosophische Aspekte des Menschenbildes

Menschenbildern kommt eine sowohl explikative als auch normative bzw. präskriptive Funktion im professionellen Handeln zu. Ihre explikative Funktion erhalten sie als allgemeine Theorien über menschliches Erleben und Verhalten, ihre normative Funktion in Gestalt ethischer Theorien. Obwohl der Begriff des Menschenbildes auch in den Wissenschaften relativ weit verbreitet ist, ist seine Verwendung nicht eindeutig oder zumindest missverständlich, was sich allein schon in seiner Zuordnung als meta- oder objekttheoretischer Begriff zeigt. Im ersten Fall haben Menschenbilder axiomatischen Charakter und sind der Theoriebildung und Forschung vorgeordnet, im letzteren Fall sind sie deren Ergebnis. Ein axiomatisches Begriffsverständnis, wie Schreyögg (2000) mit der Rede von anthropologischen *Setzungen* mindestens andeutet (s. Kap. C 1), ist, wie nach den bisherigen Erläuterungen nachvollziehbar sein dürfte, im systemistischen Wissenschaftskontext nicht zulässig. Vielmehr kann Kühnle zugestimmt werden, wenn er auf die Notwendigkeit der Rückbindung von Forschungsergebnissen an die als Meta-Modelle behandelten anthropologischen Basisannahmen verweist, um der Gefahr von willkürlichen und nicht nachvollziehbaren anthropologischen Setzungen entgegenzuwirken.

> „Als wissenschaftliche Größen müssen die in Menschenbildern enthaltenen Einzelaussagen nicht nur so formuliert sein, dass sie überprüfbar sind, sondern sie müssen auch realiter korrigiert werden, wenn zwingende Gründe hierfür vorliegen" (2002:238).

Durch die Rückbindung verlieren die Basisannahmen ihren axiomatischen Charakter und nehmen den Status von „*Fundamentalhypothesen*" (ebd.; Hervorheb. P.G.) an. Unter Bezugnahme auf die das Mensch-Sein betreffenden Kernfragen (s. Kap. C 3.2) lassen sich die Grundannahmen des SPSA thesenartig[126] folgendermaßen beschreiben (Bunge & Mahner 2004; Bunge & Ardila 1990):

- *Leib – Seele:* Menschen sind konkrete Systeme bzw. Biosysteme und damit, wie alle anderen Dinge auch, materiell. Eine Seele als eigenständiges (immaterielles) Ding wird daher nicht angenommen. Angenommen werden hingegen psychische Prozesse als Vorgänge im Gehirn (psychobiologische Identitätshypothese; s. Axiom 7 in Kap. C 3.1).
- *Willensfreiheit – Determinismus:* Da psychische Prozesse wie alle Prozesse gesetzmäßig verlaufen (s. Axiom 5), existiert eine „Freiheit des Geistes" (i. S. Kants) nicht. Ausgeschlossen ist damit jedoch nicht die Möglichkeit einer Handlungsfreiheit oder personalen Freiheit.
- *Anlage – Umwelt:* Menschen sind halboffene Biosysteme (s. Axiom 6). Sie sind zwar als biopsychisches Funktionssystem determiniert, doch ist dieses strukturell nichts Statisches. Über die neurale Plastizität ist das Gehirn lernfähig und vermag daher seine Strukturen über Interaktionen des Organismus mit Dingen seiner Umwelten zu verändern. Bunge & Ardila formulieren dies so: „Auch wenn das Gehirn seine eigene Dynamik entwickelt, so existiert es doch nicht im luftleeren Raum, sondern [da es seinerseits Subsystem des halboffenen Organismus ist; P.G.] in einer von Natur und Gesellschaft geprägten Umwelt, die seine Entfaltung behindert oder anregt" (1990: 232). Bunge & Ardila schlagen daher vor, für die Ausbildung von mentalen und Verhaltensdispositionen von der Vorstellung des Zusammenwirkens von Anlage und Umwelt (nature cum nurture) auszugehen, eine Annahme, die in den heutigen Wissenschaften auch breite Zustimmung findet (z. B. Pervin, Cervone & John 2005:407 ff.). „Da das Mentale neurophysiologisch bedingt und das Körperliche teilweise erblich ist, müssen wir notwendigerweise die Prädispositionen (Veranlagungen) und Propensitäten ererben, durch die wir uns bei bestimmten Verhaltens- und geistigen Aufgaben auszeichnen [...] Zweitens wissen wir, dass die Umwelt die Verwirklichung und den Ausdruck mancher unserer Möglichkeiten erleichtert, wohingegen sie andere erschwert, weil unser Gehirn weitgehend durch Außenreize, vornehmlich aus solchen, die aus Sozialisationsvorgängen herrühren, organisiert wird" (Bunge & Ardila 1990: 186 f.). Anders gesagt: Etwas, wofür keine Anlage besteht, kann nicht durch Umwelteinflüsse entwickelt werden, während sich umgekehrt Anlagepotenziale nur entfalten, wenn sie durch Umwelteinflüsse[127] dazu angeregt werden.

Dass Menschen ihre Fähigkeiten der Konstitution ihrer Nervensysteme verdanken und deren (Weiter-)Entwicklung sowohl von den biologischen Voraussetzungen (Anlage)

---

[126] Da Aussagen über die Ontologie des Menschen implizit schon mit der Beschreibung der allgemeinen Ontologie des emergentistischen Systemismus erfolgt sind, halte ich die Ausführungen sehr kurz.

[127] Präziser kann in Anlehnung an Bunge & Mahner (2004:72 f.) von Umgebungseinflüssen gesprochen werden. Der Umweltbegriff wird dort zum einen im Sinne der gebundenen Dinge in der Umwelt (Umgebung eines Systems) und zum anderen im Sinne nichtgebundener Dinge in der Umwelt (selbstständig oder absolut existierende Umgebung) verwendet. Somit können nur die Dinge der Umgebung auf ein System Einfluss ausüben, wie umgekehrt ein System auch nur auf Umgebungsdinge Einfluss nehmen kann. Da der Term Umwelt gebräuchlicher ist, verwende ich ihn aber auch weiterhin im Sinne der „Umgebung".

als auch von ihrer sozialkulturellen Umgebung (Umwelt) beeinflusst wird, veranlasst Obrecht von sozialisierten Menschen als biopsychosozialkulturelle Systeme zu sprechen (Obrecht 2005). Die nachstehenden Kapitel stellen Kernaussagen des biopsychosozialkulturellen Modells des Menschen, das ein Modell des Akteurs und der Gesellschaft einschließt, dar. Ausgangsbasis bildet die Erläuterung des Persönlichkeitsbegriffs.

## 1.2 Deskriptive Aspekte des Menschenbildes

### 1.2.1 Persönlichkeitsbegriff: Biosysteme besonderer Art

Persönlichkeit wird im SPSA als ein Zusammenwirken von mentalen bzw. kognitiven Prozessen und Verhalten aufgefasst und ist auf dieser Grundlage Biosystemen besonderer Art, nämlich Individuen mit plastischen Nervensystemen, zuzuschreiben. Die Gemeinsamkeit mit anderen Biosystemen besteht darin, dass sie als halboffene Systeme autopoietische und selbstgesteuerte (Chemo-)Systeme sind, die sich reproduzieren, durch Mutation veränderbar und daher einer Selektion unterworfen sind. Entsprechend sind sie wie andere Organismen zu ihrem Überleben auf einen funktionalen Stoff- und Energieaustausch angewiesen (Metabolismus). Gewährleistet wird dieser über *Selbststeuerungsmechanismen*, die den Organismus in die Lage versetzen, sich selbst zu regulieren, d. h. Abweichungen von einem funktionalen Austausch durch funktionales Verhalten zu kompensieren (Obrecht 1998a). Dabei gehören Menschen denjenigen Biosystemen an, bei denen die Selbstregulierung durch ein hochkomplexes Nervensystem stattfindet. Ausgestattet mit einem starren sensorischen, motorischen und einem dazwischen vermittelnden plastischen Bereich vermögen diese Nervensysteme – und hier besteht ein zentraler Unterschied zu den meisten lebenden Organismen – nicht nur regelungsbedürftige organismische Zustände wahrzunehmen und diese zu bewerten, um von da aus motorische Operationen zu steuern. Der plastische Bereich ermöglicht darüber hinaus – in Abhängigkeit von Erfahrung – die *Modifikation der Information verarbeitenden Bereiche*, ein Umstand, der einmal mehr auf die Bedeutung der organismusexternen Umwelt verweist.

Auf der Grundlage komplexer Biosysteme charakterisiert Obrecht menschliche Individuen als „sozial lebende Lebewesen einer besonderen Art, nämlich neugierige, aktive, beziehungs- und mitgliedschaftsorientierte, lern-, sprach- und selbstwissensfähige Biosysteme“ (2005a:117). Zu berücksichtigen gilt jedoch, dass die meisten menschlichen Eigenschaften auch höheren Tieren, d. h. mit einem plastischen Nervensystem ausgestatteten Lebewesen, zugeschrieben werden können. Beispielsweise gelten weder Selbstbewusstsein (in der Persönlichkeitspsychologie als Ich bezeichnet) noch Sprache oder auch Werkzeuggebrauch als einzigartige menschliche Fähigkeiten. Als besondere Art von Biosystemen sind es nach gegenwärtigem Erkenntnisstand die Eigenschaften der *artikulierten Sprache* im Unterschied zu einer elementaren Sprache und – daraus resultierend – die *besondere Form des Selbstbewusstseins*, das nicht nur Denken, sondern kritisches Denken erlaubt, die Menschen von (höheren) Tieren unterscheiden (Obrecht ebd.; Roth 2003:74 ff.). Im Zuge der Evolution ermöglichte Ersteres die Entwicklung eines über ein Körperselbstbild hinausgehendes psychisches, soziales und kulturelles

Selbstbild, die Erweiterung des Umweltbildes über den Bereich der Erfahrung sowie des Weltbildes über die Gegenwart hinaus auf Vergangenheit und Zukunft (Obrecht 1998b, Teil II). Damit besteht die *besondere Form* des Selbstbewusstseins zum einen in der Fähigkeit von Menschen, das Gedachte selbst zum Gegenstand des Denkens zu machen (Selbstreflexion); zum anderen vermögen sie als Folge davon weitaus komplexere, zeit- und raumunabhängige Selbst- und Umweltbilder (begriffliche Codes) zu entwickeln.[128] Menschliche und tierische Fähigkeiten sind m. a. W. Folge der im Zuge koevolutiver Prozesse entstandenen unterschiedlichen Gehirnorganisation, die auf eine Differenzierung der mit dem (plastischen) Neocortex entstandenen jüngeren kognitiven Gehirnfunktionen (*Lernen, Wahrnehmung, Begriffsbildung, Denken, Wollen und [Selbst-]Bewusstsein*) zurückzuführen ist. Dies bedeutet indes weder, dass die stammesgeschichtlich älteren Funktionen (*Affekte, Empfinden, Aufmerksamkeit und Gedächtnis*) für menschliches Verhalten zur Bedeutungslosigkeit herabgesunken sind, noch befähigen sie Menschen zur Entwicklung gänzlich anderer Eigenschaften als höhere Tiere. Die verhaltensmotivierenden Mechanismen, Affekte oder Antriebe sind im älteren, funktionell festgelegten Bereich des Gehirns[129] (Hirnstamm und limbisches System, s. Kap. D 1.2.2) und nicht im Neocortex lokalisiert. Dieser verfügt selbst über keinerlei Antriebsmechanismen.

> „Der Neocortex ist vielmehr ein Organ, *das deren Wirksamkeit* verbessert, indem er differenzierte Erfahrungen speichern und zu neuen oder gar erst noch zu erwartenden Situationen in Beziehung setzen kann" (Promp 1990:46; Hervorheb. im Orig.).

Das im Vergleich zu höheren Tieren größere Cortexvolumen des Menschen ermöglichte und ermöglicht ihm ein größeres Ausschöpfungspotenzial der sensorischen, motorischen und kognitiven Eigenschaften (Bunge 1984:255 ff.; Roth 2003:87 f., 545 f.). Insbesondere die Vergrößerung des für planvolles (bewusstes) Handeln verantwortlichen präfrontalen Stirnlappens hat zur aktuellen Form menschlichen Selbstbewusstseins geführt, die Obrecht (1998a) als vollständige Selbstwissensfähigkeit bezeichnet. Menschliches Verhalten beruht somit weder ausschließlich auf Affekten noch Kognitionen, sondern ist *als integrierte Gesamtleistung der Gehirnfunktionen* zu verstehen. Anders gesagt: Erstere bilden die Voraussetzungen für Persönlichkeit[130], während Letztere deren jeweils besondere Komposition als spezifische neuronale Struktur hervorbringen (Kuhl 2001; s. auch Kap. D 1.2.5).
Der Begriff des „animale rationale" zur Beschreibung des Menschen hat insofern nach wie vor Berechtigung, sofern er nicht Emotionalität ausblendet und kein substanzieller Unterschied zu höheren Tieren gemacht wird und sich das „Rationale" auf ein Mehr an Fähigkeiten beschränkt (Steinvorth 2004:35 f.). Auch manchen Tieren muss aus neurobiologischer Sicht Persönlichkeit zugesprochen werden. Im Weiteren impliziert diese Auffassung von Persönlichkeit, dass diese nicht von Geburt an vorhanden ist, sondern sich erst mit der Entwicklung des Gehirns herausbildet, und dass sie sich schlagartig, etwa durch operative Eingriffe oder traumatische Erlebnisse, verändern kann, sich aber

---

[128] Die Sprachentwicklung selbst sieht Ploog (1997) als Folge eines Selektionsdrucks aufgrund der ökologischen Notwendigkeit zu Sozialverbänden, dem die Expansion der Gruppengröße sozialer Systeme zusammen mit wachsendem Hirnvolumen vorausging.

[129] Synonyme Bezeichnungen sind starrer, artgemäßer, stereotyper oder instinktgeleiteter Bereich. Der durch diesen Bereich kontrollierte Ausschnitt des Verhaltensrepertoires wird als ererbt, der durch den plastischen Bereich im Neocortex kontrollierte Ausschnitt als erlernt bezeichnet (Bunge 1984:157).

[130] „Ohne Gefühle und Motive, die uns antreiben, sind wir rein passive Wesen, wie großartig unser Verstand auch arbeiten mag" (Roth 2003:375).

auch stets, in Abhängigkeit von Erfahrungen und Umweltereignissen, und wie wir inzwischen wissen, über die gesamte Lebensdauer, verändert.

> „Verhalten und Denken eines höheren Wirbeltieres sind stärker veränderlich und beeinflußbar als irgendeine andere Köperfunktion [...] Es gibt keine *Identität* der menschlichen Person, sondern höchstens eine Kontinuität des eine Person bildenden (sich verhaltenden und denkenden) menschlichen Körpers" (Bunge 1984:236; Hervorheb. im Orig.).[131]

Auf allgemeiner Ebene ist Persönlichkeit somit ein phylogenetisch bedingter, ontogenetischer Prozess, in dessen Verlauf sich mehr oder weniger kontinuierliche emotiokognitive und Verhaltensmuster herausbilden. Auf den Entwicklungsprozess wird an späterer Stelle zurückgekommen (s. Kap. D 1.2.4), setzen Aussagen hierüber doch zunächst ein genaueres Verständnis menschlichen Verhaltens voraus.

### 1.2.2 Das Psychobiologische Erkenntnis- und Handlungsmodell (PsybiEHM)

> „Wir kommen [...] zu der jedem Menschenkenner vertrauten Einsicht, dass Gefühle den Verstand eher beherrschen als der Verstand die Gefühle [...] Menschen, die scheinbar rein verstandesmäßig und unemotional reagieren, sind in Wirklichkeit psychisch kranke Menschen" (Roth 2003:375).

Das PsybiEHM wurde von Obrecht mit dem Anspruch eines universalen Akteurmodells entwickelt. Im Bestreben, eine der Sozialen Arbeit angemessene Theorie menschlicher Individuen zu entfalten, zielt das Modell darauf, ein allgemeines Verständnis des Zusammenwirkens von inneren und äußeren Mechanismen des psychischen Geschehens und des Verhaltens von Individuen zu schaffen; dies, indem das subjektive Erleben als Folge organismusintern oder -extern ausgelöster Stimulierung neuronaler Aktivitäten und Verhalten als Folge der Interaktionen jeweiligen Erlebens mit äußeren, natürlichen, sozialstrukturellen und kulturellen Gegebenheiten und Prozessen erklärt werden soll.

Dieser Anspruch ist freilich hoch. Sozialarbeitswissenschaft ist in diesem Zusammenhang weniger als Ort der Entwicklung solcher Theorien denn ihrer Nutzung für handlungswissenschaftlich relevante Fragestellungen zu verstehen. Obrecht (1998a) spricht, was den Ausarbeitungsgrad der das PsybiEHM kennzeichnenden theoretischen Komponenten betrifft, deshalb auch eher von theoretischen Umrissen[132].

Wie im vorigen Abschnitt angedeutet, geht das SPSA von der sich aufgrund neurowissenschaftlicher[133] Befunde mehr und mehr bestätigenden Annahme aus, dass menschliches Verhalten als ein Gesamt von eng ineinander greifenden Prozessen in den

---

[131] Ähnlich unterscheidet Kuhl anhand der Begriffe Persönlichkeit und Charakter: „*Persönlichkeit* bezeichnet die dispositionellen Stärkeverhältnisse und die daraus resultierenden Interaktionsmuster psychischer Systeme, während *Charakter* den geformten Inhalt einzelner psychischer Systeme bezeichnet, besonders den Inhalt des integrierten Selbst mit seinen persönlichen Werten und Einstellungen" (2001: 93; Hervorheb. im Orig.).

[132] Der Einfachheit halber wird dennoch der Begriff Theorie gewählt.

[133] Die Bezeichnung Neurowissenschaften ist identisch mit biologischer Psychologie, welche die biologischen Zusammenhänge zwischen biologischen Prozessen und Verhalten erforscht. Diese ist unterteilt in die Bereiche Psychobiologie, Neuropsychologie, Psychophysiologie und die kognitiven Neurowissenschaften. Die Unterscheidung zwischen den Teilgebieten lässt sich am ehesten über die Methodik verdeutlichen. Die Psychobiologie gelangt über Tierversuche zu Erkenntnissen, während die Neuropsychologie Erkenntnisse über die Untersuchung von Störungen und Ausfällen der Hirntätigkeit gewinnt, die Psychophysiologie über die Aufzeichnung der hirnelektrischen Aktivität (EEG) und die kognitiven Neurowissenschaften über bildgebende Verfahren (Birbaumer & Schmidt 2006:2 f.).

biopsychischen Subsystemen (Funktionsbereichen), d. h. jenen, die zwischen dem starren sensorischen und dem motorischem Bereich des Nervensystems vermitteln, verstanden werden muss. Dabei handelt es sich um

- ein *motivationales System*, das Verhaltensmotivationen erzeugt, die der Regulation von Abweichungen organismisch bevorzugter Zustände (Biowerte) dienen;
- ein *kognitives System*, das mentale Repräsentationen der Bereiche des Selbst des Individuums in seiner Umwelt erzeugt, die der Deutung organismusinterner und -externer Zustände dienen und
- ein weiteres *kognitives (exekutives) System*, das Handlungen erzeugt, die der Kontrolle organismischer Zustände dienen (Obrecht 2005:118 f.)

Unter diesen Systemen hat man sich ein Netzwerk aus neuronalen Verknüpfungen vorzustellen, die die genannten spezifischen Funktionen für die Verhaltenssteuerung übernehmen. Die Netzwerke sind drei Hirnregionen zugeordnet, die in der stammesgeschichtlichen Entwicklung nacheinander entstanden sind. Motivationen werden im ältesten Teil des Gehirns, dem Hirnstamm, sowie in verschiedenen Kernen des limbischen Systems als sich anschließend entwickelnde Region erzeugt. Zu ihnen gehören die Amygdala (Erzeugung negativer Gefühle), der Nucleus accumbens oder das Tegmentale Areal (Erzeugung positiver Gefühle). Strukturen der Erzeugung kognitiver Leistungen sind in der Großhirnrinde (Neo- oder Isokortex) lokalisiert. Der Neocortex enthält vor allem sensorische Projektions- und Erinnerungsfelder (parietaler, temporaler und frontaler Assoziationscortex), ermöglicht also unsere Sinnesleistungen und die Empfindsamkeit für die uns umgebende Umwelt, unser Denk- und Vorstellungsvermögen und Selbstbewusstsein sowie unsere motorischen und sprachlichen Fähigkeiten. Die exekutiven Funktionen befinden sich auf der Ebene der Großhirnrinde im präfrontalen Cortex und in Teilen des parietalen Cortex sowie in den Strukturen der innen liegenden Teile des Neocortex - dem Allocortex - und in subcortikalen Kernen (Roth 2003:147 ff.). Die nachfolgende Grafik zeigt die genannten Strukturen sowie einige weitere, die für die Verhaltenssteuerung wichtig sind. Hingewiesen sei hier noch auf die Bedeutung des Hypothalamus. Dieser reguliert mit der daran hängenden Hormondrüse, der Hypophyse, das innere Milieu des Körpers (Kreislauf, Atmung, Verdauung) und das Antriebsgeschehen (z. B. Flucht, Angriff, Verteidigung, Nahrungsaufnahme, Sexualität, Ekel). Der Hypothalamus ist damit auch ein wichtiges Kontrollzentrum für Gefühle. Elektrische Reizungen in Teilen des Hypothalamus können emotionale Reaktionen, wie Wutausbrüche, Angriffsverhalten oder aber intensives Wohlbefinden auslösen (Thompson 2001:26). Man bezeichnet ihn mitunter als Ort für allgemein-menschliche Antriebe (vgl. Promp 1990:44).

*Abb. 10: An der Verhaltenssteuerung beteiligte Gehirnstrukturen*

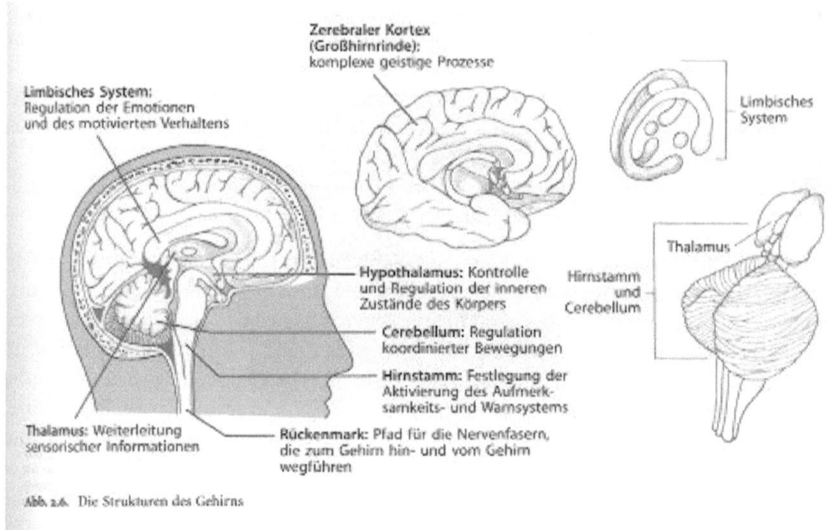


Quelle: Zimbardo 1999:69

Es sei schließlich angemerkt, dass die Leistungen des Gehirns weder innerhalb noch zwischen den Netzwerken unabhängig voneinander erbracht werden.

> „An jedem Punkt, wo eine Nervenfaser über eine Synapse mit einer anderen Nervenzelle in Kontakt tritt, wird Information übertragen und dabei möglicherweise abgewandelt und verarbeitet. Kontinuierlich fließen Informationen über die zahllosen synaptischen Verbindungen und Vernetzungen innerhalb des Gehirns" (Thompson 2001:28).

Im Zentrum des PsybiEHM steht somit auch die Frage nach der Beziehung zwischen den einzelnen Verhalten organisierenden biopsychischen Funktionsbereichen. Entgegen Theorien des Individuums, die die Determinanten des Verhaltens auf einen der Funktionsbereiche reduzieren, modelliert das PsybiEHM alle drei Bereiche als verhaltensbestimmend: *Handeln involviert Kognition und Motivation, Kognition involviert Motivation und Handeln, und Motivation involviert Kognition und Handeln.* Dem damit verbundenen Problem der theoretischen Beschreibung wird in der Weise begegnet, dass jeweils nur ein Funktionsbereich hervorgehoben wird, während die anderen involviert, jedoch relativ undifferenziert dargestellt werden.[134] Das Modell umfasst somit drei quasiglobale Theorien: *die Bedürfnistheorie* (Motivationstheorie), die *Bild-Code-Theorie* (Kognitionstheorie) und die allgemein erklärende *Handlungstheorie.*

[134] Bei der Beschreibung verzichte ich auf eine detaillierte Darlegung der neurobiologischen Grundlagen der Funktionsbereiche, die die Begründungsbasis der Theorien bilden. Zu den einzelnen Funktionsbereichen sei insbesondere verwiesen auf Damasio (1999), Le Doux (2001), Roth & Prinz (1996). Empfehlenswerte Übersichtswerke sind Roth (2003), Thompson (2001), Pinel (1997), Birbaumer & Schmidt (2006), Bunge & Ardila (1990). Für die Pädagogik oder Psychotherapie neurobiologisch aufgearbeitete Literatur findet sich z. B. bei Nitsch & Hüther (2004), Spitzer (2000, 2002) und Grawe (2004).

### 1.2.2.1 Bedürfnistheorie

Grundlage der systemistischen Motivationstheorie bildet das Konzept menschlicher Bedürfnisse. Unter einem Bedürfnis versteht Obrecht einen „internen Zustand weit weg vom für den Organismus befriedigenden Zustand (Wohlbefinden)[135], der innerhalb des Nervensystems registriert wird und davon ausgehend den Organismus zu einer Kompensation des entstandenen Defizits in Form eines nach außen gerichteten (overten) Verhaltens ‚motiviert'" (1998a:36). Bedürfnisse sind mit anderen Worten zentralnervöse Spannungszustände, kurz Bedürfnisspannungen, die als Folge von Ungleichgewichtszuständen des Organismus, d. h. von Abweichungen bevorzugter organismischer Zustände (Biowerte), entstehen. In Anlehnung an Bunge (1989) nimmt Obrecht die Existenz dreier Arten von universellen Bedürfnissen an, die mit der Entwicklung des Nervensystems nach und nach entstanden sind und der Regulation des Gleichgewichts verschiedener Arten von Biowerten dienen.[136] Diesen entsprechend werden biologische, (bio)psychische und (biopsycho)soziale Bedürfnisse unterschieden:

(1) *Biologische Bedürfnisse* sind dadurch bedingt, „dass Organismen selbstgesteuerte, autopoietische Systeme sind" (Obrecht 1998a:47).

(2) *Psychische Bedürfnisse* sind „durch den Umstand (bedingt), dass die Steuerung solcher Organismen durch ein komplexes und plastisches Nervensystem erfolgt, dessen angemessenes Funktionieren von einer bestimmten quantitativen und qualitativen sensorischen Grundstimulation sowie - in Bezug auf den aktuellen Bedarf des Gehirns - hinreichender Information abhängt" (ebd.).

(3) *Soziale Bedürfnisse* sind auf den Umstand zurückzuführen, „dass menschliche Organismen selbstwissensfähig sind und ihr Verhalten innerhalb ihrer sozialen Umgebung über emotio-kognitive Mechanismen regulieren" (ebd.).

Obrecht hat unter Einbeziehung interdisziplinären Forschungsmaterials bisher neunzehn verschiedene Bedürfnisse identifiziert und gemäß ihrer Funktion klassifiziert.[137]

---

[135] Wohlbefinden ist dabei nicht als hedonistischer, sondern als Zustand des organismischen Gleichgewichts zu verstehen, der dem Organismus signalisiert, dass er das für sein Überleben Nötige hat. Grawe (2004:186) spricht in diesem Zusammenhang von Konsistenz.

[136] Nebst Bedürfnisspannung werden im Weiteren Anreize, Erwartungen, subjektive Werte (kognitive Variablen) als zentrale Quellen von Verhalten betrachtet (s. u.). Jedoch wird davon ausgegangen, dass diese nur verhaltensmotivierende Wirkung entfalten, „solange es einen Rest einer Bedürfnisspannung gibt" (Obrecht 1998a:46). Die Bedürfnistheorie beruht somit auf einem „Drive"- oder „Push"-Ansatz und sucht Bedürfnisse deshalb innerhalb von Individuen, berücksichtigt aber auch „Satisfier"- oder „Pull-Faktoren", die sie in der physikalischen, biologischen, sozialen und kulturellen Umwelt von Individuen sucht. In der heutigen Persönlichkeitspsychologie findet diese Position weitgehend Anerkennung (Pervin et al. 2005:36 ff., 670 f.).

[137] Obrecht verweist auf verschiedene Arten der Klassifizierung von Bedürfnissen, u. a. auf die Klassifizierung nach der Quelle der inneren Manifestation. Unter diesem Gesichtspunkt sind alle Bedürfnisse psychisch, „denn es ist das Gehirn, das physiologische Parameter und deren Veränderung und - im Falle psychischer und sozialer Bedürfnisse - die Veränderungen in ihm selber registriert, bewertet und - gegebenenfalls bewusst - deutet" (1998a:52). Hierdurch erklärt sich, dass etwa alle von Grawe (1998 und 2004) postulierten vier Bedürfnisse, nämlich nach Bindung, nach Orientierung und Kontrolle, nach Selbstwerterhöhung und Selbstwertschutz und nach Lustgewinn und Unlustvermeidung, als psychische Bedürfnisse bezeichnet werden. Unter funktionalen Gesichtspunkten - dem Anlass ihres Auftretens - sind dagegen das Bindungsbedürfnis und tendenziell auch das Bedürfnis nach Selbstwerterhöhung und Selbstwertschutz (biopsycho-)soziale Bedürfnisse. Das Bindungsbedürfnis entspricht in der Obrecht'schen Bedürfnisklassifikation dem Bedürfnis nach emotionaler Zuwendung; das Bedürfnis nach Selbstwerterhöhung und -schutz (Herstellung und Erhaltung der positiven Bewertung des Selbst) umfasst die Bedürfnisse nach Kompetenz, sozialer Anerkennung und Unverwechselbarkeit. Ein Bedürfnis nach Lustgewinn und Unlustvermeidung kennt die von Obrecht vertretene Bedürfnistheorie nicht. Lust und Unlust sind hier nicht als Biowerte, sondern als begleitende Gefühle der Bedürfnisbefriedigung bzw. Nichtbefriedigung von Bedürfnissen im

Diese sind (ebd.:49; Obrecht 1996a:144; Obrecht 2009b:27):

(1) Biologische Bedürfnisse[138] nach
- physischer Integrität
- für die Autopoiesis erforderliche Austauschstoffe
- Regenerierung
- sexueller Aktivität und Fortpflanzung

(2) Psychische Bedürfnisse nach
- wahrnehmungsgerechter sensorischer Stimulation durch Gravitation, Schall, Licht, taktile Reize (sensorisches Bedürfnis)
- schönen Formen im spezifischen Bereich des Erlebens (ästhetisches Bedürfnis)
- Abwechslung/Stimulation
- assimilierbarer orientierungs- und handlungsrelevanter Information (Orientierungsbedürfnis, Bedürfnis nach subjektiver Sicherheit/Gewissheit)
- subjektiv relevanten Zielen und Hoffnung auf Erfüllung (Bedürfnis nach subjektivem Sinn)
- effektiven Fertigkeiten, Regeln und (sozialen) Normen zur Bewältigung von (wiederkehrenden) Situationen in Abhängigkeit der subjektiv relevanten Ziele (Kompetenz- oder Kontrollbedürfnis)

(3) Soziale Bedürfnisse nach
- emotionaler Zuwendung
- spontaner Hilfe
- sozial(kultureller) Zugehörigkeit durch Teilnahme (Mitgliedschaftsbedürfnis)
- Unverwechselbarkeit (biopsychosoziales Identitätsbedürfnis)
- Autonomie
- sozialer Anerkennung
- Kooperation[139]
- Fairness (Verfahrensgerechtigkeit)
- (Austausch-)Gerechtigkeit

Von einer Hierarchie der Bedürfnisse wird dabei nicht ausgegangen, allerdings von einer *unterschiedlichen Elastizität*, wobei soziale Bedürfnisse am elastischsten sind, d. h. ihre Befriedigung über den längsten Zeitraum hinausgeschoben werden kann. Die Elastizität von Bedürfnissen ist jedoch nicht, wie bei Maslow[140], gleichzusetzen mit einer Rangordnung der Bedürfnisbefriedigung. Dagegen spricht das Vorhandensein individueller Präferenzen und Präferenzordnungen (Wertesysteme), was zur Dynamik der Kompensation von Spannungszuständen (Bedürfnisbefriedigung) und der Präferenzentwicklung führt. Die Kernhypothese hierzu lautet, dass Individuen die vom Nervensystem registrierte Bedürfnisspannung kompensieren *müssen*, sie sozusagen „gezwungen" sind,

---

Streben nach Wohlbefinden konzipiert (Obrecht 1998a:36 f., 53). Inhaltlich entsprechen die Ausführungen Grawes dem Ästhetikbedürfnis.

[138] Weil der Bedürfnisbegriff unterschiedlich gebraucht wird, sei an dieser Stelle eine Lesehilfe gegeben. Zu denken ist der Bedürfnisbegriff nach Obrecht immer als *zentralnervöser Spannungszustand*, der vom Nervensystem als „Botschaft" zur Regulation des Gleichgewichts in Bezug auf biologische, biopsychische und biopsychosoziale (Bio-)*Werte* (z. B. den Wert physische Integrität) codiert wird und nicht etwa „Menschen bewerten den Zustand der physischen Integrität für das Wohlbefinden als relevant, darum ist dies ein Grundbedürfnis." Der Term Bedürfnisspannung, den ich in dieser Arbeit auch verwende, ist mit jenem des Bedürfnisses identisch (Obrecht 2002b:12).

[139] Die Bedürfnisse nach Kooperation sowie nach Fairness sind in den älteren Texten noch nicht enthalten.

[140] Zur Theorie der Bedürfnishierarchie vgl. z. B. Zimbardo (1992:352 f.).

Bedürfnisse zu befriedigen. Konfrontiert mit der Wahl der sequentiellen und simultanen Befriedigung einer Reihe von Bedürfnissen greifen Individuen aber auf Präferenzordnungen zurück.

Sowohl was den „Zwang" zur Bedürfnisbefriedigung als auch die Präferenzordnungen betrifft, ist beides auch selbstwissensfähigen Systemen mehrheitlich nicht bewusst. Was „Organismen bewerten, ist in bestimmten Zuständen zu sein" (Obrecht 1998b, Teil IV:15), und dies erfolgt überwiegend spontan, d. h. affektiv. Affekte bzw. Gefühle im weiteren Sinne sind sozusagen die Anzeiger einer Bedürfnisspannung. Dazu gehören die *Triebe* (s. Kap D 1.2.2), *Emotionen* (z. B. Lust, Erwartung, Hoffnung, Enttäuschung, Angst), *Gefühle i. e. S.* (z. B. Empathie, Liebe, Vertrauen, Trauer, Einsamkeit) und *moralische Empfindungen* (z. B. Scham, Schuld, Gerechtigkeit, Verpflichtung, Verantwortung)[141] (vgl. ebd.). Dies bedeutet jedoch nicht, dass die Befriedigungsweisen und die Abfolge der Befriedigung ausschließlich Ergebnis affektiver Prozesse sind. Als lernfähige Organismen sind Menschen in der Lage, sich Bedürfnissen bewusst zu werden, und können Präferenzordnungen zumindest längerfristig und im Rahmen der gegebenen Elastizität modifizieren. Aktuell bestehende Ordnungen sind daher Ergebnis und Folge affektiver und kognitiver Prozesse zugleich. So sind wissensfähige Individuen in der Lage, ihre Präferenzen „nach Maßgabe ihrer Assoziation mit bevorzugten Zuständen zu bewerten [...], während selbstwissensfähige Organismen die Möglichkeit haben, diese oberflächliche Beziehung durch eine Bewertung nach Maßgabe ihrer bewusst vermuteten faktischen Instrumentalität für die Erreichung der bevorzugten internen Zustände im Sinne von Zielen zu substituieren" (ebd.). Die Veränderbarkeit der Präferenzordnungen erklärt auch das Entstehen unterschiedlicher Ordnungsformen, stehen die Ergebnisse der Lernprozesse doch in engem Zusammenhang mit der Interaktionsgeschichte eines Organismus mit Dingen seiner Umwelten, so dass sich kontextabhängig unterschiedliche Präferenzordnungen ausbilden.

Nicht zu verwechseln sind die erlernten Präferenzen, die auch als funktionale Werte (Obrecht 2005:120), Psychowerte (Bunge 1984:165) oder motivationale Schemata (Grawe 2004:188) bezeichnet werden können[142] und sich in Form von individuellen, kollektiven bzw. vergesellschafteten Präferenzordnungen ausdrücken, mit Biowerten. Die strikte *begriffliche* (nicht faktische) Trennung zwischen diesen und als Folge davon zwischen Wünschen und Bedürfnissen[143] ist insbesondere für das Verständnis der systemischen Axiologie unerlässlich. Während Biowerte die internen Zustände eines Organismus bewerten, die dieser objektiv zum Wohlbefinden benötigt, sind funktionale Werte jene, die ihm zur Erreichung dieses Wohlbefindens als nützlich zugeschrieben werden. Analog existieren Bedürfnisse unabhängig davon, ob man von ihnen Notiz nimmt oder nicht. Wünsche sind von Individuen „definierte Bedürfnisse

---

141 Triebe zeugen von biologischen Spannungen, Emotionen und Gefühle von psychischen und moralische Empfindungen von sozialen Spannungen. Neurobiologisch sind Emotionen, Gefühle und moralische Empfindungen Reaktionen des limbischen Systems auf Wahrnehmungen äußerer und innerer (vegetativer) Ereignisse (Obrecht 1998b).

142 In dieser Arbeit verwende ich überwiegend die Bezeichnungen Präferenzen und motivationale Schemata und gebrauche sie als Synonyme. Der Schema-Begriff bezeichnet in der Psychologie unterschiedliche Arten von Bereitschaften zu bestimmten neuronalen Erregungsmustern (z. B. Wahrnehmungs-, Handlungs-, Emotionsbereitschaften und motivationale Bereitschaften), die durch Erfahrung gebildet werden (Grawe 1998:244).

143 Biowerte und funktionale Werte bzw. Bedürfnisse und Wünsche können faktisch selbstverständlich zusammenfallen.

in Form von mehr oder weniger konkreten Zielen“ (Obrecht 1998a:43). Zur Befriedigung von Bedürfnissen (und Wünschen) können Präferenzordnungen somit mehr oder weniger funktional sein und Ersteres ist der Fall, wenn Individuen ihr Verhalten in den Dienst der Intentionalität der Bedürfnisse stellen.[144] Individuen tragen damit nicht nur der individuellen, sondern auch der kollektiven Funktion von Bedürfnissen, von der aus evolutionärer Sicht ausgegangen werden muss, Rechnung:

> „Bedürfnisse sind Mechanismen ‚im Dienste' des Überlebens der einzelnen Exemplare [Organismen; P.G.] und damit - über die Fortpflanzung - auch der Population. Sexualität ist dabei nur der offensichtlichste und trivialste Fall. Alle Bedürfnisse, die auf die Erzeugung von Kohärenz oder gar Kooperation gerichtet sind, mögen von den einzelnen als individuelle Bestrebungen empfunden werden, doch sind die ihnen zugrunde liegenden Emotionen (Gefühle, moralische Empfindungen) im Laufe der Bioevolutionen entstanden und blieben erhalten, weil ihre Träger die größeren Überlebenschancen aufwiesen“ (ebd.:42).

Bedürfnisse sind mit anderen Worten Antriebe zur Interaktion mit physikalischen, biologischen und personalen Systemen, die das Überleben einer Population sichern. Obrecht formuliert in diesem Zusammenhang, dass die Bedürfnistheorie daher auch nicht als individualistische, hedonistisch orientierte Theorie missverstanden werden darf. Sie sei „keine beschreibende Lehre subjektiver Weltsichten und subjektiver Moralen, sondern eine Theorie über Antriebe zur Entwicklung solcher Sichten und Moralen und zu faktischem Verhalten“ (ebd.:42). Als solche ist sie „Teil einer Theorie über die Dynamik sozialer Systeme, genauer: über deren Entstehung, Konsolidierung, Wandel und Zerfall“ (ebd.: 53). Im Hinblick auf die funktionale Befriedigung von Bedürfnissen impliziert dies, dass gesellschaftliche Präferenzordnungen (Konventionen) umso funktionaler sind, je besser sie den Bedürfnissen ihrer Mitglieder Rechnung tragen bzw. die Ressourcen zur Bedürfnisbefriedigung sicherstellen (s. Kap. D 1.2.3).

---

[144] Die Präferenzen stehen somit im Dienste der Befriedigung von Bedürfnissen oder im Dienste des Schutzes vor Bedürfnisverletzung. Grawe spricht in diesem Zusammenhang von Annäherungs- und Vermeidungsschemata (2004:188). Analog können Wünsche in Form von Annäherungs- oder Vermeidungszielen bestehen bzw. Wünsche positiver oder negativer Art sein. Dabei verweist Grawe darauf, dass Vermeidungsziele wohl funktional sein können, echte Bedürfnisbefriedigung durch sie aber nicht erreicht wird (ebd.:273 ff.). Daher sind sie nebst motivationalen Konflikten, die über Dauer den gleichen Effekt erzeugen, zentrale Quelle für die Entwicklung psychischer Störungen.

### 1.2.2.2 Bild-Code-Theorie

Die Bild-Code-Theorie bezieht sich auf die Verhalten steuernden kognitiven Prozesse[145] und Zustände (Wissen) als Ergebnis der gelernten Kognitionen, d. h. solcher, die im Gehirn Spuren (Engramme) hinterlassen (Obrecht 2005:103; Mahner & Bunge 2000:61). Ausgehend davon, dass jeder einzelne kognitive Prozess von Affekten motiviert und begleitet ist, wird dem verfügbaren Wissen für die Verhaltenssteuerung eine zentrale Funktion zugeschrieben:

> „Unser Wissen ist in jedem Augenblick eine Disposition für die Art, wie wir äußere oder innere Vorgänge deuten und auf sie reagieren, und mit jeder Veränderung unseres Wissens wird diese Disposition modifiziert. Kurz, Wissen ist - neben allgemeinen Bedürfnissen und aktuellen Präferenzen - im Hinblick auf die Regulierung von Verhalten der zentrale Bereich der internen Struktur von Lebewesen mit plastischen Nervensystemen" (Obrecht 1996a:138).

Gegenstand der Bild-Code-Theorie sind dann auch die Operationen, die der Deutung des Selbst und der Umwelt zugrunde liegen. Obrecht bezeichnet sie mitunter auch als Code-Theorie des Erlebens, der Erfahrung und der Wissenschaft (1998c, Teil III).
Wie alle nicht naiv realistischen Erkenntnistheorien gründet die Bild-Code-Theorie auf der Annahme, dass Menschen nicht in der Lage sind, die Welt bzw. die Wirklichkeit so zu erkennen, wie sie ist, sondern sie vielmehr Repräsentationen der Wirklichkeit als Ergebnis der im Nervensystem ablaufenden Transformationsprozesse wahrnehmen.[146] Zur Orientierung in ihrer Umwelt sind sie entsprechend auf diese „inneren Bilder der Wirklichkeit"[147] angewiesen.
Solche Bilder sind Erzeugnisse des Gehirns, die dieses sich „jeden Moment aufgrund der ihm durch Erfahrung und bewusstes Lernen verfügbaren begrifflichen Mittel und Gedächtnisbilder anhand der ihm sensorisch verfügbaren Informationen von uns in unserer jeweiligen realen „Situation" macht. Je nach situationsbedingter Motivation ist dabei der Ausschnitt, den wir fokussieren, größer oder kleiner, und hebt dieses und jenes hervor und vernachlässigt anderes" (Obrecht 1996b:134 f.). Der Bildbegriff um-

[145] Wie in Kap. 1.2.2 angedeutet, umfassen kognitive Prozesse alle Vorgänge im plastischen Bereich des Gehirns, namentlich Aufmerksamkeit, Erinnern (Gedächtnis), Lernen, Wahrnehmen, Vorstellung, Denken, Wollen sowie (Selbst-)bewusstsein.

[146] Die Vorgänge der Transformation sind am besten untersucht in Bezug auf das visuelle Wahrnehmungssystems (vgl. dazu ausführlich Thompson 2001:239 ff.). Unabhängig davon beschreibt Spitzer Repräsentation als Vorgang der „Mustererkennung" (2003:45), d. h. das Erkennen dessen, was bei aller Verschiedenheit von Objekten (z. B. ein Stuhl, eine Landschaft, eine Melodie, bestimmte Gerüche) invariant bleibt. Geleistet wird dies durch „die simultane Aktivität vieler Zellverbände, die jeweils nur sehr begrenzt Aspekte kodieren [...] und diese Zellverbände sind weit über das Gehirn verstreut. Nirgendwo gibt es ein einzelnes Zentrum, in welchem all diese Informationen zusammenlaufen" (Roth 1995; zit. n. Grawe 2004:67). Storch ergänzt, dass dies auch „erklärt, warum Wiedererkennen durch eine Vielzahl unterschiedlicher Sinneseindrücke ausgelöst werden kann [...] Informationen [sind] aus den verschiedensten Hirnregionen zu Einheiten verbunden" (2002:286). Der Aufbau dieser Einheiten - das Zusammenbinden von neuronalen Netzen - entsteht nach dem gleichen Prinzip, wie Hebb (1949) dies im neurowissenschaftlichen Modell des Lernens für das Zusammenbinden von Nervenzellen beschrieben hat bzw. baut darauf auf (Grawe 2004:65). Das Hebb'sche Prinzip besagt, dass Informationsübertragung („Mitteilungen" von Signalen an andere Nervenzellen) verbessert wird, je häufiger synaptische Verbindungen (als „Ort" des Austauschs von Information) zwischen Nervenzellen benutzt werden. Hebb prägte die Regel: „cells that fire together, wire together" (zit. n. Storch 2002:284). Bei starken Verbindungen spricht man von Bahnungen, die leicht aktivierbar sind und das schnelle Erkennen von Mustern ermöglichen. Repräsentationen sind somit gelernt. Neurobiologisch formuliert sind sie Ergebnis der „Verstärkung synaptischer Verbindungen zwischen Neuronen" (LeDoux 2001; zit. n. ebd.) (zu den Determinanten des Lernens vgl. Spitzer 2003:50 ff.; s. auch Kap. D 1.2.4).

[147] In der Literatur häufig anzutreffende alternative Bezeichnungen für den Bild-Begriff sind etwa „mentale Modelle", „mentale Repräsentationen" oder „subjektive Wirklichkeit".

fasst somit zum einen sensorisch verfügbare Information, doch ist er nicht darauf begrenzt, sondern schließt begriffliche Systeme (Codes), genauer Aussagen und Aussagensysteme als Folge von Begriffsbildung und Denken ein. Erst über diese erhalten Wahrnehmungen ihre Bedeutung (Mahner & Bunge 2000:66f.; Obrecht 1998b, Teil III:6).
Das zu einem bestimmten Zeitpunkt bestehende Bild eines Individuums ist damit das Gesamt der ikonischen (auch: Wahrnehmung, Perzepte) sowie der begrifflichen Bilder (auch: Codes), die es über ein Objekt für zutreffend hält. Inwieweit dies der Fall ist, ist, so die Folgerung, in erheblichem Maße von der Qualität des Bildes abhängig.

Was die Unterschiede der Bildeigenschaften zwischen Menschen – immer unter der Voraussetzung eines gesunden Gehirns – betrifft, ist davon auszugehen, dass der Bereich der ikonischen Bilder bei den meisten Menschen ähnlich ist, lernen sie doch überwiegend dieselben physischen Dinge wahrzunehmen.[148] Hingegen werden Codes in sehr unterschiedlichen Gesellschaften bzw. gesellschaftlichen Bereichen und Kulturen erworben, wodurch sich die unterschiedlichen Auffassungen von Situationen erklären.
Die zentralen epistemischen Eigenschaften von Codes sind nach Obrecht (1996:119 f., 132 ff.) Folgende:
(1) Logische Konsistenz (Widerspruchsfreiheit),
(2) Adäquatheit (faktische Wahrheit),
(3) Rang (Ausdehnung des Gültigkeitsbereichs),
(4) Tiefe (Anzahl der via Mechanismen einbezogenen ontologischen Systemebenen).

Analog dazu können Bilder wahr oder falsch (1+2), empirisch und / oder transempirisch (3), nichtintegriert, teilintegriert oder integriert[149] oder kurz, vollständig oder unvollständig (4) sein.
Unterstellt man, dass die Befriedigung von Bedürfnissen bzw. die Bewältigung von aktuellen Bedürfnisspannungen nicht zuletzt auch von der Fähigkeit abhängt, möglichst *zutreffende* Selbst- und Umweltbilder zu erzeugen, liegt die Relevanz von verfügbaren wie auch qualitativ „guten" Codes auf der Hand. Was begrifflich nicht gespeichert wurde, steht als kognitive Ressource zur Reduktion der Bedürfnisspannungen nicht zur Verfügung. Was falsch gespeichert wurde, bringt pragmatisch schlechte Lösungen hervor. Bei der Analyse der qualitativen Unterschiede von Codes kommt Obrecht zum Ergebnis dreier Typen, den *Erlebens-*, *Erfahrungs-* und *Erkenntniscode*. Diese werden wie folgt charakterisiert (Obrecht 1996b:122 ff.):

– Der *Erlebenscode* ist Ergebnis nichtbewussten Lernens und der implizite und gleichzeitig auch überwiegende Teil sowohl des deklarativen (know-that) als auch prozeduralen (know-how) Wissens. Die bilderzeugenden Prozesse der Begriffsbildung und des Denkens laufen entsprechend automatisch und unkritisch (methodisch unkontrolliert) ab. Zu bewusstem Denken und Lernen kommt es in der Regel dann, wenn erlernte Denk- und Verhaltensroutinen zur Erreichung erwünschter (kognitiver oder praktischer) Ziele nicht ausreichen.

[148] Hierin dürfte der wesentliche Unterscheid zu radikal konstruktivistischen Erkenntnistheorien liegen, die auch den Vorgang der Wahrnehmung und nicht nur den des Erkennens (Erzeugung begrifflicher Bilder) als Konstruktion betrachten und infolgedessen bestreiten, die Welt in gleicher Weise wahrnehmen zu können (vgl. etwa Glasersfeld 1992; kritisch dazu Obrecht 2001:88 f.)

[149] Die für gegeben gehaltenen Fakten werden im ersten Fall als voneinander isoliert betrachtet, im letzten Fall als eng miteinander verknüpft.

- Als *Erfahrungscode* oder auch als individueller kultureller Code wird bewusst reflektiertes Wissen bezeichnet, das etwa im Rahmen von alltäglichen sozialen Interaktionen erworben wird. Das deklarative und prozedurale Wissen besteht aus Alltagstheorien und Faustregeln. Die Erzeugung von Bildern erfolgt damit bewusst, jedoch immer noch unkritisch, da es sich bei den Mitteln ihrer Erzeugung um kulturell geprägte Codes handelt, die keiner weiteren methodischen Kontrolle unterzogen werden.
- Der *Erkenntniscode* oder individuelle kognitive Code schließlich umfasst das systematische, über methodische Kontrolle erzeugte wissenschaftliche und technologische Wissen und ist durch die Kritisierbarkeit der Methode seiner Erzeugung von Erfahrungswissen abzugrenzen.

Bezüglich der dominanten Nutzung eines Codes zur Analyse bzw. Deutung von Situationen durch Individuen schlägt Obrecht den Begriff „Erlebensmodus" vor und bezeichnet damit sich durch Lernen und Erfahrung herausbildende Muster der neuronalen Verarbeitung sensorischer Information. Unterschieden wird zwischen dem emotional-ästhetischen, dem normativen und dem kognitiven Erlebensmodus. Ersterer ist dadurch charakterisiert, dass die Verarbeitung vorwiegend affektiv im Sinne der Orientierung an Trieben, Emotionen und Gefühlen geschieht. Ein normativer Erlebensmodus zeichnet sich durch eine moralisch orientierte und ein kognitiver Erlebensmodus durch eine erkenntnisorientierte Verarbeitung von Information aus (Geiser 2013:108 ff.; Tschannen 2007:32ff.). Explizit hinzuweisen ist in diesem Zusammenhang darauf, dass damit keine Wertung verbunden ist, erfordern unterschiedliche Situationen doch unterschi-edliche Modi.
Was die Beziehung zwischen den o. g. Codetypen betrifft, so wurde angedeutet, dass der Erlebenscode bei Menschen deutlich überwiegt, was darauf zurückzuführen ist, dass psychische Prozesse als Ergebnis komplexer Bewertungsprozesse des Gehirns allgemein überwiegend ohne Bewusstsein verlaufen. Insbesondere um die *Frage des freien (indeterminierten) Willens* hat diese neurobiologische Hypothese zu heftigen Kontroversen geführt (Grawe 2004:121 ff.). Untersuchungen weisen jedoch immer in die gleiche Richtung:

> „Es scheint so zu sein, dass unsere subjektiven Erfahrungen, ob es nun Wahrnehmungen oder Willensakte sind, durch ihnen unmittelbar vorausgehende unbewusste Verarbeitungsprozesse im Gehirn hergestellt werden und dass dieser Vorgang mindestens einige hundert Millisekunden in Anspruch nimmt. Das subjektive Erleben hinkt den verursachenden Hirnprozessen um einige hundert Millisekunden hinterher. Der Willensakt (Entschluss) wird mit dem subjektiven Erleben abgeschlossen, nicht eingeleitet" (ebd.:122).[150]

Infolgedessen wird heute zwischen explizitem und implizitem Funktionsmodus psychischer Prozesse als hirnanatomisch unterschiedliche Systeme unterschieden. Gedächtnis, Wahrnehmung, Lernen, Emotion, Handlungssteuerung, Motivation, Emotionsregula-

[150] Grawe macht auch gleich einen Vorschlag zum Umgang mit der damit verbundenen, wie Vollmer sie nennt, „epistemischen Kränkung" (1992:108): „Wenn ich die vorbereitenden Prozesse als ebenso zu mir gehörig betrachte wie mein bewusstes Erleben, dann bin immer noch ich es, der die Entscheidungen trifft. Mein Selbst, meine Persönlichkeit besteht eben aus impliziten (unbewussten) und expliziten (bewussten) Anteilen. Meine Willensentscheidungen werden mir nicht von irgendetwas Fremdem aufgezwungen. Die Determinanten meines Verhaltens sind meine eigenen Determinanten, auch so weit und so lange sie mir nicht bewusst sind [...] Sobald ich akzeptiere, dass mein Selbst wesentlich mehr umfasst als das, was mir bewusst ist, kann ich auch akzeptieren, dass meine Entscheidungen in dem Moment, wo ich sie subjektiv fälle, schon festgelegt waren, nämlich durch die implizite Seite meines Selbst" (Grawe 2004:122 f.).

tion und Beziehungsverhalten können in dem einen wie dem anderen Modus, also bewusst oder unbewusst verlaufen. Dabei setzt das Gehirn den expliziten Modus nur dann ein bzw. werden psychische Prozesse nur dann bewusst, „wenn es um neuartige kognitive oder motorisch schwierige und bedeutungshafte Probleme geht, die zu lösen sind"[151] (Roth 2003:239). Roth ergänzt:

> „Bewusstsein ist für das Gehirn ein Zustand, der tunlichst zu vermeiden und nur im Notfall einzusetzen ist" (ebd.:240; Hervorheb. im Orig.).

Deutlich wird damit, dass es einiger kognitiver Anstrengungen bedarf, implizite Prozesse in explizite zu überführen. Inwieweit dies gelingt, ist nach Grawe abhängig von den Ursachen ihres Verbleibs im impliziten Modus. Am leichtesten seien diejenigen zu überführen, denen Automatisierung oder mangelhafte Reizintensität und -dauer zugrunde liegen und die daher die Wahrnehmungsschwelle nicht überschreiten. Wesentlich schwieriger gestaltet sich die Überführung bei Prozessen, deren Aufnahme in den Arbeitsspeicher[152] aktiv gehemmt wurde, da sie mit den aktiven Inhalten des Arbeitsspeichers unvereinbar sind und ihr Bewusstwerden das organismische Gleichgewicht erheblich bedrohen würden („Verdrängung"); wiederum andere können nicht bewusst werden, da die an ihnen beteiligten Hirnareale keine Verbindung zum assoziativen Cortex als Ort des Bewusstseins haben (Grawe 2004:123 ff.).

**Zusammenfassend** kann festgehalten werden, dass die Erzeugung angemessener Bilder ein zentraler Prozess für die funktionale und zielgerichtete Bedürfnisbefriedigung ist. Dafür stehen dem Menschen – dank eines intakten Zusammenspiels von Gehirnfunktionen – zahlreiche kognitive Ressourcen, sind sie einmal erlernt, automatisch zur Verfügung. Hinreichend sind solche Automatismen in Anbetracht der sich stets verändernden physikalischen, biologischen, insbesondere aber der sozialen Umwelt und in ihr laufend neu erzeugten kulturellen Codes nicht. Die Konsequenzen davon formuliert Roth treffend:

> „Wir Menschen leben [...] in einer Umwelt, besonders einer sozialen Umgebung, die uns ständig neue, wichtige und komplizierte Probleme stellt, [so] dass es ratsam ist, das Bewusstsein mehr oder weniger durchgehend „eingeschaltet" zu lassen, auch wenn dies energetisch kostspielig ist. Der damit erkaufte Vorteil, nämlich eine sofortige Handlungsbereitschaft, wiegt diese Kosten ganz offensichtlich auf" (2003:240).

151 Vorgenommen wird diese Bewertung nach „Rücksprache mit den verschiedenen Gedächtnissystemen und den Hirnarealen, die an der Repräsentation motivationaler Ziele und emotionaler Bewertung beteiligt sind" (Grawe 2003:121).

152 Abgleitet von Arbeitsgedächtnis, worunter jener Prozess verstanden wird, der einen bestimmten Teil der Wahrnehmungen und die damit verbundenen Gedächtnisinhalte und Vorstellungen im Bewusstsein festhält (Roth 2003:158 ff.).

### 1.2.2.3 Handlungstheorie

Gegenstand der Handlungstheorie sind die intentionalen Handlungen. Der Begriff der Handlung wird über Absicht und Wille (Intention, Volition) von jenem des Verhaltens abgegrenzt, der alle nach außen gerichteten Wirkungen auf der Basis sensumotorischer Automatismen umfasst (z. B. reflexartige Bewegungen oder Ausscheidungen)[153]:

> „Eine absichtsvolle Handlung ist ein mental (kognitiv) gesteuerter motorischer Vorgang, in dessen Verlauf erstens vom Subjekt alternative Verhaltensmöglichkeiten kogniert werden und zweitens eine dieser Optionen freiwillig gewählt wird, d. h. nicht als Ergebnis eines inneren Automatismus oder eines äußeren Zwanges" (Obrecht 1996a:147; ohne Hervorheb.).

Bedingt eine Handlung im Unterschied zu Verhalten also *Wollen* und ist damit ein motiviertes Handeln gemeint, kommt für eine freiwillige oder besser auf freiem Willen beruhende Handlung als Bedingung hinzu, dass das *Ziel frei gewählt* ist. Bunge gibt folgendes Beispiel:

> „Der General, der sich zu einem Angriff entscheidet, mag das aus freien Stücken tun, doch diejenigen seiner Soldaten, die gezwungenermaßen in die Schlacht gehen, handeln zwar aufgrund einer Willensentscheidung [zwischen den Alternativen in die Schlacht zu gehen oder nicht in die Schlacht zu gehen, haben sie Ersteres gewählt; P.G.], jedoch unter äußerem Druck. (Dementsprechend ist der Ausdruck ‚Freiwilliger' irreführend, denn er umfasst nicht nur den, der aus freien Stücken handelt, sondern auch den, der - durch welche Umstände auch immer - dazu gezwungen ist). Freier Wille ist eben ein Wollen, bei dem das Ziel auf freier Wahl beruht, gleichgültig ob das Ergebnis vorausgesehen wird oder nicht." (1984:229)

Eine besondere Form absichtsvollen Verhaltens ist das selbstbewusste planvolle Handeln, das durch *bewusste Zielsetzungen* gekennzeichnet ist (Rationalität). Abgrenzbar ist diese Form von der Kategorie reizgesteuerter (auch: fremdgesteuerter) Handlungsformen, worunter das Handeln aufgrund von Gewohnheiten und Anreizen fällt (Kuhl 2007:51ff.). Auch diese Formen sind absichtsvoll, unterscheiden sich aber vom zielorientierten Handeln dadurch, dass entweder, wie beim Gewohnheitshandeln, das Ziel *nicht mehr bewusst* ist oder, wie beim Anreizhandeln, *nicht bewusst* ist.[154] Zielorientiertes Handeln ist somit nicht durch Reize gesteuertes und insofern selbstgesteuertes Handeln. Es ist damit jedoch noch nicht zwingend ein freies Handeln. Auch zielorientiertes Handeln kann, wie im obigen Beispiel zum Ausdruck gekommen ist, freiwillig oder unfreiwillig sein, denn die Unterscheidung zwischen freien und erzwungenen Handlungen erfolgt, dem neurobiologisch definierten Willensbegriff (s. o) konsistent, *nicht über Bewusstsein*, sondern über die *Möglichkeit zu freiem Willen.* Handlungen sind damit auch dann als frei zu bezeichnen, wenn „*erstens* deren Ergebnis vom Subjekt negativ bewertet wird und wenn *zweitens* dessen Entscheidung durch vorangehende Ereignisse in dem Sinne determiniert ist, dass der Ausgang der Entscheidung via die Bedeutung der Ereignisse für die Bedürfnisbefriedigung des handelnden Subjektes - obwohl es prinzipiell auch anders könnte (Aufschub oder alternative Form der Befriedigung) praktisch festgelegt wird." (1996a: 147; Hervorheb.

---

153 Obrecht (1996c:148) kommentiert die Beziehung zwischen automatischen und absichtsvollen Bewegungen bildhaft so, dass der Wille einige Reflexe unter seine Kontrolle nimmt und sie sequenziert.

154 Kuhl systematisiert die Handlungsformen nach ihrem biopsychischen Mechanismus. Das Gewohnheitshandeln kommt durch das Erlernen von Reiz-Reaktions-Verbindungen zustande und das anreizorientierte Handeln durch bedürfnis- oder triebgesteuerte Annäherung an bzw. Meidung von Anreizobjekten (Kuhl & Hüther 2007:3; Kuhl 2007:51f.).

im Orig.).[155]
Nachstehende Ausführungen verdeutlichen die Mechanismen selbstgesteuerten Handelns. Kuhl unterscheidet zwischen der Form des selbstbewusst planenden Handelns und des selbstbestimmten, sinngebenden Handelns. Letzteres ist das im neurobiologischen Sinne freie Handeln, das dadurch charakterisiert ist, dass es „frei von Verhaltensdeterminanten [ist], die außerhalb des Selbst liegen" (Kuhl & Hüther 2007:5).

An bewusstem Handeln ist der Präfrontale Cortex (PFC) maßgeblich beteiligt. Dieser verfügt über neuronale Schaltkreise, die komplexes zielorientiertes Handeln realisieren und die längerfristige Repräsentation von Zielen und Regeln ermöglichen. Das Funktionieren der Schaltkreise fassen Miller & Cohen folgendermaßen zusammen:

> „Wenn ein im PFC bereits repräsentiertes Ziel in den Arbeitsspeicher gelangt, dessen Inhalte durch die Qualität von Bewusstheit gekennzeichnet sind, werden durch selektive Aufmerksamkeit von allen möglichen Wahrnehmungen, die jeweils gemacht werden könnten, jene bevorzugt, die für das Ziel besonders relevant sind. Andere werden aktiv gehemmt. Dasselbe gilt für den Abruf von Gedächtnisinhalten und für die Aktivierung und Generierung von kognitiven und Verhaltensstrategien, die der Zielerreichung dienen. Diese selektive Bevorzugung bleibt so lange aufrechterhalten, wie das Ziel bzw. Teile der Zielhierarchie im Arbeitsspeicher repräsentiert bleiben. Die Bevorzugung bedeutet, dass das Ziel mit der besonderen Qualität des bewussten, absichtsvollen Handelns verfolgt wird, also mit bewusster Aufmerksamkeit, bewusstem Nachdenken, Entscheidung, willentlicher Verhaltenskontrolle usw." (2001; zit. n. Grawe 2004:115; vgl. auch Roth 2003:480 f.).

Im Einzelnen übernimmt der PFC für die Herstellung dieser Qualität folgende Funktionen (Goschke 1996:619):

(1) Selektionsfunktionen, wie die Auswahl von Zielen und Handlungen;
(2) Planungsfunktionen, wie die mentale Simulation von Handlungssequenzen;
(3) Realisationsfunktionen, wie Modulation der Aktivierung von Handlungsschemata;
(4) Abschirmfunktionen, wie die Hemmung impulsiver Tendenzen oder die Selektion intentionsrelevanter Informationen;
(5) Managementfunktionen, wie die Koordination und Regulation von Subroutinen;
(6) Überwachungsfunktionen, wie die Bewertung von Handlungswechseln und die Korrektur von Fehlern;
(7) Interruptionsfunktionen, wie die Auslösung von Handlungswechseln und
(8) Selbstregulationsfunktionen, wie der Einsatz metakognitiver Strategien.

[155] Auf dieser Grundlage kann die im Zusammenhang mit Beratung häufig diskutierte Frage, ob angeordnete Beratung oder Zwangsberatung noch immer Beratung sei (vgl. z. B. Nestmann, Sickendiek & Engel 2004:602) eindeutig beantwortet werden. Beratung, ob sie freiwillig oder unfreiwillig aufgesucht wird, ist natürlich immer noch Beratung, wenngleich das Aufsuchen der Beratungsstelle, also die Hilfeinanspruchnahme nicht als freie Handlung eines Klienten/einer Klientin erfolgt. Die Hilfeinanspruchnahme ist aber nicht das Kriterium der Beurteilung der Beratung als eine bestimmte Interaktionsform. Eine Zwangsberatung ist erst dann nicht mehr Beratung, wenn das unfreiwillige Aufsuchen damit verbunden ist, dass der Klient/die Klientin im Rahmen der Beratung Ziele nicht mehr frei wählen kann bzw. diese durch den Berater/die Beraterin oder andere Institutionen bestimmt werden. Hinter dem Merkmal der Freiwilligkeit der Teilnahme als Bedingung von Beratung (vgl. z. B. Dewe 2000:120 f.) müssen wohl eher berufspolitische Interessen angenommen werden, denn fachliche Argumente.

In jüngerer Zeit – und Goschke hat dazu beigetragen – wird davon ausgegangen, dass diese exekutiven Funktionen des Gehirns nicht von einem zentralen System im Präfrontalen Cortex übernommen werden. Handlungssteuerung fasst er entsprechend nicht als Ausführung einer Entscheidungsinstanz auf, sondern als ein „Optimierungsproblem mit multiplen Randbedingungen" (Roth 2003:482), an dessen Lösung mehrere Kontrollsysteme kooperierend und konkurrierend beteiligt sind. Der Entscheid darüber, welche Handlungen schlussendlich bewusst geplant und kontrolliert werden, betrachtet er als Ergebnis eines Kampfes der beteiligten Kontrollsysteme um die Beschlagnahmung des *Arbeitsgedächtnisses* als knappste Ressource im Gehirn (Roth 2003:481f.). Weil immer mehrere Bedürfnisse gleichzeitig zu absichtsvollem Verhalten motivieren und damit „mehrere Ziele gleichzeitig aktiviert sind [...], werden diejenigen, die momentan nicht den Arbeitsspeicher erobern konnten [und damit vom Gehirn als nicht neu oder wichtig bewertet werden; P.G.], im impliziten Funktionsmodus verfolgt" (Grawe 2004:117). Im expliziten Funktionsmodus verlaufende Handlungen können somit als Mittel der Kontrolle interner Zustände auf dem direkten Weg, die im impliziten Modus verlaufenden Handlungen als Mittel der Kontrolle auf dem indirekten Weg betrachtet werden (Obrecht 1996a:148; s. u.).

Auch Kuhl stellt die Existenz eines zentralen Exekutivsystems im PFC für die willentliche Handlungssteuerung in Frage. Er entwickelte die Theorie der Persönlichkeit-Systeme-Interaktionen (PSI-Theorie), die motivationale, volitionale, kognitive, entwicklungs- und persönlichkeitspsychologische Theorien zu integrieren versucht (Kuhl 2001). Die Theorie der willentlichen Handlungssteuerung stellt den Kern der PSI-Theorie dar. In dieser knüpft Kuhl an offene Fragen der Rubikontheorie von Heckhausen, Gollwitzer & Weinert (1987) an, die zu den bekanntesten psychologischen Handlungssteuerungstheorien gehört. Im Kern besagt die Rubikontheorie, dass zielorientiertes Handeln über Phasen verläuft, in denen zwei Arten der Informationsverarbeitung unterschieden werden können, nämlich a) eine mit motivationalen Prozessen (Zielsetzung) einhergehende, „nach allen Seiten offene, unparteiische Informationsverarbeitung" und b) eine im Anschluss an die getroffene Entscheidung „einseitige Verarbeitung", denen volitionale Prozesse (Zielstreben) zugrunde liegen (Kuhl 2001:143f.).[156] Forschungsbefunde zeigten aber, dass die einseitige Verarbeitung nur auf sog. *handlungsorientierte Personen* zutrifft, d. h. auf solche, die über die Fähigkeit verfügen, situationsangemessene Absichten trotz störender Denkinhalte in die Tat umzusetzen. Haben diese Personen eine Entscheidung getroffen, wird diese durch selektive Nichtbeachtung und Abwertung absichtsgefährdender Information stabilisiert. Es kommt zu einer einseitigen Favorisierung der einmal ins Auge gefassten Option. *Lageorientierte Personen* wiesen den einseitigen Verarbeitungsmodus nicht auf.[157] Die individuellen Unter-

156 Idealtypisch wird unterschieden zwischen a) der prädezisionalen Phase, in der zwischen Zielen abgewogen wird, b) der präaktionalen Phase, in der planende Aktivitäten der Zielerreichung stattfinden, c) der aktionalen Phase, in der die Handlung ausgeführt wird und die Abschirmung gegenüber konkurrierenden Intentionen erfolgt und d) die postaktionale Phase, in der die Handlungsfolgen im Hinblick auf das angestrebte Ziel bewertet werden (vgl. z. B. Rheinberg 2006:184 ff.). Der Übergang vom ersten zum zweiten Informationsverarbeitungsmodus („Rubikon") erfolgt über die Intentionsbildung zwischen a) und b).

157 Allgemein bezeichnen Handlungs- und Lageorientierung unterschiedliche Fähigkeiten im Zugriff auf Selbststeuerungsfunktionen unter Stress bzw., anders gesagt, unterschiedliche affektregulatorische Kompetenzen. Während handlungsorientierte Personen rasch und eigenständig Affekte regulieren können, verharren Lageorientierterte unerwünscht in der aufgetretenen Stimmungslage. Kuhl geht davon aus, dass die Fähigkeiten sozialisiert sind (Kuhl 2001:185).

schiede in Rechnung stellend folgert Kuhl, dass sich Willensprozesse nicht einfach über Top-down-Modelle im Sinne einer zentralen Exekutive erklären lassen:

> „Die zentrale Exekutive hätte dann die Funktion, gewollte Verhaltensprogramme zu verstärken. Eine nähere Analyse zeigt aber, dass die Verstärkung einer noch nicht sofort ausführungsfähigen Verhaltensroutine, mit deren Ausführungsgelegenheit aber unmittelbar gerechnet wird, mit dem Begriff einer globalen Koordinationszentrale nicht zufriedenstellend erklärt werden kann, da sie mehr als nur die Verstärkung gewollter Reaktionen erfordert, um gelingen zu können" (ebd.:146).

In der Theorie der willentlichen Handlungssteuerung geht es Kuhl darum, sowohl die kognitive als auch die affektive „Minimalarchitektur" (ebd.:145) willentlichen Handelns zu erklären. Eine zentrale Rolle spielen dabei die Konzepte der *Selbstregulation* und der *Selbstkontrolle* (auch: Handlungsregulation und -kontrolle), worunter das Bilden und Aufrechterhalten *selbstkongruenter* Ziele (Selbstregulation) bzw. die durch *explizite Absichten* vermittelte Zielverfolgung (Selbstkontrolle) verstanden wird; die Formen werden auch als demokratische bzw. autoritäre Formen der Verhaltenssteuerung umschrieben (Fröhlich & Kuhl 2003:222 f.).

Das Konzept der Selbstregulation trägt dabei der Tatsache Rechnung, dass auch die bewussten Ziele immer noch von hierarchisch höher angesiedelten Zielen - den Zwecken bzw. Bedürfnissen - bestimmt werden, die dem/der Handelnden zwar in Form von bewussten Bedürfnissen (Wünschen) bewusst sein können. Der Prozess dahin verläuft jedoch ohne Bewusstsein und dies bedeutet schlussendlich nichts anderes, als dass auch an den o. g. im expliziten Funktionsmodus verlaufenden Handlungen unbewusste Prozesse beteiligt sind.[158]

Aus der Auffassung der Untrennbarkeit bewusster und unbewusster Vorgänge zur Ausbildung willentlicher Handlungen zieht Kuhl den Schluss, dass die *Fähigkeit zur Selbststeuerung* vom *ausgeglichenen Wechselspiel zwischen implizit und explizit arbeitenden Informationsverarbeitungsstilen abhängt (Selbstregulation und Selbstkontrolle),* was in enger Beziehung mit der Fähigkeit zur Affektregulation steht.

Kuhl unterscheidet vier kognitive, neuroanatomischen Schwerpunkten zugeordnete Verarbeitungsstile bzw. Erkenntnissysteme - sogenannte kognitive Makrosysteme -, die in dynamischer Beziehung zueinander stehen und denen je spezifische Funktionen für die effektive Verhaltenssteuerung zukommen:

(1) das sequentiell-analytisch arbeitende, linkshemisphärisch verortete, handlungsbezogene Informationen beinhaltende Intentionsgedächtnis (IG), das Planen ermöglicht und der Beibehaltung schwieriger Absichten oder passender Ausführungsgelegenheiten dient;
(2) das parallel-holistisch arbeitende, rechtshemisphärisch verortete, Gewohnheiten und Fertigkeiten beinhaltende intuitive Verhaltenssteuerungssystem (IVS), das automatisiertes Handeln ermöglicht und der Umsetzung von Absichten dient;
(3) das parallel-holistisch arbeitende, rechtshemisphärisch verortete, autobiografische Erfahrungen und (nicht bewusstes) Wissen beinhaltende Extensionsgedächtnis, das

[158] Roth verweist in diesem Zusammenhang auf das unverzichtbare Zusammenwirken subcortikaler und damit grundsätzlich unbewusster Faktoren einerseits und cortikaler und damit potenziell bewusster Faktoren bei der Ausbildung von Wünschen und Absichten, der Handlungsplanung und -vorbereitung andererseits: „Ohne die Mitwirkung der subcortikalen Zentren in den Basalganglien und im limbischen System könnten wir Willenshandlungen nicht ausführen. Hierdurch soll gewährleistet werden, dass alles, was wir bewusst oder unbewusst beabsichtigen und schließlich auch tun, stets im Einklang mit unseren unbewussten kognitiven und emotionalen Erfahrungen stattfindet" (2003:493).

den Zugriff auf wichtige Lebenserfahrungen, Wissen über eigene Bedürfnisse, Werte und Gefühle sowie über das soziale Umfeld ermöglicht und der selbstbestimmten bzw. -kongruenten Zielbildung dient[159] und

(4) das sequentiell-analytisch arbeitende, linkshemisphärisch verortete, Einzelerfahrungen und bewusstes Wissen beinhaltende Objekterkennungssystem (OES), das die Wahrnehmung und das Wiedererkennen von Objekten ermöglicht und dem Erkennen von Problemen und Fehlern dient (Kuhl 2001:145 ff.; Fröhlich & Kuhl 2003: 230 ff.).

Für die gelingende Selbststeuerung, d. h. den Wechsel zwischen den Erkenntnissystemen, formuliert er zwei zentrale Modulationsannahmen, die er als *Willensbahnungsannahme* und *Selbstbahnungsannahme* bezeichnet. Erstere beschreibt die Affektregulation zur *Realisierung von Zielen* und bezieht sich auf die Modulation zwischen dem Intentionsgedächtnis und dem intuitiven Verhaltenssystem, die als mit bzw. ohne Bewusstsein arbeitende Systeme in antagonistischer Beziehung stehend konzipiert sind. Die Modulationsannahme lautet im Kern, dass *positiver Affekt* die Auflösung der zwischen den Systemen bestehenden Hemmung fördert und damit die Ausführung von Handlungsplänen ermöglicht. *Gehemmter positiver Affekt* (Bedrohung) fördert dagegen die Hemmung zwischen den Systemen und verhilft dazu, Absichten aufrechtzuerhalten (Fröhlich & Kuhl 2003:232). Die Selbstbahnungsannahme bezieht sich auf die Affektregulierung *zur Bildung selbstkongruenter Ziele* und der dafür erforderlichen Modulation zwischen den antagonistisch arbeitenden Systemen Extensionsgedächtnis und Objekterkennung. Danach hemmen *negative Affekte* (Belastung) den Einfluss des Extensionsgedächtnisses auf das Erleben und Verhalten und fördern isolierte Einzelempfindungen aus dem Objekterkennungssystem. Dagegen erleichtert die Herabregulierung negativer Affekte, d. h. *gehemmter negativer Affekte* den Zugang zum Extensionsgedächtnis durch Stärkung der Hemmung zwischen den beiden Systemen (ebd.:233). Fröhlich und Kuhl betonen, dass auch die Umkehrung der Modulationsannahmen gelte und die Aktivierung des Intentionsgedächtnissen (z. B. durch schwierige Aufgabenstellungen zur Hemmung positiven Affekts führt oder die Aktivierung des Extensionsgedächtnisses (z. B. durch kreative Tätigkeiten) zur Hemmung negativen Affekts (ebd.).

Die Ausführungen dieses Abschnitts verweisen auf die eingangs erwähnte, die das PsybiEHM kennzeichnende Annahme einer engen Beziehung zwischen Motivation, Kognition und Handeln, die abschließend wie folgt zusammengefasst werden kann (in Anlehnung an Obrecht 2005:119): Biologische, biopsychische und biopsychosoziale Bedürfnisse als vom Nervensystem initiierte Spannungszustände motivieren Individuen laufend, auf der Grundlage sensorischer Stimulation, Bilder ihrer Selbst in ihrer näheren und weiteren ökologischen und sozialen Umwelt, insbesondere aber von ihren Ressourcen in der jeweiligen Handlungssituation zur Bedürfnisbefriedigung zu erzeugen. Mittel hierfür sind die affektiv bewerteten ikonischen sowie die begrifflichen Vergangenheits-, Gegenwarts- und Zukunftsbilder, von denen ausgehend sie die Handlungssituation bewerten, Handlungsziele und -pläne entwickeln, die für zielführend gehaltenen Abfolgen von Handlungen unter Nutzung impliziten und/oder

[159] Dieses System bildet den Kern des Selbst als „hochinferente Form der impliziten Repräsentation *eigener* Zustände [...], die viele einzelne Selbstaspekte integriert und bei jeder Aktivierung (‚Selbstwahrnehmung') simultan für die Steuerung kognitiver Prozesse, des emotionalen Erlebens und des zielgerichteten Verhaltens verfügbar macht (2001:132; Hervorhebung d. Verf.).

expliziten Regelwissens ausführen sowie die Zielerreichung kontrollieren und bewerten.
Das PsybiEHM hat, was seinen Erklärungsbereich betrifft, selbstverständlich Grenzen. Es macht deutlich, *dass* zwischen Motivation, Kognition und Handeln Beziehungen bestehen. Über *Variationen der Beziehung* kann jedoch noch nichts ausgesagt werden. Hieran knüpft die PSI-Theorie von Kuhl an und stellt damit eine wichtige Ergänzung des PsybiEHM dar. Kuhl vertritt, konsistent mit dem dem PsybiEHM zugrunde liegenden Persönlichkeitsbegriff, dass sich Persönlichkeit aus der Art der Verbindung und Kommunikation zwischen kognitiven Verarbeitungsstilen bestimmt, die ihrerseits durch affektive Dispositionen moduliert werden. Die PSI-Theorie beschreibt die Wechselwirkungen mentaler Funktionen und deren Modulation durch Affekte sowie die modulatorische Wirkung mentaler Funktionen auf Affekte und entwickelt damit *eine systemtheoretischen Prämissen Rechnung tragende psychodynamische Theorie der Persönlichkeit, die entsprechend eine Theorie über Systemkonfigurationen darstellt* (Kuhl 2001:303 ff.; 779 ff.).
Hinsichtlich professionsspezifischer Aspekte von Beratung leistet sie wertvolle Beiträge zur differenzierten Diagnose psychischer Probleme und Störungen und ist damit besonders für die pädagogische Beratungsprofession und Psychotherapie von Bedeutung.[160] Wenn dies auch nicht in den Kernbereich Sozialer Arbeit fällt – und hier somit weder eine Persönlichkeits- und Störungsdiagnostik noch eine generelle Selbststeuerungsfähigkeitsdiagnostik im Vordergrund stehen – ist die Theorie jedoch auch für die Beratung im Allgemeinen sowie in der Sozialen Arbeit von Relevanz, lassen sich mit ihrer Hilfe doch Ansätze und Voraussetzungen zur Aktivierung und Entwicklung des Selbststeuerungspotenzials zur eigenen Bearbeitung sozialer Probleme genauer bestimmen.
Von Bedeutung ist hierbei der kognitive Stil, d. h. die Frage, welches der vier kognitiven Systeme Menschen bevorzugt für die Bewältigung von Problemen einsetzen und wie sie über die damit verbundenen Affektlagen auch den Zugang zu ihrem Potenzial beeinflussen. Die PSI-Theorie unterscheidet hier – vergleichbar der vorgestellten Typologie der Erlebensmodi – zwischen dem

a) analytischen oder Denktyp mit einer Bevorzugung des Intentionsgedächtnisses,
b) ganzheitlichen Fühltyp mit einer Bevorzugung des Extensionsgedächtnisses,
c) intuitiven oder Bauchtyp mit Bevorzugung der intuitiven Verhaltenssteuerung und
d) detailfixierten Objekterkennungstyp oder Empfindungstyp mit Bevorzugung des Objekterkennungssystems (Fröhlich & Kuhl 2003:231).

In Termini der Erlebensmodi entspricht der analytische Typ dem kognitiven Erlebensmodus. Der Fühl- und Bauchtyp ist dem emotional-ästhetischen Modus zuzuordnen,

[160] Zu erwähnen sind in diesem Zusammenhang insbesondere das aus der PSI-Theorie entwickelte Persönlichkeits-Stil- und Störungsinventar PSSI (Kuhl & Kazén 2009), das den bevorzugten affektiven und kognitiven Stil misst und das Selbststeuerungsinventar SSI (Kuhl & Fuhrmann 1998). Dieses erfasst möglichst viele Selbststeuerungskomponenten einer Person und deren Zusammenwirken und dient der Messung der *globalen Sensibilität* einer Person, d. h. wie leicht sie in einen positiven bzw. negativen Affektzustand hineinkommen kann. Die Selbststeuerungskomponenten sind Unterfunktionen der Selbstregulation und -kontrolle. Wichtige Komponenten zur Realisierung der Selbstregulation sind: Selbstbestimmung, Selbstaktivierung, Entscheidungsfähigkeit und zielbezogene Aufmerksamkeit als bewusste sowie positive Selbstmotivierung, Stimmungsmanagement, Selbstberuhigung und automatische zielbezogene Aufmerksamkeit als unbewusste Komponenten. Das Konzept der Selbstkontrolle umfasst: Planungsfähigkeit, Vergesslichkeitsvorbeugung, Zielvergegenwärtigung (kognitive Selbstkontrolle) und Misserfolgsbewältigung, Selbstdisziplin und ängstliche Selbstmotivierung (affektive Selbstkontrolle) (Fröhlich & Kuhl 2003:224 ff.). Ein weiteres Messinstrument ist der HAKEMP (Kuhl & Beckmann 1994), der die *affektregulatorischen Kompetenzen* einer Person misst, d. h. wie leicht sie aus einem negativen Affekt oder der Hemmung positiven Affekts herauskommen kann. M. a. W. misst er die Handlungs- oder Lageorientierung einer Person.

wobei die erweiterte Typologie bei Kuhl über die Differenzierung der im emotional-ästhetischen Erlebensmodus zusammengefassten Kategorien der emotions-/gefühlsbezogenen Affekte versus der triebbezogenen Affekte als dominanter Verarbeitungsmechanismus der sensorischen Information zustande kommt. Der Objekterkennungstyp entspricht wiederum klar dem normativen Erlebensmodus. Der bevorzugte Verarbeitungsmechanismus findet über den Rückgriff auf erlernte und affektiv besetzte Normen statt.

Da selbstgesteuerte Problemlösungen grundsätzlich aller vier kognitiven Systeme bedürfen, bietet jeder kognitive Stil mit dem Rückgriff auf bestimmtes Wissen gewisse Vorzüge. Einseitig ausgebildet entstehen jedoch mehr Nachteile. Erforderliche Wissensrepräsentationen stehen unter Umständen nicht zur Verfügung. Zur Verbesserung des Selbststeuerungspotenzials von Individuen stellt sich damit auch an sozialarbeiterische Beratung die Aufgabe, den jeweiligen Stilen Rechnung zu tragen und sie ggf. zu verändern. Demgegenüber stellt sich an allgemeine Beratung die grundsätzlichere Aufgabe, alle Stile zur Realisierung zu bringen (s. im Weiteren Kap. E).

### 1.2.3 Zum Verhältnis zwischen Mensch und Umwelt

> „Alles in allem nutzen Menschen zwar ihre Vernunft, um ihre Ziele zu erreichen, doch sind sie keine ausschließlich rationalen Egoisten, denn sie lassen sich nicht minder durch so irrationale Antriebe wie Leidenschaften oder unbegründete Ängste leiten und sie streben in der Regel auch nicht danach, ihren Nutzen auf Kosten anderer zu maximieren. Noch sind sie ihrer Natur nach willenlose Sklaven, die sich vorgegebenen Normen unterwerfen und sich so zu Mitteln im Rahmen der unerkannten Pläne anderer machen, und wenn schon, dann tun sie dies, weil sie dies für ihre Pflicht erachten und im Gehorsam einen Nutzen für sich selbst erblicken." (Obrecht 2003d:36)

Die Annahme, dass menschliches Verhalten durch biologische Prozesse kausal determiniert ist, bedeutet nicht, wie das vorige Kapitel gezeigt hat, dass Menschen die Fähigkeit zu freiem Willen bzw. selbstbestimmtem Handeln abgesprochen wird. Daraus wiederum kann nicht geschlossen werden, dass die Entscheidungen, die sie treffen, ihrerseits nicht gesetzmäßig sind.

> „Vor bedürfnismäßig relevante Alternativen gestellt, entscheiden sie sich nämlich aus freien Stücken für mit großer Wahrscheinlichkeit voraussehbare Optionen" (ebd.:36).

Für die Entscheidungen spielen, wie sichtbar wurde, nebst Bedürfnissen, situativ gegebene Reize und emotio-kognitive Ressourcen eine wichtige Rolle, was jedoch zur Erklärung menschlichen Verhaltens noch nicht hinreichend ist. Menschen sind zu jeder Zeit Teil sozialer Systeme,[161] ja müssen es sein, sind sie doch für die Befriedigung ihrer Bedürfnisse auf diese angewiesen. Hierin besteht die zentrale Funktion von sozialen Systemen, wie Bunge formuliert:

> „Es ist unmöglich für ein Individuum, nicht zumindest einem Hauptteilsystem[162] zuzugehören – d. h. eine komplette Marginalität ist im Rahmen von Gesellschaft unmöglich" (1979:205).

Hieraus folgt, dass nicht allein physische und psychische Eigenschaften als verhaltens-

[161] Selbstverständlich auch von ökologischen Systemen, worauf hier jedoch nicht weiter eingegangen wird.

[162] Zu den zentralen gesellschaftlichen Teilsystemen zählen als Folge gesellschaftlicher Arbeitsteilung (funktionale Differenzierung) das biologische bzw. familiäre, das ökonomische, das politische und das kulturelle System (Bunge & Mahner 2004:166).

bestimmend betrachtet werden können. Von Geburt an Mitglieder sozialer Systeme verfügen Individuen als InhaberInnen von Rollen - ob sie diese wollen oder nicht - auch über (emergente) soziale Eigenschaften, die ihr Verhalten maßgeblich mitbestimmen.

Noch einmal hingewiesen sei an dieser Stelle darauf, dass die Eliminierung mentaler *Dinge* („Ideen“) als eigenständige Entitäten nicht die Eliminierung mentaler *Eigenschaften* zur Folge hat (s. Kap. C 3.1). Ebenso wenig resultiert daraus ein *biologischer Reduktionismus der Persönlichkeit*. Für die Erklärung des Mentalen ist ein neurobiologischer (makroreduktiver) Zugang zu diesem im Sinne der Identitätshypothese unabdingbar, aber nicht ausreichend. Dies liegt darin begründet, dass eben auch das Gehirn als Subsystem des halboffenen Organismus in Beziehung zur Umwelt steht (s. Kap. D 1.1) und die Entwicklung des Mentalen so immer auch in einer sozialkulturellen und ökologischen Umgebung stattfindet. Die Erklärung verlangt somit auch einen mikroreduktiven Zugang und wirft daher die Frage nach dem Einfluss sozialer Systeme als Umwelt von Individuen auf ihr Verhalten auf oder allgemeiner, nach der Beziehung zwischen Individuen und sozialen Systemen (Mahner & Bunge 2004:152 f.). Mit der Konzeptualisierung dieses Verhältnisses entscheidet sich die Antwort auf die im Rahmen der Anlage-Umwelt-Problematik bis heute strittige Frage nach den *Mechanismen* des Zusammenwirkens biopsychischer und sozialer Gegebenheiten. In persönlichkeitstheoretischer Hinsicht sind Antworten hierauf insofern von Bedeutung, als dass sie die Annahmen über die *Bedingungen* der Persönlichkeitsentwicklung stellen (s. Kap. D 1.2.5). Damit wiederum sind sie für den problem- wie auch den interventionstheoretischen Bezugsrahmen professioneller Handlungen allgemein, so auch der Handlungen von BeraterInnen relevant. Im Rahmen des SPSA stellt die systemistische Theorie sozialer Systeme die Grundlagen der Person-soziale Umwelt-Relation bereit.

#### 1.2.3.1 Theorie sozialer Systeme

Ausgehend von der allgemeinen Definition von Systemen (s. Kap. C 4.1, Axiom 3) sind soziale Systeme wie folgt definiert:

> „Ein *soziales System* ist ein konkretes System, das zusammengesetzt ist aus Tieren, die (a) eine gemeinsame Umwelt teilen und die (b) direkt oder indirekt auf andere Mitglieder des Systems einwirken und die (c) zumindest in einigen Hinsichten kooperativ sind, während sie in anderen miteinander konkurrieren. Mit zu solchen Systemen gehören auch ihre physischen (Werkzeuge, Gebäude, Haustiere) und symbolischen Artefakte (Texte).
> Ein *menschliches Sozialsystem* ist ein soziales System, das gebildet wird aus menschlichen Individuen, die von ihrer eigenen Arbeit oder von jener anderer abhängen und die ihre Bedürfnisse befriedigen und ihre Wünsche erfüllen“ (Bunge 1996:271; erweiterte Übersetzung von Obrecht 2003d:16; zur Originalübersetzung vgl. Obrecht 2005:108).

Soziale Systeme sind demnach *biosozialkulturelle Systeme*. Damit grenzt sich der systemistische Systembegriff von Auffassungen ab, wonach soziale Systeme mit a) Aggregaten[163] (Individualismus) gleichgesetzt werden und innerhalb dieser Konzeptualisierung von Auffassungen, die sich nur auf Kognitionen beschränken, sowie b) von jenen, in denen soziale Systeme als Entitäten ohne Individuen (Holismus) verstanden werden. Für die

[163] Systemtheoretisch sind Aggregate soziale Gebilde, in denen Individuen eine gemeinsame Eigenschaft aufweisen, aber keine Beziehungen unterhalten (z. B. das Publikum im Kino oder alle Fahrgäste im Bus) (Esser 1996:85).

systemtheoretische Auffassung von sozialen Systemen ist somit charakteristisch, dass darin zum einen *alle internen Prozesse von Individuen* – also auch motivationale Prozesse und Handeln – als verhaltensrelevant und zum anderen *die eigenständige Existenz sozialer Systeme* mit eigenständigen (emergenten) Eigenschaften anerkannt wird.
Letztere werden auf der Grundlage des Emergenzkonzepts jedoch nicht als das Ergebnis von irgendetwas Hinzugetretenem verstanden, sondern als Folge von (motivierten) sozialen Handlungen und Interaktionen selbstwissensfähiger Biosysteme. M.a.W. sind sie das Ergebnis der rekursiven sowie gleichartigen Handlungen von Individuen. Obwohl soziale Systeme eine ontisch eigenständige Ebene bilden und sie auch eine von Einzelindividuen relativ unabhängige Dynamik entfalten können, lässt sich weder Existenz noch Dynamik sozialer Systeme ohne Individuen verstehen. Dies impliziert, dass die Erhaltung oder der Wandel sozialer Systeme weder etwa über das Denken von Individuen an diese noch über ein ‚Kollektiv' jenseits von ihnen stattfinden kann (Obrecht 2003d:16).
Die Konzeptualisierung sozialer Systeme differenziert u. a. zwei Arten sozialer Systeme: natürliche und artifizielle. *Natürliche soziale Systeme* (z. B. Familien, Peergroups) können dabei als das ungeplante emergente Ergebnis spontaner Interaktionen zwischen den Komponenten verstanden werden, während *artifizielle Systeme* (z. B. Organisationen, Teams, Gemeinden, Nationen) Ergebnisse zielgerichteter, geplanter Interaktionen sind (Geiser 2013:162 f.). Grundlegende Bedingung der Entstehung und Erhaltung sozialer Systeme ist, dass die Beziehungen bindend sind (Selbstorganisation). Die Bindungsmechanismen können sowohl *affektiver Art* (z. B. Liebe, Freundschaft, Verpflichtung, Hingabe), *kognitiver Art* (z. B. geteilte Überzeugungen, gemeinsame Werte, gemeinsame Ziele, moralische und gesetzliche Normen und darauf beruhende gleiche Erwartungen) sowie *sozialer Art* (soziale Handlungen oder Interaktionen wie Teilen, Austauschen, Informieren, Diskutieren, Befehlen) sein (Obrecht 2005:129).

Bestehen soziale Systeme dauerhaft, kann angenommen werden, dass es diesen gelingt, das dynamische Gleichgewicht des Systems über die zu seiner Herstellung erforderlichen sozial internen und externen systemstabilisierenden (morphostatischen) und systemverändernden (morphogenetischen) Vorgänge zu regulieren.[164] Andernfalls kommt es zu seiner Zersetzung (Bernler & Johnsson 1997:73 ff.). Zu beachten gilt es im Weiteren, dass Beständigkeit bzw. Zerfall von sozialen Systemen nicht nur sozial endogene und exogene, sondern auch nichtsoziale (ökologische) Ursachen haben kann (Obrecht 1999:40; Geiser 2013:50). Hinsichtlich der sozialen Ursachen stellt sich die Frage, wodurch die eine oder andere Entwicklung begünstigt wird bzw. wie Stabilität und Wandel sozialer Systeme erklärt werden können. Der folgende Abschnitt fasst zuerst die Grundgedanken des soziologischen Systemismus zum Aufbau und zur Funktionsweise von sozialen Systemen und damit ihren Einfluss auf Individuen und umgekehrt, den Einfluss von Individuen auf soziale Systeme, zusammen. Danach werden die Mechanismen von Stabilität und Wandel in sozialen Systemen bzw. die Gesetzmäßigkeiten zwischen Sozialstruktur und dem Verhalten von Individuen näher thematisiert.

[164] Zu bedenken ist, dass manche sozialen Systeme, wie z. B. die meisten Helfer-Klienten-Systeme, transitorischer Art sind. Auch sie unterliegen aber für den Zeitraum ihrer Dauer stabilisierenden und verändernden Prozessen. So kann ein Übermaß morphogenetischer Prozesse zur vorzeitigen Auflösung des Systems führen.

### 1.2.3.2 Aufbau und Funktionsweise sozialer Systeme

Nach dem soziologischen Systemismus weisen alle Arten sozialer Systeme, einschließlich des Gesellschaftssystems, zwei Gruppen *von interdependenten Eigenschaften* auf: Kultur und Sozialstruktur. Unter Kultur wird dabei die Gesamtheit der faktischen Verteilung kultureller Items im System verstanden. Zu ihr gehören die Sprache, das begriffliche Wissen (kulturelle Codes) und daran gekoppelte Fertigkeiten sowie die Werte der Mitglieder des Systems.[165] Die Sozialstruktur ist das Gesamt an Beziehungen zwischen den Mitgliedern eines sozialen Systems (interne bzw. Endostruktur) sowie deren Beziehungen zur Umwelt (externe bzw. Exostruktur). Ihre übergeordneten, interdependenten Formen sind die Interaktions- und Positionsstruktur oder horizontale und vertikale Struktur, die aus den o. g. sozialen Mechanismen – Kooperation und Konkurrenz – hervorgehen und deren Verursachungszusammenhang in der Befriedigung von Bedürfnissen liegt.[166] Die Positionsstruktur (Rollen/Status und daran gebundene Rechte und Pflichten) in sozialen Systemen entsteht als Folge der Interaktionsstruktur (z. B. der Arten und Intensitäten der Interaktionen zwischen den Komponenten).

Zu den dominanten positionalen Eigenschaften der Gegenwartsgesellschaften und damit zu jedem darin bestehenden Subsystem[167] zählen die funktionale Differenzierung (Arbeitsteilung), die vertikale Differenzierung (Verteilungsmuster von Gütern / Ressourcen bzw. Konfigurationen von Verteilungsmustern), die niveaunale Differenzierung (reale Systemniveaus des sozialen Wirklichkeitsbereichs), geschlechtliche Differenzierung, ethnische, sozialräumliche (Peripherienzentren) und lebenszeit-

---

165 Kultur ist diesem Verständnis nach eine *resultante Eigenschaft sozialer Systeme* oder anders gesagt, ein *Aggregat der persönlichen Kultur der Mitglieder des Systems*. Darüber hinaus unterscheidet Obrecht mit Bunge (1996) zwei weitere Begriffe von Kultur: Die *persönliche Kultur* oder individuelle kognitive Codes als emergente Eigenschaften von Individuen sowie *Kultur als ein funktionales System* der Gesellschaft (Subsystem der Sozialstruktur). All diese Kulturbegriffe sind im Zusammenhang mit sozialen Systemen relevant. Der Begriff der Kultur kann sich aber auch auf eine Menge von Individuen beziehen, die Wissen und Werte in Bezug auf Themen teilen (z. B. die Wissenschaftskultur, die christliche Kultur) oder aber in Bezug auf eine integrale Vorstellung einer ganzen Lebensweise (Ethnizität). Hier lässt sich dann besser von *partikulären Kulturen* sprechen. Unabhängig davon ist Kultur in jedem Fall konkret, sei es als individuelles Wissen oder in Form von Artefakten, seien diese physikalisch (z. B. Bauten), biologisch (z. B. kultivierte Landschaften), psychisch (sozialisierte Personen), sozial (z. B. Organisation) oder symbolisch (Texte) (Obrecht 1999:14 ff.).

166 Sowohl einige biologische Bedürfnisse (z. B. Bedürfnis nach sexueller Aktivität und Fortpflanzung) als auch psychische Bedürfnisse (z. B. Bedürfnis nach Kompetenz) sowie alle sozialen Bedürfnisse können nur innerhalb sozialer Systeme bzw. einer Gesellschaft erfüllt werden und nicht alle Bedürfnisse können direkt, sondern nur über die Produktion von Zwischengütern, befriedigt werden. Da viele Ressourcen zur Bedürfnisbefriedigung zudem knapp sind oder werden, sind Individuen nicht nur zu Kooperation, sondern auch zu Konkurrenz gezwungen. Dabei konkurrieren sie nicht nur um Ressourcen zur Bedürfnisbefriedigung, sondern infolge des Besitzes dieser Ressourcen auch um die Möglichkeit diese zu kontrollieren oder um die Mittel, sie zu produzieren, kurz um die Erlangung von Macht. „Die Unaufschiebbarkeit inelastischer Bedürfnisse macht die [sic!] deren befriedigungsrelevante Ressourcen zu Quellen von Macht gegenüber einem Individuum A im Sinne der Chance eines Dritten [bzw. Individuum B; P.G.], seine Ziele gegenüber jenen von A durchzusetzen." (Obrecht 1998a:57).

167 Gemeint sind hier nicht nur die funktionalen Teil- oder Subsysteme von Gesellschaft (politisches, ökonomisches, biologisches, ökonomisches System), sondern auch die darin bestehenden Subsysteme, wie z. B. Staat und Regierung als politische Teilsysteme und das Gesundheits-, Sozial-, Bildungs-, Rechtssystem etc. als Subsysteme des Staates. Der Systembegriff referiert auf die Gesamtheit aller menschlichen Sozialsysteme unterschiedlicher Art, Größe und Komplexitätsgrade. M. a. W. kann jedes soziale System Komponente umfassenderer Systeme sein, die dann in diesen durch Inhaber von Außenrollen repräsentiert werden, was ein sich wiederholender Vorgang sein kann. Nach Größe und Komplexitätsgrad grob unterschieden werden i. d. R. interindividuelle Systeme oder Mikrosysteme (z. B. Paare, Familien, Gruppen), intersoziale Systeme oder Mesosysteme (z. B. mehrniveaunale Organisationen, Gemeinden) und intersozietale Systeme oder Makrosysteme (z. B. Regierungen, internationale Allianzen) (Obrecht 2005:112).

liche Differenzierung (institutionalisierte Lebensläufe). Ihnen kommt für die Strukturierung des Verhaltens von Individuen besonderes Gewicht zu, doch gilt auch das Umgekehrte:

> „Einmal spontan oder geplant entstanden begrenzt die Struktur an jedem Ort, an dem ein Akteur in sie eingebunden ist, zu jedem Zeitpunkt dessen Handlungsmöglichkeiten, wobei der (objektive) Handlungsraum eines Akteurs der Raum jenseits dieser strukturellen Begrenzungen ist [...] Umgekehrt modifiziert oder reproduziert jede Handlung die bestehende Struktur mindestens in der unmittelbaren strukturellen Umgebung des Akteurs und unabhängig davon, ob dieser mit seiner Handlung auf eine solche Wirkung zielt und ob die faktischen Handlungseffekte ihm bewusst sind oder nicht.“ (Obrecht 2005:129 f.)

Vollständige Determination von Individuen durch soziale Systeme ist, da die Struktur die Handlungsmöglichkeiten wohl einschränken, nicht aber kausal determinieren kann, nicht möglich. Akteure haben insofern immer eine Wahl und einen bestimmten Grad an Autonomie, auch bei kleinen Handlungsspielräumen (ebd.:2003d:17; s. das nachfolgende Kap.). Für den Handlungsraum maßgeblich und damit auch für das Ausmaß der Autonomie ist die Position eines Akteurs innerhalb der Struktur des Systems: Diese ermuntert zur Verfolgung, Missachtung oder, unter Androhung von Sanktionen, auch zur Unterlassung bestimmter Ziele und Verhaltensweisen, oder verunmöglicht bestimmte Ziele und Verhaltensweisen aus Mangel an externen Ressourcen (ebd. 2001:60 f.).

Unter dem Gesichtspunkt des Befriedigungszwanges von Bedürfnissen für Verhalten sowie bestehender Präferenzen (funktionale Werte) kommt der Beschaffenheit der Struktur und Kultur sozialer Systeme für Stabilität und Wandel wesentliche Bedeutung zu.

Die Hauptthesen in diesem Zusammenhang sind: Je mehr (weniger) die Struktur von sozialen Systemen Individuen ermöglicht, biologische, psychische und soziale Bedürfnisse zu befriedigen und je instrumenteller (weniger instrumentell) das Wissen und Können (Kultur) zur Nutzung des Handlungsraums ist, desto wahrscheinlicher (unwahrscheinlicher) die positive Bewertung der sozialen Struktur (Umweltbild) und desto wahrscheinlicher (unwahrscheinlicher) das mit der sozialen Struktur konforme Verhalten (Obrecht 1999:20). Zum Ausdruck gelangen hier die Zusammenhänge *zwischen a) Struktur und Kultur sozialer Systeme und der persönlichen Kultur* (individuelle Codes und Werte) sowie *b) der persönlichen Kultur und dem Verhalten im Rahmen der Struktur.*

Wie oben angemerkt, wird davon ausgegangen, dass die Kultur in Systemen und die Sozialstruktur in einem interdependenten Verhältnis stehen, nicht aber identisch sind und in ihrer Dynamik nicht vollständig voneinander abhängen. Als Wissen, Können und Werte „residiert (Kultur) in Gehirnen“ (ebd.:30) und vermag insbesondere unter der Bedingung geteilten Wissens und gleicher Interessen, d. h. *konsensual geteilter Bilder, Codes und Werte* Kooperation zu initiieren und zu stabilisieren und damit Sozialstruktur im Sinne realer rekursiver Interaktionsmuster von Akteuren zu erzeugen. Eine weitere zentrale Bedingung für die Stabilisierung der Sozialstruktur ist die *Regelung der Konkurrenz um knappe Güter.* Um den Konsens über die bestehende ordnende Struktur nicht zu gefährden, darf die aus Konkurrenz resultierende ungleiche Verteilung ein bestimmtes

Maß nicht überschreiten.[168] Eine positive *Bewertung der Struktur als Aspekt der Kultur eines sozialen Systems* trägt zur Stabilität der Struktur bei, eine negative Bewertung veranlasst tendenziell zu ihrer Veränderung. Anders gesagt: Aggregierte persönliche Kultur trägt zur Entwicklung von Verhaltensweisen der Mitglieder eines Systems bei, welche die Struktur reproduzieren oder modifizieren. Obrecht fasst die Beziehung in Bezug auf das gesellschaftliche System wie folgt zusammen:

> „Persönliche Kultur stabilisiert im günstigen Fall eine gesellschaftliche Struktur und destabilisiert sie im ungünstigen, vor allem, wenn sie gleichzeitig bei vielen auftritt und ganz besonders dann, wenn diese vielen in direktem oder indirektem Kontakt untereinander stehen [sich also als Systemkultur etabliert; P.G.]. Man kann auch sagen, dass die Kultur einer Gesellschaft diese [ihre Struktur; P.G.] stabilisiert, wenn sie im Bereich des Gesellschaftsbildes relativ homogen ist oder sich verschiedene Bilder zumindest nicht widersprechen und wenn die Bilder positiv bewertet sind. Eine stabile Struktur begünstigt umgekehrt vor allem bei jenen, die aus ihr viel Befriedigung der Bedürfnisse ziehen können, eine positive Bewertung der Struktur und ein mit der Struktur konformes Verhalten“ (1999:20).

Nicht zuletzt weil persönliche Kultur soziokulturell vermittelt ist - sie also Ausdruck aggregierter Kultur ist - und Individuen sich vor allem an ihren gesellschaftlichen Nahräumen (strukturelle Nachbarschaft) orientieren, neigen sie dazu, die gegebene Sozialstruktur und die an sie gebundenen Regeln (Normen als Kulturaspekt) zu akzeptieren und Ziele zu verfolgen, die innerhalb ihres Handlungsraums liegen und diese auch mit sozial akzeptierten Mitteln zu erreichen.[169] Als selbstwissensfähige und zu selbstbestimmtem Handeln fähige Systeme bewerten Individuen immer aber auch strukturelle Begrenzungen des Handlungsraums bzw. die Struktur des Systems. Hierbei stützen sie sich auch auf Bilder und Bewertungen Dritter bzw. auf Gesellschaftsbilder und -codes, welche die Struktur von Systemen legitimieren. Die Bewertung „bleibt der Tendenz nach positiv, solange die Struktur ihnen erlaubt, ihre Ziele und Wünsche zu befriedigen bzw. bewirkt, dass sie ihre Ziele ihren Möglichkeiten anpassen. Im umgekehrten Fall erleben die betroffenen Individuen die Struktur als behindernd und illegitim“ (Staub-Bernasconi 1995:132).

Im vorliegenden Abschnitt dürfte deutlich geworden sein, dass das Verhältnis zwischen Individuen und sozialen Systemen immer ein Verhältnis zwischen Sozialstrukturen und Individuen und nicht eines zwischen Individuen und Ganzheiten ist. Einwirkungsmöglichkeiten auf Individuen haben soziale Systeme folglich nur über die Struktur, d. h. den Bindungen zwischen Komponenten, und dies in dem Maße, wie deren positive

[168] Ausgegangen wird davon, dass die Chancen, eine mit einer relevanten Belohnung gekoppelten Leistung zu erbringen, möglichst gleich sein müssen und die Verteilung der Belohnung an eine Funktion der erbrachten Leistung gebunden sein muss. In modernen Gesellschaften wird die ungleiche Verteilung zentraler Güter und Ressourcen über die Institutionalisierung dreier Status-Subsysteme reguliert: Einkommen, Bildung und berufliche Stellung. Einkommen stellt dabei das zentrale machtbesetzte Gut dar, da es für den Erwerb aller lebenswichtigen Ressourcen benutzt werden kann und ist in besonders hohem Maße ungleich verteilt. Legitimiert wird die starke Ungleichverteilung über formale Bildung als gegenüber Einkommen leichter zugängliche Machtquelle sowie der damit verbundenen Aussicht einer beruflichen Stellung, die ein bestimmtes Maß an Einkommen erbringt (Obrecht 1999:30).

[169] Dadurch wiederum, dass Individuen die Folgen ihrer Handlungen für Systeme außerhalb ihres Zielhorizonts mehrheitlich nicht im Blick haben, erklärt sich u. a. auch, dass Veränderungen in sozialen Systemen vornehmlich unabhängig von den expliziten oder impliziten Absichten der einzelnen Akteure erfolgen und die Dynamik in sozialen Systemen größtenteils weder beabsichtigt noch bewusst erfolgt. Des Weiteren kommt hinzu, dass es sich bei sozialen Systemen um Systeme mit zahlreichen, interagierenden Komponenten handelt (komplexe Systeme), deren Dynamik chaotisch ist und nur innerhalb begrenzter zeitlicher Limits vorhergesagt werden kann (Obrecht 1999:21).

Bewertung von den Mitgliedern des Systems erhalten bleibt. Entscheidend hierfür ist, dass die Struktur den Mitgliedern Bedürfnis- und Wunschbefriedigung ermöglicht, sie kooperations- bzw. selbststeuerungsförderlich ist und ein unterschiedliches Maß der Bedürfnis- und Wunschbefriedigung legitimieren kann.

#### 1.2.3.3 Mechanismen von Stabilität und Wandel in sozialen Systemen

Zur systematischen Beschreibung der Mechanismen von Stabilität und Wandel in sozialen Systemen kommt im soziologischen Systemismus der Theorie der strukturellen und anomischen Spannungen von Heintz (1968) eine zentrale Bedeutung zu. Im Kern besagt die Theorie, dass *jede Abweichung von den von Mitgliedern sozialer Systeme* als *verbindlich normierte Statuspositionen* (Statuskonfiguration) oder andere *institutionalisierte Werte* (z. B. nationaler Mitgliedschaftsstatus, sexuelle Präferenz) zur strukturellen Spannung beim betroffenen Individuum führt. Diese (soziale) Spannung wiederum hat eine anomische (psychische) Spannung zur Folge, wenn die strukturellen Ungleichgewichte als *ungerecht erlebt oder bewertet* werden. Für Individuen stellen die anomischen Spannungen Zustände des Ungleichgewichts zwischen Bedürfnissen und Befriedigungsmöglichkeit (im Falle einer unbewussten Spannung) bzw. zwischen legitimen Zielen und legitimen (gesellschaftlich akzeptierten) Mitteln ihrer Erreichung (im Falle einer bewussten Spannung) dar.
Die Theorie struktureller und anomischer Spannungen besagt nun, dass verschiedene Formen der strukturellen Spannung bestimmte Formen der anomischen Spannung zur Folge haben: Die Abweichung vom höchsten Rang führt zur Rangspannung, ein Statusungleichgewicht zur Ungleichgewichtsspannung, eine Statusunvollständigkeit zur Unvollständigkeitsspannung (ausführlich bei Obrecht 2003d:52 ff.). Erklärt wird damit der Einfluss der gesellschaftlichen Positionsstruktur (in Bezug auf die dominanten Status-Subsysteme) auf die Entwicklung von Problemen der Befriedigung sozialer Bedürfnisse bzw. Wünsche.[170] Das Erleben einer anomischen Spannung setzt voraus, dass die institutionalisierten Werte für einen Akteur psychisch verbindlich sind, doch muss unter bedürfnistheoretischen Gesichtspunkten angenommen werden, dass auch ohne hohe Verbindlichkeit zumindest ein „Rest von *subjektiver Relevanz*" (ebd.:60; Hervorheb. P.G.) besteht und Individuen strukturelle Spannungen mindestens als unangenehm bewerten, auch wenn sie den zentralen Wert nicht teilen. Unter bedürfnistheoretischen Gesichtspunkten verlangen anomische Spannungen schließlich auch nach ihrer Reduktion bzw. Aufhebung. Hierbei kann auf eine Reihe von Strategien zurückgegriffen werden. Beispielsweise können Individuen oder Kollektive

a) ihre Ziele (Präferenzordnungen) den Möglichkeiten ihrer strukturellen Umgebung anpassen;
b) den institutionalisierten Wert herunterspielen (Überanpassung) oder ablehnen und ihm andere, subjektive Werte gegenüberstellen (Bildung von Subkulturen);
c) sich Interaktionssituationen mit Individuen höheren Status nicht mehr aussetzen (sozialer Rückzug);

[170] Die Theorie struktureller und anomischer Spannungen findet aber auch Anwendung in Bezug auf andere Merkmale der Sozialstruktur (vgl. für das Geschlecht Krüger 2001; für den nationalen Mitgliedschaftsstatus de Coulon et al. 2003; zit. n. Obrecht 2005:116).

d) den in ihrer Sicht ungünstigen gesellschaftlichen Ort verlassen und einen günstigeren aufsuchen, sei es durch vertikale oder horizontale bzw. geografische Mobilität oder eine Kombination davon (sozialer Aufstieg, Migration);
e) protestieren und damit, soweit es möglich ist, auf die Gestaltung der Struktur in ihrem Sinne Einfluss nehmen;
f) legitime Ziele durch illegitime zu ersetzen (Delinquenz, Gewalt);
g) krank werden oder Suizid begehen (ebd.:60 ff.; Staub-Bernasconi 1995:132).

Die Strategien können grundlegend in autoplastische und alloplastische Anpassungsformen differenziert werden. Während die Anpassung der Ziele (Präferenzordnungen) an die Möglichkeiten der strukturellen Umgebung inklusive der Überanpassung autoplastische Anpassungsformen sind und die gegebene Struktur stabilisieren, sind die letztgenannten Anpassungsformen alloplastischer Art und tragen damit zum Wandel der Struktur bei (Obrecht 1998a:62). Über die Mechanismen von Stabilität und Wandel der Struktur sozialer Systeme kann damit gesagt werden, dass diese „jederzeit das Ergebnis von Entscheidungen [sind], die Individuen angesichts ihrer strukturellen Umgebungen, ihres Wissens und ihrer Fähigkeiten und vor allem im Lichte ihrer Bedürfnisse fällen“ (ebd.). Umgekehrt wird aber auch die *Bedeutung des Positionsstatus und des Wissens als Ressourcen* ersichtlich, erstens im Kontext der Initiierung von Veränderungen Bedürfnis- und Wunscherfüllung erschwerender oder hinderlicher Strukturen allgemein und zweitens im Kontext der Initiierung von Veränderungen in einer Weise, durch die die vorhandenen Bedürfnisspannungen nicht noch weiter verstärkt werden. Nicht jede der genannten Strategien ist gleichermaßen zur Lösung struktureller Probleme geeignet, jedenfalls nicht ohne sich dabei selbst (noch mehr) zu schädigen. Die Wahl der Strategie steht u. a. wiederum in Beziehung mit der Verfügbarkeit guter Codes, d. h. möglichst zutreffender Hypothesen über die Wirkung der Handlung, was seinerseits u. a. von den Chancen zu deren Entwicklung abhängt.

Im SPSA wird daher auch die zentrale Bedeutung der Position bzw. des Positionsstatus (Rolle, Rang), den ein Akteur in einem sozialen System einnimmt, betont. Je höher die Position, desto höher auch sein Positionsstatus im System. Damit bestehen nicht nur gute Voraussetzungen für die eigene Bedürfnis- und Wunschbefriedigung, vielmehr ermöglicht der Status durch die damit verbundenen Machtchancen darüber hinaus, über die Bedürfnis- und Wunschbefriedigung oder die Entfaltung kognitiver Ressourcen anderer Systemmitglieder mitzuentscheiden. Hinsichtlich des gesellschaftlichen Systems weist Obrecht in diesem Zusammenhang darauf hin, dass Hypothesen, wonach der Status als Determinationskraft für Orientierung und Handeln abgenommen habe, sich als falsch erwiesen haben, der „Konsens über die Dimensionen eines ‚minimal akzeptierten‘ Lebensstandards [unabhängig von Lebensstilen; P.G.] hoch ist und dass es nach wie vor die Position von Akteuren innerhalb der klassischen Schichtungsdimensionen [Einkommen, Bildung, berufliche Stellung; P.G.] ist, die das Risiko, in eine [...] problematische (deprivierende) Lebenslage zu geraten, in hohem Maße determiniert“ (2005a:117).[171] Demnach gilt auch immer noch, dass ein

[171] Als jüngere Beispiele für die zentrale Rolle des Positionsstatus können die Elitenforschung und die Pisa-Studie herangezogen werden. So wiesen Hartmann & Kopp (2001) die bedeutende Rolle der sozialen Herkunft für Karrieremuster promovierter Ingenieure, Juristen und Ökonomen in der Privatwirtschaft nach. In der Pisa-Studie (Baumert et al. 2002) zeigte sich in den Bundesländern Deutschlands durchwegs ein ungewöhnlich starker Zusammenhang zwischen sozialer Herkunft und Kompetenz. Die Unterschiede zwischen Kompetenzen der Arbeiterschicht einerseits und oberer und unterer Dienstklasse andererseits

beträchtlicher Teil der Bevölkerung sozial benachteiligt ist. Geissler spricht gar von einer „neuen Grundschicht" mit niedriger Statusposition (1994:27).

**Zusammenfassend** können die *Charakteristika der systemtheoretischen Konzeption sozialer Systeme* folgendermaßen beschrieben werden: Menschliche soziale Systeme sind Systeme mit menschlichen Individuen als Mitglieder. Diese sind ihrerseits Systeme, nämlich selbstwissens- und handlungsfähige, mit Gefühlen und Kognitionen ausgestattete Biosysteme, die innerhalb der Struktur der sozialen Systeme, in denen sie Mitglied sind, bestimmte Positionen einnehmen. Die Position erlaubt es Individuen, bestimmte Bedürfnisse und Wünsche zu befriedigen bzw. nicht zu befriedigen. Wie Individuen ihre positionsbezogene Bedürfnis- und Wunschlage einschätzen, ist dabei abhängig von ihren Bildern über sich selbst und der Struktur und den Normen des sozialen Systems: Können die Fähigkeiten und Fertigkeiten im entsprechenden Handlungsraum zufriedenstellend eingesetzt werden? Bietet der Handlungsraum hinreichende Bedürfnis- und Wunschbefriedigung? Ist die Einschätzung der Bedürfnis- und Wunschlage grundsätzlich positiv, ist damit zu rechnen, dass Individuen im Falle auftretender Bedürfnisspannungen zu konformen Anpassungsformen an die Struktur neigen. Entsprechend ist eine tendenziell negative Einschätzung eher mit dem Rückgriff auf nonkonforme Anpassungsformen verbunden. Das Verhältnis zwischen Individuen und sozialen Systemen ist somit eines der wechselseitigen Abhängigkeit. Soziale Systeme bestimmen das Verhalten von Individuen über strukturelle Arrangements und soziale Regulative entscheidend mit wie auch umgekehrt Individuen die Arrangements und Regulative über ihr Wissen bzw. ihr Handeln entscheidend mitprägen.
Dabei beinhaltet die Konzeption auch eine eindeutige Antwort auf die Frage, in *welcher Weise biopsychische und soziale Gegebenheiten bezüglich der Verhaltenssteuerung* zusammenwirken, in der Weise nämlich, dass die Existenz von Bedürfnissen Individuen *von selbst* antreibt, sich in die soziale Umgebung zu integrieren. Die soziale Umgebung bietet hierfür die Mittel an, indem sie Lernmöglichkeiten zur Verfügung stellt oder auch nicht. Die Umwelt hat damit grundsätzlich Möglichkeits- oder Anregungscharakter und determiniert das Verhalten „nur" dadurch, dass Individuen auf diese Anregungen (bedürfnisbedingt) gesetzmäßig reagieren.[172] Die Bedeutung der Umwelt für das Verhalten ist in einer naturalistischen Sicht auf den Menschen indes keineswegs geschmälert. Besonders deutlich wird dies unter dem Aspekt der Persönlichkeitsentwicklung.

### 1.2.4 Persönlichkeitsentwicklung als biosozialkulturelle Entwicklung

> „Da das Verhalten und Denken von Lebewesen, die über ein plastisches neurales System verfügen, zum Teil von der Umwelt abhängt, könnte ein und derselbe Mensch, je nach seiner Umgebung, ein ganz unterschiedliches Persönlichkeitsbild zeigen, etwa zu Hause als Tyrann und im Beruf als Lamm, oder umgekehrt" (Bunge 1984:236).

Eine biosozialkulturelle Sicht auf die Persönlichkeitsentwicklung setzt bei der Bestimmung des Verhältnisses zwischen phylogenetischer und ontogenetischer Entwicklung

(ebd.:53) „sind mittlerweile so groß, dass die Herstellung vergleichbarer Lebensverhältnisse wieder zu einem vorrangigen Politikziel werden könnte" (ebd.:10).

[172] Hierin liegt ein entscheidender Unterschied zu mentalistischen Konzeptionen des Verhältnisses zwischen Individuen und sozialen Systemen, die einer Erklärung des Zusammenwirkens biopsychischer und sozialer Systeme im mechanismischen Sinne entbehren (Promp 1990:114).

an, das heute mit dem von Tomasello eingeführten Begriff des *Wagenhebereffekts* (ratched effect) oder der *kumulativen kulturellen Evolution* charakterisiert wird. Danach findet die ontogenetische Entwicklung in einer soziokulturellen Umgebung statt, die „durch den jeweils erreichten Entwicklungsstand der Vorgängergeneration gestaltet ist.[173] Jede Generation beginnt [...] ihre Entwicklung auf einem jeweils höheren Gesamtniveau[174] als ihre Vorgängergeneration. Dieser Vorgang [...] kommt allerdings nicht daran vorbei, dass es basale biologische Entwicklungsvoraussetzungen gibt, die – jedenfalls bislang – auch durch noch so beeindruckende kulturelle Innovationen nicht übersprungen werden können“ (Markowitsch & Welzer 2005:17). Zu diesen Entwicklungsvoraussetzungen gehört der Prozess der Reifung des Gehirns, der erst mit der Adoleszenz abgeschlossen ist. Dies bedeutet, dass in der „Entwicklung genetisch ausgelegte Ausreifungsprozesse mit sozialen Anpassungsprozessen zusammenfallen: Die organische und die soziale Entwicklung laufen gemeinsam ab – schon vorgeburtlich, deutlicher aber postnatal“ (ebd.:18). Der Wagenhebereffekt verdankt sich somit der einzigartigen Plastizität menschlicher Gehirne sowie der seiner vergleichsweise langsamen Entwicklung des Gehirns, welche die Anpassung an verschiedene und sich verändernde Umweltbedingungen ermöglicht.

Auch hier findet sich wieder die Sichtweise vor, dass das menschliche Gehirn und erst recht seine emergenten Eigenschaften nicht als etwas konstitutiv Individuelles aufgefasst werden können. Verdeutlicht wird weiterhin die im vorigen Abschnitt vorgestellte Auffassung des SPSA, wonach soziale Gegebenheiten zwar suprabiologisch sind, sie aber biologische Prozesse involvieren.[175] Dies ist schließlich der Grund, warum Fragen nach Natur *oder* Kultur, nach Anlage *oder* Umwelt, nach Instinkt *oder* Lernen obsolet werden. Im menschlichen Bereich kann es das eine ohne das andere nicht geben und wird die Entwicklung von Persönlichkeit daher als ein Prozess betrachtet, der sich im Zusammenspiel zwischen biologischen Möglichkeiten und sozialkulturellen Setzungen und Erwartungen vollzieht. Wie erwähnt stellen die Anlagen das Spektrum von Optionen bereit, das festlegt, wie sich die weitere Entwicklung vollziehen *könnte*, während die Verwirklichung des Anlagepotenzials von den Lern- und Erfahrungsmöglichkeiten bzw. den im Verlauf der individuellen Entwicklung von der Umgebung erhaltenen Stimulationen abhängt. Metaphorisch formuliert Braun diesen Zusammenhang so:

---

[173] Die frühere These, wonach die Ontogenese die phylogenetische in einem Zeitraffer nachbildet, wurde bereits von dem Biologen und Philosophen Julian Huxley in Frage gestellt. Er wies darauf hin, „daß dieses Gesetz keineswegs die vollständige Entwicklung umfasst, sondern lediglich Anfangsniveaus, die dann in differenzierten erfahrungs- und umweltabhängigen Gestalten weiterentwickelt werden“ (Markowitsch & Welzer 2005:17).

[174] Der Begriff des höheren Gesamtniveaus bezieht sich auf das bewahrende Element des Wagenhebereffekts: „Der Vorgang kultureller Evolution erfordert nicht nur Erfindungsgabe, sondern auch und ebenso zuverlässig soziale Weitergabe, die ähnlich wie ein Wagenheber [...] das Zurückfallen verhindern kann, so dass das gerade erst erfundene Artefakt oder die soziale Praktik die neue und verbesserte Form einigermaßen zuverlässig beibehält, bevor eine weitere Modifikation oder ‚Verbesserung‘ hinzukommt. Es überrascht vielleicht, aber bei vielen Tierarten ist es nicht die Komponente der Erfindung, sondern die stabilisierende Wagenheberkomponente, deren Fehlen eine Fortentwicklung verhindert. So bringen nichtmenschliche Primaten zwar regelmäßig intelligente Verhaltensneuerungen hervor, aber die anderen Gruppenmitglieder durchlaufen dann nicht diejenigen Arten sozialer Lernprozesse, die über die Zeit hinweg den kulturellen Wagenhebereffekt realisieren würden“ (Tomasello 2006:16).

[175] Das relationale Prinzip dieser Kategorien ist nach Bunge (1996) das Folgende: „Jedes soziale Faktum involviert ein natürliches, nicht aber umgekehrt“ (zit. n. Obrecht 2000b:214).

„Der ‚Pianist' kann also auf der ihm vorgegebenen Klaviatur entweder eine Symphonie kreieren, oder aber er kann nur eine simple Melodie oder chaotische Töne schaffen" (2004:3).

Die Hirnforschung hat gezeigt, dass den epigenetischen Faktoren, worunter Faktoren verstanden werden, die die Gene „prägen" und damit zur Veränderung der Genexpressionsmuster führen (Singer 2001), für die funktionelle Reifung und damit für die Ausbildung normal entwickelter psychischer und sozialer Fähigkeiten zentrale Bedeutung zukommt. Auf einige entwicklungsbiologisch relevante Aspekte sei nachfolgend in sehr komprimierter Form eingegangen. Hierbei stütze ich mich insbesondere auf Hüther (2002, 2003), Hüther & Krens (2005) und ferner auf Singer (2001).

Darüber, dass die vorgeburtliche Entwicklung nicht ausschließlich durch genetische Programme gesteuert wird, besteht in der Entwicklungsbiologie und auch -psychologie relativ großer Konsens (Mahner & Bunge 2000:284 ff.). Zwar dominieren sie in diesem frühen Stadium, so dass auch unter nicht optimalen Umweltbedingungen eine normale Hirnentwicklung gewährleistet werden kann, doch schon hier können sich Einflüsse von außen wie Mangelernährung, Strahlung, Drogen oder Stress auf Prozesse der primären Hirnreifung negativ auswirken und zu fehlerhaften synaptischen Verschaltungsmustern führen (Hüther & Krens 2005:94 ff.). Eine deutliche Zunahme der regulatorischen Einflüsse der Umwelt erfolgt, sobald das sich entwickelnde Gehirn Verbindungen zur Außenwelt erlangt; dies beginnt mit der Entwicklung der Sinnesorgane im Mutterleib.
Die „bereits etablierten und noch zu bildenden Verschaltungen und Erregungsmuster [werden] über die entsprechenden sensorischen Eingänge zunehmend von außen beeinflussbar. Mehr noch, da nun die durch sensorische Eingänge getriggerten Erregungsmuster dazu führen, dass bestimmte neuronale Verschaltungsmuster stabilisiert werden können, hängt die Stabilität dieser Verschaltungen von den jeweiligen sie stabilisierenden Eingängen und Erregungsmustern ab" (Hüther 2002:2 f.).
Die Entwicklung des Gehirns folgt somit – selbst im vorgeburtlichen Stadium – nicht genetisch vorprogrammierten Bahnen und es trifft, wie Bunge formuliert, nicht zu, „dass jedes Axon von vornherein ‚weiß', in welche Richtung es wachsen soll, oder dass jede Synapse den Ort ‚kennt', wo sie sich zu bilden hat" (1984:229). In allen Hirnarealen wird bis ins Kleinkindalter ein Überschuss an Nervenzellen, Fortsätzen und Synapsen produziert, von denen im weiteren Verlauf des Reifungsprozesses nur die erhalten bleiben, die in größere funktionelle Netzwerke integriert und damit stabilisiert werden können, der Rest wird abgebaut. Die Strukturierung des Gehirns erfolgt damit nutzungsabhängig (Hüther & Krens 2005:64). Dabei ist die nutzungsabhängige Strukturierung in den älteren Bereichen des Gehirns zum Zeitpunkt der Geburt weitgehend abgeschlossen. Die Strukturierung in jüngeren Bereichen setzt sich noch weit danach fort, wesentliche Strukturierungsprozesse sind jedoch bereits nach dem zweiten Lebensjahr beendet. Das Gehirn hat hier eine Vernetzung erlangt, die im Grundsatz das Leben über stabil bleibt.
In Anbetracht der zeitlichen Abfolge der Reifung ist die Bildung und Elimination der synaptischen Verschaltungen, die für Leistungen im späteren Leben wichtig sind (z. B. aufrecht zu gehen, eine Sprache zu erlernen, ein Selbstbild und Selbstwirksamkeitskonzept zu entwickeln, Handlungen zu planen u. a. m.), entsprechend stark von den individuell vorgefundenen Umweltbedingungen und den unter diesen gemachten Erfahrungen bestimmt. Deutlich wurde in diesem Zusammenhang, dass für die Herausbildung

und Stabilisierung synaptischer Verschaltungsmuster im Cortex nicht nur intellektuelle Anregungen, sondern auch die Aktivierung emotionaler Zentren im limbischen System von großer Bedeutung sind. Hüther spricht gar von einem Grad optimaler Stimulation der emotionalen Zentren, der diese Verschaltungsmuster unterstützt:

> „Zu einer Aktivierung [...] kommt es immer dann, wenn etwas Unerwartetes wahrgenommen wird. Diese Wahrnehmung kann entweder als Bedrohung (Angst) oder als Belohnung (Freude) empfunden werden. Die damit einhergehende Aktivierung limbischer Zentren führt zu einer vermehrten Ausschüttung einer ganzen Reihe von Signalstoffen mit trophischen und neuroplastischen Wirkungen [...] in den höheren kortikalen Regionen. Unter dem Einfluss dieser die Bildung und Bahnung synaptischer Verschaltungen stimulierenden Signalstoffe kommt es zur Festigung und Stabilisierung insbesondere all jener Nervenzellverschaltungen, die im Verlauf der emotionalen Aktivierung besonders intensiv genutzt werden [...] Steigt das Ausmaß an emotionaler Aktivierung weiter an (Angst, Stress), so kommt es zu einer eskalierenden, unspezifischen Erregung in den höheren, assoziativen Bereichen (Verwirrung, Ratlosigkeit). Gebahnt und stabilisiert werden unter diesen Bedingungen die zur Bewältigung dann aktivierten, weniger komplexen, älteren, bereits ‚bewährten' Verschaltungen. Wird die Aktivierung überstark und lässt sie sich nicht durch den Rückgriff auf eine geeignete Bewältigungsstrategie abstellen (langanhaltende, unkontrollierbare Angst- und Stressreaktionen), so reagiert das Gehirn mit der Aktivierung einer archaischen, sehr früh angelegten und von tieferliegenden subcorticalen Bereichen gesteuerten ‚Notfallreaktion' (Erstarrung, Hilflosigkeit). Gleichzeitig kommt es zu einer ausgeprägten, langanhaltenden Stimulation der (für die körperliche Bewältigung derartiger Notfälle zuständigen) HPA-Achse [Hypothalamus-Hypophysen-Nebennierenrinden-System; P.G.). Die damit einhergehende Überflutung des Hirns mit Cortisol begünstigt die Destabilisierung und Regression bereits entstandener und gebahnter neuronaler Verschaltungen in all jenen Bereichen des Gehirns, die eine besonders hohe Dichte an Cortisolrezeptoren aufweisen (Hippocampus, limbischer und präfrontaler Cortex) und die gleichzeitig durch massive exzitatorische Eingänge (Glutamat) überstark erregt werden" (2003:3 f.).

Einmal mehr verweisen diese Ausführungen auf die mit der Veränderung der Persönlichkeit einhergehenden Schwierigkeiten und die damit verbundenen Herausforderungen für die Veränderungsarbeit. Da die kognitiven Bereiche massiv durch die angeborenen Affekte und die frühkindlich emotional konditionierten (geprägten) Erfahrungen beeinflusst werden, sie umgekehrt jedoch nur einen geringen Einfluss auf die affektiv-emotionalen Bereiche ausüben, sind, wie Roth feststellt, „Veränderungen von ‚oben nach unten' (top-down) auf dieser [emotionalen; P.G.] Ebene nur beschränkt wirksam" (2003:375). Induzierte persönlichkeitsverändernde Arbeit muss daher in hohem Maße den emotionalen Bereich berücksichtigen und emotionales Lernen ermöglichen. Im Weiteren wird ersichtlich, dass die gemachten Erfahrungen vom Gehirn dazu benutzt werden, die Hirnfunktionen gemäß der vorgefundenen Bedingungen zu optimieren und sich natürlich auch an ungünstige Umweltbedingungen anzupassen, d. h. an solche, die zu Verschaltungen führen, die zur Bewältigung später auftretender Herausforderungen nicht geeignet sind. Hieraus kann eine Vielzahl von Verhaltensstörungen und psychischen Erkrankungen entstehen (Braun 2004:7 ff.).

Was die Ausformung der zahlreichen epigenetischen Fähigkeiten[176] betrifft, müssen Impulse, wie inzwischen auch neuropsychologisch gut nachgewiesen ist, zum richtigen

[176] Epigenetische Fähigkeiten sind jene Fähigkeiten, die einer Entwicklung bedürfen, um wirksam zu werden. Sie sind von den Erbkoordinationen, die bereits nach der Geburt zur Verfügung stehen, abzugrenzen. So ist der Säugling von Anfang an imstande z. B. zu saugen und zu schreien, während z. B. die Fähigkeit zu laufen, zu sehen und zu sprechen eine Entwicklungszeit benötigt (Bunge 1984:157; Promp 1990:92).

Zeitpunkt - den sogenannten sensiblen Phasen oder Prägungsphasen erfolgen, um deren Erlernen zu ermöglichen. In diesen Zeiträumen ist eine erhöhte Plastizität des Gehirns gegeben und ein Versäumnis der Nutzung dieser Zeiträume irreversibel. Dass die Impulse strukturierend auf die Gehirnentwicklung einwirken können, bedingt im Weiteren, dass die Sinnessignale „Folge aktiver Interaktion mit der Umwelt sind, bei denen der junge Organismus die Initiative hat" (Singer 2001: o.S.). Da sich die verschiedenen Hirnareale mit unterschiedlicher Geschwindigkeit entwickeln, benötigt das Gehirn in verschiedenen Entwicklungsphasen unterschiedliche Informationen aus der Umwelt, um seine Entwicklung optimieren zu können. Beispielsweise werden visuelle Reize in den ersten fünf Lebensjahren benötigt, um das Sehen zu erlernen, während die Konfrontation mit konsistenten Kombinationen von Lauten, Bedeutung und Grammatik in den ersten sieben Jahren für den normalen Spracherwerb erforderlich ist. Das liebevolle und kontinuierliche Eingehen auf die Bedürfnisse in der Säuglingsphase zeichnet für die gesunde emotionale Entwicklung. Als eine besonders einschneidende Phase hinsichtlich der gesunden Persönlichkeitsentwicklung betrachten Markowitisch & Welzer (2005) das Grundschulalter. Erst in dieser Zeit kommt es zur Zusammenführung der limbischen mit den kognitiv-cortikalen Hirnstrukturen. Kommt es zu starken emotionalen Einbrüchen, wie dem Verlust eines Elternteils oder sexuellem Missbrauch, misslingt die Integration:

> „Die emotionale Ebene drängt sich in den Vordergrund und unterdrückt die überlegend-kognitive, wodurch meist eine interne Ausdrucksmöglichkeit (‚Verbalisierungsfähigkeit') von Gefühlen und Gedanken misslingt. Solche Patienten sind in stereotypen, unkontrollierbar wiederkehrenden Vorstellungen, im Einzelfall sogar in Wahnwelten verhaftet" (ebd.:103).

Insgesamt erweisen sich selbstverständlich alle Prägungsphasen als zentral für die Entwicklung, und Störungen jedes vorangegangen Reifungsschritts haben Folgen für die nachfolgenden Schritte. Entsprechend sind das Ausbleiben von Sicherheit bietenden Bindungserfahrungen sowie einer vielgestaltigen Umwelt aus entwicklungsbiologischer Sicht als problematisch zu bewerten. Entwicklungspsychologisch resultieren daraus zudem schlechtere Selbststeuerungskompetenzen (Kuhl 2001:185, 949 ff.).

Die späteren, während der Pubertät stattfindenden Prägungsphasen, die sich dem langsamen Ausreifen des Präfrontalhirns verdanken, führen noch einmal zu erheblichen Veränderungsprozessen im Gehirn. Es formen sich neuronale Verschaltungen aus, welche die Fähigkeiten, die eigene Existenz in der Zeit zu begreifen, Handlungen aufzuschieben und von vorausgehenden Überlegungen abhängig zu machen, ein Konzept vom eigenen Ich zu entwickeln und sich in soziale Wertegefüge einzuordnen, umfassen (Singer 2001).[177] Im Wesentlichen ist diese Phase bestimmt durch die Regel „use it, or loose it" (Hüther 2003:9). Das Ausmaß und die Art der Vernetzung der Verschaltungen in diesem Bereich des Gehirns hängen demnach maßgeblich davon ab, womit sich Kinder und Jugendliche intensiv beschäftigen und welche Angebote sie zur Benutzung ihres Gehirns erhalten. Womit sich Jugendliche letztlich lustvoll beschäftigen bzw. was das limbische System als lustvoll bewertet, steht schließlich wiederum im

[177] Diese Fähigkeiten ordnet Roth sogenannten Ich-Zuständen, d. h. Zuständen der Selbstwissensfähigkeit zu. Dabei handelt es sich in der genannten Reihenfolge um die Zustände des Ichs als Erlebnissubjekt, des Autorschafts- und Kontroll-Ichs, des autobiografischen Ichs, des selbstreflexiven und ethischen Ichs. Die sich mit den vorher ausgebildeten Verschaltungen entwickelnden Fähigkeiten werden als Zustände des Körper-Ichs, Verortungs-Ichs und des perspektivischen Ichs bezeichnet (Roth 2003: 379 ff.).

Zusammenhang mit den zuvor gemachten emotionalen und sozialen Erfahrungen.

> „Unsicherheit und Angst stören die Integration und Organisation komplexer Wahrnehmungen und Reaktionsmuster. Sie zwingen das Kind zu raschen, eindeutigen Entscheidungen und damit zum Rückgriff auf ältere, bereits gebahnte Bewältigungsstrategien. Was unter diesen Bedingungen nicht stattfindet und auch nicht gelingen kann, ist eine über die bereits vorhandenen Möglichkeiten hinausgehende Fortentwicklung der eigenen Fähigkeit zur Integration, Bewertung und Filterung komplexer Wahrnehmungen" (Hüther 2003: 10).

Zusammengefasst haben die Erkenntnisse der erfahrungsorientierten Reifung des Gehirns erheblich zur Überwindung des „Anlage-Umwelt-Disputs" beigetragen. Aufgrund der Wechselwirkung zwischen genetischen und epigenetischen Faktoren während des Reifungsprozesses werden Erbe und Umwelt für die Persönlichkeitsentwicklung als gleichermaßen bedeutsam betont. Kempermann formuliert:

> „Der Mensch ist ganz durch seine Gene und ganz durch seine Umwelt bestimmt" (2004:235).

Welche Gewichtung den geerbten Genen zukommt, ist allerdings bis heute unklar. Es ist nicht genau bekannt, was ein Gen oder eine Gruppe von Genen für die Leistungen des Gehirns bedeuten, vor allem für die komplexen kognitiven und emotionalen Eigenschaften des Individuums. Als maßgeblich für die Persönlichkeitsentwicklung werden im Weiteren die auf das Ungeborene einwirkenden Umwelteinflüsse sowie die Erlebnisse der ersten Stunden, Tage, Wochen und Monate nach der Geburt beurteilt (Roth 2003:400 f.). Da experimentelle Untersuchungen sich aus ethischen Gründen verbieten, lassen sich Aussagen über das quantitative Verhältnis zwischen Genen, Umweltbedingungen und Umwelterfahrungen nur über indirekte Rückschlüsse, insbesondere über die Zwillingsforschung, ziehen. Verhaltensgenetische Daten weisen darauf hin, dass etwa 40 - 50% der Persönlichkeit durch genetische Faktoren, 30 - 40% durch Erfahrungen im Alter zwischen 0 und 5 Jahren und etwa 20 - 30% durch spätere Erfahrungen bestimmt sind (ebd.:411). Was die Umweltbedingungen betrifft, scheinen für die Entwicklung die außerfamiliären Beziehungen entscheidender zu sein als die innerfamiliären. Untersuchungen zur Geschwisterforschung haben ergeben, dass die Unterschiede zwischen Kindern aus derselben Familie zu etwa 35 % auf Effekte nicht gemeinsam geteilter Umwelten (z. B. Freundeskreis) und nur 5 % auf Effekte einer gemeinsam geteilten Umwelt (Familie) zurückzuführen sind (Dunn & Plomin 1990; zit. n. Pervin et al. 2005:408 ff.).

Schließlich ist an dieser Stelle darauf hinzuweisen, dass hier entwicklungsbiologische Aspekte der biosozialen Persönlichkeitsentwicklung referiert wurden und dass die Entwicklungsbiologie zwangsläufig dort an ihre Grenzen stößt, wo es um die für eine gesunde Persönlichkeitsentwicklung erforderlichen sozialen und kulturellen Bedingungen geht. Die Berücksichtigung dieser Bedingungen ist jedoch unerlässlich, besteht doch ansonsten die Gefahr, Schuldzuweisungen zu produzieren oder zu reproduzieren.[178] Ist Entwicklung ein Prozess, der vom Sozialen zum Individuellen verläuft, kann das Soziale nicht auf die unmittelbare Umgebung des sich entwickelnden Menschen begrenzt bleiben. Nicht nur Eltern, Erziehende und Lehrende tragen Verantwortung für eine gelingende Entwicklung, sondern alle gesellschaftlichen Institutionen, und

[178] Gemäß dem Motto beispielsweise: „Die Rabenmütter oder -väter sind Schuld".

diesen obliegt es, Voraussetzungen zu schaffen, die eine optimale Entwicklung ermöglichen.
Im Weiteren kann Persönlichkeitsentwicklung unter dem Gesichtspunkt der neuralen Plastizität nicht auf biologische Reifungsprozesse beschränkt bleiben. Neuronale Umorganisation, d. h. die Bildung und Rückbildung synaptischer Verbindungen durch Zu- und Abnahme der Zahl der Dendriten der Neuronen findet auf allen Altersstufen mit Ausnahme der Senilität statt. Auch hier hat sich gezeigt, dass eine vielgestaltige Umwelt dendritisches Wachstum begünstigt (Bunge & Ardila 1990:229; Markowitsch & Welzer 2005:111; Herkowitsch & Herkowitsch 2006).

## 1.3 Normative Aspekte des Menschen- und Gesellschaftsbildes

*Es kann niemand ethisch verantwortungsvoll leben,*
*der nur an sich denkt und alles seinem persönlichen Vorteil unterstellt.*
*Du musst für den anderen leben, wenn du für dich selbst leben willst.*
*(Seneca, Epistulae morales)*

Wie zu Beginn dieses Teils der Arbeit bemerkt, sind normative Aspekte des Menschenbildes in ethischen Theorien formuliert, in deren Mittelpunkt Fragen des moralisch guten Handelns stehen. Unter Bezugnahme auf die gängige Klassifikation der normativen Ethik in Verfahrensethik, deontologischer Ethik, Gesinnungsethik und teleologischer bzw. konsequenzialistischer Ethik (Birnbacher 2007) ist die systemistische Ethik tendenziell letzterer zuzuordnen. In dieser bilden *nicht-moralische Werte* die Begründungsbasis für ethisch gutes Handeln[179] und sie setzt sich aus einer axiologischen und normativen Teiltheorie zusammen. Dabei werden im ersten Teil Aussagen über die Wünschbarkeit von Handlungen, Zuständen und Ereignissen getroffen, im zweiten Teil erfolgen Aussagen darüber, welche Handlungen aufgrund der Wünschbarkeit ihrer Folgen als moralisch richtig oder falsch zu beurteilen sind (Birnbacher 2007:173 ff).[180]

### 1.3.1 Systemistische Axiologie

In Kap. 1.2.2.1 wurde mit der Unterscheidung zwischen Biowerten und funktionalen Werten schon auf wichtige Aspekte in Bezug auf die systemistische Wertetheorie hingewiesen. Ausgedrückt wird mit ihr die Annahme der Existenz sowohl objektiver als auch subjektiver Werte. Allgemein formuliert sind objektive Werte intrinsische Eigenschaften eines Organismus/Individuums (Biowerte), während subjektive Werte relationale Eigenschaften von Individuen sind (funktionale Werte), die die Beziehungen zwischen zu Bewertungen fähigen Lebewesen und den bewerteten konkreten Dingen, deren Zustände oder Prozesse betreffen. Die subjektiven Werte bilden entsprechend die Grundlage für individuelle oder kollektive Wünsche oder Bedarfe, durch die Menschen die für individuelles/allgemeines Wohlbefinden für wertvoll oder unwert beurteilten

179 Begründungsbasis der deontologischen Ethik bilden dagegen die moralischen Handlungsurteile und die der Gesinnungsethik die moralischen Werturteile (Birnbacher 2007:43 ff.).

180 Im Urteilsgegenstand liegt ein weiterer Unterschied zwischen den Ethiken. Anders als in konsequenzialiastischen Ethiken, die richtiges Handeln aus den Handlungsfolgen ableiten, stellt in deontologischen Ethiken die Handlung selbst das entscheidende Kriterium dar; entscheidendes Kriterium in Gesinnungsethiken bilden die Handlungsmotive (Birnbacher ebd.).

Sachverhalte zum Ausdruck bringen (Obrecht 2005:120). Als erstrebenswert gelten im SPSA Zustände, Prozesse und Handlungen, die im Dienste der Erfüllung der Biowerte bzw. der Befriedigung der Bedürfnisse stehen (s. dazu die Bedürfnisauflistung auf S. 121, Kap. D 1.2.2.1).

### 1.3.2 Sytemistische Ethik

Die systemistische Ethik knüpft direkt an das axiologische Biowertkonzept an und vertritt die moralisch realistische Position, „dass es, da es Biowerte gibt, menschliche Individuen selbstwissensfähig und auf ein Leben in Gesellschaft angewiesen sind, auch moralische Fakten wie Mord und Freiwilligkeit gibt" (Obrecht 2001:55). Als Fakten - und moralische Fakten stellen eine besondere Form sozialer Fakten[181] dar - können sie beurteilt werden, weshalb im epistemischen Kontext auch von moralischer Wahrheit und Falschheit gesprochen wird (ebd.). Moralische Wahrheiten und Falschheiten als Urteile über moralische Fakten stehen somit in engem Zusammenhang mit den das Überleben von Individuen und gesellschaftlichen Populationen sichernden biologischen, biopsychischen und biopsychosozialen Werten. Aus ihrer Universalität ergibt sich, dass „die Quelle aller Moral in Gesellschaften dieselbe [ist]" (ebd.). Aus „dem Erfordernis, Fertigkeiten der Bedürfnisbefriedigung zu erlernen, befriedigungsrelevanten Bedarf längerfristig zu sichern, der allgegenwärtigen Knappheit von befriedigungsrelevanten Ressourcen sowie aus der Möglichkeit, mit seinen Handlungen anderen zu schaden [ergibt sich] die Notwendigkeit, innerhalb der Gesellschaft Bedürfnisse zu unterscheiden [...] und jene Formen und jenes Maß der Befriedigung zu bestimmen, die legitim oder gerechtfertigt sind und umgekehrt andere Formen und Maße zu ächten oder zu tabuisieren" (ebd.:55 f.).
Hierbei gewinnen *soziokulturelle Werte* Bedeutung, bei denen es sich der Art nach um *funktionale Werte* handelt. Sowohl Biowerte als auch soziokulturell verbindliche Werte als unentbehrliche Grundlagen von Moral betrachtend, kombiniert der moralische Realismus eine *Bio- und Sozialethik*.
Als moralisch richtig werden Handlungen aufgefasst, die der Bedürfnisbefriedigung förderlich sind, als moralisch verwerflich dagegen solche, die sie behindern. Für die Erzeugung von moralisch als richtig beurteilte Fakten bzw. nach dem Guten trachtende Handlungen, bedeutet dies, dass Biowerte und soziokulturelle Werte einander entsprechen bzw. in einem Verhältnis stehen müssen, in dem Letztere zur Verwirklichung Ersterer und damit zu Wohlbefinden beitragen. Aufgrund dessen, dass Wohlbefinden stets nur in einer Gesellschaft erreicht werden kann, beschränkt sich Moral dabei nicht auf Rechte, sondern umfasst auch Pflichten, wobei die übergeordnete Pflicht darin besteht, die Rechte auch jedem anderen Mitglied der Gesellschaft einzuräumen (Bunge & Mahner 2004:178 f.). Nur durch die Beachtung auch der Bedürfnisse anderer schließlich bleibt solidarische Hilfe gewahrt. Das grundlegende

[181] Die besondere Form sozialer Fakten ergibt sich aus dem Umstand, dass diese, wie z. B. Bekannte bei Begegnungen zu grüßen oder nicht zu stehlen, als richtig oder falsch, recht oder unrecht betrachtet werden. Die Beurteilung erfolgt im Rahmen eines in einem sozialen System vorhandenen *moralischen Kodexes,* so dass moralische Fakten im Unterschied zu anderen sozialen Fakten, wie z. B. an der Universität zu studieren, Chef einer Firma zu sein oder mit einer Person zu sprechen, „nicht aus sich selbst heraus - inhärent oder ontisch objektiv - moralisch [sind], sondern lediglich und stets in Relation zu einem sozialen Kontext" (Bunge und Mahner 2004:172).

moralische Postulat dieser Ethik lautet dann auch: „*Enjoy* life and *help live* an enjoyable life“ (Bunge 1989:241; Herv. d. Verf.). Die Pflichten erstrecken sich nicht nur auf gegenseitige Hilfe, sondern auf die Gestaltung des Zusammenlebens im Rahmen sozialer Gebilde.

> „Ziel dieser Gestaltung muss sein, möglichst vielen Mitgliedern zu ermöglichen, ihre Bedürfnisse in einer Art zu befriedigen, die andere nicht an der Erreichung derselben Ziele hindert und damit schadet, sondern sie, wenn immer möglich, darin unterstützt. So haben heutige Menschen die Pflicht, die Erreichbarkeit von Werten wie Gesundheit und Bildung, Arbeit und Freizeit, Konkurrenz und Kooperation durch die Gestaltung gesellschaftlicher Einrichtungen und Maßnahmen (Politik) zu sichern. Menschen, die [...] die Fähigkeit nie erlangen oder sie vorübergehend oder dauerhaft verlieren, im Rahmen der gesellschaftlichen Ordnung für sich zu sorgen, müssen mit einer zu Eigenanstrengungen ermutigenden Unterstützung durch die Gesellschaft rechnen können. Umgekehrt gehört der Missbrauch von Solidarsystemen, sei es durch Individuen oder durch Körperschaften, neben [...] illegitimer Gewalt und der Behinderung anderer bei der Erreichung legitimer Ziele zum Verwerflichsten“ (Obrecht 2001:57 f.).[182]

Handlungstheoretisch verhilft das skizzierte axiologische und ethische Konzept über die explizierten Werte und das allgemeinethische Prinzip u. a. zur Beurteilung von Sachverhalten als problematisch bzw. nicht problematisch sowie zur moralischen Begründung von Interventionen. Konkret erfolgt die Beurteilung der Sachverhalte entlang der Fragegestellung, inwieweit durch sie bzw. durch ihre weitere Entwicklung Behinderungen zur Bedürfnisbefriedigung bzw. Bedürfnisverletzungen in Bezug auf KlientInnen und ihre sozialen Umwelten vorliegen bzw. eintreten werden oder nicht. Interventionen beziehen sich auf die in diesem Sinne als Probleme bewerteten Sachverhalte. Ethisch verantwortbar sind die Interventionen dann, wenn sie den Biowerten, den diesen entsprechend vergesellschafteten Werten und Normen und persönlichen Wünschen der involvierten Akteure Rechnung tragen, ohne dabei andere an deren Bedürfniserfüllung zu hindern. So formuliert Bunge:

> „Die einzige legitime Funktion eines sozialen Systems besteht darin, das biopsychosoziale Wohlbefinden seiner Mitglieder oder jener anderer sozialer Systeme zu fördern, ohne irgendjemanden daran zu hindern, seine Grundbedürfnisse [bzw. Biowerte; P.G.][183] zu erfüllen“ (1996:268; zit. n. Obrecht 2001:97).

Zu Recht macht Borrmann (2005:191) darauf aufmerksam, dass somit auch Handlungen, die zur Bedürfnisbefriedigung eines Individuums beitragen, moralisch dennoch falsch sein können, was dann der Fall ist, wenn dadurch andere an eben dieser gehindert werden.

Die systemistische Ethik ist dahingehend sozialarbeits*spezifisch, als dass hier soziale Sachverhalte auf den Interventionsbedarf hin zur Beurteilung gelangen.* Mehr als andere Professionen ist Soziale Arbeit zudem mit einer Klientel befasst, die in hohem Maße struktureller

---

182 Inwiefern Menschenrechte als vergesellschaftete Normen die Befriedigung der postulierten Bedürfnisse schützen, hat Borrmann analysiert und dabei festgestellt, dass „alle Bedürfnisse in der einen oder anderen Art in den Formulierungen der Menschenrechte aufgehoben sind“ (2005:189). Der vorsichtig gezogene Schluss, dass Menschenrechte damit als Anerkennung des Rechtes auf Bedürfnisbefriedigung betrachtet werden können, führt dann zu dem Postulat der Menschenpflicht, die Menschenrechte „für alle Menschen umzusetzen bzw. einzulösen“ (ebd.). Im Weiteren findet sich bei Borrmann eine Übersicht über die mit Bedürfnissen in Zusammenhang stehenden Menschenrechte und Menschenpflichten, die als Normen von Professionen gelten könnten (ebd.:19 ff.).

183 Die Grundbedürfnisse im Wertekonzept von Bunge entsprechen den Biowerten im Wertekonzept von Obrecht. Begrifflich variieren hier die Konzepte (vgl. auch Borrmann 2005:180).

Benachteiligung ausgesetzt und von kumulativen Problemen unterschiedlicher Art betroffen ist. Hieraus erwächst ein besonders hoher moralischer Anspruch an SozialarbeiterInnen sowohl hinsichtlich der Gestaltung der Zusammenarbeit als auch der Veränderungsarbeit, für die immer auch die Fragen nach Verantwortlichkeiten und Zumutbarkeiten gestellt werden müssen. Antworten auf diese Fragen führen mithin zu ethischen Konflikten, insbesondere in Professionen wie Soziale Arbeit, die sich explizit einem doppelten Mandat, dem gesellschaftlichen und dem personenbezogenen Mandat, verpflichtet sehen.[184] Die Erweiterung dieser Mandate auf ein Professionsmandat, das Entscheidungen auf handlungswissenschaftlich und ethisch begründetes Wissen abstellt, stellt nach Staub-Bernasconi zwingende Grundlage jeder professionellen Arbeit, so auch Sozialer Arbeit, dar (Staub-Bernasconi 2007:198 ff.). Die an Bedürfnissen sowie an Menschenrechten und Menschenpflichten orientierte Ethik stellt hierbei den allgemeinen werte- und normenorientierten Bezugsrahmen für Professionen dar.

## 2 Systemistische Problemtheorie als objektbereichs-spezifische Kerntheorie von Handlungswissenschaften und Professionen

Gegenüber der allgemein orientierenden Funktion, wie sie mit der Theorie von Individuen und sozialen Systemen einhergeht, haben Problemtheorien für Professionelle eine spezifischere Funktion; wissensstrukturell sind sie immer noch auf der Ebene 2 verortet. Als Theorien der Entstehung, Erhaltung und Veränderung der professionsrelevanten Problematik (im Fall Sozialer Arbeit soziale Probleme) stellen sie die theoretischen Mittel zur zielgerichteten Beschreibung, Erklärung und Prognose problematischer Zustände in Bezug auf ein Objekt bereit und haben damit diagnostische Funktion.

Welche Sachverhalte letztlich als problematisch bzw. nicht problematisch oder positiv formuliert, veränderungsbedürftig bzw. nicht veränderungsbedürftig beurteilt werden, ist, wie schon gesagt, abhängig von dem axiologischen Bezugsrahmen. Das SPSA beinhaltet eine allgemeine Theorie menschlicher Probleme sowie eine Theorie sozialer Probleme.

### 2.1 Allgemeine Theorie menschlicher Probleme

Der im SPSA verwendete allgemeine Problembegriff wie auch der Begriff des sozialen Problems als Soziale Arbeit kennzeichnenden Problembegriff wurden zwecks Analyse der Problematik von Beratung schon im zweiten Teil der Arbeit eingeführt (s. Kap. B 3.2.1). Die bedürfnistheoretische Begründungsbasis der Problembegriffe wurde in diesem Teil vorgestellt (s. Kap. D 1.2.2.1). Danach haben Menschen Probleme, weil sie Bedürfnisse haben. *Objekttheoretisch* ist ein Problem entsprechend als eine Abweichung

[184] Der Begriff des „doppelte Mandates“ wurde von Böhnisch und Lösch (1973) geprägt und bezeichnet die sich aus der Einbindung Sozialer Arbeit in einen institutionellen-organisationellen Handlungsrahmen ergebende gleichzeitige Verpflichtung von Fachkräften gegenüber Interessen der Gesellschaft sowie der AdressatInnen (v. Spiegel 2004:37). Betroffen davon sind demnach alle in bürokratische Strukturen eingebundene Professionen, wie z. B. auch die Pflege und Pädagogik (s. auch Kap. B 3.2). Zunehmend müssen dazu auch die klassischen Professionen gezählt werden (Staub-Bernasconi 2007:198 ff.).

von Biowerten bzw. als zentralnervöser Spannungszustand definiert, wobei es unerheblich ist, ob die Spannungen bewusst oder nicht bewusst sind. Ausgehend von dieser Definition sind Menschen laufend mit Problemen und deren Lösung beschäftigt, indem sie z. B. bei Hunger essen oder bei Langeweile eine interessante Beschäftigung suchen. Viele Probleme haben insofern transitorischen Charakter.

Hiervon unterschieden werden *Probleme im handlungstheoretischen Sinne*, d. h. praktische Probleme. Diese - so die Kernaussage menschlicher Probleme - entstehen, wenn „es einem Individuum nicht gelingt, eine in Frage stehende Bedürfnisspannung innerhalb der erforderlichen Zeit, die durch die unterschiedliche Elastizität verschiedener Bedürfnisse gegeben ist, abzubauen" (Obrecht 2002b:13). Individuen erleben dies als emotio-kognitiven Spannungszustand bzw. als Inkongruenz oder Diskordanz (Grawe 2004: 189 f.).[185] Praktische Probleme können weiter differenziert werden in *primäre, sekundäre* und *tertiäre* Probleme. Erstere sind dadurch gekennzeichnet, dass aktuelle Bedürfnisspannungen mit den vorhandenen Verhaltensroutinen und Kognitionen nicht abgebaut werden können. Sekundäre Probleme beziehen sich auf die mittelbare Bedürfnisbefriedigung, d. h. auf die Erzeugung, den Erhalt oder die Modifikation von Einrichtungen oder andere Ressourcen, die Bedürfnisbefriedigung auf Dauer sicherstellen sollen. Tertiäre Probleme beziehen sich auf die Verhinderung, Linderung und Lösung von Problemen Dritter (Obrecht 2005:125 f.).

Schließlich beinhalten praktische Probleme immer Probleme des *Know-hows*, also Probleme des prozeduralen Wissens und des Könnens (skills). Dabei kann das Misslingen der Reduktion von Bedürfnisspannungen auf das Fehlen äußerer oder innerer Ressourcen, wie z. B. fehlende Beziehungen, fehlendes Wissen (know that), zurückgehen. Als *Ressource* ist dabei definiert, was Menschen im Sinne ihrer intrinsischen und relationalen Eigenschaften zur Reduktion ihrer Bedürfnisspannungen und auch zur Realisierung ihrer Wünsche zur Verfügung haben oder sich beschaffen, erschließen oder herstellen können (Staub-Bernasconi 1998:109; s. auch Kap. E 2.3.1).

Nach der *Art von Systemen*, durch die die Befriedigung von Bedürfnissen bedroht ist bzw. in denen Modifikationen erforderlich sind, um eine auf Zeit angemessene Sicherstellung von Bedürfnisbefriedigung zu ermöglichen, werden verschiedene *Klassen von Problemen* unterschieden. Ausgehend von den vier ontologischen Systemniveaus ergänzt Obrecht in dieser Klassifikation die (emergenten) Systemeigenschaften Psyche und die (resultanten) Systemeigenschaften Kultur, so dass vier Klassen und zwei Subklassen praktischer Probleme differenziert werden können (2002b:14):

- physikalische Probleme (z. B. Nässe, Kälte, Hitze)
- chemische Probleme (z. B. verseuchtes Trinkwasser)
- biologische Probleme (z. B. Hunger, Krankheit)
- psychische Probleme (z. B. fehlende Aufmerksamkeit, Suchtverhalten)
- soziale Probleme (z. B. soziale Deklassierung, ungerechter Tausch)
- kulturelle Probleme (z. B. fehlende Sprachkenntnisse, Rechtsnormverstöße)

An eine *allgemeine Theorie menschlicher Probleme und Ressourcen* stellt sich die Aufgabe, jene

[185] Inkongruenz bezeichnet die Form der emotio-kognitiven Spannung, bei der eine Diskrepanz zwischen realer Erfahrung und motivationalen Zielen (Bedürfnisse, Wünsche) besteht. Diskordanz bezeichnet die Diskrepanz zwischen motivationalen Zielen (Motivationskonflikt). Die Diskrepanz kann im expliziten oder im impliziten Funktionsmodus ablaufen. Als praktisches Problem bedingen die Spannungen jedoch das *Bemerken* bzw. *Gewahrwerden* der Diskrepanz zwischen Zielen und Mitteln. „Ein praktisches Problem zu haben ist gleichbedeutend mit dem bewussten Registrieren des Verfehlens eines praktischen Zieles" (Obrecht 2005:125).

zentralen Determinanten zu finden, welche die Befriedigung der verschiedenen Bedürfnisse erschweren und verhindern bzw. diese fördern und sichern. Nach den vorangehenden Ausführungen ist klar, dass hierfür allen Wirklichkeitsbereichen und sozialen Systemniveaus Rechnung zu tragen ist, und es ist damit offensichtlich, dass dies nicht ohne interdisziplinäre Kooperation erfolgen kann. Für die Soziale Arbeit hat Staub-Bernasconi ein *transdisziplinäres Problem- und Ressourcenmodell* bereits 1983 vorgelegt. Als problem- und ressourcenrelevante, also Bedürfnisbefriedigung erschwerende bzw. ermöglichende Bereiche sind Folgende dimensioniert (Staub-Bernasconi 1996:15 ff.; Geiser 2013:93 ff.): *die Ausstattung von Individuen,* verstanden als Gesamt der bio-psycho-sozial-kulturellen Zustände eines Individuums, namentlich

- die *körperliche Ausstattung*[186] (d. h. auf den Körper, ferner auf die Informationsaufnahme und die Motorik bezogene Sachverhalte wie Alter, Geschlecht, Größe, Gewicht, Hautfarbe, Gesundheit inkl. Sinnes- und Bewegungsfunktionen);
- die *Ausstattung mit Erkennens- bzw. Reflexions- und Erkenntniskompetenzen* (d. h. auf die Wahrnehmung, Bewusstheit und Kognitionen bezogene Sachverhalte wie emotional-ästhetische, normative und kognitive Analysecodes bzw. Informationsverarbeitungsmuster bzw. Bilder, Theorien, Werte, Ziele, Pläne, Handlungsregeln, bezogen auf sich selbst und die Welt);
- die *Ausstattung mit Handlungskompetenzen* (d. h. auf motorische Reaktionen bezogene Sachverhalte, wie Routinehandlungen, Rollenhandlungen sowie strategisch-kreative Handlungen);
- die *Ausstattung mit sozialen Beziehungen* und Mitgliedschaften (d. h. auf die Art der Beziehungen und Rollen bezogene Sachverhalte, wie natürliche bzw. künstliche, informelle bzw. formelle, transitorische bzw. dauerhafte, freiwillige bzw. unfreiwillige Beziehungen und Rollen);
- die *sozioökonomische Ausstattung* (d. h. auf ökonomische Verhältnisse bezogene Sachverhalte, wie Bildung, berufliche Position, Einkommen, Vermögen, Besitz);
- die *soziokulturelle Ausstattung* (d. h. auf kulturelle und subkulturelle Zugehörigkeiten bezogene Sachverhalte, wie Ethnie, Religionsgemeinschaft, Jugendgruppierungen)
- die *(sozio-)ökologische Ausstattung* (d. h. auf die gewachsenen und gebauten Dinge in der Umwelt von Individuen bezogene Sachverhalte, wie territoriale Lage, Art und Beschaffenheit des Wohn-, Arbeits-, Freizeitraums, verfügbare Infrastruktur);
- die Ausstattung mit Tauschressourcen und Machtquellen der Individuen innerhalb sozialer Systeme bzw. die Beschaffenheit der Interaktionsstruktur sozialer Systeme;
- die *Ausstattung mit Machtquellen sozialer Systeme* im Rahmen der gesellschaftlichen Struktur bzw. die Beschaffenheit der Positionsstruktur im Rahmen der gesellschaftlichen Schichtung;
- die *bestehenden funktionalen (vergesellschafteten) Werte,* die Unterschiede des Zugangs und der Verteilung von Tauschressourcen und die Positionsstruktur im Rahmen der gesellschaftlichen Schichtung legitimieren.

Die Ausstattung von Individuen ist somit das, was einem Individuum zur Befriedigung von biologischen und biopsychischen und sozialen Bedürfnissen unmittelbar zur Verfügung steht. Entsprechend sind Beeinträchtigungen (Mangel/Überschuss) in diesem Bereich, wie immer sie auch entstanden sind, *„Probleme beeinträchtigter Bedürfniserfüllung"*

[186] Die Reihenfolge der Ausstattungsdimensionen erfolgt hier nach der Ordnung intrinsischer und relationaler Eigenschaften und weicht damit etwas von der Darstellung bei Staub-Bernasconi ab.

(Staub-Bernasconi 1996:17; Hervorheb. im Orig.). Die drei weiteren Bereiche tragen dem Umstand Rechnung, dass Bedürfnisbefriedigung ohne andere Menschen und Regelungen ihres Zusammenlebens nicht möglich ist. Zustände der individuellen Ausstattung werden zu *Tauschressourcen*, sozusagen zu körperlichen Ressourcen, Erkennens- und Wissens-, Handlungs- und Güterressourcen und – sofern die Tauschressourcen knapp und/oder begehrt sind – zu *Machtquellen bzw. -ressourcen* in sozialen Systemen, die ihrerseits den Zugang zu strukturell abgesicherter Macht beeinträchtigen oder begünstigen. Differenziert werden die Machtquellen wiederum in Körpermacht, Artikulations-/Modellmacht, Positions-/ Organisationsmacht und Gütermacht. Somit können vier horizontal und /oder vertikal strukturierte Interaktionsarten unterschieden werden:

a) körperlicher Austausch als Kontakt im engen Sinne (Begegnung, Berührung, Sexualität);
b) Wissensaustausch (Koreflexion und Kommunikation) als auf die Analyse von Inhalten bzw. die Weitergabe von Inhalten bezogene Interaktionen;
c) Austausch von Aktivitäten (Kooperation und Koproduktion) als auf gemeinsame bzw. auf gemeinschaftlich zielgerichtete Aktivitäten bezogene Interaktionen;
d) Güteraustausch als auf das Verteilen und Teilen von Gütern bezogene Interaktionen (2013:187 ff., 203 ff.).

Zentrale Hypothesen Staub-Bernasconis zum Gelingen eines bedürfnisgerechten Zusammenlebens lauten, dass a) der Austausch bzgl. der Ausstattung auf Reziprozitäts- und Gleichheitsnormen (Äquivalenz) und b) die Verteilung bzgl. der Ausstattung auf Macht begrenzende Normen (Begrenzungsmacht) basieren müssen sowie c) die Normen legitimierenden funktionalen Werte im Dienste der Bedürfnisbefriedigung stehen müssen (ebd.:20 ff.), um so die Entwicklung einer Ausstattung von Individuen zu befördern, die ihnen die Befriedigung von Bedürfnissen ermöglicht. Umgekehrt trägt jeder Mangel/Überschuss im individuellen Ausstattungsbereich, jede dauerhaft bestehende Asymmetrie und jede Form der Behinderungsmacht[187] sowie jede der Befriedigung entgegenstehende Moral zur Beeinträchtigung des Wohlbefindens bei und begünstigt das Entstehen unterschiedlicher praktischer Probleme.

Von diesem Modell ausgehende Problem- und Ressourcenanalysen verhelfen dazu, die Prozesshaftigkeit der Entstehung von Problemen nicht zu übersehen. Jedes Problem kann Ursache und Folge von Problemen der gleichen Problemklasse oder anderer Problemklassen sein. So z. B. mag ständiger Lärm (physikalisches Problem) zu Krankheit (biologisches Problem), diese zu Leistungsschwäche (psychisches Problem) und schließlich zur Entlassung und Erwerbslosigkeit (soziale Probleme) führen. Die Erwerbslosigkeit mag zur sozialen Isolation führen, die Depression erzeugt, was wiederum süchtiges Verhalten stimulieren kann, aus dem z. B. ein Alkoholabusus erwächst, wodurch Leberschäden hervorgerufen werden. Oder: Häusliche Gewalt (soziales Problem) gegen Frauen führt zu illegitimem Machtüberschuss der Täter (soziales Problem) für den Fall, dass dieser gesellschaftlich nicht sanktioniert wird (kulturelles Problem) (Obrecht 2002b:36 f.).

[187] Staub-Bernasconi differenziert zwischen legitimen und illegitimen Machtstrukturen unterschiedlichen Typus und verwendet in dieser Reihenfolge die Begriffe Begrenzungs- und Behinderungsmacht (1996:32 ff.).

## 2.2 Theorie sozialer Probleme

In Kap. B 3.2.1 wurde auf die Schwierigkeit der Definition psychischer Probleme hingewiesen und angedeutet, dass diese auch in Bezug auf die Definition sozialer Probleme besteht und damit den Kernbereich Sozialer Arbeit betrifft. Eine *bedürfnistheoretisch begründete Theorie sozialer Probleme* grenzt sich – mit dem naturalistischen Menschenbild konsistent – von Auffassungen ab, wonach soziale Probleme *in objekttheoretischer Hinsicht* über sozialpathologische gesellschaftliche Ausnahmezustände, Diskrepanzen zwischen Sozialstruktur und Kultur oder kollektive Definitionen zu fassen sind (Obrecht 2003d:38). Wie alle menschlichen Probleme *sind* sie faktische emotio-kognitive Zustände innerhalb menschlicher Nervensysteme. Gleichwohl kann es zutreffen, dass soziale Probleme gesellschaftliche Ausnahmezustände und Diskrepanzen zwischen Sozialstruktur und Kultur darstellen oder kollektiv als solche bezeichnet werden, doch spricht man dann nicht mehr darüber, was soziale Probleme *sind*, sondern von Phänomenen, sozialen Ursachen und Bewertungen *im Zusammenhang mit sozialen Problemen.* Obrecht verdeutlicht:

> „Sozial sind die Probleme nicht, weil sie soziale Ursachen haben (was sie haben können, aber nicht müssen) oder weil sie ‚sozial' definiert sind (was sie sein können, aber nicht müssen) oder weil sie geteilt (‚kollektiv') sind, obwohl viele Akteure dieselben sozialen Probleme haben und diese unter geeigneten Bedingungen auch kollektivieren können [...], sondern sozial im Sinne der biopsychosozialen Theorie sozialer Probleme sind sie, *weil sie die Beziehung des Individuums zu anderen Individuen, darüber hinaus zur Sozialstruktur betreffen und damit die Befriedigung seiner sozialen Bedürfnisse*" (2002d.:41 f.; Hervorheb. im Orig.).

Die Theorie sozialer Probleme stellt somit eine Spezifizierung der allgemeinen Theorie menschlicher Probleme dar. Im Mittelpunkt stehen praktische Probleme der Einbindung eines Akteurs in die Interaktions- und Positionsstruktur in soziale Systeme seiner Umwelt, welche die Befriedigung seiner sozialen Bedürfnisse erschweren.

Der bedürfnistheoretische Problembegriff unterscheidet so klar zwischen sozialen Problemen als emergente Eigenschaften von Individuen und den Determinanten und Folgen von sozialen Problemen, die durch eigene Handlungen, Handlungen anderer einzelner oder kollektiver Akteure oder durch strukturelle Effeke des Verhaltens vieler hervorgerufen werden können (s. auch Kap. D 3). Er lässt die weitere Unterscheidung zwischen sozialen und gesellschaftlichen Problemen zu, die in Anlehnung an Merton (1976) als emergente Eigenschaften sozialer Systeme aufgefasst werden und vorliegen, wenn eine bedeutende Anzahl von Mitgliedern eines sozialen Systems seinen sozialen Zustand oder Prozess als problematisch empfinden und bewerten (Obrecht & Zwicky 2011:31).

Wie Staub-Bernasconi mit den Kategorien Austausch- und Machtprobleme, so unterscheidet auch Obrecht Arten von sozialen Problemen entlang der Kategorien Interaktions- und Positionsstruktur. Soziale Probleme im Sinne nichtbefriedigter sozialer Bedürfnisse sind danach

- auf die *Interaktionsstruktur* bezogen: Gewalt, Fehlen oder Mangel an Zuwendung, Mangel an sexueller Beziehung, Fehlen oder Mangel an Freundschaften und allgemein unterstützenden Beziehungen, Fremdheitsgefühle im Rahmen sozialer Interaktionen, Fehlen oder Mangel an Interaktionen regulierende Normen, Erfahrung von Unrecht, soziale Deklassierung im Rahmen von Interaktionen, strukturelle Diskriminierung in Form von Zugangsverweigerung oder Ausschluss im Rahmen von interindividuellen Interaktionen;

– auf die *Positionsstruktur* bezogen: ungerechter Tausch in Bezug auf die Reziprozitätsnorm, strukturelle Diskriminierung als Mitglied einer sozialen Kategorie von Akteuren, Heteremonie, Machtlosigkeit im Sinne unzureichender Kontrolle über Ressourcen zur Steuerung der eigenen bedürfnisrelevanten Umwelt (auch Machtüberschuss), Statusunvollständigkeit, tiefer Status und Statusungleichgewichte (vgl. ausführlich Obrecht 2002b:35).

Über die Kategorie Ausstattungsprobleme macht Staub-Bernasconi darauf aufmerksam, dass auch nichtsoziale Determinanten soziale Probleme zur Folge haben können oder soziale Probleme andere Arten von Problemen verursachen können. Während die Klassifizierung sozialer Probleme nach Obrecht den Vorteil hat, den Gegenstandsbereich Sozialer Arbeit im Sinne ihres Kerngeschäfts genauer abzustecken (auch im Sinne einer Klassifikationsdiagnostik, s. Kap. E), hat die Klassifizierung nach Staub-Bernasconi den Vorteil, den sich aus der systemistischen Sichtweise ergebenden transdisziplinären Charakter Sozialer Arbeit, aber auch anderer Disziplinen und Professionen herauszustellen.

Konsequenzen hätten der Problembegriff und damit verbundene Differenzierungen etwa auch für die Psychodiagnostik und haben sie teilweise auch schon. Auch in der Analyse psychischer Störungen müssen vermehrt die Bedürfnisspannungen erzeugenden individuellen und sozialen Anforderungen (sozusagen in Form einer Biowertanalyse) berücksichtigt werden und im Verhältnis zu den vorhandenen internen und externen Ressourcen betrachtet werden. Einen Vorschlag dazu legt Becker (1999, 2006) mit dem Anforderungs-Ressourcenmodell[188] vor; Grawe hat dies als Inkonsistenzbehandlung im Rahmen einer Neuropsychotherapie integriert (Grawe 2004:409 ff.). Die Notwendigkeit dazu liegt nach den Ausführungen der verhaltensbestimmenden Merkmale sowie ihrer Entwicklung auf der Hand.

> „Menschen, die eine psychische Störung entwickeln, [unterscheiden sich] von jenen, die keine entwickeln, schon vor Ausbruch der psychischen Störung in vielfältiger Weise" (ebd.:362).

Was sie kennzeichnet, ist, dass sie viele Bedürfnis verletzende Erfahrungen gemacht haben (ebd.:363). Obrecht (2005a:138) verweist in diesem Zusammenhang auf eine Studie von Teicher (2002) zu Folgen des Missbrauchs und Misshandlung von Kindern. Bildgebende Verfahren legen nahe, dass diese Erfahrungen zu bleibenden Beeinträchtigungen der neuronalen Struktur des reifenden Gehirns führen und damit zu schwerwiegenden psychischen Funktionsstörungen im Hinblick auf ein Leben in einer anforderungsreichen Gesellschaft. Psychische Störungen können demnach sozial verursacht sein und sie können wiederum eine Reihe weiterer Probleme unterschiedlicher Art, u. a. auch wieder soziale, nach sich ziehen (zur einschlägigen Thematik und Forschungsbefunden vgl. etwa Wilkinson & Pickett 2010; Sommerfeld, Calzaferri & Hollenstein 2011).

---

[188] Becker setzt damit dem in den Gesundheitswissenschaften dominierenden Stressbewältigungsmodell, das vor allem die subjektive Wahrnehmung und Bewältigung als gesundheitsförderliche Faktoren betont, etwas entgegen.

## 3 Systemistische Handlungstheorie und Arbeitsweisen als interventionstheoretisches und methodisches Konzept von Handlungswissenschaften und Professionen

So wie die zweite wissensstrukturelle Ebene die theoretischen Mittel zur Feststellung von Veränderungserfordernissen zur Verfügung stellen soll, sollen die dritte und vierte Ebene die Mittel zur Erzeugung und zur Durchführung angestrebter Veränderungen bereitstellen.

Was löst Veränderung aus? Wie lässt sich Veränderung initiieren bzw. wie kann man von einem Ist- zu einem Soll-Zustand gelangen? Dies sind Kernfragen an eine Veränderungs- bzw. Interventionstheorie. Wie kann der Prozess in Richtung Veränderung gesteuert werden? Dies ist die zentrale Frage der Methodik. Bezüglich der Differenzierung des interventionstheoretischen Konzepts ist zwischen den *Veränderungszielen* (z. B. Einstellungs-, Verhaltensänderung oder Änderungen der Machtstruktur in sozialen Systemen), den *Wirkbedingungen* und den *Wirkprozessen bzw. Wirkmechanismen* zu detaillieren (s. auch Kap. C 1). Wirkbedingungen beziehen sich auf die in einer Handlungssituation anzustrebenden Zustände, die der Veränderung förderlich sind (z. B. Neutralität oder Kooperation als soziale Bedingung), Wirkprozesse auf die *durch* eine Intervention ausgelösten Abfolgen von Zustandsänderungen im Klientensystem, über die Veränderung entsteht (z. B. Verhaltensverstärkung, Umdeutung, Ressourcenaktivierung).[189] Eine Interventionstheorie im Sinne *eines bestimmten Veränderungsmodells* besteht im SPSA nicht. Wie sich schon aus der Problemtheorie ableiten lässt, bestehen verschiedene Optionen zur gezielten Veränderung von Problemen. Für soziale Probleme formuliert Obrecht:

> „Zustandekommen, aber auch gelöst werden, können soziale Probleme durch eigene Handlungen, durch Handlungen und Handlungsfolgen identifizierbarer einzelner oder kollektiver Dritter, oder aber durch die strukturellen Effekte des Verhaltens Vieler" (2005:134).

Interventionstheoretisch bedeutet dies grundsätzlich zu bedenken, ob die Veränderungsarbeit bei den Problembetroffenen selbst, bei den am Problem beteiligten weiteren AkteurInnen oder aber außerhalb der Problembetroffenen und -beteiligten anzusetzen ist. *Der Entscheid* ist dabei gemäß der Praxeologie des SPSA auf Ergebnisse der Lösung einer Reihe kognitiver Probleme abzustellen, wozu Professionelle über die allgemeine normative Handlungstheorie aufgefordert werden.

Das folgende Kapitel stellt die Bedeutung der weiteren Ressourcen des SPSA in diesem Prozess dar, durch die schließlich erst die geforderte substanzielle Qualität des Handelns realisiert werden kann (s. Kap. C 3.2).[190] Hieran schließt die Vorstellung der ‚Arbeitsweisen' an, die als Oberbegriff für das interventionstheoretische und methodische Konzept des SPSA im engeren Sinne fungieren. Dabei geht es insbesondere darum, Beratung in dieses einzuordnen.

---

[189] Die Komponenten können dabei auf unterschiedlichen Abstraktionsniveaus formuliert sein im Sinne von allgemeinen Wirkaspekten (common factors; s. Kap. C 4.2) oder spezifischeren (s. auch Kap. E).

[190] Vgl. auch Obrecht (2000b:207; 2006:430), Geiser (2013:292 ff.), Staub-Bernasconi (2007:204 f.).

## 3.1 Ergänzungen zur allgemeinen normativen Handlungstheorie

Einen hohen Stellenwert für eine substanzielle allgemeine normative Handlungstheorie nehmen im SPSA die allgemeine und soziale Problemtheorie, die biopsychosoziale Wertetheorie und die gleichzeitig an Rechten und Pflichten orientierte Ethik ein. Methodologisch wird *durch die Problemtheorien der inhaltliche Rahmen der bilderzeugenden Prozesse der Professionellen präzisiert.* Eine exakte Beschreibung beinhaltet entsprechend - ausgehend vom Anliegen seitens der AdressatInnen - Aussagen über Sachverhalte bezüglich der infrage stehenden Situation (als Gesamt der relevanten Objekte) entlang des Problem- und Ressourcenmodells (s. Kap. D 2.1). Das Problem- und Ressourcenmodell ist grafisch in Form der ‚Systemischen Denkfigur' dargestellt (Geiser 2013). Diese verhilft als auf relevante Problem- und Ressourcendimensionen hinweisendes Instrument zur Orientierung für den Schritt der Informations- oder Datensammlung bzw. Situationsbeschreibung.

*Abb. 11: Systemische Denkfigur – Grundfigur (in Anlehnung an Geiser 2013:95)*

**Ausstattung mit Kompetenzen**
**des Erkennens/Erlebens und des Wissens** (Kognitionen),
Bedürfnisse und Anreize (Affekte) und Motivation als Grundlagen
des sichtbaren Verhaltens und Handelns

***Informationsverarbeitung***
Erlebensmodi -> E
*Psychische Prozesse* wie
Empfindung, Aufmerksamkeit,
Wahrnehmung, Denken,
Emotionen/Gefühle,
Bewertung u.a.

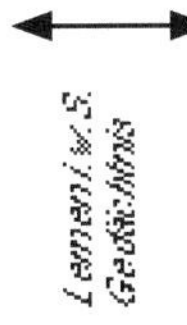


***Wissen im weitesten Sinne***
Kulturelle Codes, Bilder und Werte =
Modell -> M
*Psychische Zustände*
u.a. im Sinne von Erfahrungen, Interessen,
Erklärungen, Prognosen, Motivation und
Zielen, Plänen, Handlungsregeln und
Mitteln (Gedächtnis)

u.a. Bedürfnisse nach Gesundheit; nach Abwechslung, nach Wissen, "Sinn" und Orientierung im Alltag, in der Gesellschaft, in der Welt; nach (Selbst-)Bewusstsein; nach gestaltender, zweckgerichteter Aktivität; nach sozialer Anerkennung, Anerkennung und Einfluss, u.a.

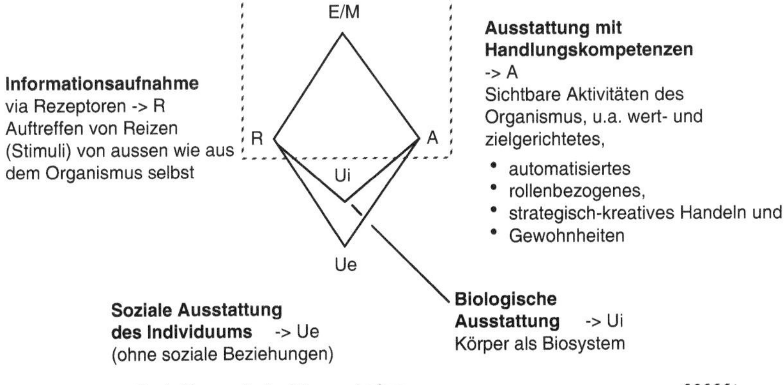


**Soziale Ausstattung**
**des Individuums** -> Ue
(ohne soziale Beziehungen)

**Biologische**
**Ausstattung** -> Ui
Körper als Biosystem

- *Sozioökonomische Eigenschaften*
  Bildung, Arbeit und Einkommen/Kapital bzw. *gesellschaftliche Position* aufgrund dieser drei Rangdimensionen,
- *Mitgliedschaften* (soziale Rollen mit Rechten und Pflichten)
- *soziokulturelle Eigenschaften und*
- *sozioökologische Eigenschaften des Umfeldes.*

= Zum
Körper
gehörend

Dabei ist zu berücksichtigen, dass die Systemische Denkfigur Eigenschaften von Individuen als Mitglieder sozialer Systeme modelliert; im Weiteren vermag sie über die Darstellung von Austausch- und Machtbeziehungen kleinere Systeme zu modellieren (Geiser ebd.: 187ff.; 203ff.). Eine gleichermaßen eingängige Darstellung zur systematischen Beschreibung von komplexeren sozialen Systemen liegt bisher nicht vor. Die auf Individuen bezogene multifaktorielle bzw. systemistische Sicht gilt aber, wie nach den bisherigen Ausführungen deutlich geworden sein dürfte, auch für soziale Systeme. Bunge & Mahner sprechen in diesem Zusammenhang von fünf Hauptaspekten, die jedes soziale System charakterisieren, nämlich *ein biopsychischer (B), kultureller (K), politischer (P), wirtschaftlicher (W) und ein Umweltaspekt (U)* (2004:164 ff.).

*Abb. 12: Hauptaspekte sozialer Systeme*

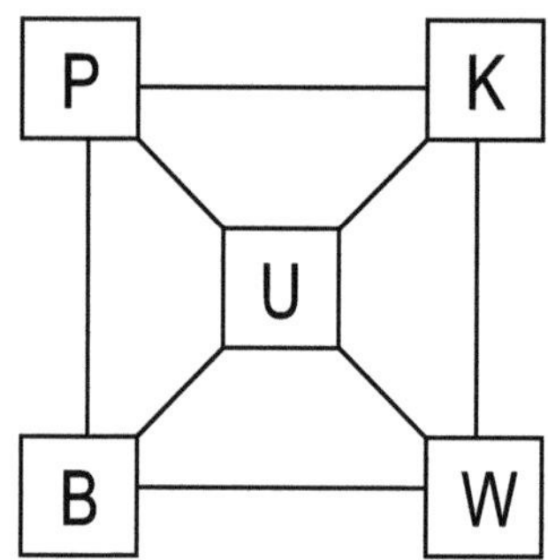


Quelle: Bunge und Mahner 2004:167

Die Beschreibungsdimensionen von sozialen Systemen verändern sich somit im Wesentlichen nicht.[191] Der biopsychische Aspekt fokussiert auf resultante Eigenschaften sozialer Systeme, während die anderen Aspekte auf ihre emergenten Eigenschaften rekurrieren. Grundsätzlich sind in sozialen Systemen folgende Aspekte zu beschreiben:

- die *Systemzusammensetzung* (Alter, Geschlecht, ethnische Struktur, Wissen, Können als biopsychische Aspekte),
- die *Systemkultur* (geteiltes Wissen, Leitbilder, Normen, Zielen, z.B. Rituale, Erziehungs- und Führungskonzepte als kulturelle Aspekte),
- das *Systemverhalten bzw. die Systempolitik* (Funktionen, Verteilungs-, Abstimmungs-Entscheidungs- und Konfliktverfahren als politische Aspekte),
- die *Systemressourcen* (zeitliche, finanzielle und räumliche Mittel als wirtschaftliche Aspekte) und
- die *Systemumwelt* als die Beziehungen zur sozialen, gebauten und gewachsenen Umwelt (formelle und informelle Netzwerke als soziale Aspekte, die Infrastruktur und Erholungsgebiete als (sozial-) ökologische Aspekte).[192]

---

[191] Die Bezeichnungen verändern sich, da soziale Systeme wie eine Familie, eine Organisation usw. im Unterschied zu ihren Komponenten keine körperlichen und psychischen Zustände aufweisen.

[192] Angesichts der möglicherweise „erschlagenden Bandbreite" der Erhebungsdimensionen sei darauf hingewiesen, dass Professionelle in der Regel – zumindest wenn sie längerfristig an einer Stelle arbeiten – über Daten zu personenübergreifenden Merkmalen der AdressatInnen verfügen und informiert sind über (1) wichtige kategoriale Sachverhalte, d. h. häufig vorkommende Schicht-, Ethnie-, Gender- und Alterszugehörigkeiten

Das mittels systematisch erhobener Daten gewonnene *präzisierte Gegenwartsbild,* das um relevante vergangenheitsbezogene Sachverhalte ergänzt wird, stellt die Grundlage für die mehrniveaunal angelegte Datenauswertung bzw. Situationsanalyse dar, wodurch ein *integriertes Bild* erzeugt wird. Kognitiv handelt es sich dabei um den Prozess der Verknüpfung der Daten *mittels der Kombination von Mikro- und Makro-Theorien* (s. Kap. C 3.1). Das integrierte Bild bildet seinerseits die Grundlage für die Entwicklung von Zukunftsbildern mit Hilfe von Prognosen. Die erwarteten zukünftigen Zustände stellen wiederum den Hintergrund für die Bewertung der aktuellen Situation dar, wofür schließlich die *Wertetheorie* eine entscheidende Rolle spielt. Kognitiv erfolgt die Bewertung als ein Vergleich zwischen Prognose und Soll-Wert, aus deren Differenz Probleme bestimmt werden. Zusammen mit der erklärungstheoretischen Grundlage kommt der Wertetheorie, wie schon erwähnt, auch bei der Ziel-Mittel-Wahl eine zentrale Funktion zu. Dabei sollen Professionelle nicht nur die objektive Wertegrundlage beachten, sondern auch die persönlichen Werte der AdressatInnen sowie gesellschaftliche Werte und Normen, einerseits um die Veränderungsarbeit möglichst den Veränderungsmotiven entsprechend gestalten zu können, andererseits um reale Rahmenbedingungen für Veränderungen nicht zu übersehen. Inwiefern den individuellen Präferenzen Rechnung getragen werden kann und gesellschaftliche Rahmenbedingungen Akzeptanz erfahren, ist auf *ethische Maximen* abzustellen, deren allgemeinste lautet, die AdressatInnen bzw. KlientInnen in ihrem Anrecht auf Erfüllung biopsychosozialer Werte und legitimer Wünsche zu unterstützen, ohne dabei das Anrecht Dritter hierauf einzuschränken.

Zusammengefasst verweist die systemistische Handlungstheorie für eine begründete Veränderungsarbeit sowohl auf die Notwendigkeit vertiefter Rekonstruktionen der Hilfeanlässe als auch rationaler Analysen und kritischer Bewertungsprozesse hinsichtlich infrage stehender Situationen der AdressatInnen. Die zur Verfügung gestellten theoretischen Mittel verhelfen dazu, dabei in einer professionalisierten Weise vorzugehen.

## 3.2 Das Konzept der Arbeitsweisen und die Einordnung von Beratung

Die Frage der absichtsvollen, zielgerichteten *Beeinflussung* spielte und spielt als ethische Frage eine gewichtige Rolle in der Sozialen Arbeit. Demgegenüber nahm, wie in Kap. C erwähnt, die Frage der wissenschaftlichen Begründung zielgerichteter Beeinflussung einen vergleichsweise geringen Stellenwert ein. Vor allem mit der Rezeption der Theorie der operationalen Geschlossenheit psychischer und sozialer Systeme in die Soziale Arbeit entwickelte sie sich schließlich zur grundsätzlichen Frage der *Beeinflussbarkeit* (s. Kap. C 2.3.2). Die hermeneutische Sensibilität als wichtigste bis einzige professionelle Kompetenz erfuhr nochmals Bestätigung. Auf der anderen Seite führte sie aber auch zu einer Neuauflage eines funktionalistischen Professionsverständnisses, wofür die Konzeptionen von Sozialer Arbeit als organisierte Hilfe (z. B. Bommes & Scherr 1996) stehen (Staub-Bernasconi 2007:121ff.). Tendenziell kann nach Zeiten der Dominanz holistischer Systemkonzeptionen eine Rückkehr zu

sowie Sprache, Werte, Ziele und Verhaltensweisen, (2) wichtige territoriale Sachverhalte, d. h. die (sozio-)ökologische Nahumgebung und (3) wichtige funktionale Sachverhalte, d. h. vorhandene öffentliche soziale Netzwerke und institutionelle Versorgungsstrukturen einschließlich ihrer Normen, Politiken, Angebote und Programme (Nestmann 1997:19).

systemistischen Konzeptionen sozialer Systeme verzeichnet werden:

> „Der Aspekt des ‚freien', handelnden Menschen in Systemen wird zunehmend in den letzten Jahren in einer systemtheoretischen Diskussion betont [...] Diese ‚post-luhmannsche Systemtheorie' versucht, im Sinne einer optimistischeren Einschätzung der individuellen Handlungs- und Beeinflussungsmöglichkeiten in und auf soziale Systeme eine Annährung der Systemtheorie an die Handlungstheorie zu konzeptionalisieren [...] Die Radikalität der Autopoiesis und der operationalen Geschlossenheit von Einheiten wird relativiert und die Beziehung zwischen Individuum und sozialem System als wechselseitiges Beeinflussungsverhältnis betrachtet [...] Gleichzeitig wird an der Grundidee der relativen Autonomie von Systemen festgehalten" (Barthelmess 2001:59, 81).

Die Entsprechungen zur hier vertretenen systemistischen Konzeption bestehen somit im Verständnis von sozialen Systemen als eigenständigen Klassen von Systemen, beruhend auf relativ autonomen Individuen. *Soziale Systeme* werden dadurch als von Menschen *aktiv gestaltete und gestaltbare Systeme* und *Menschen,* mitgliedschaftsbedingt, *als durch ihre Struktur gestaltete biopsychische Systeme verstanden.* Mit der Betonung der wechselseitigen Beeinflussung scheint auch eine Entradikalisierung der These der Nicht-Steuerbarkeit lebender Systeme eingetreten zu sein, wird doch zunehmend die „Anschlussfähigkeit" von Interventionen hervorgehoben. Hierunter wird die Passung der an das System herangetragenen Stimuli an seine „systemspezifischen Verarbeitungsmechanismen" (ebd.:113) bzw. an seine „innere[n] Struktur" (Chur 1997:48) verstanden, was in der hier verwendeten Terminologie der Berücksichtigung des aktuellen Zustands eines Systems entspricht. Nur in dem Sinne, dass Individuen nur innerhalb ihres Verhaltensrepertoires reagieren können, kann Nicht-Steuerbarkeit auch interpretiert werden, nicht aber im Sinne einer prinzipiellen oder generellen Nicht-Steuerbarkeit (Dettmann 1999; zit. n. Staub-Bernasconi 2007:268 f.). Mit anderen Worten: Jede soziale Handlung bewirkt Veränderung eines Individuums, eines sozialen Systems oder seiner Umwelten, wenn auch nicht immer in der gewünschten Weise. Demzufolge stellt sich im Zusammenhang professioneller Beeinflussung die Frage nach *dem Erreichen der gewünschten Wirkung der Handlung.* Hier sind nebst der Kenntnis der aktuellen (problematischen) Zustände und der sie hervorrufenden Mechanismen auch Kenntnisse der Zustandsräume, d. h. des Entwicklungspotenzials eines Systems von Bedeutung.[193] Für beides sind diagnostische Operationen unumgänglich. Anders gesagt zieht die systemistische Theorie als eine von der Multideterminiertheit von Problemen ausgehende Theorie das Postulat nach sich, die Veränderungsarbeit gemäß der jeweiligen *problemverursachenden Mechanismen,* dem vorhandenen *Veränderungspotenzial und der Entwicklungsmöglichkeiten* jeweiliger Klientensysteme zu gestalten.

Diesem Postulat entspricht das von Staub-Bernasconi vorgelegte Konzept der Arbeitsweisen:

> „Arbeitsweisen im Plural nimmt Abschied von der Vorstellung, dass Systemtheorie die Chance darstellt, eine allumfassende Methode Sozialer Arbeit zu finden" (1995:173).

Unter Arbeitsweisen werden Bündel von Methoden verstanden, die auf die Veränderung als problematisch bewerteter Sachverhalte bzw. auf das Erreichen angestrebter

[193] Unter dem Zustandsraum, genauer dem gesetzmäßigen oder nomologischen Zustandsraum, ist die Menge aller *tatsächlich möglichen Zustände,* die ein System (z. B. ein Individuum oder ein soziales System oder auch ein Klapptisch) einnehmen kann, zu verstehen. Der Begriff bezeichnet also das Veränderungs- bzw. Entwicklungspotenzial oder (begrifflich unschärfer) das Ressourcenpotenzial (Bunge & Mahner 2004:51 ff.).

Zustände zielen.
Gemäß den unterschiedenen Dimensionen bzw. Mechanismen, aus denen sich soziale Probleme ergeben können, werden folgende Arbeitsweisen zu ihrer Verhinderung, Minderung und Lösung unterschieden (Staub-Bernasconi 1995:175 ff.; 2007:272 ff.):

- Ressourcenerschließung für Probleme der körperlichen, ökonomischen und (sozial-) ökologischen Ausstattung;
- Bewusstseinsbildung für Probleme der Funktionsweise und Entwicklung von Erlebensweisen bzw. Reflexionskompetenzen;
- Modell-, Identitäts- und Kulturveränderung für Probleme unzureichender, unangemessener Bilder, Codes und funktionaler Werte, Ziele etc.;
- Handlungskompetenztraining bzw. Kompetenzförderung für Probleme unzureichender Handlungskompetenzen und/oder ihres unangemessenen Einsatzes;
- Soziale Vernetzung und der Ausgleich von Rechten und Pflichten für Probleme der sozialen Isolation, des Ausschlusses sowie unfairer, asymmetrisch angeordneter Beziehungen;
- Ermächtigung bzw. Machtbegrenzung für Probleme der individuellen Ohnmacht und der aktiven Ausübung und Institutionalisierung von Behinderungsmacht;
- Kriterien- und Öffentlichkeitsarbeit für Probleme nichterfüllter, fehlender, willkürlich eingesetzter und aktiver Dekonstruktion legitimer vergesellschafteter und institutionalisierter Werte.

Staub-Bernasconi ergänzt diese Arbeitsweisen, die sich auf die direkte Arbeit mit AdressatInnen und KlientInnen beziehen, um das Sozialmanagement als eine auf die Trägerschaften der Sozialen Arbeit und ihr Personal bezogene Arbeitsweise, deren Funktion es ist, sozialverträgliches, wirksames und effizientes Arbeiten sicherzustellen.

Beratung kann in diesem Kontext grundsätzlich den Arbeitsweisen Bewusstseinsbildung und Modellveränderung zugeordnet werden. Als transprofessionelle Methode, die auf das Ziel der *Ermöglichung selbstgesteuerter Problemlösungen* bzw. der *Chance zur (Wieder-)Entdeckung von Selbststeuerungskompetenzen* gerichtet ist, ist Beratung dabei klar der Arbeitsweise Bewusstseinsbildung zuzurechnen. Im Zentrum der Bewusstseinsbildung steht die *Generierung von ikonischen und begrifflichen Bildern* (s. Kap. D 1.3.2). Die Zuordnung allgemeiner Beratung zu dieser Arbeitsweise erfolgt hier über das Ziel, nicht über das Problem, das zu Beginn jedes Hilfeprozesses offen ist. Als professionsspezifische Methode, die darauf zielt, Selbststeuerungskompetenzen zwecks eigenständiger Bewältigung von sozialen Problemen zu mobilisieren bzw. zu entwickeln, kann Beratung sowohl als bewusstseinsbildende als auch als modellverändernde Methode konzipiert werden. Bei der Arbeitsweise Modellveränderung steht die *Veränderung bestehenden Wissens* im Mittelpunkt.

Als bewusstseinsbildende Methode geht es in der Beratung um die Entwicklung von Problemlösungsgewohnheiten. Theoretisch knüpft die Methode an das Konzept der Erlebensmodi an, womit auch Anknüpfungsmöglichkeiten an die Theorie der willentlichen Handlungssteuerung von Kuhl bestehen. *Einseitig ausgeprägte, zu wenig in sich differenzierte oder unflexible kognitive Stile* können die Interpretation von Situationen verzerren und damit den Blick auf Problemlösungsoptionen versperren und situtationsangemessene Problemlösungen verhindern (s. Kap. D 1.2.2.3; Staub-Bernasconi 1987:4; zit. n. Tschannen 2007:45).
So hat der Objekterkennungstyp (Empfindungstyp) durch die ausgeprägte Aufmerksamkeit auf Detailinformationen gute Problemanalysefähigkeiten, kann aber ohne

Zugang zum Extentionsgedächtnis, das die Aufmerksamkeit auf seine Bedürfnisse, Gefühle und Werte und soziale Kontexte lenkt, keine Lösungen finden. Umgekehrt ergeben sich für den Fühltyp Schwierigkeiten, wenn das vorhandene Wissen nicht stets durch neues ergänzt wird, um auch mit unerwarteten, neuartigen Ereignissen zurechtzukommen. Der analytische Typ verfügt durch die ausgeprägte Aufmerksamkeit auf handlungsbezogene Informationen über gute Planungsfähigkeiten, kann die Pläne aber nicht ausführen, wenn nicht auch das auf bestehende Handlungsprogramme fokussierte intuitive Verhaltenssystem aktiviert werden kann. Wieder umgekehrt muss der Bauchtyp „passen, wenn Schwierigkeiten zu überwinden sind“ (Martens & Kuhl 2005:70 f.).

Bewusstseinsbildende Veränderungsarbeit bedeutet somit, KlientInnen zu einem besseren und funktionalen Zugang zu den verschiedenen kognitiven Systemen zu verhelfen, so dass ihnen ihr nicht (mehr) bewusstes Problemlösungswissen zur Verfügung steht bzw. sie dieses (wieder) nutzen können. Beratungsoperationen im bewusstseinsbildenden Modus fokussieren entsprechend auf die Explizierung dieses impliziten Problemlösungswissens. KlientInnen werden dazu angeregt, dieses zum Ausdruck zu bringen, indem sie etwa aufgefordert werden, ihre Situation genau zu schildern, Situationsaspekte zu deuten oder ihre Wünsche und Pläne zu artikulieren. Besondere Anforderungen stellen sich bei einem unzureichenden Zugang zum Selbst als Kernbestandteil des Extensionsgedächtnisses, was sich in einer fehlenden Selbstwahrnehmung zeigt. Die bewusstseinsbildende Arbeit ist hier von besonderer Intensität(s. Kap E 3.3.1). Als Pendant hierzu, d. h. die ‚bewusstseinsbildende‘ Arbeit mit geringer Intensität, kann die Beratung betrachtet werden, die aufgrund kognitiver Verunsicherung und damit einhergehendem Misstrauen gegenüber eigenen angemessenen Problemlösungsoptionen entsteht. Das Beratungsziel besteht dann nicht in der Entwicklung, sondern in der Festigung von Problemlösungsgewohnheiten. Genau genommen ist daher eher von einer stützenden Beratung zu sprechen.

Um die Umgestaltung von Problemlösungsgewohnheiten geht es bei der Modellveränderung, die sich aus der Codetheorie herleitet (s. Kap. D 1.2.2.2). Fehlt Wissen, weil es nicht gelernt wurde, ist das Wissen falsch, starr, widersprüchlich oder zu oberflächlich, ist die bewusstseinsbildende Arbeit nicht hinreichend (Staub-Bernasconi 1995:179 f.). Beratungsoperationen fokussieren in diesem Fall auf die Anreicherung der Codes, das Erlernen neuer Codes oder auch das Erlernen von Metacodes, d. h. das Erlernen von Codes zur Erzeugung angemessener Codes. Anregungen zur kritischen Analyse bspw. der eigenen Ziele auf ihren hilfreichen Gehalt hin oder anders gesagt, zur Prüfung ‚guter‘ Ziele sowie zur Gestaltung des Prozesses zur Bildung ‚guter‘ Ziele charakterisieren diese Beratungsoperationen. Auch hier können Intensitätsabstufungen vorgenommen werden. Die geringste Intensitätsstufe liegt dabei klar auf der Beratung als Codeanreicherung (Informieren), die höchste bei der Beratung als Metacodelernen.

Spezifische Beratung kann somit unter dem Gesichtspunkt von Veränderungszielen einerseits auf *die Verbesserung und Stabilisierung des Zugangs zum eigenen Wissen* mittels Beeinflussung der emotio-kognitiven Prozesse der KlientInnen gerichtet sein und andererseits auf die *Verbesserung des Wissens* sowie der *Weiterentwicklung der Fähigkeit Wissen zu handhaben*

mittels Beeinflussung der kognitiven Zustände bzw. der metakognitiven Prozesse.[194] Im ersten Fall trägt sie zur Stabilisierung der Wissensstruktur bei, im Letzteren zu deren Veränderung.
Auf diesem Hintergrund kann spezifische Beratung eher die Formen der *reflexiven und transitiven Unterstützung* aufweisen, bei denen Beratende ihre Bemühungen darauf richten, dass KlientInnen *Vertrauen in ihre Denk- und Handlungsroutinen zurückgewinnen* bzw. dieses *entwickeln.* Sie kann zum anderen eher die Formen des transitiven und *(meta-)reflexiven Lernens* aufweisen, bei denen die Beratungsarbeit darauf zielt, dass KlientInnen *ihre Selbst- und Umweltbilder erweitern, stärker in Zweifel ziehen* bzw. *sie neue Selbst- und Umweltbilder bewusst zu erzeugen lernen* (vgl. ähnlich auch Tiefel 2004:260 ff.; zur Indikation der Formen s. genauer Kap. E 3.1 ). Die allgemeinsten Wirkmechanismen von Beratung bestehen demnach in der Bildbestätigung, der Bilderzeugung und der (Meta)Codeerweiterung.
Gegenüber der transprofessionellen Beratung besteht der Unterschied zur spezifischen Beratung insbesondere darin, dass Beratung hier *explizit* auf die *Veränderung* von Erkenntnisweisen bzw. Erlebensmodi bezüglich sozialer Probleme bezogen ist. Hinsichtlich des bewusstseinsbildenden Modus wird die Aktivierung der psychischen Prozesse spezifischer und intensiver sein (zur Konzeption von Beratung s. genauer Kap. D 4.3).

Selbstverständlich ist es möglich, *innerhalb einer Beratungssituation* auf weitere Arbeitsweisen zurückzugreifen. Dann aber macht eine beratende Sozialarbeiterin bzw. ein beratender Sozialarbeiter schon von der Möglichkeit der Methodenkombination Gebrauch und arbeitet beratend-sozialarbeiterisch behandelnd. Die Ziele sind dann nicht nur auf die Selbstbefähigung, die individuell oder kollektiv organisiert sein kann, gerichtet, sondern auf die Veränderung der sozialen bzw. sozioökonomischen und sozialökologischen Ausstattung von Individuen (z. B. Sozial-, Kommunikationstraining, Ressourcenerschließung) und der Strukturen sozialer Systeme (z. B. Vernetzung, Machtbegrenzung) im Dienste der Herstellung von Bedingungen zur Selbstbefähigung gerichtet.[195]
Wie beschrieben, wird hier davon ausgegangen, dass Beratung an die soziale Interaktion zwischen BeraterInnen und Beratenen gebunden ist. Dies bedeutet, dass all das, was in der Beratungssituation nicht vorhanden ist, auch nicht beeinflusst werden kann. Ein Beratungsbegriff im Sinne einer Beratung mit Eingriffsmöglichkeit wurde bereits abgelehnt (s. Kap. B 3.4). Dagegen gibt es eine Beratung - sowohl in transprofessioneller als auch professionsspezifischer Form -, die den Einflüssen der äußeren Lebensumstände Rechnung trägt. Eine solche Beratung wird Veränderungen der Lebensumstände nicht nur indirekt - über die Initiierung von Reflexions- und Lernprozessen in Bezug auf KlientInnen und Klientensysteme - zu bewirken versuchen. Sie wird jene Akteure in die Beratung einzubeziehen versuchen, die an der Problemerhaltung beteiligt sind und die einen Beitrag zur Problemlösung zu leisten vermögen und auch bei diesen Reflexions- und Lernprozesse auszulösen versuchen, und sie wird - und dies gilt insbesondere für die Soziale Arbeit - Beratung häufig mit weiteren verschiedenen Methoden kombinieren müssen.

---

194 Der Metakognitionsbegriff steht, wie auch der Kognitionsbegriff, jeweils für die deklarative und prozedurale Komponente von Wissen. Er umfasst das Wissen über eigene Gedächtnis-, Denk- und Lernvorgänge sowie über die Steuerung und Überwachung dieser Vorgänge (z. B. Christmann 1999: 10 f.)

195 Mit der Unterscheidung zwischen sozialarbeiterisch beratenden und behandelnden Methoden sind die Arbeitsweisen Bewusstseinsbildung und Modellveränderung also grundsätzlich keine Behandlungsmethoden, denn sie streben in erster Linie nicht - gleichwohl sekundär - soziale Veränderungen als Bedingung sozialarbeiterischer Behandlung an.

## 3.3 Zwischenresümee und Übersicht

In diesem Kapitel wurden weitere tragende Grundpfeiler des Systemtheoretischen Paradigmas vorgestellt, welche die in Kap. C dargestellten Integrations- bzw. Metatheorien ergänzen. Skizziert wurden wesentliche Aspekte des Gegenstands-, Problem- und Interventionsverständnisses, deren Ausgangsbasis der emergentistische Systemismus und die philosophische Handlungstheorie zusammen mit der hier auch skizzierten Axiologie/ Ethik bilden. Einige Gesichtspunkte des Gegenstandsverständnisses als den umfassendsten Teil der Beschreibung seien zum Schluss in Form einer Übersicht zusammengefasst, wozu sich die schon erwähnte „Taxonomie der Persönlichkeitstheorien" von Schneewind gut eignet.

Diese stellt ein Beschreibungsmodell zur (Re-)Konstruktion verschiedener Aspekte von Modellen des Menschen dar und diente ursprünglich zur Gruppierung analysierter Persönlichkeitstheorien (Fahrenberg 2008:308). Die Einordnung relevanter Aussagen des systemistischen Modells des Menschen entlang der verwendeten dichotomen Kategorien ermöglicht zum einen eine prägnante Übersicht und bietet Leserinnen und Lesern zum anderen auch eine rasche Vergleichsmöglichkeit mit eigenen präferierten Ansätzen oder Paradigmen. Das Modell beinhaltet folgende Kategorien und damit verbundene Fragestellungen (in Anlehnung an Schneewind 1992:86 ff.; Kühnle 2002:252-161; Fahrenberg 2008:309 f.):

- *Freiheit vs. Determiniertheit:* Besitzt der Mensch die Fähigkeit, seine Gefühle, Gedanken, und sein Handeln selbst (autonom) zu steuern und zu kontrollieren oder ist menschliches Verhalten durch Faktoren außerhalb seines Bewusstsein determiniert?
- *Rationalität vs. Irrationalität:* Ist menschliches Verhalten durch rationale Entscheidungen oder durch irrationale Kräfte geleitet?
- *Ganzheitlichkeit vs. Elementarismus:* Kann menschliches Verhalten am besten durch das Erfassen der Person in ihrer Ganzheit oder durch das Erfassen wesentlicher Einzelteile verstanden werden?
- *Konstitutionalismus vs. Environmentalismus:* Ist die menschliche Persönlichkeit durch das genetische Erbe beeinflusst oder durch die Umwelt?
- *Subjektivität vs. Objektivität:* Sind subjektive Erlebnisse und Erfahrungen zulässige Datenquellen (idiografische Methodik) für die Konstruktion von Theorien oder sind ausschließlich nur von außen beobachtbare Ereignisse erlaubt (nomothetische Methodik)?
- *Proaktivität vs. Reaktivität:* Ist menschliches Verhalten aktiv, d. h. handelt der Mensch von sich aus in seine Umwelt hinein oder ist menschliches Verhalten ausschließlich Folge von externen und internen Bedingungen, d. h. reagiert der Mensch vorwiegend auf externe und interne Reize?
- *Homöostase vs. Heterostase:* Ist menschliches Verhalten auf die Wiederherstellung bzw. Aufrechterhaltung vorgegebener Sollwerte ausgerichtet oder auf die Veränderung von Sollwerten im Sinne einer entwicklungsbedingten gleitenden Sollwertanpassung?
- *Erkennbarkeit vs. Unerkennbarkeit:* Kann das menschliche Verhalten durch Wissenschaft vollständig erklärt werden oder ist Menschsein etwas, das die Möglichkeiten seiner wissenschaftlichen Erfassung übersteigt?

- *Historizität vs. Ahistorizität:* Ist aktuelles Verhalten über die individuelle und soziale Entwicklung oder durch die aktuell wirkenden Situationsbedingungen erklärbar?
- *Sozialität vs. Asozialität:* Spielen aktuelle soziale Einflüsse und historisch gewachsene sozialkulturelle Rahmenbedingungen für menschliches Verhalten eine bedeutende Rolle oder kommt der sozialen Umwelt keine besondere Bedeutung zu?

Fahrenberg merkt zur Einstufung von Persönlichkeitstheorien nach diesem Schema kritisch an, dass einige Dimensionen nicht hinreichend genau erläutert sind und das Schema auch Lücken aufweist (ebd.:310). Dennoch ist es Kühnle (2002:134) zufolge gegenwärtig das differenzierteste Beschreibungsmodell. Allerdings sind in dieser Taxonomie *allgemein ontologische, erkenntnistheoretische, methodologische und objekttheoretische* Aspekte durchmischt bzw. nicht voneinander unterschieden. So beziehen sich die Kategorien Rationalität/Irrationalität, Homöostase/Heterostaste, Proaktivität/Reaktivität, Sozialität/Asozialität *direkt* auf Eigenschaften des Menschen und sind damit wissensstrukturell der objekttheoretischen Ebene zuzuordnen und Ausdruck metatheoretischer Entscheide.
Auch die Kategorie der Historizität/Ahistorizität könnte dieser Ebene zugeordnet werden als Frage nach der Herkunft bzw. Entwicklung des Menschen. Die Fragestellung zu dieser Kategorie verweist allerdings mehr auf ein methodologisches Problem, dem das noch grundsätzlichere ontologische Problem der Auffassung des Menschen als Natur- oder Kultur- bzw. Geschichtswesen vorausgeht und mit dem schließlich auch die weitere Frage nach der Beziehung zwischen Sein und Werden verbunden ist (Kühnle ebd.:260).
In diesem Zusammenhang fällt auf, dass die grundlegende Kategorie der psychophysischen Konstitution (in dichotomischer Form: psychophysischer Materialismus/Idealismus/Dualismus) vollkommen fehlt. Wenn sich diese auch etwa in der o.g. Kategorie andeutet, ist die explizite Ausweisung bedeutsam, eröffnet sich doch gerade hierüber die prinzipielle Möglichkeit zur Annäherung/Nichtannäherung zwischen Menschenbildern und macht auch erst weitere (meta-)theoretische Positionierungen nachvollziehbar. [196] Die Kategorien (Willens-)Freiheit/Determination und Konstitutionalimus/Environmentalismus können als Fragen nach der Existenz menschlicher Gesetzmäßigkeiten bzw. Arten von Gesetzmäßigkeiten der allgemeinen ontologischen Ebene zugeordnet werden. Bei den übrigen Kategorien handelt es sich um erkenntnistheoretische (Erkennbarkeit/Unerkennbarkeit) und methodologische (Ganzheitlichkeit/Elementarismus, Objektivität/Subjektivität) Aspekte.
In Abb. 13 ist die fehlende Kategorie ergänzt und die Taxonomie ist gemäß der Unterscheidung von meta- und objekttheoretischer Ebene neu angeordnet. Die Kategorie Historizität/Ahistorizität wird hier als Frage nach den Determinanten von Verhaltensänderungen bzw. Entwicklungsmöglichkeiten der Persönlichkeit (Fahrenberg 2008:309) verstanden:

[196] So etwa werden Positionierungen in Bezug auf die Kategorien Rationalität/Irrationalität und Proaktivität/Reaktivität erst im Kontext der Konzeption der Beziehung zwischen Kultur und Natur bzw. Psyche und Physis und der Individuum-Umwelt-Beziehung verständlich.

*Abb. 13: Kurzcharakterisierung des systemistischen Modells des Menschen*

| Kategorien zur (Re-)Konstruktion von Menschenbildern | Kurzcharakterisierung des Menschenbilds im Systemismus |
|---|---|
| Materialismus/Idealismus/Dualismus | Menschen sind *materielle* (konkrete) Biosysteme mit *emergenten psychischen Eigenschaften*. Als Mitglieder sozialer Systeme verfügen Menschen im Weiteren über soziale und kulturelle Eigenschaften. Soziale Systeme sind biosozialkulturelle Systeme. Sie setzen sich zusammen aus Individuen, die über Bindungen die soziale Struktur bilden. |
| Freiheit/Determinismus | Der Mensch ist *fähig zu selbstbestimmtem Handeln*, *nicht* aber zu einem *freien Willen als Freiheit von Gesetzmäßigkeiten* (i.S. von Schopenhauers These: Der Mensch kann zwar tun, was er will, aber er kann nicht wollen, was er will)[197]. |
| Konstitutionalismus/Environmentalismus | Der Mensch ist *ganz und gar durch seine Anlagen* (endogene Gesetzmäßigkeiten) wie *durch seine Umwelt* (exogene Gesetzmäßigkeiten) determiniert. |
| Erkennbarkeit/Unerkennbarkeit | Menschliches Verhalten kann wissenschaftlich so vollständig oder unvollständig erklärt werden wie alle anderen Gegenstände auch, da es auch im ‚menschlichen Bereich' (Psyche, Soziales, Kulturelles) mit ‚rechten Dingen' (im Unterschied zu Wundern) zugeht, so dass es keinen Grund insbesondere zu der Annahme gibt, dass subjektives Erleben nur den ErlebensträgerInnen zugänglich ist. Dabei gilt grundsätzlich, dass Erkenntnis über die Realität auch in Wissenschaften häufig nur teil- und näherungsweise erfolgt. Erkenntnis vollzieht sich zudem nicht als direkte Abbildung der Realität, da das Nervensystem keine Bilder der Realität in sich aufnimmt (naiver Realismus). Sie vollzieht sich vielmehr als ein Konstruktionsprozess im Gehirn, bei dem sensorische Reize zu Wahrnehmungen (ikonische Bilder, Repräsentationen) und einige von diesen zu begrifflichen (transempirischen) Selbst- und Umweltbildern weiter verarbeitet werden. Objektive Erkenntnis, d. h. Wissen über subjektunabhängige Fakten bedingt, dass Wahrnehmungswissen (phänoweltliches Wissen) um theoretisches Wissen (transempirisches Wissen) ergänzt wird. |
| Ganzheitlichkeit/Elementarismus (methodologischer Holismus/Atomismus) | Ausgehend von der ontologischen Hypothese, dass alles, was es gibt, ein System oder eine Komponente eines Systems ist, die je nach Eigengesetzlichkeiten funktioniert, ist es auch für das Verstehen menschlichen Verhaltens erforderlich, sowohl die emergenten Eigenschaften von Individuen (biopsychische Systemebene bzw. Bilder, Codes, Werte, Ziele, Pläne etc. von Individuen) als auch deren Komponenten (biopsychische Funktionssysteme) zu untersuchen. Zudem sollte auch der Einfluss der höheren (sozialen) Systemebene auf das biopsychische System und auch der Einfluss der tieferen biologischen Systemebene auf die biopsychischen Funktionssysteme untersucht werden. |
| Subjektivität/Objektivität (idiografische/nomothetische Methodik) | Unter der Prämisse, dass Faktenwissenschaften das Ziel der Beschreibung, Erklärung und Prognose haben, ist die Beschreibungswissen erzeugende idiografische Methodik notwendige Voraussetzung für die Theoriebildung, für die Erzeugung von Erklärungswissen und Prognosen aber nicht hinreichend und muss um die nomothetische Methodik ergänzt werden (s. o. zur Erkennbarkeit). |

[197] Vgl. z. B. bei Grün o.J.:3-16.

| Kategorien zur (Re-)Konstruktion von Menschenbildern | Kurzcharakterisierung des Menschenbilds im Systemismus |
|---|---|
| Homöostase/Heterostase | Zur Sicherung des individuellen Wohlbefindens (Konsistenz) sowie gesellschaftlicher Kohäsion sind Menschen *zu jedem Zeitpunkt ihres Lebens* (Ontogenese) auf die *Befriedigung der unterschiedlich elastischen* biologischen, biopsychischen und biopsychosozialen *Bedürfnisse* (biotische Sollwerte) angewiesen. Menschliches Verhalten ist somit stets bestrebt, Spannungszustände zu kompensieren im Sinne der Konsistenzregulation. Je nach Elastizität der Bedürfnisse ist der Zeitrahmen hierfür größer oder kleiner. Sollwertanpassung kann es im Lebensverlauf nur im kognitiven Bereich von Menschen geben (Präferenzen), nicht aber im biologischen.[198] |
| Rationalität/Irrationalität | Menschen sind grundsätzlich zu bewusstem, kritischem und systematischem Denken fähig, die meisten Denkprozesse geschehen aber automatisch. Die Erkenntnisfähigkeit macht Menschen jedoch nicht zu reinen Rationalisten. Menschen sind ebenso sehr trieb-, gefühlsbetonte und moralische Wesen. Rationalität geht daher immer auch mit Affektregulation einher. |
| Proaktivität/Reaktivität | Menschen sind bedürfnisbedingt *aktive Lebewesen,* die sich von sich aus in die Umwelt integrieren und dank ihrer Selbstwissens- und Handlungsfähigkeit auch in der Lage sind, soziale und kulturelle Gegebenheiten wie auch ihre psychische Ausstattung zu verändern. Menschen sind als Biosysteme mit einem sensumotorischen Bereich (Verhalten) aber auch passive Lebewesen und reagieren auf innere und äußere Reize. |
| Historizität/Ahistorizität | Aktuelles Verhalten ist stets begrenzt durch die genetische Prädisposition, die gelernten Dispositionen (Erregungsbereitschaften) sowie die situativ gegebenen internen und externen Reize; Verhalten hat – wie menschliche Entwicklung im Allgemeinen – immer einen aktuellen (synchronen) und einen entwicklungsgeschichtlichen (diachronen) Aspekt. Hinsichtlich ihrer Entwicklung ist es Menschen potenziell möglich, d. h. bei günstigen biologischen, sozialen und physikalischen Voraussetzungen, wofür sie teilweise wiederum selbst sorgen können, über die gesamte Dauer ihres Lebens, ihr Verhalten zu verändern (lebenslanges Lernen). |
| Sozialität/Asozialität | Menschen sind *soziale Lebewesen*. Sie steuern ihr Verhalten nicht nur unter dem Aspekt biologischer und psychischer, sondern auch sozialer Bedürfnisbefriedigung. Zu deren Befriedigung, aber auch teils zu der der anderen Bedürfnisse sind sie auf die soziale Umwelt angewiesen. Weil dies so ist, kommt sowohl der unmittelbaren als auch der mittelbaren sozialen wie auch ökologischen Umwelt (Mikro- und Makrobereich) für die Bedingungen und Auswirkungen menschlichen Verhaltens eine wichtige Rolle zu. Soziale Makrostrukturen beeinflussen die Möglichkeiten in sozialen Mikrosystemen zur Befriedigung der Bedürfnisse ihrer Mitglieder, und die Bedürfnislage der Einzelnen beeinflusst ihr Verhalten. |

Quelle: Vorlage Schneewind 1992

[198] Die Kompensation von Spannungszuständen ist nicht gleichzusetzen mit dem Streben nach einem ‚Gleichgewichtszustand', womit der Begriff der Homöostase oft übersetzt wird (z. B. Kühnle 2002: 258). In Bezug auf lebende Systeme käme ein Gleichgewichtszustand Entropie und dem Tod gleich (Eibl 2009:135), worauf bereits auch Maturana & Varela (1980) hingewiesen haben und vorgeschlagen haben, den Begriff durch Homöodynamik zu ersetzen.

Die Übersicht zeigt, dass sich das systemistische Modell des Menschen vielfach nicht in Form einer direkten Einordung in die dichotomen Kategorien beschreiben lässt. Vielmehr erübrigen sich viele der Dichotomien, so etwa auf der metatheoretische Ebene in Bezug auf die Kategorien Freiheit/Determinismus, Konstitutionalismus/Environmentalismus, Ganzheitlichkeit/Elementarismus, ohne dass zu deren komplementären Konstruktion dualistische Prinzipien bemüht werden müssen. Nicht komplementär denkbar, aber auflösbar ist auch die Dichotomie Erkennbarkeit/Unerkennbarkeit, was die Akzeptanz der Mehrebenenontologie sowie eines erkenntnistheoretischen Realismus voraussetzt. In diesem Kontext kann die Frage nach Subjektivität/Objektivität bzw. idiografischer vs. nomothetischer Forschung dann nicht mehr als prinzipieller Gegensatz verstanden werden. Vielmehr ist die Wahl von Methoden Ausdruck spezifischer Ziele von Wissenschaft.

Die Dichotomien auf der objekttheoretischen Ebene können wissenschaftlich zu einem großen Teil als überwunden gelten. Dies gilt insbesondere für die Kategorien Rationalität/Irrationalität, Proaktivität/Reaktivität, Historizität/Ahistorizitiät. Zur Erklärung der internen Mechanismen der Verhaltenssteuerung greifen Modelle zu kurz, die hierfür *entweder Affekte oder Kognitionen* verantwortlich machen und sind unter neurobiologischen Gesichtspunkten nicht mehr haltbar. Kognitionen sind über Teile des limbischen Systems mit Affekten verbunden; jeder kognitive Prozess ist von Affekten motiviert und begleitet. Hinsichtlich der Verhaltenssteuerung dominieren in diesem Verhältnis wahrscheinlich Affekte. Roth schreibt:

> „Wer letztlich bei einem Konflikt gewinnt, ist unklar; allerdings gilt: ‚Je größer die Bedeutung des anstehenden Problems und der zu erwartenden Konsequenzen, desto wahrscheinlicher wird das emotionale System gewinnen'" (Roth 2003:377).

Die Bedeutung von Affekten für Kognitionen wird auch in der Entwicklungsbiologie seit geraumer Zeit vermehrt betont, hat sich doch gezeigt, dass sich ohne angemessene emotionale Stimulation nicht lernen lässt bzw. negative Gefühle ein Dazulernen verhindern oder gar das Gelernte vergessen lassen.

Für die Auflösung der Dichotomie der *Proaktivität/Reaktivität* bedarf es vor allem der differenzierten Betrachtung bestehender theoretischer Konstrukte im Kontext eindeutiger Begriffsdefinitionen. So bedingt die Aussage, dass Menschen proaktive Wesen sind, ein Konstrukt des Menschen als motiviert Handelnden, demgegenüber Reaktivität nur bei der Betrachtung des Menschen als sich verhaltendes Wesen nachvollziehbar ist. Psychobiologisch können Menschen beide Eigenschaften unterstellt werden, wobei Verhalten den (phylogenetisch) ursprünglicheren Zustand repräsentiert und sensumotorische Prozesse involviert, während Handlungen darüber hinaus emotio-kognitive Prozesse einschließen. Auch wenn das Potenzial zu proaktiven Handlungen vorhanden ist, darf nicht übersehen werden, dass dieses stets in Wechselwirkung zur inneren und äußeren Umwelt eines Menschen steht und sich das Potenzial etwa reduziert oder stagniert, wenn den Elastizitätsgrenzen von Bedürfnissen zu wenig Beachtung geschenkt wird. Passivität stellt insofern auch eine individuelle und gesellschaftliche Anforderung dar, in der jede/-r und alle Sorge für eine gewisse Balance zwischen Reizzufuhr und -abfuhr (Stressbalance) tragen. Auch das Gegensatzpaar Historizität/Ahistorizität kann unter dem Gesichtspunkt eines transaktionellen, dynamischen Verhältnisses zwischen Mensch und seiner sozialen und natürlichen Umwelt als obsolet betrachtet werden.

Mit diesen Positionierungen sind demnach solche Menschenmodellkonstruktionen abzulehnen, die bezüglich dieser Aspekte entweder Einseitigkeiten betonen oder aber – und dies gilt für die metatheoretischen Aspekte – zur Auflösung von Einseitigkeiten duale Prinzipien einfordern, da einer Fragmentierung von Wissen dadurch gerade nicht entgegengewirkt wird. Im Weiteren grenzt sich das SPSA von Konzepten des Menschen ab, die diesen *Asozialität* unterstellen und *teilt ebenso wenig die Vorstellung eines heterostatischen Prinzips* als das grundlegende Verhaltensprinzip, zumindest in der Auslegung des Begriffs als ‚entwicklungsbedingte gleitende Sollwertanpassung'. Eine solche Sollwertanpassung bedingte zum einen die Unterstellung einer Bedürfnishierarchie. Sie bedingte zum anderen aber auch, Menschen die Fähigkeit zuzuschreiben, Soll-Werte beliebig verändern können. Dies wiederum ist nur im Kontext funktionaler Werte sinnhaft, nicht aber im Kontext eines biologisch begründeten Verständnisses von Bedürfnissen. Da sich diese im Laufe eines Lebens nicht verändern, kann deren Veränderung unter dieser Perspektive nur als historisch evolutiver Prozess gedacht werden und stellt sich dann als Frage nach der gattungsgeschichtlichen Weiterentwicklung, nicht aber als Frage nach der Funktionsweise individuellen Verhaltens. Im ontogenetischen Kontext könnte einem heterostatischen Prinzip dann zugestimmt werden, wenn die Kategorie mit der Frage nach Veränderungsmöglichkeiten des Verhaltens gekoppelt wäre.

Für ein biologisches Verständnis von Bedürfnissen plädiert Obrecht (1998a:51), weil dieses „eine einigermaßen präzise Identifizierung ermöglicht [...], die auf der Ebene von Verhalten unlösbar ist, u. a. weil dieses i. d. R. gleichzeitig von mehreren solchen Bedürfnissen motiviert ist. Von den in Persönlichkeitstheorien bestehenden hedonistischen Motivationstheorien grenzt sich die Bedürfnistheorie dadurch ab, dass sie die Funktion von Bedürfnissen nicht allein im Streben nach Lust und Wohlbefinden begreift, sondern Bedürfnissen darüber hinaus auch eine sozialintegrative und kohäsive Funktion zuschreibt. Die Theorie verbindet damit u. a. einseitig autonomieorientierte mit sozialholistisch orientierten Menschenbildern. Die Theorie sozialer Systeme macht in diesem Zusammenhang die Interdependenz zwischen Individuen und sozialen Systemen deutlich.

**Zusammengefasst** stellt das Menschenbild des SPSA den biologischen Zwang zur Bedürfnisbefriedigung und die Angewiesenheit auf die Umwelten dafür in Vordergrund, so dass man auch von einem bedürfnisorientierten Menschenbild sprechen könnte. In normativer Hinsicht mündet dieses deutlich in eine Verantwortungsethik, ohne dabei aber Gesinnungsaspekte auszublenden. Die Handlungsmotive spielen in dieser Ethik eine gewichtige Rolle, wenngleich nicht im Kant'schen Sinne der individuellen Vernunft eines transzendentalen, immateriellen Ichs (Obrecht 2001:55) als vielmehr im Sinne ihrer (materiellen) biopsychosozialkulturellen Bedingtheit, in der sich Moralität entwickelt. Bedürfnistheoretisch individuelle Notwendigkeiten und (welt-)gesellschaftliche Angewiesenheiten zur Bedürfnisbefriedigung anerkennend, ist in der Sichtweise des SPSA klar eine Kombination von Bio- und Sozialethik für Disziplinen und Professionen erforderlich. Dies bedeutet, sich für soziale Strukturen und Handlungen verantwortlich zu zeichnen, die Menschen, aber auch dem Ökosystem als bedürfnisbefriedigungsrelevantes System schaden bzw. ihnen nützen.

# 4 Systemistische Beratungskonzeption

Welche Folgen ergeben sich aus einem systemistischen Verständnis Sozialer Arbeit für BeraterInnen? Warum ist eine Trennung zwischen allgemeiner und professionsspezifischer Beratung notwendig? Den Antworten auf diese Fragen wird sich in mehreren Schritten angenähert. In Kapitel 4.1 werden zuerst die wichtigsten Implikationen des Gegenstands-, Problem-, Interventions- und Prozesssteuerungsverständnisses für das Beraterhandeln skizziert.
Sodann wird das Verhältnis zwischen transprofessioneller und professionsspezifischer Beratung im Kontext handlungs- und rollentheoretischer Anforderungen erörtert (Kap. D 4.2) und der Grundriss der Methoden vorgestellt (Kap. D 4.3).

## 4.1 Implikationen des systemistischen Ansatzes für Beratung – erstes Fazit

Für die Betrachtung der Implikationen der jeweiligen wissensstrukturellen Komponente für Beratung spielt die Unterscheidung zwischen Beratung als Profession *oder* Methode eine wichtige Rolle, verändert sich doch dadurch auch der mit der Frage nach Implikationen verbundene Fokus. So interessieren im ersten Falle z. B. Gegenstandsauffassung und Ethik im Hinblick auf die Etablierung eines professionellen Selbstverständnisses, also eines *Beraterverständnisses*. Demgegenüber interessieren im Fall der Auffassung von Beratung als Methode die sich aus dem theoretischen Verständnis der wissensstrukturellen Komponenten ergebenden methodischen bzw. *beratungstheoretischen* Implikationen. Diese Unterscheidung in Rechnung stellend, unterscheidet sich ein systemistisches Beratungs- bzw. Beraterverständnis selbstverständlich nicht grundlegend von einem systemistischen Sozialarbeitsverständnis im Sinne eines professionellen Selbstverständnisses der Sozialen Arbeit.
Indem Beratung als Methode gefasst wird, liegen Differenzierungsaspekte in einer vergleichsweisen *spezifischeren Handlungssituation* (Beratungssituation), die sich vor allem durch direkte, auf Kommunikation bezogene Interaktion auszeichnet. Sie liegen im Weiteren - zielbedingt - in der *spezifischeren Art und Weise der Veränderungsinitiierung* sowie - situationsbedingt - im *Umfang von Interventionen.*
Die nachstehenden Ausführungen orientieren sich an dieser Unterscheidung und unterteilen Implikationen entlang der Frage nach der sich durch den systemistischen Ansatz etablierenden Auffassung professionellen Denkens und Handelns, kurz, dem professionellen Selbstverständnis, das Beratung als Methode einschließt sowie nach den mit der Beraterrolle einhergehenden Besonderheiten.

### 4.1.1 Professionelles Selbstverständnis

Gegenstandsbezogen zieht eine systemistische Konzepetion nach sich, AdressatInnen und KlientInnen sowohl als relativ autonome als auch auf Gesellschaft und ökologische Systeme angewiesene Individuen aufzufassen. Relative Autonomie bedeutet dabei, Individuen die Fähigkeit zu potenziell freien Entscheidungen zuzuschreiben. Grundsätzlich mit dem Vermögen zur Reflexion, Erkenntnis und Affektregulation ausgestattet, erlaubt dieses ihnen, zielgerichtet, rational und selbstbestimmt zu handeln.

Professionelle schreiben AdressatInnen damit die Fähigkeit zu, ihr Verhalten in eine gewünschte Richtung zu steuern und praktische Probleme über die Modifikation ihres Verhaltens oder über die Einflussnahme auf Bedingungen ihres Verhaltens zu lösen. Inwiefern ihnen dies tatsächlich gelingt, ist jedoch sowohl von ihren individuellen als auch von situativen Gegebenheiten und Möglichkeiten als verhaltensrelevante Einflussbereiche abhängig (Gegenstandsverständnis).

Wird professionelle Hilfe aufgesucht oder verordnet, liegt der Fall vor, dass Versuche von AdressatInnen oder von Adressatensystemen, Bedürfnisspannungen zu reduzieren oder Ziele zu erreichen bzw. Wünsche zu realisieren, ihrer Ansicht nach oder aus der Sicht anderer, fehlgeschlagen oder vom Scheitern bedroht sind. Die Mechanismen, die dazu geführt haben, können sehr unterschiedlich sein. Potenziell können *Veränderungen biologischer, psychischer, sozialer, kultureller und ökologischer Gegebenheiten bzw. ihrer Wechselwirkungen zur Beeinträchtigung der Befriedigung von Bedürfnissen und Wünschen* geführt haben (Problemverständnis).

Die Gegebenheiten und Möglichkeiten in Erfahrung zu bringen, bildet die Grundlage jeder professionellen Hilfe und erfordert - allgemein formuliert - die Analyse der Situation von Individuen und sozialen Systemen. Systemistisch orientierte Professionelle suchen zuerst systematisch - der allgemeinen normativen Handlungstheorie folgend - nach den die Spannungen erzeugenden und erhaltenden Gegebenheiten und richten dabei ihre Aufmerksamkeit - gemäß der allgemeinen Problemtheorie - sowohl auf die internen Zustände der AdressatInnen und Adressatensysteme als auch auf externe Zustände der sozialen und natürlichen (Umwelt-)systeme, in die sie eingebunden sind. Sie beachten und suchen im Weiteren nach internen und externen Ressourcen sowie Potenzialen, die zur Befriedigung von Bedürfnissen und (legitimen) Wünschen verfügbar bzw. herstellbar sind. Das *handlungstheoretische Ziel dieser Suche besteht darin, relevante Probleme zu identifizieren und geeignete inhaltliche und methodische Maßnahmen* auswählen zu können, d. h. solche, die dazu beitragen, den unbefriedigenden Zustand in einen befriedigenden zu überführen (Interventionsverständnis).

Systemistisch orientierte Professionelle gestalten den diagnostischen Prozess und den Veränderungsprozess in der Weise, dass *Bedürfnisse und Wünsche der AdressatInnen grundsätzlich Berücksichtigung finden können.* Die Ablehnung von Wünschen der AdressatInnen (oder auch im Falle der Zuweisung die der Zuweisenden) erfolgt, wenn diese nicht legitim sind (ethisches Verständnis; Mandatsverständnis).

Konkret gestalten systemistisch orientierte Professionelle den *diagnostischen Prozess* so, dass er für AdressatInnen die Chance zur selbstgesteuerten Problemlösung eröffnet (allgemeine Beratung). Sie setzen *gezielt auf die Entwicklung von Reflexions- und Erkenntniskompetenzen* (spezifische Beratung), wenn sich dies aufgrund der festgestellten psychischen Determinanten eines Problems als erforderlich erweist, wobei sie bei ihrer Entscheidung auch dem aktuellen Spannungsniveau und dem Veränderungs- und Entwicklungspotenzial der AdressatInnen Rechnung tragen. Bei einem hohen Spannungsniveau, das sich sowohl in Hoffnungslosigkeit als auch in Reaktanz zeigen kann (s. Kap. E), werden sie je nach institutionellen und professionellen Möglichkeiten selbst etwas für die AdressatInnen tun oder dafür sorgen, dass etwas für sie getan wird, sowie deren Motivation besonders zu fördern versuchen. Sie werden Beratung u. U. aufschieben oder sie mindestens mit anderen Methoden kombinieren oder aber einen Zugang zu anderen Stellen schaffen. SozialarbeiterInnen werden von spezifischer Beratung als Interventionsmethode absehen, wenn die soziale Probleme verursachenden oder stabi-

lisierenden Mechanismen als außerhalb des psychischen Systemniveaus liegend erkannt werden oder eine psychische Störung vorliegt. Sie setzen in diesen Fällen behandelnde Methoden für soziale Probleme ein und sorgen für die Behandlung psychopathologischer sowie anderer Probleme (allgemeines Prozesssteuerungsverständnis).
Systemistisch orientierte Professionelle sehen schließlich ihre beraterischen Aufgaben darin, selbstgesteuerte Problemlösungsprozesse anzuregen und Entwicklungen bzw. Veränderung gezielt zu initiieren. Sie verstehen sich also als *ProzesshelferInnen und als ExpertInnen* zugleich. Sie sind in der Lage, die Rollen sowohl zu trennen als auch in Beziehung zueinander zu setzen (Rollenverständnis).

### 4.1.2 Besonderheiten im Zusammenhang mit der Beraterrolle

Systemistisch orientierte Professionelle sehen selbstverständlich nicht nur AdressatInnen, sondern auch sich selbst als relativ autonome Personen, die aufgrund ihrer Rolle in einem organisationellen/institutionellen Kontext agieren und deren Handlungen dementsprechend an Möglichkeiten und Beschränkungen gebunden sind. Wie an jede professionelle Rolle ist damit auch an die Rolle von Beratenden – unabhängig davon, ob sie Beratung als halbformalisierte oder formalisierte Tätigkeit ausüben (s. Kap. B 3.1) – die Anforderung gestellt, nicht nur die handlungsrelevanten Systeme der Umwelt der AdressatInnen (z. B. Familie, Schule, Arbeitsplatz, andere Hilfesysteme) als zentrale Einflussgrößen von Beratung zu bedenken, sondern auch jene der eigenen Organisation. Zu klären sind in diesem Zusammenhang die strukturellen und kulturellen Bedingungen, die effektive, effiziente und verantwortungsvolle Beratung ermöglichen. Sozialmanagement als auf Trägerschaften und das Personal bezogene Handlungen erweist sich auch für professionelle Beratung als unumgänglich, sollen Konflikte innerhalb und außerhalb der Organisation nicht auf Kosten der Klientel ausgetragen werden (Staub-Bernasconi 1995:187). Auf den Punkt gebracht sind *professionelle Beratungssituationen* sowohl als spezifische Hilfesituationen wie als allgemeine Helfersituationen zu modellieren:
Grundsätzlich können verschiedene an Beratung beteiligte Systeme unterschieden werden, nämlich a) *ein Beratungssystem, b) ein Beratersystem, c) ein Adressaten- bzw. Klientensystem* sowie *c) relevante Umweltsysteme*. Konstitutiv für Beratung ist das Beratungssystem, dass aus mindestens einem oder einer Beratenden sowie einem Adressatensystem (Individuum oder soziales System) zusammengesetzt ist. Bei einem Beratungssystem handelt es sich um ein formelles, transitorisches soziales System, das auf freiwilliger oder unfreiwilliger Basis zustande gekommen sein kann. Die Interaktionen zwischen den Beteiligten bilden die interne Struktur (Endostruktur) des Beratungssystems, die externe Struktur (Exostruktur) ist durch die sozialen Beziehungen zu sozialen sowie natürlichen Systemen bestimmt, die das Berater- und Adressaten-/Klientensystem unterhalten. Je mehr solche Beziehungen bestehen, desto größer die externen Einflussmöglichkeiten auf das Beratungssystem. Dies gilt aber auch umgekehrt: Die Beeinflussungsmöglichkeiten durch das Beratungssystem nehmen zu, insofern es gelingt, dieses um relevante soziale Umweltsysteme zu erweitern oder aber die durch Beratung erfolgten Zustandsveränderungen über die Interaktionen der Beteiligten in Systeme der Umgebung hineinzutragen und alloplastisches Verhalten der Systemmitglieder auszulösen. Beratung hat in diesem Sinne direkte und indirekte Möglichkeiten Umweltsysteme zu

verändern (womit sie wohlgemerkt keine Probleme der Umwelten verändert, sondern nach wie vor Probleme des Adressaten- oder Klientensystems). Zur vom Beratungssystem geteilten externen Struktur gehört in der Regel die Trägerorganisation. Meist findet Beratung in nichtstaatlichen oder staatlichen Organisationen statt, Letzteres kennzeichnet vor allem die Beratung Sozialer Arbeit. Dabei beinhaltet die externe Struktur nicht nur biopsychische Aspekte, also die Art der Beziehung zur Organisation, sondern auch ökonomische, kulturelle und politische Aspekte sowie Umweltaspekte.

Mit der Konzeptualisierung der Beratungssituation und der Klassierung von Beratung als Methode ergeben sich *Steuerungsanforderungen*, die sowohl Professionelle allgemein betreffen als auch solche, die spezifisch mit der Beratungsrolle einhergehen. Ersteren können a) selbstredend die Fähigkeit zur Selbststeuerung von psychischen Prozessen zugerechnet werden, denn ohne bewusste Werte, kontrollierte Emotionen, bewusste Kognitionen und zielgerichtete Handlungen ist professionelles Handeln erst gar nicht realisierbar (s. Kap. C 4.2). Weiterhin gehören dazu b) die Steuerung der Interaktionen zwischen Professionellen und Adressaten- und Klientensystemen (Hilfesystem) auf ein bestimmtes Ziel hin, c) die Steuerung der Interaktionen zwischen der Hilfeperson und den Mitgliedern der Trägerorganisation sowie auch zwischen den Mitgliedern der Trägerorganisation und den Adressaten- und Klientensystemen und d) der Interaktionen der Hilfeperson mit relevanten Systemen der Umwelt der Adressaten-/Klientensysteme. Die beiden letztgenannten Anforderungen ergeben sich vor dem Hintergrund des strukturellen Einflusses dieser Systeme auf die Handlungsmöglichkeiten und -grenzen der das Hilfesystem konstituierenden Beteiligten. Einflussnahme seitens Professioneller ist insbesondere erforderlich, wenn das Verhalten der Organisation oder der Umweltsysteme Bedürfnisspannungen der Problembetroffenen vergrößert bzw. Bedürfnisbefriedigung und die Erfüllung legitimer Wünsche bedroht oder erschwert. Dies gilt aber auch umgekehrt, d. h. wenn das Verhalten der Adressaten- und Klientensysteme Mitglieder der Organisation oder anderer sozialer Systeme an der Erreichung legitimer Ziele und der Befriedigung von Bedürfnissen hindert.

Unter Bezugnahme auf den hier verwendeten Beratungsbegriff besteht die *besondere Anforderung im Zusammenhang mit der Beratungsrolle* darin, dass die durch Beratende zu realisierenden Interaktionen dem Ziel der Chance sowie der aktiven Unterstützung der Adressatensysteme zur selbstgesteuerten Problemlösung Rechnung tragen. Dabei ist, wovon diese Arbeit ausgeht, auch die Steuerung zur Selbststeuerung mindestens teilweise als überprofessionelle Aktivität anzusehen, was im nächsten Kapitel verdeutlicht werden soll und zum Thema *der spezifischeren Art und Weise der Veränderungsinitiierung* und der *Methodik* überleitet.

## 4.2 Das Verhältnis zwischen Beratung als transprofessionelle und professionsspezifische Methode

Wenn Beratung transprofessionell und professionsspezifisch u. a. gleichermaßen den Arbeitsweisen Bewusstseinsbildung zugeordnet werden kann, stellt sich möglicherweise die Frage nach Sinn und Zweck dieser Unterscheidung. Was den Sinn betrifft, so liefern insbesondere die systemistische Ethik und die psychobiologische Handlungstheorie die Basis zur Begründung der Notwendigkeit der Unterscheidung allgemeiner und spezifi-

scher Beratungsprozesse. Was den Zweck betrifft, stehen hinter der Unterscheidung professionstheoretische bzw. praxeologische Gesichtspunkte; grundlegend wird, wie gesagt, zwischen allgemeinem methodischen oder problemlösenden Handeln und spezifischen Methoden differenziert. Sinn und Zweck zueinander in Beziehung gesetzt, ist transprofessionelle Beratung dann als eine sozialdiagnostische Methode aufzufassen und professionsspezifische Beratung als eine kompetenzfördernde, indikationsbezogene Methode. Der Begründungszusammenhang und das Verhältnis der Methoden werden im Folgenden genauer erläutert.
In Kapitel B 3.4 wurde darauf hingewiesen, dass für das, was hier als allgemeine, transprofessionelle Beratung bezeichnet wird, ganz unterschiedliche Bezeichnungen verwendet werden. Mehr oder weniger kommt in diesen schon zum Ausdruck, dass Beratung nicht erst dort einsetzt, wo es um die gezielte Kompetenzerweiterung geht. Auch in den Diskursen zum Beratungsbegriff wurde dies deutlich (s. insbesondere Kap. B 2.2). Die Betonung der *gemeinsamen Erarbeitung einer Problemlösung* gilt als charakteristisches Merkmal von Beratung. Grundlegende Bedingung dafür ist die Kooperation zwischen Beratenden und AdressatInnen. Diese Bedingung ist nicht etwa nur der Beratung immanent, sondern gilt für alle auf die direkte Klientenarbeit bezogene Hilfsangebote, wenngleich sie für auf Kommunikation begrenzte Angebote von besonderer Wichtigkeit ist (s. u.). Unter ethischen Gesichtspunkten bietet sich für die Realisierung dieser Bedingung u. a. Beratung als sozialdiagnostische Methode an. Unter Effektivitäts-, ferner auch Effizienzkriterien kann diese Methode nahezu als unerlässlich betrachtet werden.

Aus der systemistischen Ethik ist zu folgern, dass im Grunde jeder Hilfeprozess zu Beginn beraterisch erfolgen sollte, wird dadurch doch die größtmögliche Beteiligung von AdressatInnen an der Entwicklung von Entscheidungen und Problemlösungen gewährleistet. Eine solche Beteiligung gebietet sich aus ethischer Sicht, stellt doch die Inanspruchnahme von Hilfe für an Probleme leidende Menschen eine zusätzliche Quelle von Bedürfnisspannungen dar, indem damit ein Verlust von (relativer) Autonomie und damit wiederum ein Statusverlust einhergeht. Professionelle Pflicht ist es deshalb nicht nur, „die Autonomie wieder herzustellen oder wenigstens zu maximieren [...], sondern [...] dies auch *in einer Weise [zu tun], die eine Kränkung durch die Hilfeleistung so weit wie möglich reduziert*" (Obrecht 2001:99; Hervorheb. P. G.). Aber nicht nur aus ethischen Gründen ist das höchste Maß an Beteiligung geboten. Da das Handeln maßgeblich von den bewerteten inneren Bildern über sich und die Umwelt abhängt, wird eine durch Helfende vorgeschlagene Problemlösung gar nicht wirksam werden können, solange sie außerhalb der Selbst- und Umweltbilder der AdressatInnen bzw. KlientInnen liegen.

> „Die Interpretation des Beobachters [hier des Beraters bzw. der Beraterin; P. G.] (hinsichtlich der Intentionen, Handlungsgründe etc.) kann nie unmittelbar in Richtung auf eine Handlungsentscheidung, -ausführung etc. wirksam werden, die Selbstinterpretation der Handelnden jedoch muss nicht, aber kann operativ wirksam werden" (Scheele & Groeben 1986; Groeben 1986; zit. n. Mutzeck 1999:49).

Die Orientierung an den Problemlösungsprozessen von AdressatInnen bzw. KlientInnen, d. h. an *ihren subjektiven Theorien der Problemlösung bzw. normativen Handlungstheorien*, ist somit zwingend, um zu effektiven Lösungen zu gelangen. Sie ist darüber hinaus auch effizient, wird doch die Wahrscheinlichkeit, dass sie die erarbeiteten Lösungen mittragen und das Erreichte sichern, erhöht (Obrecht 2001:99).

Die Orientierung an den normativen Handlungstheorien in methodisierter Form stellt entsprechend das Grundgerüst einer allgemeinen normativen Beratungstheorie dar. In der Umsetzung ist sie als ein *quasi-hermeneutisches Verfahren*[199] – hier auf der Grundlage der allgemeinen normativen Handlungstheorie als Zugang zu den subjektiven Wissensbeständen - beschreibbar (s. Kap. D 4.3; E 3.2). Gleichzeitig ist Beratung damit eine *bestimmte Methode der Diagnostik*, sprich eine sozialdiagnostische Methode. Weil sie sich als Dialog vollzieht, in dem die AdressatInnen aufgefordert sind, ihre Problemlösungsprozesse zu kommunizieren bzw. genauer, sie dazu angeregt werden, *ihre kognitiven Operationen oder Problemlösungsprozesse kontrolliert zu steuern,* hat diese Beratung unter Umständen schon verändernde Effekte im Sinne eines verbesserten Verstehens, sei es dadurch, dass Zusammenhänge des Problems (wieder)erkannt werden, die eigenen Ziele (wieder) deutlicher werden oder bestehende Ressourcen (wieder) entdeckt werden, wodurch sich Problemlösungsmöglichkeiten eröffnen. Kognitionstheoretisch ausgedrückt ist dies am ehesten wahrscheinlich, wenn vorhandene Ressourcen zur Problemlösung *nicht bemerkt, wahrgenommen oder erinnert wurden* oder der Zugang ihrer Entdeckung durch *unsystematisches Denken* erschwert wurde. Da nicht in jedem Fall mit diesen Effekten zu rechnen ist, wird diese Form der Beratung als die von Professionellen gewährte Chance oder Ermöglichung der selbstgesteuerten Problemlösung bezeichnet. Das Wort „Chance" darf dabei nicht einzig als moralisch begründetes Angebot *durch Professionelle* missverstanden werden, vielmehr ist es, wie angedeutet, *für Professionelle* (nicht für die Adressaten oder Adressatinnen) aus wirksamkeitstheoretischen Gründen in der Regel auch eine Notwendigkeit. Dies ist immer dann der Fall, wenn die Wahl der Hilfe bzw. der Methode *auf die Adressatin, den Adressaten oder das Adressatensystem abgestimmt werden muss.* Erforderlich ist die Abstimmung letztlich in allen professionellen Kontexten, in denen das Ziel der Rückgewinnung oder Erhöhung der Autonomie angestrebt wird, die Problemlösung also nicht allein durch Professionelle erfolgen kann, sondern die aktive Mitarbeit der KlientInnen bedingt.
Über Beratung als sozialdiagnostische Methode erhalten Professionelle ein erstes Bild über die Problemlösungsprozesse der AdressatInnen. Dieses ist *Bestandteil professioneller Diagnosen* und ohne dieses bleibt der Entscheid über geeignete Hilfemaßnahmen und Methoden sowohl empirisch als auch ethisch unvollständig begründet; die Indikationsstellung für spezifische Beratung ist ohne ein solches Bild erst gar nicht möglich.

Die Notwendigkeit, allgemeine und spezifische Beratungsprozesse voneinander abzugrenzen erwächst, so gesehen, aus dem Umstand der wissenschaftlichen und ethischen Begründungspflicht professioneller Entscheidungen. Spezifische, auf Kompetenzförderung ausgerichtete Beratung setzt in jedem Falle allgemeine Beratung voraus. Dabei ist der Entscheid darüber, welche Hilfe oder Methode in einem bestimmten Fall geeignet ist - konkret, *ob spezifische Beratung oder besser Therapie, mittelbare Klientenarbeit oder auch die Weiterweisung an andere Professionen angezeigt ist* – selbstverständlich nicht nur auf die subjektiven Problemlösungstheorien der AdressatInnen abzustellen.

[199] Quasi-hermeneutisch deswegen, weil das beratungstheoretische Verfahren wie alle verstehenden Verfahren auf das Begreifen der mentalen Prozesse der KlientInnen gerichtet ist, ohne dabei aber onologisch antinomianistische Annahmen des hermeneutisch-interpretativen Paradigmas zu teilen (s. Kap. C 3.1).

Aufgrund der Trennung von professioneller Handlungstheorie und den Handlungstheorien der AdressatInnen ist daher auch beim Gebrauch der sozialdiagnostischen Methode nicht auszuschließen, dass die Bewertungen der Beteiligten zur Frage, was am besten zu tun ist, auseinandergehen. Aufgrund des kommunikativ-kooperativen Prozesses ist es aber wahrscheinlicher, dass auch zweit- oder drittrangige Lösungsangebote mitgetragen werden können. Handlungstheoretisch stellt sich mit der *Unterscheidung von allgemeiner und spezifischer Beratung* vor allem die *Anforderung, allgemeine Beratung in hermeneutischer Manier frei von Bewertungen durch Professionelle durchzuführen*. Diese stehen am Ende allgemeiner Beratungsprozesse und sind durch die systemistische Werttheorie, die allgemeine Problem- und Ressourcentheorie bzw. – in der Sozialen Arbeit – durch die Theorie sozialer Probleme abgestützt.
Rollentheoretisch bzw. mandatsbezogen geht mit der Unterscheidung eine Auffassung von professionellem Handeln als primär fall- und sekundär auftragsorientiertem Handeln einher. In diesem sind die inhaltliche und methodische Auftragsklärung *in erster Linie als Ergebnis eines allgemeinen Beratungsprozesses* zu verstehen und erst in zweiter Linie als ein Passungsprozess zwischen Hilfesuchenden und Hilfeanbietenden. Die professionsspezifische Auftragsklärung steht also nicht, wie häufig geäußert wird, am Anfang eines Beratungsprozesses. Allgemeine Beratung stellt damit ein zentrales Bindeglied zwischen dem „strukturellen Technologiedefizit“ von Professionen und der erforderlichen „Anschlussfähigkeit“ von Interventionen dar (s. Kap. C 2.2; D 3.2). Transprofessionell angewendet, erhöht sie die Chance, dass nicht maßnahmebezogene oder methodische Vorlieben, Überzeugungen, Abneigungen oder blinde Flecken das Vorgehen bestimmen, sondern die realen Sachverhalte der AdressatInnen (Grawe 1994). Der Ausgang allgemeiner Beratung ist damit auch nach verschiedenen Professionen hin offen.

## 4.3 Grundriss der Methoden

Auf der Grundlage der allgemeinen normativen Handlungstheorie als zentrale theoretische Ressource der allgemeinen normativen Beratungstheorie, aber auch jeder professionsspezifischen Beratungstheorie (s. Kap. D 5.3), liegt es nahe, ein Modell der Beratung als Phasenmodell zu konzipieren. Solcher Art strukturierte Problemlösemodelle haben auf denkpsychologischer Grundlage seit den 70er Jahren Eingang in die Beratung und Therapie gefunden (z. B. Dewe & Schwarz 2011; Stimmer & Weinhardt 2010; Bürgi & Eberhart 2004; Mutzeck 1999; Schwarzer & Posse 1993:634 ff.; Flügge 1991; Quekelberghe 1979).[200] Der Beratungsprozess ist hier nach sachlogischen Gesichtspunkten gegliedert und beinhaltet in der Regel – mit Variationen und unter Verwendung unterschiedlicher Terminologien – die Phasen der Situationsanalyse, der Situationsbewertung, der Zielsetzung und Planung, der Entscheidung und Implementierung und der Evaluation.

---

[200] In der Psychotherapie ist die Problemlösungstherapie als eigene Kategorie der kognitiv-behavioralen Schule bekannt. Grawe et al. (1995:436 f.) nennen als wichtigste Problemlösungstherapien u. a. das Problemlösungstraining von D'Zurilla und Goldfried (1971), die interaktionale Problemlösungstherapie von Grawe, Dziewas & Wedel (1980) sowie die Selbstmanagement-Therapie von Kanfer, Reinecker & Schmelzer (1991).

Aus einem Handlungsverständnis, das den Problemlösungsprozess als interaktives Geschehen begreift, ergibt sich die Notwendigkeit, entlang kognitiver Operationen strukturierte Handlungsmodelle zu erweitern.

> „Wenn mehrere Personen an einem Lösungsprozess beteiligt sind, bedarf es zwischen ihnen der Verständigung, welche Problemlage sie mit welchen Zielen und auf welchen Wegen ändern wollen, und welches der Part jedes Beteiligten dabei sein soll. Hierbei ist es die Aufgabe des Beraters, die Kooperation mit den Beratungspartnern zu organisieren" (Flügge 1991:66).

Die Organisation der Kooperation wird zumeist als Orientierungs-, Kontakt-, Eröffnungs- oder Einstiegsphase bezeichnet und auch die Auflösung der Beziehung wird als eigene Phase, die Abschlussphase, behandelt. Wo Beratung als Steuerung von Problemlösungsprozessen konzipiert ist, ließen sich entsprechend sieben Phasen unterscheiden.[201]

Es kann Thiersch zugestimmt werden, dass solcher Art strukturierte Modelle lediglich allgemeine Modelle problemlösenden Handelns darstellen (Thiersch 1991:24 f.). Aus ihnen geht weder hervor, welches Menschenbild und welches Problem-, Wert-, Zielverständnis und Interventionsverständnis die kommunikativen Handlungen der Beratenden strukturieren, noch – als Folge davon – welche Prozesse die AdressatInnen oder KlientInnen zur Lösung von Problemen durchlaufen bzw. nicht durchlaufen sollen. Vor diesem Hintergrund ist es daher auch nicht damit getan, den Beratungsprozess etwa als kognitiven Prozess des Ordnens, Wahrnehmens, Teilnehmens, Für-Möglich-Haltens zu beschreiben (Frommann 1990:28 ff.). Ebenso wenig ist es hinreichend, methodisch-technische Aspekte des Beratungsprozesses zu beschreiben. Entweder bleiben die Zumutungen für KlientInnen oder die Anforderungen an Beratende implizit. Die allgemeine Handlungsabfolge mit dem Beratungsprozess gleichzusetzen, verhindert zudem, erforderliche handlungstheoretische Operationen der Beratenden von erforderlichen Operationen der Beratenen zu trennen. Schließlich bleibt auch das Allgemeine, Professionsübergreifende im Verborgenen bzw. geht dieses in einer beratungstheoretisch unterstrukturierten Kontaktphase unter. Die Kontaktphase beinhaltet beispielsweise:

- die Klärung der Einstellung zur Beratung, die Klärung der Vorstellungen und Erwartungen von Beratung, die Informierung der KlientInnen, die Einstimmung auf die Beratungsrealität, die Überprüfung der Beratungsentscheidung, die Klärung organisatorischer Fragen (Flügge 1991:84 ff.);
- die Klärung der Initiative zur Kontaktaufnahme, die Hilfe beim Erkennen und Verbalisieren des Veränderungszieles, die Untersuchung der Veränderungsbereitschaft und der Möglichkeit zur Zusammenarbeit (Lipitt & Lipitt 1999:18 ff.);
- die Rollenstrukturierung, die Bildung eines Arbeitsbündnisses, den Beginn der problembezogenen Informationssammlung, die optimale Gestaltung der äußeren Beratungssituation (Kanfer et al. 2006:112).

Deklariert werden hier ‚Vorbereitungsarbeiten' der Beratung (s. Kap. C 3.1), deren Be-

---

[201] Dies mit Bezug auf die allgemeine normative Handlungstheorie. Die Anzahl der Phasen variiert beträchtlich und reicht von mindestens drei bis hin zu zwölf Phasen, was auf unterschiedliche Logiken der Phaseneinteilung zurückzuführen ist. Dreiphasenmodelle sind meist nicht nach sachlogischen, sondern einzig nach chronologischen Gesichtspunkten gegliedert und folgen der Einteilung Anfangs-, Mittel-, Abschlussphase. Über sieben Phasen hinausgehende Modelle behandeln jede kognitive Operation als einzelne Phase (Sànchez 2003:28 ff.).

zeichnung als solche insofern zugestimmt werden könnte, als dass es sich bei diesen Arbeiten um allgemeine, beratungsunspezifische professionelle Tätigkeiten handelt. Dagegen spricht allerdings, dass diese ‚Vorbereitungsarbeiten' ohne Beratung im methodischen Sinne gar nicht stattfinden können. Sowohl die Klärung der Einstellung zum Hilfeangebot, die Hilfe beim Erkennen und Klären des Veränderungszieles als auch die Rollenstrukturierung beinhalten beispielsweise beraterische Operationen: AdressatInnen werden dazu veranlasst, das Hilfeangebot zu bewerten und sich damit über die Wahl des Mittels zur Lösung bestehender Probleme klar zu werden. Sie werden dazu aufgefordert, ihre Situation zu beschreiben, zu analysieren und zu bewerten, um damit mehr Klarheit über erstrebenswerte Veränderungen zu erlangen. Auch die Bewertung des Rollenangebots und damit die Klärung ihrer Beziehungswünsche sind Bestandteil beraterischer Operationen.
Um diese im Sinne allgemeiner Beratung zu verdeutlichen, aber auch um beraterische Operationen von allgemein handlungstheoretischen Operationen zu unterscheiden, bevorzuge ich es, Beratungsphasen weder mit professionellen Handlungsphasen noch mit handlungstheoretischen Operationen der Beratenden gleichzusetzen.

In Abb. 14 ist die Struktur des Beratungsprozesses dargestellt. Der Beratungsprozess im engen Sinne wird in drei Phasen, in die Klärungs-, Änderungs- und Stabilisierungsphase, gegliedert, die ihrerseits in Subphasen aufgeteilt sind. Die handlungs- und beratungstheoretischen Subphasen werden in der Abbildung genauer erläutert. Zum besseren Verständnis sei vorab Folgendes zur Darstellung bemerkt:
Die drei Beratungsphasen sind in der Abbildung durch dunkelgraue Schattierung gekennzeichnet. Die *Grobgliederung in Beziehungs-, Klärungs-, Änderungs- und Stabilisierungsphase* entspricht *gebündelten sozialen und beraterischen Akti*vitäten, die zur Erzeugung von Problemlösungen durch die AdressatInnen und KlientInnen erforderlich werden können. Die Klärungsphase beinhaltet die allgemeinen und die Änderungsphase die spezifischen Beratungsprozesse. Die Stabilisierungsphase kann sowohl an die Klärungsphase – wenn bereits hier Problemlösungen (wieder) entdeckt wurden – als auch an die Änderungsphase anschließen.
Die in Bezug auf die Klärungsphase vorgenommene *Unterteilung in Subphasen* (Grauschattierung), die hier in Anlehnung an die allgemeine normative Handlungstheorie als Phase der Beschreibung von Sachverhalten, der Erklärung und Prognose, der Bewertung und Problembestimmung (auch: Diagnose), der Zielsetzung, Handlungsplanung und Evaluation bezeichnet werden, kennzeichnen den *zielgerichteten Wechsel der handlungstheoretischen Operationen der AdressatInnen und Beratenden.* Die Unterteilung könnte noch einmal in Bezug auf die Änderungsphase und sogar auch für die Stabilisierungsphase vorgenommen werden. Da jedoch nicht alle Operationen zwingend noch einmal durchlaufen werden müssen, wurde darauf verzichtet.

Der hellgrau schattierte Bereich stellt vor allem die Beratungsprozesse dar.
Zu Beginn werden die zu realisierenden methodischen Operationen der Beratenden genannt (allgemeine Interaktionsregeln), durch die bestimmte affektive, soziale und kognitive Prozesse der AdressatInnen aktiviert werden und zu bestimmten (Teil-)Zielen führen sollen (Beratungsziele). Diese leiten sich ab von der biopsychische und soziale Mechanismen beinhaltenden Handlungstheorie, wonach für das selbstgesteuerte Handeln nicht nur die Kognitionen von Bedeutung sind, sondern auch Gefühle sowie Präferenzen und Bedürfnisse, deren Befriedigung auch Quellen der

Beratungsbereitschaft darstellen.
Streng genommen handelt es sich bei den beiden erstgenannten Interaktionsregeln nicht um Beratungsregeln, sondern um Regeln zur Beziehungsgestaltung[202]. Die Regeln der Beziehungsgestaltung sind im Falle eines sozialen Adressaten- und Klientensystems um Regeln zur Steuerung sozialer und kultureller Prozesse *zwischen den Beteiligten* zu erweitern, durch die eine gemeinsame Entwicklung von Ideen zur Problemlösung wie auch kollektiver Reflexions- und Lernprozesse möglich wird (s. Kap. E 4.1.2 ). Die Ziele der Beziehungsphase sind als notwendige Bedingungen für kommunikative Veränderungsarbeit zu betrachten (s. Kap D 4.2.; s. auch Kap. E 1 u. 2.2). Die Beratungsregeln der Klärungsphase sind, wie bemerkt, sachlogisch entlang der allgemeinen normativen Handlungstheorie und beratungstheoretisch im bewusstseinsbildenden Modus des Reflektierens formuliert. Hierdurch werden zwangsläufig unterschiedliche Makrosysteme der KlientInnen aktiviert: Anregungen zur Beschreibung, Erklärung und Prognose aktivieren das Objekterkennungssystem, Anregungen zur Bewertung, Priorisierung und Zielbildung das Extensionsgedächtnis, Anregungen zur Suche nach Lösungswegen das intuitive Verhaltenssystem und zur Lösungsumsetzung das Intentionsgedächtnis.
*Die (Teil-)Ziele der Klärungsphase* stellen *potenzielle Veränderungsziele allgemeiner* Beratung dar und werden bei der Indikation *spezifischer Beratung zu den angestrebten Veränderungszielen.* Je nachdem, welche emotio-kognitiven Prozesse oder Zustände die eigenständige Bearbeitung sozialer Probleme erschweren bzw. umgekehrt deren beraterische Bearbeitung als aussichtsreich für die Problemlösung bewertet wird, richten sich die beraterischen Interventionen auf die Stabilisierung oder Veränderung der Wissensstruktur der KlientInnen, wofür der reflexive/transitive Unterstützungsmodus sowie der (meta-)reflexive, transitive Lernmodus gewählt werden kann. Operativ gehen mit Ersterem, wie schon angedeutet, Anregungen zur vertieften Generierung von (Selbst-)Bildern einher oder auch nur zur Regenerierung der Bilder. Beratungsmethoden und -verfahren dieser Art können unter Bezugnahme auf das beratungstheoretische Ziel der Entfaltung eigenen Problemlösungswissens als *reflektierende Methoden bezeichnet werden,* bei denen Beratende KlientInnen zur Exploration auffordern. Auf die Festigung von Problemlösungswissen zielende Operationen können als *stützende Methoden*[203] bezeichnet werden, bei denen Beratende KlientInnen in ihrem Wissen bestätigen oder sie zur Selbstbestätigung auffordern.[204]
Beratungsoperationen im modellverändernden Modus gehen mit Wissensvermittlung (Informationsaufnahme), Anregungen zur gesteigerten kritischen Analyse der Wissenserzeugnisse (Lernen) oder der Gestaltung von Wissenserzeugungsprozessen (Selbstlernen oder Lernenlernen ) einher. Methoden dieses Modus werden im Folgenden als *informierende Methoden*, *konfrontierende Methoden*[205] und *Problemlöselernmethoden bzw. Problemlösetraining* bezeichnet. Grundlage des Entscheids für die Fortsetzung professionsspezifischer Beratung sowie ihrer Form bildet die Diagnose (s. Kap. E 3.1).

---

202 Aus diesem Grund wurde eine hellere Schattierung gewählt.

203 Die Bezeichnung ist Hollis (1971:100 ff.) entnommen, die hierunter ein Interaktionsverhalten versteht, welches KlientInnen gegenüber Wertschätzung ausdrückt.

204 Liegt das Ziel auf der Festigung von Problemlösungswissen, kann gleich zur Stabilisierungsphase übergegangen werden, in der stützende Methoden dominieren.

205 Der Term wird im Sinne des Vergleichs und der Gegenüberstellung, hier von Wissensalternativen, benutzt (Duden 2006:552) und nicht im Sinne der Thematisierung von Vermeidungsverhalten wie z. B. bei Bastine (1976; zit. n. Nestmann 2004b:785).

Von den methodischen Operationen der Beratenden und den erwünschten Prozessen der AdressatInnen und KlientInnen getrennt dargestellt sind die kognitiven Problemlösungsaktivitäten der Beratenden (weiß). Sie stehen zwar mit diesen in Beziehung, insofern als dass sie als *erkenntnisleitende Struktur* auch das beraterische Vorgehen bestimmen, doch sind, wie angemerkt, die der Handlungstheorie der Beratenden zugrunde liegenden erkenntnistheoretischen Operationen nicht mit jenen, die Beratene durchlaufen sollen, identisch und müssen in wissenstheoretischer Hinsicht unterschieden werden. Einfach gesagt beabsichtigen BeraterInnen nicht zu erreichen, dass ihr Gegenüber gleich denkt bzw. Situationen so codiert, wie sie dies tun, und umgekehrt folgen BeraterInnen wohl den Äußerungen, nicht aber den Codes der AdressatInnen und KlientInnen. Zwecks Ermöglichung eigener Problemlösungen veranlassen BeraterInnen AdressatInnen *weiter und/oder anders als bisher* über ihre Situation nachzudenken. Dazu steuern sie zum einen den Problemlösungsprozess mittels verbaler und non-verbaler Signale und stellen zum anderen ihr Wissen in Form von Reflexionsangeboten zur Verfügung, wodurch sie für AdressatInnen weitere Reflexionsmöglichkeiten eröffnen. Hierdurch wird eine dialogische Struktur von Beratung realisiert. Gleichzeitig muss es BeraterInnen gelingen, objektive Einschränkungen der AdressatInnen bzw. deren Umgebung, seien diese biologischer, psychischer, sozialer, kultureller oder ökologischer Art zu verstehen und zu erkennen, sie also unter Einbeziehung interdisziplinärer Theorien zu erklären, um angemessene Interventionen entwickeln zu können. Zu diesem Zwecke müssen sie im Weiteren Entwicklungen einschätzen, vorliegende Sachverhalte bewerten und realistische Ziele setzen können, aus dem Interventionsrepertoire zielführende Interventionen auswählen und sich der zu ihrer Durchführung notwendigen Ressourcen, Schritte und möglicher Effekte im Klaren sein. Gerade in der Sozialen Arbeit bilden die durch die Anleitung zur eigenen Problemlösung ermittelten subjektiven Problemlösungstheorien der AdressatInnen in der Regel den Anlass professioneller Problemlösungsprozesse, selten sind sie schon ihr Ergebnis.

Die gewählte Darstellungsform entlang einer doppelten handlungstheoretischen Struktur wirkt der mit dem Transfer denkpsychologischer Erkenntnisse auf die reale Praxis verbundenen Gefahr entgegen, mit Beratung *ausschließlich Kognitionen* zu betonen (Kanfer et al. 2006:39) und auf diese Weise *Problemlösungsmethodologie* (Erzeugung von problemlösungsrelevantem Wissen) und Kognitionen verändernde *Problemlösungsmethoden* gleichzusetzen. Es käme dadurch also zu einer Vermischung von Beratung als methodologisch bzw. handlungstheoretisch begründeter Anleitung zu selbstgesteuerten Problemlösungen mit auf die Veränderung von Kognitionen abzielender Behandlung. Die Prozesse der allgemeinen Beratung sollen dies gerade verhindern. Erst nach ihrem Durchlaufen haben BeraterInnen hinreichende Informationen zur Beurteilung der Art des Problems. Findet keine Trennung zwischen Problemlösungsmethodologie und -methode statt, führt dies unweigerlich zu kognitivistischen Problemauffassungen (s. Kap. E). Ferner würden Unterschiede zwischen (spezifischer) Beratung und Behandlung verschleiert.

Am Problemlösezyklus orientierte Phasenmodelle und damit verbunden die zunehmende Ablösung von direktiven zu prozessorientierten Beratungsmodellen[206] haben in

[206] In der Psychotherapie sind prozessorientierte Beratungsmodelle neuerdings auch als „kollaborative Ansätze" zusammengefasst (Loh 1999).

den vergangenen Jahren an Bedeutung gewonnen und finden in verschiedenen Berufsfeldern Anwendung, wie der Psychotherapie, dem Sozialmanagement, der Supervision und der Organisationsentwicklung (Thiel 2003:82 f.). Neuere Modelle unterscheiden sich von den traditionellen Problemlösungsansätzen dadurch, dass in ihnen in der Regel auch der dynamische Aspekt von Problemlösungsprozessen berücksichtigt wird. Begegnet wird damit der Kritik an traditionellen Problemlösungsansätzen als ein Abarbeiten der phasenbezogenen Aufgaben, die dann ein für allemal als erledigt betrachtet werden können (Kanfer et. al. 2006:39). Dem widerspricht eine durch externe wie interne Veränderungen hervorgerufene stets vorliegende „Dynamik und Fluktuation von Problemen und Zielen [...] Was zu Beginn der Therapie [analog der Beratung; P. G.] als Problem erscheint, muss nach dem dritten Termin längst nicht mehr problematischen Charakter haben. Andere Beschwerden können sich im Laufe der Therapie als unabänderliche Tatsachen herausstellen, für die keine Lösung möglich ist" (ebd.: 2006: 43). Die Prozesssteuerung ist als Folge davon als ein dynamischer und zyklischer bzw. rekursiver Vorgang zu verstehen, in dem ein Zurückkommen auf bereits durchlaufene Phasen und ein erneutes Eintreten auf deren inhaltliche Schwerpunkte in der Praxis eher die Regel als die Ausnahme sein wird.

Unter dem Gesichtspunkt *phasenorientierter Behandlungsmodelle* stellt allgemeine Beratung ein erstes Durchlaufen der Phasen dar und betont damit die *Basiskompetenzen* der Beratungsarbeit. Hinsichtlich der Abfolge der Subphasen bestehen gewisse Variationsmöglichkeiten. Aus motivationalen Gründen mag es in der Beratung hilfreich sein, mit AdressatInnen zuerst die Ziele (Soll-Zustand) und danach die aktuelle Situation (Ist-Zustand) zu analysieren, hingegen ist es wenig sinnvoll, sie zur Suche nach Lösungswegen anzuregen, ohne vorher Probleme und Ziele geklärt zu haben (Flügge 1991:66). Ist die Steuerung der kognitiven Operationen der AdressatInnen somit schon nur bedingt variierbar, ist die Abfolge der Steuerung der handlungstheoretischen Operationen der Beratenden unter der Voraussetzung, dass sie nicht nur die Problembewältigung anstreben, sondern auch zum Ziel haben, zur Lösung, Verhinderung und Linderung unterschiedlichster Probleme beizutragen, zwingend. Dies verlangt vom Berater bzw. der Beraterin, sozusagen (gedanklich) „parallel" zur Steuerung des Problemlösungsprozesses, professionelle Problemlösungen zu entwickeln, die der handlungstheoretischen Logik folgen müssen, erfordert doch jede Wissensform den Zugriff auf das Wissen der vorhergehenden. Die Erarbeitung des Bildes von BeraterInnen über die Situation der AdressatInnen erfolgt entsprechend, indem diese die Beschreibungen, Erklärungen, Werte, das Problemverständnis etc. der AdressatInnen ihrerseits systematisch beschreiben und hiervon ausgehend relevante Bildausschnitte (Anlassprobleme) erklären und prognostizieren, bewerten etc.
Die kognitiven Operationen sind sowohl auf jedes einzelne Beratungsgespräch – dann in sehr geraffter Form – als auch auf die gesamte Dauer der allgemeinen Beratung zu beziehen. Die mit spezifischer Beratung verbundenen Operationen (Nutzen/Kreieren spezifischer Handlungsregeln bzw. Beratungsmethoden) stellen im Rahmen allgemeiner Beratungsprozesse ein besonderes Projekt dar, in dem der Schwerpunkt auf die Bearbeitung bestimmter Problemlösungsprozesse und Bearbeitungsweisen gelegt werden kann.

*Abb. 14: Grundstruktur des Beratungsprozesses*

Legende: B=BeraterIn, AS=Adressatensystem, KS=Klientensystem (als Individuen und soziale Systeme)

## I. Klärungsphase

| BERATUNGSPHASE | Subphasen | **Allgemeine Interaktions-regeln der Beratenden** | **Handlungs-theoretische Operationen der AdressatInnen** | **Beratungsziele (nach Sub-phasen der Aktivitäten der AdressatInnen)** | **Handlungs-theoretische Operationen der Beratenden** | **Beraterziele (nach Sub-phasen der Aktivitäten der Beratenden)** |
|---|---|---|---|---|---|---|
| BEZIEHUNGSPHASESE | Vertrauensaufbau | Sorge für den Schutz vor Bedürfnisver-letzung bzw. reduziere Bedürfnis-spannungen und realisiere die Befriedigung möglichst vieler Bedürfnisse. | AS bewertet Beziehung zu B. positiv. | AS hat zu B. Vertrauen. | B. realisiert personale Be-dingungen zur Entwicklung einer kooperativen Ar-beitsbeziehung. | Zwischen B und AS besteht ein arbeitsbezoge-nes Vertrauens-verhältnis. |
| | Rollenklärung | Informiere AS über das Ziel, den Inhalt, das methodische Vorgehen und die Rollen-verteilung während der Klärungsphase.<br>Stimuliere ggf. Bedürfnisse und Wünsche von AS (Motivation zur Kooperation). | AS stimmt dem Vorgehen von B. zu und nimmt am Klärungs-prozess aktiv teil. | AS kooperiert mit B. | B. realisiert soziale Bedingungen zur Entwicklung einer kooperativen Arbeits-beziehung. | Zwischen B und AS besteht Konsens über das mit der Klärungsphase verbundene methodische Vorgehen. |

| BERATUNGSPHASE | Subphasen | Allgemeine Interaktions-regeln der Beratenden | Handlungs-theoretische Operationen der AdressatInnen | Beratungsziele (nach Sub-phasen der Aktivitäten der AdressatInnen) | Handlungs-theoretische Operationen der Beratenden | Beraterziele (nach Sub-phasen der Aktivitäten der Beratenden) |
|---|---|---|---|---|---|---|
| KLÄRUNGSPHASE | Beschreibung der Sachverhalte | Rege AS zur Erzeugung eines möglichst vollständigen Bildes[207] über ihre Situation an und mache ggf. Beschreibungs-angebote. | AS schildert die Sachverhalte, die den Anlass zur Hilfe gegeben haben, so genau wie möglich. | AS hat ein präziseres Bild von der eigenen Situation. | B. beschreibt Zustände/Zu-standsverän-derungen von AS in Termini der allgemeinen Problem- und Ressourcen-theorie und formuliert ggf. relevante Anlass-probleme.[208] | B. hat ein präzises Bild von der aktuellen Situation des ASs sowie relevanter Fakten der Vergangenheit. |
| | Erklärung und Prognose Sachverhalte | Rege AS zur Erzeugung eines möglichst integrierten Bildes über ihre Situation an und mache ggf. Erklärungs-angebote. | AS formuliert mögliche Zusammen-hänge und Mechanismen der als problematisch bewerteten Sachverhalte. | AS hat ein besseres Verständnis in Bezug auf die Probleme. | B. erklärt die Anlassprobleme auf der Grund-lage von Theorien nach system-theoretischen Prämissen. | B. hat ein integriertes Bild von der aktuellen Situation des ASs. |
| | | Rege AS zur Erzeugung eines dynamischen Zukunftsbildes unter Nutzung der vorhandenen Ressourcen an und mache ggf. Prognose-angebote. | AS entwirft ein Bild über die aus seiner Sicht bestehende bestmögliche zukünftige Entwicklung. | AS ist sich der Zukunfts-erwartungen besser bewusst. | B. prognostiziert zukünftige Zustände von AS auf der Grundlage des erklärten Bildes und der Annahme, nicht zu intervenieren. | B. hat ein Bild von zukünftigen Zuständen des ASs (passive Prognose). |

207 Die Vollständigkeit bezieht sich auf die aktuellen, als problematisch oder ressourcenhaltig bewerteten biologischen, psychischen, sozialen, kulturellen und ökologischen Zustände der AdressatInnen und der gebundenen Systeme ihrer Umwelt.

208 Als Anlassprobleme werden Sachverhalte bezeichnet, die direkt Betroffene und/oder Dritte als problematisch bewerten und unter denen sie und/oder Dritte leiden. Dabei können auch Professionelle im Sinne des dritten Mandats Anlassprobleme deklarieren (Geiser, Gregusch & Martin 2006; s. Kap. E ).

| Subphasen | Allgemeine Interaktions-regeln der Beratenden | Handlungs-theoretische Operationen der AdressatInnen | Beratungsziele (nach Sub-phasen der Aktivitäten der AdressatInnen) | Handlungs-theoretische Operationen der Beratenden | Beraterziele (nach Sub-phasen der Aktivitäten der Beratenden) |
|---|---|---|---|---|---|
| Bewertung von Sachverhalten und Problembestimmung | Rege AS zur Erzeugung eines Bildes über subjektiv relevante Werte und zur Ermitt-lung davon bestehender oder erwarteter Abweichungen an.<br>Mache ggf. Bewertungs-angebote. | AS formuliert die für das eigene Wohlbefinden wichtigen Soll-Werte und die bestehenden oder erwarteten Abweichungen davon. | AS ist sich der eigenen Präferenzen besser bewusst und konkretisiert bestehende oder drohende Probleme. | B. bewertet die aktuellen Zustände von AS über den Vergleich des Zukunftsbildes mit Sollwerten unter Bezug-nahme auf Bedürfnisse, legitime persön-liche Wünsche und sozio-kulturelle Werte und Normen (diagnostizierte Probleme). | B. hat ein Bild über erstrebens-werte Soll-Werte und über Abweichungen davon. |
| | Rege AS zur Priorisierung der als problematisch bewerteten Sachverhalte an.<br>Mache ggf. Angebote zur Priorisierung. | AS formuliert die aus seiner/ihrer Sicht wichtigsten und am dring-lichsten zu bearbeitenden Probleme. | AS ist sich der eigenen Prioritäten besser bewusst. | B. priorisiert Probleme unter Berücksichtigun g der Elastizität von Bedürfnissen und anerkannten Normen. | B. hat ein priorisiertes Bild über die zu bearbeitenden Probleme. |
| Zielbestimmung | Rege AS zur Erzeugung eines Bildes über aktiv angestrebte zukünftige Zustände an.<br>Mache ggf. Zielangebote. | AS formuliert Ziele | AS ist sich der eigenen Ziele besser bewusst. | B. formuliert realistische Ziele unter Bezug-nahme auf vorhandene und mobilisierbare Ressourcen. | B. hat ein Bild über anzu-strebende Soll-Zustände. |

| Subphasen | Allgemeine Interaktions-regeln der Beratenden | Handlungs-theoretische Operationen der AdressatInnen | Beratungsziele (nach Sub-phasen der Aktivitäten der AdressatInnen) | Handlungs-theoretische Operationen der Beratenden | Beraterziele (nach Sub-phasen der Aktivitäten der Beratenden) |
|---|---|---|---|---|---|
| Handlungsplanung (Methodenwahl und Umsetzung) | Rege AS zur Erzeugung von Bildern über denkbare Lösungsmöglich-keiten zur Erreichung der Ziele an.<br>Informiere über zugängliche Hilfeangebote und mache ggf. Lösungsangebote.<br>Ermuntere AS zur vorläufigen Entscheidung für eine Lösungsoption unter Berücksichtigung der Hilfe-angebote. | AS sucht nach möglichen Lösungsoptionen und trifft eine Auswahl. | AS ist sich möglicher Lösungsoptionen und -präferenzen besser bewusst. | B. wählt zur Erreichung der Ziele Inter-ventionen nach Kriterien der Effektivität, ethischen Ver-antwortbarkeit und Effizienz aus oder kreiert Regeln (gemäß transformativem Dreischritts). | B. hat ein Bild über geeignete (durch aktive Prognosen Nebeneffekte einschließende) Interventionen. |
| Interventionsanalyse | Rege AS zur Erzeugung von Bildern über die Schritte zur Umsetzung der Lösungspräferenz an unter Berück-sichtigung möglicher Nebeneffekte (ermutige ggf. zur Entwicklung von alternativen Lösungs-optionen oder Plänen).<br>Mache ggf. Vorschläge zur Umsetzung. | AS entwirft Pläne zur Realisierung der bevorzugten Lösungsoption und trifft eine Auswahl. | AS ist sich der Machbarkeit der präferierten Lösungsoption bewusst.[209] | B. entwickelt einen unter Berücksichtigung der zugänglichen Ressourcen realisierbaren Plan zur Umsetzung der Maßnahme. | B. hat einen Handlungsplan. |

[209] Dies beinhaltet Wissen darüber, wie den bei der Umsetzung auftretenden Schwierigkeiten begegnet werden kann.

| Subphasen | Allgemeine Interaktionsregeln der Beratenden | Handlungstheoretische Operationen der AdressatInnen | Beratungsziele (nach Subphasen der Aktivitäten der AdressatInnen) | Handlungstheoretische Operationen der Beratenden | Beraterziele (nach Subphasen der Aktivitäten der Beratenden) |
|---|---|---|---|---|---|
| (Zwischen-) Evaluation | Rege AS zur Erzeugung eines Bildes über bisher erfolgte Veränderungen und weiteren Unterstützungsbedarf an.<br>Mache ggf. Vorschläge. | AS evaluiert das im allgemeinen Beratungsprozess Erreichte unter Bezugnahme auf die durchlaufenen Schritte und trifft eine Entscheidung über weiteren Unterstützungsbedarf. | AS ist in der Lage eine Entscheidung über weiteren Unterstützungsbedarf zu treffen. | B. evaluiert auf der Grundlage gesetzter Ziele erzielte Ergebnisse und begründet weitere inhaltliche und/oder methodische Maßnahmen. | B. hat ein Ergebnisbild (Diagnose/ Indikation). |

**DIAGNOSE/INDIKATION UND AUFTRAGSABSTIMMUNG**

ENDE *ODER* ÜBERGANG ZUR ÄNDERUNGS- ODER STABILISIERUNGSPHASE *ODER* ABSCHLUSSPHASE *ODER* TRIAGE

## II. Änderungsphase

| BERATUNGSPHASE | Allgemeine Interaktionsregeln der Beratenden | Handlungs-theoretische Operationen der KlientInnen | Beratungsziele (nach Subphasen der Aktivitäten der KlientInnen) | Handlungs-theoretische Operationen der Beratenden | Beraterziele (nach Subphasen der Aktivitäten der Beratenden) |
|---|---|---|---|---|---|
| BEZIEHUNGSPHASE | Sorge für den Schutz vor Bedürfnis-verletzung bzw. reduziere Bedürfnis-spannungen und realisiere die Befriedigung möglichst vieler Bedürfnisse. | KS bewertet Beziehung zu B. positiv. | KS hat zu B. Vertrauen. | B. realisiert personale Bedingungen zur Entwicklung/ Beibehaltung einer kooperativen Arbeitsbeziehung. | Zwischen B und KS besteht (weiterhin) ein arbeitsbezo-genes Vertrauens-verhältnis. |
| | Kläre KS über das Ziel, den Inhalt, das methodische Vorgehen und die Rollenvertellung während der Änderungsphase auf.<br>Stimuliere ggf. Bedürfnisse und Wünsche von K (Motivation zur Veränderung). | KS stimmt dem Vorgehen zu und nimmt am Änderungsprozess aktlv tell. | KS kooperiert mit B. | B. realisiert soziale Bedingungen zur Entwicklung/ Beibehaltung einer Beratungs-beziehung. | Zwischen B und KS besteht Konsens über die zu bearbeitenden Probleme und ihrer beraterischen Bearbeitung. |
| ÄNDEUNGSPHASE | Fördere die Bewusstheit über die Beschreibungs-kompetenz bzw. die Verbesserung und Entwicklung von Beschreibungs-kompetenz. | KS (re)generiert Beschreibungs-wissen in Bezug auf die infrage stehende Proble-matik und/oder erhält Beschrei-bungswissen und/ oder reflektiert die eigenen Beschrei-bungen kritisch und/oder ent-wickelt Strategien zur Erzeugung genauer Bilder. | KS ist sich seiner Bilder bewusst bzw. verfügt über eine verbesserte Beschreibungs-kompetenz. | B. nutzt/kreiert spezifische Handlungsregeln des Stützens, Reflektierens, Informierens, Konfrontierens sowie des Problemlösens, (im Folgenden einfach: Bera-tungsmethoden) zur Förderung der Bewusstheit bzw. Verbesserung der der Beschrei-bungskompetenz. | B. hat ein bewertetes Bild über die zu fördernden Problemlöse-kompetenzen sowie über die Art und Weise ihrer Veränderung und ist in der Lage spezifisches Methodenwissen dafür zu nutzen oder zu entwickeln. |

| BERATUNGSPHASE | Allgemeine Interaktionsregeln der Beratenden | Handlungs-theoretische Operationen der KlientInnen | Beratungsziele (nach Subphasen der Aktivitäten der KlientInnen) | Handlungs-theoretische Operationen der Beratenden | Beraterziele (nach Subphasen der Aktivitäten der Beratenden) |
|---|---|---|---|---|---|
| ÄNDEUNGSPHASE | Fördere die Bewusstheit über die Codierungskompetenz bzw. die Verbesserung und Entwicklung von Codierungskompetenz. | KS (re-)generiert Erklärungswissen in Bezug auf die infrage stehende Problematik und/ oder erhält Erklärungswissen und/ oder reflektiert die eigenen Erklärungen kritisch und/ oder entwickelt Strategien zur Erzeugung zutreffender Erklärungen. | KS ist sich seiner Codes bewusst bzw. verfügt über verbesserte Erklärungen oder über eine verbesserte Codierungskompetenz | B. nutzt/kreiert spezifische Beratungsmethoden zur Förderung der Bewusstheit bzw. Verbesserung der Codierungskompetenz. | s. o. |
| | Fördere die Bewusstheit über die Antizipationskompetenz bzw. die Verbesserung und Entwicklung von Antizipationskompetenz. | KS (re-)generiert Prognosewissen in Bezug auf die infrage stehende Problematik und/ oder erhält Prognosewissen und/ oder reflektiert die eigenen Erwartungen kritisch und/oder entwickelt Strategien zur Erzeugung dynamischer Zukunftsbilder. | KS ist sich seiner Prognosen bewusst bzw. verfügt über eine verbesserte Antizipationskompetenz. | B. nutzt/kreiert spezifische Beratungsmethoden zur Förderung der Bewusstheit bzw. Verbesserung der Antizipationskompetenz. | s. o. |
| | Fördere die Bewusstheit über die Bewertungskompetenz bzw. die Verbesserung und Entwicklung von Bewertungskompetenz. | KS (re-)generiert Wertewissen in Bezug auf die infrage stehende Problematik und/ oder erhält Wertewissen und/ oder reflektiert die eigenen Werturteile kritisch und/oder entwickelt Strategien zur Erzeugung bedürfnisgerechter Werturteile. | KS ist sich seiner Werte bewusst bzw. verfügt über eine verbesserte Bewertungskompetenz. | B. nutzt/kreiert spezifische Beratungsmethoden zur Förderung der Bewusstheit bzw. Verbesserung der Bewertungskompetenz. | s. o. |

| BERATUNGSPHASE | **Allgemeine Interaktionsregeln der Beratenden** | **Handlungstheoretische Operationen der KlientInnen** | **Beratungsziele (nach Subphasen der Aktivitäten der KlientInnen)** | **Handlungstheoretische Operationen der Beratenden** | **Beraterziele (nach Subphasen der Aktivitäten der Beratenden)** |
|---|---|---|---|---|---|
| | Fördere die Bewusstheit über die Zielkomptenz bzw. die Verbesserung und Entwicklung von Zielkompetenz. | KS (re-)generiert Zielwissen in Bezug auf die infrage stehende Problematik und/oder erhält Zielwissen und/oder reflektiert die eigenen Ziele kritisch und/oder entwickelt Strategien zur Erzeugung affektiv positiv besetzter und realistischer Ziele. | KS ist sich seiner Ziele bewusst bzw. verfügt über eine verbesserte Zielkompetenz. | B. nutzt/kreiert spezifische Beratungsmethoden zur Förderung der Bewusstheit bzw. Verbesserung der Zielkompetenz. | s. o. |
| | Fördere die Bewusstheit über die Interventionskomptenz bzw. die Verbesserung und Entwicklung von Interventionskompetenz. | KS (re-)generiert Methodenwissen in Bezug auf die infrage stehende Problematik und/oder erhält Methodenwissen und/oder reflektiert die eigenen Methoden kritisch und/oder entwickelt Strategien zur Erzeugung effektiver und ethisch vertretbarer Methoden. | KS ist sich seiner Handlungsregeln und Skills bewusst bzw. verfügt über eine verbesserte Interventionskompetenz. | B. nutzt/kreiert spezifische Beratungsmethoden zur Förderung der Bewusstheit bzw. Verbesserung der Interventionskompetenz. | s. o. |
| | Fördere die Bewusstheit über die Planungskompetenz bzw. die Verbesserung und Entwicklung von Planungskompetenz. | KS (re-)generiert Planungswissen in Bezug auf die infrage stehende Problematik und/oder erhält Planungswissen und/oder reflektiert die eigenen Pläne kritisch und/oder entwickelt Strategien zur Erzeugung machbarer Pläne. | KS ist sich seiner Pläne bewusst bzw. verfügt über eine verbesserte Planungskompetenz. | B. nutzt/kreiert spezifische Beratungsmethoden zur Förderung der Bewusstheit bzw. der Planungskompetenz. | s. o. |

| BERATUNGSPHASE | **Allgemeine Interaktionsregeln der Beratenden** | **Handlungs-theoretische Operationen der KlientInnen** | **Beratungsziele (nach Subphasen der Aktivitäten der KlientInnen)** | **Handlungs-theoretische Operationen der Beratenden** | **Beraterziele (nach Subphasen der Aktivitäten der Beratenden)** |
|---|---|---|---|---|---|
| | Fördere die Bewusstheit über die Evaluations-kompetenz bzw. die Verbesserung und Entwicklung von Evaluations-kompetenz. | KS (re-)generiert Evaluationswissen in Bezug auf die infrage stehende Problematik und/ oder erhält Evaluations-wissen und/oder reflektiert erzielte Ergebnisse kritisch und/oder entwickelt Strate-gien zur Erzeugung zielgerichteter Evaluation. | KS ist sich der erreichten Erfolge bewusst und verfügt über eine verbesserte Evaluations-kompetenz. | B. nutzt/kreiert spezifische Bera-tungsmethoden zur Förderung der Bewusstheit bzw. Verbesserung der Evaluations-kompetenz. | s. o. |

**AUFTRAGSABSTIMMUNG**

ENDE *ODER* ÜBERGANG ZUR STABILISIERUNGSPHASE *ODER* ABSCHLUSSPHASE

**III. Stabilisierungsphase**

| BERATUNGSPHASE | Allgemeine Interaktionsregeln der Beratenden | Handlungstheoretische Operationen der KlientInnen | Beratungsziele (nach Subphasen der Aktivitäten der KlientInnen) | Handlungstheoretische Operationen der Beratenden | Beraterziele (nach Subphasen der Aktivitäten der Beratenden) |
|---|---|---|---|---|---|
| BEZIEHUNGSPHASE / STABILISIERUNGSPHASE | Sorge für den Schutz vor Bedürfnisverletzung bzw. reduziere Bedürfnisspannungen. | KS bewertet die Beziehung zu B. positiv. | KS hat zu B. Vertrauen. | B. realisiert personale Bedingungen zur Beibehaltung einer kooperativen Arbeitsbeziehung. | Zwischen B. und KS besteht (weiterhin) ein arbeitsbezogenes Vertrauensverhältnis. |
| | Kläre KS über das Ziel, den Inhalt, das methodische Vorgehen und die Rollenverteilung während der Stabilisierungsphase auf. | KS stimmt dem Vorgehen zu und nimmt am Stabilisierungsprozess aktiv teil. | KS kooperiert weiter mit B. | B. realisiert soziale Bedingungen zur Beibehaltung der Beratungsbeziehung. | Zwischen B. und KS besteht Konsens über das mit der Stabilisierungsphase verbundene Vorgehen. |
| STABILISIERUNGSPHASE | Rege KS zur Einübung der entwickelten Kompetenzen und zur diesbzgl. Selbstbeobachtung an. | KS übt die entwickelten Problemlösungskompetenzen ein und kontrolliert deren Stabilität. | KS ist in der Lage die entwickelten Kompetenzen aufrechtzuerhalten. | B. nutzt/kreiert spezifische Handlungsregeln (des Stützens) zur Stabilisierung der Problemlösungskompetenzen. | B. hat ein prognostiziertes Bild über mögliche interne und externe Erschwernisse der Erhaltung der entwickelten Kompetenzen und ist in der Lage entsprechendes spezifisches Methodenwissen zu ihrer Stabilisierung bzw. ihrer Automatisierung/Routinierung zu nutzen oder zu entwickeln. |
| | Rege KS an, die entwickelten Kompetenzen auf ihre zielführende Qualität hin zu testen. | KS wendet die entwickelten Problemlösungskompetenzen auf ein anderes praktisches Problem an. | KS ist in der Lage, die entwickelten Kompetenzen auf ein anderes praktisches Problem zu transferieren. | B. nutzt/kreiert spezifische Handlungsregeln des Stützens) zur Automatisierung/ Routinierung der Poblemlösungskompetenzen. | s. o. |
| **ÜBERGANG ZUR ABSCHLUSSPHASE**[210] | | | | | |

Quelle: eigene

[210] Hinweise zur Gestaltung der Abschlussphase finden sich in Kap. E 3.2.11.

Nach dieser ersten Übersicht (ausführlicher Kap. E 2 und 3) kann festgehalten werden, dass sich allgemeine Beratung als klare und systematische Methode ausweisen lässt, die auf der Grundlage einer Beratungsbeziehung, für deren Herstellung die Befriedigung von Bedürfnissen von großer Wichtigkeit ist,[211] darauf zielt, die Wissensstruktur der AdressatInnen, die für diese als Mittel der Orientierung und Handlungssteuerung bei der Lösung von praktischen Problemen unterschiedlicher Art von zentraler Bedeutung ist, zu explizieren. Dabei können, noch einmal zusammengefasst, allgemeine Beratungsprozesse näher als Prozesse charakterisiert werden, die a) seitens Professioneller an das handlungstheoretische Ziel der kooperativen Hilfeklärung gebunden sind, b) das beratungstheoretische Ziel der (Wieder-)Entdeckung von Problemlösungswissen anstreben und dazu c) KlientInnen zur gezielten Beschreibung von Wissen verschiedener Wissensformen anregen und auch Reflexionsmöglichkeiten anbieten.

Die Wissensstruktur stellt ihrerseits die entscheidende Grundlage für spezifische Beratung dar, die sich ebenso als systematische Methode ausweisen lässt, die darauf zielt, Defizite in Bezug auf diese Struktur auszugleichen bzw. diesbezügliche Veränderungen zu initiieren. *Spezifische Beratungsprozesse* sind im Einzelnen als Prozesse charakterisierbar, die a) das handlungstheoretische Ziel der (Rück-)Befähigung zur eigenständigen Problemlösung und b) das beratungstheoretische Ziel der Festigung und Entfaltung des Problemlösungswissens sowie seiner Anreicherung und Verbesserung verfolgen. BeraterInnen veranlassen KlientInnen zu diesem Zwecke zur vertieften (Re-)Generierung von Problemlösungswissen (Beratung als stützende und reflektierende Methode) und/ oder zur Aufnahme von Informationen (Beratung als informierende Methoden) und/ oder zur kritischen Analyse des erzeugten Wissens (Beratung als konfrontierende Methode) und/oder zur Entwicklung von Strategien der Wissenserzeugung in Bezug auf die Wissensformen (Beratung als Problemlösetraining). Spezifische Beratung kann entsprechend die Formen der *transitiven/ reflexiven Unterstützung* mit dem Fokus der Stabilisierung der Wissensstruktur oder des *transitiven/ (meta-)reflexiven Lernens* mit dem Fokus auf Veränderung der Struktur aufweisen.

Spezifische Beratung kann, muss aber nicht notwendigerweise alle problemlösungsrelevanten Operationen enthalten. Beide Formen können damit in handlungstheoretisch fokussierter oder umfassender Weise durchgeführt werden. Wie schon erwähnt, sollte allgemeine Beratung alle Operationen enthalten, bliebe ansonsten das Bild von Beratenden über die kognitive Struktur der AdressatInnen als Voraussetzung für deren Beschreibung, Erklärung, Bewertung etc. unvollständig. Die abschließende Übersicht fasst die Typologie von Beratungsprozessen zusammen:

[211] In der Terminologie Kuhls könnte man dies auch als Bestätigung des Selbst formulieren.

*Abb. 15: Typologie von Beratungsprozessen*

| | **Allgemeine Beratungsprozesse** | **Spezifische Beratungsprozesse** |
|---|---|---|
| **Handlungstheoretisches Ziel** | Kooperative Hilfeklärung | (Wieder-)Herstellung von Problemlösefähigkeiten |
| **Beratungstheoretisches Ziel** | (Wieder-)Entdeckung von Problemlösungswissen | Festigung, Entwicklung, Anreicherung und Verbesserung von Problemlösungswissen |
| **Beratungsmodus** | Transitiv-reflexive Unterstützung, gekoppelt mit transitivem Lernen | Transitive und reflexive Unterstützung zur Stabilisierung der Wissensstruktur; transitives und (meta-)reflexives Lernen zur Veränderung der Wissensstruktur |
| **Beratungsoperationen** | Reflektieren (Anregungen zur Exploration geben), gekoppelt mit Informieren (Wissen anbieten) | Stützen (Anregungen zur Selbstbestätigung), Reflektieren (Anregungen zur Exploration), Informieren (Anregungen zur Informationsaufnahme), Konfrontieren (Anregungen zum Lernen/kritischer Reflexion), Problemlösetraining (Anregungen zum Lernenlernen/ Selbstlernen) |

Quelle: eigene

# 5 Gemeinsamkeit von Beratungsansätzen

Personen- oder klientenzentrierter Ansatz (nach Carl Rogers), lösungsorientierter Ansatz (nach Steve de Shazer), lebensweltorientierter Ansatz (nach Hans Thiersch), systemisch-konstruktivistischer Ansatz (der keiner einzelnen Gründerperson zuzuordnen ist), kooperativer Ansatz (nach Wolfgang Mutzeck), Selbstmanagementansatz (nach Frederick H. Kanfer ) und ressourcenorientierter Ansatz (nach Frank Nestmann) sind – ohne Anspruch auf Vollständigkeit der Aufzählung – derzeit wohl in keiner professionsbezogenen, so auch nicht in der sozialarbeiterischen Beratungsdiskussion, wegzudenken (z. B. Schmidt-Nohl 2006; zu aktuell diskutierten Beratungsansätze vgl. Nestmann et. al. 2004:609 ff.). Der gestiegene Beratungsbedarf hat letztlich in allen psychosozialen Disziplinen zu Konzepterweiterungen und damit zu einer Vielzahl von Beratungsansätzen geführt. Die Namen verweisen schon auf das Hauptanliegen der Ansätze, deren Relevanz allein in Anbetracht beraterisch komplexer Problemstellungen außer Frage steht. Voneinander isoliert produziert natürlich jeder neue Ansatz, der in der Regel als Folge der Begrenzungen bisheriger Ansätze entsteht, wiederum neue Begrenzungen. Stets die Absetzung von anderen Ansätzen betonend, bedarf es „nicht selten eines ‚Beratungsführers' oder der ‚Beratung zur Beratung' [...], um sich im Labyrinth der Angebote zu orientieren (Engel & Sickendiek 2005:166). Nicht zuletzt erhält das Thema der Integration hohe Bedeutung, um die zunehmende Unübersichtlichkeit in der ‚Beratungslandschaft' zu reduzieren, ohne dabei von vornherein auszugrenzen.

Wovon hier ausgegangen wird, ist, dass in der Umsetzung der Beratungsansätze (normative Beratungstheorie oder Prozesssteuerungstheorie) mehr Parallelen als Unter-

schiede bestehen. Wenn dem so ist, bedeutet dies, dass es sich bei den unterschiedlichen Beratungsansätzen mindestens implizit um integrative Ansätze im *problemlösungstheoretischen Sinne* handelt und so auch von einem allgemeinen Modell des handelnden Subjekts mit praktischen Problemen ausgegangen wird.
Die unterschiedlichen Bezeichnungen würden in diesem Zusammenhang tatsächlich nur die Funktion eines Markennamens einnehmen (s. Kap. C 2.1, Fußnote 87) bzw. ihre jeweilige Besonderheit durch unterschiedliche Konzeptionen der Bedingungen für die Beratungsarbeit, konkret der Praxeologie und darin eingehender Prämissen, erwerben. Das Folgende widmet sich der Suche nach Gemeinsamkeiten und nimmt dazu vor dem Hintergrund des skizzierten Beratungskonzepts den Weg des heuristischen Theorievergleichs (Müller 2006). Das Ziel besteht vor allem in einer *methodischen Systematisierung der genannten Ansätze;* im Mittelpunkt steht somit die Frage der Gestaltung des Beratungsprozesses.

Schließlich sei an dieser Stelle noch ein Kommentar zum Aufbau der Arbeit gegeben. Statt an dieser Stelle Gemeinsamkeiten zu erschließen, hätte ebenso die Möglichkeit bestanden, zuerst die Grundstruktur in der methodischen Ausführung zu beschreiben (Teil E), um dann den nun folgenden Arbeitsschritt vorzunehmen. Diese Möglichkeit wurde vor allem aus dem Grund verworfen, als dass diese Arbeit ja, wie in der Einleitung erwähnt, nicht das Rad der Beratung neu zu erfinden beabsichtigt. Ausgegangen wird vielmehr davon, dass gerade viele aus unterschiedlichen Beratungsansätzen hervorgegangene (sub-)methodische Aspekte, über die die allgemeinen Interaktionsregeln der Beratung konkret realisiert werden, auch im systemistischen Beratungsansatz Verwendung finden können. Dazu müssen diese zuvor identifiziert werden.

## 5.1 Hervorhebungen von Spezifika und deren Bedeutung

Wie bemerkt, erwarte ich als Ergebnis, dass Beratungsansätze *methodisch* eine Reihe Gemeinsamkeiten aufweisen, auch wenn mit den Ansätzen unterschiedliche metatheoretische und theoretische Standpunkte verbunden sind. Die Annahme leitet sich aus der allen Beratungsansätzen unterstellten Konzeptualisierung von Beratung als Methode zur Entdeckung und Entwicklung des Selbststeuerungspotenzials, kurz, zur selbstgesteuerten Problemlösung von KlientInnen ab. Für dieses Ziel ist es unter Bezugnahme auf die vorgestellte Handlungstheorie unerlässlich, dass KlientInnen Zugriff auf die an der Selbststeuerung beteiligten biopsychischen Systeme, in denen unterschiedliche Arten des Wissens repräsentiert sind, erhalten. Unter Umständen ist es erforderlich, bestehende Zugänge zu stabilisieren, sie zu fördern oder auch die bestehende Wissensstruktur zu ergänzen oder zu destabilisieren. In diesem Sinne und an das Kap. D 4.3 anknüpfend, lauten die Thesen zur Methodik von Beratungsansätzen:

(1) Bei Beratung geht es in allen Beratungsansätzen um die Explikation der Wissensstruktur von KlientInnen oder Mitglieder eines Adressaten- bzw. Klientensystems (allgemeine Beratungsprozesse).
(2) Wenn in Beratungsansätzen Beratung über die Explikation der Wissensstruktur hinaus geht, so handelt es sich hierbei um ein besonderes (Teil-)Projekt, in dem die weitere Bearbeitung problemlösungsrelevanter Prozesse ins Zentrum rückt (spezifische Beratungsprozesse). Diese spezifischen Beratungsprozesse können zeitlich oder methodisch mit den allgemeinen Beratungsprozessen mehr oder

weniger stark gekoppelt sein. Spezifische Beratungsprozesse können je nach Beratungsziel (Stabilisierung oder Veränderung der Wissensstruktur) über verschiedene Beratungsmodi bearbeitet werden. Im Verlauf der Beratung variieren beide Modi und damit verbunden (Sub-)methoden.

(3) Grundsätzlich erfolgt Beratung in einer Weise, die KlientInnen zur kontrollierten Informationsverarbeitung anregt, sie aber gleichzeitig nicht überfordert, so dass eine Balance zwischen Aktivierung und Bestätigung der Wissensstruktur hergestellt werden muss. Zu Beginn von Beratung dominieren auf das Selbst bezogene bestätigende Vorgehensweisen. Im Verlauf von spezifischer Beratung variieren beide Vorgehensweisen (Stützen versus Anregen).

Anders gesagt, es wird davon ausgegangen, dass in allen Beratungsansätzen der Umstand, dass der größte Teil der psychischen Prozesse nicht bewusst, sondern automatisiert abläuft, berücksichtigt wird, und die angeleitete Erkundung der Selbst- und Umweltbilder durch die Beratenen den Kernaspekt des Beratungshandelns darstellt, der um Anregungen zur (Selbst-)Reflexion und zum Selbstlernen, aber auch zur (Selbst-) Bestätigung und Informationsaufnahme ergänzt wird. Diese Gemeinsamkeiten sollen über die *Rekonstruktion der Beratungstheorien der Ansätze* anhand der vorgeschlagenen Grundstruktur einer normativen Beratungstheorie aufgespürt werden. Gelingt es, die Beratungsprozesse in den Ansätzen nachzuweisen, wäre dies gleichzeitig eine Bestätigung der allgemeinen normativen Handlungstheorie als Kerntheorie jeder Beratung. Möglich ist es gar, dass Beratungsansätze ausschließlich oder zumindest vorwiegend hierauf basierende Beratungsprozesse beinhalten (s. Kap. D 5.1.2). Dennoch müssen bei der Ermittlung von Gemeinsamkeiten auf handlungstheoretischer Grundlage *mögliche Variationen* bedacht werden. In der Literatur werden diese zumeist als Spezifika der Beratungsansätze herausgestellt.

### 5.1.1 Spezifikum 1: Diagnostischer Prozess/Beratungsmethodologie

Der diagnostische Prozess in der Beratungssituation durch die Beratenden umfasst methodologisch zwei Aspekte, nämlich den Erkenntnis- oder Untersuchungsgegenstand sowie den Erkenntnis- oder Rekonstruktionsmodus der Beratungsanlässe inklusive der Methoden der Diagnostik. Basis dafür bilden die wirklichkeitstheoretischen, epistemologischen und wissenschaftstheoretischen Grundannahmen eines Beratungsansatzes.

Der Erkenntnisgegenstand kann in Beratungsansätzen sehr umfassend oder sehr eng gefasst sein, was zum einen auf dem Hintergrund der Beratung durchführenden Disziplinen verstanden werden kann, zum anderen im Kontext der wirklichkeitstheoretischen Annahmen in den Disziplinen. Wie dargelegt bedeutet Umfassenheit aus der Sicht des systemistischen Ansatzes bzw. der Mehrebenenontologie insbesondere die Abkehr von der Teil-Ganzes-Dichotomie auf dem Hintergrund des materialistischen Emergentismus. Individuen und soziale Systeme werden als konkrete, in einem interdependenten Verhältnis stehende Systeme mit spezifischen Eigenschaften gefasst. Der Erkenntnisgegenstand sollte folglich weder einseitig auf Individuen noch auf soziale Systeme reduziert werden und die verschiedenen Wirklichkeitsniveaus und sozialen Niveaus berücksichtigen.

Die praktische und damit beratungstheoretische Konsequenz umfassenderer oder enger Konzeptionen des Untersuchungsgegenstands besteht darin, dass dadurch, dass Beratende auf dieser Grundlage die Beratungsanlässe inhaltlich (ontisch) spezifisch rekonstruieren, auch die AdressatInnen oder KlientInnen angehalten sind, gegenstandsbezogen mehr oder weniger Fokussierungen hinsichtlich ihrer kognitiven Operationen vorzunehmen. Fokussiert der Gegenstand mehr auf die Ratsuchenden selbst ist das Potenzial für das Selbstverstehen höher, fokussiert er mehr auf relevante Objekte (Systeme) der Umwelt der KlientInnen vergrößert sich das Potenzial für das Fremdverstehen. Denkbar sind wiederum unterschiedliche Schwerpunkte innerhalb der Gegenstandsbereiche, so dass das *Ausmaß der Selbst- als auch der Umweltbilder* stark variieren kann.[212] Dies deutet auch Fuhr (s. u.) in seinem Modell zur Systematisierung von Beratungsansätzen an. Darüber hinaus weist er auf eine weitere mögliche Variation hin, die sich auf den Umfang bzw. die Vollständigkeit der handlungstheoretischen Operationen der Ratsuchenden bezieht und sich als Folge spezifischer Erkenntnismodi der Beratungsanlässe ergeben kann. Zur Systematisierung von Beratungsansätzen lehnt sich Fuhr (2003: 87-93) an das Quadrantenmodell von Wilber (1996) an:

*Abb. 16: Quadrantenmodell*

| | **INNENPERSPEKTIVE** | **AUSSENPERSPEKTIVE** |
|---|---|---|
| **INIDIVIDUELL** | **Psychoanalytische und tiefenpsychologische Ansätze**<br><br>Humanistisch-psychologische Ansätze<br>- Klientenzentrierte Beratung<br>- Gestaltberatung<br>- Psychodramatische Beratung<br><br>**Kognitive analytische Ansätze**<br>Transaktionsanalyse | **Verhaltenstheoretisch begründete Ansätze**<br>- Verhaltensmodifikation<br>- Lösungsorientierte (kognitive oder integrative) Ansätze |
| **KOLLEKTIV** | **Gruppenberatung**<br>- Soziodrama<br>- Themenzentrierte Interaktion<br>- Genogrammarbeit | **Systemische Beratung**<br>Verschiedene Ansätze („Schulen") systemischer Beratung |
| | **VERSTEHENSORIENTIERT** | **LÖSUNGSORIENTIERT** |

Quelle: Fuhr 2003:87; zit. n. Fuhr/Dauber 2002 (leicht modifiziert)

Ausgangspunkt des Modells ist die Unterscheidung von Beratungsansätzen nach der methodologischen Dimension Subjektivität („Innenperspektive") und Objektivität („Außenperspektive"). Innen- und Außenperspektive sind weiter verknüpft mit der Dimension Elementarismus („individuelle Perspektive") und Holismus („kollektive

[212] Beispielsweise kann der Schwerpunkt bei einem Fokus auf die internen Strukturen und Prozesse von Individuen wiederum auf *bestimmte* psychische Subsysteme (Affekte/Wahrnehmung/Kognition/Handeln) und damit verbundener Prozesse liegen. In Bezug auf Affekte sind dies: Emotion, Gefühle, moralisches Empfinden, Triebe, in Bezug auf Wahrnehmung/Kognition: unterschiedliche Erlebensmodi sowie Wissensformen, in Bezug auf Handeln: automatisiertes Handeln und selbstbewusstes Handeln bzw. Selbstregulation und Selbstkontrolle (s. Kap. D 1.2.). Ähnlich kann der Schwerpunkt bei einem Fokus auf die interne Struktur und die Prozesse sozialer Gebilde auf spezifische Interaktions- und Positionsstrukturen liegen (s. dazu die vier horizontal/vertikal strukturieren Interaktionsarten in Kap. D 2.1).

Perspektive“), die oben als Untersuchungsgegenstand bezeichnet wurde. Nach dem Modell sind somit *vier Erkenntnismodi* oder „Wirklichkeitsperspektiven“(ebd.:87) mit spezifischen Wahrheits- bzw. Diagnostikkriterien unterscheidbar:

- Subjektiv-individueller Modus: Diese Beratungsansätze rekonstruieren Beratungsanlässe in der Beratungssituation anhand des *subjektiven Erlebens* der Individuen und fokussieren im diagnostischen Prozess entsprechend auf die emotio-kognitive Struktur oder Prozesse der KlientInnen. Wichtiges Prüfkriterium des erzeugten Wissens bzw. diagnostisches Kriterium bildet die Wahrhaftigkeit. Fuhr nennt als Beispiele für die individuell subjektivistische Orientierung die psychoanalytischen und tiefenpsychologischen Ansätze, die Transaktionsanalyse sowie die humanistisch-psychologischen Ansätze, denen auch der personenzentrierte Ansatz angehört.
- Subjektiv-kollektiver Modus: Beratungsanlässe werden hier anhand des *intersubjektiven Erlebens* rekonstruiert. Der diagnostische Prozess fokussiert inhaltlich auf geteilte Bilder, Codes und Werte etc., kurz, auf die Kultur eines sozialen Gebildes. Fuhr ordnet z. B. die themenzentrierte Interaktion oder das Soziodrama diesem Modus zu. Das diagnostische Kriterium des erzeugten Wissens bildet tendenziell der kommunikative Konsens. Unter Bezugnahme auf die hier interessierenden Beratungsansätze können dazu besonders der systemisch-konstruktivistische Ansatz in der sozialkonstruktivistischen Tradition (s. dazu Kap. D 5.2.3), der kooperative Ansatz und in der Tendenz auch der lebensweltorientierte Ansatz gerechnet werden.[213]
- Objektiv-individueller Modus: Die Rekonstruktion der Beratungsanlässe vollzieht sich anhand der *Reaktions- und Verhaltensweisen der KlientInnen* sowie *äußerer Sachverhalte* der Individuen, die entsprechend den Rahmen des diagnostischen Prozesses abstecken. Prüfkriterium für das erzeugte Wissen bildet in der Regel sein Vergleich mit objektiven Fakten. Die frühen verhaltenstheoretisch begründeten Ansätze stellen die Reinform dieses Modus dar.[214]
- Objektiv-kollektiver Modus: Beratungsanlässe werden anhand von *sozialen Dynamiken in sozialen Gebilden* und deren *äußeren Bedingungen* rekonstruiert. Der Fokus der Wissenserzeugung richtet sich auf die Analyse der Aktivitäten des sozialen Systems unter seinen äußeren Bedingungen. Prüfkriterium für das erzeugte Wissen bildet meist seine Nützlichkeit bzw. seine funktionelle Passung. Die älteren systemischen bzw. familientherapeutischen Schulen (z. B. der strukturelle Ansatz nach Salvador Minuchin, der strategische Ansatz nach Jay Haley[215]) können diesem Modus zugerechnet werden.

Die Ausführungen machen nebst den gegenstandsbezogenen Schwerpunkten von Beratungsansätzen auch auf die diagnostischen Aktivitäten aufmerksam, die sich mit einer eher subjektivistisch oder objektivistisch erkenntnistheoretischen Überzeugung verbin-

[213] Fuhr betont in Bezug auf die mit den Erkenntnismodi einhergehenden geltenden Wahrheitskriterien, dass es sich um Tendenzen handelt (Fuhr 2003:89). Den einzelnen Beratungsansätzen ist damit nicht immer Genüge getan. So wird z. B. im lebensweltorientierten Ansatz ein multiparadigmatisches Wissenschaftskonzept vertreten.

[214] Die Zuordnung des Lösungsorientierten Ansatzes zu diesem Erkenntnismodus ist, zumindest in der Variante nach de Shazer nur in Bezug auf den Gegenstand nachvollziehbar, nicht aber in Bezug auf das Diagnosekriterium. Dieses ist vielmehr pragmatischer Art.

[215] Zu den verschiedenen Ansätzen und Entwicklungen systemischer Beratung vgl. z. B. v. Schlippe & Schweitzer 2003:17-48.

den und entsprechend einmal selbstreferenzieller und einmal fremdreferenzieller Art sind.
Fuhr verortet subjektivistisch orientierte Beratungsansätze grundsätzlich als verstehensorientierte (auch: erkenntnisorientierte) Ansätze, die auf das Ziel des Verstehens von Problemen und der Sinngebung von Lebenssituationen gerichtet sind. Die kognitiven Operationen richten sich hier vor allem auf die Erforschung der Problemsituation und die Bewertung des Problems. Objektivistisch orientierte Ansätze bestimmt er als problemlösungsorientierte (auch: handlungsorientierte) Ansätze. Das kognitive Ziel sei auf Verhaltensänderungen und Problemlösungen gerichtet, woran besonders die Erarbeitung von Lösungsstrategien bzw. Interventions- und Planungsstrategien sowie die Evaluation der erarbeiteten Strategien als gewichtige kognitive Operationen gebunden sind (ebd.:91). Allerdings räumt er ein, dass auch in erkenntnisorientierten Ansätzen handlungsorientierte Operationen vorkommen und umgekehrt, doch stünden diese dann nicht als Erfolgs-/Misserfolgskriterien im Zentrum.
Im Hinblick auf spezifische Beratung dürfte an den Fokussierungen von Beratungsansätzen kein Zweifel bestehen und ebenso wenig an den sich theoretisch begründenden Erfolgskriterien. Ob die Fokussierungen jedoch so eindeutig sind, Beratungsansätze also tatsächlich eher nur erkenntnisorientierte oder eher nur handlungsorientierte Beratungsoperationen vornehmen, wird hier hinterfragt und ist Gegenstand der beratungstheoretischen Analyse. Mindestens im Hinblick auf die hier zur Diskussion stehenden Beratungsansätze wird somit hinterfragt, ob die Klassifikation von Beratungsansätzen in verstehens- und problemlösungsorientierte Ansätze (noch) gerechtfertigt werden kann. Zu bedenken ist in diesem Zusammenhang auch, dass sich diese Klassifikation eher als praxeologische denn als methodologische Differenzierungsmöglichkeit anbietet. Ein Beratungsansatz kann sich im Hinblick auf die Veränderungsarbeit etwa auf die Erarbeitung von Lösungsstrategien spezialisiert haben, diagnostisch dennoch umfassend sein und damit sowohl die individuellen und kollektiven Wahrnehmungs- und Erkenntnisprozesse der KlientInnen als auch die individuellen und kollektiven Aktivitäten sowie äußere Gegebenheiten von Individuen und sozialen Gebilden einbeziehen. Werden eine oder mehrere dieser vier Erkenntnismodi von Beginn der Beratung an ausgeblendet, ergeben sich für KlientInnen nicht nur, wie oben angemerkt, *inhaltliche Zentrierungen und Ausschlüsse in Bezug auf ihren Bewusstseinsprozess*, sondern auch prozessuale. Denn wer Beratungsanlässe einseitig erlebens- oder verhaltensbezogen rekonstruiert, veranlasst dazu auch KlientInnen. Versäumt wird damit die *Aktivierung der unterschiedlichen kognitiven Stile,* die alle für selbstgesteuerte Problemlösungen bedeutsam sind (s. Kap. D 1.2.2.3), sei es in Bezug auf Individuen oder Kollektive. Hiervon ausgehend, wird angenommen, dass Beratungsansätze trotz bestimmter Gewichtungen alle relevanten Operationen der allgemeinen normativen Handlungstheorie mehr oder weniger enthalten.

### 5.1.2 Spezifikum 2: Beratungsprozess/Beratungspraxeologie

Auch die Beratungspraxeologie umfasst zwei Aspekte: erstens den Veränderungsgegenstand und zweitens den Veränderungsmodus inkl. der Methodik der Intervention. Wie der Erkenntnisgegenstand kann auch das Objekt der Veränderung auf Individuen oder Kollektive bezogen sein – allerdings immer innerhalb des Beratungssystems. Der Ziel- und Interventionsbereich ist per definitionem festgelegt und bezieht sich auf emotio-

kognitive Prozesse und Zustände der Beratenen. Die Veränderung der problematischen Lebenssituation obliegt entsprechend den Beratenen selbst. Theoretische Basis für die Festlegung des Veränderungsmodus, also der Art und Weise der Gestaltung des Beratungsprozesses (auch: Veränderungsprozess), bilden die Axiologie und Ethik sowie die Praxeologie. Als Folge unterschiedlicher Standpunkte können Konzepte in Bezug auf die *Rollen- und Prozessstruktur im Beratungssetting* variieren. Wie angemerkt stellt sich mit praxeologischen Überlegungen die Frage, woran sich professionelles Handeln bemisst bzw. was professionelles Handeln grundsätzlich sein soll. Dargelegt wurde in diesem Zusammenhang insbesondere der Diskurs zwischen der Auffassung von professionellem Handeln als sich auf nomologischem Wissen begründende Praxis (Sozialtechnologie) gegenüber einer sich hermeneutisch-interpretativ begründenden Praxis, was häufig in die konträren Modellvorstellungen professionellen Handelns als expertenorientiertes oder klientenorientiertes Handeln mündet (s. Kap. C 4.2). In gewisser Weise handelt es sich hierbei um eine Fortschreibung des methodologischen Gegensatzpaares Objektivität – Subjektivität auf der Handlungsebene. Wird bei Erstem der Erkenntnisgewinn einmal mehr von den KlientInnen/Beratenen (Subjektivität) und ein anderes Mal mehr von den Professionellen/Beratenden (Objektivität) abhängig gemacht, ist es auf der Handlungsebene im Gegensatzpaar Experten-/Klientenorientierung der Veränderungserfolg. Im ersten Fall liegt die Verantwortung für das Erzielen eines Erfolgs, sei es hinsichtlich der problematischen Situationen im Allgemeinen oder hinsichtlich des Ziel- und Interventionsbereichs von Beratung im Besonderen, eher beim Beratenden, im letzteren bei KlientInnen. Im Unterschied zur Expertenrolle nehmen Beratende im klientenorientierten Handlungsmodell tendenziell die Rolle von ‚SelbstveränderungsassistentInnen' ein.
In Bezug auf diese Dichotomie wurde hervorgehoben, dass sie sich maßgeblich durch eine ungenügende Differenzierung zwischen einer (fallunspezifischen) Makroebene und einer (fallspezifischen) Mikroebene des Handelns erhält (s. Kap. C 4.2). Grenzt man die Ebenen voneinander ab, ist Expertenorientierung ein Thema der Makroebene, auf der sich die grundsätzliche Frage nach den *erforderlichen kognitiven Schritten und Wissensformen für problemlösendes Handeln* stellt. Klientenorientierung ist dagegen ein Thema auf der Mikroebene, in dessen Mittelpunkt die Frage nach den *erforderlichen Interaktionen* steht, die dafür sorgen, nicht an KlientInnen vorbei zu operieren. Eine integrative Praxeologie hat entsprechend beide Ebenen zu berücksichtigen. Nur dadurch gelingt es auch, die für professionelles Handeln eingeforderten verschiedenen Rationalitäten, namentlich die kognitiv-instrumentelle Rationalität (Wissenschaftsorientierung), die kommunikative Rationalität (Verständigungsorientierung), die Sinnrationalität (Verstehensorientierung) und die Werterationalität (ethische Orientierung) als Kriterien der Auswahl von Methoden miteinander zu verbinden (Preis 2009:165 ff.). Auf der Grundlage einer integrativen Praxeologie setzt die Gestaltung von Veränderungsprozessen die Verfügung einer (substanziellen) allgemeinen normativen Theorie der Prozesssteuerung voraus (kognitiv-instrumentelle Rationalität, Wertrationalität), die Professionellen zur Strukturierung und Bewertung eines Falles dient. Diese ist um spezielle normative Prozesssteuerungstheorien zu ergänzen, deren Wahl jedoch erst unter Bezugnahme auf die Einzigartigkeit des Falles, d. h. der Spezifika der Klientel sowie ihrer Lebenssituation, erfolgen kann. Dessen Ermittlung macht wiederum kommunikative und interpretative Verfahren erforderlich, wodurch der kommunikativen und der Sinnrationalität Rechnung getragen wird.

Anknüpfend an die Unterscheidung eines allgemeinen und speziellen Handlungsbegriffs hat die Steuerung von Veränderungsprozessen *in Bezug auf Beratung*, wie in Abb. 14 dargestellt, folgende grundlegende Struktur[216]:

- *Herstellung von Kooperation* (mittels verständigungsorientierter, kommunikativer Verfahren),
- *Hilfeklärung* (mittels verstehender, sozialdiagnostischer Verfahren/allgemeine normative Beratung),
- *Diagnose/Indikation/Auftragsabstimmung* (mittels wissenschafts- und wertorientierter Verfahren/allgemeine normative Handlungstheorie sowie kommunikative Verfahren),
- *Hilfe zur selbstgesteuerten Problemlösung* (mittels spezifischer Beratungsverfahren/spezifische Beratung)
- *Hilfe zur Festigung des Erreichten* (mittels stützender Beratung).

*Variationen dieser Prozessstruktur* ergeben sich aus einer verkürzten Praxeologie. Wo ausschließlich ein berater- *oder* ein klientenzentriertes Verständnis von Praxis vorherrscht, ist nicht mit einer expliziten Unterscheidung von generalisierten und spezifischen Methoden und infolgedessen auch nicht mit einer Unterscheidung von allgemeiner und spezifischer Beratung zu rechnen. Da im ersten Fall *nur* die Beraterprozesse als veränderungswirksam betrachtet werden, stehen vor allem die Problemlösungsprozesse der BeraterInnen im Vordergrund. Prozessstrukturell dominiert die Diagnose- und Indikationsstellung, eine allgemeine Beratungsphase (Hilfeklärung) existiert im Sinne einer Vorphase der Beratung. Diese hat eher funktionalen als kooperationsverstärkenden und entscheidungsbeeinflussenden Charakter. Spezifische Beratung wird in der Regel als unidirektional verlaufender Wissenstransfer konzipiert, womit ‚Beratung' vorwiegend eine informierende Methode ist (s. Kap. B 2.2). Schon an dieser Stelle sei darauf hingewiesen, dass keiner der ausgewählten Beratungsansätze diesem Prozessverständnis zugeordnet werden kann.[217] Alle behandelten Ansätze verstehen sich als klientenzentriert und betonen entsprechend auch Prozesse der KlientInnen und Klientensysteme als ausschlaggebend für Veränderung.
Wo dies ausschließlich geschehen soll und Beratenden somit *nur* die Aufgabe der Steuerung des Selbststeuerungsprozesses zukommt, nicht aber auch die Aufgabe, Probleme und Ziele *mit*zubestimmen, wird die Trennung von Diagnose/Indikation und Intervention oft für obsolet gehalten (z. B. Ludewig 2009:93 ff.), womit auch eine Unterscheidung von allgemeiner und spezifischer Beratung überflüssig wird. Die Herstellung von Kooperation sowie die Hilfe zur selbstgesteuerten Problemlösung und die Festigung des Erreichten bilden die zentralen Bestandteile der Prozessstruktur. Hieraus erklärt sich auch, dass als ansatzimmanent spezifisch geltende Beratungsoperationen durchaus nur die hier als allgemein bezeichneten Operationen beinhalten können bzw. mit diesen identisch sind. Hilfe wird gleichgesetzt mit der Hilfe zur selbstgesteuerten Problemlösung.

Beratungstheoretisch besteht eine wesentliche praktische Konsequenz unterschiedlicher

[216] Die Substruktur (-phasen) werden an dieser Stelle nicht genannt.

[217] Das Wissenstransfer-Modell war als sog. traditionelles Beratungsmodell lange Zeit in der Unternehmensberatung verankert, wird jedoch zunehmend von systemischen oder reflexiven Beratungsmodellen abgelöst (z. B. Mohe 2003; Moldaschl 2001:133-158). Auch im psychosozialen Bereich ist diese einseitig sozialtechnologische Orientierung, allerdings oft noch gepaart mit der Verständigungsorientierung, noch von gewisser Relevanz. Zu denken ist etwa an verhaltensmodifikatorische Ansätze oder ältere systemische Ansätze (z. B. strukturelle Familientherapie).

Arrangements der Prozessstruktur zum einen darin, dass KlientInnen je nach Prozessarrangement aufgefordert sind, die Problembearbeitung in *unterschiedlicher Intensität* anzugehen. Wird Hilfe von vornherein als Selbsthilfe konzipiert, ist die Intensität höher als im Falle einer ergebnisoffenen Hilfekonzeption. In Bezug auf den Beratungsprozess im engeren Sinne, also den Steuerungsprozess der Hilfe zur Selbststeuerung, nehmen die grundlegenden Möglichkeiten, dies durch Stabilisierung oder Destabilisierung der Wissensstruktur der KlientInnen zu erreichen, auf deren *Lernprozess* Einfluss (s. Kap. D 2).
An dieser Stelle kann noch einmal an die Unterscheidung zwischen verstehens- und problemlösungsorientierten Ansätzen angeknüpft werden. Tendenziell dürften verstehensorientierte Ansätze eher die Stabilisierung der Wissensstruktur anstreben und einem transitiv/unterstützenden Beratungsmodus den Vorzug geben und handlungsorientierte dem Modus des (meta-)reflexiven und auch transitiven Lernens. Unter problemlösungstheoretischem Gesichtspunkt ist davon auszugehen, dass Beratungsansätze sich dennoch mehr oder weniger beider Modi bedienen.

## 5.2 Beratungsansätze im Lichte praktischer Konsequenzen – beratungstheoretische Analyse

Die möglichen Variationen in Rechnung stellend, wird nach dem größten gemeinsamen Nenner zwischen den Beratungskonzepten der Ansätze gesucht. Zu diesem Zweck wird die beratungstheoretische Struktur, im Weiteren auch die handlungs- bzw. beratertheoretische Struktur der Ansätze entlang der Grundstruktur in Abb. 14[218] (Kap. D 4.3) rekonstruiert.
Dies erfolgt unter Bezugnahme auf vorgefundene Textstellen in Selbstbeschreibungen der Beratungsansätze in Anlehnung an die im Grundriss verwendete Terminologie; die handlungstheoretischen Operationen der BeraterInnen werden hier nun auch als Regeln formuliert; den Beratungsprozessen sind auch hier die Beziehungsprozesse vorangestellt. Zur Darstellung wird wieder eine tabellarische Form gewählt, wobei auf eine Detaillierung in allgemeine und spezifische beratungstheoretische Prozesse – sofern der Ansatz selbst keine Unterteilung vornimmt – verzichtet wird. Wird eine Differenzierung vorgenommen, sind die spezifischen Prozesse mit grauer Schattierung unterlegt. Die Prozessabfolge wird, da von unterschiedlichen Sequenzierungsmöglichkeiten ausgegangen wird, in der dritten Spalte gemäß den bei den KlientInnen angestrebten Aktivitäten kommentiert. Wo beratungstheoretisch submethodische und verfahrensbezogene Aspekte aus den Quellen erschlossen werden können, werden diese ergänzt. Zu Beginn wird jeweils auf die verwendeten Textquellen verwiesen.
Erste Ergebnisse werden im Anschluss an die tabellarische Darstellung entlang der Analysekategorien *Umfang der Beratungsprozesse*, *Beratungsmodus, relevanter Wirklichkeitsausschnitt* und *Prozessstruktur* zusammengefasst. Über die Kategorie ‚Umfang der Beratungsprozesse' werden die ersten beiden Thesen (s. Kap. D 5.1) überprüft, die als bestätigt gelten, wenn sich in allen Beratungsansätzen nachweisen lässt, dass KlientInnen dazu veranlasst werden, *alle* problemlösungstheoretisch relevanten Operationen – in mehr oder weniger vertiefter Form – zu durchlaufen. Über die Kategorie ‚Beratungsmodus'

[218] Die beratungstheoretische Struktur bezieht sich auf die erste Spalte ‚Allgemeine Interaktionsregeln der Beratenden', die beratertheoretische Struktur auf die dritte Spalte ‚Handlungstheoretische Operationen der Beratenden'.

wird die dritte These überprüft. Sie wird als bestätigt betrachtet, wenn sich in allen Ansätzen in Bezug auf spezifische Beratung methodische Operationen nachweisen lassen, die beiden Modi Rechnung tragen.
Aus systemistischer Sicht der Sozialen Arbeit ist im Weiteren von Interesse, welche Wirklichkeitsausschnitte in den Beratungsansätzen berücksichtigt werden und welche Prozessstruktur zugrunde gelegt wird. Als bedingt kompatibel mit dem systemistischen Beratungsansatz sind Beratungsansätze anzusehen, die den Hilfeprozess von Beginn an auf einen Wirklichkeitsausschnitt reduzieren und folglich von der systemistischen Problemtheorie abweichen. Beratertheoretisch zeigte sich dies in Anweisungen, Beratungsanlässe sehr eingeschränkt zu rekonstruieren, beratungstheoretisch in einem eingeschränkten Thematisierungsrahmen. Die Prozessstruktur von Ansätzen ist nicht kompatibel mit dem Professionsverständnis des SPSA, wenn die Entscheidung zur vertieften Arbeit an der Selbststeuerung nicht die vorausgehenden Phasen der Kooperationsherstellung, offenen Hilfeklärung und Diagnose-/Indikationsstellung/Auftragsabstimmung enthält, da dies sowohl den ethischen als auch den praxeologischen Prämissen zuwiderliefe.

Schließlich muss angemerkt werden, dass die beratungstheoretischen Operationen in den verwendeten Quellen bzw. Ansätzen nicht immer explizit beschrieben sind. Ausgehend von der Annahme, dass sie implizit aber vorhanden sind, gilt es, diese zu explizieren. Hierin liegt u. a. der Grund, dass auch die handlungstheoretischen Operationen der BeraterInnen dargestellt werden. Implizit bestehende beratungstheoretische Prozesse sind einfach rekonstruierbar, wenn die handlungstheoretischen Operationen der BeraterInnen explizit genannt sind, da diese die Beratungsprozesse anleiten. Dies trifft z. B. auf den Selbstmanagement-Ansatz zu, in dem vor allem die kognitiven Operationen der Beratenden beschrieben sind. Es gibt auch den umgekehrten Fall, in dem die beratungstheoretischen, nicht aber die beratertheoretischen Operationen expliziert sind. Diese Situation findet sich z. B. beim lösungsorientierten Ansatz, der sich als beratungstheoretisches Regelwerk präsentiert und dabei die Position vertritt, auf eine rationale Handlungstheorie verzichten zu können. Die Hypothese, dass die allgemeine normative Handlungstheorie mit ihrer Prämisse des wissens- und wertegesteuerten Handelns Kerntheorie aller Beratungsansätze ist, ist so erst gar nicht überprüfbar. Es muss somit zuerst nachgewiesen werden, dass auch der lösungsorientierte Ansatz den Operationen der allgemeinen normativen Handlungstheorie folgt, was Obrecht & Gregusch (2003) mittels Reanalyse von originären Fallbeispielen bereits zeigen konnten.

Der Umstand, dass Problemlösungstheorien erst vor dem Hintergrund des beschriebenen Problem- und Interventionsverständnisses nachvollziehbar sind, das seinerseits nach Begründung verlangt, stellte die Anforderung, die Beratungsansätze auch in ihrer Selbstbeschreibung darzustellen. Dieser Anforderung wird hier nur insofern nachgekommen, als dass relevante inhaltliche Konzepte im Kontext der handlungstheoretischen Struktur erwähnt und, wo für das Vorhaben nötig, kurz erläutert werden.[219] Da es sich bei der Analyse um einen kriteriengeleiteten, heuristischen Theorievergleich handelt, interessiert hier weniger die Konzeptualisierung der Ansätze als deren handlungspraktische Folgen. Dazu wurden insbesondere Beschreibungen des Beratungsprozesses als Textquellen gewählt, in welchen die theoretischen Prämissen als

[219] Die Beschreibung von Beratungsansätzen ist zahlreich. Empfehlenswerte Überblicksdarstellungen finden sich z. B. bei Nestmann, Engel & Sickendiek (2004a) und Ertelt & Schulz (1997).

‚Denkfiguren' einfließen. Lückenhaft oder inhaltlich unscharf beschriebene handlungstheoretische Teiloperationen, durch die die Beratungsoperationen erst nachvollziehbar werden, werden dabei auf der Grundlage formulierter theoretischer Komponenten zu rekonstruieren versucht und sind in den Tabellen durch *Kursivschrift* gekennzeichnet.[220]

### 5.2.1 Der personenzentrierte Ansatz (PA)

*Abb. 17: Handlungs- und Beratungstheorie des personenzentrierten Ansatzes*

Quelle: eigene; Textquellen: Berger 2006:333 -373; Sander 1999, 2004:331-341; Eckart, Biermann-Ratjen & Höger 2006

Legende: B = BeraterInnen, K= KlientInnen[221]

| Beratertheoretische Operationen | Beratungstheoretische Operationen | Angestrebte Aktivität |
|---|---|---|
| Realisiere personale Bedingungen zur Entwicklung einer kooperativen Arbeitsbeziehung.<br><br>Nimm eine therapeutische Haltung ein. | Setze die Basisvariablen[222] emotionale Wärme und bedingungsfreie positive Beachtung bzw. Wertschätzung/Akzeptanz, Empathie, Echtheit bzw. Authentizität/Kongruenz um.<br>Submethoden/-verfahren:<br>die Handlungsprinzipien Nicht-Direktivität (aufmerksames Zuhören), empathisches Zuhören, spezifische Zentrierung der Aufmerksamkeit und Verbalisierung der Erfahrung von K. realisieren:[223]<br>K., wenn nötig, in der Entwicklung seiner/ihrer Bereitschaft zur Offenheit, sich mit eigenen Gefühlen und Kognitionen auseinanderzusetzen, unterstützen (Selbstöffnung); hierfür besonders Interventionsregeln bei niedriger Selbstexploration realisieren. | Vertrauensbildung |
| Realisiere soziale Bedingungen zur Entwicklung einer kooperativen Arbeitsbeziehung. | Informiere über die zeitliche, inhaltliche, operative Struktur und die Rollenstruktur (Rahmenbedingungen). | Kooperation |

220 Dabei ist anzumerken, dass objekttheoretische mit handlungstheoretischen Konzeptionen, ebenso wenig wie metatheoretische mit objekttheoretischen Konzeptionen, zwangsläufig konsistent sind (als Beispiel vgl. Wolf 2000:27 ff., 32 ff.; zit. n. Mohe 2003:103). Insofern sind rekonstruktive Fallanalysen sicher ein zu bevorzugender Weg zur Erfassung der Beratertheorien.

221 Der Einfachheit halber wird in Kap. D 5 nicht zwischen AdressatIn und KlientIn unterschieden.

222 So die allgemeine Bezeichnung der von Carl Rogers beschriebenen Bedingungen zur Realisierung einer therapeutischen Haltung.

223 Spezifische Zentrierung der Aufmerksamkeit beinhaltet, die Aufmerksamkeit auf das eigene Selbsterleben sowie das von K. zu richten. Die auf K. bezogene Aufmerksamkeit beinhaltet 1. das Ausmaß der Selbstexploration (sprachlich geäußerte Form der Auseinandersetzung mit sich selbst, dem eigenen Erleben, eigenen Erfahrungen und ihren Bewertungen); 2. den inneren Bezugsrahmen (internes Modell über sich selbst bzw. Selbstkonzept, internalisierte Wertvorstellungen und Beziehung zu B.) und 3. das Experiencing (emotional-ästhetischer Erlebensmodus oder „gefühlte Bedeutungen") (Eckert 2006: 232 ff.).
In der Selbstbeschreibung des Ansatzes wird explizit darauf hingewiesen, dass bei der Verbalisierung der mitgeteilten Erfahrungen durch die Beratenden immer auch die *dazu gehörenden Gefühle* und möglichst auch immer der *innere Bezugsrahmen* der KlientInnen einbezogen werden. Bei hoher Selbstexploration, die sich darin zeigt, dass die KlientInnen auch über ihre inneren Erlebnisse sprechen, sind die *Erfahrungen von K.* und das damit zusammenhängende im *Hier und Jetzt unmittelbar gegebene gefühlsmäßige Erleben* möglichst genau und vollständig anzusprechen. Bei tiefer Selbstexploration ist *das gefühlsmäßige Erleben* von K. anzusprechen, das ihn oder sie *im Hier und Jetzt* am stärksten zu bestimmen scheint (ebd.:234 ff.).

| Beratertheoretische Operationen | Beratungstheoretische Operationen | Angestrebte Aktivität |
|---|---|---|
| Erzeuge ein Bild über die aktuelle Situation von K. und beziehe hierbei – nebst Informationen über das Erleben und den inneren Bezugsrahmen (internes Modell) – explizit auch Informationen zum sozialen und kulturellen Kontext mit ein. | Rege K. zur Erzeugung eines Bildes über die gegenwärtige Situation an. Fordere K. auf, sich zum Beratungsanlass zu äußern, Probleme, Beschwerden und die Intensität der Beeinträchtigung darzulegen und seine/ihre Anliegen zu formulieren.<br>SUBMETHODEN/-VERFAHREN:<br>zur Schilderung des Anliegens in Form nicht festlegender Aufforderungen ermutigen; wiederholen, paraphrasieren, zusammenfassen; nonverbales Verhalten ansprechen; offene Fragen, gezieltes Nachfragen, Akzentuieren, Feststellungen machen; das Erleben und Verhalten von K. konkretisieren.[224] | Beschreibung der Beschreibung (Bilder) (gegenwarts-, problembezogen) |
| Erzeuge ein integriertes Bild von den problematisch bewerteten Sachverhalten auf der Grundlage der Inkongruenztheorie.<br>Analysiere vor allem externe Determinanten, die zu Inkongruenz-erfahrungen führen sowie die Verarbeitungsmuster von K. in Bezug auf die extern gestellten Anforderungen. | Rege K. zur Erzeugung eines integrierteren Bildes über die Situation an. Fordere K. auf, nach Erklärungen für die Probleme zu suchen bzw. seine/ihre subjektiven Erklärungen (Attribuierungen) zu schildern. | Beschreibung Erklärungen (Codes/Theorien) |
| | Rege K. zur Erzeugung eines Bildes über seine/ihre Beratungserwartungen an. | Beschreibung Erwartungen (Beratungs-situation) |
| | Rege K. zur Erzeugung eines Vergangenheitsbildes bzgl. erfolgter Problemlösungsversuche an. | Beschreibung Interventionen (Vergangenheit) |
| | Rege K. zur Erzeugung eines Zielbildes an. Fordere K. auf, Ziele zu formulieren. | Besschreibung Ziele |

[224] Diese Regeln gelten für alle Beratungsprozesse.

| Beratertheoretische Operationen | Beratungstheoretische Operationen | Angestrebte Aktivität |
|---|---|---|
| Beurteile, welche Inkongruenzen vorliegen und schätze die Erfolgsbedingungen für dein Angebot in Bezug auf K. ein (Indikation, Erfolgsprognose)<br><br>Personenzentrierte Beratung ist indiziert, wenn<br>1.keine psychische Störung vorliegt,<br>2.ein erkennbares Maß an Selbststeuerung vorhanden ist und<br>3.eine positive Prognose darüber gestellt werden kann, dass K. das Beziehungsangebot zumindest in Ansätzen wahr- und annehmen kann (Indikatoren sind das Ausmaß der Selbstexploration, die direkte Beurteilung durch K, die emotionale Reaktion von K. und die Registrierung der bedingungsfreien positiven Beachtung durch B.). | Informiere bei positiver Indikationsentscheidung über Möglichkeiten und Risiken der Beratung, über den Ablauf der Beratung und über allfällig bestehende Beratungs- und Behandlungsalternativen.<br>Kläre über Kontraindikationen auf und schlage Alternativen vor. | Auftragsabstimmung |
| Fördere das Gewahrwerden von inneren und äußeren Situationsaspekten bzw. fördere Information und Orientierung. | Fokussiere auf die vertiefte Generierung von Beschreibungs- und Bewertungswissen und die Anreicherung von Beschreibungswissen.<br>Submethoden/-verfahren: Strukturierte Exploration der emotionalen Erfahrung; zur Wahrnehmung der emotionalen Reaktionen, Handlungsimpulse und kommunikativen Pläne anregen; zur Wahrnehmung der elementaren sinnlichen Empfindungen, der Gefühle und eigener Wertungen und Gewichtungen anregen; zur Konkretheit von Erfahrungen, Gefühlen, Einstellungen auffordern;<br>interne und externe Ressourcen zur Problembewältigung analysieren, Feedback geben; zu Sachaspekten der Problemsituation informieren. | Vertiefte Beschreibung von Bildern und Werten, Aufnahme von Beschreibungswissen |
| Fördere die Reflexion der Erfahrungen bzw. schaffe Möglichkeiten zur vertieften emotional erlebten Problemanalyse und fördere die Neubeurteilung von Einstellungen, Erfahrungen und Verhaltensweisen bzw. fördere Deutung und Klärung. | Fokussiere auf die kritische Analyse von Bildern und Werten und auf die Generierung von Erklärungswissen.<br>Submethoden/-verfahren: Perspektivenwechsel, imaginierter Dialog, Inkongruenz erweiternde Interventionen; Konfrontieren mit der Tendenz, Verantwortung abzulehnen, mit eigenen Stärken, mit der Tendenz zu selbstentwertenden Dialogen und selbstbeschränkenden Denkweisen und Vorurteilen, mit geäußerten Widersprüchen, mit der Neigung nicht zu handeln, mit den Konsequenzen des Verhaltens, mit Stärken;<br>Unterstützung einer differenzierten Wahrnehmung der sozialen Umwelt;<br>Unterstützung sinngebender neuer Erfahrungen, Interpretationshilfen geben. | Bild- und Werteanalyse , Beschreibung Codes |

| Beratertheoretische Operationen | Beratungstheoretische Operationen | Angestrebte Aktivität |
|---|---|---|
| Fördere die Entwicklung von Handlung und Bewältigung. | Fokussiere auf die Generierung von Ziel-, Methoden- und Planwissen und unterstütze die Entwicklung von Handlungskompetenzen.<br>SUBMETHODEN/-VERFAHREN:<br>Zukunftsprojektionen, Handlungsplanung, Zielformulierung, selbstexplorative Bearbeitung von Lösungsmöglichkeiten, Strategieentwicklung, Verhaltensübungen und -modifikation, Stressminderungstechniken. | Vertiefte Beschreibung von Zielen, Interventionen und Plänen sowie Fertigkeitstraining |
| Fördere die Realisierung von Plänen. | Fokussiere auf die Aufrechterhaltung der Pläne und hilf Bedenken der Umsetzung zu mildern.<br>SUBMETHODEN/-VERFAHREN:<br>zu veränderten Erfahrungen in neuen Situationen ermutigen; Hindernisbewertungen und Umbewertungen vornehmen; Rollenspiele und Visualisierung schwieriger Situationen durchführen. | Bestätigung des Plans und handlungsvorbereitende Übungen |
| Evaluiere die Ergebnisse und Prozesse der Beratung kontinuierlich (Beratungsbeziehung, Beratungsanliegen, Kontextbezug, Ressourcen, Konsequenzen, Hindernisse, Zeitperspektive). | Fokussiere auf die Generierung von Evaluationswissen und stehe K. bei erfolglosen Problemlösungsversuchen ermutigend bei. | Beschreibung (Zwischen-) Ergebnisse bzw. Analyse der Erfahrungen und (Neu-)Planung |

**Zusammenfassung**

Beziehungs- und beratungstheoretisch betrachtet ist der personenzentrierte Ansatz weitgehend mit der vorgeschlagenen Grundstruktur identisch. Er umfasst nahezu alle Beratungsprozesse. Hinsichtlich des beratungsrelevanten Wirklichkeitsausschnitts werden nebst psychischen auch soziale und kulturelle Gegebenheiten des Klientensystems für wesentlich erachtet; die beiden letztgenannten Merkmalstypen beziehen sich auch auf das Beratersystem und die Organisation. Berger formuliert:

> „Beratung ist kontextbestimmt und kontextorientiert" (2006:350).

Als Prozesssteuerungsmodell ist der Ansatz selten beschrieben. Sander bemerkt:

> „Vermutlich scheuen personenzentrierte Vertreter die Festlegung auf Regelhaftigkeiten in der Beratung, weil zu Recht die Gefahr besteht, sich daran in der Praxis schematisch zu orientieren" (2004:341).

Berger unterscheidet zwischen Anfangs-, Mittel- und Schlussphase (2006:350 ff.).[225] Hier wird deutlich, dass Beratungsprozesse zuerst im Dienste der gemeinsamen Klärung der Hilfe und der Passung des Beratungsangebotes (Indikation) stehen. Beratung ist

[225] Sander (2004:341) schlägt in Anlehnung an Goldfried & D'Zurilla (1971) sowie Egan (1996) die folgende Prozessstruktur vor: (1) Allgemeine Orientierung, (2) Problemformulierung und Definition, (3) Entwicklung von Alternativen, (4) Entscheidung und Verifikation im beraterischen Feedback. Auf einen Vergleich zwischen den Modellen wird hier jedoch verzichtet.

tendenziell als reflexive Unterstützung konzipiert. Dem Gewahrwerden affektiv bewerteter Gegenwartsbilder (s. u.) kommt hohe Bedeutung zu.

Die Anfangsphase beinhaltet den Vertrauensaufbau sowie die Rollenklärung und parallel dazu die Auftragsbestimmung und damit einhergehende allgemeine beratungstheoretische Operationen. Diese beinhalten die Anregungen an KlientInnen, problematische Aspekte ihrer Situation und diesbezügliche Hypothesen (Attribuierungen) zu schildern, bereits erfolgte Problemlösungsversuche darzulegen und Beratungserwartungen und Ziele zu formulieren. Die Beratenden unterstützen in dieser Phase die wissens(re-)generierenden Prozesse der KlientInnen mittels Paraphrasieren, Wiederholen, Nachfragen, Konkretisieren, Akzentuieren etc. Die Gesprächsinhalte werden nicht vorgegeben, sondern durch die Beratenen bestimmt. Nicht vorgesehen sind in den allgemein beratungstheoretischen Prozessen die Schilderung von (passiven) Zukunftserwartungen in Bezug auf die eigene Lebenssituation und die Explikation relevanter Werte und ebenso wenig die Priorisierung von Problemen[226] sowie die Schilderung von Lösungsoptionen. Dies erklärt, dass in dieser Phase auch noch keine Ressourcen ins Spiel kommen.

*Handlungstheoretisch* entscheiden personenzentrierte BeraterInnen über das Angebot spezifischer Beratung auf der Grundlage eines beschriebenen, erklärten, prognostizierten und bewerteten Bildes der Situation der AdressatInnen. Entscheidend ist diesbezüglich, dass BeraterInnen das Vorliegen einer Inkongruenz, d. h. einer erlebten Nicht-Übereinstimmung zwischen wichtigen subjektiven Erfahrungen und Selbstkonzept[227] feststellen und dass diese Inkongruenzen lebensereignisbedingt sind und nicht „wie beim Therapieklienten die biografische Entwicklung eines ‚falschen Selbst' einschließlich eines fehlenden bzw. schlecht funktionierenden organismischen Wertungssystems aufgrund defizitärer sozialkommunikativer Bedingungen, z. B. der Eltern." (Sander 2004:335). Sander pointiert:

> „Forderungen, die sich von Seiten enger Bezugspersonen, der sozialen Bezugsgruppen und aus den Lebenswelten (Beruf, Arbeit, Ausbildung, Alltag, Wirtschaft etc.) ergeben, treffen auf eine inadäquate Verarbeitung innerer Erfahrungen (z. B. Angst, Wahrnehmungsverzerrungen, Defizitmotive) auf ein defizientes Sozialverhalten (z. B. Kommunikations- und Beziehungsstörungen) und auf inkompetente Handlungs- und Bewältigungsformen (mangelnde Stressbewältigungstechniken)" (ebd.:336 f.).

Anregungen zur Beschreibung der Situation und zur Erklärung der Probleme durch KlientInnen müssen entsprechend über Aussagen über die emotionale und kognitive Situation hinaus um Aussagen über soziale und kulturelle Fakten in Bezug auf Objekte der Umwelt der KlientInnen ergänzt werden, die ihrerseits in die Beschreibung und Erklärung der Beratenden eingehen und bei der Indikationsstellung Berücksichtigung finden (Berger 2006:336 f.). Weitere Indikationsgrundlagen bilden ein „wenn auch noch so bescheidene(r) Wunsch nach Exploration ihrer Person und ihrer Situation [...] und

---

226 Berger (2006:350) formuliert aber, dass die Beratenden auf die in der Schilderung zum Ausdruck gebrachten Präferenzen und Prioritäten achten.

227 Biermann-Ratjen (2006:95) macht darauf aufmerksam, dass der Begriff der Inkongruenz im personenzentrierten Ansatz eine spezifische Bedeutung hat, nämlich die der Fehlanpassung zwischen Erfahrungen, verstanden als das, was den Organismus erreicht, sich in ihm abspielt und potenziell dem Bewusstsein zugänglich ist und dem Selbstkonzept, verstanden als symbolische Repräsentationen der Erfahrungen im Selbst (Höger 2006a:58 ff.). Der Inkongruenzbegriff ist damit nicht mit dem von Grawe und dem in dieser Arbeit verwendeten Begriff konsistent, der das Verfehlen aktivierter motivationaler Ziele (Bedürfnisse, Wünsche) bedeutet. Tendenziell entspricht er dem Grawe'schen Inkonsistenzbegriff, mit dem die Nicht-Übereinstimmung zwischen psychischen (neuronalen) Prozessen bezeichnet wird (Grawe 2004:186 ff.).

eine Bereitschaft diese auch zu leisten" (ebd.:346) sowie eine empathische Reaktion der BeraterInnen. Kontraindikationen bilden fehlende Bereitschaft oder fehlendes Vermögen von KlientInnen, sich auf interne Bewertungsstandpunkte hin zu orientieren sowie das Vorliegen einer psychischen Störung (ebd.:346 f.). Je nach Indikation verweisen BeraterInnen auf andere Hilfemöglichkeiten (ebd.:350).

Vereinbarungen in Bezug auf zu bearbeitende Probleme, angestrebte Ziele und das Vorgehen leiten im personenzentrierten Ansatz die handlungstheoretisch *spezifische Phase* (Mittelphase) ein, die sich in operativer Hinsicht wenig von der allgemeinen Phase unterscheidet, jedoch nehmen die Beratungshandlungen an Intensität zu. Berger betont:

> „Der Berater wechselt [...] nicht in eine Haltung des Experten und der wissenden Autorität. Die Interventionen des Beraters geben zum Ausdruck, dass er mehr über das Erleben des Ratsuchenden erfahren möchte, und seine Handlungsweise soll ‚helfen das Implizite explizit zu machen'" (ebd.:357)[228].

Stark gewichtet wird die Erzeugung der affektiv bewerteten Gegenwartsbilder. Berger betont:

> „Die Personenzentrierte Beratung ist spezifisch darauf ausgerichtet, der ratsuchenden Person ein umfassendes Gewahrwerden ihres subjektiven Wahrnehmungsfeldes samt der sie konstituierenden Bedingungen zu ermöglichen" (ebd.:345).

In der Förderung größerer Bewusstheit der KlientInnen über sich selbst und ihrem Umfeld sieht Berger die Spezifizität des Ansatzes.

> „Beratung schärft das Gewahrwerden der Emotionsprozesse, die Erleben generieren und organisieren, und sie regt zur Auseinandersetzungen mit den Gefühlen an. Sie schafft einen Raum, in welchem die eigenen Einstellungen, gefühlsmäßigen Bewertungen, Motive, Beziehungen und Kompetenzen unverzerrt wahrgenommen und symbolisiert werden können" (ebd.).

Sander vergleichbar schreibt auch Berger der kritischen Analyse des Erfahrungswissens und damit der Entwicklung von Erkenntniskompetenz wichtige Bedeutung zu, so dass auch Operationen des transitiven und reflexiven Lernens (z. B. mittels Abgeben von Sachinformation, Perspektivenwechsel oder Konfrontation[229]) zur Anwendung gelangen. Auch wird die Entwicklung von Handlungskompetenz angestrebt, insbesondere mittels Generierung von Ziel-, Methoden- und Planwissen (Reflektieren) sowie der Nutzung von Verhaltensübungen und der Umsetzung der Pläne stützende Operationen. Da diese (Sub-)Methoden, wie Sander hervorhebt, anderen theoretischen Positionen entnommen sind, ist es unerlässlich, sie immer auch mit der therapeutischen Haltung Akzeptanz, Wärme und Echtheit und den zentralen Werten des Ansatzes, die dem Menschen Erfahrungsoffenheit, Vertrauenswürdigkeit, Konstruktivität, Sozialität und Kreativität zuschreibt, abzustimmen (Sander 2006:342; zum Menschenbild vgl. Berger 2006:340 ff.; Kriz 1994:178 ff.).

---

[228] Berger zitiert hier Greenberg, Rice & Elliot (1993:16).

[229] Der Begriff Konfrontation bezeichnet in dem Ansatz die kommunikativ offene, direkte Intervention zur Aufdeckung von Diskrepanzen, Widersprüchen und Abwehrhaltungen (Berger 2006:365).

### 5.2.2 Der Selbstmanagementansatz (SMA)

*Abb. 18: Handlungs- und Beratungstheorie des Selbstmanagementansatzes*

Quelle: eigene; Textquellen: Kanfer, Reinecker & Schmelzer (2006)

| Beratertheoretische Operationen | Beratungstheoretische Operationen | Angestrebte Aktivität |
|---|---|---|
| Realisiere personale Bedingungen zur Entwicklung einer kooperativen Arbeitsbeziehung. | Setze die Basisvariablen emotionale Wärme und (bedingungsfreie positive) Wertschätzung bzw. Akzeptanz, Empathie und Echtheit oder Authentizität/Kongruenz um.<br>SUBMETHODEN/-VERFAHREN: s. PA | Vertrauensbildung |
| Realisiere soziale Bedingungen zur Entwicklung von Kooperation.<br>Strukturiere die Rollen (die Professionsrolle als ÄnderungsassistentIn oder Prozess-gestalterIn und die von K. als aktive MitarbeiterIn und InhaltsgestalterIn).<br>Sorge für eine optimale Gestaltung der äußeren (organisatorischen) Beratungssituation. | Dosiere zwischen empathischem Zuhören und dem Aufbau von Arbeitsorientierung und Eigenaktivität; motiviere zur Kooperation.<br>SUBMETHODEN/-VERFAHREN zur Motivation und zum Aufbau von Arbeitsorientierung/-Eigenaktivität:<br>Die aktive Unterstützung bei den Änderungsversuchen zum Ausdruck bringen; deutlich machen, dass es prinzipiell immer möglich ist, etwas zum Positiven zu verändern und dass man dies K. zutraut; K. auf sensible Weise die Wichtigkeit ihrer/seiner eigenen Aktivitäten vermitteln und von Beginn an den Fähigkeiten von K. entsprechende Hausaufgaben (z. B. Beobachtung, Selbstbeobachtung) erteilen. | Kooperation |
| Erzeuge ein breites, umfassendes (und dennoch möglichst verhaltensnahes) Bild von der gegenwärtigen Situation des Klientensystems (Alpha-, Beta- und Gammavariablen)[230]. Ende damit, wenn du erste therapeutische Anhaltspunkte (Targets) hast.<br>Kläre die Erwartungen von K. in Bezug auf Realisierbarkeit.<br>Vermittle positive Beratungserwartungen.<br>Brich ab, wenn sich Erwartungsdiskrepanzen trotz intensiver Bemühungen nicht aus der Welt schaffen lassen, verweise ggf. weiter. | Rege K. zur Erzeugung eines Bildes über die gegenwärtige Situation an. Fordere K. auf, die problematischen Aspekte der Situation zu schildern.<br>Fordere im Weiteren zur Erzeugung eines differenzierten Bildes über ihre/seine Erwartungen an die Hilfe auf: Vorstellungen von den Rollen, dem prognostischen Erfolg, den zu bearbeitenden Inhalten, dem Ablauf der Hilfe.<br>Rege K. auch zur Erzeugung eines integrierteren Bildes an. Fordere sie/ihn auf, ihre/seine subjektiven Erklärungen hinsichtlich der Entstehung der Symptome, ihrer Bedeutsamkeit und Ursachen (Attribuierung) zu schildern.<br>SUBMETHODEN/-VERFAHREN: naive Rolle einnehmen, Konkretisierung, herausforderndes Klären, provokative Grundhaltung (bei Widerstand), Änderungsorientierung, empathische Akzeptanz bei gleichzeitiger Betonung von Alternativen, Gesprächstechnik der unvollendeten Sätze, kontrollierte Informationsverarbeitung (Vermeidung der Stimulation automatisierter Antworten)[231]. | Beschreibung von Bildern (gegenwarts-, problembezogen), Erwartungen (Beratungssituation) und Codes. Codeanalyse[232] |

[230] Alpha-Variablen beziehen sich auf Einwirkungen der externen (physikalischen, sozialkulturellen) Umgebung, Beta-Variablen auf internale, selbst erzeugte Prozesse und Inhalte, Gamma-Variablen auf Einflüsse des genetischen und biologischen Systems (a.a.O.:24 ff.).

[231] Diese Regeln können in allen Phasen zum Einsatz gelangen (a.a.O.: 339 ff.).

| Beratertheoretische Operationen | Beratungstheoretische Operationen | Angestrebte Aktivität |
|---|---|---|
| Erzeuge ein Bild über die Veränderungsbereitschaft von K. (Motivationsanalyse).<br>Baue ggf. Änderungsmotivation auf. | Rege K. – insbesondere bei Unsicherheit über die Wahl des Mittels Beratung/Therapie – an<br>1. ihre/seine Bewertungen und ihr/sein Verhalten kritisch zu überdenken,<br>2. Bilder über mögliche Mittel und Lösungswege zu erzeugen,<br>3. erwünschte Zielzustände zu formulieren.<br>SUBMETHODEN/-VERFAHREN:<br>zu 1.: mit Inkonsistenzen/Widersprüchen konfrontieren (z. B. über Verwendung der sokratischen Methode oder der ABCDE-Technik[233]); die Aufmerksamkeit auf Lebensorientierungen anderer Personen lenken und mit den eigenen vergleichen lassen; Umdeutungen (Reframing) oder Umetikettierungen (Relabeling) des Verhaltens von K. vornehmen.<br>zu 2.: Motivationshindernisse gezielt abbauen, z. B. durch Herstellen kleiner Erfolgserlebnisse oder der Vereinbarung einer Probezeit;<br>Handlungstendenzen erhöhen, z. B. durch Bearbeitung des Konflikts „So bleiben" vs. „Sich ändern", durch die „Fuß in die Tür"-Methode oder die „Schweizer Käse"-Methode[234].<br>zu 3: K. zur Erzeugung eines lebendigen Bildes von Zielen anregen (neue Träume träumen). | Werteanalyse, Beschreibung von Interventionen und Zielen |

[232] Sofern die herausfordernde Klärung als konfrontative Methode zur Anwendung gelangt.

[233] Die ABCDE-Technik stammt aus der rational-emotiven Therapie von Ellis. KlientInnen werden aufgefordert, (1) die Auslöser der Situation ausführlich zu beschreiben, (2) die automatisierten Beliefs (Glaubenssätze, irrationale Überzeugungen) zur Situation zu äußern und zu hinterfragen, (3) die Consequences, d. h. die aus diesen Annahmen resultierenden Gefühle detailliert zu schildern, (4) die Stimmigkeit der Folgerungen zu überprüfen und alternative Annahmen und Überzeugungen auszuprobieren (Disputation) und (5) auf die Gefühle *(Emotions)* zu achten, die entstehen, wenn die rationaleren Überzeugungen und Annahmen in der Fantasie erprobt werden (Ertelt & Schulz 1997:162 ff.).

[234] Der Einsatz der „Fuß in die Tür"-Methode eignet sich, wenn es zu keinen noch so kleinen Änderungen kommen will. Es werden winzige Anforderungen an K. gestellt, die später erhöht werden. Die „Schweizer Käse"-Methode zielt auf die kognitive und verhaltensmäßige Beschäftigung mit einem Thema ab, indem geduldig und beharrlich Löcher in den Käse gebohrt werden (Kanfer et. al. 2006:177).

| Beratertheoretische Operationen | Beratungstheoretische Operationen | Angestrebte Aktivität |
|---|---|---|
| Erzeuge ausgehend von den therapeutischen Ansatzpunkten ein Zukunftsbild unter der Annahme diese nicht zu bearbeiten (Ändern vs. Akzeptieren).<br><br>Erzeuge ein Bild über Abweichungen von Soll-Werten unter Bezugnahme auf Normen und Standards aller Beteiligten. Priorisiere die Targets anhand der Dringlichkeit ihrer Bearbeitung (akute existenzielle Bedrohung, hohes Ausmaß subjektiver Belastung, Kernbeschwerden), der Veränderbarkeit (prinzipiell, unter Berücksichtigung des Lebens- sowie des Behandlungskontextes) und der Motivation von K. (Effekte der Veränderung, subjektiver Gewinn der Veränderung, Überzeugung, Veränderung herzustellen, Aufwandsleistungen, Vertrauen). | Rege K. zur Priorisierung ihrer/seine Probleme an. | Problembestimmung |
| Erzeuge ein integriertes Bild der Situation. Erstelle ein hypothetisches Bedingungsmodell in Bezug auf die ausgewählten Probleme (Targets):<br>1. Nimm eine genaue Beschreibung des Problemzustands vor in Bezug auf die subjektiv-kognitive, verhaltensmäßige und physiologische Manifestationsebene, in Bezug auf Intensität und Frequenz und in Bezug auf Ressourcen und Fähigkeiten.<br>2. Analysiere die unmittelbar vorausgehenden (internalen und externen) Bedingungen des Auftretens des unerwünschten Verhaltens sowie die Konsequenzen, die das Verhalten in K. und in seiner Umgebung bewirkt (horizontale Verhaltensanalyse).<br>3. Analysiere relevante Ereignisse der Vergangenheit (soweit sie aktuell eine Relevanz besitzen).<br>4. Analysiere die subjektiven Erklärungen der Schwierigkeiten von K. sowie bisherige Versuche des Umgangs.<br>5. Analysiere Ziele (Wünsche) bzw. Präferenzen von K. und Systembedingungen (kontextuelle oder vertikale Verhaltensanalyse).<br>6. Fasse die (vorläufigen) zu prüfenden Hypothesen zu einem funktionalen Bedingungsmodell zusammen. | Fokussiere auf die vertiefte Generierung von Beschreibungs-, Erklärungs- und Wertewissen.<br>Rege K. zur genauen Beschreibung der priorisierten Probleme an sowie zur Beschreibung vorhandener Kompetenzen, Ressourcen und Präferenzen.<br>Teile K. Ergebnisse des Bedingungsmodells mit. | Vertiefte Beschreibung von Bildern (gegenwarts- und vergangenheitsbezogen, problem-, ressourcenbezogen), Codes und Werten, Aufnahme von Erklärungswissen |

| Beratertheoretische Operationen | Beratungstheoretische Operationen | Angestrebte Aktivität |
|---|---|---|
| Erzeuge ein Bild über den anzustrebenden Soll-Zustand unter den Kriterien seines Realitätsgehalts, der kognitiven und verhaltensmäßigen Voraussetzungen seiner Erreichbarkeit, günstiger oder hinderlicher Einwirkungen des sozialen oder materiellen Umfeldes und seiner ethisch-moralischen Vertretbarkeit. | Fokussiere auf die vertiefte Generierung von Zielwissen und der kritischen Analyse der Ziele. Fordere K. dazu auf, erwünschte Zielzustände zu formulieren und diese auf Realisierbarkeit und Adäquatheit zu beurteilen. Unterstütze sie/ihn ggf. bei Entscheidungskonflikten in Bezug auf die Wahl alternativer, sich widersprechender Ziele.<br>SUBMETHODEN/-VERFAHREN zur Zielentwicklung: Übungen zur Selbstbeobachtung oder Beobachtung durch andere Personen; Fantasieübungen (durch Rucksack-Metapher, die gute Fee/der gute Zauberer, was wäre wenn..., wenn ich die Welt neu erschaffen könnte, Lebenskuchen, 3-Jahres oder 5-Jahres-Frage, ½ -Jahr- oder 1-Jahres-Frage).<br>SUBMETHODEN/-VERFAHREN zur Zielauswahl: Übungen des Perspektivwechsels (Zielauswahl aus Sicht einer anderen Person); Verstärker/Präferenz-Analysen-Übungen (Persönliche Opfer/Mühen/Risiken, Pakt mit dem Teufel, Hauptgewinn etc.).<br>SUBMETHODEN/-VERFAHREN beim Auftreten von Zielkonflikten: Hilfen zur Differenzierung von Zielen/Werten/Utopien und zum Erkennen relevanter Zieldimensionen geben. | Vertiefte Beschreibung von Zielen und Zielanalyse |
| Entwickle eine Interventionsplanung basierend auf deinem Veränderungswissen und deiner Veränderungskompetenz und auf der Grundlage der Informationen aller vorherigen Schritte (dies beinhaltet Ergebnisse der individuellen Verhaltens-analyse und funktionaler Bedingungen, Auswertung der individuellen Zielanalyse, aktuelle Kompetenzdiagnostik, Ressourcen von K., ethische Hinderungsgründe von K., die zur Ablehnung von Interventionen führen können). | *Fokussiere auf die Generierung von Methoden- und Planwissen.* | Beschreibung von Interventionen und Plänen |
| Wähle oder kreiere passende (effektive, beschreibbare, intersubjektiv nachvollziehbare, kontrollierbare, ethisch vertretbare) Methoden.<br>Triff Entscheidungen über spezifische Interventionen: Wähle aus mehreren Alternativen die Behandlungsform, welche gemäss dem bisherigen Wissensstand die wenigsten aversiven/schädlichen Nebenwirkungen aufweist.<br>Führe die Maßnahmen durch und motiviere ggf. zu ergänzenden Maßnahmen.<br>Gestalte je nach Problem personelle Gegebenheiten oder Gegebenheiten der Umwelt von K. mit Hilfe geeigneter Verfahren um. | Führe mit K. problembezogene Interventionen durch (s. u.). | Problembearbeitung |

| Beratertheoretische Operationen | Beratungstheoretische Operationen | Angestrebte Aktivität |
|---|---|---|
| Evaluiere therapeutische Fortschritte als kontinuierliche Therapie begleitende Diagnostik und über Prä-/Postvergleiche. | *Fokussiere auf das Erlernen des Evaluierens und auf die Generierung von Evaluationswissen.*<br>Submethoden/-verfahren:<br>K. in die Evaluation einbeziehen, den Prozess der Evaluation vermitteln: Hypothesen bilden, beobachtbare Erfolgserlebnisse formulieren, sein eigenes zielgerichtetes Handeln anhand der eingetretenen Effekte evaluieren; Evaluationsaufgaben übertragen, z. B. über Selbstbeobachtung, Hausaufgaben, Wahl von Evaluationskriterien. | Einüben des Evaluationsprozesses, Beschreibung der (Zwischen-) Ergebnisse bzw. Analyse der Erfahrungen und (Neu-) Planung |
| Sorge für Erfolgsoptimierung über den Einsatz lerntheoretischer Prinzipien der Stabilisierung/Generalisierung, über Einüben neuer Verhaltensweisen in der natürlichen Umgebung, über das Einbeziehen des sozialen Systems von KlientInnen sowie über den Einsatz von Selbstregulations- und kognitiven Vermittlungsprozessen. | *Fokussiere auf die Stabilisierung und Automatisierung der erworbenen Kompetenzen und auf das Erlernen selbstgesteuerter Problemlösungsprozesse.*<br>Submethoden/-verfahren:<br>Verstärkung/Selbstverstärkung, Überlernen, Variation von Stimuli/Situationen während der Therapie, Variation von Reaktionen, In-vivo-Therapie, maximale Annäherung der Therapie-situation an die kritische ‚Real-life'-Situation, systematisches Einbeziehen von therapeutischen Hausaufgaben, Einbeziehen subjektiv bedeutsamer LebenspartnerInnen, Training von MediatorInnen, Abstrahieren von Regeln, Erlernen von Selbstmanagement-Prozessen. | Handlungstraining, Problemlösungstraining |

## Zusammenfassung

Der Selbstmanagementansatz ist in beziehungs- und beratungstheoretischer Hinsicht mit der vorgeschlagenen Grundstruktur überwiegend identisch. Inhaltlich ist der Ansatz als bio-psycho-soziales Systemmodell konzipiert (vgl. das Konzept der Alpha-, Beta- und Gammavariablen), wenn auch der Begriff der Alpha-Variablen mit dem Verweis auf physikalische/sozialkulturelle Einwirkungen das Verständnis der sozialen Dimension wie auch der kulturelle Dimension offen lässt. Die Prozesssteuerung ist als rekursives 7-Phasen-Modell konzipiert, bestehend aus: (1) Eingangsphase, (2) Aufbau von Änderungsmotivation und vorläufige Auswahl von Änderungsbereichen, (3) Verhaltensanalyse und funktionales Bedingungsmodell, (4) Vereinbaren therapeutischer Ziele, (5) Planung, Auswahl und Durchführung spezieller Maßnahmen, (6) Evaluation therapeutische Schritte, (7) Erfolgsoptimierung und Abschluss. Die Operationen in der Eingangs- und Motivationsphase zielen auf die Hilfeklärung und die Prüfung der Passung des Beratungsangebots. Beratung ist tendenziell als reflexives und metareflexives Lernen konzipiert. Betont wird das Erlernen von Selbstmanagement-Fertigkeiten.

Die Eingangsphase beinhaltet auch hier den Vertrauensaufbau und die Rollenklärung sowie allgemeine beratungstheoretische Operationen, die als wissens(re)generierende Operationen für die Auftragsbestimmung, aber wie Kanfer et al. betonen, für den gesamten Prozess zentral sind: „der Selbstmanagement-Therapeut [gibt] die Lösungen

nicht [vor], sondern [leitet] seine Klienten [an], Probleme selber bewältigen zu lernen" (ebd.:43). Ausgangspunkt der beratungstheoretischen Operationen bilden – vor dem Hintergrund der Alpha-, Beta- und Gammavariablen – die Anregungen an KlientInnen, ihre Situation bzw. problematische Aspekte ihrer Situation und diesbezügliche subjektive Erklärungen zu schildern und ihre Erwartungen in Bezug auf die Zusammenarbeit (inhaltlich und methodisch) und Veränderung zu formulieren.
Dies geschieht in Form eines breiten und umfassenden, aber dennoch verhaltensnahen Screenings[235] und mittels verschiedener Kommunikationsmethoden, die, unter der Annahme, dass diese alle bereits in der Eingangsphase Verwendung finden[236], über jene im personenzentrierten Ansatz hinausgehen. Des Weiteren werden AdressatInnen veranlasst, sich mit ihren Werten und Zielen bezüglich einer Veränderung auseinanderzusetzen.
*Handlungstheoretisch* stehen diese Prozesse vor allem im Dienste der Ermittlung der Eignung des Hilfeangebots für eine Adressaten bzw. eine Adressatin sowie der zu bearbeitenden Anlassprobleme (sog. Targets) und deren Priorisierung. Dabei besteht eine Eignung dann, wenn KlientInnen zur aktiven Mitarbeit, zu Eigeninitiative sowie zur Kooperation bereit sind, im Weiteren den Arbeitscharakter der Beziehung akzeptieren können und auch bereit sind, den therapeutischen Aktivitäten über eine gewisse Zeit hohe Priorität in ihrem Leben einzuräumen (ebd.:131). Zur Herstellung dieser Anforderungen kommt der Motivationsarbeit zur Veränderung eine bedeutsame Rolle zu. Diese beginnt bereits mit dem Aufbau der Arbeitsorientierung und Eigenaktivität und beinhaltet die Betonung der durchgängigen Beteiligung am Hilfeprozess, der Beteiligung an der Vereinbarung von Zielen, der Stärken der KlientInnen sowie die Zusicherung von Transparenz und Entscheidungsfreiheit (ebd.:167 f.). Bei Motivationsproblemen werden spezifische Methoden zur Erzeugung von Motivation eingesetzt. Die Motivationsphase hat aber nicht nur die Funktion, eine Eignung des Hilfeangebots herzustellen. Sie wird ebenso für die Auswahl der zu bearbeitenden Probleme als relevant erachtet, wie die Autoren darlegen:

> „Für die Auswahl von Änderungsbereichen gibt es zwei grundlegende Kriterien. Es sind [...] sachliche sowie [...] Motivationsabhängige [sic!] Aspekte der Auswahl adäquater therapeutischer Ansatzpunkte" (ebd.:185).

Auf der Grundlage der gemeinsam getroffenen Auswahl über die Bearbeitungsschwerpunkte wird mit höherer Intensität und in gemeinsamer Arbeit mit den KlientInnen an der Erstellung einer Problem-, Kompetenz- und Ressourcenanalyse sowie Code-, Wert-, Ziel- und Interventionsanalyse gearbeitet, die in einen Behandlungsplan münden. Inwieweit KlientInnen dabei zur kritischen Analyse und nicht nur zur erneuten Beschreibung angeregt werden, geht aus der Beschreibung des Ansatzes nicht deutlich hervor. Ausnahme bildet die Zielanalyse, die methodisch klar ausgewiesen ist.
Behandlung bedeutet im Selbstmanagement-Ansatz die aktive, auf spezielle Probleme bezogene Hilfestellung (z. B. Angst, Partnerschaftsprobleme).[237] Zum Einsatz können

---

235 Das Screening ist ein Verfahren, das eingesetzt wird, um ganz bestimmte Eigenschaften bzw. Probleme zu identifizieren. Es wird auch als ein auf bestimmte Kriterien ausgerichteter Siebtest bezeichnet (Häcker 1994:693).

236 Wann diese Submethoden genau zum Einsatz kommen, geht aus der Selbstbeschreibung nicht deutlich hervor.

237 Die Interventionsphase hat insofern therapeutischen Charakter. In dieser geht es nicht mehr nur um (Wieder-)Entdeckung und Entfaltung von Selbststeuerungskräften, sondern um den gezielten Abbau der die KlientInnen an der Selbststeuerung hindernden Zustände.

alle verhaltenstherapeutischen Methoden und Verfahren gelangen (vgl. hierfür z. B. Linden & Hautzinger 2008; Reinecker 2005:290 ff.); zusätzlich können Gruppenmaßnahmen angeboten oder zur Teilnahme an verfügbaren Angeboten im Alltag motiviert werden. In diesem Zusammenhang weisen Kanfer et al. darauf hin, dass sich die Durchführung therapeutischer Maßnahmen nicht auf psychotherapeutische Methoden beschränken muss:

> „Im Hinblick auf die günstigen Auswirkungen sozialer Stützsysteme müssen wir anerkennen, dass es auch im Alltag eine Fülle von Einflüssen mit hoch therapeutischen Effekten gibt. Gerade ein Selbstmanagement-Therapeut wird daher – ergänzend oder als zentrale Maßnahme den Klienten zur Nutzung vieler im Alltag verfügbaren Angebote motivieren (z. B. soziale/religiöse/kulturelle Gruppen, Sportvereine, Musikangebote, Volkshochschulkurse)“ (2006:270).

Ab der Evaluationsphase findet eine Erweiterung der bis dahin unterstützend und reflexiv angelegten Beratungsoperationen und den sie ergänzenden Behandlungsmaßnahmen zu mehr metareflexiv angelegten Operationen statt. So wird in der Evaluationsphase darauf Wert gelegt, dass KlientInnen nicht nur erzielte Ergebnisse beschreiben und ihre Erfahrungen analysieren, sondern dass ihnen auch der Evaluationsprozess vermittelt wird:

> „Wenn dieser gelernt hat, Hypothesen aufzustellen, beobachtbare Erfolgskriterien zu formulieren und sein eigenes zielgerichtetes Handeln anhand der eingetretenen Effekte zu evaluieren, ist er in der Lage, sein Handeln auch ohne Begleitung des Therapeuten selbst zu steuern“ (ebd.:278).

In der Stabilisierungsphase nimmt das Erlernen von Strategien zur selbstgesteuerten Problemlösung einen wichtigen Stellenwert ein. Die Verbesserung der Selbstbeobachtung, der Selbstbewertung und -verstärkung, das Einüben von Bewältigungsstrategien und der Umgang mit unerwarteten Situationen stellen wichtige Ziele des Lernprozesses dar.

### 5.2.3 Der systemisch-konstruktivistische Ansatz (SYKA)

*Abb. 19: Handlungs- und Beratungstheorie des systemisch-konstruktivistischen Ansatzes*

Quelle: eigene; Textquellen: v. Schlippe & Schweitzer (2003), Schwing & Fryszer (2007), Schmidt (2005), Schiepek (1999)[238]

| **Beratertheoretische Operationen** | **Beratungstheoretische Operationen** | **Angestrebte Aktivität** |
|---|---|---|
| Realisiere personale Bedingungen zur Entwicklung einer kooperativen Arbeitsbeziehung.<br>Nimm eine wertschätzende, akzeptierende Haltung ein („Ja"-Haltung, Haltung der „neugierigen Neutralität"). | Bring eine kongruent achtungsvolle Begegnung zum Ausdruck (Pacing).<br>SUBMETHODEN/-VERFAHREN des Pacings: Ähnliche Sprachmuster wie K. wählen; wörtlich wiederholen, was K. gesagt hat; in ähnlichem Rhythmus sprechen; ähnliche Körperhaltung einnehmen; Sprache auf den Atemrhythmus von K. abstimmen. | Vertrauensbildung |

[238] Infolge unterschiedlicher Systembegriffe gibt es nicht *den* systemischen Ansatz und ebenso wenig *den* konstruktivistischen Ansatz. Zu systemischen Ansätzen zählen im Allgemeinen jene Ansätze, die die Analyse von Verhalten und Interventionen nicht auf die Komponenten - sei es ausgehend von sozialen Systemen auf Individuen oder vom Individuum ausgehend auf z. B. Kognitionen - begrenzen; im Mittelpunkt der Analyse und Veränderungsarbeit stehen vielmehr die *Beziehungen zwischen Komponenten innerhalb eines bestimmten Kontextes* (Brunner 2004:655 ff.). Zu den konstruktivistischen Beratungsansätzen zählen Gerstenmaier zufolge alle Ansätze, die die *Wissenskonstruktionen* zum Gegenstand der Analyse und Veränderung machen, so dass etwa auch sozialkognitive Ansätze den konstruktivistischen Ansätzen zugerechnet werden können (Gerstenmaier 2004:678). Eine Abgrenzung erfolgt über die wissenschaftstheoretischen Paradigmen. Obwohl konstruktivistische Ansätze im engen Sinne den Standpunkt der prinzipiellen Unerkennbarkeit einer äußeren Welt bzw. der Erfindung allen Wissens über die Welt teilen, unterscheiden sie sich hinsichtlich der Annahmen, wie dies geschieht. Gegenüber stehen sich insbesondere der radikale Konstruktivismus, der den Konstruktionsvorgang in den Gehirnen einzelner Individuum verortet und sozialkonstruktivistische bzw. -konstruktionistische Positionen, welche die Konstruktionen als einen sozialen, vor allem sprachlich vermittelten Vorgang betrachten. In der Beratungsliteratur werden Erstere als Ansätze der Kybernetik 2. Ordnung, Letztere als narrative Ansätze geführt (v. Schlippe & Schweitzer 2003:24.). Dabei spielt in den kybernetischen Ansätzen die ‚Verstörung' der *individuellen (multiplen) Realitätskonstruktionen* eine interventionstheoretisch wichtige Rolle (s. u.). In den narrativen Ansätze finden *kollektive (sprachliche) Realitätskonstruktionen* stärker Berücksichtigung; aus einem einschränkenden ‚kollektiven Monolog' gilt es Wege zu einem konstruktiven ‚Dialog' bzw. ‚Multilog' zu eröffnen (ebd.:79).
Bei der Rekonstruktion wurde vor allem von der allgemeinen Darstellung systemisch-konstruktivistischer Vorgehensweisen bei von Schlippe & Schweitzer ausgegangen und von hier aus weitere Literatur mit einbezogen. Der Begriff ‚systemisch' bezieht sich bei den Autoren auf ein durch einen Beobachter bzw. eine Beobachterin (BeraterIn) konstruiertes soziales System. Epistemologisch wird tendenziell eine sozialkonstruktivistische Position vertreten (ebd.:86 ff.).

| **Beratertheoretische Operationen** | **Beratungstheoretische Operationen** | **Angestrebte Aktivität** |
|---|---|---|
| Realisiere soziale Bedingungen zur Entwicklung einer kooperativen Arbeitsbeziehung (gemäß der Beziehungstypen Kunde/Kundin, Klagende, Besucher/Besucherin, s.u.). | Dosiere zwischen Pacing und dem Aufbau von Änderungsmotivation; motiviere zur Kooperation.<br>SUBMETHODEN zum Aufbau von Änderung: Hypothetische Fragen, Imaginationen, Utilisation von Ressourcen<br>SUBMETHODEN/-VERFAHREN zur Herstellung einer kooperativen Arbeitsbeziehung:<br>Fokussiere beim Kunden/bei der Kundin auf die nächsten Schritte, die K. selbst für eine praktizierte Lösung unternehmen könnte.<br>Fokussiere bei Klagenden auf den optimalen Umgang mit dem bleibenden Außenproblem, d. h. auf den Spielraum, der zur Eigengestaltung bleibt, wenn das Problem beraterisch nicht gelöst werden kann, da Beratende keinen Auftrag von den – aus Sicht von K. – Problemverantwortlichen haben.<br>Fokussiere bei BesucherInnen auf die Nutzung von Beratung, um zufriedenstellend mit den Zuweisenden umgehen zu können. | Kooperation |
| Erzeuge ein Bild von der Hilfesituation in Bezug auf die daran beteiligten relevanten Mitglieder von Systemen (Auftragskontext) und in Bezug auf die Erwartungen der KlientInnen an die Beratung (Auftragsklärung). | Rege K. zur Erzeugung eines Bildes über den Hilfeanlass an. Fordere K. auf, den Hilfeanlass (Auftragskontext) und Erwartungen zu beschreiben.<br>SUBMETHODEN/-VERFAHREN:<br>Fragen zum Überweisungskontext (Wer hatte die Idee zum Kontakt? Was verspricht sich der/die Überweisende davon? Was müsste hier geschehen, damit der/die Überweisende hinterher sagt: Das hat sich (nicht) gelohnt? Warum hat der/die Überweisende gerade Sie hierher geschickt? Warum gerade zu mir?);<br>Fragen zu Rollen-/Zielerwartungen: Wer verspricht sich was vom Gespräch? Was müsste ich tun, damit Sie/der/die InteraktionspartnerIn das Gespräch als Erfolg/Misserfolg bewerten? Woran würden Sie merken, dass die Beratung ihr Ziel erreicht hat? Was würden Sie/der/die InteraktionspartnerIn anderes tun? | Beschreibung (Hilfesituation) und Erwartungen (betr. Beratungssituation) sowie Analyse der Bilder und Erwartungen |

| Beratertheoretische Operationen | Beratungstheoretische Operationen | Angestrebte Aktivität |
|---|---|---|
| Erzeuge ein Bild über die aktuelle Situation von K. Erfasse verhaltens-, wahrnehmungs-, situations- und interaktionsbezogene Aspekte der als problematisch beschriebenen Situation.<br>(Mach dir ein Bild von der Problem- und Problemlösungsgeschichte.) | Rege zur Erzeugung eines Bildes über ihre Situation an. Fordere K. auf, problematische Aspekte ihrer Situation zu beschreiben. Rege auch zur Analyse der Bilder an.<br>Submethoden/-verfahren:<br>Das Problempaket aufpacken, Beschreibungen rund um das Problem und den Tanz um das Problem erfragen mit Hilfe von Klassifikations-/Prozentfragen, Skalierungsfragen, zirkuläre Fragen; Problemgeschichte und Problemlösungsversuche erfragen. | Beschreibung Bilder und Bildanalyse (Gegenwart, Vergangenheit, problembezogen), Beschreibung Interventionen (Vergangenheit) |
| Erzeuge ein integriertes Gegenwartsbild. *Entwickle Hypothesen über die die Problemkommunikation erzeugenden Muster und Regeln[239] unter Berücksichtigung des sozialen Kontextes.* | Rege K. zur Erzeugung eines integrierteren Bildes an. Fordere K auf, nach Erklärungen der Probleme zu suchen bzw. ihre/seine subjektiven Erklärungen zu schildern und mögliche Funktionen des Problems zu formulieren.<br>Submethoden/-verfahren:<br>Erklärungen für das Problem erfragen; zirkuläres Fragen. | Beschreibung Codes und Codeanalyse |
| *Erzeuge ein genaues Bild von den im Erleben und Verhalten bestehenden Ressourcen von K.* | Rege K. zur Erzeugung eines positiv bewerteten Gegenwarts-, Vergangenheits- und Zukunftsbildes an. Rege auch zur Hinterfragung der Negativbewertung bestehender Sachverhalte an.<br>Submethoden/-verfahren:<br>Lösungsorientierte Fragen (Fragen nach Ausnahmen vom Problem, nach Ressourcen, Wunderfrage); problemorientierte Fragen (Verschlimmerungsfragen); Kombinationen von lösungs-und problemorientierten Fragen (Fragen nach dem Nutzen, das Problem noch zu behalten, Zukunfts-Zeitpläne, Fragen nach einem „bewussten Rückfall"; „Als ob"-Fragen). | Beschreibung Bilder (gegenwarts-, vergangenheits-, zukunftsbezogen, ressourcenbezogen), Werteanalyse |
| *Mache dir den Auftrag, Rollenverteilung, Setting und Informationsmanagement klar (Kontraktbildung).* | Vereinbare mit K. einen Kontrakt. | Auftragsabstimmung |

[239] Muster und Regeln sind zentrale Begriffe des Ansatzes. Sie bezeichnen die Gestaltung von Wirklichkeitskonstruktionen in einem System durch „Verkoppelung von Beiträgen" (Schmidt 2005:55), die sich regelhaft wiederholen: Die „Beschreibung dieser Verkoppelung von Beiträgen in Wechselwirkung wird ‚Muster' genannt. Typische ‚Bausteine' solcher Muster sind z. B. die Art, wie ein Phänomen beschrieben wird, wie ihm Bedeutung gegeben wird, z. B. durch Erklärungen, Bewertungen, Schlussfolgerungen, welche Lösungsversuche daraus abgeleitet werden und welche Reaktionen darauf wieder gewählt werden, welches Verhalten, welche emotionale Reaktion usw." (ebd.). Schmidt unterscheidet Makromuster als in der Kommunikation sichtbar werdende Konstruktionsprozesse und Mikromuster, die im internalen Erlebenssystem der Beteiligten ablaufen. Die Art und Weise, wie die Muster organisiert werden (z. B. soziale Interaktionsmuster, Zielbildungsmuster), stellen die Regeln (auch: Spielregeln) des Systems dar. Die Mikromuster spielen bei v. Schlippe & Schweitzer keine Rolle.

| Beratertheoretische Operationen | Beratungstheoretische Operationen | Angestrebte Aktivität |
|---|---|---|
| *Entwickle insbesondere Hypothesen über die positive Funktion des Problems für die Mitglieder des Problemsystems.* | Fokussiere auf die vertiefte Generierung von Beschreibungs-, Erklärungs-, Ziel-, Interventions- und Planwissen und ggf. auf die Analyse von Interventionen und Plänen.<br>SUBMETHODEN/-VERFAHREN: Genogramm, Systemzeichnungen (maps), Organigramm, Zeitstrahl, Soziogramme; Hypothetisieren; wohlformulierte Ziele[240]; Kosten-Nutzen-Analyse; wenn Kosten zu hoch sind, Ambivalenz-Coaching durchführen. | Vertiefte Beschreibung von Bildern, Codes, Zielen, Interventionen und Plänen sowie Interventions- und Plananalyse |
| *Formuliere für dich als Ziel, die Denk- und Handlungsspielräume von K. zu erweitern. (Handle so, dass du die Zahl der Möglichkeiten vergrößerst!)* | | |
| *Entwickle Interventionen und einen Plan zur Umsetzung der Interventionen und realisiere diesen (u.a. in Schlussinterventionen von Beratungssitzungen).*<br>Wähle passende Interventionen aus. | Führe mit K. ausgewählte Interventionen zur Entwicklung neuer Wahrnehmungsmuster, zur emotionalen und kognitiven Neubewertung oder zur Unterbrechung von Verhaltens- und Interaktionsmuster durch.<br>Erteile entsprechende Hausaufgaben (Muster- oder Standardinterventionen) gemäß dem Prinzip eines ausgewogenen Verhältnisses zwischen Vertrautem und Neuem (s. u.).<br>Submethoden/-verfahren: Visualisierungsmethoden (z. B. Skulptur); Metaphern, Geschichten, zirkuläre, hypothetische Fragen, Externalisierung; Reframing; Verhaltensaufgaben, paradoxe Interventionen, Symptomverschreibungen.<br>Submethoden/-verfahren zur Formulierung von Standardinterventionen: Anerkennung, Komplimente, wertschätzende Konnotation. | Problembearbeitung |
| Evaluiere die Verbesserungen kontinuierlich und bewerte jedes Feedback als Zeichen von Entwicklung. | Fokussiere auf die Generierung von Evaluationswissen.<br>SUBMETHODEN/-VERFAHREN:<br>Immer wieder Bezug auf die Lösungsschritte nehmen; Ausbleiben von Fortschritten immer wertschätzend behandeln und dafür nach Erklärungen suchen (evtl. Auftrag verändern); Fortschritte als sehr wichtig bewerten (z. B. K. danach fragen, ob B. empfehlen sollte, mehr davon zu tun, nach evtl. Ambivalenzen fragen); Ambivalenzen und Rückschritte positiv konnotieren. | Beschrebung der (Zwischen-) Ergebnisse bzw. Analyse der Erfahrungen und (Neu-)Planung |

240 Die Erarbeitung von Zielen beinhaltet gleichzeitig auch Überlegungen ihrer Umsetzung, so dass die Generierung von Plan- und Interventionswissen in der Zielanalyse enthalten sind (Walter & Peller 1994:82; zit. n. v. Schlippe & Schweitzer 2003:211).

### Zusammenfassung

Auch im systemisch-konstruktivistischen Ansatz ist die beziehungs- und beratungstheoretische Grundstruktur erkennbar, wobei zu erwähnen ist, dass deren Rekonstruktion aufgrund der unterschiedlichen Darstellungen des Ansatzes kein einfaches Unterfangen ist. Gegenstand der Beratung sind Klientensysteme als (konstruierte) soziale Systeme bzw. Problemsysteme (v. Schlippe & Schweitzer 2003:103 f.) und die innerhalb des Systems ablaufenden Kommunikations- und Beziehungsmuster (Kommunikations-/ Koreflexions- und Kooperations-/Koproduktionsstruktur) sowie die sie organisierenden Regeln (kulturelle und individuelle Codes). Zum Gegenstand gehören im Weiteren soziale Systeme in der Umgebung des Klientensystems.
Ähnlich dem personenzentrierten Ansatz besteht Zurückhaltung in der Ausweisung von Prozesssteuerungsmodellen, um ein lineares planungsrationalistisches Verständnis von Beratungshandeln zu vermeiden (Mohe 2003:95 ff.). Dennoch wird manchmal unter dem Verweis auf Reflexionsschleifen eine Struktur vorgestellt, die die Phasen (1) Informationssammlung, (2) Hypothesenbildung, (3) Interventionsplanung und (4) Interventionen beinhaltet (ebd.:99; auch Schwing & Fryszer a.a.O.). Die Operationen der Informationssammlung dienen dabei der Hilfesituationsklärung und der Auftragsabstimmung (Kontraktbildung). Beratung ist tendenziell als reflexives Lernen konzipiert, in dem die ‚Verstörung' von Wirklichkeitskonstruktionen (s. u.) einen zentralen Stellenwert einnimmt.

Ausgangspunkte des Ansatzes bilden auch hier der Vertrauensaufbau und die Rollenklärung, wofür, wie auch im zuvor vorgestellten Ansatz, dem Aufbau von Kooperations- und Änderungsmotivation hohe Relevanz zukommt. Zur Herstellung von Kooperation orientieren sich die Beratenden an der Motivationslage der KlientInnen, wozu das Konstrukt des Beziehungsangebots der KundInnen, Klagenden und BesucherInnen gegenüber Helfenden, das ursprünglich im lösungsorientierten Ansatz (s. u.) entwickelt wurde,[241] dient. In Anlehnung an Schmid kann das Interaktionsangebot wie folgt charakterisiert werden: *KlientInnen des Typs Kunde/Kundin* formulieren ein Problem, an dem sie in irgendeiner Weise beteiligt sind und das sie verändern möchten (z. B. „Ich kann es nicht mehr ertragen, ständig mit Mahnungen bombardiert zu werden." oder „Ich halte die Situation zu Hause nicht mehr aus."). Ihre Rolle sehen sie in der aktiven Gestaltung der Problemlösung. In der Regel wird diese motivationale Ausgangslage mit dem/der freiwilligen Klienten/Klientin in Beziehung gebracht (Kähler 2005:60). *KlientInnen des Typs Klagende* formulieren zwar ein Problem und wollen, dass es sich ändert, ihre Beteiligung kommt aber nicht zum Ausdruck (z. B. „Die wissen genau, dass ich die Rechnungen nicht mehr bezahlen kann." oder „Meine Frau/mein Mann macht die Situation zu Hause zur Hölle."). Dadurch, dass das Problem als nicht der eigenen Kontrolle unterstehend erlebt wird, wird auch die Gestaltung der Lösung Dritten zugewiesen. Ihre Rolle definieren diese KlientInnen als LösungsempfängerInnen und erwarten entsprechend einseitig Aktivitäten seitens der Beratenden. Die Motivationslage des *Typs BesucherIn* wird mit unfreiwilligen KlientInnen in Zwangskontexten assoziiert. Für diese KlientInnen ist meist das Problem ‚da sein müssen' und sie wollen ‚in Ruhe gelassen werden'. Weil es kein Problem gibt, muss

[241] In der Literatur lässt sich die Typologie des Beziehungsangebots wiederum unter verschiedenen Bezeichnungen wiederfinden. Geiser (2002:15 ff.) spricht z. B. von motivierten KlientInnen (Kunde/ Kundin), von passiv unmotivierten KlientInnen (Klagende) und aktiv unmotivierten KlientInnen (BesucherIn).

auch nichts gelöst werden. Schmidt führt im Weiteren den *Typ Ko-BeraterIn* ein und versteht darunter eine Person, die sich „als Experte dafür [präsentiert], wie die von ihm ‚definierten Problemmacher' zu behandeln sind, damit sie endlich die gewünschten Lösungen herbeiführen" (a.a.O.:107).
Die Erfassung der Motivationslage steht im systemisch-konstruktivistischen Ansatz in engem Zusammenhang mit der Erfassung des Auftragskontextes sowie den Erwartungen der KlientInnen (Auftragsklärung). Der beratungstheoretisch erste Schritt besteht entsprechend darin, KlientInnen zur Schilderung und Reflexion des Hilfeanlasses und ihren Erwartungen zu veranlassen, um von hier aus angemessene Kooperationsangebote machen zu können. Schmidt empfiehlt dabei, alle Interaktionsangebote zu akzeptieren und, wo nötig, die Beratungsprozesse vorerst auf die Realisierungsmöglichkeiten der Angebote auszurichten.
Von Schlippe & Schweitzer folgend, bestehen die nächsten Schritte darin, KlientInnen zu veranlassen, problematische Aspekte ihrer Situation verhaltens-, wahrnehmungs-, situations- und interaktionsbezogen zu beschreiben, sowie Problemhypothesen kausaler Art (Attribuierung) und funktionaler Art (Sinn, Nutzen) zu formulieren, wobei Letztere in den Kontext der Beziehungen zwischen den Mitgliedern eines Systems gestellt werden sollen. Beratende setzen in diesen Phasen insbesondere zirkuläre Fragen ein, wodurch eigene Beschreibungen und Erklärungen auf implizite Art und Weise um Alternativen erweitert werden. Hierauf folgen dann Anregungen zur Generierung positiv bewerteter Gegenwarts-, Vergangenheits- und Zukunftsbilder, die vor allem auf die Bewusstwerdung der psychischen Ressourcen der Mitglieder des Klientensystems zielen, aber auch zur Analyse vorgenommener Bewertungen veranlassen wie etwa mittels der Fragen nach dem Nutzen, Probleme zu behalten.
*Handlungstheoretisch* bilden diese allgemeinen Beratungsschritte die Basis für den Kontrakt, der die Zielvereinbarung, Aufgabenverteilung, das Setting und das Informationsmanagement beinhaltet (Schwing & Fryszer 2007:107 ff.). Subjektive Gründe (z. B. Überforderungsgefühl, Nähe zu KlientInnen sowie objektive Gründe (Fachlichkeit, Trägerauftrag) werden dabei als Kontrapunkte der Kontraktbildung genannt (ebd.:127 ff.). Im Anschluss hieran beginnt beratungstheoretisch ein *vertiefter Prozess* der Generierung von Beschreibungs-, Erklärungs-, Ziel-, Methoden- und Planwissen, in dem besonders visualisierende Methoden und das Hypothetisieren im Sinne eines Angebotes neuer Sichtweisen zur Anwendung gelangen. Die Kontextualisierung von Problemen und Lösungen, die Lösungs- statt Problemorientierung, der Respekt vor der Autopoiese der KlientInnen, die Ressourcenorientierung, die Induktion von Neuem sowie der ethischen Imperativ, so zu handeln, dass die Anzahl der Möglichkeiten der KlientInnen vergrößert wird, bilden die handlungsanleitenden Prinzipien für die Auswahl von Interventionen (ebd.:167 ff.).

Zum Teil werden Systemzeichnungen (Maps), Genogramme, Organigramme, Zeitstrahl, Soziogramme eher als Methoden der Informationssammlung und -analyse vorgestellt; Skulptur, Familienbrett, Zeugenarbeit, Problemexternalisierung, Modellierung von Netzwerken, Verwendung von Metaphern und Geschichten werden eher den Interventionsmethoden zugeordnet (z. B. bei Schwing & Fryszer; ähnlich auch bei Schiepek). Diese Unterscheidung wird aber in der Literatur nicht durchwegs und in gleicher Weise gemacht.[242] Grundsätzlich werden von Beginn an bevorzugt Methoden eingesetzt, die bei KlientInnen *neue Informationen* zu erzeugen und damit *Anstöße zur Veränderung zu geben* vermögen und nicht einseitig diagnostischen Zwecken dienen, woraus sich u. a. auch die Vorrangstellung des reflexiven Beratungsmodus ableitet (Schiepek 1999:68.). Ausdrücklich formulieren v. Schlippe & Schweitzer, dass systemische Beratung und Therapie nicht als zielorientierte Interventionsform im Sinne einer durch die Beratenden geplanten und implementierten Zustandsveränderung zu verstehen sind (2003:210 ff.). Das Ziel professioneller Handlungen richtet sich vielmehr stets auf die Verstörung[243] „verkrusteter Denk- und Handlungsmuster" (Schwing & Fryszer 2007:146) bzw. auf die Förderung selbstorganisierender Prozesse eines Systems (Schiepek 1999:159). Schiepek sieht u. a. hierin einen entscheidenden Unterschied zur Selbstmanagement-Therapie: „Selbstregulation und Selbstkontrolle werden in dieser nicht nur als erklärende Mechanismen für menschliches Verhalten eingeführt, sondern auch als normative Therapieziele" (ebd.:248). Kritisch betrachtet er, dass das Konzept Selbstregulation so mehr als kognitive Instanz denn als Systemmechanismus verstanden wird. Letzteres führe klar zur Distanz von extern eingeführten Normen, Werten und Zielen: Es geht nicht um die Optimierung der Funktionsweise bestehender Erlebens- und Verhaltensmuster, sondern um die Aktivierung oder Neuentwicklung von Erlebens- und Verhaltensmustern (ebd.:159). Ähnlich äußert Schweitzer, dass ein konsequentes Denken menschlicher Systeme als autonome, nicht-instruierbare Systeme vor allem bedeutet:

> „Sie brauchen in erster Linie keine neuen Fertigkeiten zu trainieren, zu erlernen; sie brauchen primär nicht externes Wissen (Störungswissen, Problemlösewissen) vermittelt zu bekommen. Sondern sie brauchen vor allem Hilfe dabei, **Blockaden bei der Nutzung ihrer potenziell bereits vorhandenen Lösungsressourcen wieder zu überwinden**" (2005:317; Hervorheb. im Orig.).

Handlungstheoretisch verlieren somit Problem- und Zielbestimmung an Bedeutung. Beratungstheoretisch entfallen substanzielle Kriterien für die von BeraterInnen anzuleitenden Beratungsoperationen. Anregungen zum Beschreiben und Überdenken der eigenen Bilder, Codes, Werte usw. spielen wie auch im Selbstmanagement-Ansatz eine wichtige Rolle. Maßstäbe für die Prüfung auf deren hilfreichen Gehalt für Problemlösungen werden jedoch nicht (auch) durch Beratende, sondern einzig durch KlientInnen gesetzt. Gleichwohl ist davon auszugehen, dass auch systemische BeraterInnen Bewertungen vornehmen und Ziele setzen, zumindest, wenn ‚passende Interventionen' ausgewählt werden sollen.[244] Aufgrund der Auffassung, dass Probleme kommunikativ

---

[242] Beispielsweise wird die Modellierung von Netzwerken bei von Schlippe & Schweitzer (2003:127) als Instrument zur Datenerhebung und -analyse beschrieben.

[243] Der Begriff der Verstörung ist die Übersetzung des von Maturana & Varela in die Systemtheorie und den Konstruktivismus eingeführten Fachbegriffs ‚Perturbation'. Mit dem Begriff sollte darauf hingewiesen werden, dass Störungen auch positive Auswirkungen auf Systeme haben können. Die Autoren betonen, dass „eine Perturbation nicht ein äußeres Ereignis ist, sondern eine wahrgenommene Störung" (1984:106).

[244] Gemäß dem Passungsbegriff (s. Kap. D 3.2) verlangen die Intervention nebst der Kenntnis der bevorzugten Soll-Zustände des Systems auch Kenntnisse über den aktuellen Zustand und den Zustandsraum eines Systems und selbstverständlich auch der ethischen Rechtfertigung. Diesbezüglich nennt von Schlippe neben der Maxime der Erweiterung der Möglichkeiten die ökologische Validität, die Vorsicht mit Bewertungen, die Übernahme von persönlicher Verantwortung und einen respektvollen Umgang mit KlientInnen (1991:371; zit. n. v. Schlippe & Schweitzer: 2003:273). Ähnlich formuliert Ludewig (2006:103 ff.) als Kriterien der Interventionswahl den Nutzen (Effektivität), Schönheit und Respekt, wobei unter Schönheit die Wahl von Interventionen zu verstehen ist, die „bestmöglich die Wünsche und Möglichkeiten berücksichtigen" (ebd.:105).

erzeugte Sinnkonstruktionen sind (problemdeterminierte Systeme), gilt es in erster Linie die problemzentrierte Kommunikation aufzulösen bzw. neue Sinnkonstruktionen zu kreieren (Schweitzer 2005:310). Methoden zielen dabei auf die Entwicklung neuer Wahrnehmungsmuster (z. B. Skulpturarbeit, Genogrammarbeit), auf die Neubewertung von Problemen (z. B. Reframing, Zeugenarbeit, Externalisierung) und auf die Unterbrechung von Verhaltens- und Interaktionsmustern (z. B. Veränderungsaufgaben, paradoxe Interventionen, Symptomverschreibung). Die Standard- oder Musterinterventionen, die in Form von Hausaufgaben erteilt werden, knüpfen hieran an und sind grob gegliedert in Aufgaben zur Musterunterbrechung (Veränderungsaufgaben), Musterbereicherung (Beobachtungsaufgaben, Übungsaufgaben, Rituale) und Musterverstärkung (Ambivalenzarbeit) (v. Schlippe & Schweitzer 2003:182 ff.; Schwing & Fryszer 2007: 295 ff.).

### 5.2.4 Der lösungsorientierte Ansatz (LA)

*Abb. 20: Handlungs- und Beratungstheorie des lösungsorientierten Ansatzes*

Quelle: eigene; Textquellen: Bamberger 1999, 2004:737-748 ; Schmidt 2005; Obrecht & Gregusch 2003:59-93[245]

| Beratertheoretische Operationen | Beratungstheoretische Operationen | Angestrebte Aktivität |
|---|---|---|
| Realisiere personale Bedingungen zur Entwicklung einer kooperativen Arbeitsbeziehung. Nimm eine respektierende und empathische Haltung ein. | s. Kap. D 5.2.3 | Vertrauensbildung |
| Realisiere soziale Bedingungen zur Entwicklung einer kooperativen Arbeitsbeziehung gemäß der Beziehungstypen Kunde/Kundin, Klagende, Besucher/Besucherin. Stelle den Beziehungstyp fest. | s. Kap. D 5.2.3 | Kooperation |
| *Erzeuge ein genaues Bild von den im Erleben und Verhalten bestehenden Ressourcen von K. Beende dies, wenn du hinreichende Anhaltspunkte über Ressourcen hast (bzw. dir die Unterschiede zwischen Beschwerde und Ausnahme hinreichend klar sind).* | Fordere K. auf, ihre/seine Probleme und Anliegen zu schildern. Rege sie/ihn sodann zur Erzeugung eines positiv bewerteten Vergangenheits-, Gegenwarts- und Zukunftsbildes an durch Fragen nach Ausnahmen vom Problem und nach hypothetischen Lösungen. Rege im Weiteren zur kritischen Hinterfragung negativ bewerteter Sachverhalte an.<br>SUBMETHODEN/-VERFAHREN:<br>– zum Finden von Ausnahmen: positive Konnotation, Verschlimmerungsfragen, Splitting, Standardintervention[246], Vorhersage-Aufgabe, So-tun-als-ob-Aufgabe, Lösungsunterstellung, Skalierungsfragen;<br>– zum Finden von hypothetischen Lösungen: Wunderfrage, zirkuläres Fragen, Joker-Auftrag. | Kurze Beschreibung problembezogener Bilder (Gegenwart), ausführliche Beschreibung ressourcenbezogener Bilder (Gegenwart, Vergangenheit, Zukunft); Werteanalyse |
| *Bilde eine Hypothese darüber, ob sich K. ihrer/-seiner Ressourcen im Verhalten bewusst ist.*<br>*a) Hast du die Hypothese, dass K. sich der Ressourcen bewusst ist, formuliere für dich als Ziel, dass K. die Ressourcen im Handeln mehr nutzt.*<br>*b) Hast du die Hypothese, dass K. sich der Ressourcen nicht bewusst ist, definiere dies als vorläufiges Problem und formuliere für dich als Ziel, dass K. in der Lage ist, Ressourcen im Erleben und Verhalten zu erkennen.* | Fokussiere (im Falle, dass K. sich der eigenen Ressourcen bewusst ist) auf die Generierung differenzierten Ziel-, Plan- und Interventionswissens.<br>SUBMETHODEN/-VERFAHREN:<br>wohlformulierte Ziele<br>Fokussiere (im Falle, dass K sich der eigenen Ressourcen nicht bewusst ist) weiter auf die Erzeugung eines positiv bewerteten Zukunftsbildes.<br>SUBMETHODEN/-VERFAHREN:<br>Reframing, Universallösung (s. u.) | Beschreibung von Zielen, Interventionen und Plänen, ggf. Bild-, Code-, Werteanalyse |

[245] In diesem Artikel beziehen wir uns vor allem auf de Shazer 1998.

[246] Bei der Standardintervention handelt es sich um die Beobachtungsaufgabe, die KlientInnen dazu auffordert, zu überlegen, was so bleiben soll, wie es ist, so dass die Aufmerksamkeit auf Ressourcen gelenkt wird (Bamberger 1999:51).

| Beratertheoretische Operationen | Beratungstheoretische Operationen | Angestrebte Aktivität |
|---|---|---|
| *Bei (b): Erzeuge erneut ein Bild von der Situation und stelle insbesondere fest, ob K. ein neues Bild erzeugt hat, das weitere Ressourcen in ihrem/seinem Erleben und Verhalten enthält.*<br>*Ist dies der Fall, K. sich dessen aber immer noch nicht bewusst, oder verhindern andere Umstände, dass K. das neue Wissen zum Erreichen des gewünschten Verhaltens einsetzen kann, definiere das Modell oder Verhalten von K. als Problem und formuliere für dich als Ziel etwas zu verändern.* | | |
| Wähle passende Interventionen aus, entwickle einen Plan zur Umsetzung der Interventionen und realisiere diesen (Lösungsverschreibung).<br>Auswahl der Interventionen:<br>Bei (a): Fokussiere auf Interventionen, die das zielorientierte Handeln verstärken: Verschreibe „Mach mehr davon" oder „Mach gelegentlich mehr davon", wenn Ausnahmen beschrieben wurden. Verschreibe „Mach das für dich Leichteste", wenn nur hypothetische Lösungen beschrieben wurden.<br>Bei (b): Fokussiere auf Interventionen, die sich für kognitive Umstrukturierung als effektiv erwiesen haben (Reframing) oder auf Interventionen, die K. helfen, irgendeine Veränderung in dem Kontext, in dem das Problem auftritt, herbeizuführen (Universallösung).<br>Verschreibe „Mach etwas ander(e)s"[247]. | Erteile K. Hausaufgaben zur Durchführung der Lösungsverschreibung.<br>SUBMETHODEN/-VERFAHREN:<br>Rapport herstellen, Nachdenkpause einlegen, bisher gezeigtes (Lösungs-)verhalten positiv konnotieren, Lösungsvorschläge gemäß passender Intervention präsentieren, Hilfe zur Konkretisierung geben. | Lösungsumsetzung bzw. Problembearbeitung |
| Evaluiere die Verbesserungen und verstärke das Lösungsverhalten. | Fokussiere auf die Generierung von Evaluationswissen. Rege K. kontinuierlich dazu an, ein Bild von den erreichten Verbesserungen zu erzeugen.<br>SUBMETHODEN/-VERFAHREN:<br>auf Verbesserungen fokussieren, Immunisierung gegen Misserfolge; untersuchen, was, wenn sich nichts verändert hat, für K. hilfreicher als das angestrebte Verhalten war; Strategie der kleinen Schritte wählen; Symptomverschreibungen; therapeutische Briefe zwischen den Sitzungen schreiben. | Beschreibung (Zwischen-) Ergebnisse bzw. Analyse der positiven Erfahrungen und (Neu-)Planung |

[247] Unter Universallösung sind Interventionen zu verstehen, die für die Erzeugung einer Veränderung irgendeine Modalität des Verhaltens (motorisch, emotional, kognitiv, physiologisch) und seiner Bedingungen (externe/interne Situation oder externe/interne Konsequenzen) nutzt (Bamberger 1999:78 ff.). Das Reframing ist insofern bereits eine Möglichkeit der Universallösung. Weitere Interventionen dieses Typs sind die Einladung zur „Neubewertung der Situation" (ebd.:80), die „‚invariante Verschreibung'" (ebd.:81), Einladung zu einem „Experiment" (ebd.:82) oder die „Verschreibung der Noch-nicht-Veränderung" (ebd.:83).

#### Zusammenfassung

Beziehungs- und beratungstheoretisch lässt sich die beschriebene Grundstruktur auch im lösungsorientierten Ansatz wiederfinden, obschon im Beratungsprozess von Beginn an klare Gewichtungen vorgenommen werden. Der beratungsrelevante Wirklichkeitsausschnitt bezieht sich ausschließlich auf den psychischen Wirklichkeitsbereich. In der Selbstbeschreibung wird der Beratungsprozess in seiner horizontalen und vertikalen Struktur in 5 Phasen unterteilt: (1) Synchronisation, (2) Lösungsvision, (3) Lösungsverschreibung, (4) Lösungsevaluation, (5) Abschluss (Bamberger 2004:744 ff.). Beratungsoperationen im Sinne der vom Ausgang her offenen Hilfeklärung und der Prüfung der Passung des Angebots spielen hier kaum eine Rolle. Beratung ist der Tendenz nach als reflexives Lernen konzipiert, in dem der Fokus auf der kritischen Analyse der Problembewertungen bzw. der Entwicklung von Lösungsvisionen (s. u.) liegt.

Vertrauensaufbau und Rollenklärung bilden wieder wichtige Voraussetzungen für den Beratungseinstieg. Der Beratungsprozess beginnt mit der Aufforderung an KlientInnen, ihre Probleme und Anliegen zu schildern. Betont wird, dass die Beschäftigung mit Problemen weniger handlungs- und beratungstheoretische, sondern mehr soziale Funktion im Sinne eines ‚Joinings' mit den KlientInnen zukommt (ebd.:). *Handlungstheoretisch* bildet die Kenntnisnahme des beschriebenen Problems die Voraussetzung für die Entwicklung von Alternativen im Sinne einer „Perspektive des ‚Statt-dessen'" (Bamberger 1999:32). Die Beratung beginnt mit dem Eintritt in die Phase der Lösungsvision. Die beratungstheoretischen Schritte dieser Phase bestehen darin, KlientInnen zur Erzeugung positiv bewerteter Vergangenheits-, Gegenwarts- und Zukunftsbilder anzuregen, wozu auf verschiedene Frageformen zurückgegriffen wird, insbesondere auf Fragen nach Ausnahmen vom Problem und hypothetische Lösungen. Haben KlientInnen ein positiv bewertetes Zukunftsbild (Lösungsvision) entwickelt, werden genaue Ziele, Interventionen und Pläne formuliert und an deren Umsetzung gearbeitet. In der Phase der Lösungsverschreibung wird eine Hausaufgabe erteilt, die das Erleben oder Erkennen vorhandener Ressourcen verstärkt. Gelingt die Erzeugung einer Lösungsvision nicht auf Anhieb, kommen in der Beratungssituation und in der Phase der Lösungsverschreibung Regeln bzw. Aufgaben zur Anwendung, die auf die Veränderung von Bildern und Codes (Reframing) bzw. auf unterschiedliche Aspekte des Verhaltens (Universallösung) zielen, um danach wieder bei der Erzeugung positiv bewerteter Bilder anzuschließen. Die beratungstheoretischen Prozesse der Lösungsevaluation fokussieren schließlich auf die Erzeugung von Bildern über erfahrene Unterschiede bzw. Verbesserungen. Bamberger betont, dass es in dieser Phase entscheidend ist, noch so kleine Verbesserungen und Fortschritte herauszuarbeiten und „alles Entdeckte mit entsprechenden Reaktionen positiv zu konnotieren und sich mit ebenso neugierigen wie bewundernden Fragen in die relevanten Ressourcen hineinzufragen: ‚Wie haben Sie das bloß geschafft?! Wie hat sich das dann weiter ausgewirkt? Was haben Sie daraus für sich gelernt?' usw. Wenn der Klient sich auf diese Weise immer mehr darüber bewusst wird, dass tatsächlich ein Veränderungsprozess in Gang gekommen ist, dann braucht es nur noch einen kleinen Schritt zu der Erkenntnis, dass *er* es ist, der verändert, dass *er* wieder das Steuer seines Lebens übernommen hat" (ebd.:746; Hervorheb. im Orig.).

Wie eingangs erwähnt, wird in diesem Ansatz auf eine *explizite Handlungstheorie* verzichtet, was suggeriert, dass die Handlungen der Beratenden quasi dem Denken vorausgehen.

Dies ist aber bei genauerem Hinsehen keineswegs der Fall. Jede Handlung ist auch hier durch die vorherige Erzeugung bestimmter Wissensitems gesteuert, gleichwohl der Umfang des Wissens sehr eng ist und sich auf Bewusstseinszustände der KlientInnen begrenzt.

### 5.2.5 Der kooperative Ansatz (KOA)

*Abb. 21: Handlungs- und Beratungstheorie des kooperativen Ansatzes*

Quelle: eigene; Textquellen: Mutzeck 1999, 2004: 691-698

| **Beratertheoretische Operationen** | **Beratungstheoretische Operationen** | **Angestrebte Aktivität** |
|---|---|---|
| Realisiere personale Bedingungen zur Entwicklung einer kooperativen Arbeitsbeziehung. | Setze die Basisvariablen emotionale Wärme und bedingungsfreie positive Beachtung bzw. Wertschätzung/Akzeptanz, Empathie und Echtheit oder Authentizität/Kongruenz um.<br>SUBMETHODEN/- VERFAHREN:<br>Realisieren der Handlungsprinzipien direktes, persönliches Ansprechen, Anteilnahme zeigen, Verbalisieren von Gefühlen, Ansprechen von Gedanken, Vermeiden von Fehlern innerhalb der Gesprächsführung (zu frühe Ursachen- und Lösungssuche sind zu vermeiden). | Vertrauensbildung |
| Realisiere soziale Bedingungen zur Entwicklung einer kooperativen Arbeitsbeziehung. | Führe K. in die Beratungsarbeit ein (Informiere über Ziel, Möglichkeit und Grenzen von Beratung, Schweigepflicht, Zeitrahmen, methodisches Vorgehen. Mache dein Bild vom ratsuchenden Menschen transparent). Gib positive Rückmeldung auf Ansätze von Lösungsschritten und gelungenen Handlungen. | Kooperation |
| Erzeuge ein möglichst genaues Bild von der Situation und rekonstruiere hierbei vor allem die Innensicht (Gefühle, Gedanken, Reaktionen) von K. Führe am Ende des Schrittes einen Dialog-Konsens über die Inhalte durch.[248] | Rege K. zur Erzeugung eines möglichst genauen Bildes über die Situation an. Fordere K. auf, das Ereignis bzw. den Zustand zu schildern, der von ihm als störend oder problematisch erlebt wird.<br>SUBMETHODEN/-VERFAHREN:<br>K. ermuntern, sich vorzustellen, ein Drehbuch für einen Film zu erstellen; Leitfragen zur Unterstützung des Gesprächsverlaufs, die inhaltlich und sprachlich K. anzupassen sind. | Beschreibung Bilder (Gegenwart, problembezogen) |

[248] Dialog-Konsens bezeichnet ein kommunikatives Wahrheitskriterium. Es meint die Überprüfung, ob B. die Inhalte im Sinne von K. tatsächlich verstanden hat. Dialog-Konsens soll am Ende jedes Schrittes durchgeführt werden.

| Beratertheoretische Operationen | Beratungstheoretische Operationen | Angestrebte Aktivität |
|---|---|---|
| Erzeuge möglichst auch ein Bild von der Situation aus der Innensicht der beteiligten InteraktionspartnerInnen. | Rege K. zur kritischen Analyse der Beschreibung an. Fordere K. auf, das Ereignis bzw. den Zustand aus Sicht des Interaktionspartners/der Interaktionspartnerin zu schildern. Führe K. anschließend wieder in die eigene Gefühls- und Gedankenwelt zurück.<br>SUBMETHODEN/-VERFAHREN:<br>Rollenwechsel (sofern InteraktionspartnerIn nicht anwesend ist). | Bildanalyse |
| Erzeuge ein integriertes Bild von der Situation. Erstelle eine Bedingungs- und Funktionsanalyse der formulierten Probleme auf handlungs- und systemtheoretischer Grundlage. | Rege K. zur Erzeugung eines integrierteren Bildes über die Situation und zur kritischen Analyse der Erklärung an. Fordere K. auf, nach eigenen Erklärungen und Fremderklärungen für die Probleme zu suchen.<br>SUBMETHODEN/-VERFAHREN:<br>Fragen nach Zusammenhängen, Erklärungen der Zusammenhänge, Erklärungen aus Sicht der InteraktionspartnerInnen, nach dem Zweck/ Funktion des eigenen/fremden Handelns, nach erkennbaren Handlungsmustern, nach positiven Funktionen des Problems;<br>Struktur-Lege-Technik (Visualisierungs-methode), Interpretationsangebote machen (erst am Schluss). | Beschreibung Codes und Codeanalyse |
| Akzeptiere die von K. priorisierten zu bearbeitenden Probleme. | Rege K. zur Erzeugung eines Bildes über wichtigste und dringlichste Abweichungen bestehender Sachverhalte von ihren/seinen subjektiv relevanten Werten an. Veranlasse sie/ihn, Schlüsselprobleme zu formulieren.<br>SUBMETHODEN/-VERFAHREN:<br>Beschriebene, bisher gewonnene Erkenntnisse und Einsichten in Erinnerung rufen, Vorschläge machen, ggf. vorsichtig mit Widersprüchen konfrontieren. | Problembestimmung |
| Gib Hilfen zur Zielbildung. | Rege K. zur Erzeugung eines Zielbildes an. Fordere K. dazu auf, erwünschte Zielzustände zu formulieren und diese in Bezug auf die damit verbundenen Werte zu prüfen.<br>SUBMETHODEN/-VERFAHREN:<br>tätigkeitsbezogene, unmissverständliche Ziele formulieren, evtl. in kurz-, mittel-, langfristig Ziele unterteilen, Ziele schriftlich festhalten. | Beschreibung Ziele und Zielanalyse |
| Entwickle Interventionsmethoden auf der Grundlage aller vorherigen Schritte. | Rege K. zur Entwicklung von Interventions-wissen zur Erreichung der Ziele an. Fordere K auf, Lösungsvorschläge zu machen.<br>SUBMETHODEN/-VERFAHREN:<br>offenes Brainstorming zu möglichen Lösungs-wegen, anschließend strukturiertes Brain-storming. | Beschreibung Interventionen |

| Beratertheoretische Operationen | Beratungstheoretische Operationen | Angestrebte Aktivität |
|---|---|---|
| Gib Entscheidungshilfen für die Wahl von Lösungswegen. | Rege K. zum Treffen einer Entscheidung für einen Lösungsweg an.<br>SUBMETHODEN/-VERFAHREN:<br>Anregung über mögliche Entscheidungskriterien und Bewertungshilfen machen, ‚Menüvorschläge' zubereiten (mehrere positiv beurteilte Wege zusammenführen), Kosten-Nutzen-Analyse durchführen. | Entscheidungsanalyse |
| Gib Hilfen für die Entwicklung von Handlungsplänen und der Durchführung der Handlungen. | Rege K. zur Entwicklung eines Plans für die Umsetzung an und zur Antizipation von möglichen Umsetzungsstörungen und deren Begegnung (Umsetzungshilfen).<br>SUBMETHODEN/-VERFAHREN:<br>1. zur Planentwicklung: erforderliche und sinnvolle Handlungsschritte überdenken und schriftlich festhalten, Handlungsschritte gliedern (Einsatz vor oder nach Auftreten des Problems);<br>2. zu Umsetzungshilfen: Erinnerungshilfen zur Durchführung der Handlungsschritte und zu dafür erforderlichem Hilfsmaterial geben, Strategien zur Handlungsunterbrechung geben, Hilfen zur Selbststeuerung geben, UnterstützungspartnerInnen suchen, Vorbeugungs- und Abwehrmaßnahmen gegen störende Bedingungen suchen, Rollenspiele durchführen. | Beschreibung von Plänen und Plananalyse, handlungsvorbeitende Übungen |
| Evaluiere kontinuierlich Fortschritte. | Fokussiere auf das Erlernen des Evaluierens und auf die Generierung von Evaluationswissen.<br>SUBMETHODEN/-VERFAHREN:<br>Selbstreflexion vorbereiten, Erfahrungs- und Reflexionsberichte, positive Rückmeldungen, ermuntern, kleine Erfolge zu sehen, misslungene Versuche und Rückschläge auffangen. | Einüben des Evaluationsprozesses und (Zwischen-) Ergebnisanalyse und (Neu-) Planung |

## Zusammenfassung

Beziehungs- und beratungstheoretisch findet sich die Grundstruktur im kooperativen Ansatz deutlich wieder. Inhaltlich versteht sich der Ansatz als handlungs- und systemtheoretischer Ansatz. Der Ansatz ist als Problemlösungsmodell konzipiert, das aus folgenden Schritten zusammengesetzt ist: (1) Einführung, (2) Problembeschreibung, (3) Perspektivenwechsel, (4) Problemanalyse, (5) Zielbestimmung, (6) Lösungsfindung, (7) Entscheidungsfindung, (8) Vorbereitung der Umsetzung, (9) Mit- und nachgehende Begleitung. Auch dieses Modell ist nicht linear zu verstehen (Mutzeck 1999:85 f.). Dabei finden sich keine Hinweise auf Beratungsoperationen, die im Dienste der offenen Hilfeklärung und Passung des Angebots stehen. Beratung ist tendenziell als reflexive Unterstützung konzipiert und betont dabei die Selbstexploration fördernde Rolle der Beratenden.

Vertrauen herstellen und eine kooperative, horizontal strukturierte Beziehung aufbauen[249] stellen die zentralen Aufgaben der Einführung dar. Daran schließen sich die beratungstheoretischen Operationen an, in denen KlientInnen angeregt werden, problematische Aspekte ihrer Situation zu schildern, Erklärungen für die Probleme zu (re)generieren und die Probleme zu gewichten. Beschreibung und Erklärung werden dabei immer auch über die Methode des Perspektivwechsels kritisch hinterfragt.
*Handlungstheoretisch* dient das Durchlaufen dieser Phasen vor allem der Unterstützung einer Diagnose oder Klärung. Hiervon grenzt Mutzeck Planungsgespräche ab, in denen die Entwicklung von Zielen, das Finden von Lösungen und Entscheidungen sowie die Vorbereitung der Umsetzung im Vordergrund stehen. Mutzeck betont, dass nicht jedes Gespräch alle Beratungsphasen durchlaufen muss. Umgekehrt kann ein Wiedereinsteigen in eine vorangegangene Phase sinnvoll und nützlich sein (ebd.:110).
Im Wesentlichen bestehen die Beratungsaktivitäten in der „Herstellung und Stützung der Aktivität des Ratsuchenden. Ihm werden Kompetenzen zugeschrieben, seine Ressourcen und Möglichkeiten so zu aktivieren, dass er sein Problem weitgehend selbst lösen kann. Der Berater gibt dabei Impulse und Hilfestellungen" (Mutzeck 2004:695 f.).
Ausgehend von der Grundannahme, dass das Handeln von Menschen maßgeblich von ihren subjektiven Situationsinterpretationen abhängt (Vorstellungen, Motive, Erwartungen, Abwägungsprozesse, Ziele, Interessen und Entscheidungen), besteht die Hilfestellung vor allem in der Förderung der (Selbst-)Exploration.

> „Durch die Explikation der Selbst- und Weltsicht des Ratsuchenden wird der Sinn seines Handelns offenbar und damit eine Veränderung oder Erweiterung seiner handlungsleitenden Gedanken und Empfindungen ermöglicht" (ebd.).

> „Da die Welt- und Selbstsicht eines Individuums implizit ist und meist nicht so differenziert, präzise und gegenwärtig wie objektive, wissenschaftliche Theorien, sollte der Berater „möglichst viele Auskunftserleichterungen, Anregungen und Öffnungshilfen geben, so dass dem Ratsuchenden ein möglichst vollständiger (expliziter) Zugriff auf seine impliziten Wissensinhalte ermöglicht wird" (Mutzeck 1999:59).

Darüber hinaus ist auch die gezielte Förderung von Erkenntnis- und Handlungskompetenz in den Beratungsschritten ‚Vorbereitung der Umsetzung' und ‚mit- und nachgehende Begleitung' vorgesehen.

---

[249] Die Bezeichnung ‚kooperative Beratung' steht für eine horizontal strukturierte Beziehung zwischen BeraterInnen und Ratsuchenden, in der die Kompetenzen der Ratsuchenden und der BeraterInnen als gleichwertig betrachtet werden sollen (Mutzeck 1999:27) Dies teilen im Grunde alle Beratungskonzepte (s. Kap. B 2.2. und D 5.3.1), so dass sich die Frage nach dem Spezifikum des Ansatzes stellt.

### 5.2.6 Der lebensweltorientierte Ansatz (LWA)

*Abb. 22: Handlungs- und Beratungstheorie des lebensweltorientierten Ansatzes*

Quelle: eigene; Textquellen: Thiersch 2004b:699-710, 1997:99-110, 1991:23-35; Frommann 1990; Ansen 2006, 2008:55-68.

| **Beratertheoretische Operationen** | **Beratungstheoretische Operationen** | **Angestrebte Aktivität** |
|---|---|---|
| Realisiere personale Bedingungen zur Entwicklung einer kooperativen Arbeitsbeziehung.<br>Realisiere Akzeptierung und Sachkompetenz. | Realisiere dafür Handlungsprinzipien wie persönliche Zuwendung ausdrücken, zuhören, transparent sein, Kompetenz zeigen, sich sprachlich zugänglich, nicht expertenhaft ausdrücken. | Vertrauensbildung |
| Realisiere soziale Bedingungen zur Entwicklung einer kooperativen Arbeitsbeziehung.<br>Mach dir ein Bild über das Hilfeanliegen und dessen Passung mit der fachlichen Zuständigkeit. | s. Kap. D 5.2.5 | Kooperation |
| Erzeuge ein Bild von der Situation unter Berücksichtigung der Komplexität der lebensweltlichen Bezüge.<br>Nimm wahr. | Rege K. zur Erzeugung eines Bildes über problematische und ressourcenhaltige Aspekte ihrer/seiner Situation, erfolgte Lösungsversuche und Erwartungen an. Verweise K. im Falle der Nichtzuständigkeit an entsprechende Stellen weiter.<br>SUBMETHODEN/-VERFAHREN:<br>Aktives Zuhören, offene Fragen, sondierende Fragen, Fragen nach problemunbelasteten Zeiten, nach eigenen Bewältigungsversuchen oder des Umfeldes. | Beschreibung Bilder (gegenwarts- und problembezogen, ressourcenbezogen), Beschreibung Interventionen (Vergangenheit) und Erwartungen (Beratungssituation) |
| Mach dir ein Bild über vorliegende dringliche Probleme und über die Kooperationsmotivation. Achte auf diskrepante Einschätzungen bzgl. der Bearbeitungsprioritäten. | Mach im Falle dringlicher Probleme deren prioritäre Bearbeitung deutlich. | Kooperation |
| Erzeuge ein integriertes Bild von der Situation im Lichte ausgewählter Theorien (je nach Problemlage und Arbeitssetting)250.<br>Ordne. | Rege K. zur Erzeugung eines vertieften Bildes über seine/ihre Situation an.<br>Submethoden/-verfahren:<br>geschlossene, offene, reflektierende, ressourcenaufdeckende, bilanzierende Fragen. | Vertiefte Beschreibung von Bildern (problem- und ressourcenbezogen) |

[250] Thiersch betont, dass der theoretische Zugang zu Beratung und die Wahl von Methoden weder willkürlich noch vereinheitlichend, sondern absichtsvoll auf die jeweilige Klientel und ihre spezifische Situation (Lebenswelt) abgestimmt werden soll. „Soziale Beratung vermeidet auf diese Weise die Suggestion, es gäbe eine allgemeine Übertheorie der sozialen Beratung, unter der dann alle anfallenden Einzelprobleme subsumiert werden können, eine Suggestion, die so scheint mir jedenfalls, in der gegebenen wissenschaftlichen Situation mit ihren anthropologischen und gesellschaftlich so unterschiedlichen Wissenschaftsherkünften illusionär ist" (1997:109). Ansen sieht grundsätzlich im Konzept sozialer Ungleichheit, in dem „die objektiven und subjektiven Bedingungen und Auswirkungen benachteiligter Lebenslagen ausdrücklich gewürdigt [werden] (2008:57)" einen geeigneten theoretischen Bezugsrahmen zur sozialpädagogischen Analyse der Beratungsanlässe.

| Beratertheoretische Operationen | Beratungstheoretische Operationen | Angestrebte Aktivität |
|---|---|---|
| Erzeuge ein Bild von subjektiv relevanten Werten von K. und beachte diese.<br>Nimm teil.<br>Baue ggf. Änderungsmotivation auf.<br>Erzeuge ein Bild von erwünschten Zuständen, Ressourcen und von in Bezug auf K. angemessenen Interventionen.<br>Halte für möglich. | Ergänze das Erklärugns- und Interventionswissen von K. und fokussiere auf die Generierung von Zielwissen.<br>Rege K. ggf. zur kritischen Analyse der Problemwahrnehmung (Beschreibung) an.<br>Fokussiere ggf. auf die kritische Analyse bestehender Bilder, Codes, Werte.<br>SUBMETHODEN:<br>Probleme erklären und über Probleme aufklären; Informationen und Erklärungen über Verläufe und Interventionsalternativen geben; Generalisieren und Normalisieren zwecks kritischer Hinterfragung der Problemwahrnehmung; Amplifizieren, Vereinfachen, Akzentuieren zwecks Neubewertung der Probleme; Rückmelden, Reflektieren, Konfrontieren zwecks Auflösung von Widerstand gegen Veränderung. | Aufnahme von Erklärungs- und Interventionswissen, Beschreibung von Zielen, ggf. Bild-, Code- und Werteanalyse |
| Wähle und kreiere entsprechend deiner Erfahrung und Kenntnis über die Ressourcen Methoden zur<br>– Umstrukturierung der Situation (Erschließung materieller Ressourcen, Neudefinition sozialer Beziehungen, Schaffen neuer Räumlichkeiten);<br>– gezielten Aufdeckung von Problemen (Konfrontation);<br>– zur Einsichtsförderung (Aufklärung);<br>– Handlungskompetenzsteigerung (Training).<br>Beziehe möglichst das am Problem beteiligte System mit ein. | s. u. | |

## Zusammenfassung

Der lebensweltorientierte Ansatz thematisiert beziehungstheoretische Aspekte der Beratung und benennt über die von Frommann eingeführten Grundphasen Wahrnehmen -Ordnen – Teilnehmen – Für-möglich-halten die handlungstheoretischen Operationen der Situationsbeschreibung, -analyse, -bewertung und -veränderung. Hieran anknüpfend entwickelt Ansen (2006, 2008) ein beratungstheoretisches Konzept. Inhaltlich bestimmt Ansen den Gegenstand sozialer Beratung entlang des lebensweltlichen Ansatz wie folgt:

> „Aus einer sozialpädagogischen Perspektive interessieren wir uns vor allem für die wirtschaftlichen Probleme wie die Einkommens-, Wohnungs- und sonstige Güterausstattungen, die sozialen Probleme und Perspektiven, die Bildungs-, Ausbildungs- und Berufsperspektiven, mögliche gesundheitliche Beeinträchtigungen, die lebenspraktischen und sozialen Kompetenzen und die individuellen Lebensperspektiven" (2008:63).

Die Prozessstruktur unterteilt Ansen in (1) Einstiegsphase, (2) Problemerfassung, (3) Persönliche Unterstützung und (4) Intervention (2006:137, 156).

Die Intervention geht dabei über Beratung hinaus. In der Beratung wird auf Interventionen zurückgegriffen, „die ein aktives Vorgehen des Beraters einfordern. Anders als in einigen psychotherapeutischen Verfahren appellieren wir nicht nur an die Eigenkräfte des Ratsuchenden“ (2008:59). Beratung beinhaltet so immer auch Behandlung. Beratung i. e. S. ist tendenziell als transitives Lernen und als reflexive Unterstützung konzipiert. Betont werden die Vermittlung von Information und Wissen sowie die Reflexion von Problemen (s. u.).

Auch im lebensweltorientierten Ansatz werden der Vertrauensaufbau und die Rollenklärung als wichtige Interaktionsziele der Einstiegsphase gesehen. Mit Bollnow (1970) betont Ansen, dass das Gelingen nur in begrenzter Weise methodisierbar ist und vor allem einer pädagogischen Grundhaltung bedarf, an die Eigenschaften „wie Geduld, Heiterkeit, Humor und Güte“ gekoppelt sind (ebd.:61). Weiter weist Ansen darauf hin, dass diese Grundhaltung nicht immer in eine enge Beratungsbeziehung einmünden muss. Nebst den Beziehungsaspekten beinhaltet die Einstiegsphase die Klärung der Erwartungen und die Vorklärung der Probleme. KlientInnen werden entsprechend zur Schilderung ihrer Erwartungen und Probleme ermuntert, wozu sie mittels aktiven Zuhörens und sondierenden Fragen seitens der Beratenden unterstützt werden.
Das *handlungstheoretische* Ziel dieser Phase besteht zum einen in der Prüfung der Passung des Angebots und zum anderen in der Ermittlung der Motivation sowie eventueller dringlicher Probleme. Generell gilt es, die Bearbeitungsprioritäten nach der Motivationslage der KlientInnen auszuwählen. Hieran schließt die Problemerfassungsphase (diagnostische Phase) an, die der systematischen Erfassung der Probleme und ihrer theoretischen Einordnung zwecks Interventionsplanung dient. Beratende sollen sich hierbei an den o. g. Wirklichkeitsausschnitt orientieren und KlientInnen sowohl durch offene als auch durch geschlossene Fragen zur vertieften Erzeugung eines Bildes über ihre Situation anregen, wodurch vor allem ein entlastender Effekt erwartet werden kann, wenn KlientInnen den Überblick über ihre Situation verloren haben (Ansen 2006:149). In der Phase der persönlichen Unterstützung steht der Aufbau der Veränderungsbereitschaft im Vordergrund, wofür auf bestätigende, informierende oder im Fall von Resignation oder Veränderungswiderstandes auf reflektierende und konfrontierende Beratungsoperationen zurückgegriffen werden kann (ebd.:149-155) Die Interventionsphase umfasst die Gruppe der rechtlichen, ökonomischen und ökologischen Interventionsform, die auf Verbesserung des Status der Person und der Förderung der sozialen Teilhabe und Teilnahme zielen und die pädagogische Interventionsform, die auf die Förderung der individuellen Kompetenzen abzielt. Erstere können stellvertretende Handlungen der Beratenden erfordern oder die Vermittlung von Handlungswissen.

> „Bei der Weitergabe von Informationen müssen wir die Möglichkeiten des Ratsuchenden würdigen, die Information angemessen zu verarbeiten. Bei der Auswahl der Information müssen wir darauf achten, dass wir die Darstellung nicht mit Details überfrachten und vor allem auch die Schritte verdeutlichen, die für die eigenständige Umsetzung bedeutsam sind“ (Ansen 2008:64 f.).

Die Förderung der individuellen Kompetenzen bedingt die Orientierung der Beratenden an den Maximen der Bildsamkeit und der Selbsttätigkeit.

„Gegenstand der pädagogischen Kommunikation mit dem Ratsuchenden sind seine Sichtweisen, Pläne und Wünsche, sein Problemverständnis und seine Lösungsvorstellungen. Der Berater setzt sich kritisch mit den Äußerungen des Ratsuchenden auseinander, er gibt ergänzende oder korrigierende Hinweise und vermittelt neue Sichtweisen" (ebd.:66).

Die Beratungsoperationen beinhalten die Vermittlung von handlungsbefähigenden Informationen, einsichtsfördernde Reflexionen und kritische Analysen der Modelle der KlientInnen sowie Handlungskompetenz fördernde Handlungsanleitungen und Modelldarbietungen.

### 5.2.7 Der ressourcenorientierte Ansatz (RA)

*Abb. 23: Handlungs- und Beratungstheorie des ressourcenorientierten Ansatzes*

Quelle: eigene; Textquellen: Nestmann 1997a, 2004a[251]

| **Beratertheoretische Operationen** |
|---|
| Erzeuge ein Bild von der Situation, das problematische Aspekte, insbesondere aber auch ressourcenhaltige Aspekte der Situation beinhaltet.<br>Fokussiere dabei auf Umweltressourcen (ökologische, soziale und institutionelle Umwelten) und Personenressourcen.252 |
| Erzeuge ein integriertes Bild von der Ressourcenlage bzw. erkläre die vorgetragenen Probleme als Folge fehlender, verloren gegangener oder bedrohter Ressourcen in Bezug auf die<br>1. Dinge der materiellen Umgebung (z. B. Wohnung, Kommunikations-, Transportmittel, Kleidung),<br>2. objektiven Lebensbedingungen und -umstände (z. B. Status, Sicherheit, Zuwendung),<br>3. emotionalen und kognitiven Repräsentationen (z. B. Selbstwert, Optimismus, Kontrollbewusstsein, soziale Kompetenz) und<br>4. Energieressourcen, d. h. die Mittel zur Erreichung angestrebter Objekte oder Lebensbedingungen (z. B. Geld, Vertrauensvorschuss bei Mitmenschen, ein bestimmtes Wissen). |
| Erzeuge ein Bild von den Abweichungen von zum Wohlbefinden relevanten Ressourcen.<br>Bewerte solche Zustände als gewichtig, die sich vor dem Hintergrund empirischer Forschung als besonders kräftig und vielseitig in den Funktionen erwiesen haben (hohes Selbstwertgefühl, Optimismus und Bewältigungsoptimismus, Problemlösekompetenz, Kontrollüberzeugungen als personale Ressourcen; sozioökonomischer Status und gesichertes Einkommen, Einbindung in konfliktfreie soziale Netzwerke und eine enge Bindung, emotionale soziale Stützung als Umweltressourcen). |

251 Der Beratungsprozess ist in der mir zur Verfügung stehenden Literatur nicht beschrieben. Die Darstellung beinhaltet daher nur die den Ressourcenansatz charakterisierenden handlungstheoretischen Elemente. Grundsätzlich können bei Nestmann aufgrund der folgenden Definition alle handlungstheoretischen Schritte und deren beratungstheoretische Entsprechungen als gegeben angenommen werden: „Psychosoziale Beratung ist eine professionelle Unterstützungsleistung, die in einem gemeinsamen Prozess der Orientierung, Planung, Entscheidung und Handlung versucht, bio-psycho-soziale Ressourcen von Personen und sozialökologische und ökonomische Ressourcen von Umweltsystemen (soziale Beziehungen und Netzwerke; Organisationen und Institutionen; gebaute und natürliche Umwelt) zu entdecken, zu fördern, zu erhalten und aufeinander zu beziehen" (1997:33 f.). Wie schon bei den vorherigen Ansätzen finden sich auch bei Nestmann ähnliche beziehungstheoretische Hinweise (2004: 791 ff.)

252 Nestmann nennt mehrere Ressourcentaxonomien, stützt sich bei Ressourcendiagnostik aber vor allem auf das Konzept von Hobfoll (1989). Dieses ist, wie er betont, wenig trennscharf. Im Weiteren verweist er auf das bei allen Ressourcentaxonomien offene Problem der Objektivierbarkeit des Begriffs Ressourcen.

## Zusammenfassung

Der auf der Conservation of Resources Theory (abgekürzt: COR-Theorie) von Hobfoll (1989) gründende ressourcenorientierte Ansatz stellt in der gegenwärtigen Beratungsdiskussion ein von Nestmann (2004) eingebrachtes Konstrukt zur Etablierung einer Theorie *der* Beratung dar, die insbesondere auch als Begründungsbasis für die präventive Funktion von Beratung von Bedeutung ist. Beratungsprobleme werden als Folge fehlender, verloren gegangener oder bedrohter Ressourcen sowie eines zielverfehlenden Ressourceneinsatzes verstanden. In einer solchen Situation werden Menschen für physische und psychische Probleme anfällig, sie erleben Stress (ebd.:729). Ausgegangen wird in diesem Zusammenhang davon, dass der tatsächliche oder der befürchtete Verlust schwerer wiegt als ein Mangel an Ressourcengewinnen, da hier künftige Herausforderungen mit reduzierten Coping-Kapazitäten bewältigt werden müssen. Eine weitere Annahme lautet, dass Ressourcen eingesetzt werden, um sich vor Verlusten zu schützen, sich von ihnen zu erholen und um neue Ressourcen dazu zu gewinnen. Dies bedeutet – so die zentralen Schlussfolgerungen von Hobfoll & Jackson (1991) – dass a) Personen mit vielen Ressourcen weniger verletzlich gegenüber Verlusten sind und ihre Ressourcen besser gewinnbringend einsetzen können und b) bei Personen mit Mangel an Ressourcen ursprüngliche Verluste zu weiteren Verlusten in der Zukunft führen; demnach besteht im einen Fall eine Gewinn- und im anderen Fall eine Verlustspirale. Des Weiteren nehmen c) Personen mit Ressourcenmangel eine eher defensive Haltung ein, um ihre Ressourcen zu schützen (Nestmann 2004a:730).

Ressourcenaufbau, Ressourcenausbau und Ressourcenerhalt werden zu wichtigen beraterischen Aufgaben. Das primäre Ziel ressourcenorientierter Beratung besteht bei ressourcenarmen KlientInnen darin, „Ressourcenverlust zu prävenieren und Verlustspiralen zu durchbrechen, wo dies nötig ist" (ebd.:733). In einem nächsten Schritt könne ein „Ressourcengewinn angestrebt werden" (ebd.). Der Aufbau von ökologischen, ökonomischen, sozialen und persönlichen Ressourcen stellt hier das zentrale Handlungsprinzip dar. Bei ressourcenreichen KlientInnen rückt dagegen „der gezielte Ressourceneinsatz und die Ressourcenerweiterung in den Mittelpunkt" (ebd.). Nestmann verweist weiter auf ein gefordertes „Passformkonzept, das die unterschiedliche Spezifität der Ressourcen für bestimmte Anforderungen berücksichtigt [...] Persönliche Ressourcen müssen mit Blick auf Anforderungen und Bedürfnisse mit Umweltressourcen passend gemacht werden und umgekehrt" (ebd.). Ressourcenorientierte Beratung bedeutet daher nicht nur, Ressourcen zu entdecken, zu fördern und zu erhalten, sondern auch Ressourcen von Personen und von Umweltbeziehungen aufeinander zu beziehen (ebd.).

Handlungstheoretisch bedeutsam wird mit dem Ansatz die Ressourcendiagnostik und -diagnose.

> „Ressourcendiagnostik (d. h. Erfassung persönlicher Stärken, Netzwerkkarten und Unterstützungsanalyse, Organisations- und Institutionsdiagnosen) steht gleichberechtigt neben Problemdiagnostik" (ebd.:732).

## 5.3 Ergebnisse und Diskussion

### 5.3.1 Ergebnisdarstellung

In der Rekonstruktion der beziehungs- und beratungstheoretischen Prozesse zeigen sich deutliche Parallelen zwischen den Ansätzen. In *beziehungstheoretischer Hinsicht* sind vornehmlich sprachliche Unterschiede auszumachen. Inhaltlich legen alle Ansätze über Hinweise wie Einnahme einer therapeutischen, wertschätzenden, akzeptierenden Haltung, die Strukturierung der Rollen, Feststellung des Beziehungstyps oder die transparente Einführung in die Beratungsarbeit auf die Herstellung einer *vertrauens- und zugleich arbeitsorientierten Beziehung* Wert, was eine Balance zwischen beziehungs- und aufgabenzentrierten Interaktionen erfordert. In Bezug auf die beziehungszentrierten Interaktionen spielen in allen Ansätzen der Ausdruck von emotionaler Wärme, Empathie, Akzeptanz und Echtheit eine wichtige Rolle. Die aufgabenzentrierten Interaktionen sind vom Selbstmanagementansatz, systemisch-konstruktivistischen sowie lösungsorientierten Ansatz genauer beschrieben und beinhalten etwa den Aufbau von positiven Veränderungserwartungen, die Hervorhebung der Selbsthilfe gegenüber Fremdhilfe und die Betonung von Kompetenzen. In allen Ansätzen wird auch betont, dass die Beziehungsphase einen kontinuierlichen Prozess darstellt und parallel zu den Beratungsprozessen verläuft. Der Beziehung ist zu Beginn besondere Aufmerksamkeit zu schenken, sie ist aber nie als definitiv abgeschlossen zu betrachten und sie unterliegt Entwicklungen.[253]

Der Beratungsprozess ist in allen Ansätzen als auf KlientInnen bezogener problemlösungstheoretischer Prozess rekonstruierbar. Diesbezügliche *Variationen*, so wurde eingangs gesagt, können sich darauf beziehen, dass KlientInnen aufgefordert sind,

- Wissen zu allen oder nur zu bestimmten Wissensformen zu explizieren oder zu erzeugen (Umfang der Beratungsprozesse bzw. Wissensstruktur);
- Wissen in gegenstandsbezogen fokussierter oder umfassender Weise zu explizieren oder zu erzeugen (Wirklichkeitsausschnitt bzw. Inhaltsstruktur);
- die Problembearbeitung in unterschiedlicher Intensität anzugehen (Prozessstruktur) und
- ihre Probleme in mehr oder weniger unterschiedlicher Art und Weise zu bearbeiten (Beratungsmodi).

Behauptet wurde in dem Zusammenhang, dass in allen Beratungsansätzen alle Wissensformen eingeschlossen sind und Beratung sowohl im unterstützenden wie auch im reflexiven Modus durchgeführt wird, da es sich bei diesen Aspekten um problemlösungstheoretisch bedingte prozessuale Notwendigkeiten handelt. Inhaltsstruktur und Prozessstruktur wurden dagegen als Komponenten von Theorien der Beratung sowie des professionellen Handelns als nicht zwingend kompatibel gedacht. Ihre Analyse ist vor dem Hintergrund der Anforderungen an sozialarbeiterische Beratung aus der Sicht des SPSA dennoch interessant und gibt Hinweise auf mehr oder weniger

[253] Dies lässt sich aus den tabellarischen Darstellungen nicht erschließen und ist insofern als Zusatzinformation zu verstehen. Fuhr & Gremmler (1991; zit. n. 2004a:121 f.) beschreiben die Beziehungsdynamik genauer als vierstufige Entwicklung: Zu Beginn besteht eine (1) Abhängigkeitsbeziehung der KlientInnen zur Beraterin bzw. zum Berater, die sich über zunehmende Vertrauensbildung zur (2) Mentoren-Beziehung entwickelt und mit zunehmender Entwicklung von Eigenverantwortlichkeit zur (3) partnerschaftlichen bzw. symmetrischen Beziehung, die schließlich in eine (4) Ablösungsbeziehung mündet.

problematische ,Übernahmen'.

Die nachstehenden Übersichten zeigen die Auswertung der Beratungstheorien entlang der Analysekategorien. Abb. 24 stellt den ermittelten Umfang der Beratungsprozesse dar. Die *Vollständigkeit* wurde über das Vorkommen/Nicht-Vorkommen unterschiedlicher Wissensformen *über den gesamten (Selbst-)hilfeprozess* ermittelt und ist durch die Symbole x bzw. (–)x gekennzeichnet. Auf die Darstellung der Sequenzierung wurde verzichtet, da ein dynamisches Verständnis von Beratungsprozessen für alle Ansätze grundlegend ist.

Abb. 25 stellt den Versuch dar, die Inhaltsstruktur zu erfassen.[254] Ein Gesamtüberblick über die vorgefundene Prozessstruktur wird in Abb. 26 gegeben. Gleichzeitig beinhaltet diese Ergebnisse über die bevorzugten Beratungsmodi in den Ansätzen als Ausdruck der den Theorien zugrunde liegenden allgemeinen Wirkprozesse.

*Abb. 24: Auswertung der Beratungstheorien der Ansätze nach Umfang der erkenntnis- und handlungstheoretischen Operationen*

| **Anregung zur Explizierung/ Erzeugung von Wissen über...** | **PA** | **SMA** | **SYKA** | **LA** | **KOA** | **LWA** | **RA** |
|---|---|---|---|---|---|---|---|
| relevante Sachverhalte in Bezug auf die eigene Situation (Beschreibung) | x | x | x | x | x | x | x |
| Zusammenhänge und Mechanismen der problematisch bewerteten Sachverhalte (problembezogene Erklärung) | x | x | x | (–) x | x | x | x |
| erwartete Entwicklungen (passives Zukunftsbild) | (–) x | x | (–)x | x | (–) x | (–)x | – |
| Wünschbarkeit bestehender und erwarteter Sachverhalte (Beurteilung von Sachverhalten als Ressourcen) | x | x | x | x | x | x | – |
| Nicht-Wünschbarkeit bestehender und erwarteter Sachverhalte (Beurteilung von Sachverhalten als Probleme) | x | x | x | x | x | x | – |
| anzustrebende Ziele (aktives Zukunftsbild) | x | x | x | x | x | x | – |
| Handlungs-/Lösungsoptionen (Methode) | x | x | x | x | x | x | – |
| Handlungs-/Lösungsumsetzung (Plan) | x | x | x | x | x | x | – |
| erwartete Handlungseffekte (aktives Zukunftsbild bzgl. Handlungsausführung) | x | x | x | x | x | – | – |
| alternative Ziele, Methoden, Pläne (Entscheidung) | x | x | x | (–)x | x | – | – |
| erzielte Ergebnisse und Fortschritte (Evaluation) | x | x | x | x | x | – | – |

[254] Auf den zeitlichen Aspekt wird nicht gesondert eingegangen. Allgemein wird vergangenen Ereignissen in den Ansätzen Bedeutung zugeschrieben, wenn sie in der aktuellen Situation noch eine Rolle spielen.

*Abb. 25: Auswertung der Beratungstheorien der Ansätze nach relevanten Wirklichkeitsausschnitten*

| Ansatz | Inhaltsfokus | Erweiterter Objektbereich |
|---|---|---|
| PA | innerer Bezugsrahmen, sozialer und kultureller Kontext | Umwelt der KlientInnen |
| SMA | Alpha-, Beta-, Gammavariablen | therapierelevante Systeme |
| SYKA | Kommunikations-, Beziehungsmuster, Regeln | Auftragskontext |
| LA | (psychische) Ressourcen | |
| KOA | Selbst- und Weltsicht, Interaktionen | InteraktionspartnerInnen |
| LWA | Wirtschaftliche Probleme, soziale Probleme und Perspektiven, Bildungs-, Ausbildungs- und Berufsperspektiven, gesundheitliche Beeinträchtigungen, lebenspraktische und soziale Kompetenzen, individuelle Lebensperspektiven | Offen |
| RA | Personen- und Umweltressourcen | Ökologische, soziale, institutionelle Umwelten |

*Abb. 26: Auswertung der Beratungstheorien der Ansätze nach der handlungstheoretischen Prozessstruktur und Beratungsmodus*

| | Prozessstruktur | Handlungs-theoretische Ziele | Beratungs-theoretische Ziele (Tendenzen) | Beratungsmodus (Tendenzen) und wichtige Verfahren |
|---|---|---|---|---|
| PA | (1) Anfangsphase<br>(2) Mittelphase<br>(3) Abschlussphase<br>bzw.<br>(1)Allgemeine Orientierung<br>(2) Problemformulierung und Definition<br>(3) Entwicklung von Alternativen<br>(4) Entscheidung und Verifikation im beraterischen Feedback | Kooperation<br>offene Hilfeklärung<br>Diagnose/Indikation/ Auftrags-abstimmung<br>Hilfe zur selbstgesteuerten Problemlösung und Handlungs-training | Stabilisierung der Wissensstruktur | B. als transitive, reflexive Unterstützung: Verbalisieren, Konkretisieren (strukturierte Exploration), Akzentuieren, Herausfordern |
| SMA | (1) Eingangsphase<br>(2) Aufbau von Änderungs-motivation zur eigenen Problemlösung und vorläufige Auswahl von Änderungsbereichen<br>(3) Verhaltensanalyse und funktionales Bedingungs-modell<br>(4) Vereinbaren therapeutischer Ziele<br>(5) Planung, Auswahl und Durchführung spezieller Maßnahme<br>(6) Evaluation therapeutische Schritte<br>(7) Erfolgsoptimierung und Abschluss | Kooperation<br>Behandlungsbezogene Hilfeklärung<br>Diagnose/Indikation/<br>Auftrags-abstimmung<br>Hilfe zur selbst-gesteuerten Problemlösung sowie Behandlung | Veränderung der Wissensstruktur | Beratung als reflexives und metareflexives Lernen<br><br>Konkretisieren, Verbalisieren, Herausforderndes klären, Reframing, Hypothetische Lösungen, Problemlösen üben, Hausaufgaben |

| | Prozessstruktur | Handlungs-theoretische Ziele | Beratungs-theoretische Ziele (Tendenzen) | Beratungsmodus (Tendenzen) und wichtige Verfahren |
|---|---|---|---|---|
| SYKA | (1) Informationssammlung<br>(2) Hypothesenbildung<br>(3) Interventionsplanung und<br>(4) Interventionen | Kooperation offene Hilfeklärung Auftrags-abstimmung/Indikation Hilfe zur selbstgesteuerten Problemlösung | Veränderung der Wissensstruktur | Beratung als reflexives Lernen<br>Zirkuläres Fragen/ Splitting, Hypothetisieren, Reframing, Verschreiben |
| LA | (1) Synchronisation<br>(2) Lösungsvision<br>(3) Lösungsverschreibung<br>(4) Lösungsevaluation<br>(5) Abschluss | Kooperation Hilfe zur selbst-gesteuerten Problemlösung | Veränderung der Wissensstruktur | Beratung als reflexives Lernen<br>Ausnahmefragen, Hypothetische Lösungen verschreiben |
| KOA | (1) Einführung<br>(2) Problembeschreibung<br>(3) Perspektivenwechsel<br>(4) Problemanalyse<br>(5) Zielbestimmung<br>(6) Lösungsfindung<br>(7) Entscheidungsfindung<br>(8) Vorbereitung der Umsetzung<br>(9) Mit- und nachgehende Begleitung | Kooperation Hilfe zur selbst-gesteuerten Problemlösung und Handlungs-training | Stabilisierung der Wissensstruktur | Beratung als transitive und reflexive Unterstützung<br>Verbalisieren, Konkretisieren, Akzentuieren, Perspektivwechsel |
| LWA | (1) Einstiegsphase<br>(2) Problemerfassung<br>(3) Persönliche Unterstützung und<br>(4) Intervention | Kooperation offen Hilfeklärung Diagnose/Indikation/ Auftrags-abstimmung Hilfe zur selbst-gesteuerten Problemlösung und Behandlung | Stabilisierung der Wissensstruktur | Beratung als transitive und reflexive Unterstützung<br>Verbalisieren, Konkretisieren, Akzentuieren, Herausfordern |
| RA | – | – | – | – |

Die wichtigsten Ergebnisse zusammengefasst, wird in Abb. 24 ersichtlich, dass in nahezu allen Ansätzen kaum Lücken hinsichtlich der *Wissensstruktur* bestehen. Über den Umfang der Beratungsprozesse im ressourcenorientierten Ansatz können mangels Literatur zur Prozessbeschreibung keine Aussagen gemacht werden. Im lebensweltorientierten Ansatz bestehen teilweise Beschreibungslücken.

Insgesamt betrachtet, wird am ehesten darauf verzichtet, KlientInnen zur Schilderung oder Erzeugung eines passiven Zukunftsbildes hinsichtlich ihrer Lebenssituation oder Situationsaspekten zu veranlassen. Einzig im Selbstmanagement-Ansatz und im lösungsorientierten Ansatz sind Anregungen zur Formulierung von Prognosen vorgesehen, wobei dieser Schritt im Selbstmanagement-Ansatz einen Bestandteil der Evaluation der KlientInnen bildet, während Vorhersage-Aufgaben im lösungsorientierten Ansatz Teil von Interventionen zur Entwicklung von Lösungsvisionen sind. Erwartungen bezüglich der Beratungssituation haben dagegen in allen Ansätzen

einen wichtigen Stellenwert wie auch aktive Zukunftsbilder über Handlungseffekte, d. h. Mutmaßungen über Effekte der Realisierung von Plänen. Auch die Wert- und Zielklärung spielt in allen Ansätzen eine wichtige Rolle. Die Explizierung der subjektiven Werte der KlientInnen als eigenständiger Beratungsschritt scheint nur im personenzentrierten Ansatz und im Selbstmanagement-Ansatz vorgesehen, die diesen als beraterische Intervention bzw. als Komponente der Erarbeitung des funktionalen Bedingungsmodells ausweisen. In allen anderen Ansätzen geschieht die Explikation der Werte eher implizit über Anregungen zur Problem- und Ressourcenbeschreibung und zur Zielformulierung.
Spezifisch für den lösungsorientierten Ansatz ist, dass die Beschreibung problematischer Sachverhalte der Situation der KlientInnen sehr knapp gehalten und auf Anregungen zur Erklärung der Probleme verzichtet wird. So schnell wie möglich werden KlientInnen angehalten, sich mit ihren Ressourcen zu beschäftigen. Bei den übrigen Ansätzen erhalten KlientInnen einen größeren Spielraum zur Problembeschreibung und -erklärung. Im Selbstmanagement- und kooperativen Ansatz sind sie darüber hinaus aufgefordert, Priorisierungen der Probleme vorzunehmen.

Eine vorbestehende Ausschließlichkeit in Bezug auf Prozesse der Bewusstseinsbildung besteht somit nur im lösungsorientierten Ansatz im Hinblick auf die impliziten Erklärungstheorien der KlientInnen. Zudem finden sich in dem Ansatz auch keine Hinweise auf Entscheidungsoperationen durch KlientInnen, sei es, dass sie Entscheidungen zwischen alternativen Zielen, Methoden oder Plänen treffen sollen. Ansonsten sind KlientInnen grundsätzlich angehalten, zu allen Wissensformen Wissen zu explorieren. Die beratungstheoretischen Schritte sind dabei mehr oder weniger explizit und in einem höheren oder tieferen Allgemeinheitsgrad beschrieben, wobei der kooperative und der Selbstmanagement-Ansatz den höchsten Allgemeinheitsgrad aufweisen. Ein Verzicht auf verallgemeinernde Beschreibungen des Beratungsprozesses gründet stets auf dem Argument der Gefahr der Entstehung expertokratischer Beratungsorientierungen. Erwähnt sei in diesem Zusammenhang, dass in jüngerer Zeit in der systemisch-konstruktivistischen Beratungsliteratur jedoch häufiger auf die von Schiepek vorgeschlagenen ‚generischen Prinzipien' (Haken & Schiepek 2006) als handlungsleitende Prinzipien für die Prozessgestaltung und den Einsatz von Methoden hingewiesen wird (z. B. Schwing & Fryszer a.a.O:173; Schiersmann & Thiel 2009:73-104). Danach setzen gelingende Veränderungsprozesse in selbstorganisierten Systemen voraus:
(1) das Schaffen von Stabilitätsbedingungen bzw. die Herstellung von emotionaler und struktureller Sicherheit;
(2) die Identifikation von Mustern in relevanten Systemen;
(3) die Herstellung eines Sinnbezugs der Veränderungsbemühungen;
(4) die Herstellung motivationsfördernder und an den Präferenzen und Zielen der KlientInnen orientierten Bedingungen (Energetisierung);
(5) die Anregung von Veränderung (Fluktuationsverstärkungen realisieren);
(6) die Beachtung der Übereinstimmung der Methoden und Verfahren mit dem aktuellen Zustand des Systems (Synchronisation);
(7) die Hilfestellung zur Realisierung der Veränderung (gezielte Symmetriebrechung);
(8) die Förderung der Stabilisierung des Erreichten (Re-Stabilisierung).

Damit finden sich wieder deutliche Parallelen zu den beschriebenen allgemeinen beziehungs- und normativ handlungstheoretischen Operationen, aus denen wiederum ver-

gleichbare beratungstheoretische Operationen resultieren (Schiersmann & Thiel 2009: 94 f.). Die generischen Prinzipien werden von Haken & Schiepek ausdrücklich nicht im Sinne eines Phasenmodells verstanden. Sie verweisen darauf, dass die Realisierung bestimmter Bedingungen (z. B. Fluktuationsverstärkung) zwar die Realisierung anderer Bedingungen (z. B. Stabilitätsbedingungen herstellen) voraussetzt; andererseits können im Rahmen von Veränderungsprozessen unterschiedliche Prinzipien unterschiedlich relevant werden (2006:631).
Angesprochen ist damit im Grunde das Thema spezifischer Beratungsprozesse, wonach zu berücksichtigen ist, dass je nach KlientInnen die verschiedenen beratungstheoretischen Operationen einmal vorrangig und einmal nachrangig sein können. Diesbezüglich thematisieren nur einige Ansätze Kriterien der Auswahl bzw. Gewichtungen. Mutzeck bindet zu treffende Schwerpunkte an die Art des Beratungsgesprächs, das entweder eher Klärungs- oder Planungsgespräch sein kann (s. Kap. D 5.2.5). Sander verbindet die jeweiligen beratungstheoretischen Operationen zum einen mit Phasenabläufen des Beratungsgesprächs, in dem KlientInnen vor allem zu Beginn von Gesprächen zu genauen Beschreibungen und später zu weiteren kognitiven Aktivitäten angeregt werden (Sander 2004:341). Zum anderen macht er beratungstheoretische Prioritäten über die Kategorien Information und Orientierung, Deuten und Klären und Handlung und Bewältigung (s. Kap. B 2.3) an den hauptsächlichen Schwierigkeiten des Informationsverarbeitungsprozesses fest. Stehen Informations- und Orientierungsprobleme im Vordergrund, fokussieren beratungstheoretische Operationen auf die Bearbeitung von Beschreibungswissen. Bei Deutungs- und Klärungsproblemen wird auf die Bearbeitung des Erklärungs- und Wertewissen fokussiert und bei Handlungs- und Bewältigungsproblemen auf die Bearbeitung von Ziel-, Interventions-, Planungswissen, woran meist auch Verhaltensübungen gekoppelt sind. Ansen schließt sich dieser Beratungstypologie weitgehend an und differenziert zwischen informierender Beratung, Einsicht fördernde und Handlungskompetenz aufbauende Beratung.

Die *inhaltliche Reichweite* der Ansätze betreffend (Abb. 25) kann festgehalten werden, dass fast alle in beratertheoretischer Hinsicht einen über den psychischen Wirklichkeitsbereich der KlientInnen hinausgehenden theoretischen Anspruch für das Verstehen und Bearbeiten von Beratungsproblemen formulieren. Wiederum stellt hier der lösungsorientierte Ansatz eine Ausnahme dar, in dem Beratungsprobleme – implizit[255] – allein als Ausdruck individuell inadäquater Konstruktionen der KlientInnen aufgefasst werden, so dass der Ansatz auf den psychischen Wirklichkeitsbereich begrenzt bleibt.[256] Alle anderen Ansätze verweisen explizit besonders auf die Relevanz sozialer und kultureller Determinanten zur Rekonstruktion der Beratungsanlässe wie auch der Beratungssituation. Einige benennen im Weiteren die ökologische, ökonomische sowie physische Dimension als beratungsrelevante Wirklichkeitsausschnitte.
Wie eng oder weit der Objektbereich gefasst wird, d. h. ob und welche weiteren Objekte nebst dem Klientensystem zum Gegenstand der Beratung werden und welche

255 Explizit enthält sich der Ansatz einer Problemtheorie: „Einfach ausgedrückt sind Probleme Probleme" (de Shazer 1999a:26).

256 Die Inkongruenz des Verfahrens mit seinen (meta-)theoretischen Prämissen bringt Tiling wie folgt auf den Punkt: „Was sich im innovativen Gewand linguistisch orientierter Ansätze präsentiert, stellt sich als eine bestimmte Form kognitiver Therapie heraus. Sozialkonstruktivistische Ideen einfach auf die individuelle Ebene herunterzubrechen, führt zum altbekannten Individualkonstruktivismus" (2004:49).

Determinanten dabei ins Zentrum rücken, ist nur bedingt erschließbar. Auf den sozialen Nahbereich scheinen der kooperative Ansatz und der Selbstmanagement-Ansatz mit den Hinweisen auf ‚InteraktionspartnerInnen' (KOA) bzw. ‚therapierelevante Systeme' (SMA) fokussiert zu sein.

Mit dem Hinweis auf den ‚Auftragskontext' deutet der systemisch-konstruktivistische Ansatz zusätzlich einen Fokus auf Objekte der institutionellen Umwelt an. Der ressourcenorientierte Ansatz setzt einen weiteren Fokus auf Objekte der ökologischen Umwelt, der lebensweltorientierte Ansatz behält die Wahl des Objektbereichs grundsätzlich offen.
Selbst aus einer umfassenden beratertheoretischen Reichweite resultiert nicht zwangsläufig eine solche beratungstheoretische Reichweite. Die beratungstheoretischen Beschreibungen der meisten Ansätze müssten diesbezüglich präzisiert werden, da nicht ohne weiteres nachvollziehbar ist, worauf die Reflexions- oder Lernprozesse der KlientInnen gelenkt werden sollen bzw. worüber diese Wissen – außer über sich selbst – generieren oder erzeugen sollen und wo schließlich auch die beratungstheoretischen Begrenzungen liegen.

Abb. 26 zeigt im Hinblick auf die *Prozessstruktur*, dass eine offene Hilfeklärung explizit nur im personen- und lebensweltorientierten Ansatz und – den Ausführungen von Schwing & Fryszer folgend – im systemisch-konstruktivistischen Ansatz vorgesehen ist. Dazu werden insbesondere die Problembeschreibungen, teilweise auch Ressourcenbeschreibungen, die Erklärungen, Beratungserwartungen und Zielsetzungen der KlientInnen erhoben. Implizit beinhaltet aber auch der Selbstmanagement-Ansatz eine eher offene Problemklärung, denn auch hier werden diese allgemeinen Beratungsprozesse mehrheitlich durchlaufen. Mehr als in den anderen Ansätzen werden KlientInnen in einer Motivationsphase aber schon in einem frühen Stadium zur Passung an das Beratungs- bzw. Behandlungsangebot hin bewegt. Was die Kriterien zur Unterbreitung des Hilfe- zur- Selbsthilfeangebots, sprich spezifischer Beratung, betrifft, werden problembezogene Kriterien nur im personenzentrierten Ansatz benannt.
Im Selbstmanagement-Ansatz bilden die Hilfeerwartungen, im systemisch-konstruktivistischen Ansatz ebenso die Hilfeerwartungen, darüber hinaus aber auch personelle Gründe der Helfenden sowie institutionelle Gründe Kriterien zur Schließung eines Kontrakts. Im lebensweltorientierten Ansatz ist Beratung immer in Kombination mit anderen Interventionsformen vorgesehen bzw. Bestandteil nicht-pädagogischer Intervention. Der lösungsorientierte Ansatz muss prozesstheoretisch von vornherein als spezifischer Ansatz interpretiert werden, da sich keine Hinweise auf beratertheoretische Abwägungsprozesse finden lassen. Dies ist auch beim kooperativen Ansatz der Fall. Hinweise auf Kontraindikationen finden sich bei beiden Ansätzen nicht.
Auf die *beratungstheoretischen Zielsetzungen und Beratungsmodi* der Ansätze wurde über die Analyse der Ausgestaltung des Hilfeprozesses zur selbstgesteuerten Problemlösung zu schließen versucht. Eine eindeutige Zuordnung von Beratungsansätzen als entweder die Wissensstruktur stabilisierende oder destabilisierende Ansätze ist kaum möglich, da alle Ansätze sowohl von stützenden, reflektierenden und konfrontierenden Verfahren Gebrauch machen.
Eine Zuordnung kann daher nur anhand der formulierten Hauptanliegen der Ansätze oder der Betonung von bestimmten Methoden ausgemacht werden. Diesbezüglich geht es dem personenzentrierten, dem kooperativen und auch dem lebensweltorientierten

Ansatz mit dem Fokus auf dem Gewahrwerden des Erlebens (s. Kap. D 5.2.1), der Förderung der Selbstexploration (s. Kap. D 5.2.5) und der Reflexion von Problemen (s. Kap. D 5.2.6) sowie dem Anknüpfen an Entwicklungsmöglichkeiten der KlientInnen (Ansen 2008:66) besonders darum, dass diese *ihre je spezifische ‚Sicht auf die Dinge'* entwickeln. Dem lösungsorientierten, dem systemisch-konstruktivistischen und dem Selbstmanagement-Ansatz geht es hingegen mit dem Fokus auf Lösungsvisionen, Verstörung und Selbstmanagement-Fertigkeiten eher darum, dass KlientInnen zu einer *neuen ‚Sicht auf die Dinge' gelangen.* Die Veränderungsarbeit setzt entsprechend einmal stärker an den emotio-kognitiven Prozessen und einmal mehr beim bestehenden Wissen an. Auf dieser Grundlage werden in den drei erst genannten Ansätzen besonders stützende und reflektierende Beratungsoperationen (z. B. Selbstöffnung, Verbalisieren von Gefühlen, Ansprechen von Gedanken, Wiederholen, Paraphrasieren, Akzentuieren, Konkretisieren) betont, die ein gesteigertes Selbstvertrauen und Selbstklärung bewirken sollen. In den letztgenannten Ansätzen werden stärker auch konfrontierende Methoden hervorgehoben (z. B. zirkuläres Fragen, Reframing, Zeugenarbeit), die KlientInnen zum Hinterfragen ihrer Modelle veranlassen und damit die Steigerung des Wissens um alternative Bilder, Codes, Pläne usw. bewirken sollen.

Dabei heben alle Ansätze die Notwendigkeit des Einsatzes aller Verfahren hervor. So verweist Sander (2004) in Anlehnung an Terjung (1987) auf die Notwendigkeit „Inkongruenz generierendes Arbeiten" (ebd.:342), durch die „der Klient in seiner Innen- und Außenwahrnehmung, in seinen Handlungskompetenzen und seinen Lösungsvorstellungen gefördert wird" (ebd.:343). Umgekehrt macht etwa Ludewig als ein Vertreter des systemisch-konstruktivistischen Ansatzes deutlich, dass die Veränderung der Wissensstruktur ein Beratungssystem voraussetzt, das „Klienten das nötige Vertrauen [bietet], sich auf die Destabilisierung einzulassen, die mit jedem Veränderungsprozess einhergeht" (2009:98).

Unter Bezugnahme auf die fünf unterschiedenen Arten von Beratungsprozessen fällt auf, dass das Informieren nur im personenzentrierten und lebensweltorientierten Ansatz genannt wird und dass die Verbesserung der Problemlösungsfertigkeiten einzig im Selbstmanagement-Ansatz, teilweise auch im kooperativen Ansatz angestrebt wird. Besonders im Selbstmanagement-Ansatz kommt dem Erlernen der Prozesse des Problemlösens ein hoher Stellenwert zu. Die Gestaltung von Problemlösungsprozessen wird damit im Unterscheid zu den anderen Ansätzen explizit zum Thema gemacht.

### 5.3.2 Diskussion: Was ist integrative Beratung?

Die Absicht dieses Kapitels bestand darin, beratungstheoretische Gemeinsamkeiten ausgewählter Beratungsansätze aufzuzeigen, wozu das Konzept der allgemeinen und spezifischen normativen Beratungstheorie auf handlungstheoretischer Grundlage als Analyserahmen zugrunde gelegt wurde. Beratung – so das Fazit – wird grundsätzlich als ein Wechselspiel zwischen den problemlösungstheoretischen Prozessen von Beratenden und KlientInnen betrieben und alle Beratungsansätze können tendenziell als *beratungstheoretisch integrative Projekte* bezeichnet werden. Als solche anerkennen sie in mehr oder weniger expliziter Weise die Notwendigkeit, dass KlientInnen zur selbstgesteuerten Problemlösung eine Reihe von problemlösungstheoretischen Schritten zu durchlaufen haben. Welche Schritte in welcher Reihenfolge und in welcher Intensität erfolgen sollen, bildet hinsichtlich der Gestaltung beraterischer Problemlösungsprozesse ein wichtiges Thema. Bezüglich der Reihenfolge besteht im Prinzip der Konsens, dass diese als rekursive Abfolge zu denken ist.

In Bezug auf die Intensität besteht auf den ersten Blick ein Unterschied darin, dass diese in einigen Ansätzen für alle Problemlöseprozesse gleich stark zu sein scheint (Selbstmanagement-Ansatz und kooperativer Ansatz), demgegenüber andere Ansätze einige Problemlösungsprozesse als gewichtiger zu bewerten scheinen als andere (z. B. der personenzentrierte Ansatz mit der Betonung präziser Gegenwartsbilder oder der lösungsorientierte Ansatz mit der Betonung positiv bewerteter Zukunftsbilder). Hieraus leitet sich letztlich die von Fuhr vorgenommene Klassifikation in verstehens- und bewältigungsorientierten Ansätzen ab (s. Kap. D 5.1.1). Für die meisten der betrachteten Beratungsansätze ist diese nicht zutreffend, wobei sich dies für den personenzentrierten, den Selbstmanagement-, den kooperativen und den lebensweltorientierten Ansatz und auch für den systemisch-konstruktivistischen Ansatz eindeutig sagen lässt. Dabei behalten sich alle Ansätze vor, im Rahmen der Interventionsphase einzelfallbezogen Prioritäten zu setzen. Auch der lösungsorientierte Ansatz sieht in dieser Phase über die Universallösung die Bearbeitung aller Wissensformen vor, wenn auch die bewältigungsorientierten Wissensformen bevorzugt werden. Am deutlichsten wird bei Sander, wie ein beratungstheoretisch integratives Projekt mit entsprechender Methodik gedacht werden kann.

Zu bedenken ist, dass *beratertheoretische prozessuale Integration*, die sich in der Akzeptanz der durch KlientInnen zu durchlaufenden Problemlöseschritte ausdrückt, nicht *beratertheoretische inhaltliche Integration* gewährleistet. Weiter sei in diesem Zusammenhang daran erinnert, dass Beratung in der spezifischen Form nicht immer das geeignete Mittel der Problembearbeitung ist. Hierauf wird im lebensweltorientierten, personenzentrierten wie auch im Selbstmanagement-Ansatz aufmerksam gemacht. Es sind dies auch jene Ansätze, die gegenüber den anderen deutlich stärker auf ein Erfordernis umfassenderer Problemanalysen durch die BeraterInnen verweisen. Dass dadurch sowohl ein Beitrag zur angemessenen Hilfe als auch zur interprofessionellen Kooperation geleistet wird, droht insbesondere in Beratungsansätzen verloren zu gehen, denen ein konstruktivistischer Problembegriff zugrunde gelegt wird und Probleme entsprechend stets als entweder individuell oder sozial erzeugte Sinnkonstruktionen definiert sind. Damit wird allein der Problemlöseprozess zum Inhalt der Hilfe und es besteht die Gefahr, dass das Hilfe-zur-Selbsthilfe-Konzept überstrapaziert wird. In Kap. D 5.1.2 wurde bereits darauf hingewiesen, dass alle Ansätze nicht einseitig die Expertenschaft der Beratenden als maßgeblich für den Veränderungserfolg betrachten, sondern auch die der KlientInnen. Durch die Steuerung der Selbststeuerungsprozesse soll die Expertenschaft der KlientInnen für diese wieder erfahrbar werden und sie so in die Lage versetzen, gewünschte Veränderungen zu erreichen. Ein eher ausschließlicher Fokus hierauf kann für den systemisch-konstruktivistischen, den lösungsorientierten und auch den kooperativen Ansatz konstatiert werden und zeigt sich in einer durchgehenden Abstinenz der Beratenden von objektiven Bewertungen gegenüber den KlientInnen. Werte- und Normenkonflikte werden als nicht existent behandelt, Beratende scheinen so einem unbegrenzten Wertepluralismus zu folgen. Aufgrund dieser ‚Kundenorientierung' fehlen entsprechend eindeutige Kriterien, anhand derer Beratende entscheiden, ob sie z. B. den Problembewertungen der KlientInnen tatsächlich oder nur verbal folgen oder die Ziele der KlientInnen akzeptieren oder nicht. Auch beim kooperativen Ansatz ist dies der Fall; hingewiesen wird hier darauf, dass die beraterische Zusammenarbeit grundsätzlich in Form eines Dialog-Konsenses erfolgt, wodurch sichergestellt werden soll, dass „die Explikation der Welt- und Selbstsicht [der KlientInnen; d. Verf.] nicht über das Gemeinte hinausgeht" (Mutzeck 1999:59). Ein Dissens wird auf diese Weise erst gar nicht mitgedacht.

Insbesondere im Selbstmanagement-Ansatz liegen jeweils explizite inhaltliche Kriterien für die beratertheoretischen Prozesse vor.[257] Im personenzentrierten wie auch im lebensweltorientierten Ansatz trifft dies nur bedingt zu. Zwar stehen den Beratenden Kriterien für die Bestimmung von Beratungsproblemen zur Verfügung, unklar bleibt hingegen, woran Beratende Ziele und Interventionen bemessen bzw. ob Entscheidungen hierüber allein im Bereich der KlientInnen oder auch der Beratenden liegen.

Hinsichtlich der beratertheoretischen Prozessstruktur weist tendenziell der Selbstmanagement-Ansatz die größte Übereinstimmung mit dem systemistischen Ansatz auf, indem er auch die Handlungstheorie der Beratenden dezidiert beschreibt und sich nicht nur auf Anweisungen zur Steuerung von Selbststeuerungsprozessen beschränkt. Zwar begreift sich der Ansatz selbst auch als spezifisch auf die Förderung von Selbststeuerungsfähigkeiten gerichtetes Veränderungsangebot, dennoch besteht der Anspruch auf Offenheit gegenüber anderen, unter Umständen besser geeigneten Hilfeangeboten. So macht Schmelzer deutlich, dass „Beratung/Therapie in einer Reihe mit gleichermaßen *wichtigen sonstigen psychosozialen oder auch medizinischen Maßnahmen* [steht], die im Einzelfall sogar besser indiziert sein mögen, für die aber dann andere ‚Spielregeln' gelten. Die Abklärung einer Indikation von/für Beratung/Therapie, das Umschalten auf andere Herangehensweisen und das möglicher Weiterweisen an zuständige Spezialdienste stellen daher wichtige Aspekte zu Beginn jedes Beratungsprozesses dar und machen auf die Bedeutung von Vernetzung aufmerksam" (1999:3 f.; Herv. im Original.). Dies spricht klar auch für die Trennung zwischen allgemeiner und spezifischer Beratung. Allerdings kommt diese Unterscheidung auch im Selbstmanagement-Ansatz wenig zum Ausdruck, was sprachlich-didaktische[258] oder aber professionsbezogene Gründe haben kann. Da die professionellen Wurzeln des Ansatzes in der Psychotherapie liegen, in deren Mittelpunkt psychische Störungen stehen, wird möglicherweise kaum damit gerechnet, dass Beratung durchaus mit einer ersten Explikation der Wissensstruktur beendet sein kann und weder eine weitere Mobilisierung noch die Entwicklung von Selbststeuerungsfähigkeiten erforderlich ist.

Eine deutliche Differenzierung allgemeiner und spezifischer Beratung ist nicht nur im Hinblick auf die Entscheidung über die Art der Hilfe gewinnbringend, sondern auch für einen differenzierteren Begriff spezifischer Beratung. Spezifische Beratung ist in den Ansätzen vorwiegend auf die Steigerung der Reflexions- und Erkenntniskompetenz mittels impliziten Lernens bezogen, wenig aber auf die die Verbesserung des Wissens sowie der expliziten Steigerung der Problemlösefertigkeiten, was auch Training und Übung beinhaltete. Dies könnte auf die gegenwärtige Vorrangstellung der Ressourcen- und Lösungsorientierung in Beratungsansätzen zurückgeführt werden (s. Kap. E), wonach KlientInnen ein unbegrenztes Selbsthilfepotenzial unterstellt wird, das sie

[257] Der Ansatz bekennt sich grundsätzlich zu einem Wertepluralismus, betont dabei jedoch auch dessen Grenzen (Schmelzer 1999:2).

[258] Kanfer et al. (2006:118) weisen darauf hin, dass eine Verschriftlichung des Modells zur sukzessiv-linearen Form zwingt, real aber alle beratungstheoretischen Prozesse oft gleichzeitig zu berücksichtigen sind.

lediglich zu wenig nutzen (v. Schlippe & Schweitzer 2003:124 f.). Weil somit alles Nötige für die Problemlösung vorhanden ist, erübrigt sich jedwedes explizites Lernen, vielmehr reiche es aus, KlientInnen in der Entdeckung oder Wiederentdeckung ihrer Ressourcen zu unterstützen (s. Kap. D 5.2.3). Dabei scheint schnell übersehen zu werden, dass Ressourcen nicht einfach vorhanden sind, sondern allenfalls das Potenzial zur Entwicklung von Ressourcen, wie dies etwa bereits von Rogers mit der Aktualisierungstendenz als Tendenz des Organismus, all seine Möglichkeiten zu entfalten, beschrieben wurde. Rogers wies jedoch auch ausdrücklich darauf hin, dass Menschen Ressourcen nur dann entwickeln können, wenn sich der Organismus in einer nicht bedrohlichen Situation befindet. Andernfalls richtet er seine Aktivitäten auf die Erhaltung des existenzsichernden Status quo aus (dazu Höger 2006a:41 f.; s. auch Kap. 5.1.7). Auf diese Weise kann es dazu kommen, dass eben jene Ressourcen nicht entwickelt wurden, die zur Problemlösung erforderlich sind. Gerade im Kontext Sozialer Arbeit, die es oft mit einer sogenannten ‚bildungsfernen' Klientel zu tun hat, bietet sich mit spezifischer Beratung als ein Problemlösetraining die Chance, die zur eigenständigen Reflexion erforderlichen Problemlösefertigkeiten zu verbessern.

In Bezug auf die Frage nach mehr oder weniger problematischen ‚Übernahmen' der in den Beratungsansätzen enthaltenen Gegenstandstheorien und professionellen Handlungstheorien kann auf der Grundlage der erarbeiteten Informationen der vorsichtige Schluss gezogen werden, dass der lösungsorientierte Ansatz aufgrund des starken Individuumzentrismus und des Verzichts auf eine explizite Handlungstheorie mit den Prämissen des SPSA nicht kompatibel ist. Alle anderen Ansätze sind in der Modellierung des Gegenstands insofern kompatibel, als dass in ihnen zumindest die Annahme der psychischen, sozialen und kulturelle Multideterminiertheit betreffend der (Re-)Produktion von Beratungsproblemen zum Ausdruck kommt.[259] Aus der Analyse der Prozesstruktur ergibt sich als Fazit die größte Übereinstimmung zum Handlungsverständnis des SPSA beim Selbstmanagementansatz. Jeweils die größten Abweichungen bestehen bei fast allen Beratungsansätzen in Bezug auf die axiologisch-ethische Begründungsbasis professionellen Handelns insofern, als dass diese entweder einseitig auf die Beziehung zwischen BeraterIn und KlientIn ausgerichtet ist, ausschließlich Autonomie als Wert betont (z. B. im personenzentrierten Ansatz und in der Tendenz auch im systemisch-konstruktivistischen Ansatz) oder erst gar nicht thematisiert wird (z. B. im kooperativen Ansatz). Dies dürfte BeraterInnen der Sozialen Arbeit aufgrund ihres doppelten Mandats in Konfliktfällen doch eher ratlos machen.

[259] Über die Multideterminiertheit der Veränderung von Beratungsproblemen und auch über die (explizite oder implizite) mechanismische Konzeption der Beratungsansätze lassen sich anhand des Textmaterials keine Schlüsse ziehen.

# Teil E Beratung als allgemeine, spezifische und spezielle Methode Sozialer Arbeit

Ausgehend von der beschriebenen Grundstruktur systemistischer Beratung beschäftigt sich der letzte Teil der Arbeit mit der Ausführung von Beratung als sozialdiagnostische und kompetenzfördernde Methode.
Es erfolgt zunächst eine Betrachtung des methodischen Grundkonzepts im Kontext empirischer Befunde zur kommunikativen Veränderungsarbeit (Kap. E 1), woraus weitere Folgerungen für dessen Ausgestaltung gezogen werden können. Anschließend werden die beratungstheoretischen Schritte beschrieben (Kap. E 2 und E 3). Wie Kap. D 5 gezeigt hat, liegen Beschreibungen allgemeiner Beratungsprozesse vielfach vor, wenn auch in spezifischer Terminologie oder auch in impliziter Weise.
Kap. E 2 beschränkt sich daher auf bestimmte, sich aus der systemistischen Beratungskonzeption ergebende inhaltliche Aspekte, die diese Beschreibungen ergänzen, präzisieren oder auch in Frage stellen. Zwar lässt sich der Beratungsprozess grundsätzlich als Prozess der Anregung zur Explikation und Erzeugung von Wissen aller Wissensformen beschreiben, doch bestehen durchaus Unterschiede oder auch Kontroversen betreffend Reichweite und Intensität der Problemanalyse bis hin zu deren vollständiger Hinterfragung. Diesem Aspekt kommt besonders Relevanz zu, wenn mit Beratung ein transprofessioneller Anspruch erhoben wird. Gerade aufgrund zunehmender ökonomischer Zwänge in allen Professionen besteht das Interesse, Erfolge mit möglichst geringem Aufwand ausweisen zu können. Eine umfassende, intensive Problemanalyse läuft diesem Interesse entgegen und deren Notwendigkeit dürfte besonders in Zweifel gezogen werden, wenn das handlungstheoretische Ziel von Beratung vorerst vor allem auf die offene Hilfeklärung gerichtet ist. Ebenso lässt sich in diesem Kontext die Notwendigkeit der Beziehungsgestaltung hinterfragen, die in allen Ansätzen stark gewichtet wird.
Kap. E 3 thematisiert sodann handlungs- und beratungstheoretische Fragen spezifischer Beratung im Kontext Sozialer Arbeit. Zudem werden Methoden und Verfahren zur Kompetenzförderung zusammenzutragen. Kap. E 4 stellt schließlich in der einschlägigen Fachliteratur wiederkehrende Themen der sozialarbeiterischen Beratungsrealität in den Mittelpunkt, auf deren Hintergrund die vorgeschlagene Konzeption abschließend diskutiert wird.

## 1 Bezug der Konzeption zu empirischen Befunden kommunikativer Veränderungsarbeit

Psychosoziale Beratungsforschung ist ein relativ junges, multidisziplinäres Forschungsfeld (s. Kap. A 2). Der größte Teil der Erforschung der möglichen, den Beratungsprozess und das -ergebnis beeinflussenden Gegebenheiten stammt heute noch aus der internationalen psychotherapeutischen Process-Outcome-Forschung (zur Psychotherapieforschung vgl. z. B. Tschuschke, Kächele & Hölzer 2000; Fischer & Fäh 1998; Lambert 2004). Obwohl in der Beratung psychosozialer Professionen und in der Psychotherapie unterschiedliche Probleme bearbeitet werden (s. Kap. B 3.2.1), stehen beiden

grundsätzlich die gleichen Mittel zur Veränderung zur Verfügung, so dass Erkenntnisse der allgemeinen Psychotherapieforschung auch für Beratung von Nutzen sind.
Die von Grawe beschriebenen allgemeinen Wirkprinzipien/-faktoren bzw. Mechanismen der Veränderung – Intentionsveränderung, Intentionsrealisierung, Problemaktualisierung und Ressourcenaktivierung (s. Kap C 4.2) sind als zentrale Prozessvariablen auch für effektive Beratung unerlässlich und müssen in die Planung jeder Praxeologie einbezogen werden (Sanders 2004:800 ff.; Sickendiek et. al. 1999:24). Grawe macht deutlich:

> „Am wirksamsten ist Psychotherapie dann, wenn Therapeuten alle Wirkfaktoren in Betracht ziehen und sie, wann immer sich die Möglichkeit bietet, systematisch zu nutzen versuchen. Es geht um Schwerpunktsetzungen und nicht um eine Entscheidung für das eine oder das andere. Für eine optimale Nutzung der Wirkfaktoren ist es entscheidend wichtig, dass die Schwerpunktsetzungen von den jeweiligen Gegebenheiten des jeweiligen Patienten bestimmt werden" (1994:o. S.).

In anderen Worten drückt Grawe hier aus, was schon an früherer Stelle thematisiert wurde: Entscheidend für die Schwerpunktsetzung sind die realen Sachverhalte der KlientInnen und nicht die Methoden. Alle Wirkfaktoren in Rechnung stellend haben Beratende im Allgemeinen dafür zu sorgen, dass
a) KlientInnen Veränderungen real erleben können (Problemaktualisierung, prozessuale Aktivierung),
b) sie sich Know-how zur Bewältigung der Probleme aneignen können (Intentionsrealisierung),
c) sie die Möglichkeit erhalten, zu größerer Klarheit über interne und externe Mechanismen hinsichtlich eines infrage stehenden Anlassproblems zu gelangen (Intentionsveränderung) und
d) sie sich in ihren Stärken und positiven Seiten erfahren können (Ressourcenaktivierung).

*Psychotherapieschulen* stellen auf dieser Grundlage auf die Realisierung einiger oder mehrerer Wirkfaktoren bezogene Ansätze dar, die diese wiederum mittels spezifischer Methoden herbeizuführen suchen (ebd.). Grawe differenziert infolge dessen *allgemeine Wirkfaktoren* einerseits und *spezifische Wirkfaktoren* andererseits und bezweifelt das erstmals von Luborsky, Singer & Luborsky (1975) festgestellte Äquivalenzparadoxon oder Dodo-Bird-Verdikt[260], wonach alle Ansätze aufgrund *unspezifischer Wirkfaktoren*[261] gleich gut funktionieren. Als gewichtiger Beleg der unspezifischen Wirkfaktoren gilt die Studie von Lambert (1992/2003), in der er zeigte, dass die gesamte Ergebnisvarianz von Psychotherapie zu 40 % durch Klientenfaktoren bzw. extratherapeutische Ereignisse erklärt werden können, zu 30 % durch Beziehungsfaktoren und zu je 15 % durch Hoffnungs-, Modell- und Technikfaktoren (Asay & Lambert 2001:49; zu empirischen Befunden im Einzelnen vgl. z. B. Beutler, Malik, Alimohamed, Harwood, Talebi, Noble & Wong 2004; Clarkin & Lecy 2004; Hubble, Duncan & Scott 2001; McLeod

---

260 Mit dem Zitat des Vogels Dodo aus Alice im Wunderland (Caroll 1994) „everybody have won, and all must have prices" stellten die Forscher das Ergebnis ihrer Meta-Analyse zur Wirksamkeitsforschung vor (Tallmann & Bohart 2001:85 ff.).

261 Als unspezifische Wirkfaktoren werden Faktoren bezeichnet, die von der therapeutischen Vorgehensweise (spezifische Methoden/Verfahren) unabhängig sind. Zu ihnen gehören u. a. das Arbeitsbündnis, die Herstellung eines plausiblen Erklärungsmodells für die Probleme der KlientInnen (sog. Behandlungsrationale), die Gelegenheit zur Katharsis, das Erlernen und Einüben neuer Verhaltensweisen und positive Erwartungen der KlientInnen (McLeod 2004:246 ff.).

2004). Tallmann & Bohart folgern:

> „Wenn man in Betracht zieht, dass Placebofaktoren KlientInnenfaktoren sind (d. h. KlientInnenselbstheilung durch Hoffnung und Zuversicht) und dass KlientInnen letztlich genauso viel zur therapeutischen Beziehung beitragen wie die TherapeutIn, dann implizieren die Zahlen von LAMBERT auch, dass die KlientIn für 70 % oder mehr der Ergebnisvarianz verantwortlich ist [...] Der Grund, warum unterschiedliche psychotherapeutische Ansätze gleich gut funktionieren, liegt darin, dass sie KlientInnen Gelegenheit geben ihre Probleme durchzuarbeiten und zu lösen. KlientInnen nutzen (utilisieren) das, was jeder Ansatz ihnen bei ihren Problemen bietet und schneidern dies auf ihre Situation zu. Selbst *wenn* psychotherapeutische Techniken unterschiedliche spezifische Effekte haben, so verwenden KlientInnen diese Effekte individuell für ihre Zwecke und nutzen sie" (2001:90; Hervorheb. i. Orig.).

Nach Grawe ist das Konzept der unspezifischen Wirkfaktoren zur Interpretation von Psychotherapieeffekten nicht hinreichend. Der psychologistisch anmutenden Erklärung unspezifischer Effekte stellt er eine erweiterte, sozialpsychologische Interpretation entgegen:

> „Die sog. unspezifischen Wirkfaktoren sind [...] in ihrer Auswirkung auf das Therapieergebnis alles andere als unspezifisch. Ihre Besonderheit gegenüber den sog. spezifischen Wirkfaktoren liegt darin, dass sie in jeder Psychotherapie eine Rolle spielen, ganz gleich ob der Therapeut sie ausdrücklich beachtet oder nicht. Sie wirken sich daher in jeder Therapie auf deren Ergebnis aus. Es handelt sich also eher um ubiquitäre Wirkfaktoren der Psychotherapie als um unspezifische. Ihre Nutzung ist eine sehr spezifische Aufgabe für jeden Psychotherapeuten, die er besser oder schlechter erfüllen kann. Auch die Auswirkungen dieser Faktoren sind keineswegs unspezifisch. Beim selben Patienten können diese Wirkfaktoren von dem einen Therapeuten so und von einem anderen ganz anders genutzt werden und dies wird sich mit aller Wahrscheinlichkeit in Unterschieden in den Therapieeffekten niederschlagen. Dass die Auswirkungen einer Therapie vom konkreten therapeutischen Vorgehen abhängen, gilt jedenfalls mit aller Wahrscheinlichkeit für die sog. unspezifischen Wirkfaktoren genauso wie für die sog. Spezifischen. Im therapeutischen Vorgehen sind diese konzeptuell getrennten Wirkfaktoren ja tatsächlich nicht voneinander getrennt, sondern in Wirklichkeit wird die Wirkung der unspezifischen Faktoren vermittelt über das konkrete Vorgehen, das wiederum von den spezifischen Wirkannahmen des Therapeuten bestimmt ist. Die spezifischen Wirkannahmen des Therapeuten wirken sich stark darauf aus, wie er die sog. unspezifischen Wirkfaktoren zum Einsatz bringt. Es ist also falsch, sich die Wirkung der sog. unspezifischen Faktoren und der sog. spezifischen Faktoren als additiv vorzustellen. Auf der Ebene des konkreten therapeutischen Vorgehens gehen diese beiden Wirkfaktoren ineinander über. Auf dieser Ebene gibt es nur spezifische Wirkungszusammenhänge" (ebd.:713 f.).

Folgt man diesen Überlegungen, ist es für erfolgreiche Beratungsarbeit nicht unerheblich, von welchen Annahmen BeraterInnen bei der Realisierung der unspezifischen Wirkfaktoren ausgehen. Wird z. B. davon ausgegangen, dass Intentionen der KlientInnen besser durch Umdeutungen oder Aufarbeitung der Problemgeschichte verändert werden können? Oder dass Ressourcen eher durch eine explizite Ressourcenanalyse oder durch positive Verstärkung aktiviert werden? In diesem Zusammenhang ist von zentraler Bedeutung, welche Bedingungen der Beratungsarbeit zur Verfügung stehen (z. B. ein freiwilliges oder unfreiwilliges Klientel, ein hoffnungsfähiges Klientel oder demoralisiertes Klientel, ein freies oder organisationsbezogenes Setting).

Die Realisierung der Wirkfaktoren zu beschreiben ist die Aufgabe der methodischen Konzeption von Beratung. In Anbetracht der Unterscheidung von allgemeiner und spezifischer Beratung ergeben sich bezüglich der Grawe'schen Wirkfaktoren bestimmte Gewichtungen. Ein Verständnis von Beratung als sozialdiagnostischem Prozess, der gleichzeitig auf die Chance zur selbstgesteuerten Problemlösung ausgerichtet ist, versucht, ausgehend von den Wirkannahmen, dass die Erweiterung der Selbst- und Umweltbilder zusammen mit der Bestätigung des Selbst (Bedürfnisse, Gefühle, Werte) hierzu einen Beitrag zu leisten vermögen, vorerst vor allem die Wirkfaktoren Ressourcenaktivierung und Intentionsveränderung zu realisieren. Beratung als gezielte Kompetenzförderung (Änderungs- und Stabilisierungsphase) hat darüber hinaus die Wirkfaktoren Intentionsrealisierung und Problemaktualisierung zu berücksichtigen. Spezielle Beratung hat weiter situationsspezifischen Bedingungen der Beratungssituation Rechnung zu tragen, wodurch letztlich erst die Konkretisierung der Realisierung der Wirkfaktoren erreicht wird und submethodische Aspekte an Relevanz gewinnen. Auf einige für den Kontext Soziale Arbeit relevante Merkmale wird in Kap. E 4 eingegangen und auf empirische Befunde über förderliche und hinderliche Beratungsbedingungen hingewiesen.

# 2 Handlungs- und beratungstheoretische Aspekte transprofessioneller Beratung

## 2.1 Zu den grundlegenden Komponenten allgemeiner Beratung

Wie gezeigt ist allgemeine Beratung in der Regel als Interaktionsprozess konzipiert (oder konzipierbar), in dem Beratende auf der Grundlage einer Beratungsbeziehung KlientInnen zur Explikation von Wissen verschiedener Wissensformen anregen. Methodisch werden KlientInnen hierbei durch verschiedene Submethoden/-verfahren seitens der Beratenden unterstützt, hauptsächlich durch Fragen, aber auch durch darstellende Methoden. Interaktive diagnostische Methoden zur Situationserfassung, -analyse und -bewertung bieten damit gleichzeitig auch das submethodische Rüstzeug zur Gestaltung von klientenbezogenen Problemlösungsprozessen, weshalb sie als diagnostisch-problemlösende Methoden bezeichnet werden können.
Weiter unten wird auf die submethodischen Aspekte zurückgekommen (s. Kap. E 2.2.2, 2.3.3, 2.4). Vorab werden die einleitend genannten Fragen aufgegriffen.

## 2.2 Beziehungsgestaltung

### 2.2.1 Zum Stellenwert der Beziehung in diagnostischen Prozessen

In der Beratungsliteratur besteht einhellig Konsens über den hohen Stellenwert des Arbeitsbündnisses oder der therapeutischen Allianz für den Beratungserfolg. In der Psychotherapieforschung zählt die Bedeutung des Beziehungsfaktors zu den am besten gesicherten Ergebnissen.

„Wegen der zentralen Bedeutung einer guten Therapiebeziehung für das Therapieergebnis [...] muss in der Herstellung und Aufrechterhaltung einer guten Therapiebeziehung einer der wichtigsten spezifischen Beiträge des Therapeuten zum Therapieerfolg gesehen werden" (Grawe et al.: 1995: 717).[262]

Bedeutende Prädiktoren für ein erfolgreiches Bündnis stellen die positive Komplementarität der Beziehung[263], der frühe Zeitpunkt der Herstellung eines Bündnisses (3.–5. Sitzung) sowie ein geteiltes Wertesystem dar, was seinerseits auf Seiten der KlientInnen durch Zusammenarbeit und Engagement und auf Seiten der Beratenden durch auf KlientInnen abgestimmte Einstellungen und Verhaltensweisen (Passung) unterstützt wird (z. B. Bachelor & Horvath 2001:147 ff.). Ein gutes Arbeitsbündnis ist damit Folge der Beiträge beider InteraktionspartnerInnen.

Wie Grawe stellt Sachse dennoch die professionellen Beiträge in den Mittelpunkt und formuliert:

„Die spannende Frage im [...] Konzept [der Allianz; P. G.] ist [...] nicht, wie ein komplexer Zustand Allianz mit Therapieerfolg korreliert, sondern wie genau die Beziehungsgestaltungsvariablen des Therapeuten mit dem Erfolg korrelieren, also die Frage: Was genau bewirkt die Beziehungsgestaltung?" (2006:22).

Auf der Grundlage verschiedener Untersuchungen folgert Sachse, dass a) sich eine positive Beziehungsgestaltung der Therapeutin bzw. des Therapeuten nur schwach direkt auf den Therapieerfolg auswirkt und damit nur in seltenen Fällen selbst als therapeutisches Agens wirkt[264], b) die therapeutische Beziehungsgestaltung einen großen Einfluss darauf hat, wie KlientInnen im Therapieprozess ihre Probleme bearbeiten und

---

262 Die heutige Bündnisforschung führt unterschiedliche Forschungsschwerpunkte zur Beziehung zusammen, die sich im Zuge der sich verändernden Konstrukte der therapeutischen Beziehung herausgebildet haben. Richtete die klientenzentrierte Theorie und Forschung ihr Interesse auf die *Qualitäten der Therapeutin bzw. des Therapeuten*, galt das Erkenntnisinteresse der späteren *therapeutenzentrierten* Theorie und Forschung den Bedingungen der sozialen Einflussnahme, so dass *Qualitäten der KlientInnen* gewichtet wurden. Bordin (1979) führte schließlich das Konzept des Arbeitsbündnisses oder der therapeutischen Allianz ein, auf das sich die aktuelle Forschung konzentriert. Dieses ist charakterisiert durch emotionale Bindungen, Konsens bezüglich Zielen sowie durch ein geteiltes Verständnis von den Aufgaben (Bachelor & Horvath 2001:138 ff.). Deutliche Nähe dieses Allianzkonzepts besteht zum Konzept der helfenden Beziehung im Sinne Ruth Bangs, das ebenso die emotionale Bindung und den gemeinsamen Kontrakt betont (Bang 1964:92 ff.). Das Konzept der Allianz erweitert den Begriff der therapeutischen Beziehung vom ursprünglich sich auf die emotiokognitiven und motorischen Operationen der Beratenden begrenzenden Begriff um „die Wahrnehmungsseite des Klienten, also das *Ergebnis* der Therapeuten-Handlungen. Dieses Ergebnis [...] hängt nicht nur vom Handeln des Therapeuten ab, sondern auch von der ‚Aufnahmebereitschaft' (oder ‚collaboration') des Klienten [...] und die wiederum hängt von vielen Klienten-Faktoren ab oder vom Widerstand des Klienten" (Sachse 2006:20; Hervorhebung im Orig.). Das Problem der vielfältigen Konzeptionen und Definitionen der therapeutischen Beziehung ist damit jedoch nicht gelöst (Bachelor et al. 2001:143; Holm-Hadulla 2000: 130; Sickendiek et. al. 1999:115).

263 Positive Komplementarität ist gegeben, wenn die Beziehung auf Seiten der BeraterInnen durch Asymmetrie in Bezug auf Kontrolle und Symmetrie in Bezug auf Wertschätzung charakterisiert ist (complementarity). Davon abgrenzbar ist die Akomplementarität, die entweder nur durch Asymmetrie in Bezug auf Kontrolle oder nur auf Symmetrie in Bezug auf Wertschätzung gekennzeichnet ist sowie die Antikomplementarität, die durch Symmetrie in Bezug auf Kontrolle und Asymmetrie in Bezug auf Wertschätzung geprägt ist (Beutler et al. 2004:240).

264 Sachse spielt hier auf die Behauptung von Rogers (1957) und die klassische Gesprächspsychotherapie an, wonach die Basisvariablen emotionale Wärme, Akzeptanz und Empathie als notwendige und hinreichende Bedingungen für ein positives Therapieergebnis zu betrachten seien. Vor allem frühe VertreterInnen der Verhaltenstherapie wandten sich gegen diese Auffassung und setzten stattdessen auf das Beherrschen von Technologien für den Therapieerfolg. Diese Auseinandersetzung ist heute überwunden und die heutige Verhaltenstherapie erkennt den Einfluss von Beziehungsaspekten an, wie umgekehrt die heutige Gesprächspsychotherapie auch anerkennt, dass ein breiteres Methodenrepertoire für den Therapieerfolg erforderlich ist (Kanfer et al. 2006:52).

damit die Qualität der Problembearbeitung stark beeinflusst und c) die Qualität der Problembearbeitung durch den Klienten bzw. die Klientin den Erfolg der Therapie wesentlich beeinflusst (ebd.:22). Beziehungsgestaltung spiele sich daher „auf der Ebene von Interventionen, auf der Ebene sehr konkreter therapeutischer Handlungen ab [...] Beziehung ist etwas, das sich in Mikro-Prozessen abspielt und nicht auf einer globalen, abstrakten Ebene eines generellen ‚Beziehungsangebots'" (ebd.:23).
Im Hinblick auf ein spezifisches Beratungs- oder Psychotherapievorhaben ist damit – da hier KlientInnen in jedem Falle *die eigene Bearbeitung ihrer Probleme* abverlangt wird – die Wichtigkeit der Beziehungsgestaltung unhinterfragt. Offen ist die Frage, ob und inwiefern Beziehungsgestaltung bereits im Verständnis von Beratung als sozialdiagnostischer Prozess, deren Ziel ja vornehmlich auf einen Konsens über die inhaltlich-methodische Bearbeitung gerichtet ist, eine zentrale Rolle spielt. Müssen SozialarbeiterInnen, die ausschließlich für die Fallaufnahme und -abklärung zuständig sind, der Beziehungsgestaltung weniger Aufmerksamkeit schenken?
Wiederum liefert Sachse plausible Argumente dafür, dass sich dabei für die Bedeutsamkeit der Beziehungsgestaltung nichts ändert. Im Gegenteil, so Sachse, *schafft die Beziehung erst die Grundlage für die Definition relevanter Probleme.* Denn wie viel KlientInnen mitteilen und welche Relevanz und Validität die gegebenen Informationen haben, ist abhängig vom Stand der Hilfebeziehung bzw. vom Vertrauen, das KlientInnen der helfenden Person gegenüber aufbringen (ebd.:27 f.). Beziehungsgestaltung mit dem Ziel des Vertrauensaufbaus ist entsprechend eine Basiskompetenz Professioneller und nicht etwa etwas Psychotherapie- oder Beratungsspezifisches. Schäfter (2010:46) unterstreicht, dass gerade in der Sozialen Arbeit mitunter bereits beim ersten Zusammentreffen eine von gegenseitigem Vertrauen getragene Beziehung hergestellt werden muss, da häufig auch schnelles Handeln erforderlich ist.

Der Begriff des Vertrauens ist in der Wissenschaft unterschiedlich definiert, z. B. als Bereitschaft zur Verwundbarkeit (Bierhoff & Buck 1984), als komplexitätsreduzierender Mechanismus (Luhmann 1973) oder als Erwartung, sich auf ein gegebenes Versprechen verlassen zu können (Rotter 1971). Gemeinsam ist den Definitionen *die Funktion* von Vertrauen als *psychosozialer Mechanismus zur Überbrückung von Ungewissheit und Unsicherheit* (Wagenblass 2001:1938). Sachse unterscheidet a) das *personale Vertrauen* als Vertrauen in die Person, das von der Überzeugung geprägt ist, dass die helfende Person verlässlich und loyal ist, b) *das Kompetenzvertrauen* als Vertrauen in den Experten oder die Expertin, das von der Überzeugung geprägt ist, dass die helfende Person in Bezug auf Wissen und Handeln fachlich qualifiziert ist sowie c) *das Vertrauen der KlientInnen in sich selbst* (ebd.:27 ff.). Ähnlich unterscheidet auch Wagenblass zwischen persönlichem Vertrauen und spezifischem Vertrauen (analog Kompetenzvertrauen). Sie ergänzt als dritte Form das generalisierte Vertrauen (Systemvertrauen) als Überzeugung von der Leistungs- oder Funktionsfähigkeit der Profession und Organisation, die Beratung anbietet (2001:1936). Als wesentliche *Indikatoren für vertrauensvolles Verhalten* gelten:
- *selbstexplorative Äußerungen*, da sie auf Grund der Gefahr des Missbrauchs durch den Interaktionspartner die eigene Verwundbarkeit steigern;
- *Hier- und Jetzt-Äußerungen,* da sie nicht vorhersehbare Reaktionen und potenziell Zurückweisung oder Abwertung hervorrufen können;
- die *Bitte um Hilfe*, da sich der Bittsteller bzw. die Bittstellerin auf das Wohlwollen des Gegenübers verlässt, Schwächen eingesteht und die Kontrolle über die Situation zu-

mindest partiell abgibt und

- die *Bitte um Feedback*, mit der sich größere Verwundbarkeitsbereitschaft als mit der Bitte um Hilfe verbindet, da mit dieser die positive Reaktion des Gegenübers wegfällt (Petermann 1996:75 f.).

Neben dieser grundlegenden Funktion *kann der Beziehung im Weiteren bereits verändernde Funktion* zukommen, was etwa der Fall ist, wenn KlientInnen „korrigierende Beziehungserfahrungen" (Sachse 2006:33) machen, sie also erstmalig erfahren, dass sie verstanden und akzeptiert werden und/oder ihren eigenen Gefühlen und Gedanken trauen können (Schultz 2009).

Das angestrebte Vertrauensausmaß muss dabei selbstverständlich dem Zweck der Beziehung angemessen sein. Allgemein bestehen professionelle Beziehungen, um die Bedürfnislagen von KlientInnen zu verbessern und sie enden, wenn die Ressourcen zur eigenständigen Bedürfnisbefriedigung vorhanden sind oder sie werden vorzeitig aufgelöst (Wiedemann 1983). Neben der zeitlichen Begrenzung sind professionelle Beziehungen im Weiteren dadurch gekennzeichnet, dass die AkteurInnen mit Bezug auf die Zweckgebundenheit bestimmte Ziele, die sie in asymmetrischen Rollen, Aufgaben und Expertisen zu erreichen versuchen, verfolgen. Darüber hinaus ist die Beziehung auf bestimmte Arten der Interaktion begrenzt und die Handlungen der AkteurInnen folgen einem vereinbarten Regelsystem (Schäfter 2010:47ff.; Kanfer et al. 2006:53; Sachse 2006:11ff.).

Die Beziehungsgestaltung dient also nicht dem Selbstzweck einer Beziehung, sondern ist stets auf das Erreichen von Zielen gerichtet. BeraterInnen haben damit nicht nur die Aufgabe, eine vertrauensvolle Beziehung, sondern auch *eine ziel- und aufgabenorientierte Beziehung* herzustellen (Heiner 2007:458 ff.). Im Kontext allgemeiner Beratung besteht, wie gesagt, das Ziel darin, zu einer inhaltlichen und methodischen Übereinkunft zu gelangen; die Aufgabe richtet sich entsprechend auf die Klärung der Situation. BeraterInnen haben damit (noch) nicht die Rolle von ÄnderungsassistentInnen (s. Kap. D 5.1.2), sondern eher von KlärungsassistentInnen. Ihre Bemühungen richten sich, wie erwähnt, nicht darauf, KlientInnen „fit" für das zur Verfügung stehende Hilfeangebot zu machen, sondern auf die Ermittlung der vorliegenden Probleme und der Suche nach angemessenen Lösungen (s. Kap. D 4.2). Neben dem potenziellen Effekt bereits hier erfolgender emotio-kognitiver Veränderungen, wofür letztlich die Beziehung eine entscheidende Rolle spielt, können über den Klärungsprozess mindestens positive Hilfeerwartungen erzeugt, die Hoffnung auf Besserung also erhöht werden (Grawe 1998: 630 ff.).

### 2.2.2 Aktive bedürfnisorientierte Beziehungsgestaltung

Forschungsergebnisse deuten an, dass nicht davon ausgegangen werden kann, dass es *die* Methode geben könnte, durch die eine positive Bewertung professioneller Beziehungen zustande kommt,[265] was durch die individuellen Präferenzen sowie die motivationalen Ziele der KlientInnen, in deren Lichte sie das Beziehungsangebot interpretieren und bewerten, erklärt werden kann. Für BeraterInnen ergibt sich daraus die Anforderung,

265 So zeigte sich in einer Reihe von Studien, dass die Wahrnehmung der Beziehung aus Sicht der KlientInnen für die Vorhersage des Therapieergebnisses bedeutsamer ist als die der TherapeutInnen und dass die Wahrnehmungsmuster variieren (Bachelor 2001:151ff.).

die Beziehung zu KlientInnen komplementär zu gestalten, und dies bedeutet für sie, ihr Interaktionsverhalten auf jeden Klienten und jede Klientin neu abzustimmen. Leistbar ist dies jedoch erst über die Erfassung der Werte und Wünsche der AdressatInnen in Form einer Präferenz- und Zielanalyse. Präferenzen und Ziele sind am Anfang von Hilfeprozessen nicht bekannt, daher stellen sich infolgedessen gerade zu Beginn jeder Beratung Fragen der Beziehungsgestaltung. Unterstellt man die Universalität von Bedürfnissen und ihre Funktion als zentrale Kooperationsmechanismen, lassen sich allgemeine Handlungsprinzipien benennen und -regeln formulieren.

Aus bedürfnistheoretischer Sicht ist davon auszugehen, dass sich Vertrauen seitens der KlientInnen umso eher aufbaut, je weniger Beratende KlientInnen bezüglich ihrer Bedürfnisse frustrieren, d. h. je besser es ihnen gelingt, vorhandene Bedürfnisspannungen zu reduzieren bzw. die Befriedigung von Bedürfnissen zu ermöglichen.
Auch die bedürfnisorientierte Beziehungsgestaltung hat selbstverständlich die Spezifika einer professionellen Hilfebeziehung zu berücksichtigen. Daraus folgt, dass KlientInnen in Bezug auf einige Bedürfnisse zwangsläufig frustriert werden müssen, soll die Funktionalität der Beziehung nicht aufgegeben werden. Hierunter fallen das Bedürfnis nach Sexualität, nach soziokultureller Zugehörigkeit und nach spontaner Hilfe, deren Unantastbarkeit berufsethisch und auf der Grundlage des Schutzes der Persönlichkeitsrechte[266] garantiert ist. Umgekehrt haben professionelle Beziehungen entsprechend auch die Befriedigung von Bedürfnissen zu garantieren, wie etwa die Bedürfnisse nach körperlicher, einschließlich sexueller Unversehrtheit und nach (sozialer) Unverwechselbarkeit. So gilt für sexuelle Handlungen wie auch für emotionale persönliche Beziehungen in Beratungsbeziehungen das Abstinenzgebot (Barabas 1999:162 f.).
Wie jede an bestimmte Ziele gebundene professionelle Hilfebeziehung ist die Beratungsbeziehung nur in Bezug auf wenige Bedürfnisse direkte Quelle ihrer Befriedigung. Unter Bezugnahme auf das auf (Wieder-)Entdeckung und Förderung von Selbststeuerungsfähigkeiten gerichtete Ziel von Beratung ist die Beratungsbeziehung direkte Quelle zur Befriedigung der Bedürfnisse nach Orientierung, nach subjektivem Sinn und nach Kompetenz. In Bezug auf alle anderen Bedürfnisse stellt sie ein Mittel dar, um KlientInnen zu selbstständiger Bedürfnisbefriedigung zu befähigen.[267]
Was nun können BeraterInnen bzw. allgemein professionelle HelferInnen tun, damit AdressatInnen möglichst relevante und valide Informationen mitteilen und sie sich ggf. auch auf eine intensive Beratung einlassen? Wie Schäfter in ihrer Dissertation zur Beratungsbeziehung in der Sozialen Arbeit konstatiert, steht die Betonung der Bedeutung

[266] Im deutschen Recht ist das Allgemeine Persönlichkeitsrecht auf Art. 2 Abs. 1 (Freie Entfaltung der Persönlichkeit) in Verbindung mit Art. 1 GG (Schutz der Menschenwürde) gestützt. Im schweizerischen Zivilgesetzbuch ist es in § 28 ZGB festgeschrieben. Inhaltlich werden drei Sphären des Schutzes unterschieden: die Individualsphäre (Schutz des Selbstbestimmungsrechts), die Privatsphäre (Schutz des Lebens im häuslichen oder im Familienbereich) und die Intimsphäre (Schutz der inneren Gedanken und Gefühlswelt sowie des Sexualbereichs). Aus der Verletzung von Persönlichkeitsrechten kann sich ein Anspruch auf Unterlassung, Beseitigung, Schadensersatz und Genugtuung ergeben (Barabas 1999:157 ff.). Zum Verhaltenskodex gegenüber AdressatInnen und KlientInnen vgl. auch die „Berufsethischen Prinzipien des DBSH“ (DBSH 1997) und den „Berufskodex der Professionellen Sozialer Arbeit (Avenirsocial 2010).

[267] Der Schwerpunkt direkter Befriedigung von Bedürfnissen ist je nach Tätigkeit unterschiedlich. So z. B. erfüllt die Animation das Ästhetik- und Abwechslungsbedürfnis oder die soziale Fürsorge das Bedürfnis nach den für die Autopoiesis erforderlichen Austauschstoffen. Auch das Bedürfnis nach Sexualität kann in professionellen Beziehungen durch Surrogatspartner (Sexualassistenz, spezielle SexualtherapeutInnen) befriedigt werden.

der Beziehung in der Fachliteratur in krassem Missverhältnis zu Darstellungen der methodischen Gestaltung der Beziehung (2010:22, 85). Die nachfolgenden Ausführungen arbeiten Methoden der Beziehungsgestaltung unter bedürfnistheoretischen Gesichtspunkten heraus, wofür auf die Arbeit von Schäfter sowie auf Sachse (2006), Grawe (1998) und Kanfer et al. (2006), die Aspekte der Beziehungsgestaltung auf der Grundlage zahlreicher empirischer Befunde darstellen, zurückgegriffen wird.
Wie oben ausgeführt können sich die Gestaltungsregeln auf den Aufbau von personalem Vertrauen, Kompetenzvertrauen, Vertrauen der KlientInnen in sich selbst und Vertrauen in die Profession und Organisation beziehen. Dabei liegt der Aufbau von Vertrauen in die Profession und Organisation nur indirekt in den Händen der Beratenden, indem sie dafür sorgen, dass organisational erzeugte Bedürfnisspannungen zur Sprache kommen bzw. verändert werden. In Anlehnung an Sachse (2006) und Wagenblass (2001) wird dieser Unterteilung gefolgt. Mit Petermann (1996:115) ist der Vertrauensaufbau als ein Prozess zu verstehen, der drei Phasen umfasst, die der Entwicklung von sozialen Beziehungen im Allgemeinen entspricht: (1) die Phase der *Herstellung einer verständnisvollen Kommunikation,* (2) die Phase des *Abbaus bedrohlicher Handlungen* und (3) die Phase des *gezielten Aufbaus von Vertrauens* (ebd.:116f.). In der folgenden Darstellung wird auch auf dieses Modell Bezug genommen, da die Regeln des Vertrauensaufbaus auf diese Weise auch nach zielbezogenen Schwerpunkten systematisiert werden können.

#### 2.2.2.1 Personales Vertrauen

Bei der Rekonstruktion der Beratungsansätze wurde deutlich, dass bei allen die Realisierung von emotionaler Wärme, Akzeptanz, Empathie und Echtheit von großer Wichtigkeit ist. Realisiert wird damit die erste Phase des Modells des Vertrauensaufbaus, die auf die Herstellung einer verständnisvollen Kommunikation zielt.
Wie bei der Beschreibung des personenzentrierten Ansatzes bereits angeklungen, stellen diese Basisvariablen nicht einfach eine Einstellung von Beratenden ihren AdressatInnen gegenüber dar, sondern es handelt sich dabei eindeutig um Handlungen. Auf der operationalen Ebene bedeutet emotionale Wärme, AdressatInnen gegenüber Signale emotionaler Zuwendung auszusenden; die Realisierung dieser Variable drückt sich entsprechend ausschließlich im nichtsprachlichen Anteil der Kommunikation aus (Mimik, Gestik, Stimmführung, Sprechweise, Körperhaltung, Distanzverhalten). Allgemein kommen für die Signalisierung von emotionaler Zuwendung „alle sichtbaren Verhaltensaspekte in Frage (z. B. Vorbeugen, Augenkontakt, Gegenübersitzen), die auf den Klienten ausgerichtet sind und zeigen, dass der Klient der Gegenstand der Aufmerksamkeit und Konzentration des Beraters ist“ (Alterhoff 1994:141).
An die Akzeptanz bzw. bedingungsfreie Beachtung stellt sich die Anforderung, jedwede Bewertung zu vermeiden, d. h. sich sowohl eines Lobes als auch einer Kritik zu enthalten bzw. den Wertungen der AdressatInnen zu folgen.[268] Empathisches Zuhören konzentriert sich auf die Bilder und die damit verbundenen affektiven Bewertungen der AdressatInnen. Zum Ausdruck wird das empathisch Verstandene gebracht, indem

[268] Gemäß Höger liegt hier eines der größten Missverständnisse in der Interpretation dieses Konzepts vor. Dass das Enthalten von Bewertungen nicht ein *bedingungsloses* Akzeptieren ist, wonach eine Beraterin, ein Berater alles, was KlientInnen sagen oder tun, gut und richtig finden, behandelt Höger ausführlich (2006b:120 ff.). Bedingungsfreie Beachtung hat zu Beginn von Hilfeprozessen eine hohe Bedeutung, weil Kritik wie auch Lob den Effekt der Selbstzensur verstärkt, so dass ein Problem nicht valide oder hinreichend definiert werden kann (Sachse 2006:41).

Berater und Beraterinnen Formulierungen wählen, durch die sie die gleichen affektiven und kognitiven Inhalte der Klientenäußerungen ausdrücken.[269] Das Prinzip der Echtheit oder Authentizität teilt sich über Signalkongruenz mit.

> „Der Therapeut muss auf allen Kommunikationskanälen wie dem verbalen, paraverbalen und nonverbalen Kanal dieselbe Botschaft senden" (Sachse 2006:44).

An Beratende stellt dies insbesondere Anforderungen, das Ausmaß ihrer Akzeptierung zu reflektieren, denn Inkongruenz tritt immer mit dessen Verlust auf.
Bedürfnistheoretisch betrachtet tragen Beratende durch diese Handlungen zur Befriedigung des Bedürfnisses nach *Zuwendung* (emotionale Wärme) und zur Reduktion von Bedürfnisspannungen in Bezug auf *soziale Anerkennung* (bedingungsfreie Beachtung) bei. Das empathische Zuhören ermöglicht einerseits die Befriedigung des Bedürfnisses nach *Unverwechselbarkeit*, da AdressatInnen die Erfahrung machen, als Person, die sie sind, und nicht als irgendeine Person wahrgenommen zu werden. Indem Beratende die Gefühle und Gedanken korrekt erfassen, tragen sie auch zum Aufbau von Kompetenzvertrauen bei und schaffen dadurch Aussicht auf die Befriedigung des Bedürfnisses nach subjektivem Sinn (s. u.). Das Prinzip der Echtheit erhält im Hinblick auf die Reduktion von Spannungen im Kontext des *Kooperationsbedürfnis*ses zentrale Bedeutung. Zweifel an der Echtheit verunmöglichen jedwede Kooperation (ebd.:45).

Den Bedürfnissen nach Kooperation, im Weiteren aber auch nach Autonomie, sozialer Anerkennung, Kontrolle und Orientierung dürften gerade zu Beginn von Hilfeprozessen eine gewichtige Rolle zukommen, kommt doch deren Nicht-Erfüllung *mit* der Inanspruchnahme von professioneller Hilfe zum Ausdruck. M.a.W. liegen diesbezügliche Spannungen bereits vor, so dass die Bedrohung, dass diese Bedürfnisse noch weiter verletzt werden, besonders ausgeprägt sein dürfte. Unter dieser Prämisse erweist sich die Realisierung der Basisvariablen als nicht hinreichend, was sich auch mit dem Modell des Vertrauensaufbaus deckt. Hinzukommen müssen Handlungsregeln, die gezielt zum Abbau bedrohlicher Handlungen beitragen. Entscheidend dafür ist die Planung von Verhaltensweisen (Petermann 1996:118). Die in der Grundstruktur des Beratungsmodells ausgewiesene Metaregel, AdressatInnen über Ziel, Inhalt, methodisches Vorgehen und Rollenverteilung aufzuklären, steht somit nicht nur im Dienste der Herstellung sozialer, sondern auch affektiver Bedingungen einer Arbeitsbeziehung.
Hohe Transparenz, d. h. die Offenlegung der eigenen Rolle und Rollenerwartungen an AdressatInnen, der mit der Beratung angestrebten professionellen Ziele sowie des beraterischen Vorgehens und seiner Begründung, befriedigen somit nicht nur das Bedürfnis nach Orientierung, sondern sorgen auch für den Schutz vor weiteren bedürfnisverletzenden Erfahrungen. Dabei genügt die Verbalisierung des Vorgehens wohl zur Befriedigung des Orientierungsbedürfnisses, nicht aber zur Stärkung der Sicherheitsgefühle, tatsächlich auch eigene Entscheidungen treffen zu können (Autonomie), nicht bevormundet zu werden, sondern das Geschehen beeinflussen zu können (Kontrolle)

[269] Auch hier weist Höger auf ein vielfaches Missverständnis hin, wonach das *Verbalisieren von emotionalen Erlebensinhalten* mit dem Spiegeln von Klientenäußerungen verwechselt wird. „Er [der Therapeut; P.G.] wendet sich vielmehr gemeinsam mit dem Patienten dessen fortlaufendem inneren Prozess der Erfahrung zu. Er bewegt sich darin vorsichtig und ohne Urteile zu fällen und versucht, auch diejenigen Gefühlsbedeutungen zu erahnen, deren der Patient sich kaum bewusst ist. Dies geschieht in einem Wechselspiel zwischen Therapeut und Patient, in dem sich beide darüber austauschen, was sie von diesem inneren Prozess der Erfahrungen des Patienten wahrnehmen. Der Therapeut überprüft dabei anhand der Äußerungen des Patienten regelmäßig die Genauigkeit seiner empathischen Wahrnehmungen" (2006b:128; Hervorhebungen im Orig.).

und ernst genommen zu werden (soziale Anerkennung). Vielmehr müssen AdressatInnen dies auch *direkt erfahren können.*
Die Stärkung diesbezüglicher Sicherheitsgefühle sieht Sachse (2006:46 f.) in den Handlungsprinzipien Respekt und Loyalität gewährleistet. Diese beinhalten z. B. KlientInnen die letztendliche Entscheidungsinstanz darüber zuzugestehen, was sie in der Beratung erreichen wollen und was nicht; ihnen keine Vorschriften zu machen, wie sie ihr Leben gestalten sollen; ihnen Verantwortung für ihr Handeln zu geben; niemals etwas für oder über KlientInnen zu entscheiden; sich dem Klienten oder der Klientin verpflichtet zu fühlen und deshalb keine Aufträge von Dritten anzunehmen, die Klient bzw. Klientin betreffen. Anders gesagt sollte die Beziehungsgestaltung den KlientInnen weitestgehende Selbstbestimmung einräumen.
Während BeraterInnen in freiwilligen Arbeitskontexten hier soweit gehen können, dass sie AdressatInnen nicht nur an Entscheidungen über ihre Interventionsangebote beteiligen (z. B. prüfen, ob sie den Vorschlägen folgen wollen) und die Freiwilligkeit zur Kooperation zur Diskussion stellen können, sondern darüber hinaus auch die Freiwilligkeit des Beratungsangebots, ist Letzteres in Zwangskontexten nicht möglich. Auch die Autonomie der BeraterInnen ist in diesen Fällen eingeschränkt und mit ihr entsteht die Grenze eines ausschließlich bedürfnisorientierten Vorgehens in Zwangskontexten. Erst recht gilt es dann aber, die Entscheidungsfreiräume klar zu deklarieren und zu realisieren (s. Kap. E 4.1.1).
Grundsätzlich trägt die an Selbstbestimmung orientierte Beziehungsgestaltung auch zur Befriedigung des Bedürfnisses nach *Austauschgerechtigkeit* in Machtbeziehungen, die professionelle Beziehungen unumstritten naturgemäß sind,[270] bei. Die Machtstruktur lässt sich prinzipiell nicht aufheben, die Asymmetrie kann aber über den Grad der Reziprozität sowie der Komplementarität verstärkt oder verringert werden (Heiner 2007:466 ff.). Empirische Befunde zeigen, dass die Kooperationsbereitschaft umso größer ist, je mehr KlientInnen die Hilfebeziehung als ein faires und gerechtes Geben und Nehmen bewerten bzw. umgekehrt, negative Reaktionen auf Hilfe größer sind, wenn die Hilfe einseitig erfolgt[271] (Bierhoff 1996:416 f.). Dem Auftreten dieser Art von Bedürfnisspannungen wird somit am ehesten entgegengewirkt, wenn AdressatInnen überhaupt die Möglichkeit erhalten, etwas zurückgeben zu können. Mutzeck (1999) plädiert in diesem Zusammenhang grundsätzlich für das Streben nach einer symmetrischen Beratungsbeziehung, was seitens der Beratenden verlangt, die ‚prinzipielle Strukturparallelität von Fähigkeiten' der Beteiligten sowie deren spezifisches ‚Expertentum' zum Ausdruck zu bringen:

> „Das Beratungs*objekt* wird als *gleichwertiges Subjekt* gesehen, und in dieser Weise wird mit ihm und nicht an ihm gearbeitet" (ebd.:56; Hervorheb. im Orig.).

Die Markierung der unterschiedlichen Expertenschaft, nämlich die der Beratung und die der Alltagspraxis, ist in diesem Zusammenhang zentrale Handlungsregel. Ermöglicht werden dadurch auch bedürfnisbefriedigende Erfahrungen in Bezug auf *soziale Anerkennung.* Die positive Konnotation und das Aussprechen von Komplimenten in Bezug auf wahrgenommene Leistungen im Leben von AdressatInnen wie auch auf Verhaltensweisen in der Beratungssituation, wie sie im methodischen Repertoire der

270 Vgl. z. B. Heiner 2007:466; Thiersch 2004a:118; Staub-Bernasconi 2007:397f., 401).
271 Anzumerken ist, dass die Orientierung an der Gegenseitigkeitsnorm umso höher ausfällt, je ausgeprägter das Selbstwertgefühl ist. Hilfeerhalt wird von diesen Personen als bedrohlicher erlebt als von Personen mit tiefem Selbstwertgefühl (vgl. ebd.).

systemischen Therapie und Beratung beschrieben sind (v. Schlippe & Schweitzer 2003:175), stellen wichtige Operationen zur Vermittlung des Gefühls wertgeschätzt zu werden dar. Entscheidend ist in diesem Zusammenhang wiederum die Echtheit der Beratenden. Entsprechend sollen Komplimente nicht vorgetäuscht, sondern tatsächlich so gemeint sein.[272] Im Unterschied zu den sich an die Variable Akzeptanz bindenden Vermeidungshandlungen in Bezug auf das Bedürfnis nach sozialer Anerkennung tragen positive Konnotation und Komplimente zu diesbezüglich befriedigenderen Erfahrungen bei. Herwig-Lempp stellt die auf die Befriedigung dieses Bedürfnisses zielenden Handlungen besonders heraus:

> „Vielleicht kann Wertschätzung und das Suchen und Aussprechen von Komplimenten als der Oberbegriff für alle Methoden zur aktiven Beziehungsgestaltung gelten. Indem die FamilienhelferIn [bzw. HelferInnen generell; P.G.] sich für den anderen interessiert, detailliert nach Einzelheiten fragt, neugierig auf seine Perspektive, auf seine Bewertung und Beschreibung ist, sich nach Wünschen, Vorstellung und Lösungsideen erkundigt, kann sie deutlich machen, dass er ihr wichtig ist und dass sie ihren Klienten ernst nimmt“ (2002:59).

Schließlich sollte auch die Bedeutung sensorischer und ästhetischer Bedürfnisse für den Vertrauensaufbau nicht unterschätzt werden. Das *ästhetische Bedürfnis* bezieht sich auf positive Bewertungen von Sinneswahrnehmungen, wobei das Gehirn das als schön oder angenehm bewertet, was es zur Musterbildung anregt, es aber nicht überfordert. Insofern steht die Bedürfnisbefriedigung in enger Beziehung zum *Bedürfnis nach wahrnehmungsgerechter sensorischer Stimulation* (Grawe 2004:261). Räumliche Gegebenheiten, aber auch Merkmale der BeraterInnen, wie z. B. die äußere Erscheinung, Sprechweise, Stimme, Gestik, Mimik, Körperhaltung können die Kommunikationsbereitschaft positiv oder negativ beeinflussen. Grundsätzlich werden alle Reize als positiv bewertet, wenn mit ihnen das körpereigene Belohnungssystem aktiviert wird. Dies geschieht dann, wenn ein Ereignis oder eine Verhaltenssequenz besser als erwartet ausfällt. Bereits ein aufmunternder Blick oder die Verwendung emotional positiver Wörter können dieses Belohnungssystem aktivieren (Spitzer 2002:190 ff.) und sind entsprechend bei der Ausgestaltung der nonverbalen und verbalen Kommunikation zu berücksichtigen.

Großmaß hebt im Zusammenhang der Ästhetik die zielgruppenorientierte Gestaltung von Beratungsräumen hervor, worunter sie Merkmale der territorialen Struktur von Einrichtungen und die physikalische Ausstattung von Beratungsräumen fasst. Je nachdem haben diese eher ausschließende oder einschließende Funktion. Als allgemein „ansprechende“ Gestaltungsregeln empfiehlt Großmaß gute Erreichbarkeit und die Möglichkeit eines unauffälligen Zugangs zur Einrichtung; einen freundlich-sachlichen Eingangsbereich und eine räumliche Struktur, die schnelle Orientierung ermöglicht; eine angemessene Form der Begrüßung von AdressatInnen; die Kennzeichnung geschützter Beratungsräume; ansprechendes, aber nicht exklusives Mobiliar; den Verzicht auf Symbole von Religionszugehörigkeit und kultureller Verortung (2004b:492 f.).

Das *Bedürfnis nach Abwechslung* ist weniger ein kooperationsfördernder Faktor zu Beginn als vielmehr im Verlauf der Beratung. Seine Beachtung trägt dazu bei, vorzeitigen Abbrüchen entgegenzuwirken. Als beziehungsförderlich im Sinne dieses Bedürfnisses

---

272 Von Schlippe & Schweitzer (2003) bevorzugen aus diesem Grund die Formulierung „wertschätzende Konnotation“ und nicht „positive Konnotation“, ein Begriff, der von der Mailänder Schule geprägt wurde und beinhaltet, jedes Verhalten grundsätzlich als positiv zu bewerten (ebd.:175).

erachtet Bach „die Lebendigkeit in der Beziehung [...], in der nicht Routinen und schematische Gleichgültigkeit prägend sein dürfen, sondern die einzelnen Situationen als einmalige Entwicklungen wahrgenommen werden müssen" (1999:108; zit. nach Ansen 2006:113).[273] M. a. W. sind Beratungssitzungen so zu gestalten, dass sie sich im Ablauf unterscheiden. Methodisch kann Abwechslung auf unterschiedliche Art und Weise kreiert werden, z. B. durch den Einsatz verschiedener Medien, durch Veränderung des Ortes, von Sitzpositionen oder durch Verwendung verschiedener kommunikativer Methoden.

#### 2.2.2.2 Kompetenzvertrauen

Auch Kompetenzvertrauen hat für die ersten beiden Phasen des Vertrauensaufbaus eine zentrale Funktion. Fühlen sich AdressatInnen missverstanden, sinkt die Bereitschaft Inhalte mitzuteilen, da der Eindruck entsteht, dass ihr/ihm nicht geholfen werden kann.

Bedürfnistheoretisch geht es bei der Erzeugung von Kompetenzvertrauen im Wesentlichen um die Frage, wie gut es Beratenden gelingt, Hoffnung auf die Erfüllung subjektiv relevanter Ziele zu erwecken. Grawe (1998) bezeichnet die handlungstheoretische Operation als „Induktion von Besserungserwartungen"[274] und beschreibt deren nachgewiesene positive Wirkung auf den Erfolg als Kettenreaktion im Sinne sich selbst erfüllender Prophezeiungen:

> „Wenn es gelingt, bei dem Patienten positive Erwartungen auf wirksame Hilfe und baldige Besserung zu induzieren, wird er sich wieder etwas zuversichtlicher fühlen und mit mehr Mut, Schwung und Vertrauen an die Dinge herangehen. Dies führt zu kleinen Erfolgsergebnissen, die wiederum sein Vertrauen stärken, dass Veränderung möglich ist. Dies hebt die Stimmung erneut und führt zu positiveren Zukunftserwartungen, die wiederum die Voraussetzung für weitere Erfolgsergebnisse verbessern. Die positiven Veränderungen, die der Patient bei sich feststellt, wird er als Anzeichen dafür interpretieren, dass die Therapie bei ihm wirkt und dies führt dazu, dass sie bei ihm wirkt, weil ihre Glaubwürdigkeit in der glaubwürdigsten Weise, nämlich durch Erfahrungen ‚am eigenen Leibe' bestätigt wurde. Die Feststellung, dass die Therapie bei ihm wirkt, fördert die Aufnahmebereitschaft für das, was der Therapeut an ihn heranträgt, und erhöht seine Kooperationsbereitschaft und aktives Engagement für die Therapie. Damit verbessern sich die Voraussetzungen für das Wirksamwerden aller sonstigen spezifischen Einflüsse, die von dem therapeutischen Vorgehen ausgehen mögen. Auch die Bereitschaft des Patienten, sich auf neue Erfahrungen einzulassen, wird durch die Feststellungen der ersten positiven Veränderungen verstärkt. All dies führt auch auf Seiten des Therapeuten zu erhöhtem Engagement, vermittelt ihm den Eindruck, dass er sich auf dem richtigen Weg befindet und stärkt ihn damit in seiner Sicherheit. Das wiederum wirkt sich nochmals fördernd auf die Erwartungen des Patienten aus, dass der Therapeut ihm helfen kann und helfen wird. Diese beiderseitigen positiven Erfahrungen haben wieder positive Auswirkungen auf die Qualität der Therapiebeziehung. Der Patient vertraut seinem Therapeuten immer mehr, dieser fühlt sich von seinem Patienten wertgeschätzt und in seiner Kompetenz bestätigt. Dadurch steigt wiederum seine Wertschätzung für den Patienten und sowohl seine Bereitschaft, ihn engagiert zu unterstützen, als auch sein Kompetenzgefühl, dazu in der Lage zu sein" (Grawe 1998:24 f.).

---

[273] Es sei an dieser Stelle erinnert, dass Menschen kognitive Anstrengungen nur auf sich nehmen, wenn Ereignisse für sie neu oder bedeutungsvoll sind. Wird die Beratung für KlientInnen zur Routine, tritt entsprechend Langeweile auf.

[274] Andernorts ist auch die Rede vom Placebo-Effekt. Diese Bezeichnung wird von Grawe kritisch beurteilt, weil es sich nicht um einen scheinbaren, sondern um einen „echten", neuropsychologischen Wirkmechanismus handelt (Grawe 1998:26 ff.).

Nach Sachse (2006) muss die Vermittlung von Zuversicht als Kompetenzvertrauen erhöhende Intervention sowohl auf inhaltlicher als auch auf prozessualer Ebene erfolgen. Zentrale methodische Operationen sind: das korrekte Rückmelden des Verstandenen (s. o.); nachvollziehbare Bearbeitungsangebote machen; die Versicherung geben, AdressatInnen aus bei der Bearbeitung entstehenden negativen Emotionen wieder herauszuholen (und dies auch tun); den Bearbeitungsprozess aktiv steuern und AdressatInnen bei der Bearbeitung der Klärungsschritte aktiv unterstützen (ebd.:51). In Anlehnung an von Spiegel (2006) verweist Schäfter im Weiteren auf die Bedeutung eines auf KlientInnen abgestimmten Maßes der Kompetenzpräsentation: Ein Zuviel an Darstellung kann bedrohlich auf KlientInnen und entmutigend wirken, ein Zuwenig zur Entmündigung führen (2010:100).

#### 2.2.2.3 Vertrauen in die Profession und Organisation

Die Herstellung von Kompetenzvertrauen setzt nicht erst in der konkreten Interaktionssituation ein, vielmehr ist davon auszugehen, dass bei AdressatInnen zu diesem Zeitpunkt bereits ein Bild über das Hilfe anbietende Expertensystem besteht. Der Aufbau von Kompetenzvertrauen beginnt von daher schon mit der gezielten Erzeugung von Bildern bei den AdressatInnen über die Profession und ihr Leistungsspektrum, auf deren Grundlage diese „Annahmen über mögliche Unterstützung und das künftige Verhalten der Professionellen“ aufstellen (Wagenblass 2001:1940). Für das Professionsvertrauen scheint die Bereitstellung von Information bedeutsam, welche die Fachkompetenz der Professionellen und ihre fachliche Autorität deutlich machen sowie die Einhaltung professioneller Standards sicher stellen (Di Luzio 2005:77 f.). Entsprechend gilt es den Zuständigkeitsbereich in Bezug auf das Wissen und Können sowie die zu bearbeitenden Probleme deutlich zu machen, im Weiteren ist für die Schaffung von Transparenz über den Verlauf der Entscheidungswege und -vollzüge bei der Inanspruchnahme der Hilfeleistungen zu sorgen. Große Bedeutung kommt Wagenblass zufolge auch wirksamer Kontroll- und Sanktionsmechanismen zu.

> „Insbesondere bei asymmetrischen Machtbeziehungen und der einseitigen Möglichkeit der Machtausübung sind institutionelle Arrangements notwendig, die einen möglichen Missbrauch des Machtungleichgewichtes eindämmen. Die AdressatInnen müssen darauf vertrauen können, dass sie im Falle eines Dissenses bei der Aushandlung der Leistung Widerspruchsmöglichkeiten haben und diese derart institutionalisiert sind, dass die Überprüfung des Widerspruches nicht von der Willkür der Entscheidung einer Einzelperson abhängig ist“ (ebd.).

Professionen bzw. Organisationen, in denen Professionelle tätig sind, können somit über Inrechnungstellung des Bedürfnisses nach Orientierung sowie Zusicherung des Schutzes vor Verletzung des Bedürfnisses nach Fairness die Vertrauensbasis positiv beeinflussen. Die Schweigepflicht, das Recht auf Zeugnisverweigerung, der gerechtfertigte Notstand und die Anzeigenpflicht sowie auch Datenschutzbestimmungen und das Sozialgeheimnis gelten als wesentliche rechtliche Grundlagen, die durch Professionelle und soziale Organisationen sicherzustellen sind (Ansen 2006:120 ff.). Zur institutionellen Vertrauensbildung wäre weiterhin an die verstärkte Einrichtung von Ombuds- und Beschwerdestellen für soziale Organisationen zu denken.

#### 2.2.2.4 Vertrauen der AdressatInnen in sich selbst

Die bisherigen Aspekte der Beziehungsgestaltung nehmen ausschließlich auf die Herstellung von Vertrauen in die helfende Person Bezug. Viele KlientInnen sind aber zu Beginn von Hilfeprozessen, wie Frank (1985; zit. n. Kanfer et al. 2006:168) betont, in hohem Maße demoralisiert, was sich in Verlust des Selbstwertgefühls, Entfremdung, Hoffnungslosigkeit und Hilflosigkeit äußern kann. Hieran knüpft die dritte Phase des Modells des Vertrauensaufbaus an, der gezielte Aufbau von Vertrauen in sich selbst. Handlungstheoretisch betrachtet handelt es sich bei diesem Aspekt der Beziehungsgestaltung weniger um Vertrauensarbeit, sondern mehr um Motivationsarbeit, die je nach dem darauf zielt, KlientInnen zu ermutigen sich auf den Klärungsprozess, spezifische Beratung oder andere Interventionsformen einzulassen. Im Unterschied zu der spannungsreduzierenden Vorgehensweise der Vertrauensarbeit stellt Motivationsarbeit eine spannungsinduzierende, d. h. Bedürfnisse, Präferenzen und Wünsche aktivierende und verstärkende Vorgehensweise dar. Vertrauensarbeit ist dabei der primäre Prozess der Beziehungsgestaltung und hat dadurch, dass innerhalb der Beziehung das Aufkommen negativer Emotionen möglichst vermieden und das Aufkommen positiver Emotionen unterstützt wird, *beziehungsstabilisierende Funktion.* Motivationsarbeit als Vorgehen, das auf die aktive Teilnahme und auf die Verantwortungsübernahme der KlientInnen für Veränderungen gerichtet ist, kennzeichnet den sekundären Prozess der Beziehungsgestaltung und hat *veränderungsmobilisierende Funktion.* Kanfer et al (2006:135) sprechen in diesem Zusammenhang vom zielorientierten Beziehungsaufbau.

Im Rahmen allgemeiner Beratungsprozesse geht es vorerst um die Bereitschaft, an der Klärung der Probleme mitzuarbeiten und noch nicht um die Bereitschaft, sie selber zu lösen bzw. zu verändern. Das Vertrauen der AdressatInnen in sich selbst gilt es insbesondere dahingehend zu stärken, dass sie Hoffnung bzgl. ihrer Fähigkeit entwickeln, ihre Probleme lösen zu können (statt von ihnen beherrscht zu werden) und in der Lage sind, sich ihren Problemen zu stellen (statt ihnen auszuweichen) (Sachse 2006:54).
Methodisch bedeutet die Reduktion demoralisierender Zustände und Prozesse im Allgemeinen, die Handlungen darauf auszurichten, dass AdressatInnen und KlientInnen möglichst viele positive selbstwerterhöhende Erfahrungen machen können (Grawe 1998:539 f.). Das positive Potenzial, das AdressatInnen in den Klärungsprozess bzw. KlientInnen in den Veränderungsprozess einbringen können, gilt es aufzuspüren und zu mobilisieren, was mit dem Begriff der Ressourcenaktivierung beschrieben ist. Grawe unterscheidet diesbezüglich zwischen prozessualer und inhaltlicher Ressourcenaktivierung. Erstere bedeutet, „dass der Klient vom Therapeuten ausdrücklich die Gelegenheit erhält, sich im Sinne seiner mitgebrachten Bereitschaften und seiner Stärken zur Therapiesituation und zum Therapeuten in Beziehung zu setzen [...] Inhaltlich bedeutet Ressourcenaktivierung in der Therapiebeziehung, dass der Patient ausgiebig Gelegenheit erhält, sich verbal gegenüber dem Therapeuten von seinen positiven Seiten darzustellen bzw. dass er vom Therapeuten in diesen Seiten ohne sein Zutun gespiegelt wird“ (Grawe 1998:136). Anders gesagt sollen Beratende die Beratungssituation in der Weise gestalten, dass AdressatInnen und KlientInnen sich stets im Sinne ihrer vorhandenen Möglichkeiten verhalten und auf dieser Grundlage an ihre Probleme herangehen können (prozessuale Ressourcenaktivierung). Zum anderen sollen Beratende sie dazu veranlassen, nicht nur über Probleme, sondern auch über ihre

Ziele, Werte und Stärken zu sprechen und selber immer wieder auf erkannte Ressourcen aufmerksam machen (inhaltliche Ressourcenaktivierung).

Grundsätzlich verlangt der Aufbau von Selbstvertrauen KlientInnen Aufgaben zu übertragen, die für sie anspruchsvoll, aber lösbar sind, so dass sie zum einen erfahren, dass man ihnen etwas zutraut und zum anderen die Erfahrung machen können, dass sie die Aufgaben tatsächlich bewältigen können (Petermann 1996:119); Hausaufgaben sollten von Beginn an so gestellt sein, dass AdressatInnen oder KlientInnen jeweils kleine Erfolge verzeichnen können. Wichtige Fragetechniken zur Ressourcenaktivierung haben kompetenzfokussierte Beratungs- und Therapietheorien hervorgebracht.[275] Sie alle lenken die Aufmerksamkeit auf das *gewünschte Erleben*, worin der Schlüssel der Ressourcenaktivierung besteht:

> „Die Problemerlebnisprozesse gehen mit einer Einengung der Wahrnehmungsmöglichkeiten einher. Damit erleidet man nicht nur ein Problem, man dissoziiert auch viele Kompetenzen, die man für seine Lösung gut gebrauchen könnte. Dies wieder führt dazu, dass man so fast nur Zugang findet zu problemstabilisierenden Zielvorstellungen, Lösungsideen und Lösungsstrategien. Dies läuft schneller als bewusst wahrnehmbar ab. Kein Klient will dies, es geschieht quasi gegen seinen bewussten Willen. Während des Leiderlebens wird man auf fast allen Ebenen der Wahrnehmung zu jemand anderem als dann, wenn es einem besser geht [...] Die TherapeutInnen und BeraterInnen sollten deshalb systematisch von Beginn an viele Fragen stellen und auch direkte Angebote machen, welche die Begegnung mit ihnen zu einem Kontext der erlebbaren Wertschätzung, Sicherheit und Kraft machen, in der alle Reaktionen der KlientInnen als kompetente Beiträge behandelt werden, die wichtige Informationen über ihre berechtigten Bedürfnisse enthalten. Je mehr so fokussiert wird, desto eher können die KlientInnen wieder eine Perspektive entwickeln, die ihnen Zugang zu hilfreichen Ideen ermöglicht“ (Schmidt 2005:94 f.).

Die Ressourcenaktivierung unterliegt dem gleichen Wirkmechanismus wie die Erwartungsinduktion, also dem Aufbau von Hoffnung; die Handlungen haben jedoch unterschiedliche Anknüpfungspunkte. Im Unterschied zur Erwartungsinduktion, die an die Beratungssituation anknüpft, knüpft die Ressourcenaktivierung an Klientenmerkmale an.

> „Ressourcenaktivierung ist eines der besten Mittel zur Induktion positiver Erwartungen, aber positive Erwartungen können auch eintreten, ohne dass eine Ressourcenaktivierung vorausgegangen ist“ (Grawe 1999:36).

In jedem Fall ist sie bei einer tiefen Hoffnungsfähigkeit sowie geringem Vertrauen in sich selbst Voraussetzung, um überhaupt positive Besserungserwartungen zu induzieren (ebd.:37).

Gleiches gilt bei Vorliegen von Reaktanz. Auch hier wird an Konzepte der Ressourcenaktivierung angeknüpft, wonach jedes Verhalten, so auch Reaktanz als Ressource verstanden und mit Hilfe paradoxer Interventionsstrategien zu nutzen gesucht wird. Bekannt geworden ist diese Auffassung von Ressourcenaktivierung als Prinzip der Utilisation bzw. Nutzung von Widerstand in der strategischen Therapie bzw. der Hypnotherapie (Haley 1976; Erickson & Rossi 1993; zit. n. Kanfer et al. 2006:408). Der Grundgedanke ist, dass HelferInnen auf keinen Fall gegen den Widerstand arbeiten, sondern diesen erlauben oder gar dazu auffordern.

---

[275] Vgl. z. B. Schmidt 2005; Storch & Krause 2005; Bamberger 1999; de Shazer 1999a, 1999b; Walter & Peller 1994. Grundlegende Verfahren sind Pre-session-change-Fragen, Ausnahme-Fragen, hypothetische Fragen und Ressourcen-Fragen (Bamberger 2004:740 f.)

„Im Wesentlichen erhält das als Widerstand interpretierte Verhalten eine positive Konnotation bzw. eine Signalfunktion in Richtung persönlich bedeutsamer Motive und dahinter stehender Grundbedürfnisse, die der Therapeut zwar akzeptiert oder würdigt[276], jedoch den Klienten im Verlauf der Therapie auf günstigere alternative Möglichkeiten zum Erreichen seines Ziele lenkt" (ebd.:409).

Das Erlauben oder gar das Auffordern zu Widerstand in Form von paradoxen Interventionen (z. B. „Ich denke, das Beste wäre es, wenn Sie die Beratungszeit einfach für sich zum Nachdenken und nicht zum Reden nutzen.") führt eher zur Aufgabe der Reaktanz und zur Bereitschaft zielführend zusammenzuarbeiten, da die aktuellen (Vermeidungs-)Ziele, Werte und Bedürfnisspannungen explizit anerkannt werden. Als ethisch vertretbar können paradoxe Aufforderungen dann auch nur gelten, wenn sie in diesem Sinne kongruent sind und nicht als technizistisch-taktische Mittel eingesetzt werden.

## 2.3 Problem- und Ressourcenanalyse

### 2.3.1 Die Funktion der Problem- und Ressourcenanalyse und das Verhältnis zwischen Problemen und Ressourcen

Diagnostiken bzw. Problemanalysen stellen aufgrund unterschiedlicher Auffassungen von Problemen und/oder Gewichtungen der sie erzeugenden, erhaltenden und verändernden Mechanismen ein Spezifikum, wenn nicht gar *das* Spezifikum von Beratungsansätzen dar. Eine nähere Betrachtung allgemeiner Problemtheorien wurde im Rahmen der Arbeit nicht vorgenommen. Tendenziell stehen sich die Auffassung von Problemen als faktische Zustände und Prozesse vs. als begriffliche Systeme (Fiktionen, Definitionen) gegenüber und eher mikro- oder makrotheoretische vs. integrative Zugänge ihrer Erklärung. Damit einher gehen u. a. die Fragen, *ob* und wenn ja, *was* es zu analysieren gilt und *wie* dies erfolgen soll. Wie angedeutet, dreht sich gegenwärtig ein Kernthema in der Sozialen Arbeit, aber auch in anderen psychosozialen Professionen um die Frage, was im Rahmen professioneller Handlungen diagnostiziert bzw. erkannt werden soll: Probleme oder Ressourcen?

Wo Probleme als Fiktionen aufgefasst werden, sie m. a. W. Sinngebungen bzw. mental und kommunikativ reproduzierte Aktivitäten sind, wird eine problembezogene Diagnostik, d. h. die Analyse der von AdressatInnen oder Dritten als problematisch bezeichneten Sachverhalte, eher für überflüssig gehalten (Ludewig 2003:316).
Am konsequentesten ist hier der *lösungsorientierte Ansatz* nach de Shazer. Auf der Grundlage der sprachphilosophischen Überzeugung, dass, wie Karl Tomm zusammenfasst, der Geist nicht im Gehirn liegt, sondern in den linguistischen Interaktionen menschlicher Akteure (2004:216) und keine Möglichkeit besteht, irgendeine Wirklichkeit hinter dem Gesagten zu erkennen (Kaimer 1998:12), kommt der Problemanalyse allein eine *soziale Funktion* zu: Es geht „darum, dem problembelasteten

[276] Zum Beispiel würdigt er die ablehnende Verhaltensweise als Ausdruck dafür, die Dinge eigentlich selbst in die Hand nehmen zu wollen (Bedürfnis nach Kompetenz) oder dafür, nach zahlreichen negativen Erfahrungen mit Professionellen nicht erneut enttäuscht zu werden (Schutz des Bedürfnisses nach subjektivem Sinn) (Conen 1999:287; zit. n. Kähler 2005:71).

Klienten das Gefühl zu vermitteln, dass man ihn versteht. Und dazu gehört, dass man das Bedürfnis des Klienten respektiert, sich gegenüber dem Berater (und auch sich selber) zu erklären bzw. sich zu rechtfertigen, warum er beraterische Hilfe in Anspruch nimmt" (Bamberger 1999:32 f.). Eine handlungstheoretische Funktion hin zum besseren Verstehen eines Problems wird verneint, so dass nicht nur KlientInnen keine genauere Problemanalyse zugemutet wird, sondern auch BeraterInnen hiervon entlastet sind.

VertreterInnen *konstruktivistischer Ansätze* argumentieren mit einer geringen Nützlichkeit von Problemanalysen. Da Probleme (Sinngebungen) nur in der Zeitdimension, nicht aber in der stofflichen Welt vorkommen und sie daher „trotz faktischer Wiederholungsstruktur keinem zwangsläufigen Ablauf und keiner zwingenden Kausalität" unterliegen, „sind menschliche Probleme im Prinzip jederzeit auflösbar", weshalb auch keine Notwendigkeit besteht, „das Problem zu fokussieren oder es klassifikatorisch einzuordnen"[277] (Ludewig 2003:316).

Eine weitere Argumentation gegen Problemanalysen führen VertreterInnen eines auf einer ‚Philosophie der Menschenstärken' gründenden *Empowermentansatzes* an. Diese umfasst sechs Bausteine: (1) das Vertrauen in die Fähigkeit jeden/jeder Einzelnen zur Selbstgestaltung und zu gelingendem Lebensmanagement; (2) die Akzeptanz von Eigen-Sinn und der Respekt auch vor unkonventionellen Lebensentwürfen der KlientInnen psychosozialer Arbeit; (3) das Respektieren der eigenen Wege und der eigenen Zeit des/der Klienten/Klientin und der Verzicht auf strukturierte Hilfepläne und eng gefasste Zeithorizonte; (4) der Verzicht auf entmündigende Expertenurteile über die Definition von Lebensproblemen, Problemlösungen und wünschenswerten Lebenszukünften; (5) die Orientierung an der Lebenszukunft des/der Klienten/Klientin; (6) die Orientierung an einer „Rechte-Perspektive" und ein parteiliches Eintreten für Selbstbestimmung und soziale Gerechtigkeit (Herriger 2006:72 ff.). Von diesem Standpunkt aus dienen Problemanalysen über ihren Blickwinkel auf Defizite vor allem der „Inszenierung der Hilfebedürftigkeit" (Herriger 2006:65), der eine radikale Absage erteilt wird und durch eine Ressourcenanalyse ersetzt werden soll. In Bezug auf Soziale Arbeit betont Herriger:

> „Auch wenn sie an Endstationen der Hilflosigkeit angelangt sind: Menschen sind Träger von unveräußerlichen Freiheitsrechten (das Recht auf Selbstbestimmung; rechtliche Gleichheit; Teilhabe an demokratischer Mitbestimmung und sozialer Gerechtigkeit u. a.). Diese Freiheitsrechte bilden das praxisethische Fundament der Sozialen Arbeit – alle ihre Leistungen sind auf diesen Wertekatalog bezogen, und aus ihm schöpfen sie ihre Legitimation" (ebd.:80).

Eine neuropsychologische Argumentation, die für einen Verzicht auf Problemanalysen spricht, führt Schmidt (2005) im Rahmen des *hypnosystemischen Ansatzes* ein. Hierbei rückt er die Tatsache ins Zentrum, dass zur selbstgesteuerten Lösung von Problemen ein Zugang zu den implizit (unwillkürlich) arbeitenden Hirnregionen bzw. die Herstellung einer Verbindung zwischen implizit und explizit arbeitenden Hirnarealen unabdingbar ist. Durch die Lenkung der Aufmerksamkeit auf problematische Inhalte wird dieser Zugang aber über damit einhergehende negative Gefühle versperrt. Entsprechend unterstützt die Fokussierung der Aufmerksamkeit auf entlastende, schutz-, kraft- und zuversichtsorientierte Erfahrungen den Zugang zu den impliziten Bereichen. Die Ange-

[277] Klassifikatorische Einordnungen werden aufgrund des hohen Stigmatisierungspotenzials gar als gefährlich eingestuft.

bote „rufen dann eine wirksame Beeinflussung des Arbeitsspeichers hervor, helfen bei der Stärkung von Hippocampus-Prozessen[278] und bei einer befreienden Differenzierung des Erlebens mit mehr Wahlmöglichkeiten" (ebd.:31).

Die eingangs gestellte Frage, „ob und wenn ja, was es zu diagnostizieren gilt", deutet an, dass die Ablehnung problemerkundender Diagnostik nicht zwangsläufig in eine Befürwortung ressourcenerkundender Diagnostik mündet. Auch auf diese wird in den genannten Ansätzen (mit Ausnahme des Empowermentansatzes, zunehmend aber auch in konstruktivistischen Ansätzen s. u.) tendenziell verzichtet. Ressourcenorientierung, Kompetenzfokussierung u. ä. Bezeichnungen stehen hier für *„eine therapeutische Haltung"*, für die „Grundannahme, dass KlientInnen über genügend Ressourcen verfügen, um ihre Probleme zu lösen. Aufgabe [...] ist es hier, den Veränderungsprozess hilfreich zu begleiten, indem der Blick immer wieder auf Ziele, bereits erfolgreiche Lösungen und Bewältigung gelenkt wird[279] [...] Die Grundhaltung besteht einerseits in einer unersättlichen Neugier für alle Ressourcen, die hilfreich zur Erreichung angestrebter Ziele sein können und zum anderen in einer Position des Nichtwissens bzw. einer Bescheidenheit den KlientInnen gegenüber, die als die eigentlichen ExpertInnen für den Veränderungsprozess betrachtet werden" (Schaller & Schemmel 2003:577; Hervorheb. im Orig.).
Wenn oben von Diagnostik als Spezifikum von Beratungsansätzen die Rede war, so lässt sich schließen, dass dieses durchaus darin bestehen kann, so wenig explizite Diagnostik wie möglich zu betreiben. Ganz vermeiden lässt sich Diagnostik aber nicht. Im Prinzip wird in den Ansätzen eine *allgemeine Diagnose, d. h. die Bewertung von Zuständen,* schon vor der Begegnung mit AdressatInnen vorangestellt, indem ihre Probleme als Folge entweder individuell oder sozial ungünstiger Realitätskonstruktionen betrachtet werden. Eine *weitere Diagnostik* erübrigt sich, wofür verschiedene Gründe herangezogen werden. Es muss davon ausgegangen werden, dass aber auch diese implizit stattfindet. Im Laufe des Beratungsprozesses sind BeraterInnen immer wieder gezwungen, Entscheidungen zu treffen, sei es, dass sie bestimme Äußerungen von AdressatInnen oder KlientInnen bestärken oder nicht bestärken, dass sie Zieläußerungen sofort akzeptieren oder weiter erkunden oder (Muster-)interventionen auswählen (Nussbeck 2006:98 f.). Das eine oder andere dürften sie wohl auf der Grundlage ihrer Einschätzung über die Problem- und Ressourcenlage der AdressatInnen oder KlientInnen tun. Dabei lässt sich die Einschätzung bzw. Bewertung auch ohne genauere Analyse vornehmen. Dann aber haben Professionelle wohl kaum mehr als alltägliche HelferInnen anzubieten. Erwähnenswert erscheint in diesem Zusammenhang, dass sich auch in konstruktivistischen Ansätzen wieder zunehmend eine Diagnostik etabliert. Nach Ludewig (2003, 2009) lässt sich eine mit den Prämissen des Ansatzes am besten übereinstimmende Diagnostik als Überlebensdiagnostik bezeichnen. In dieser geht es um die Ergründung der Bedingungen, die es KlientInnen ermöglicht haben, ihr bisheriges Leben insoweit zu meistern, als dass sie noch leben. Fokussiert wird dabei auf Kommunikationen und Interaktionen, die das Überleben unabhängig von Problemsystemen sichern. Die Interventionen schließen an die ermittelten Ressourcen an (ebd. 2003:94 ff.). Wie im Empowerment-Ansatz wird also auch hier ausschließlich für eine Ressourcendiagnostik plädiert.

---

278 Der Hippocampus spielt eine wichtige Rolle bei der Bildung und Konsolidierung expliziter Gedächtnisinhalte (Grawe 2004:7 ff.).

279 Es lässt sich hieraus schließen, dass der Begriff der Kompetenzfokussierung mit jenem der prozessualen Ressourcenaktivierung (Kap. E 2.2.2.4) gleichgesetzt werden kann.

Für die selbstgesteuerte Problemlösung ist ein hoher Stellenwert der Kompetenzfokussierung und Ressourcendiagnostik nicht von der Hand zu weisen. Genauso wenig von der Hand zu weisen ist aber auch, dass der Auftrag von Professionen darin besteht, Probleme zu lösen, zu verhindern und zu mindern bzw. zur Verbesserung der Bedürfnislagen von AdressatInnen und KlientInnen beizutragen. Was dazu beitragen kann – ob z. B. die individuelle Förderung der Erkenntniskompetenzen, ein Handlungstraining, eine Weiterbildung, ein Wohnortwechsel o. Ä. – lässt sich ohne Problemanalyse der Beratenden nicht feststellen. Allein für die Entwicklung „maßgeschneiderter" Lösungen kommt ihr deshalb handlungstheoretisch eine wichtige Funktion zu. Ein Verzicht auf Problemanalysen birgt unweigerlich die Gefahr der Individualisierung sozialer, kultureller und ökologischer Probleme und möglicherweise auch der unangemessenen Zuschreibung der Lösungsverantwortung. Umso wichtiger scheint es, inhaltliche und prozessuale Gesichtspunkte der Beratung voneinander zu trennen. Hierauf macht auch Grawe aufmerksam, wenn er formuliert:

> „Die Problemperspektive bestimmt das Was der Veränderung, die Ressourcenperspektive bestimmt das Wie. Wenn der Therapeut sich überlegt, was beim Patienten zu verändern ist, nimmt er die Problemperspektive ein. Wenn er jedoch überlegt, auf welche Weise er mit dem Patienten zusammen an dessen Probleme herangehen will, dann sollte er dies in erster Linie von den vom Patienten mitgebrachten Ressourcen abhängig machen" (Grawe 1998:99).

Mag die Problemanalyse den Veränderungsprozess evtl. auch verlangsamen[280], kommt ihr inhaltlich doch klar auch eine sozialverantwortliche Funktion von Professionen zu. Diese Funktion kann durch eine Ressourcenanalyse, die sich ausschließlich der Frage widmet, wie die Bewältigung der Probleme erfolgen kann, nicht erfüllt werden. Prozesse der Erzeugung der Probleme bleiben damit im Dunkeln mit der Folge, dass sie u. U. weder zur individuellen noch gesellschaftlichen Erfordernissen gerecht werdenden Bearbeitung gelangen, ganz zu schweigen davon, dass die Erfahrungen der Beratenen erst gar nicht zur gesellschaftlichen Artikulation gelangen können. Unter Umständen leistet man damit einen Beitrag zur Erzeugung weiterer bedürfnisverletzender Erfahrungen, seien diese durch die Handlungen der KlientInnen selbst, durch Handlungen einzelner oder kollektiver Dritter oder durch strukturelle Effekte des Verhaltens Vieler hervorgerufen.
Kuhl gibt im Weiteren zu bedenken – und dies ist vor allem im Kontext spezifischer Beratung relevant – dass ein grundsätzlicher Verzicht auf Problemanalysen jene Klientengruppe vernachlässigt, die von dieser gerade profitieren könnte. Dies sind vor allem Personen, die zur schnellen Herabregulation negativer Gefühle und zu Beschönigungstendenzen neigen (Kuhl 2001:1014).

Zusammengefasst besteht die *Funktion der Problemanalyse* in handlungstheoretischer Hinsicht im Treffen von *sachverhaltsgerechten Entscheidungen*. Beratungstheoretisch bietet sie die

---

[280] Verhindern tut sie ihn keineswegs und Kuhl (2001) bemerkt in diesem Zusammenhang, dass eine Problemanalyse als Kenntnis „über spezifische Ursachen der Blockierung intuitiver Systeme" [Extensionsgedächtnis und intuitives Verhaltenssteuerungssystem; P. G.; s. Kap. D 1.2.2.3] den Prozess gerade auch optimieren könne. Ein Verzicht hierauf wäre seines Erachtens nur nachvollziehbar, wenn dies „notwendigerweise die gesunden, intuitiven Ressourcen des Therapeuten wie durch eine ansteckende Krankheit zerstören würde. Ich vermag allerdings nicht einzusehen, warum Therapeuten es durchaus schaffen können, trotz der expliziten Konstruktionen der Betroffenen, ihre intuitiven Ressourcen zu bewahren, dazu aber bei expliziten diagnostischen Informationen über Ursachen der Ressourcenblockade bei den Betroffenen nicht in der Lage sein sollten" (ebd.:1006).

*Möglichkeit der Bildveränderung sowie der Codeanreicherung.* Das Problem, dass mit der Problemanalyse aufgrund damit verbundener negativer Gefühle ein erschwerter Zugang zu selbstgesteuerten Problemlösungen einhergeht, lässt sich nur dadurch sinnvoll lösen, dass es gelingt, bei AdressatInnen und KlientInnen immer auch einen Zustand von Zuversicht, Hoffnung und Kompetenz zu erzeugen (Sachse 2006:55). Die prozessuale und die inhaltliche Ressourcenaktivierung stehen im Dienste dieser *psychodynamischen* Funktion, die gleichzeitig auch eine *beziehungsförderliche* ist. Problemanalyse und Ressourcenaktivierung befinden sich notwendigerweise in einem komplementären Verhältnis zueinander. Nur die inhaltliche Ressourcenaktivierung steht dabei jedoch im Dienste einer Ressourcendiagnostik, wenn auch die prozessuale Ressourcenaktivierung das gleiche Ziel verfolgt, nämlich die der Aktivierung der eigenen Mittel der AdressatInnen und KlientInnen zur Bewältigung der Probleme. Handlungstheoretisch betrachtet besteht die Funktion der Ressourcendiagnostik aber über die genannten Funktionen hinaus zudem im Treffen von *den AdressatInnen bzw. dem Adressatensystem gerecht werdenden Entscheidungen.* Beratungstheoretisch bietet sie ebenso die Möglichkeit der Bildveränderung- und Codeanreicherung.

Wie schon der Problembegriff ist auch der Ressourcenbegriff in der Literatur nicht eindeutig definiert. Nestmann fasst zusammen:

> „Letztlich alles, was von einer bestimmten Person in einer bestimmten Situation wertgeschätzt wird oder als hilfreich erlebt wird, kann als eine Ressource betrachtet werden" (1997a:23).

Die Subjektabhängigkeit veranlasst Schiepek & Cremer zur Definition von Ressource als ziel- und wertrelationales Konstrukt:

> „Ein ‚Objekt' (X) kann in Relation zu einem Ziel (Z) von einem Beurteiler bzw. dessen Wertesystem (B) als Ressource (R) bezeichnet werden" (2003:152).

Danach – so der Autor und die Autorin weiter – können „auch eine alte Decke, die einem heranwachsenden Kind als ‚Übergangsobjekt' dient, oder ein wertloser Stein, mit dem sich für ein Ehepaar Erinnerungen an den ersten gemeinsamen Urlaub verbinden", eine Ressource sein (ebd.:153). Bei Smith & Grawe (2003) und Grawe & Trösken (2003) ist der Ressourcenbegriff eng an Bedürfnisse gekoppelt:

> „Nur was zur Befriedigung angeborener Bedürfnisse und somit der Lebenserhaltung und -verbesserung dient, kann zur Ressource werden" (Smith et al. 2003:111).

Die Funktionalität und Individualität, also die subjektive Ziel- und Werteabhängigkeit als Definientia des Ressourcenbegriffs bleiben bestehen; über den bedürfnistheoretischen Bezugsrahmen kommt aber als weiteres Definiens ein objektivierendes Merkmal hinzu. *Ressourcen sind entsprechend (nur) Dinge und Zustände von Dingen, die zur Befriedigung von Bedürfnissen zur Verfügung stehen.* Eine alte Decke ist in diesem Sinne durch ihr Potenzial bei Kleinkindern, das Bedürfnis nach emotionaler Zuwendung zu befriedigen, eine Ressource. Mit einem Stein mögen sich für das Ehepaar schöne Erinnerungen verbinden und das ästhetische Bedürfnis befriedigt werden.

Handlungstheoretisch bedeutsam ist die Anbindung des Ressourcenbegriffs an Bedürfnisse für die Bewertung der zur Problemlösung vorhandenen Ressourcen. Denn was AdressatInnen und KlientInnen als positiv bewerten, *ist nicht immer für bedürfnisbefriedigende Problemlösungen* geeignet. Unter Umständen stehen positive Bewertungen von etwas im Dienste des Schutzes vor Bedürfnisverletzungen (z. B. wird Dominanzverhalten des

Partners als positiv bewertet, um Trennung zu vermeiden). Die positive Bewertung der Beziehung erfüllt dann auch einen individuellen Zweck, verfehlt aber die Befriedigung einer Reihe von Bedürfnissen. Umso wichtiger erscheint ein empirisch breit abgestützter Wissensfundus über jene Zustände von Individuen, sozialen Systemen und Objekten in der natürlich gewachsenen und gebauten Umwelt, durch die menschliche Bedürfnisse befriedigt werden (s. dazu Herriger 2006:90 ff.; Nestmann 1997a). Herriger verweist in diesem Zusammenhang darauf, dass die bedürfnis- und entwicklungspsychologisch orientierten Ressourcenbegriffe für die Handlungsfelder Sozialer Arbeit unzureichend sind und schlägt vor, den Ressourcenbegriff über die Befriedigung von Grundbedürfnissen und der Bewältigung altersspezifischer Entwicklungsaufgaben hinaus „auf die Bearbeitung von strukturellen Allltagsbelastungen und auf die Verwirklichung von Lebenszielen und Identitätsprojekten auszudehnen“ (Herriger 2006:89). Ausgangspunkt seiner Kritik bildet dabei das eng gefasste Bedürfniskonzept von Trösken & Grawe, das lediglich die Bedürfnisse nach Orientierung und Kontrolle, Bindung, Lustgewinn und Unlustvermeidung, Selbstwertschutz und -erhöhung beinhaltet (s. auch Kap. D 1.2.2.1). Das Bedürfniskonzept nach Obrecht erweitert und differenziert dieses Konzept deutlich u. a. mittels der Konzeption einer sozialen Bedürfnisklasse, wodurch den von Herriger geforderten Erweiterungen, die die sozialen Bedürfnisse nach Zugehörigkeit durch Teilnahme, nach sozialer Anerkennung (Status, Rang) und nach Unverwechselbarkeit betreffen, Rechnung getragen ist. Da auch diese Bedürfnisse ‚Grundbedürfnisse‘ sind, kann der Ressourcenbegriff stringent bedürfnistheoretisch bezogen bleiben. Entwicklungspsychologische Ressourcenbegriffe stellten in diesem bedürfnistheoretischen Kontext deren Konkretisierungen *in der Zeit* dar; im Mittelpunkt stünde entsprechend die Frage, welche Ressourcen zur Befriedigung der biologischen, psychischen und sozialen Bedürfnisse für die individuelle Entwicklung innerhalb einer bestimmten Entwicklungsphase erforderlich sind.

### 2.3.2 Ziele und Aufgaben der Problem- und Ressourcendiagnostik im Rahmen allgemeiner Beratung

Reis, Freyberg, Kinstler & Wende (2003) plädieren dafür, Tiefe und Komplexität der Diagnostik, ob diese in Form von Beratung oder anderen Formen erfolgt, den Erfordernissen des jeweiligen Falls anzupassen. In einer z. B. in ein Case Management der Hilfe zur Arbeit eingebettete Diagnostik wird nur das erhoben und erfragt, „was für das anstehende Case Management notwendig ist. Das spricht deutlich gegen eine umfassende Diagnose ‚auf Vorrat‘ zu Beginn der Arbeit und für das Konzept eines Diagnoseprozesses, der das Case Management begleitet und nach Bedarf aktiviert wird“ (ebd.:38). Der Auffassung wird hier insoweit zugestimmt, als dass sich Diagnostik gerade zu Beginn jedes Hilfeprozesses auf die artikulierten Probleme von AdressatInnen beziehen muss, sollen die Handlungen von Professionellen für sie nachvollziehbar bleiben. Kritisch zu betrachten ist jedoch die bereits auf eine Methode, sprich Case Management, ausgerichtete Diagnostik, deren Angemessenheit doch gerade erst durch sie ermittelt werden kann. Wird Diagnostik von einer institutionalisierten Methode abhängig gemacht, entsteht genau das erwähnte Risiko, dass die Methode das Problem und nicht umgekehrt das Problem die Methode bestimmt.

Grundsätzlich gilt, dass Tiefe und Komplexität der Diagnostik soweit hergestellt werden muss, wie es für das Erreichen eines Ziels erforderlich ist. Um für das handlungstheoretische Ziel allgemeiner Beratung zu inhaltlich-methodischen Hilfe-Entscheidungen zu gelangen, ohne „Garantie" die Hilfeleistung selbst auszuführen, bedarf es sozusagen einer Breitspektrumsdiagnostik. Diese beinhaltet Aussagen über a) die vorliegenden Problemklassen und Problemarten (im Falle Sozialer Arbeit die Art sozialer Probleme), b) die angestrebten Ziele und der zur Erreichung verfügbaren Ressourcen seitens der AdressatInnen oder des Adressatensystems, so dass c) die professionelle Zuständigkeit oder die Interventionsform begründet werden kann.

Grundlage der Problem- und Ressourcendiagnostik systemistischer Beratung bildet das allgemeine Problem- und Ressourcenmodell (s. Kap. D 2.1), welchem, ausgehend von der Kernhypothese, dass menschliche Probleme infolge der Nichtbefriedigung von Bedürfnissen entstehen, was wiederum durch verschiedenartige Mechanismen bedingt sein kann, im diagnostischen Prozess heuristische Funktion zukommt. Für das Auffinden von Mechanismen, die die Befriedigung erschweren bzw. begünstigen, schlägt Staub-Bernasconi die Arbeit mit Problem-, Machtquellen- und Ressourcenkarten im Sinne von „Entdeckungskarten" vor (Staub-Bernasconi 1996:76 ff.; s. Kap. E 2.3.3.2). Unter Bezugnahme auf die allgemeine normative Handlungstheorie beinhaltet die diagnostische Arbeit im Wesentlichen drei Phasen: Nach der Beschreibung der (Fall-)Situation im Zusammenhang mit den formulierten Anlassproblemen, erfolgt die mehrniveaunal angelegte Situationsanalyse, die schließlich in eine Bewertung der Situation mündet. Die Bewertung bezieht sich einerseits auf die Beurteilung der vorliegenden Sachverhalte als zu bestimmten Problemklassen und -arten zugehörige Sachverhalte. Andererseits bezieht sich die Bewertung auf die zur Veränderung der problematischen Situation vorhandenen und mobilisierbaren Ressourcen, worüber sich die Indikation von Interventionsformen/Methoden begründet.
In Anlehnung an Westmeyer (2006:36 f.) und Trabandt (2007:31ff.) bestehen diagnostische Kernaufgaben damit a) im Prüfen von Existenzhypothesen (Liegt der als Anlassproblem formulierte Sachverhalt tatsächlich vor?), b) im Formulieren und Prüfen von Erklärungshypothesen sowie im Formulieren von Prognosen (Warum liegt das Problem vor und mit welcher Entwicklung ist zu rechnen?) c) im Formulieren und Prüfen von Klassifikationshypothesen (Welches Problem liegt genau vor?) und d) im Formulieren von Indikations- oder Eignungshypothesen (Ist Maßnahme x in diesem Fall geeignet bzw. ist dieser Fall für die Maßnahme geeignet?), die im Verlauf der Veränderungsarbeit geprüft werden.[281]
Heiner (2001a:258 ff.) ordnet die Aufgaben bestimmten diagnostischen Formen zu und differenziert zwischen Orientierungsdiagnostik (a+b), Beschlussdiagnostik (c) und Gestaltungsdiagnostik (d). Für eine einem handlungstheoretischen Konzept des Diagnostizierens folgende Hilfeplanung, in der Diagnostizieren als ein systematischer und dynamischer Problemlöseprozess verstanden wird, spielen alle Formen eine Rolle (s. Kap. C 3.2; Kanfer et al. 2006:93ff.; Krohne & Hock 2007:213-229).

[281] Das Formulieren und Prüfen von Klassifikationshypothesen stellt Westmeyer, ebenso auch Gahleitner et al. als erste diagnostische Aktivität im Rahmen eines diagnostischen Prozesses vor (Westmeyer 2006:36; Gahleitner, Schulze & Pauls 2009:325 ff.). Nach der allgemeinen normativen Handlungstheorie besteht die erste Aktivität dagegen nur in der Überprüfung des Vorliegens des deklarierten Anlassproblems mittels Beschreibung, wie dies auch Trabandt vorschlägt. Auf diese Weise wird eine vorschnelle Normorientierung vermieden.

Auch bei einem gegenstandsbezogenen multidimensionalen Ansatz der Diagnostik kann Situationserfassungen und -analysen durchzuführen nun nicht bedeuten, so viele Beschreibungen und Hypothesen wie möglich zu erzeugen. Grundsätzlich – und für die allgemeine Beratung erst recht – ist Kanfer et al. zuzustimmen, wenn sie formulieren:

> „Da es [...] prinzipiell wie praktisch unmöglich ist, jemals alle relevanten Ursachen zu klären und zu analysieren,[282] konzentriert sich der Therapeut auf solche Bedingungen, die (a) zentrale Funktion für die Probleme des Klienten besitzen und (b) deren Veränderung mit hoher Wahrscheinlichkeit auch eine Änderung (Besserung) der eigentlichen Schwierigkeiten prognostizieren lässt" (2006:225).

Neben einem menschlichen Problemen angemessen komplexen theoretischen Modell benötigen Beratende ein damit übereinstimmendes pragmatisches Modell der Komplexitätssteuerung. Gerade hierdurch zeichnet sich die systemistische Ontologie aus, die auch theoretisch nicht die „Kenntnis [...] vom ganzen Universum" (Bunge & Mahner 2004:72) verlangt:

> „Bei der Darstellung eines Systems s brauchen wir [...] in aller Regel [...] nur diejenigen Dinge, welche mit s in Kontakt treten können [in Betracht zu ziehen], d. h. von s beeinflusst werden können oder die einen Einfluss auf s ausüben können" (ebd.).

Für die Handhabung der Komplexität sowohl für Beratende als auch für AdressatInnen, die ja über die diagnostische Arbeit Beratungsprozesse durchlaufen, ist die Strukturierung von Komplexität unvermeidlich, wollen Beratende sich und ihre AdressatInnen zum einen nicht überfordern, zum anderen aber auch nicht die Problemkomplexität von vornherein ausblenden. Unabdingbare Voraussetzung hierfür ist die *Modellierung des zu untersuchenden Objektbereichs (Wirklichkeitsausschnitts),* auf den sich Datensammlung und Hypothesenbildung beziehen sollen. Ausgehend vom Adressatensystem[283], das ein Individuum, ein Mikrosystem (z. B. Familie), ein Meso- oder Makrosystemen (z. B. Teams, eine Gruppe von KlientInnen in einer Einrichtung, eine Organisation) sein kann, bezieht sich der zu untersuchende Objektbereich immer auf a) das Adressatensystem selbst, b) dessen Endostruktur (Komponenten) und c) dessen Exostruktur (Umgebung). Endo- und Exostruktur variieren dabei immer mit der *Art* des Adressatensystems[284]: Im Fall von *Individuen* ist die Endostruktur das Gesamt an Bindungen zwischen biologischen und biopsychische Komponenten und im Fall von *sozialen Systemen* das Gesamt an bindenden Beziehungen zwischen den Systemmitgliedern. Die Exostruktur umfasst jeweils die bindenden Beziehungen von Individuen bzw. Mitgliedern sozialer Systeme zu Dingen der Umwelt.[285]

Der Objektbereich ist also grundsätzlich so zu modellieren, dass – jeweils vom Adressatensystem ausgehend – auch das ontologisch bzw. sozialstrukturell tiefere sowie das

---

282 Für jeden einzelnen sozialen Sachverhalt errechnen Bunge & Mahner schon 120 linear angeordnete Ursachenketten (2004:167).

283 Auch das Beratungssystem kann zum *analysierenden System* werden, z. B. wenn Interaktionsprobleme zwischen den Mitgliedern auftauchen oder auch in Supervision und Fallbesprechungen der Beratenden. Die folgenden Ausführungen beschränken sich aber auf das Adressatensystem als zu analysierendes System.

284 Bunge & Mahner bezeichnen das Vorgehen als ZUS- bzw. ZUSM-Analyse von konkreten Systemen, wonach die Zusammensetzung (Z) als Menge der Komponenten, die Umgebung (U) als Menge aller Dinge, mit denen ein System oder seine Komponenten interagiert, und die interne und externe Struktur (S) sowie die Dynamik bzw. Mechanismen (M) Gegenstand jeder Systemanalyse sein sollten (2004:72 ff.).

285 Die Komponenten eines Systems können wiederum Subsysteme sein, wie z. B. ein oder mehrere Abteilungen innerhalb einer Organisation, so dass sich die Frage nach der Systemgrenze stellt.
Gebildet wird diese durch die an der Exostruktur eines Systems beteiligten Komponenten. Die nicht an der bindenden Exostruktur eines Systems beteiligten Komponenten bilden das Innere des Systems (Bunge & Mahner 2004:76 ff.).

höhere Niveau Berücksichtigung findet (s. Kap. C 4.1). Die problembezogene Datenerhebung sollte soweit erfolgen, dass Beratende über *ein Bild* verfügen, das es ihnen erlaubt, erste *mehrniveaunale Eklärungshypothesen* in Bezug auf die vorgetragenen Probleme zu generieren. In Bezug auf den allgemeinen Beratungsprozess versetzt sie dies gleichzeitig in die Lage, den Klärungs- bzw. Verstehensprozess bei den AdressatInnen im Hinblick auf ihre problematische Situation zu unterstützen. Die Notwendigkeit der Erweiterung des Objektbereichs und damit die Erweiterung der Datenbeschaffung ist abhängig vom Ergebnis der (ersten) Datenanalyse. So könnte es z. B. angezeigt sein, im Fall eines Individuums nicht nur die sozialen und ökologischen Systeme, zu denen direkte Bindungen bestehen, sondern auch indirekte Bindungen[286] in Betracht zu ziehen oder im Fall eines Teams nicht nur die Leitungsebene, sondern auch die Ebene der Trägerschaft mit zu berücksichtigen. Erweisen sich also die ermittelten Sachverhalte und die entwickelten Hypothesen für die Nachvollziehbarkeit und Erklärung der infrage stehenden Anlassprobleme als unzureichend bzw. nicht zutreffend, sollte eine Erweiterung des Objektbereichs vorgenommen werden. Die inhaltliche Reichweite der Problemdiagnostik und auch die angemessen Methodik ist somit nur begrenzt von vornherein bestimmbar.

Wie vorher erarbeitet ist die Ressourcenanalyse handlungstheoretisch anderen Zwecken als die Problemanalyse verpflichtet, wiewohl diese teilweise auch in Beziehung zueinander stehen. So sind Entscheidungen letztlich nur dann sachverhaltsgerecht, wenn sie auch den aktuellen Gegebenheiten und Entwicklungsmöglichkeiten der AdressatInnen Rechnung tragen. Aufgrund der beziehungsförderlichen Funktion sollten Beratende der Ressourcenaktivierung schon während der problembezogenen Datenerhebung und -analyse Beachtung schenken. Handlungstheoretisch gesehen ist eine genaue Ressourcendiagnostik hingegen erst erforderlich, wenn es um die Frage geht, welche Ressourcen die AdressatInnen zur Lösung von Problemen bzw. zur Erreichung von Zielen mitbringen oder sich für diese nutzen lassen. Beratertheoretisch effizient eingesetzt ist sie damit erst nach erfolgter Ermittlung der angestrebten Ziele. Inhaltlich folgt sie hier den gleichen Prinzipien wie die Problemanalyse, d. h. auch die ressourcenbezogene Informationssammlung sollte soweit erfolgen, dass Beratende über *ein Bild* verfügen, das es ihnen erlaubt, erste *mehrniveaunale Interventionshypothesen in Bezug auf die angestrebten Ziele* zu generieren. Wiederum versetzt sie dies in die Lage, AdressatInnen bei der Entwicklung von passenden Hilfemaßnahmen und Interventionen zu unterstützen. Beratungstheoretisch betrachtet besteht hier nun eine deutliche Differenz zur beratertheoretischen Logik der Prozesssteuerung und hierin liegt m. E. ein Kern der Beratungsdiagnostik. Weil Beratungsdiagnostik dialogische Diagnostik ist und eben dadurch auch ein potenzielles problemlösendes Verfahren darstellen kann, müssen Beratende fähig sein, AdressatInnen bei der Herstellung eines Zustands von Zuversicht, Hoffnung und Kompetenz zu unterstützen – Schmidt (2005:44 ff.) nennt diesen Zustand Lösungstrance – durch den diese schließlich erst in die Lage versetzt werden, eigene Beiträge zur Problemlösung zu entwickeln. Damit dies geschieht, muss die auf die Hilfeklärung gerichtete handlungstheoretische Logik der beratungstheoretischen Prozesslogik, die auf die Wiederentdeckung von Selbssteuerungskräften gerichtet ist,

---

[286] Indirekte Bindungen entstehen über die direkten Bindungen, z. B. besteht bei Eltern eines Schulkindes eine indirekte Bindung zum System Schule. Bronfenbrenner (1981) klassifiziert diese Systeme als Exosysteme, die besondere Arten von Mesosystemen oder intersozietale Systeme darstellen (s. Kap. D 1.2.3.2).

angeglichen werden.[287] Die *ressourcenbezogene Datensammlung* sollte entsprechend bereits zu einem frühen Zeitpunkt - während der Problemanalyse - vorgenommen werden. Die *problemlösungsbezogene Ressourcendiagnostik* kann dann zu einem späteren Zeitpunkt - bei der Wahl des Problemlösungsverfahrens - durchgeführt werden.

### 2.3.3 Methodische Aspekte der Problem- und Ressourcendiagnostik im Rahmen allgemeiner Beratung – Beratungsdiagnostik

Die Datenerhebung und -analyse wird in professionellen Kontexten allgemein über zahlreiche Methoden und Verfahren realisiert. Sie erfolgt z. B. über direkte oder teilnehmende Beobachtung, Interviews, Fragebögen, Inszenierungen, Dokumentenanalysen u. a. m. Professionsübergreifend besteht relativ großer Konsens darüber, das diagnostische Vorgehen hinsichtlich Untersuchungsdimensionen, Datenquellen, Beobachterperspektiven, Zielbereiche und Untersuchungsmethoden multimethodal zu gestalten, womit der Multifaktoralität von Problemen wie auch der Fallspezifität Rechnung getragen werden soll (z. B. Heiner 2001a, Pantucek 2009:37-56; Mühlig & Petermann 2006; Braun 2009). Heiner (ebd.:256 ff.) stellt in diesem Zusammenhang die Prinzipien der sozialökologischen und mehrperspektivischen Orientierung heraus, wonach die diagnostische Analyse mehrere Systemebenen sowie die Sichtweisen der Beteiligten in Bezug auf aktuelle Probleme einschließen soll. Als weitere Prinzipien formuliert sie die partizipative und reflexive Orientierung, die der Gefahr der Etablierung von Deutungshoheiten entgegenwirken und die stetige Prüfung der Informationsbeschaffung, -auswahl und -interpretation sicherstellen sollen.

Beratungsdiagnostik wird hier als dialogisch handlungstheoretisch konzipierte Diagnostik und als *ein* methodisches Element der Datensammlung und -aufbereitung verstanden.[288] Als auf die Hilfeplanung zielende diagnostische interaktive Methode ist sie in das Konzept der individuellen, modifikatorisch und prozessual angelegten Diagnostik einzuordnen, in der sich die diagnostischen Bemühungen auf das Auffinden von zu verändernden internen oder externen Zuständen oder Prozessen konzentrieren, die für das Erreichen bestimmter Ziele einer Person bedeutsam sind (Heiner 2001a:254 f.).[289] Mit Blick auf die Anlassprobleme geht es der Beratungsdiagnostik vor allem um die Ermittlung der ‚Innenperspektiven' der AdressatInnen und Adressatensysteme (s. Kap. D 5.1.1) bzw. der subjektiven Problemlösungstheorien (s. Kap. D 4.2).

---

[287] Dies gilt prinzipiell, und es wurde darauf hingewiesen, dass berater- und beratungstheoretische Logik grundsätzlich nicht identisch sein müssen (s. Kap. D 4.3), was sich vor allem beziehungstheoretisch begründet.

[288] Im Unterschied zu dieser spezifisch methodischen Charakterisierung der Beratungsdiagnostik definieren Jäger und Petermann (1999) Beratungsdiagnostik als „systematische Informationssammlung und -aufbereitung, deren Ziel die Beratung einer Person einer Gruppe oder Institution ist. Sie dient der Entscheidung, Begründung und Kontrolle von Handlungen innerhalb der Beratung und stützt sich auf Regeln und Algorithmen der Informationsgewinnung" (zit. nach Domsch & Lohaus 2006:633). Beratungsdiagnostik ist damit identisch mit Beraterdiagnostik, also der Diagnostik einer Profession Beratung.

[289] Von dieser personenzentrierten Diagnostik abzugrenzen ist die institutionelle, selektive Diagnostik (auch: Klassifikationsdiagnostik). Die diagnostischen Bemühungen fokussieren bei dieser umgekehrt auf das Auffinden geeigneter Personen für ein institutionelles Angebot oder auf die Suche nach optimalen Angeboten für bestimmte Personen (wie z. B. bei Platzierungen) entlang bestimmter Normen (ebd.: 254). Die Konzepte werden hier nicht als unvereinbar betrachtet, wie dies teilweise in der Sozialen Arbeit der Fall ist (z. B. Hanses 2000:357ff.). Vielmehr ergänzen sich die Konzepte und stehen im Dienste der Erreichung unterschiedlicher Ziele, nämlich einmal des Ziels der Entwicklung einer Professionskultur und zum anderen des Ziels der Professionalisierung des Handelns. Handlungstheoretisch ist die selektive der prozessualen Diagnostik nachgeordnet (ähnlich auch bei Fischer 2010:107 ff.)

Wenn Beratungsdiagnostik zugleich ein potenzielles Problemlösungsverfahren darstellen soll, bedeutet dies grundsätzlich, dass ihre Methoden an Fähigkeiten und Fertigkeiten der AdressatInnen anknüpfen und damit nicht nur im Dienste der Beschreibung und Analyse durch Professionelle stehen. Zentrales Kriterium einer solchen Diagnostik stellt u. a. die Artikulationsfähigkeit der AdressatInnen dar. So mögen darstellende oder durch Visualisierung gestützte kommunikative Methoden besonders für artikulationsschwächere Personen oft hilfreich sein (Stimmer & Rethfeld 2004:190 ff.). Weitere Kriterien, die generell zur Verringerung von Fehlerquellen in gesprächsdiagnostischen Methoden gelten, beziehen sich auf die Beachtung kognitiver Nicht-Überforderung und die Reflexion der Beratenden in Bezug auf die impliziten Vorannahmen über den Prozess des Datenflusses (Daseking & Petermann 2006:247f.).[290]

Mit der Rolle der BeratungsdiagnostikerInnen als KlärungshelferInnen verbindet sich die Aufgabe, methodische Hilfen für Klärungsprozesse anzubieten. Diese lassen sich entlang der Subphasen des Klärungsprozesses systematisieren. Entsprechend können Methoden unterschieden werden, die AdressatInnen dabei unterstützen, die deklarierten Anlassprobleme mittels genauer Situationsschilderung zu präzisieren und auch ihre Ressourcen zu erkunden, Hypothesen über das Zustandekommen dieser Probleme zu formulieren, zu prüfen und zu entwickeln, Werte und Ziele zu klären etc. Die beiden folgenden Abschnitte fokussieren auf Methoden der Situationsbeschreibung und -analyse im Sinne der formulierten Ziele einer Breitspektrumsdiagnostik.

#### 2.3.3.1 Situationsbeschreibung – Problemhaltige Sachverhalte erforschen

Die Situationsbeschreibung bzw. – aus Sicht der Beratenden – die Erforschung der Sachverhalte zielt darauf, dass AdressatInnen ein möglichst präzises Bild von der problematisch erlebten Situation erzeugen. Abverlangt wird ihnen damit, die in ihrem Leben unerwünschten Zustände bzw. Ereignisse (Situationsaspekte) zu recodieren, also möglichst genau zu erinnern. Da mit belastend erlebten Situationen unweigerlich negative Emotionen einhergehen, ist es nur natürlich, die Auseinandersetzung mit Problemen aufzuschieben. Häufig resultiert daraus das Folgeproblem, nämlich dass die Lösungsversuche zum Problem werden (Watzlawick, Weakland & Fisch 1974). Den Mechanismus dafür beschreibt Sachse wie folgt:

> „Die *Lösungen* haben [...] immer einen Versuch-und-Irrtum-Charakter, denn die Klienten machen einen extremen systematischen Fehler: sie versuchen ein Problem zu lösen, bevor sie überhaupt verstanden haben, was das Problem ist“ (2003:231; Hervorheb. im Orig.).

Die Aufforderung, die problematisch erlebte Situation zu beschreiben, sie also zu dekontextualisieren, stellt in diesem Sinne einen ersten notwendigen Schritt jeder Problemlösung dar. Anknüpfungspunkt der näheren Beschreibung bilden die seitens der AdressatInnen oder anderer AuftraggeberInnen (Dritte) formulierten Hilfeanlässe.

Aus motivationalen Gründen wird jede Beratung zu Beginn von Anlassproblemen der AdressatInnen ausgehen und diese einer beraterischen Problemanalyse zuführen.

Anlassprobleme können alle möglichen Klassen von Problemen betreffen, z. B. Mietzahlungsprobleme, Wohnausstattungsprobleme, Schulden, Partnerschaftsprobleme,

---

[290] Zur Diskussion der Aussagekraft von Gesprächsdaten und qualitativen Anforderungen an deren Erhebung und Auswertung vgl. etwa Krohne & Hock 2007; Froschauer & Lueger 2003.

Probleme des Kontrollverlusts etc., aber auch die durch Dritte veranlasste Zuweisung, die oft von vornherein ein Folgeproblem unfreiwilliger Hilfeinanspruchnahme darstellt. Anlassprobleme sind, wie schon gesagt, nicht mit den zu bearbeitenden Problemen gleichzusetzen; es handelt sich bei ihnen um vorläufig als problematisch bewertete Sachverhalte. Erstere herauszuarbeiten ist u. a. ein Ziel allgemeiner (transprofessioneller) Beratung.

Hiervon ausgehend kann Ansen nur bedingt zugestimmt werden, wenn er bereits vor der Problemanalyse eine Einschätzung darüber vorschlägt, „ob der Ratsuchende mit seinen Problemen die passende Beratungsstelle aufgesucht hat" (2006:138). Zwar gibt der die Hilfeinanspruchnahme begründende Sachverhalt Hinweise auf die Art des Sachverhalts, nicht aber auf die Art der Probleme, so dass mit dem Verzicht auf eine differenzierende Problemanalyse die Frage der Zuständigkeit von vornherein ausgeschlossen wird.[291] Gerade in der Sozialen Arbeit ist zudem das relativ hohe Misstrauensniveau seitens der AdressatInnen zu berücksichtigen und damit das Problem der „Aufhängerprobleme", d. h. vorgeschobener Probleme, die dazu benutzt werden, um zu einem späteren Zeitpunkt die eigentlichen Probleme zu thematisieren.[292] Eine zu frühe Wegweisung könnte u. U. als weiterer gescheiterter Versuch, etwas verändern zu wollen, bewertet werden. Wie gesagt, Anlassprobleme müssen auch nicht dem Kriterium des *eigenständig* Veränderbaren entsprechen.

Insgesamt spielt es bei einem Verständnis von Beratung als allgemeine, transprofessionelle Methode keine große Rolle, welcher Klasse das Anlassproblem angehört bzw. welcher Art es ist. Es können auch mehrere sein, wobei es dann wiederum nicht von Bedeutung ist, welches zuerst einer Problemanalyse unterzogen wird. Wichtig ist, dass das Anlassproblem für *AdressatInnen von Relevanz* ist, so dass auch eine *Bereitschaft zur Klärung* besteht.[293] Im Falle multipler Anlassprobleme empfiehlt sich ein Problemranking, bei dem AdressatInnen aufgefordert werden, eine gewichtete (vorläufige) Problemliste zu erstellen (Pantucek 2006:203 f.). Damit wird die Voraussetzung für eine strukturierte Situationsbeschreibung geschaffen, im Weiteren kann „die Wahrscheinlichkeit der motivierten Mitarbeit der KlientInnen an der Lösung von Problemen [...] erhöht werden" (ebd.:203). Am Ende dieses Schrittes steht die präzisierte Problemformulierung. Die meist vage formulierten Anlassprobleme (z. B. „Wir

[291] Hingegen ist vor jedem Hilfeprozess zu prüfen, ob ein Hilfeanlass als Zustand, unter dem AdressatInnen oder Dritte im Sinne emotio-kognitiver Spannungen leiden und einen Hilfeprozess erforderlich macht, vorliegt. In der Sozialen Arbeit sind Kontaktanlässe nicht immer Hilfeanlässe, was z. B. der Fall ist, wenn um ein Formular oder um eine Auskunft ersucht wird. Auch wenn ein Hilfeanlass durch Dritte erfolgt, gilt es vor jedem Tätigwerden zuerst den als Problem vermuteten Sachverhalt auf seine Existenz hin zu prüfen, was der Operationalisierung und Quantifizierung des Anlassproblems bedarf (Trabandt 2007:33f.).

[292] In der Sozialen Arbeit werden von AdressatInnen häufig ökonomische Probleme als Aufhänger genommen, um dann später auch persönliche Schwierigkeiten zu thematisieren (vgl. dazu Ministerium für Arbeit und Soziales 2000:193; s. auch Kap. E 4.1.2).

[293] Kanfer et al. weisen darauf hin, dass auch im Bereich der Psychotherapie hinsichtlich der Selektionskriterien kaum praxisrelevante Hilfen bestehen. „Dies dürfte zu einem Großteil daran liegen, dass sich sowohl die Frage nach relevanten Problemen als auch die Frage nach möglichen Zielen im Therapieprozess nicht gänzlich ohne den Rückgriff auf normative Wertungen sowie subjektive Einschätzungen und Beurteilungen beantworten lässt. Selektionsentscheidungen für therapeutische Ansatzpunkte laufen daher im Wesentlichen auf *gemeinsame Problemfestlegungen* [...] hinaus" (2006:151; Hervorhebung im Orig.).
Auch Grawe, Dziewas und Wedel argumentieren unter Zugrundelegung eines Verständnisses von Therapie als Steuerung von Problemlösungsprozessen, dass die Auswahl des Problems nicht besonders wichtig ist. „Denn schon bei der ersten Analyse des Problems und erst recht im weiteren Verlauf des Problemlösungsprozesses wird man auf vielfältige Zusammenhänge mit anderen Problemen des Patienten stoßen, die dann in Form der [...] Problemlösungsschleifen allmählich auch zur Einbeziehung der anderen Probleme führt" (1980:291).

kommen in der Familie nicht mehr zurecht.") sind als spezifische, problematisch bewertete Fakten beschrieben (z. B: „Wir haben seit drei Monaten die Miete nicht mehr zahlen können und können es auch zukünftig nicht", „Ich bin es leid, allein für die Haushaltsarbeiten zuständig zu sein und in der Folge keine Zeit finde meinen eigenen Interessen nachzugehen" u. Ä.).

Die Anleitung zur Schilderung der problematisch erlebten Situation bietet methodisch betrachtet die Möglichkeit einer entweder stärker strukturierten oder eher offenen Gesprächsform. Als Mittelweg stehen halbstrukturierte Gespräche zur Wahl (Daseking & Petermann 2006:245 f.). In diesen bildet der theoretische Bezugsrahmen - operationalisiert durch Leitfragen - die Grundlage für die strukturierte Erzeugung des Adressatenbildes, wobei den AdressatInnen gleichzeitig die Möglichkeit gelassen wird, innerhalb dieses Rahmens subjektiv relevante Themen einzubringen und zu vertiefen. Der offene Bezugsrahmen im SPSA erlaubt eine narrative Eröffnung, d. h. AdressatInnen werden gebeten, mehr über das, was sie beschäftigt zu erzählen und in der Konkretisierung ihrer Schilderungen unterstützt. Daran anknüpfend schließen dann (Nach-)Fragen zur Erhebung weiterer relevanter Informationen an. Lazarus bezeichnet dieses Vorgehen als *Bridging* (dt. Brückenbauen, Überleiten) und versteht hierunter das Einsteigen der Beratungsperson auf die von AdressatInnen angesprochene Problemdimension (z. B. Reden über Gefühle, Gedanken, Beziehungen), worüber der Erzählfluss der AdressatInnen aufrechterhalten wird und von wo aus die Beratenden nach kurzer Zeit - dem theoretischen Rahmen entsprechend - behutsam zu anderen potenziell problematischen Dimensionen überleiten können (Lazarus 2000:83 ff.). Das Bemühen um Aufrechterhaltung des Erzählflusses einerseits und die im Rahmen von Problemlösungsprozessen notwendige Themenzentrierung andererseits werden auf diese Weise zusammenzuführen versucht.[294]

[294] Im Rahmen der sozialpädagogischen fallrekonstruktiven Diagnostik bestehen zum Teil Kontroversen hinsichtlich der Frage, ob offene (narrative) Verfahren halbstrukturierten grundsätzlich vorzuziehen sind. „Es würde (1) eine größere Erzähloffenheit gewährleistet, die Gefragten könnten in einem noch freieren Rahmen ihre Erfahrung rekonstruktiv in Erzählung gestalten und (2) könnten damit Erzählungen generiert werden, die einen Einblick in die Selbstsichten eigenerlebter biographischer Prozesse und Ereignisabläufe ermöglichen" (Hanses 2000:363). Beratende sollen also so wenig wie möglich steuern und strukturieren, um so zu gewährleisten, dass die tatsächlich subjektiv relevanten Bilder der Wirklichkeit zutage treten. Grundsätzlich ist nichts dagegen einzuwenden, dass Beratende den AdressatInnen ausreichend Gelegenheit geben, ihre Sichtweisen darzustellen; im Gegenteil - unterscheidet sich ja gerade dadurch eine prozessuale Diagnostik von einer selektiven.
Ich gehe allerdings mit Sachse davon aus, dass „Klienten deshalb Klienten sind, weil sie nicht (mehr) selbst in der Lage sind, ihre Probleme allein valide zu definieren, konstruktiv zu bearbeiten und zu lösen [...] Das bedeutet aber auch, dass sie gar nicht in der Lage sind, den Therapieprozess allein konstruktiv zu gestalten" (2006:52). Es kann also nicht nur darum gehen, AdressatInnen einfach zu Erzählungen aufzufordern, „bei denen die ProtagonistInnen sich in ihrer Erzählung frei entfalten können" (Hanses 2000:367); vielmehr benötigen Beratende auch eine Vorstellung darüber, zu *welchen* Erzählungen sie AdressatInnen (nicht) auffordern, weil sie einer Problemlösung (nicht) zuträglich sind bzw. wann sie warum im (diagnostischen) Prozess steuern oder folgen. Nur so gelingt schließlich auch der Aufbau von Kompetenzvertrauen (s. Kap. E 2.2.2.2).

Mutzeck (1999:147) hat einen Leitfaden vorgestellt, der geeignet ist, die Innensicht bzw. Bilder der AdressatInnen in Bezug auf vorgetragene Probleme zu erschließen und damit als allgemeiner „Bridging-Leitfaden" fungieren kann. Vergleichbar gestaltet sich die „Presented-Problem-Analyse (PPA)" (Pantucek 2006:125 ff.) In der nachfolgenden Abbildung sind Leitfragen der genannten Autoren zusammengestellt und deren Informationsgehalt mit Bezug auf potenzielle Problem-/Ressourcendimensionen deutlich gemacht. Es versteht sich von selbst, dass die Fragen sprachlich den jeweiligen AdressatInnen angepasst und allgemeine Begriffe wie Situation, Geschehen, Problem fallbezogen konkretisiert werden müssen.

*Abb. 27: Leitfaden zur beraterischen Situationsbeschreibung*

| **Leitfragen** | **Informationscode** |
|---|---|
| Wenn Sie sich die Situation nochmals vergegenwärtigen, was ist Ihnen noch am lebendigsten in Erinnerung? | unspezifisch/offen |
| Versuchen Sie die Situation so zu beschreiben, dass ich sie mir vorstellen kann. Nennen Sie den Ort, die Personen des Geschehens, den Anlass des Zusammenseins und die Abfolge des Geschehens einschließlich Ihres eigenen Tuns. | räumliche Umgebung, am Problem beteiligte Akteure, Handeln, Mitgliedschaft/Beziehungen, relevante Interaktionsprozesse |
| Was hat das Geschehen oder haben einzelne Ausschnitte davon (Verhaltensweisen, sprachliche und nichtsprachliche Äußerungen) in Ihnen ausgelöst? Welche Gedanken und Gefühle kamen Ihnen dabei? | Emotionale und kognitive Reaktionen |
| Welche Erwartungen hatten Sie in und nach der Situation an sich und an Ihre InteraktionspartnerInnen? Spürten Sie eine körperliche Reaktion?<br>Wie sind Sie mit ihren Gedanken, Gefühls-, Erwartungs- und Körperreaktionen verfahren? | Normative Reaktionen, körperliche Reaktionen, Handeln |
| Wie oft ist dieses Problem aufgetreten? Wann zuerst? Wann zuletzt?<br>Gab es seither Zeiten, zu denen das Problem nicht akut war? Wann?<br>Hat sich das Problem seit seinem ersten Auftreten verändert?<br>Abgesehen vom Problem: Was funktioniert gut in Ihrem Leben? | Intensität des Problems, Belastungsdauer, Stabilität des Alltags |
| Was haben Sie und/oder andere bisher unternommen, um das Problem zu lösen?<br>Welche Erfahrungen haben Sie mit diesen Lösungsversuchen gemacht?<br>Wer ist noch von dem Problem bzw. seinen Auswirkungen oder von möglichen Lösungsversuchen betroffen? | Handeln, soziale Unterstützung, Handlungserfolge, relevante Akteure |
| Was macht die Situation so bedeutsam für Sie?<br>Wie geht es Ihnen jetzt?<br>Was war der aktuelle Anlass, dass Sie sich entschlossen haben, Hilfe zu suchen? Was unterscheidet den Anlass von früher? | subjektiv relevante Werte und Normen,<br>aktuelles Erleben, Motivation |

Quelle: in Anlehnung an Mutzeck 1999:147 und Pantucek 2006:130 f.

Bernler & Johnsson (1997:178 ff.) verweisen auf den bis heute kontrovers diskutierten Stellenwert der Bedeutung vergangener Prozesse, d. h. der Lebensgeschichte und Problemgenese (auch: Anamnese) im Rahmen diagnostischer Prozesse. Für die Veränderungsarbeit sind vergangene Prozesse zwar nicht unmittelbar relevant, denn selbstverständlich ist Vergangenheit nicht veränderbar. Pragmatisch bedeutsam ist die Problemgeschichte dennoch z. B. zur Eruierung von Ereignissen und

Lebensumständen, die mit der aktuellen Problematik kovariieren, evtl. ursächlichen Einfluss ausüben oder funktional relevant sind oder zum Kennenlernen von Problembearbeitungsversuchen (ausführlich bei Kanfer et al. 2006:207 ff.). Die Problem(lösungs)geschichte bietet damit Anhaltspunkte für mögliche Einflussfaktoren auf das Problem, für subjektiv als relevant bewertete Fakten und für die Vermeidung der Wiederholung von gescheiterten Problembearbeitungsversuchen bzw. die Nutzung gelungener Bearbeitung. Gleichzeitig erhalten Beratende damit Hinweise auf motivierende bzw. demotivierende Kräfte. Bereits Hollis & Woods (1981) empfahlen:

> „Die Erforschung der Vergangenheit soll nur durchgeführt werden, wenn der Helfer einen besonderen Grund zu der Annahme hat, dass dies Licht in das Problem bringt" (zit. n. Bernler & Johnsson 1997:180).

Submethodisch bietet sich zur Erhebung der Problem(lösungs)geschichte z. B. der *Zeitstrahl* an. Lebensgeschichte, Problem- und Problemlösungsgeschichte werden in diesem in Beziehung zueinander gesetzt (Schwing & Fryszer 2007:88 ff.).

### 2.3.3.2 Situationsanalyse – Hypothesen bilden und überprüfen

Beratungstheoretisch stellt die Situations- oder Problemanalyse die Anforderung, AdressatInnen in einem ersten Schritt zur Suche nach Hypothesen im Hinblick auf die formulierten Anlassprobleme anzuregen und ihre Erklärungen in einem weiteren Schritt mit den Hypothesen des Beraters/der Beraterin zu vergleichen und/oder zu ergänzen. Mittels Fragen animieren sie AdressatInnen zur Formulierung und Entwicklung von eigenen Erklärungen und bieten ihrerseits Hypothesen als weiteres Mittel der Klärung an. BeraterInnen folgen somit den Codes der AdressatInnen, versuchen diese aber auch, sofern als notwendig erachtet, zu erweitern. Dies ist vor allem dann der Fall, wenn sich aus der Problemanalyse der AdressatInnen keine oder keine geeigneten Lösungen ableiten lassen. Zu beachten ist hierbei, dass Angebote von Hypothesen sowohl entlastende als auch belastende Effekte haben können und der Zeitpunkt ihres Einsatzes sorgfältig bedacht werden muss. Wie bemerkt, sollten AdressatInnen zuerst angeregt werden, selbst Problemzusammenhänge und -mechanismen zu erarbeiten. Weisen sie sich jedoch einseitig „Schuld" am Problem zu, kann ein frühzeitiges Angebot alternativer Hypothesen externaler Problemdeterminanten den Klärungsprozess effektiver und effizienter machen.[295]

Die gezielte Anleitung zur Problemanalyse setzt neben einem hinreichenden Bild der Beratenden über die Situation eine Methodik voraus, durch die AdressatInnen unterstützt werden, Problemzusammenhänge und -mechanismen zu erkennen bzw. angebotene Hypothesen daraufhin zu überprüfen, ob sie zutreffend sind. Potenziell kann es bei der Problemanalyse darum gehen körperliche, emotio-kognitive, verhaltensbezogene, soziale, ökonomische, ökologische und kulturelle Zusammenhänge und Mechanismen zu verdeutlichen, wobei von den Vermutungen der AdressatInnen ausgegangen werden sollte. Fragen nach *möglichen Zusammenhängen stellen den ersten Schritt zur Erklärung der problematisch bezeichneten Fakten dar,* Fragen nach den Mechanismen können durch die allgemeine Frage nach der *Erklärung des Zusammenhangs*

[295] Umgekehrt ist dies nicht der Fall. Verorten AdressatInnen ihr Problem außerhalb von sich selbst, würden frühzeitige, auf internale Determinanten zielende Hypothesen nur Reaktanz provozieren.

von Fakten (Warum ist x so, wie x ist?) eingeleitet werden.[296]
Mittel oder Methoden der Visualisierung stellen z. B. die erwähnte Entdeckungskarte bzw. Problem-, Ressourcen- und Machtquellenkarten (Staub-Bernasconi 1996:76 ff.), die Struktur-Lege-Technik (Scheele & Groeben 1984) und die idiografische Systemmodellierung (Schiepek 1999, 1991; Strunk 1996; Strunk & Schiepek 2006) dar. Alle Instrumentarien eignen sich auch zur Ressourcenanalyse.

- Bei der Struktur-Lege-Technik handelt es sich um eine Methode, die – ausgehend von den mittels Interview erhobenen beschriebenen Fakten – Formalrelationen vorgibt, über die die subjektive (Erklärungs-)Theorie dargestellt und mit Hilfe von Karten visualisiert wird. Die Realitätsadäquatheit wird in einem weiteren Schritt geprüft (Groeben & Scheele 2000).

- Die idiografische Systemmodellierung ist eine grafische Methode zur *Identifizierung von häufig anzutreffenden problematischen Mustern* und ‚Schlüsselelementen' eines Systems, über die sich Ansatzpunkte zur Veränderung feststellen lassen (Schiepek 1991; Strunk 1996; Schiersmann & Thiel 2010:102; Sommerfeld et al. 2011:97ff.). Das Vorgehen erfolgt in Zusammenarbeit mit den AdressatInnen in vier Schritten, nämlich der Erfassung des Problems, der Systemmodellierung, der Systemanalyse und der Eingriffsbestimmung. Nach der Benennung von Problemen oder zu erreichender Ziele werden zuerst Einflussfaktoren auf das Problem/Ziel gesammelt. Die Systemmodellierung beinhaltet, die erfassten Elemente in Form eines Wirkungsnetzes zu visualisieren (z. B. mit Moderationskarten)[297], wobei Richtung, Art und Intensität der Beziehungen zwischen den Elementen über Symbole (z. B. Pfeile, Zahlen, Plus-/Minussymbol) dargestellt werden. Daran schließt die Systemanalyse als Suche nach Wirkungsverläufen, Rückkoppelungen und Mustern an, von wo aus Veränderungsmöglichkeiten entwickelt werden (zur genauen Darstellung vgl. Schiersmann & Thiel ebd.:103ff.).

- Die Problem-, Ressourcen- und Machtquellenkarten sind Mittel der Visualisierung, jedoch keine Visualisierungsmethoden. AdressatInnen und Beratende erarbeiten die Karten mittels verbaler Anleitung der Beratenden. Die Problemkarte als Matrix, die auf der horizontalen Achse die vier Kategorien Ausstattungs-, Austausch-, Macht- und Kriteriendimensionen/-probleme und auf der vertikalen Achse sechs Dimensionen des Individuums (körperliche, sozialökologische und -ökonomische Ausstattung, Ausstattung mit Erkenntniskompetenz, mit Wissen, mit Handlungskompetenz und mit sozialen Beziehungen/Mitgliedschaften) umfasst, fasst die Ergebnisse der Beschreibung von Sachverhalten inklusiv problematisch bewerteter Sachverhalte zusammen. Hiervon ausgehend erfolgen Hypothesen generierende und -prüfende Fragen. Gleiches gilt für die Ressourcen- und Machtquellenkarte. Diese ist horizontal strukturiert nach Ressourcen und Machtquellen (wiederum nach den o. g. sechs Dimensionen) und vertikal nach sozialen Ebenen. Die Suche nach Ressourcen ist geleitet von der Frage, welche Ressourcen den Problembetroffenen in Bezug auf sich selbst und auf weitere soziale Niveaus – Familie, Helfersystem, Siedlung/Nachbarschaft, Stadtteil, Stadt/Gemeinderat, Region/Kanton/Bundesland;

---

[296] Erstere fordern zur Hypothesenbildung im Sinne eines Black-Box-Modells auf; Letztere leiten Grey-Box- und Translucent-Box-Hypothesenbildungen ein (s. Kap. C 4.1).
[297] Für die Methode existieren auch verschiedene Software-Programme.

Nation/Weltgesellschaft) zur Verfügung stehen bzw. fehlen. Die Frage nach realem wie potenziellen Einfluss der AkteurInnen in Bezug auf ein bestimmtes Problem oder eine Problemlösung verhilft im Weiteren zur Entdeckung von Machtquellen auf der Grundlage bestimmter Ausstattungsmerkmale. Das Ergebnis gibt u. a. Hinweise auf erforderliche Ermächtigungs- und Veränderungsprozesse (Staub-Bernasconi 1996:81).

Die Instrumentarien werden hier explizit als Instrumentarien allgemeiner Beratung erwähnt, da diese noch keine Detailanalysen erfordert und sich entsprechend ‚breitspektrumorientierten' diagnostischen Verfahren als professionsspezifisch unabhängige Verfahren anbieten. Auch im Selbstmanagement-Ansatz ist eine solche Analyse in Form einer Makroanalyse bzw. kontextuellen Analyse vorgesehen, allerdings erst *nach* einer detaillierten Verhaltensanalyse (Kanfer et al. 2006:11ff.). Im Sinne der interprofessionellen Kooperation erscheint die Umkehrung geeigneter.

#### 2.3.3.3 Ressourcenhaltige Sachverhalte erforschen

Das oben beschriebene diskursiv-dialogische Verfahren kann selbstverständlich auch zur Erzeugung eines Bildes über ressourcenhaltige Aspekte der Situation der AdressatInnen eingesetzt werden. Seitens der Beratenden werden die so in Erfahrung gebrachten Ressourcen, aber auch die in der Beratungssituation beobachteten (personellen) Ressourcen im weiteren Prozessverlauf verbal eingebracht und nach Klärung der Ziele der AdressatInnen auf ihren Beitrag zur Problemlösung hin analysiert. Flückiger & Wüsten (2008:14f.) schlagen vor, nach der Erhebung von relevanten Ressourcen ein Ressourcenpriming anzulegen, worunter eine systematische Gesprächsvorbereitung für die Beratungsperson zu verstehen ist, die ihr zur praktischen Umsetzung der Ressourcenanalyse dient .

## 2.4 Resümee und Fazit: Beratung als sozialdiagnostischer Prozess

In diesem Kapitel wurden ausgewählte inhaltliche Aspekte thematisiert, die für eine Konzeption von allgemeiner Beratung besondere Bedeutung haben. Aufgeworfen wurden die Fragen nach dem Stellenwert der Beziehungsgestaltung im Kontext allgemeiner Beratung sowie nach der Notwendigkeit und Reichweite der Problem- und Ressourcenanalyse. Festzuhalten ist, dass der *Beziehungsgestaltung* auch bei einer vorwiegend sozialdiagnostischen Funktion von Beratung ein hoher Stellenwert zukommt. Wer dem Beziehungsaufbau zu wenig Aufmerksamkeit schenkt, riskiert eine tiefe Bereitschaft zur offenen bzw. validen Kommunikation, die sich auf den gesamten Klärungsprozess negativ auswirkt, denn ohne hinreichende Kommunikation erhalten Beratende kein präzises Bild über die Situation der AdressatInnen. Dieses wiederum ist jedoch erforderlich, um zu integrierten Bildern, durch die sie die Situation erst verstehen können, zu gelangen und pragmatisch geeignete Lösungsangebote entwickeln zu können.

Unter bedürfnistheoretischen Aspekten können die Subregeln zur Beziehungsgestaltung auf einige wenige begrenzt werden, die besonders zu Beginn von Hilfeprozessen Berücksichtigung finden müssen und teilweise bereits schon vorher (organisational) zu realisieren sind:

*Abb. 28: Zusammenfassung von zentralen Subregeln zur Beziehungsgestaltung*

| Subregeln ... | ... zur Befriedigung von Bedürfnissen nach ... |
|---|---|
| Signalisiere Zuwendung.<br>Vermeide Bewertungen. | emotionaler Zuwendung,<br>sozialer Anerkennung |
| Bemühe dich um korrektes Erfassen der Gefühle und Gedanken der KlientInnen und äußere diese in adressatgerechter Weise (empathisches Zuhören). | Unverwechselbarkeit, subjektivem Sinn, sozialer Anerkennung |
| Informiere KlientInnen über deine Rolle und deine Rollenerwartungen, deine Arbeitsweise und begründe dein Vorgehen.<br>Mache Entscheidungsräume explizit und betone diese.298<br>Fordere KlientInnen zu Entscheidungen innerhalb der Freiräume auf.<br>Mache Grenzen der Entscheidungsräume deutlich. | Orientierung, Gewissheit<br>Autonomie, Kontrolle |
| Betone Potenziale und Ressourcen und schaffe Situationen, durch die AdressatInnen diese erfahren können.<br>Sprich Anerkennung und Komplimente aus.<br>Betone die unterschiedlichen Expertenschaften von dir und den AdressatInnen. | Kontrolle, sozialer Anerkennung,<br>Austauschgerechtigkeit |
| Achte auf ansprechende räumliche und symbolische sowie non-verbale und sprachliche Gestaltungsmittel. | Ästhetik, Zugehörigkeit |
| Induziere Besserungserwartungen.<br>Fordere AdressatInnen zur Schilderung ihrer Kompetenzen und Ressourcen auf. | subjektivem Sinn, Kompetenz |

Quelle: eigene

Zur Beantwortung der Frage nach der Notwendigkeit von Problemanalysen wurden zentrale Argumentationen, wie sie im gegenwärtigen ‚antidiagnostischen' Diskurs angeführt werden, dargelegt. Allein Schmidt stellt eine erkenntnistheoretisch realistische Argumentation vor und betont die mit einer Problemanalyse einhergehenden Erschwernisse gelingender selbstgesteuerter Veränderungsarbeit.[299] Beratungstheoretisch betrachtet wiegt die Argumentation schwer und zieht die unbedingte Beachtung der Kompetenzfokussierung nach sich. Professionelle sollten aber nicht nur Veränderungsprozesse der AdressatInnen oder KlientInnen im Blick haben, sondern auch ihre sozialverantwortliche Funktion, die eben nur über eine Problemanalyse *und* eine (inhaltliche) Ressourcenanalyse realisiert werden kann. Für die Übernahme der sozialverantwortlichen Funktion ist wiederum zentral, dass Problem- und Ressourcenanalysen weder ausschließlich auf die Person noch die Umwelt Bezug nehmen. Gerade eine mehrniveaunale Analyse vermag schließlich auch den bisherigen theoretischen Bezugsrahmen der AdressatInnen zu erweitern und Ideen zur Problembearbeitung zu generieren.

[298] Analog lauten die Regeln auf Organisationsebene: Schaffe Transparenz in Bezug auf Zuständigkeit und professionelle Standards.

[299] Dennoch stellt Schmidt seinen Ansatz in die Tradition konstruktivistischer Lehre (vgl. kritisch dazu Wagner 2010).

Auf submethodischer Ebene bieten Beratungsansätze ein mehr oder weniger spezifisches Methodenrepertoire an, durch welches sie AdressatInnen dahingehend unterstützen, problem- und ressourcenhaltige Aspekte ihrer Lebenssituation zu beschreiben und nach problemerzeugenden Mechanismen zu suchen. Für die Zwecke allgemeiner Beratung werden halbstrukturierte Gespräche - u. U. unterstützt durch darstellende Methoden - vorgeschlagen, die theoriegeleitet sind, jedoch die Konzeptgenerierung durch die AdressatInnen in den Mittelpunkt stellen.

*Vollständig* ist eine Beratungsdiagnostik erst nach der Erhebung von Wissen aller Wissensformen der AdressatInnen und bedarf entsprechend der Ergänzung durch Methoden, die diesen *die Klärung ihrer Erwartungen, Werte, Ziele, Lösungsvorstellungen und Pläne* erlauben.
Auch hierzu stellen Beratungsansätze verschiedene Submethoden oder -regeln bereit. So können Anregungsfragen zur Explikation von Werten beispielsweise direkter Art (Was ist Ihnen/anderen Beteiligten momentan wichtig? Welche Vor- und Nachteile hat die gegenwärtige Situation?) oder indirekter Art (z. B. die Wunderfrage) sein. Was beratungstheoretisch submethodische Aspekte allgemein betrifft, so kann Flügge zugestimmt werden:

> „Die Art ihrer Realisierung [der grundlegenden Beratungsschritte; P.G.] auf der Ausführungsebene ist [...] nicht zuletzt eine Frage der persönlichen Kompetenzen, Präferenzen und des persönlichen Stils eines Beraters" (1991:65).

Anders gesagt ist die Struktur allgemeiner Beratung zwingend, doch können BeraterInnen bei der Anregung zur Explikation des Wissens sehr kreativ sein.[300]

# 3 Handlungs- und beratungstheoretische Aspekte spezifischer Beratung in der Sozialen Arbeit

## 3.1 Diagnose, Indikation und Kontraindikation spezifischer Beratung

Der Ausgang allgemeiner Beratung beinhaltet mehrere Optionen: AdressatInnen und Beratende der Sozialen Arbeit kommen zum Schluss, dass a) kein weiterer Hilfebedarf besteht, b) allgemeine Beratung in höherer Intensität durchgeführt werden soll, c) die Problemlösungskompetenzen erweitert werden sollen d) Beratung mit anderen Methoden der Profession kombiniert werden soll, e) vor allem andere Methoden der Profession zur Anwendung gelangen sollen oder f) eine Weiterweisung an andere Professionen erfolgen soll. Auch können die Schlussfolgerungen zwischen Beratenden und AdressatInnen divergieren.

---

300 Die submethodische Ebene stellte auf der Grundlage der identifizierten allgemeinen Beratungsprozesse eine weitere Aufgabe des Vergleichs von Beratungsansätzen dar. Hier könnte erwartet werden, dass bestimmte Verfahren wie z. B. das „zirkuläre Fragen" und „eine andere Perspektive einnehmen" ähnliche oder gleiche Ziele zu realisieren versuchen, nämlich beratungstheoretisch die Erweiterung der bisherigen Wahrnehmung vom problematischen Geschehen oder von den Ressourcen, und beratertheoretisch die Erfassung der Umweltbilder von KlientInnen. Auf diese Weise ließe sich auch die Gebundenheit von Methoden an bestimmte Ansätze in Frage stellen bzw. würden sich eine Reihe von Methoden vermutlich als für alle Ansätze verwendbar herauskristallisieren.

Was spezifische Beratung betrifft, wurde festgehalten, dass diese je nach Zielsetzung in zwei unterschiedlichen Modi durchgeführt werden kann, nämlich im Modus der transitiv-reflexiven Unterstützung und im Modus des transitiven und (meta-)reflexiven Lernens und beides in umfassender oder fokussierter Weise erfolgen kann (s. Kap. D 4.3). Als Voraussetzung spezifischer Beratung als Interventionsmethode in der Sozialen Arbeit wurde weiter die Feststellung (Diagnose) mindestens eines bestehenden oder die Erwartung mindestens eines *sozialen Problems* genannt sowie die Feststellung *ungünstiger Formen der Steuerung psychischer Prozesse bzw. inadäquater Kognitionen als zentrale Determinanten der Erzeugung bzw. Stabilisierung dieses sozialen Problems bzw. dieser sozialen Probleme* (s. Kap. B 3.3). Hier zeigt sich zum einen das Erfordernis einer theorie- und empiriegestützten Selektions- bzw. Klassifikationsdiagnostik auch in der Sozialen Arbeit, mindestens zum Zwecke der Klärung von professionsinternen und -externen Zuständigkeitsfragen; dann aber vor allem auch als normative Begründungsbasis für zu treffende Entscheidungen bzw. zu formulierende Interventionsziele. Im Weiteren stellt sich die Frage nach der theoretischen und empirischen Vergewisserung der Indikation für spezifische Beratung in der Sozialen Arbeit.

Die Notwendigkeit einer selektiven Diagnostik stellt auch Heiner heraus und betont in diesem Zusammenhang die Grenzen der Orientierung Sozialer Arbeit an für eine freiwillige Klientel entworfenen modifikationsdiagnostischen Modellen der Psychologie.

> „Die Soziale Arbeit [...] bedarf in vielen Situationen inhaltlicher Vorgaben und eines Maßstabes, um z. B. sagen zu können, welche familiären Bedingungen gegeben sein müssen, damit das Wohl eines Kindes gewährleistet ist und es in der Familie bleiben kann, oder welchen Lebensstil die Fachkraft bei einem an Hygiene, ärztlicher Versorgung und ausreichender Ernährung desinteressierten psychisch Kranken, der sich außerdem völlig sozial isoliert, tolerieren kann" (2001a:262).

Ansätze bieten Kompetenzniveau- und Wohlbefindensdiagnostiken, in denen das wünschenswerte Handlungskompetenzniveau festgelegt ist bzw. Wohlbefinden bestimmt ist (ebd.). Auch die Bedürfnistheorie des SPSA bietet mit den Bedürfnisklassen und -arten Anhaltspunkte für die Entwicklung einer Wohlbefindensdiagnostik. Ein ausgearbeitetes diagnostisches System, in dem das für das Wohlbefinden erträgliche Spannungsniveau definiert und operationalisiert ist und somit klare Zuordnungskriterien für die Beurteilung insbesondere von biopsychosozialem Wohlbefinden bzw. Nicht-Wohlbefinden bestehen, steht jedoch als Desiderat aus. Gewisse theoretische Orientierungshilfe für die Praxis leisten die Problemliste (s. Kap. D 2.2) sowie die Bedürfnisliste (s. Kap. D 1.2.2.1). Beide verhelfen in Verbindung mit der Kenntnis systemischer Problementstehung und -veränderung zur Begründung der Zuständigkeiten und zur Legitimation auch nicht frei gewählter Interventionsziele. Sie entbinden aber nicht von einer individuellen Diagnostik, durch die erst in Erfahrung gebracht werden kann, ob bestimmte Maßnahmen für die Bearbeitung der Problematik der AdressatInnen geeignet sind.[301]

---

[301] Klassifikatorische Diagnosen können selbstverständlich im Verbund mit evidenzbasierter Forschung auch Hinweise auf erfolgversprechende Interventionen geben. Bei der Betrachtung der AdressatInnen als ‚mehr als die Summe ihrer Probleme', setzt die Wahl der Interventionen dennoch eine Passung an das Adressatensystem voraus (Kanfer et al. 2006:88).

Über Indikation und Kontraindikation[302] von Beratung in der Sozialen Arbeit wird in der einschlägigen Fachliteratur noch wenig diskutiert.[303] Nach Borg-Laufs & Schmidtchen ist „Beratung als Vermittlung von psychologischem Wissen oder anderweitigem Faktenwissen [...] stets dann indiziert, wenn ein umgrenztes und gut beschreibbares Problem vorliegt, für das der Betroffene zusätzliche Information benötigt, um zu einer Entscheidung oder Problemklärung kommen zu können" (2008:13).

> „Kontraindiziert ist Beratung [...] dann, wenn auf Seiten der Ratsuchenden die kognitiven und/oder motivationalen Ressourcen nicht hinreichend sind, um von der Wissensvermittlung profitieren zu können, wie es z. B. beim Vorliegen einer massiven psychischen Störung gegeben sein kann" (ebd.:14).

Ähnlich formuliert Berger:

> „Von einer Beratung profitieren Menschen, die eigentlich bzw. in der Regel ohne größere Beeinträchtigungen oder ‚Störungen' ihrer Persönlichkeit und in ihren Beziehungen zurechtkommen, sich aber situationsbedingt oder wegen nicht klar benennbarer Gründe im alltäglichen Funktionieren beeinträchtigt, eingeschränkt, blockiert oder desorientiert fühlen [...] Beratung ist angezeigt, wo Probleme und Schwierigkeiten (noch) nicht ein Ausmaß erreicht haben, das einen Zusammenbruch der psychischen Funktionen des Menschen herbeiführen könnte" (ebd.:346). Im Weiteren ist Beratung präventiv bei Problem- und Risikogruppen angezeigt, „um die betreffenden Menschen in ihrem entwicklungs-, gesundheits- und kompetenzfördernden Verhalten zu stützen und um verletzende, beeinträchtigende, sozial diskriminierende Verhaltensweisen zu meiden (ebd.). Kontraindikationen werden ebenso bei Vorliegen einer psychischen Störung gesehen sowie, ausgehend von personenbezogener Beratung, bei fehlender Bereitschaft oder Fähigkeit „sich auf einen internen Bewertungsstandpunkt hin zu orientieren" (ebd.:347).

Auch Straumann nennt als personenbezogene Voraussetzungen für Beratung

- „eine subjektiv erlebte Betroffenheit und ein spezifisches Unwohlsein, die Motivation und Offenheit zu einer möglichen Korrektur problematisch verlaufender Entwicklungen, d. h. auch
- die Einsicht bzw. das Bewusstsein des Einzelnen in die Notwendigkeit von Für- oder Vorsorge, dem ein gewisses Selbstwertgefühl und Selbstwertschätzung zugrunde liegen,
- Kenntnisse und Information über mögliche Hilfeleistungen und
- das Vertrauen in Hilfen bzw. in die Personen, die bestimmte Hilfen anbieten sowie Zutrauen und Selbstvertrauen in mögliche Veränderungsprozesse" (1992:120; zit. n. Pauls 2004:277).

Ausgehend von den genannten problembezogenen Indikationsaussagen, kann der Schluss gezogen werden, dass sozialarbeiterische Beratung grundsätzlich bei allen Arten von sozialen Problemen einsetzbar ist. Im Unterschied zur allgemeinen Beratung erfordert diese Beratung – personenbezogen – auf Seiten der KlientInnen über Koope-

---

[302] Unter Indikation/Kontraindikation sind die Gründe für den Einsatz bzw. des Ausschlusses einer Methode zu verstehen (Pauls 2004:61). Unterschieden wird zwischen allgemeiner Indikation, die professionsspezifisch ist (Ist Soziale Arbeit für eine bestimmte Problematik geeignet?) und differenzieller Indikation, die personen-, problem- und zielspezifisch ist (Welche spezifische Methode ist bei einer bestimmten Person mit einer bestimmten Problematik geeignet?).

[303] Auch bei Durchsicht der Literatur zur klinischen Sozialarbeit (Pauls 2004; Geißler-Pilz, Mühlum & Pauls 2005; Gödecker-Geenen & Nau 2002), in der psychosoziale Beratung einen hohen Stellenwert einnimmt, ließen sich keine fachspezifisch einschlägigen Hinweise zur Indikation und keine zur Kontraindikation von Beratung finden.

rationsmotivation und Bereitschaft zur offenen Kommunikation hinaus (s. Kap. E 2.2.) auch die Anerkennung, selbst ein Problem zu haben bzw. unter einem Problem zu leiden (Einsicht), sowie Veränderungsmotivation und positive (Selbst-)Hilfeerwartungen. Bei Fehlen dieser Merkmale ist spezifische Beratung entsprechend nicht geeignet, wobei die Herausbildung dieser Eigenschaften bereits durch die allgemeinen Beratung gefördert werden kann und soll. Denn in professionellen Kontexten der Sozialen Arbeit, insbesondere in Zwangssituationen, kann nicht davon ausgegangen werden, dass diese Merkmale einfach vorliegen; vielmehr müssen sie erst hergestellt werden (s. Kap. E 4).
Unter Bezugnahme auf weitere Indikationskriterien für Methoden Sozialer Arbeit - wie jenem, einen Beitrag für die Ziele Sozialer Arbeit zu leisten und der ethischen Rechtfertigung ihres Einsatzes[304]– setzt die Empfehlung von Beratung zur Bearbeitung sozialer Probleme auch die Klärung der Verantwortung von Problemlösungen und der Zumutbarkeit der eigenständigen Problemlösung durch das Klientensystem voraus (s. Kap. D 2.2). Von einer ethisch begründeten Kontraindikation kann gesprochen werden, wenn durch Beratung die Zuständigkeit der Problembearbeitung statt an die ProblemverursacherIn bzw. -mitverursacherIn oder an Problemlösungsbeauftragte (z. B. staatliche Stellen) einseitig an KlientInnen delegiert wird. In diesem Zusammenhang hat Thiersch den Begriff der „geheimen Moral von Beratung" geprägt, worunter er Tendenzen institutionalisierter und professioneller Beratung versteht, einem Konstrukt des „homo consultabilis" zu folgen, der „hilfsbedürftig und gewillt [ist], sich auf das Hilfsangebot von Beratung einzulassen" (1991:141). Thiersch kritisiert, dass auf diese Weise der Entstehungskontext der Beratungsbedürftigkeit ausgeblendet wird. Statt die vorgebrachten Probleme in ihrer alltäglichen Komplexität in den Blick zu nehmen, besteht so die Gefahr, jedes Problem soweit umzudeuten, dass es als Handlungs- oder Verhaltensproblem bearbeitbar wird. Auch hieraus lässt sich ersehen, dass allgemeine Beratung in jedem Falle spezifischer Beratung vorausgehen muss, um sach- und adressatengerechte Hilfeentscheidungen treffen zu können.

Im Kontext der verstärkten Empowerment-Orientierung in der Sozialen Arbeit warnt Kähler gerade in der Sozialen Arbeit vor einem missverstandenen Empowerment:

> „Wenn von Klienten in Einrichtungen mit einer starken Empowerment-Orientierung geradezu als Eingangsticket gefordert wird, ihr Schicksal möglichst weitgehend selbst in die Hand zu nehmen, so könnte dies eine bereits latent vorhandene Abwehrhaltung noch stärken." (2005:59).

Mit Bezug auf Conen (1999:289) erläutert Kähler:

> „Die Aussicht auf in der Ferne aufschimmernde bessere Zustände lässt möglicherweise die jetzige Situation als besonders bedrückend erleben. Letztere hat aber immerhin den Vorteil, vertraut zu sein. Überwiegen Gefühle von ‚Hoffnungs- und Perspektivlosigkeit', werden Aussichten auf Änderungen obsolet. ‚Fatalismus und Pessimismus helfen (den Klienten) nun, sich vor (neuen) Hoffnungen zu schützen'" (ebd.).[305]

---

[304] Problem- und personenbezogene Aspekte sowie ethische Aspekte bilden wichtige Kriterien für die Wahl einer Methode. Zu berücksichtigen sind im Weiteren aber auch der Aspekt der Dringlichkeit, zu erwartende unerwünschte Nebeneffekte, der organisationelle Kontext und das Fachwissen der Professionellen (Staub-Bernasconi 2007:271; s. auch Kap. E 4).

[305] Staub-Bernasconi (2007:247 ff.) macht darauf aufmerksam, dass die Gefahr eines missverstandenen Empowerments im gegenwärtig dominierenden Empowerment-Konzept selbst begründet liegt und kritisiert unter Bezugnahme auf Herriger a) dessen Zielfokus auf das „fiktiv autonome selbstbestimmte Individuum,

‚Empowerment' im Sinne befähigungsorientierter Beratung beginnt in der Sozialen Arbeit vielfach nicht bei der Entwicklung von Fähigkeiten zur selbstgesteuerten Problemlösung, sondern bei der Schaffung von Voraussetzungen dazu (Reis 2003). Dies bedeutet, dass die Kombination von Beratung mit weiteren Methoden in der Sozialen Arbeit eher die Regel als die Ausnahme darstellt (s. Kap. E 4.2.1).

## 3.2 Entscheidungsgrundlagen für spezifische Beratungsziele und Beratungsformen

Die Indikationskriterien vermögen allgemeine Gründe für bzw. gegen spezifische Beratung in der Sozialen Arbeit zu benennen. Zur Vergewisserung der Indikation Beratung aus systemistischer Sicht und erst recht für das Formulieren von Beratungszielen und die Wahl von Beratungsformen bedarf es jedoch genauerer handlungstheoretischer Analysen, wofür die explizierte Wissensstruktur der AdressatInnen als Ergebnis allgemeiner Beratung eine wichtige Grundlage darstellt. Die Analyse umfasst in einem ersten Schritt die Beschreibung des Wissens der AdressatInnen gemäß den verschiedenen Wissensformen (d. h. Bilder, Theorien, Prognosen, Werte, Problemverständnis, Ziele, Methoden, Pläne) und in einem zweiten Schritt die Erklärung der Bilder, Theorien, Prognosen etc..

Die Analyse der subjektiven normativen Handlungstheorie der AdressatInnen ermöglicht u. a. die *genauere Identifizierung der Art der Problemlösungskompetenzen*, die bei den AdressatInnen zu aktivieren bzw. zu entwickeln sind, um diese zu befähigen, gegenwärtige oder drohende soziale Probleme eigenständig zu bearbeiten. So kann es z. B. bei einigen KlientInnen erforderlich sein, auf die Beschreibungs- und Codierungsfähigkeiten zu fokussieren, um sie dadurch in die Lage zu versetzen, Situationen angemessen entschlüsseln und interpretieren zu können. Bei anderen KlientInnen steht möglicherweise die Bildung von wünschbaren und machbaren Zielen im Vordergrund, wodurch erst Voraussetzungen für erfolgreiches Handeln geschaffen werden. Grundlage für die Entscheidung, welche Kompetenzen in welchem *Ausmaß* zur Bearbeitung anstehen, bildet damit die Einschätzung über die (Un-)Vollständigkeit der Wissensstruktur der AdressatInnen bzw. die Identifizierung der handlungstheoretischen Problemstellung. Die Analyse der Beschreibungen, Erklärungen, Bewertungen, Zielsetzungen etc. auf der Basis der Rationalitätskriterien (s. Kap. C 4.2) gibt Hinweise auf wissenstheoretische Problemstellungen, wodurch Anhaltspunkte für die Wahl der Form spezifischer Beratung bestehen. Sichtbar wird durch diese (Re-)Codierung jedoch nur das, *was* AdressatInnen (nicht) wahrnehmen, deuten, wollen, planen usw. und was sie (nicht) wissen, nicht aber etwa, *weshalb/warum* sie etwas so und nicht anders sehen oder

---

das die Befreiung von allen Sorgetätigkeiten für Abhängige, Schwache zur Voraussetzung hat" (2007:250) und damit b) „Vorstellungen positiver Fürsorglichkeit und Sorge" (ebd.) ablehnt und c) durch Ignoranz der Machtthematik den zentralen Anspruch des ursprünglichen Empowerment-Gedankens, „sich auf einen kritischen Umgang mit der Macht einzulassen" (ebd.:251) verfehlt. Für das dennoch durchaus unterstützenswerte Anliegen des aktuellen Empowerment-Konzepts der individuellen oder sozial organisierten Selbstbefähigung schlägt sie für das, was Herriger beschreibt, die bescheidenere Bezeichnung „‚individuelle wie gemeinwesenbezogene Ressourcenerschließung dank partizipativer Lern- und Kooperationsprozesse'" (ebd.:252) vor. Vergleichbar unterscheiden Nestmann & Sickendiek (2002: 165-186) zwischen persönlichen/psychologischen bzw. interpersonalen und sozialen/politischen bzw. interaktionalen Empowermentorientierungen.

*weshalb/warum* sie wollen, was sie (nicht) wollen. Erforderlich ist daher auch die Erklärung der Wissensstruktur und erst damit kann auch begründet werden, *ob* die Veränderung von Problemlösungskompetenzen als Interventionsziel in Betracht gezogen werden soll. Aussagen von AdressatInnen sind also nicht nur im Sinne der Prüfung von Hypothesen über innere Prozesse (subjektive Fakten) auszuwerten (wozu z. B. sprachliche Indikatoren herangezogen werden können). Vielmehr gilt es in einem zweiten Schritt die vermuteten subjektiven Fakten mit weiteren Hypothesen zu konfrontieren, die die motivationalen Prozesse und handlungsbegleitenden affektiven Prozesse wie auch die Situation der AdressatInnen in ihrer physischen und sozialen Umwelt betreffen (Obrecht 2008:24 f.). Die Prüfung dieser fallbezogenen Hypothesen involviert somit Theorien transdisziplinärer Art und, sofern die Datenlage die Überprüfung nicht zulässt, auch das Herbeiziehen weiterer diagnostischer Quellen und Methoden. Auf diese Weise gelangt der biologische, biopsychische, soziale und ökologische Kontext der AdressatInnen in den Analysefokus, der zum einen erst das Verstehen der Selbst- und Umweltmodelle der AdressatInnen ermöglicht und zum anderen das Spektrum von möglichen Interventionszielen nicht von vornherein einseitig auf die AdressatInnen reduziert. Die Entscheidung für spezifische Beratung als Interventionsmethode (im Unterschied zur Präventionsmethode) bedingt also, dass bei AdressatInnen nachweislich wissensstrukturelle Probleme bestehen, die ihnen die Bearbeitung aktueller oder erwarteter sozialer Probleme erschweren. In Termini der PSI-Theorie können diese das Wahrnehmungs-, Fühl-, Denk- oder/und intuitive System (kognitive Makrosysteme) betreffen und sich in der Schwierigkeit äußern, Probleme zu analysieren, selbstbestimmte Ziele zu setzen, an Absichten festzuhalten oder Handlungen auszuführen (s. Kap D 1.2.3 und D 3.2 ).

Über welche *Form von spezifischer Beratung* diese Schwierigkeiten zu bearbeiten sind, ist von der Einschätzung ihres Mechanismus abhängig. Wie erwähnt kann dieser darin bestehen, dass KlientInnen infolge eines zu einseitig ausgeprägten, zu wenig gefestigten oder unflexiblen kognitiven Stils ungenügenden Zugang auf ihr vorhandenes Wissen haben oder darin, dass KlientInnen infolge von Lerndefiziten über unzureichendes oder auch qualitativ ungenügendes Wissen verfügen (s. Kap. D 3.2 ). Im ersten Fall bietet sich die Form der transitiv-reflexiven Unterstützung mit den daran gebundenen zur (Selbst-)bestätigung und Exploration anregenden Opertionen (Stützen und Reflektieren) an, wodurch KlientInnen je nach fokussiertem Makrosystem aufgefordert sind, ihr explizites und implizites Sachwissen (know that) und Handlungswissen (know how) zu äußern und zu festigen, um dadurch zu einer verbesserten oder stabileren Reflexionskompetenz bzw. Erkennenskompetenz zu gelangen. Zurückgegriffen werden kann auf diese Form, wenn (im Anschluss an allgemeine Beratung) bereits Ansatzpunkte über Problemlösungsmöglichkeiten bestehen, die vertieft, überprüft oder deren Durchführung begleitet werden sollen, damit die Kontinuität der Problembearbeitung durch die KlientInnen unterstützt wird.

Die Form der Beratung als (meta-)reflexives und transitives Lernen bietet sich an, wenn es Hinweise auf unzureichende Fähigkeiten zur Situationsbeschreibung, Bewertung, Entwicklung von Plänen o. Ä. gibt, also Probleme im Bereich von Wissen im Vordergrund stehen; z. B. bestehen unrealistische Ziele, rigide Wertvorstellungen oder Vorurteile (Staub-Bernasconi 2007:277). Durch die Beratungsoperationen, die KlientInnen zur kritischen Analyse ihres Wissens (Konfrontieren), zur Gestaltung des Prozesses der Wissenserzeugung (Problemlösetraining) oder lediglich auch zur Informationsaufnahme

(Informieren) anregen, sind KlientInnen - wiederum je nach fokussiertem Makrosystem - gefordert, ihr explizites oder implizites Wissen zu korrigieren, zu ersetzen oder mindestens - im Falle des Informierens - anzureichern, so dass sie zu einer verbesserte Erkenntnis- bzw. Wissenskompetenz gelangen können. Die Veränderung der Wissensstruktur kann also submethodisch verschieden angegangen werden. Die Wahl ist hier abhängig von der Identifizierung des Codeproblems, das der defizitären Wissensstruktur zugrunde liegt. So nützt die Konfrontation mit alternativem Wissen nichts, wenn bei KlientInnen nicht schon ein bestimmtes Wissen vorhanden ist und nützt das Problemlösetraining nichts, wenn nicht schon Wissensalternativen vorliegen.
Nach der Vergewisserung der problembezogenen Indikation sind hinsichtlich der zielbezogenen Indikation spezifischer Beratung also drei Entscheidungen zu treffen: a) die Entscheidung über die zu bearbeitenden Problemlösungskompetenzen, b) die Entscheidung über die Art und Weise ihrer Erarbeitung und c) die Wahl der Submethoden.
Kuhl folgend gibt das dispositionelle Persönlichkeitsmerkmal der Lage- und Handlungsorientierung Hinweise auf die *Richtung der Aktivierung* der mit den Kompetenzen in Beziehung stehenden kognitiven Makrosysteme. Empirische Befunde haben gezeigt, dass sich veränderungstheoretisch eine frühzeitige Gegensteuerung in Bezug auf den vorliegenden Modus jeweils positiv auf den Veränderungsprozess auswirkt, d. h. dass man „bei problemvermeidenden [d. h. handlungsorientierten; P.G.] Patienten auf Probleme eingeht und bei problemfixierten [lageorientierten; P.G.] Patienten von dem Problem auf handlungsorientierte Bewältigungsformen ablenkt“ (Kuhl 2001:1014). Beratungstheoretisch[306] wäre folglich im ersten Fall die Situationsanalyse zu gewichten (Aktivierung des Objekterkennungssystems), im letzten Falle wäre möglichst rasch zur Wert- und Zielanalyse überzugehen (Aktivierung des Extensionsgedächtnisses).[307] Folgt man den Überlegungen Kuhls, wonach es für die Fähigkeit zu selbstgesteuerten Problemlösungen entscheidend ist, dass Menschen in der Lage sind die kognitiven Makrosysteme funktionsgerecht zu nutzen, ist die Fähigkeit zur selbstgesteuerten Affektregulation zentral, die dies ja erst ermöglicht (s. Kap. D 1.2.2.3). Auch in der Beratung Sozialer Arbeit stellt sich dies als Aufgabe, insbesondere wenn es KlientInnen nicht gelingt kognitive Stile/Erlebensmodi situationsangemessen zur Anwendung zu bringen, der Stil also unflexibel ist. Im Explikationsprozess können ebenso Rückschlüsse auf *affektive Zustände und Prozesse* gezogen werden. Die *Beobachtung nonverbalen Verhaltens sowie die Analyse verbalisierter Inhalte* (Begriffe, Aussagen) geben Hinweise auf die Ausprägung von Affektlagen sowie der Fähigkeit zwischen den verschiedenen Formen der Informationsverarbeitung (emotional, ästhetisch, normativ, kognitiv) situationsadäquat zu wechseln (Tschannen 2007). Auf diese Weise können über die Identifizierung der Art und der grundlegenden methodischen Richtung der zu fördernden Problemlösungskompetenzen hinaus auch die zu fördernden Regulationen affektiver Prozesse wie auch die Inhalte dieser Prozesse genauer bestimmt werden. Die Affektanalyse gibt so Aufschluss über die Art der Zugangserschwernisse zu den verschiedenen Makrosystemen und damit Anhaltspunkte für unterstützende Maßnahmen der Affektregulation.

---

306 Kurzfristig sollte jedoch im Sinne der komplementären Beziehungsgestaltung auf die bevorzugte affektive und kognitive Disposition eingegangen werden (Fachbereich Psychologie der Universität Osnabrück o.J.:6 ff.; s. Kap. E 2.2.1).

307 Dies entspricht den Wirkprinzipien Problemaktualisierung und Ressourcenaktivierung bei Grawe (s. Kap. E 1).

Folgende Abbildung stellt zusammenfassend wichtige Voraussetzungen für sozialarbeiterischen Beratungsformen dar:

*Abb. 29: Voraussetzungen für sozialarbeiterische Beratungsformen*

| **Voraussetzung** | **Beratung als transitiv-reflexive Unterstützung** | **Beratung als (meta-)reflexives und transitives Lernen** |
|---|---|---|
| Allgemeine Indikation (als Ergebnis allgemeiner Beratung) | Soziale Probleme (Selektionsdiagnostik); | Soziale Probleme (Selektionsdiagnostik) |
| Problembezogene Indikation (als Ergebnis allgemeiner Beratung) | Defizite vor allem hinsichtlich des Erkennens von Problemen die eigene Einbindung in soziale Systeme betreffend (individuelle Diagnostik) | Defizite, vor allem hinsichtlich des Wissens die eigene Einbindung in soziale Systeme betreffend (individuelle Diagnostik) |
| Personelle Indikationskriterien (differenzielle Indikation) | - Anerkennung eines Problems („Ich/Wir haben ein Problem, leide/n an einem Problem.")<br>- Veränderungsmotivation („Ich/Wir wollen das Problem lösen.")<br>- Positive Hilfeerwartungen („Ich/Wir können das Problem lösen.") | - Anerkennung eines Problems („Ich/Wir haben ein Problem, leide/n an einem Problem." )<br>- Veränderungsmotivation („Ich/Wir wollen das Problem lösen.")<br>- Positive Hilfeerwartungen („Ich/Wir können das Problem lösen.") |
| Zielbezogene Indikation (differenzielle Indikation) | Steigerung/Stabilisierung der Reflexions-/Erkennenskompetenz:<br>- Bewusstheit über Faktenwissen erzeugen bzw. das Wissen festigen<br>- Bewusstheit über Erklärungswissen erzeugen bzw. das Wissen festigen<br>- Bewusstheit über Prognosewissen erzeugen bzw. das Wissen festigen<br>- Bewusstheit über Wert- und Problemwissen erzeugen bzw. das Wissen festigen<br>- Bewusstheit über Zielwissen erzeugen bzw. das Wissen festigen<br>- Bewusstheit über Methodenwissen erzeugen bzw. festigen<br>- Bewusstheit über Planungswissen erzeugen bzw. das Wissen festigen<br>- Bewusstheit über Evaluationswissen erzeugen bzw. das Wissen festigen<br>- Ggf. Unterstützung zur Affektregulation | Steigerung der Erkenntnis/-Wissenskompetenz:<br>- Beschreibungswissen verbessern und Beschreibungskompetenz entwickeln<br>- Erklärungswissen verbessern und Codierungskompetenz entwickeln<br>- Prognosewissen verbessern und Antizipationskompetenz entwickeln<br>- Bewertungswissen verbessern und Bewertungskompetenz entwickeln<br>- Zielwissen verbessern und Zielkompetenz entwickeln<br>- Interventionswissen verbessern und Interventionskompetenz entwickeln<br>- Planungswissen verbessern und Planungskompetenz entwickeln<br>- Evaluationswissen verbessern und Evaluationskompetenz entwickeln<br>- Affektregulationskompetenz entwickeln |
| Ethisch begründete Kontraindikation | unzulässige Delegation der Problemlösung | unzulässige Delegation der Problemlösung |

Quelle: eigene

### 3.3 Beratung als Unterstützung und als Lernen: beratungstheoretische Schritte

Geht es bei der allgemeinen Beratung um die Mobilisierung des vorhandenen Problemlösungswissens vor allem zum Zwecke der kooperativen Planung der Hilfe, stellen sich mit spezifischer Beratung als Steigerung der Reflexions- und Erkenntniskompetenz in Bezug auf die selbstgesteuerte Problemlösung weitere, spezifischere Aufgaben, die sich auf die problembezogene Gestaltung der Beratung zwecks Veränderung beziehen. Spätestens in dieser Änderungsphase sind Beratende nicht nur als ProzessexpertInnen gefordert, die etwas von der Steuerung selbstgesteuerter Problemlösungsprozesse verstehen, sondern auch als FachexpertInnen, die über spezifisches Wissen über eine soziale Problematik bzw. über Interaktions- und Positionsprobleme sowie deren Zustandekommen und deren Veränderung verfügen, das sie KlientInnen zur Realisierung gelingender Problemlösungen anbieten können. Erst indem Beratende der Sozialen Arbeit Beiträge zu präziseren Bildern, gültigen Erklärungen, realistischeren Zielen und/oder effektiven, sozial verantwortungsvollen Lösungen in Bezug auf soziale Probleme liefern können, leisten sie beratungstheoretisch einen professionsspezifischen und - da Beratung in unterschiedlichen Handlungsfeldern stattfindet - auch einen subprofessionsspezifischen Beitrag (s. Kap. E 4). Allgemein besteht der fachliche Beitrag darin, dass BeraterInnen der Sozialen Arbeit die praktischen soziale Probleme der KlientInnen stets als Probleme der Beziehung zwischen individuellem sozialen Handeln, sozialer Struktur und Kultur modellieren, ihre Veränderungsvorstellungen daran ausrichten und dies in der Beratungskommunikation zum Ausdruck bringen (s. Kap. D 1 bis D 4).

Immer auch stellt sich hierbei die Frage, wie dieses Wissen so eingebracht werden kann, dass KlientInnen für den eigenständigen Problemlösungsprozess profitieren können, was das Thema der verschiedenen Beratungsmodi und (Sub-)methoden/-verfahren ist: Gilt es die vorhandenen Beschreibungen, Erklärungen, Bewertungen, Ziele, Interventionen, Pläne zu bestätigen und allenfalls weiter zu differenzieren, so dass der fachliche Beitrag insbesondere darin besteht, die Reflexionsprozesse der KlientInnen inhaltlich zu steuern? Oder gilt es eher das Wissen zu ergänzen, neue Beschreibungen, Erklärungen etc. zu erzeugen oder aber auch das Können dazu in den Mittelpunkt zu stellen? Der fachliche Beitrag bestünde entsprechend in der Aufklärung oder Edukation. Mit Moldaschl (2001:149 f.) lässt sich hier von der Anforderung eines doppelten inhaltlichen Wissens vom Gegenstand sprechen (s. a. Kap. A3), mit der die Frage einhergeht: „welche Modelle und Alternativen gibt es [in Bezug auf ein durch ein Klientensystem formuliertes Problem und der durch dieses angegangene Lösung; P.G.] und welche würden auf den Fall passen?" (ebd.:150). Die Passung ist, wie beschrieben, ein Ergebnis des allgemeinen Beratungsprozesses, in dem die Beratenden das Wissen der KlientInnen - gemeinsam mit diesen und evtl. Dritten - auf Übereinstimmung und Angemessenheit bezüglich der infrage stehenden Sachverhalte geprüft haben. Sowohl in der Form reflexiver Unterstützung als auch des (meta-)reflexiven Lernens werden die allgemein beratungstheoretischen Operationen nicht obsolet. Aufgrund der Dynamik von Problemlösungsprozessen sind Aufforderungen zur (erneuten) Situationsbeschreibung, -erklärung etc. quasi in jeder Beratungssitzung erforderlich (s. Kap D 3.2).

Für die spezifische Beratung als Unterstützung gilt es im Wesentlichen die explorationsfördernden Operationen der allgemeinen Beratung zu spezifizieren und zu intensivieren und um stützende Methoden zu ergänzen, so dass die KlientInnen sich mit ihren Wahrnehmungen, Deutungen, Bedürfnissen, Wünschen, Handlungsroutinen und Plänen hinsichtlich der infrage stehenden Situation genauer beschäftigen.
Im Modus des Lernens kommen stärker die erkenntniserweiternden, informierenden, konfrontierenden und Problemlösetrainingsmethoden zur Anwendung, so dass KlientInnen sich mit dem vermittelten Wissen und/oder mit alternativen Wahrnehmungen, Deutungen, Bewertungen, Zielen, Methoden und Plänen und/oder eben auch mit dem Prozess des Wahrnehmens, Deutens, Bewertens und dem Ziele setzen, Interventionen wählen und Planen beschäftigen.
Die Beratung als (meta-)reflexives Lernen wird heute vor allem unter der Bezeichnung des Selbstmanagements geführt. In diesem Zusammenhang stellt sich insbesondere die Frage, ob das Erlernen der (meta-)reflexiven Fähigkeiten und damit verbundener Fertigkeiten ausschließlich implizit erfolgen sollte, d. h. ohne den inhaltlichen und methodischen Prüfprozess selbst zum Thema zu machen, oder beides auch expliziter Gegenstand von Beratung ist. Diesbezüglich nehmen der systemisch-konstruktivistische und der Selbstmanagement-Ansatz verschiedene Positionen ein, obwohl sie tendenziell beide einen (meta-)reflexiven Beratungsmodus vertreten. Die Wissenstransferierung (know that) und der Erwerb von Problemlösefertigkeiten (know how) erfolgt im systemisch-konstruktivistischen Ansatz entsprechend bevorzugt implizit im Sinne des entdeckenden Lernens (z. B. über zirkuläre, reflexive Fragen, Hausaufgaben). Demgegenüber wird im Selbstmanagement-Ansatz zusätzlich auch von Strategien expliziten, rezeptiven Lernens Gebrauch gemacht, sei es z. B. durch das Geben von Erklärungen, der Zielbeurteilungen oder durch das abschließende Problemlösetraining. Wie deutlich gemacht, wird für die Beratung in der Sozialen Arbeit davon ausgegangen, dass auch das explizite Lernen einen wichtigen Stellenwert einnimmt und Strategien des impliziten Lernens ergänzt.

Mit Blick auf die beratungstheoretischen Ziele der Steigerung und Verbesserung der Reflexions- und Erkenntniskompetenz in Bezug auf Prozesse der Problemlösung beschreibt das Folgende die einzelnen Prozesse näher und gibt Hinweise für deren methodische Bearbeitung.[308] Bezüglich der methodischen Bearbeitung kommt es selbstverständlich zu Überschneidungen, denn nicht die Art der Bearbeitung verändert sich grundlegend, sondern die Inhalte der Prozesse. Dies hat zur Folge, dass sich der Ausführungsgrad der anschließenden Teilkapitel unterscheidet. Bei der Darstellung werden Aspekte der beschriebenen Beratungsansätze und weitere Literatur insbesondere zum Selbstmanagement und Problemlösen herangezogen (u. a. Stroch & Krause 2005; Miller & Rollnick 2004; Linden & Hautzinger 2008; Grawe, Dziewas & Wedel 1980; Kämmerer 1983).

[308] Auf Ausführungen zum Einbringen des inhaltlichen Beitrags von BeraterInnen wird an dieser Stelle verzichtet, da dies von einem konkreten Fall abhängig ist. So wird die BeraterIn z. B. in Bezug auf Beschreibungskomptenzen je nachdem, welche Situationsaspekte für KlientInnen im Hinblick auf ihre soziale Problemlage diffus sind oder ausgeblendet werden, den Fokus der Reflexion oder Wissenserzeugung mehr auf körperliche, psychische, soziale, kulturelle oder ökologische Prozesse lenken.

### 3.3.1 Bewusstheit über Faktenwissen erzeugen – Beschreibungswissen verbessern – Beschreibungskompetenz entwickeln

Beschreibungskompetenz beinhaltet die Fähigkeit, möglichst zutreffende, vollständige, präzise und eindeutige Bilder in Bezug auf eine Situation zu erzeugen als Antwort auf die Frage: *Was ist?* Als Problemlösungskompetenz dient sie dazu, sich der Aspekte eines Problems, das ja zunächst einfach als Spannungszustand erlebt wird und mit dem zuerst diffuse Wahrnehmungen einhergehen, klar zu werden. Die Kompetenz ist somit nötig, um genauer erfassen zu können, worum es eigentlich geht.
Die Bewusstheit über situationsbezogenes Faktenwissen erhöhen, bedeutet vor allem KlientInnen im Erkennen dessen, *was* sie beschäftigt, zu unterstützen und ist entsprechend beim Erleben von Orientierungsverlusten, d. h. Spannungen in Bezug auf das Bedürfnis nach Orientierung (s. Kap. D 1.2.2.1) erforderlich oder zu deren Prävention. Der Beratungsprozess fokussiert auf die Repräsentation der Beschreibungscodes (Generierung ikonischer Bilder) und ihrer sprachlichen Übersetzung. BeraterInnen und KlientInnen sind hierbei bestrebt, die Bedeutung der die KlientInnen beschäftigenden Codes zu erkunden und für das Gemeinte passende sprachliche Begriffe zu finden. KlientInnen sollten dabei so lange mit ‚Sprache spielen', d. h. sprachliche Begriffe probeweisen anwenden und korrigieren, bis sie den Eindruck gewonnen haben, dass der Ausdruck das Gemeinte gut trifft (Sachse 2003:130). Die beraterische Aufgabe besteht darin, KlientInnen aktiv bei der Bildung der Repräsentation zu unterstützen. Submethodisch sind dabei alle Regeln und Techniken des personenzentrierten Ansatzes von Relevanz: das Paraphrasieren, Verbalisieren und Explizieren im Sinne von Beschreibungsangeboten sowie das Konkretisieren, Sondieren und Akzentuieren (ebd.:178-184, s. Kap. D 5.2.1).

Eine ausführliche Beschreibung der bildgenerierenden Arbeit unabhängig von der Art des problemlösungsrelevanten Prozesses gibt Sachse (2003:141ff.) und bezeichnet diese als Explizierungsprozess. Aufmerksam gemacht wird dabei auch auf die Unterschiede zwischen der Repräsentationsbildung von emotionalen und kognitiven Codes. Da Erstere dem Bewusstsein nicht direkt zugänglich sind (s. Kap. D 1.2.2.2) und sie deswegen auch nicht unmittelbar in Sprache umgesetzt werden können, gestaltet sich der Explizierungsprozess als komplexerer Vorgang. Während die Hauptaufgabe bei der Explizierung kognitiver Codes in der sprachlichen Übersetzung besteht, bedarf die Explizierung emotionaler Codes vorab noch der Übersetzung in kognitive Codes, was sich als Suche nach passenden Begriffen für das Gefühl und deren Abstimmung aufeinander vollzieht. Da es sich hierbei um einen automatisiert ablaufenden, nicht bewusst steuerbaren Prozess handelt, ist dieser meist zeitaufwändig und verlangt von KlientInnen höchste Aufmerksamkeit (Sachse ebd.:131). Beratende können den Explizierungsprozess somit dadurch unterstützen, dass sie für diese Bedingungen sorgen. Zur Stimulation von Assoziationen ist der Einsatz von Bildmaterial hilfreich (Staub-Bernasconi 2007:324), zur Aktivierung dieser Codes erlebnisnahe Methoden (z. B. Focusing, Skulpturarbeit, Rollenspiele, szenisches Verstehen)[309]. Unabhängig von der Art des Explizierungsprozesses stehen an dessen Ende die Selbstprüfung der Codes mit anderen Wissensbeständen und die Integration mit anderen Codes. Sachse verweist auf die Wichtigkeit der Integration mit Ressourcen-Codes vor allem bei negativen Selbst-

[309] Vgl. zu den Methoden in der genannten Reihenfolge z. B. Gendlin 1998; Schwing & Fryzer 2007:202-209; Roediger 2009:156 ff.

Schemata, da auf diese Weise keine reine Aktivierung negativer Inhalte mehr möglich ist (Sachse 2003:210).

Die Verbesserung von Beschreibungswissen und die Entwicklung von Beschreibungskompetenz stellt vor die Aufgabe, KlientInnen mit den Unzulänglichkeiten ihrer Bilder bzw. ihres Faktenwissens zu konfrontieren und wird notwendig, wenn sich die Beschreibungen der KlientInnen (auch nach Versuchen der Generierung) als zu ungenau, zu unvollständig, zu wenig eindeutig oder gar falsch herausstellen, kurz, sie sich für die Orientierungsleistung als nicht funktional erweisen. Der Beratungsprozess fokussiert in diesem Fall auf die Veränderung der Beschreibungscodes.

Wie beschrieben kann die Codeerweiterung grundsätzlich auf verschiedene Weise geschehen, wie etwa über das Informieren, wodurch das Wissen der KlientInnen angereichert wird. Eine Kompetenz steht KlientInnen damit jedoch noch nicht zur Verfügung, dennoch kann die Informierung hinreichend sein, sofern KlientInnen in der Lage sind, neues Wissen selbst weiter zu verarbeiten. Wie Ansen (s. Kap D 5.2.6) betont auch Nestmann (2008:79) in diesem Zusammenhang die Wichtigkeit der emotional und handlungsbezogenen Einbettung der Informierung. Für BeraterInnen stellt sich damit die Aufgabe, die Weitergabe von Informationen strukturiert und mengenmässig angemessen zu gestalten. Dies gilt nicht nur bei Vorliegen fehlenden Wissens, sondern auch bei einem Zuviel an Wissen im Sinne der Informationsüberflutung (ebd.). Zusätzlich stellt sich in diesem Fall jedoch auch die Aufgabe der Vermittlung eines Codes über die adäquate Gestaltung der Informationsaufnahme.

Für den Erwerb einer Kompetenz muss ein (Meta-)Code erlernt und, wie auch bei der Bildgenerierung, integriert werden. Wie bei der Beschreibung der Beratungsansätze deutlich wurde, existieren eine Reihe von (konfrontierenden) Methoden, die die Codeerweiterung *einleiten*, wie das zirkuläre Fragen, der Perspektivenwechsel, die Zeugenarbeit, die Externalisierung, Fragen nach Ausnahmen vom Problem und das Reframing. Diese bewirken bei KlientInnen die Hinterfragung ihres Wissens, ohne sie dabei allzu stark zu brüskieren, wodurch die Beziehung gefährdet werden könnte. Auch direkte Konfrontationen sind möglich, erfordern jedoch eine bereits stabile Beziehung (Kanfer et al. 2006:173). Grundlegende Idee all der Methoden ist, dass KlientInnen über die Konfrontation mit alternativen Codes oder, im Fall der Externalisierung die Distanzierung vom Problemcode, Alternativen ihrer Beschreibungen, Erklärungen, Prognosen, Bewertungen, Ziele, Methoden und Pläne entdecken, ihre Situation in einem anderen Lichte sehen und über die positiven Erfahrungen der Nutzung der veränderten Codes diese auch integrieren. Sind Codes nicht implizit vorhanden, werden sie nicht einfach im Sinne von ‚Aha- Erlebnissen' integriert. Codeerweiterung *einleitende* Methoden durch Beratende bewirken daher noch nicht die tatsächliche Codeerweiterung bei KlientInnen. So bewirkt ein Reframing der Beratenden noch nicht zwangsläufig einen neuen Frame (Code) bei KlientInnen. Problemlösungskompetenzen können insofern nur gesteigert werden, wenn sich KlientInnen neue Codes aneignen bzw. bestehende ersetzen. Auf das *Ersetzen von Codes* zielen Methoden der kognitiven Umstrukturierung.[310] Gemeinsam ist diesen u.a. das Aufdecken der Denkfehler, die sich etwa durch selektive Verallgemeinerungen, Etikettierungen, voreilige Schluss-

[310] Zu den bekanntesten Methoden zählen die rational-emotive Therapie von Albert Ellis, die kognitive Therapie von Aaron Beck und das Stressimpfungstraining von Donald Meichenbaum (zur ausführlichen Beschreibung vgl. Wilken 2010).

folgerungen, Denken in Dichotomien auszeichnen und zur Realitätsinadäquatheit führen (Wilken 2008:36ff.). Zur Veränderung ihrer Codes werden KlientInnen veranlasst, logische, empirische und pragmatische Analysen ihres wissensformspezifischen Wissens - im Falle des Beschreibungscodes also ihrer Faktizitätsbehauptungen - durchzuführen, womit erreicht werden soll, dass sie die Notwendigkeit eines differenzierenden Codes anerkennen. Im Unterschied zu diesen kognitiven Methoden zielen metakognitive Methoden auf das *Erlernen kognitiver Strategien zur* Erzeugung angemessenen Wissens. Nicht der Code, sondern der Metacode steht damit im Mittelpunkt der Veränderung. Hierzu bedarf es seiner impliziten (prozessualen) oder expliziten (inhaltlichen) *Vermittlung* sowie seiner *Einübung (Problemlöselernen).* Im ersten Fall sorgen Beratende dafür, dass die Erfahrungen mit den in den Beratungssitzungen erarbeiteten alternativen Codes beständig Thema sind, indem - wie in der Evaluationsphase bei allen Beratungsansätzen meist vorgesehen - jeweils am Anfang von Beratungssitzungen gefragt wird, was sich seit dem letzten Beratungsgespräch verändert hat, zur erneuten Situationsbeschreibung aufgefordert und das Zustandekommen der neuen Erfahrungen reflektiert wird (Was haben Sie für sich gelernt?). Im letzten Fall lehren Beratende KlientInnen ihre Modelle der Erzeugung von (Beschreibungs-)Wissen (Edukation).

Unabhängig von dieser Beratungsdidaktik spielt für das Erlernen der Beschreibungskompetenz das Einüben des ‚genauen Hinschauens' eine Rolle, wofür Beobachtungs- und Selbstbeobachtungsmethoden von Relevanz sind. Diesbezüglich verweisen Kanfer et al. (2006) auf die Wichtigkeit der Vorbereitung dazu. Festzulegen ist, was, wann, wo, wie oft beobachtet werden soll und in welcher Form die Beobachtungen festzuhalten sind. Selbstbeobachtung, d. h. die Beobachtung interner Aspekte (Gefühle, Gedanken, Verhalten, körperliche Reaktionen) hat den Effekt, ein Gefühl von Kontrolle spürbar zu machen und Fehleinschätzungen zu korrigieren (ebd.:367). Der Fokus auf externe Aspekte (beteiligte Akteure, Interaktionen, Positionen, Orte) erhöht das Erkennen von förderlichen und hinderlichen Umweltbedingungen und ist Voraussetzung für die Nutzbarmachung von externen Ressourcen zur Problembewältigung sowie für die Einflussnahme auf hinderliche Bedingungen.

### 3.3.2 Bewusstheit über Erklärungswissen erzeugen – Erklärungswissen verbessern – Codierungskompetenz entwickeln

Codierungskompetenz beinhaltet die Fähigkeit, zutreffende (plausible) Erklärungen der Probleme als Antwort auf die Frage: *Warum ist es so?* zu (er-)finden, m.a.W. Hypothesen zu bilden und auf deren Zutreffen zu prüfen. Als Problemlösungskompetenz ist sie erforderlich, um Problemzusammenhänge und deren Wirkmechanismen zu verstehen, was wiederum, wie andernorts schon erwähnt, Voraussetzung für die Entdeckung von Optionen geeigneter Lösungen von Problemen ist.

Beratung als reflexive Unterstützung kommt dabei die Aufgabe zu, KlientInnen darin zu unterstützen sich ihre subjektiven Erklärungstheorien (Attributionen) zu vergegenwärtigen und ist angezeigt, wenn KlientInnen in ihren subjektiven Gewissheiten verunsichert sind bzw. der Entstehung zu großer Ungewissheiten vorgebeugt werden soll. Die beraterische Aufgabe besteht entsprechend darin KlientInnen die Explizierung ihrer Situationsdeutungen (Erklärungscodes) zu ermöglichen. Methodisch bieten sich die vertiefte und problemspezifische Arbeit mit der Problemkarte, die Struktur-Legetechnik oder idiografische Systemmodellierung an (s. Kap. E 2.3.3.2). Darüber hinaus bestehen zahlreiche problemspezifische Analyseverfahren, die sich auch zur Evozierung der Erklärungscodes der KlientInnen eigenen. In der Beratung der Sozialen Arbeit sind dabei unter Bezugnahme auf den spezifischen Gegenstand Sozialer Arbeit vor allem solche Verfahren relevant, die den Fokus auf die Zusammensetzung, die soziale Struktur und Dynamik der Klientensysteme sowie relevanter Systeme ihrer Umgebung setzen. Beispiele für die Analyse der Zusammensetzung und Struktur bilden etwa Sozialraumanalysen (Boettner 2007:259 ff.), das Systembrett (Ritscher 2002:296 ff.), Skulpturverfahren (Schwing & Fryszer 2007:175 ff.), das kulturelle und soziale Atom, die Inklusionschart, die eco-map (Pantuceck 2007), die Netzwerkkarte (Straus 2004:407), die VIP-Karte (Herwig-Lempp 2007:207 ff.). Ein Beispiel für die Analyse der aktuellen Dynamik in Systemen bildet die Kraftfeldanalyse (z. B. Heiner 1996:164 ff.). Entwicklungsgeschichtliche Verfahren sind z. B. die Genogrammarbeit (v. Schlippe & Schweitzer 2003:132), der bereits erwähnte Zeitstrahl und die biografisch-narrative Gesprächsführung (Völzke 1997, 2005).

Die Verbesserung von Erklärungswissen und die Entwicklung von Codierungskompetenz stellt Beratende vor die Aufgabe, KlientInnen mit Unzulänglichkeiten ihrer Deutungen bzw. ihres Erklärungswissens zu konfrontieren und an der Veränderung subjektiver Erklärungstheorien zu arbeiten. Dazu können wiederum informierende, konfrontierende Methoden und Methoden des Problemlöselernens gewählt werden, die die subjektiven Theorien anreichern, bisherige ersetzen (z. B. über den explikativen sokratischen Dialog; vgl. Stavemann 2007:115ff.) oder die Entwicklung kognitiver Strategien zur Erzeugung plausibler Erklärungen anstreben. Die Entwicklung von Strategien zur Erzeugung von Erklärungswissen stellt die Vermittlung von Erklärungsmodellen ins Zentrum, was wiederum auf prozessualem und/oder inhaltlichem Wege erfolgen kann, und mit wiederholten Aufforderungen zur Reflexion der Lernerfahrungen mit den durch Beratende eingeleiteten Deutungsalternativen verbunden ist bzw. das Lehren eines Erklärungscodes erfordert. Auch für den Erwerb von Codierungskompetenz lassen sich gewisse Einübungsstrategien benennen. Zum einen handelt es sich dabei um das Einüben der Bildung von Hypothesen, zum anderen um das Einüben der Prüfung von Hypothesen. In der Literatur finden sich etwa im Unterschied zum Einüben der (Selbst)Beobachtung wenig Üungshinweise. Im verhaltenstherapeutisch orientierten Problemlösetraining werden KlientInnen allein aufgefordert Ursachen für ein Problem zu benennen und zu prüfen, ob die Bedingungen für das Auftreten der Probleme immer gleich oder die Situationen unterschiedlich sind (Kämmerer 1983:132). Hypothesen prüfende Operationen werden dabei nicht genannt. Anregungen dazu könnten logische und empirische Disputtechniken und damit verbundene typische Fragestellungen bieten, die in die Sprache der KlientInnen zu übersetzen wären (Stavemann 2007:91ff). Bezüglich der Generierung von Hypothesen ist zu bedenken, dass die Antworten auf Fragen nach den Ursachen immer auch die Gefahr der Entwicklung eingeschliffener Codierungsmuster bergen, die u. U. irrationale Überzeugungen begünstigen. Das Einüben des Perspektivenwechsels stellt in diesem Zusammenhang eine Möglichkeit zur erweiterten Bildung von Hypothesen dar (Mutzeck 1999:92). Auch die Thematisierung von Quellen zur Suche nach Erklärungswissen stellt einen Beitrag zur Entwicklung von Codierungskompetenz dar.

### 3.3.3 Bewusstheit über Prognosewissen erzeugen – Prognosewissen verbessern – Antizipationskompetenz entwickeln

Antizipationskompetenz beinhaltet die Fähigkeit, plausible Bilder über künftige Veränderungen in Bezug auf Situationen oder Situationsaspekte zu erzeugen, kurz, Erwartungen zu bilden, die Vorhersagen erlauben als Antworten auf die Frage: *Wohin wird sich die Situation entwickeln?*. Als Problemlösungskompetenz haben diese Erwartungen die Funktion, den problematisch erlebten Zustand hinsichtlich eines Handlungsbedarfs einzuschätzen und im Weiteren auch, sich gegen Rückschläge und Misserfolge zu immunisieren:

> „Das, was mich nicht überrascht, haut mich nicht mehr um. Auch das Nichteintreffen der Vorhersage wirkt sich positiver aus als Enttäuschungen, die eine Person sozusagen ‚kalt' erwischen" (Martens & Kuhl 2005:129).

Da alles, was ist, Wandlungen unterliegt und die meisten Wandlungsprozesse nicht linear verlaufen, sind Prognosen, was ihr Eintreffen betrifft, grundsätzlich unsicher, aber optimierbar mittels Berücksichtigung der Situationsdynamiken (Obrecht 1996b:157).

Beratung kann wieder sowohl die Klärung der Zukunftserwartungen als auch die Verbesserung des Prognosewissens sowie die Entwicklung von Strategien zur Erzeugung von Prognosen zum Thema haben.
Aufgrund steten Wandels empfiehlt es sich, Erwartungen immer auch mit Bezug auf verschiedene Zeiträume zu klären (z. B. „Mit welchen Veränderungen in Bezug auf das Problem rechnen Sie in der nächsten Woche, im nächsten Monat, in den nächsten drei Monaten?"). Durch die Einordnung problematischer Situationsaspekte auf dem Hintergrund eines veränderten zeitlichen Kontextes können Misserfolgserwartungen möglicherweise schon korrigiert werden und sich ein Handlungsbedarf gar erübrigen. Die Bestimmung kürzerer Zeiträume ist besonders auch für die kritische Überprüfung gebildeter Erwartungen wichtig. Martens & Kuhl betonen, dass es bei der Entwicklung von Antizipationskompetenz weniger auf das Zutreffen der Prognose ankommt, als vielmehr darauf, Erwartungen überhaupt bewusst zu bilden, denn bewusste Erwartungen eröffnen neue Interpretationen von Gegebenheiten und über deren psychische Integration auch neue Handlungsmöglichkeiten, größere Achtsamkeit und Gelassenheit. Die Autoren empfehlen, das Erlernen dieser Kompetenz spielerisch anzugehen:

> „Am besten sagt man einige Dinge für den nächsten Tag ganz spielerisch voraus und registriert dann, wie oft die Vorhersagen zutreffen. Das schafft Neugier auf den nächsten Tag. Neugier ist eine Emotion, die Krisen zu meistern hilft, wenn sie die Kraft der Vorhersage nutzt" (ebd.:129).

### 3.3.4 Bewusstheit über Wertewissen erzeugen – Bewertungswissen verbessern – Bewertungskompetenz entwickeln

Bewertungskompetenz beinhaltet, wertegerechte Urteile über Sachverhalte zu treffen als Antwort auf die Fragen: *Ist dies (für mich/für andere) (nicht) gut? oder: Sollte dies (nicht) so sein?*
Als Problemlösungskompetenz spielt die Kompetenz eine zentrale Rolle, um über Veränderungsbedürftigkeit/Nicht-Veränderungsbedürftigkeit zu entscheiden, um Handlungsentschlüsse zu fassen und ist damit auch eine wichtige Voraussetzung für die Ziel-

bildung und deren Aufrechterhaltung. Dass Ziele dauerhaft verfolgt werden können, bedingt, dass sie möglichst viele persönliche Bedürfnisse und Wünsche, also ästhetisch-emotionale sowie kognitive Präferenzen, berücksichtigen (Deci & Ryan 1991; s. Kap D 1.3). Bei Zielen, mit denen keine Selbstidentifikation möglich ist, nützt auf Dauer auch ein starker Wille nicht zu deren weiterer Verfolgung und Aufrechterhaltung (Kuhl: o. J.).

Beratung als reflexive Unterstützung übernimmt die Aufgabe, KlientInnen zur Klärung ihrer subjektiv relevanten Werte zu verhelfen und ist indiziert, wenn Unsicherheit in der Bewertung von Sachverhalten besteht, aber auch wenn Veränderungswünsche diffus oder gesetzte Ziele häufig verfehlt wurden, so dass das Bedürfnis nach subjektivem Sinn nicht befriedigt werden kann. Die beraterische Aufgabe besteht zum einen darin, den Zugang zu den eigenen Wünschen bzw. zu den präferierten Soll-Zuständen zu fördern. Darüber hinaus ist es von Bedeutung, KlientInnen auch Zugänge zu unbewussten Wünschen, sprich Bedürfnissen, zu ermöglichen. (Bewusste) Wünsche können den Bedürfnissen widersprechen und auf diese Weise Problemlösungsversuche zum Scheitern bringen. Zudem können noch so gute Überlegungen zur Lösung des Problems die Befindlichkeit oft deshalb nicht verbessern, weil kein Zugang zu den Bedürfnissen gefunden wird. Storch & Krause formulieren, dass hier „das Bedürfnis überhaupt erst einmal in die Welt ‚geboren' werden [muss], es muss greifbar und fassbar werden, damit die Lebensgestaltung danach ausgerichtet werden kann" (2005:62). Ein erster wichtiger Schritt besteht daher darin, KlientInnen zur Entdeckung ihrer Bedürfnisse zu verhelfen. Zur Umsetzung werden vor allem projektive Verfahren empfohlen, da sie den Rückgriff auf implizite Gedächtnisinhalte gewährleisten, sie also auch unbewusste Motive an den Tag bringen können (ebd.:80 f.). Liegen Bedürfnisse als bewusste Wünsche zutage, werden oft auch Wertekonflikte Gegenstand der Beratung.[311] Ansätze zur Klärung von Wertekonflikten stellen etwa die Entscheidungswaage (Miller & Rollnick 2004:33 f.) oder die dialektische Hypnosystemik (Schmidt 2005:116 ff.) als Kosten-Nutzen- Analyseverfahren bereit.

Die Verbesserung des Bewertungswissens und die Entwicklung von Bewertungskompetenz stellen wieder vor die Aufgabe, KlientInnen mit ihren Werturteilen zu konfrontieren, sie zu verändern und alternative Bewertungsmodelle zu erarbeiten. Dies wird immer dann erforderlich, wenn sich abzeichnet, dass die Werturteile der KlientInnen nicht der Befriedigung der eigenen Bedürfnisse Rechnung tragen, sie sich legitime Wünsche vorenthalten oder sie nicht die Bedürfnisse und legitimen Wünsche anderer berücksichtigen und auf diese Weise Unmoral begünstigen.

Bei der Entwicklung von Bewertungskompetenz geht es dann auch um die Vermittlung von Wegen zur Identifizierung von individuell und sozial kompatiblen Werten, wiederum im Unterschied zur Verbesserung des Bewertungswissens, wofür z. B. der normative sokratische Dialog ein Verfahren darstellt (Stavemann 2007:200-245). Das Erlernen

[311] Grawe unterscheidet drei Formen von motivationalen Konflikten, die sowohl expliziter als auch impliziter Art sein können: (a) den Annäherungs-Vermeidungs-Konflikt, (b) Annäherungs-/Annäherungskonflikt und (c) den Vermeidungs-/Vermeidungskonflikt (2004:189 f.). Ein Beispiel für einen Annäherungs-/Vermeidungskonflikt stellt die motivationale Zielkonstellation dar, in der jemand viele Kontakte haben will, weil er anerkannt und bestätigt sein will, sie aber gleichzeitig vermeiden möchte, weil er Angst vor Kritik hat. Ein Annäherungs-/Annäherungskonflikt liegt vor, wenn jemand viel Zeit mit anderen verbringen möchte, weil er gern Abwechslung hat, gleichzeitig aber auch allein sein möchte, weil ihm Ruhe genauso wichtig ist. Umgekehrt verhält es sich bei einem Vermeidungs-/Vermeidungskonflikt; jemand will aus Angst vor Kritik weder Zeit mit anderen verbringen noch aus Angst vor Langeweile allein sein.

kreativer, körperbezogener und hypnotherapeutischer Strategien als synthetische Zugänge zum Entdecken von Bedürfnissen und zur Auflösung von Wertekonflikten scheint dabei auch bedeutsam für die Übernahme sozialer Verantwortung:

> „Durch die Vernetzung des selbst [sic!] mit Emotionen ist einigermassen gesichert, dass Entscheidungen und Handlungen, an denen das Selbst beteiligt ist, wirklich eigene Bedürfnisse berücksichtigen und sogar Bedürfnisse und Werte anderer (weil man von den Emotionen anderer empathisch angesteckt werden kann). Das bewusste Ich kann zwar auch Bedürfnisse berücksichtigen, neigt aber dazu, sich jeweils auf ein Thema zu konzentrieren. Diese Reduktion ist auch wichtig, weil das Ich für die unmittelbare Handlungssteuerung relevant ist [...] Koppelt sich das Ich aber von dem Überblick, den das Selbst vermittelt, chronisch ab, dann kann es passieren, dass viele Bedürfnisse, eigene und fremde, dauerhaft nicht zu ihrem Recht kommen. Man wird dann weder sich noch den andern Menschen um einen herum ‚gerecht' (Kuhl & Hüther 2007:4 f.).

### 3.3.5 Bewusstheit über Zielwissen erzeugen – Zielwissen verbessern – Zielkompetenz entwickeln

Ziele sind Bilder von intendierten zukünftigen Zuständen in Bezug auf sich selbst oder andere(s) und Antworten auf die Frage: *Woraufhin sollen Handlungen ausgerichtet werden?* Grundsätzlich können Ziele die Form von Vermeidungszielen (einen unerwünschten Zustand vermeiden) oder Annäherungszielen (einen erwünschten Zustand anstreben) annehmen. Da nur Annäherungsziele Bedürfnisse zu befriedigen vermögen und damit das Wohlbefinden fördern, ist das Bilden solcher Ziele eine zentrale Problemlösungskompetenz. Kuhl erklärt die Unwirksamkeit von Vermeidungszielen für Wohlbefinden als Folge der mit ihnen einhergehenden antizipatorischen Aktivierung negativer Emotionen (Kuhl 2001:752). Ziele sollten entsprechend als wünschbare Zustände formuliert sein. Ein zweites Kriterium der Zielkompetenz bildet die Realisierbarkeit oder Machbarkeit der Ziele. Storch & Krause betonen, dass hierbei Konzepte der positiven Kontrollüberzeugungen (Selbstwirksamkeit) eine zentrale Rolle spielen.

> „Je eher eine Mensch das Gefühl hat, mit eigenen Kräften [also internen und externen Ressourcen; P.G.] ein bestimmtes Ziel auch erreichen zu können, desto größer die Motivation, sich nachhaltig für diese Ziel einzusetzen" (Storch & Krause 2005:89).

Ziele sollten in diesem Sinne so gesetzt werden, dass mit ihnen tatsächlich auch positive Erfolgserwartungen einhergehen können. Hierbei wird davon ausgegangen, dass Ziele den höchsten Anreizwert besitzen, wenn sie minimal über dem bisherigen Leistungsniveau liegen. Zu hohe Ziele und damit verbunden wiederholte Misserfolgserfahrungen können dagegen zu Resignation und zur Reduktion der Anstrengungen führen (Kanfer et al. 2006:401).

Unter volitionalen Gesichtspunkten hat auch der Zeitrahmen zur Zielerreichung eine wichtige Bedeutung. Je weiter weg der Realisierungszeitraum liegt, desto größere motivationale Anstrengungen müssen auf die Zielverfolgung verwendet werden, was ein permanent hohes Spannungsniveau zur Folge hat. Bei längerfristigen Zielen sollten daher Zwischenziele formuliert werden, die Entspannungsphasen einleiten und über Zwischen-Erfolgserlebnisse die Motivation zur Intentionsrealisierung fördern (Martens & Kuhl 2005:114 f.).

Storch & Krause (2005:93 ff.) führen als weiteres Kriterium von Zielkompetenz die erkennbar motivierende Wirkung des Ziels ein. Die AutorInnen greifen damit wieder

die Bedeutung unbewusster emotionaler Prozesse für das Handeln auf und schlagen zur Prüfung der Selbstkongruenz des Ziels, d. h. seiner Übereinstimmung mit Bedürfnissen und Präferenzen, die Erfassung der positiven somatischen Reaktion[312] vor.
Die positive Formulierung (Wünschbarkeit), die Formulierung im Bereich der eigenen Kontrolle (Realisierbarkeit), die zeitliche Überschaubarkeit sowie die Motivationsprüfung stellen damit wichtige Charakteristika von Zielkompetenz dar.[313]

Die Bewusstheit über das Zielwissen zu fördern bedeutet somit, KlientInnen darin zu unterstützen, ihre Ziele anhand dieser Kriterien zu erforschen und zu artikulieren und ist immer dann angezeigt, wenn diese sich der Wünschbarkeit und/oder Realisierbarkeit ihrer Ziele nicht sicher sind. Methodisch ist dabei von Bedeutung, dass es nicht ausreicht, Ziele als „verbale Selbstinstruktionen [...] im linkshemisphärischen *Ich*" (Martens & Kuhl 2005:113) formulieren zu lassen (z. B. „Ich will mich gegenüber x besser durchsetzen"). Sie müssen als Vorstellungsbilder (rechtshemisphärisch) entwickelt werden, um handlungswirksam zu sein und aufrechterhalten werden zu können: „weil Bilder gerade in der rechten Hemisphäre nach dem Ähnlichkeitsprinzip abgespeichert werden [...], bedeutet [das], dass immer dann, wenn ein Bild aktiviert wird, gleichzeitig auch viele ähnliche Bilder vor dem ‚inneren Auge' präsent sind, auch wenn uns das nicht bewusst wird. Praktisch bedeutet das, dass Ziele, die in Bildern abgespeichert sind, sehr flexibel eingesetzt werden können: Immer dann, wenn etwas schief geht, fallen einem sofort ähnliche Ziele ein, so dass man eine große Ausdauer entfalten kann" (ebd.:112). Die Unterstützung zur „Imagination des Zielerlebens" (Schmidt 2005:103) stellt daher eine wichtige Handlungsregel bei der *Zielsuche* dar. Die Unterstützung zur *Zielauswahl* ist von Bedeutung, wenn Zielkonflikte bestehen, aber auch zur Überprüfung der Machbarkeit. Kanfer et al. (2006: 393 ff.) empfehlen Ziele von unverbindlichen Werten und unrealistischen Utopien deutlich zu unterscheiden sowie relevante Zieldimensionen zu differenzieren (situative vs. persönliche Relevanz, übergeordnete vs. untergeordnete Ziele, Nah- vs. Fernziele, vage vs. konkrete Ziele)[314].
Setzen sich KlientInnen unerwünschte, unrealistische Ziele wird das Aufdecken dieser Zielbilder bzw. die Entwicklung von Strategien zur Zielbildung erforderlich. Das Aufdecken unrealistischer Zielbilder, d. h. Utopien, stellt beraterisch insbesondere vor die

[312] Rekurriert wird dabei auf die Theorie von Damásio (1994), die besagt, dass alle Erfahrungen des Menschen im Laufe seines Aufwachsens in einem emotionalen Erfahrungsgedächtnis gespeichert werden. Dieses Erfahrungsgedächtnis teilt sich über ein körperliches Signalsystem (somatische Marker) mit, das dem Menschen bei der Entscheidungsfindung hilft (Storch & Krause 2005:64).

[313] Zu verschiedenen, aber vergleichbaren Zielentwicklungssystemen im allgemeinen Beratungsprozess bzw. Hilfeplanungsprozess s. Schwabe 2008.

[314] Interessant sind in diesem Zusammenhang auch Diskussionen über die Allgemeinheit oder Spezifizität von Zielen. Storch & Krause (2005:103) plädieren im Zürcher Ressourcen Modell (ZRM) eher dafür, Absichten (z. B. „Ich will selbstbewusster auftreten.") als allgemeine Ziele formulieren zu lassen (z. B. „Ich vertraue meinen Kräften und zeige, was ich kann.") statt spezifische Ziele (z. B. „Bei der nächsten Teamsitzung beantrage ich Projekt x."). Demgegenüber vertreten lösungsorientierte Ansätze (z. B. Walter & Peller 1994:76; Bamberger 1999:42) das Ziel so spezifisch wie möglich zu formulieren als Antwort auf die Frage: „Wie werden Sie das im Einzelnen tun?". Den Vorteil der allgemeinen Ziele begründen Storch & Krause mit der Vigilanz, d. h. der kongruenzorientierten Aufmerksamkeit, die mit den impliziten Teilen des Selbst in Beziehung steht (bei Kuhl das Extensionsgedächtnis), während lösungsorientiert mit einer höheren Verbindlichkeit zwischen Beratenden und KlientInnen argumentiert wird. Genau besehen geht es hier um die Unterscheidung zwischen Zielen und Handlungs- und Verhaltenserwartungen, die man evtl. auch als Handlungsziele bezeichnen könnte. Letztere sind für die Erfolgsüberprüfung wichtig, doch nicht für die Umsetzung. Den Vorteil allgemeiner Ziele formuliert Grawe wie folgt: „Man muss nicht die Umgebung bewusst nach Gelegenheiten für die Realisierung von Absichten [...] untersuchen, sondern man nimmt solche Gelegenheiten automatisch wahr und nutzt sein Handlungsrepertoire für die Realisierung, wie man Auto fährt, um irgendwo hinzukommen" (1998:77; zit. n. Storch & Krause 2005:104).

Anforderung, die mit diesen einhergehende hohe Motivation nicht zu zerstören und verlangt daher ein behutsames Vorgehen. So lassen sich übertrieben hohe Ziele nicht nur durch Konfrontation, sondern z. B. auch durch die Vorbereitung auf Rückschläge abschwächen (Kanfer et al. 2006:401).
Das Erkennen relevanter Annäherungsziele und das Abstecken realistischer Ziele sind die wesentlichen Aufgaben beim Erlernen von Zielkompetenz. Für Ersteres erweisen sich solche Methoden als relevant, die das Ziel als positiv/negativ im Sinne von Bedürfnissen und Präferenzen zu bewerten vermögen. Die Fokussierung auf somatische Marker stellt einen möglichen Weg des Trainings dieser Fähigkeit dar. Vergleiche der Ziele mit gegenwärtigen Gegebenheiten unterstützen das Abstecken von realistischen Zielen. Eine Methode dieser Art stellt z. B. die mentale Kontrastierung von Zukunft und Realität dar (Öttingen 2004). Wichtig ist, dass zuerst das Zielerleben imaginiert wird - Öttingen spricht vom Schwelgen in positiven Fantasien über das Erreichen des Ziels - und Überlegungen ihrer Realisierung daran anschließend erfolgen und nicht umgekehrt, da dadurch attraktive Ziele zu früh aufgegeben werden. Mit der Voranstellung der Imagination des Zielerlebens steigen dagegen die Erfolgserwartungen, da „die positiven Emotionen, die mit dem Schwelgen in schönen Zukunftsfantasien verbunden sind, dabei helfen, das neuronale Netz, welches das Ziel repräsentiert, auf der emotionalen Ebene stark positiv zu bahnen. Mit der Aktivierung des Ziels werden dann simultan auch zuverlässig starke positive Emotionen entwickelt. Diese können dabei helfen, bei späteren Umsetzungsschwierigkeiten die Motivation aufrecht zu erhalten“ (Storch & Krause 2005:102).

### 3.3.6 Bewusstheit über Methodenwissen erzeugen – Interventionswissen verbessern – Interventionskompetenz entwickeln

Interventionskompetenz beinhaltet die Fähigkeit, Methoden (Handlungsregeln) zu erschließen und zu verwenden, die sich zur Realisierung von Zielen eignen gemäß der Frageform: *Wie kann das Ziel erreicht werden?* Als Problemlösekompetenz dient diese Kompetenz dann auch dazu, dass Probleme tatsächlich gelöst bzw. Ziele tatsächlich auch erreicht werden können, so dass das Bedürfnis nach Kompetenz oder Kontrolle befriedigt werden kann. Wirksamkeit ist dementsprechend ein zentrales Kriterium von Interventionskompetenz, jedoch nicht das einzige. Da wirksame Interventionen nicht immer auch wünschbare Interventionen sind (z. B. mag die Anwendung von Gewalt zwar wirksam, in den meisten Fällen wohl aber nicht wünschbar sein) und wünschbare Interventionen nicht immer auch machbare Interventionen im Sinne des Könnens sind, kommen sowohl ethische als auch Ressourcendimensionen als Kriterien von Interventionskompetenz hinzu.

Dass KlientInnen sich ihre Interventionskompetenzen vergegenwärtigen können, wird dadurch gefördert, dass BeraterInnen KlientInnen dazu ermuntern, möglichst vielseitige Handlungsideen für das Erreichen von Zielen zu produzieren. Zu diesem Zweck können verschiedene Varianten des Brainstormings eingesetzt werden, an dem sich die Beratenden auch beteiligen (z. B. Struck 2006:207 ff.; Mutzeck 1999:97 ff.). Lösungsorientierte Fragen z. B. nach Zeiten, in denen KlientInnen das angestrebte Ziel bereits einmal realisiert haben (Wie haben Sie das gemacht? Was haben andere gemacht?), hypothetische Fragen (Was wäre, wenn ...? Was würden Sie anders oder anderes tun?)

unterstützen in hohem Maße die Ideenentwicklung (z. B. Bamberger 1999). Zur Selbstbewertung der Wünschbarkeit und Machbarkeit der Interventionen können verschiedene Methoden strukturierter Entscheidungsfindung eingesetzt werden (Mutzeck ebd.).
Die Vermittlung von Interventionskompetenz stellt im Unterschied zur Verbesserung des Interventionswissens (z. B. mittels des funktionalen sokratischen Dialogs; Stavemann 2007:246 ff.) die Befähigung zum Finden und zur Auswahl von wirksamen und angemessenen Methoden dar. Für den Lernprozess stellen sich als Aufgaben, die Fähigkeiten zur Ideenentwicklung, zur Unterscheidung zielführender von weniger zielführenden Methoden sowie zur Einschätzung der Zumutbarkeit – in Bezug auf sich, aber auch auf andere – zu fördern. Für Ersteres sind Übungen zur offenen unzensierten Ideenentwicklung von Bedeutung, da nur dadurch das vorhandene Ideenpotenzial aktiviert werden kann.

> „Wenn man meint, es gäbe nur einen Weg, ja selbst wenn man meint, sich zwischen zwei Alternativen entscheiden zu müssen, handelt man meist nicht aus dem Überblick der ausgedehnten persönlichen Erfahrung heraus: Das aus dem Unbewussten agierende ganzheitliche Selbst ist dann an der Entscheidung nicht beteiligt und kann sie deshalb weder intellektuell noch emotional unterstützen. Das liegt daran, dass immer dann, wenn man nur eine oder zwei Alternativen betrachtet, das Extensionsgedächtnis nicht eingeschaltet werden muss“ (Martens & Kuhl 2005:126).

Es müssen also mindestens drei Alternativen gefunden werden, um letztlich eine echte Entscheidung für einen Lösungsweg fällen zu können.
Die Unterscheidung zwischen zielführenden und weniger zielführenden Methoden stellt dagegen eher analytische Anforderungen, es sei denn, es wird der Weg gewählt, den Erfolg auf der Grundlage von Versuch und Irrtum erfahrbar werden zu lassen. Es lassen sich aber auch durch das Einüben von Zielhypothesen (Welche Handlungsideen führen zur Verwirklichung des Ziels?) und ihrer Überprüfung (Welche dieser Ideen tragen am ehesten den bekannten Determinanten des Problems Rechnung? Welche Erfahrungen sprechen dafür/dagegen?) Wege zum Erwerb von Transformationskompetenz für KlientInnen kreieren.
Zur definitiven Auswahl einer oder mehrerer Methoden empfiehlt sich darüber hinaus, sie einer positiven Kosten-Nutzen-Prognose zu unterziehen. Mutzeck zählt eine Reihe von Kriterien (u. a. motivationaler, emotionaler, ethischer, machbarkeitsbezogener, effizienzbezogener Art) auf, die sich im Kontext der kooperativen Beratung bewährt haben (1999:100; Mutzeck 1988).

### 3.3.7 Bewusstheit über Planungswissen erzeugen – Planungswissen verbessern – Planungskompetenz entwickeln

Planungskompetenz beinhaltet die Fähigkeit, Handlungen in eine gedachte Abfolge zu bringen, durch die das Ziel erreicht werden soll. Sie wird benötigt, wenn Ziele nicht sofort umgesetzt werden können oder anstehende Handlungen unangenehm sind (Martens & Kuhl 2005:67) und steht somit auch im Dienste der Befriedigung des Kontrollbedürfnisses. Wesentliche Kriterien gelingender Planung sind nebst der Wahl geeigneter Methoden (Regeln) zur Zielerreichung a) die situationsangemessene Übersetzung der Handlungsregeln in Abfolgen konkreter Handlungen sowie b) die Entwicklung von Umsetzungshilfen und Störungsentgegnungen. Nach Gollwitzer (1993) besteht der Planungsvorgang im engen Sinne in der Entwicklung von Ausführungsintentionen, welche die Form aufweisen: „Ich beabsichtige, in folgender Weise X zu tun, wenn folgende Situation Y eintritt“[315] (Storch & Krause 2005:70). Bewusste Überlegungen über Ausführungsintentionen fördern die Realisierung der Handlung, was darauf zurückgeführt wird, dass die mentale Simulation der günstigen Handlungsgelegenheit (Situation) unbewusst als auslösender Reiz für die geplante Reaktion dient (Gollwitzer 1999, zit. n. ebd.). Auch das „Priming“ als eine Form unbewussten Lernens fördert die Handlungsrealisierung. Es beschreibt Prozesse der Aufmerksamkeitsfokussierung, durch die unbewusst Reaktionen und Absichten aktiviert werden (Schmidt 2005:40 ff.). Storch & Krause gehen davon aus, dass allein Zielerinnerungshilfen viel zur Realisierung der Handlungen beitragen (2005:107).

Mutzeck empfiehlt bei der Unterstützung von KlientInnen in ihren Planungsprozessen darauf zu achten, dass die Handlungsschritte oder Ausführungsintentionen a) eindeutig, tätigkeitsbezogen und sprachlich einfach formuliert sind, b) sie beinhalten, was, wo, wann, wie, unter welchen Bedingungen und mit welcher Einstellung auszuführen ist und c) sie als Absichtserklärung in o. g. Form formuliert sind. In einem zweiten Schritt wird der Plan auf seine förderlichen und hinderlichen externen und internen Umsetzungsbedingungen überprüft. In einem dritten Schritt werden Maßnahmen zur Vorbeugung der erwarteten Erschwernisse entwickelt (Mutzeck 1999:102 ff.).

Die Vermittlung von Planungskompetenz bedeutet im Wesentlichen, KlientInnen zur Aufrechterhaltung ihrer Ziele zu befähigen und dabei auftretenden inneren und äußeren Widerständen etwas entgegensetzen zu können. Das Zürcher Ressourcen Modell verzichtet bei der Gestaltung des Lernprozesses auf differenzierte Ausführungsintentionen bzw. werden diese ausschließlich nur zur Frage gebildet, wie die zuvor entwickelten Ressourcen eingesetzt werden können (s. u.). Wie auch Mutzeck betonen Kanfer et al. dagegen die Wichtigkeit der Erarbeitung differenzierter Ausführungsintentionen (2006: 396). Möglicherweise sind die unterschiedlichen Positionierungen durch die verschiedenen Zielgruppen (problembelastete Menschen vs. an persönlicher Weiterentwicklung interessierte Menschen) bedingt.

Wie die Vorsatzforschung zeigt, ist das Festlegen zur Frage, wann, wo und wie gehandelt wird, mindestens für individuell schwierige Zielhandlungen hilfreich (Brandstätter & Gollwitzer 2005).

Einigkeit besteht wiederum im Hinblick auf den Aufbau von zielrealisierungsbezogenen Umsetzungshilfen und Störungsbegegnungen, die zum einen die Funktion haben, Handlungsschemata weiter zu aktivieren und zum anderen die zielrealisierenden Handlungen vor Stimuli, die nicht gewollte, antagonistische Handlungen auslösen, zu schützen.

Grundlegend plädieren Storch & Krause für eine Art „Dauerpriming“, welches darin besteht, die Umgebung „systematisch mit Erinnerungshilfen auszustatten, die dafür sorgen, dass das neue neuronale Netz [Zielbild; P.G.] dauernd aktiviert wird“ (2005: 108), selbst wenn man sich bewusst mit anderen Dingen beschäftigt. Im Weiteren werden Übungen zur körperlichen Encodierung des Ziels empfohlen, d. h. Übungen, in denen der mit dem Ziel korrespondierende Körperausdruck herzustellen versucht wird (ebd.:109 ff., 175 ff.). Der Einsatz von zu Ressourcen gewordenen Erinnerungshilfen und Körperressourcen wird bei Vergegenwärtigung der Kontextbedingungen präzise geplant, darüber hinaus wird die Sicherung durch Unterstützung Dritter empfohlen.

315 Anders gesagt, handelt es sich hier um spezifische Ziele oder Handlungsziele (Fussnote 310).

Für die erste Umsetzung der zielrealisierenden Handlungen soll eine Situation gewählt werden, die Aussicht auf Erfolg hat, der Schwierigkeitsgrad darf nicht zu hoch sein.
Die VerfasserInnen unterscheiden ein zweites Vorgehen, das für unvorhergesehene Situationen Gültigkeit hat und tragen hier der Tatsache Rechnung, dass die Ausführung gewünschter Handlungen vor allem in diesen Situationen oft nicht gelingt und hier alte, automatisierte Reaktionen hervorbrechen. Methodisch wird hier nach dem Stressimpfungstraining von Meichenbaum (1979) vorgegangen; zudem werden individuelle Warnsignale identifiziert und individuell geeignete Unterbrechungsstrategien, wie an sich selbst gerichtete Stop- oder Aufforderungsbefehle erarbeitet (Storch & Krause 2005: 185 ff.).[316]

### 3.3.8 „Entscheidungswissen" und Entscheidungskompetenz

Entscheidungskompetenz beinhaltet die Fähigkeit in Bezug auf Alternativen zu einem Entschluss zu gelangen. Sie stellt keine abgrenzbare, eigenständige Problemlösungskompetenz dar, denn die kognitiven Operationen führen nicht zu Wissen oder gar zu einer spezifischen Wissensform (Obrecht 1996b:174).
Entscheidungen sind vielmehr in Bezug auf alle genannten Problemlösungsprozesse erforderlich, insbesondere aber für die Auswahl von Zielen, Methoden und Plänen, da mit diesen im Unterschied zu der Auswahl von Codes, durch die die Situation beschrieben und Probleme erklärt werden sollen, oder von Werten, die in der Bewertung berücksichtigt werden sollen, praktische (und nicht nur kognitive) Konsequenzen verbunden sind (Grawe et al. 1980:293). Ziele, Methoden und Pläne sollten daher jeweils expliziten Bewertungen, welche die Auswahl begründen, unterzogen werden. Im Allgemeinen wird empfohlen, diese – im Sinne einer kriteriengeleiteten Kosten-Nutzen-Analyse – unter dem Aspekt der kurz- und längerfristigen Folgen für sich selbst wie auch für die Umgebung zu bewerten (Kämmerer 1983:136 ff.).

### 3.3.9 Bewusstheit über Evaluationswissen erzeugen – Evaluationskompetenz entwickeln

Evaluationskompetenz beinhaltet die Fähigkeit, durchgeführte Handlungen anhand der eingetretenen Effekte zu beschreiben und damit erzielte (Teil-)Ergebnisse zu überprüfen. Die Fähigkeit wird benötigt, um das Handeln zu regulieren bzw. Handlungsabweichungen zu korrigieren und über das weitere Handeln zu entscheiden (Lohmann 2000:67). Auch das Evaluationswissen stellt keine eigenständige Wissensform dar, vielmehr handelt es sich bei diesem um eine „spezielle Form von bewertetem Beschreibungswissen, nämlich von absichtlichen und bewussten Handlungen und deren beabsichtigten und unbeabsichtigten Folgen" (Obrecht 1996b:175).
Dem Ziel der allgemeinen Beratung entsprechend ist der Gegenstand der Evaluation der Problemlösungsprozess der AdressatInnen selbst. Diese werden aufgefordert zu prüfen, ob sie durch das erarbeitete Wissen dem Erreichen ihrer Ziele näher gekommen sind oder nicht. Ist Letzteres der Fall gilt es weiteren Hilfebedarf inhaltlich und methodisch mit Hilfe der Beratenden zu konkretisieren. In spezifischen Beratungsformen richtet

[316] Ähnliche Empfehlungen bezüglich der Umsetzungshilfen und Störungsentgegnungen gibt auch Mutzeck (1999:104 ff.).

sich der Fokus auf die ausgeführten Handlungen der KlientInnen. Dabei kann ausschließlich prozessual vorgegangen werden, indem man KlientInnen veranlasst, die Handlungseffekte vor dem Hintergrund gesetzter Ziele immer wieder selbstkritisch zu beurteilen. Weiter kann die Erarbeitung von Beurteilungsgrundlagen für erfolgreiche bzw. nicht erfolgreiche Handlungen Gegenstand der ‚Evaluationsberatung' werden. In dieser stellt sich zum einen die Aufgabe, zielorientierte Vorher-Nachher-Vergleiche und zum anderen Reflexionsmöglichkeiten von Erfolgs- und Misserfolgsfaktoren einzuüben. Während Vorher-Nachher-Vergleiche Beschreibungs- und Bewertungskompetenzen einschließen (Was genau hat sich verändert? Entspricht die Veränderung gesetzten Zielen?) und taugliche Handlungsstrategien zu entwickeln helfen (War die Handlung effektiv?), bedarf die Reflexion von Erfolgs- und Misserfolgsfaktoren Kenntnisse aller Problemlösungsschritte. Leitfäden zur Reflexion, welche die Prinzipien des Problemlösens umfassen, leisten dabei Unterstützung (Kämmerer 1983:141 ff.).

### 3.3.10 Selbstgesteuerte Affektregulierung

Wie weiter oben angemerkt, kann sich eine der Hilfe zur Selbsthilfe verpflichtete Beratung nicht nur auf die Vermittlung der kognitiven Anforderungen zur selbstgesteuerten Problemlösung beschränken, sondern muss auch den emotionalen Anforderungen Rechnung tragen. Martens & Kuhl formulieren mit Bezug auf die vier kognitiven Makrosysteme:

> „Wer auf eine bestimmte Grundstimmung [d. h. positiver, gehemmter positiver, negativer, gehemmter negativer Affekt; P.G.] festgelegt ist, ist auch auf eines der vier Systeme festgelegt" (2005:70).

Für *einseitige OptimistInnen,* die auf vorhandene Handlungsprogramme festgelegt sind, folge daraus, dass diese Probleme bekommen, wenn Schwierigkeiten zu überwinden sind. Mit der Festlegung auf *nüchtern-sachliche* Stimmungen verbänden sich zwar gute Problemlösungs- und Planungsfähigkeiten, doch seien die Fähigkeiten spontanen und intuitiven Verhaltens, also die Fähigkeit zu verdrängen, eingeschränkt. Mit der *Festlegung auf negative Affekte* verbänden sich gute Problemanalysefähigkeiten, kaum aber die Entdeckungsmöglichkeiten von Lösungen. Die *Unterbindung von negativen Affekten* führe wohl zu unbelastetem Erleben, doch kann, wenn das eigene Wissen nicht auch einmal in Frage gestellt wird, nichts dazugelernt werden (ebd.:70 f.; s. auch Kap. D 1.2.2.3 und D 3.2).

Obwohl die Grundstimmungen zum Teil ererbt und zum Teil sozialisiert sind, gehen die Autoren von deren Veränderungsmöglichkeiten aus und machen hieran auch einen wichtigen Unterschied der PSI-Theorie zu traditionellen Persönlichkeitskonzepten fest:

„Die klassischen Begriffe zur Beschreibung der Persönlichkeit wie Extraversion versus Introversion, Ängstlichkeit versus Robustheit beziehen sich mehr auf die *Erstreaktion* eines Menschen. Für viele praktische Fragen, die persönliche Kompetenzen im Alltag betreffen, ist aber wichtiger zu wissen, wie die *Zweitreaktion* aussieht, d. h. ob es bei einer extra- oder introvertierten, einer sensiblen oder robusten Erstreaktion bleibt oder ob die Person in der Lage ist, ihre Erstreaktion zu verändern, wenn sie dies in der jeweils vorgefundenen Situation für erforderlich hält" (ebd.:71 f.; Hervorheb. im Orig.).

Bezüglich der *selbstgesteuerten Veränderung eingetretener affektiver Lagen* erachten Kuhl & Kazén (2003) es der Selbstanbahnungs- bzw. Willensanbahnungsannahme der PSI-Theorie entsprechend für entscheidend, a) *sich selbst beruhigen* zu können als Fähigkeit, negative Affekte abwechselnd auszuhalten und zu bewältigen und b) *sich selbst motivieren zu können* als Fähigkeit, positive Affekte, die bei schwierigen oder unangenehmen Aufgaben verloren gegangen sein können, wiederherzustellen. Selbstberuhigung sorgt dafür, dass jemand schmerzhafte Erlebnisse bewältigt und handlungsfähig bleibt, Selbstmotivierung, dass jemand einmal gesetzte Ziele verwirklichen kann.
Die Entwicklung der selbstgesteuerten Affektregulation ist in der „System-Konditionierungs-Hypothese" zusammengefasst, die eine Verallgemeinerung des Prinzips des klassischen Konditionierens darstellt:

„Je häufiger in der früheren Kindheit auf die Aktivierung des Selbstsystems (z. B. Weinen als Selbst-Ausdruck von negativen Emotionen oder Blick-Kontakt als Suche nach Zuwendung) die Aktivierung affektregulierender Systeme folgt (z. B. Beruhigung durch Umarmen bzw. Ermutigung durch Lächeln oder Aufmerksamkeitszuwendung) und zwar in zeitlich und inhaltlich abgestimmter Weise, desto stärker wird die Verbindung zwischen dem Selbstsystem (im rechten präfrontalen Cortex) und dem betreffenden affektregulierenden System (limbischen System) [...] In späteren Entwicklungsphasen wird das Kind gute Selbststeuerungskompetenzen entwickeln können (z. B. Selbstberuhigung bei Angst bzw. Selbstmotivierung bei Frustrationen) und eine positive Untersetzung eines Interaktionspartners nicht mehr brauchen" (Kuhl 2001:185 f.).

Wie Selbstberuhigungs- und Selbstmotivierungsfähigkeiten auch später noch entwickelt werden können, ist zentrales Thema in „Die Kunst der Selbstmotivierung" von Martens & Kuhl (2005). Im Mittelpunkt steht das in der Konditionierungshypothese beschriebene Prinzip der gleichzeitigen oder kurz nacheinander erfolgenden Aktivierung von Selbstsystem und Emotionssystem. Das Erlernen von Selbstberuhigung erfordert, „dass man das Selbst, d. h. seine ganze Lebenserfahrung, also alle Gefühle, Werte und sinnstiftende Erwägungen wirklich mit den furchteinflößenden Dingen in Kontakt bringt" (ebd.:100) und diese einerseits zu differenzieren und andererseits zu relativieren lernt. Differenzierung bedeutet dabei, dass „man kategorische Schwarz-Weiß-Einschätzungen vermeidet [...] Relativieren [...], dass man ein Erlebnis oder ein Gefühl mit anderen Erfahrungen vergleicht" (ebd.). Über Relativierung wird das Aushalten negativer Affekte erleichtert, wodurch wiederum mehr (tendenziell beunruhigungserhöhende) Differenzierung zugelassen werden kann, so dass negative Affekte tatsächlich auch bewältigt werden können. Ähnlich erfordert das Erlernen von Selbstmotivierung, angestrebte Zustände (Ziele) mit dem Selbst in Beziehung zu bringen und in Bezug auf diese in einem ersten Schritt nachlassende Motivation registrieren zu lernen. In einem zweiten Schritt geht es darum, zu lernen, immer dann, wenn man das Nachlassen der eigenen Motivation registriert, positive Vorstellungsbilder zu entwickeln oder sich Mut zuzusprechen (ebd.:107 ff.).

Martens & Kuhl verweisen bei der Vermittlung dieser Fähigkeiten auf die zentrale Bedeutung einer persönlichen Beziehung, in der sich jemand verstanden fühlt, da sich ansonsten das Selbstsystem abschaltet. Sie machen im Weiteren deutlich, dass es seitens der vermittelnden Person nicht hinreichend ist, einfach zu beruhigen oder positive Stimmung zu verbreiten. Die Förderung selbstgesteuerter Affektregulation beispielsweise durch einen Berater oder eine Beraterin verlangt vielmehr, dass sowohl Beruhigung als auch Ermutigung *„selbstäußerungskontingent“* (Kuhl und Kazén 2003:213; Hervorheb. im Orig.) erfolgt, d. h. immer dann Trost oder Mut zugesprochen wird, wenn Gefühle aktiv geäußert werden. Bleibt der Bezug zum Selbstsystem der KlientInnen aus, werden allenfalls die Fähigkeiten zur Coolness oder positiven Umdeutung von Schwierigkeiten trainiert, nicht aber die selbstständige Bewältigung von schmerzvollen Erfahrungen oder die Fähigkeit an Zielen dranzubleiben. Beides bewirkt eine „Pseudostabilität, die zwar die allgemeine Sensibilität für schmerzhafte Erfahrungen senkt, aber immer dann in eine psychische (und psychosomatische) Katastrophe umkippt, wenn schmerzhafte Erfahrungen so massiv einwirken, dass sie nicht mehr ignoriert werden können“ (ebd.:214).

Die Mechanismen der Selbstberuhigung und Selbstmotivierung betrachtet Kuhl „als wesentliche[n] ‚Motoren‘ der Selbstbestimmung“ (2001:751). Über die Auseinandersetzung mit den eigenen Werten und Zielen fördert Beratung grundsätzlich die Fähigkeit zur Selbstbestimmung. Die Fähigkeiten zur Selbstberuhigung und -motivierung bedürfen jedoch gesonderter Aufmerksamkeit, da „die Selbstkompatibilitätsprüfung und die darauf aufbauende Entscheidung wenig [nützt], wenn das System nicht über Möglichkeiten verfügt, handlungsbahnende (positive) Emotionen immer dann zu rekrutieren, wenn sie nicht sowieso schon vorhanden sind, und handlungshemmende Emotionen herabzuregulieren, wenn dies nicht ohnehin von außen unterstützt wird“ (ebd.:751).

Aus diesem Grund ist es wichtig, auch die Affektlagen von KlientInnen zum expliziten Gegenstand der Beratung zu machen. Wie beschrieben gehen mit diesen bestimmte kognitive Operationen einher, die dann einschränkend wirken, wenn andere Operationen erforderlich sind, aber die Fähigkeit zum Affektwechsel fehlt. Unter Berücksichtigung der Stimmungsorientierungen lässt sich der potenzielle affektive Lernbedarf jeweils spezifizieren. Damit der optimistische Typ tatsächlich selbstgesetzte Ziele erreichen kann, muss er/sie lernen, positive Affekte auch zurückzuhalten, demgegenüber beim analytischen Typ der Lernbedarf in der Bahnung positiver Affekte besteht. Der Lernbedarf bei Personen, die zu negativen Affekten (Empfindungstyp) oder zu ihrer Unterbindung (Fühltyp) neigen, richtet sich auf das Hemmen negativer Affekte bzw. darauf, sie auszuhalten.

### 3.3.11 Stabilisierung und Abschluss

Ob allgemeine oder spezifische Beratung, jede Beratung ist mit einer Stabilisierungs- und Abschlussphase verbunden. In der allgemeinen Beratung fallen Stabilisierungs- und Abschlussphase zusammen. Stabilisierung bedeutet hier, die zur Umsetzung der Lösungswege entdeckten Ressourcen der AdressatInnen kognitiv zu festigen, wozu Beratende die AdressatInnen auffordern, diese genau zu beschreiben und sie hierin auch positiv bestätigen (Stützen). In der Regel geschieht dies im Zuge eines *Rückblicks* auf das in der Beratung oder der Beratungssitzung Erreichte als Bestandteil der Abschlussphase. Weiterer Bestandteil der Abschlussphase allgemeiner Beratung ist der *Ausblick* auf die zu bewältigenden Situationen, bei denen mögliche Schwierigkeiten und ihre Handhabung noch einmal rekapituliert werden.

Mit spezifischer Beratung geht zumeist eine sequenzierte Abfolge von Stabilisierungs- und Abschlussphase einher. Stabilisierung bedeutet hier, die in der Beratung gefestigten oder erworbenen Problemlösungskompetenzen weiter einzuüben und sie auf künftige Situationen im Sinne der Generalisierung übertragen zu lernen. Das methodische Spektrum in der Beratungs- und Therapieliteratur reicht hier von Verstärkungs-/Selbstverstärkungsübungen, dem Einsatz therapeutischer Briefe, über In-vivo-Begleitungen, systematisches Einbeziehen von Hausaufgaben, Schaffung von Real-life-Situationen in der Beratung bis hin zur Vermittlung aller relevanten Selbstmanagement-Prozesse (Kanfer et al. 2006:300f.; zu therapeutischen Briefen vgl. Bamberger 1999:109f.). Handlungstheoretisch ist diese Phase im Wesentlichen durch die Initiierung von Problemaktualisierungen, die Evaluation von Erfolgen und Misserfolgen und die Ermutigung der KlientInnen, auch bei Misserfolgen den neu eingeschlagenen Weg weiter zu verfolgen, gekennzeichnet.[317] Unter Umständen wird erneut Hilfe zur Klärung und Problembewältigung erforderlich.

Eine intensivere, sprich vorzubereitende Abschlussphase ist bei einem längeren Beratungsprozess erforderlich (Flügge 1991:151). Wenn eine explizite Thematisierung der Abschlussphase erfolgt,[318] wird im Allgemeinen auf *Signale* verwiesen, die auf die Beendigung der Beratungsbedürftigkeit hinweisen, wie etwa a) die Betonung von eigenen Fortschritten in Form von Vorher- und Jetzt-Vergleichen durch die KlientInnen, b) die Feststellung von eigenen Erfolgen, c) das Geben von Feedbacks an die Beratenden, d) die Formulierung von Wertschätzung und Dankbarkeit den Beratenden gegenüber und e) die Fokussierung auf vorwärtsgerichtete Handlungen (Tolan 2003; zit. n. Berger 2006:369 f.). Kanfer et al. (2006:310 f.) verweisen im Weiteren auf das Versäumen oder Vergessen von Terminen oder Vereinbarungen, die Infragestellung der Fortdauer der Beratung durch KlientInnen oder die Zunahme von irrelevantem Gesprächsstoff in den Sitzungen. Da Beratung ein zielorientiertes Handeln darstellt, ist aus Sicht der Beratenden die Beratung zu beenden, wenn die Ziele erreicht sind.
In Anbetracht dessen, dass der Abschluss einer Beratung aber auch immer *Abschied und damit Verlust einer bindenden Beziehung* bedeutet, ist der Auflösung der Beratungsbeziehung gleich viel Bedeutung beizumessen wie dem Beziehungsaufbau und ihrer Erhaltung, um Ablösungsproblemen als Folgeproblem von Beratung entgegenzuwirken.

Mit Shulman (2009:183 ff.) können folgende Phasen des Abschiedsprozesses unterschieden werden:
(1) Phase der Ablehnung/Leugnung – die Beendigung der gemeinsamen Arbeit wird ignoriert oder abgeblockt;
(2) Phase des indirekten/direkten Ausdrucks von Ärger – die Beendigung der gemeinsamen Arbeit wird als Zurückweisung interpretiert;
(3) Phase der Trauer – auf die gemeinsame Arbeit wird zurückgeblickt und sie wird einer Bewertung unterzogen;

317 Zu Vorschlägen der Bearbeitung von Misserfolgen vgl. Schwing & Fryszer 2007:309 ff.
318 Schwing & Fryszer (ebd.:313) machen darauf aufmerksam, dass die Gestaltung von Abschiedsprozessen ein in der Beratungsliteratur eher vernachlässigtes Thema ist.

(4) Phase des Ausprobierens der Selbstständigkeit – es erfolgt ein Rückzug/Ablösung von dem (der) Berater(in), Hilfeangebote werden u. U. abgelehnt;
(5) Phase des Abschiedsparty-Syndroms – KlientInnen fokussieren vor allem positive Erfahrungen.[319]

Um Ablösungsprobleme so gering wie möglich zu halten, gilt es entsprechend:
- den Abschluss frühzeitig und wiederholt anzusprechen und Kontakte allmählich, z. B. durch größere Intervalle, und nicht abrupt auszublenden, um KlientInnen dadurch einerseits die Erfahrung zu ermöglichen, dass sie ohne Beraterinnen auskommen, andererseits aber auch die Sicherheit haben, auf Unterstützung zurückgreifen zu können, wenn sie diese noch zu benötigen glauben;
- die Wertschätzung für kleine Erfolge und den Anteil der KlientInnen an den Erfolgen zu betonen, um dadurch die Fähigkeit zur eigenständigen Bewältigung der Probleme zu bestärken;
- immer auch am Aufbau eines sozialen Netzes zu arbeiten, um einerseits die Stabilisierung nach Abschluss der Beratung zu fördern und andererseits die Abhängigkeit von professionellen Beziehungen so weit wie möglich zu reduzieren (Schwing & Fryszer 2007:317; Kanfer et al. 2006:312 f.).

Akute Ablösungsprobleme können trotz guter Vorbereitung der Abschlussphase auftauchen und sich z. B. im Wiederauftreten alter Probleme, Deklaration immer neuer Probleme oder Anklammerungstendenzen äußern (Kanfer et al. ebd.:314; Flügge 1999: 152). Kanfer et al. vermuten in den meisten Fällen Versäumnisse früherer Beratungsphasen, wie etwa mangelhafte Klärung von Erwartungen, zu geringe Betonung des Arbeitscharakters der Beziehung, zu geringe Gewichtung des Transfers des Gelernten auf die eigentlich kritischen Alltagssituationen (ebd.). In diesen Fällen ist eine genauere Analyse vorzunehmen
Die Schlussphase bei länger andauernder Beratung beinhaltet den *Rückblick auf die Beratung* in Bezug auf ihren Verlauf, die erzielten Erfolge und erlebten positiven und negativen Erfahrungen sowie den *Ausblick auf künftige Perspektiven und die Handhabung von möglichen Rückschlägen. Die Bedingungen für erneute Hilfeinanspruchnahme* sollten besprochen werden, wobei bei KlientInnen, deren Beeinträchtigungen so groß sind, dass mit weiterer professioneller Hilfe gerechnet werden muss, die Schwelle hierfür tief angelegt werden sollte. Schwing & Fryszer bemerken:

> „Wir können [...] deutlich machen, dass bei Krisen wieder Unterstützung zur Verfügung steht. Um das nicht nur als Einladung zur Produktion von Krisen wirken zu lassen, haben wir gute Erfahrungen damit gemacht, Interesse zu signalisieren und Kontakte auch über Erfolge anzubieten" (2007:319).

Es besteht aber auch die Möglichkeit, *Nachbesprechungstermine anzubieten* oder sog. *Booster-Sitzungen* (Intensivtermine zur Wiederauffrischung bestimmter Lernschritte) zu vereinbaren (Kanfer et al.: 2006:213). Das *Vollziehen von Ritualen*, wie z. B. ein gemeinsames Kaffeetrinken oder das *Überreichen von Übergangsobjekten*, wie z. B. eines kleinen symbolischen Geschenks, eignet sich für den definitiven Schlusspunkt der Beratung (Schwing & Fryzer ebd.).

[319] Zu ähnlichen Phasenmodellen des Abschieds gelangen Kast (2000) und Kübler-Ross (1971) für unterschiedliche Themen des Abschieds (Schwing & Fryszer 2007:315 f.).

## 3.4 Resümee: Beratung als Kompetenzförderung

Spezifische Beratung wurde in diesem Kapitel als a) auf die fokussierte (Re-)Aktivierung vorhandener Problemlösungskompetenzen sowie b) auf die fokussierte Aneignung von Problemlösungswissen und c) das Erlernen von Problemlösungskompetenzen bezogene Methode dargestellt. Das Sozialarbeitsspezifische an dieser Methode ist, dass sie dann zur Anwendung gelangt, wenn soziale Probleme vorliegen, die über die Verbesserung der Reflexions- und Erkenntniskompetenzen von KlientInnen bearbeitet werden können. Auch zu präventiven Zwecken bietet sich die Beratung an. Sowohl für die beraterische Bearbeitung aktueller als auch drohender Probleme sind gewisse personelle Voraussetzungen auf Seiten der Klientel erforderlich. Welche Form von Beratung gewählt wird, basiert auf der Einschätzung der Beratenden über die biopsychischen Mechanismen, die KlientInnen an der eigenständigen Lösung sozialer Probleme hindern. Keine der Beratungsformen ist damit grundsätzlich zu bevorzugen. Klar ist jedoch, dass *beraterische* Hilfe zur Selbsthilfe bzw. zur selbstgesteuerten Problemlösung entweder die Freilegung verschütteter emotionaler und kognitiver Ressourcen (in Bezug auf sich und/oder Andere/-s) oder eben deren Aneignung beinhaltet. Entsprechend unterscheiden sich Beratung als reflexive Unterstützung und als (meta-)reflexives Lernen in erster Linie durch die jeweils angestrebten Ziele und der damit verbundenen obersten Handlungsprinzipien, die sich mit den Metaregeln der Wissensgenerierung bzw. der (impliziten oder expliziten) Wissenstransferierung umschreiben lassen. Wie deutlich wurde, besteht eine prozessual-inhaltliche Beziehung zwischen den Handlungsprinzipien: Die Prozesssteuerungsmethoden des Unterstützungsmodus werden im Modus des metareflexiven Lernens (impliziter oder expliziter) Inhalt der Beratung. So können beispielsweise Beratungsmethoden zur Klärung der subjektiven Problemtheorien gleichermaßen den Lerngegenstand zur selbstgesteuerten Problemanalyse oder Methoden zur Wert- und Zielklärung den Lerngegenstand zur selbstgesteuerten Bewertung von Sachverhalten bzw. Zielsetzungen bilden. An KlientInnen stellt dies hohe Anforderungen an ihre Lernbereitschaft, an Beratende hohe Anforderungen ihre Problemlösungsmethodik klientengerecht zu vermitteln.

BeraterInnen müssen entscheiden, *welche* Kompetenzen zur Erlangung selbstgesteuerter Problemlösung fallbezogen notwendig sind und *auf welchem Wege* zu diesen gelangt werden kann. Denkbar ist sowohl die Förderung aller Kompetenzen wie auch nur einiger weniger. Denkbar ist im Weiteren, dass einige oder alle Kompetenzen über *gleiche oder verschiedene Beratungsmodi und Methoden* gefördert werden können. Beratung kann damit sowohl umfassende als auch gerichtete Kompetenzförderung sein und sie kann methodisch mehr oder weniger variationsreich sein.

Was die emotionalen Anforderungen an das Problemlösen betrifft, wird diesen insbesondere durch ein vollständiges Durcharbeiten von Problemlöseprozessen Rechnung getragen, denn die Problemlösungsaktivitäten modulieren über die dadurch aktivierten biopsychischen Systeme auch unterschiedliche Affekte. Die *selbstgesteuerte* Affektregulation ist damit jedoch noch nicht gelernt. Sie zu vermitteln und einzuüben ist aufgrund dessen, dass sich erst hierüber *selbstständig* ein Zugang zu erforderlichen psychischen Aktivitäten herstellen lässt, von großer Wichtigkeit. Das Erlernen von Selbstberuhigungs- und Selbstmotivierungsstrategien ist daher ein weiterer Bestandteil von spezifischer Beratung.

## 4 Beratung im Kontext Sozialer Arbeit – Variationen, methodische Modifikationen, Möglichkeiten und Grenzen

Beratung ist methodisch betrachtet ein relativ überschaubares Verfahren. In Bezug auf die Anwendung bestehen, worauf immer wieder hingewiesen wurde, eine Reihe von Variationen: in Bezug auf die allgemeine Beratung a) hinsichtlich der Abfolge des von AdressatInnen zu explizierenden Wissens oder b) in dem Ausmaß der aktiven Unterstützung, die Beratende bei Wissensexploration leisten (Reflexionsangebote); in Bezug auf die spezifische Beratung hinsichtlich a) der Art und des Ausmaßes der zu fördernden Problemlösungskompetenzen und b) in der Art ihrer Entwicklung (Beratungstyp und submethodische Ebene).
Die Variationen ergeben sich quasi aus den jeweiligen adressaten- und klientenbezogenen Gegebenheiten oder auch aus spezifischen Beratungsstrukturen. Wie schon erwähnt kann es beraterisch sinnvoll sein, nach einer kurzen Anregungsphase der Situationsbeschreibung zur Zielklärung überzugehen, um vorhandene negative Emotionen positiv zu beeinflussen zu versuchen. Im Falle fehlender oder negativer Beratungserwartungen muss sogar zuerst eine Zielklärung vorgenommen werden (s. Kap. E 4.1.1). In einer Gruppenberatung muss das Ausmaß der aktiven Unterstützung zur Exploration durch die Beratenden schon dadurch geringer sein, weil es Merkmal der Gruppenberatung ist, dass dies zu einem großen Teil die Gruppenmitglieder übernehmen.

Hierin läge die Aufgabe von *speziellen* Beratungstheorien, die ausgehend von bestimmten Gegebenheiten, z. B. des Adressaten- oder Klientensystems, der Art des sozialen Problems und den Interaktionsformen (s. Kap. C 2.1), den Prozess der Explizierung, Erzeugung und Stabilisierung von Wissen beschreiben und damit die Prozessdimension mit inhaltlichen Dimensionen verknüpfen.[320] In ausführlicher und systematischer Weise kann dies hier nicht geleistet werden, zumal Beratung in der Sozialen Arbeit in sehr unterschiedlichen Strukturen und unter unterschiedlichen Bedingungen stattfindet. Dennoch sollen im letzten Kapitel dieses Teils einige spezifische Merkmale der Beratung in der Sozialen Arbeit aufgegriffen werden. Kap. E 4.1 betrachtet ausgewählte Merkmale unter dem Aspekt damit verbundener methodischer Modifikationen. Mit einem Fazit über Möglichkeiten und Grenzen von Beratung in der Sozialen Arbeit (Kap. E 4.2) schließt die Arbeit ab. Das folgende Kapitel beschreibt zuerst die Überlegungen, die die Auswahl der betrachteten Merkmale leiteten.

### 4.1 Kontextmerkmale Sozialer Arbeit und Prädiktoren von Beratung

Das Themenspektrum im Rahmen der sozialarbeiterischen Auseinandersetzung mit Beratung ist breit. Gegenstand der Beratungsdiskussion sind beispielsweise die Beratung mit unmotivierten KlientInnen, mit PflichtklientInnen, mit psychisch kranken Men-

[320] Die Ausführungen des Kapitels 3.1 bieten zwar Anhaltspunkte dafür wie BeraterterInnen der Sozialen Arbeit vorgehen können, um KlientInnen z. B. zu größerer Klarheit oder zu einer verbesserten Wahrnehmung ihrer sozial problematischen Situation zu verhelfen. Wie bei welchen KlientInnen mit welchen sozialen Problemen und welchen Zielen und Settings vorgegangen werden kann bzw. über welches adressaten-, problem-, ziel- und settingspezifische Wissen BeraterInnen verfügen sollten, ist damit noch nicht beantwortet.

schen oder mit Kindern sowie die Beratung mit Gruppen oder in und mit Gemeinwesen oder auch niederschwellige, aufsuchende oder mediengestützte Beratung. Von *der* sozialarbeiterischen Beratungsrealität kann keine Rede sein kann. Einige Thematisierungen stellen aktuelle Aspekte, andere wieder „Dauerbrenner" der Beratungsdiskussion dar. Zur letztgenannten Kategorie gehören zwei Spezifika der sozialarbeiterischen Beratungsrealität (Brack & Gregusch 2001): Das erste Spezifikum ist auf die AdressatInnen bezogen und ergibt sich aus der Tatsache, dass Soziale Arbeit häufig mit Multiproblematiken konfrontiert ist. In Anbetracht der damit verbundenen Vielzahl der emotio-kognitiven Spannungszustände befinden sich AdressatInnen in einer großen psychischen Notlage. Besteht diese über längere Zeit, sind ein Mangel an positiven Zukunftserwartungen und Selbstwirksamkeitserwartungen, kurz, tiefe Hoffnungsfähigkeit, die Folge (McLeod 2004:322; Ansen 2006:80 ff.). Die beraterische Ausgangssituation ist dann durch tiefe oder negative Hilfeerwartungen sowie tiefe Veränderungsmotivation gekennzeichnet. In engem Zusammenhang steht damit ein weiteres Spezifikum, das sich auf die Beziehung zwischen SozialarbeiterInnen und AdressatInnen bzw. KlientInnen bezieht. Diese kommt oft nicht freiwillig, sondern aufgrund externen Drucks zustande. Unfreiwilligkeit auf Seiten der AdressatInnen bildet eine häufige Ausgangssituation von Beratung.

Beratungsrealitäten können sich eher förderlich oder hinderlich auf das Beratungsgeschehen und -ergebnis auswirken. Wie aus der Psychotherapieforschung bekannt, sind Hoffnungsfähigkeit, eine gute Veränderungsmotivation, Kooperationsfähigkeit und -bereitschaft auf Seiten der AdressatInnen zentrale Prädiktoren für erfolgreiche kommunikative Veränderungsarbeit (Klientenfaktoren). Auf Seiten von Beratenden gelten ein tiefes Kontrollbedürfnis (Dominanz), Wert- bzw. Kultursensibilität, emotionales Wohlbefinden, ein Autonomie fördernder und freundlicher Interaktionsstil, ein am Ausmaß der Reaktanz angepasster Interventionsstil und eine therapeutische Einstellung (Empathie, Akzeptanz, Echtheit) als wichtige Prädiktoren (Beraterfaktoren). Auf Prädiktoren in Bezug auf das Arbeitsbündnis wurde bereits hingewiesen (s. Kap. E 2.2.1).
Angesichts der o. g. Merkmale der AdressatInnen sowie der Tatsache, dass eine komplementäre Beziehung – zumindest in Bezug auf die Kontrolldimension – nicht immer realisiert werden kann, ist die beraterische Ausgangssituation in der Sozialen Arbeit erschwert. Ob und wie Beratung hier erfolgen könnte, sind daher wichtige Fragen für die sozialarbeiterische Beratungsdiskussion.

Als weiterer Aspekt der Diskussion wird die Beratung im Kontext unterschiedlicher Interaktionssettings (Einzel-, Gruppen-, Gemeinwesenberatung) sowie im Kontext unterschiedlicher räumlicher Arrangements (offene, halb-offene und geschlossene Settings) herangezogen. Unterschiedliche Interaktionsformen stellen selbstverständlich kein Spezifikum sozialarbeiterischer Beratung dar. Tendenziell kann die Gemeinwesenberatung als Spezifikum Sozialer Arbeit aufgefasst werden; doch bietet auch die Gemeindepsychologie diese Form an. Ähnlich verhält es sich hinsichtlich des räumlichen Aspekts (Sieckendieck et al. 1999:57 ff.). Unter einem geschlossenen Setting wird hier das klassische Beratungssetting innerhalb einer Einrichtung (Geh-Struktur) verstanden; halb-offene Settings sind definiert durch eine Komm-Struktur seitens der Beratenden (aufsuchende Beratung, Hausbesuche); offene Settings umfassen solche, bei denen sich die Gelegenheit zur Beratung ergeben kann, die Beratung also spontan und ungeplant erfolgt. In Anlehnung an Knab (2008) kann diese Form als „Beratung zwischen Tür und Angel" bezeichnet werden und sich z. B. in Freizeittreffs, aber auch in stationären oder halbstationären Einrichtungen oder in virtuellen Settings ereignen. Meines Erachtens sind Interaktionsformen besonders unter der Frage der sich an diese bindenden methodischen Modifikationen ein relevantes sozialarbeiterisches Thema. Persönliche Erfahrungen mit Studierenden und SozialarbeiterInnen lassen darauf schließen, dass innerhalb der Profession eine gewisse Wertigkeit in Bezug auf die Formen besteht. Dabei wird Einzelberatung gegenüber Familien- oder Gruppenberatung sowohl als schwieriger als auch als leichter eingestuft. Gemeinwesenberatung wird gegenüber Einzelberatung als eher sozialarbeiterisch - und deshalb „etwas Besseres" - eingeschätzt. Mit offenen Settings wird Beratung kaum in Beziehung gebracht. Beratung in offenen Settings als Beratung zu qualifizieren scheint sich als besonders schwierig zu erweisen.

### 4.1.1 Beratung in schwierigen Ausgangssituationen

Es besteht grundsätzlich Konsens darüber, dass in der Sozialen Arbeit tendenziell weniger mit einem „homo consultabilis" (s. Kap. E 3.1) zu rechnen ist, was, wie oben bemerkt, auf das Spezifikum der Sozialen Arbeit, häufig vor Multiproblematiken gestellt zu sein, zurückgeführt wird.
Die Hilfeerwartungen der Betroffenen sind hier zumeist durch Skepsis, Kritik, Pessimismus und Ablehnung gekennzeichnet und Zurückweisung und Ablehnung sind umso größer, je schlechter die Vorerfahrungen sind, die mit Hilfeangeboten gemacht wurden (Matter 1999:22; Conen 2006:43). Unter anderem über das Argument unzureichender Veränderungsmotivation wurde diesem Adressatenkreis lange gänzliche Therapie- und Beratungsunfähigkeit unterstellt und vollständig ist diese Einschätzung auch heute noch nicht überwunden (Conen ebd.:42; Koschorke 1975). Neue Konzepte von (Therapie- bzw. Beratungs-)Motivation führen jedoch zu mehr Optimismus auch in Bezug auf diese Klientel. Motivation als statische Einflussgröße im Sinne eines überdauernden Persönlichkeitsmerkmals gilt in diesen als überholt:

> „Motivation ist vielmehr ein multidimensionales Konstrukt, dem ein dynamischer interpersonaler Prozess zwischen den Determinanten ‚Therapeut', ‚Klient' und ‚Umgebung des Klienten' zugrunde liegt [...], und welches ständige Fluktuationen zeigt. Demzufolge sind für die klinische Praxis eine hochgradige Situationsspezifizität und prinzipielle Variabilität über die Zeit zu unterstellen" (Kanfer et al 2006:58).

Motivation wird dann weniger als Voraussetzung von Beratung und personenbezogener Behandlung betrachtet, sondern als manchmal mehr, manchmal weniger erforderlicher Bestandteil des Hilfeprozesses, der über die gesamte Dauer in Bezug auf verschiedene den AdressatInnen und KlientInnen abverlangte Aktivitäten eine Rolle spielen kann.

Es kann nicht bestritten werden, dass die Durchführung kompetenzfördernder Beratung in der Sozialen Arbeit seitens KlientInnen das Vorhandensein von Veränderungsmotivation, d. h. das Vorhandensein von subjektiv relevanten Gründen zur Veränderung und dem Zutrauen, Veränderungen auch umsetzen zu können, bedingt. Auch wenn Beratende befinden, dass eine Adressatin oder ein Adressatensystem durchaus befähigt wäre, Probleme selber in den Griff zu bekommen, sei es darüber, dass sie lernen, Situationen besser einzuschätzen, Bedürfnisse besser zu beachten, soziale Ressourcen besser zu nutzen, Ziele realistisch zu setzen oder alternative Handlungsstrategien zu entwickeln, lässt sich mit dieser Arbeit nicht beginnen, wenn sie dies *selbst nicht wollen oder sich dazu nicht in der Lage sehen.* Ansen (2006:81ff.) macht deutlich, dass das häufig anzutreffende Nichtwollen sozial benachteiligter Menschen nicht als Ausdruck einer geringen Leidensfähigkeit zu interpretieren ist, sondern als Folge einer längeren Entwicklung zu betrachten ist, in der Versuche zur Veränderung immer wieder gescheitert sind und sich Perspektivlosigkeit, Scham und negative Selbstbilder verstärkt haben. Mit jeder erfahrenen Enttäuschung lassen die Anstrengungen zur Veränderung nach, bis dahin, dass Fatalismus und Pessimismus dafür sorgen, sich vor neuen Hoffnungen und damit verbundenen weiteren Enttäuschungen zu schützen (s. auch Kap. E 3.1). Hilfeangebote stellen in dieser Situation eine Bedrohung dar, da sie den aufgebauten Schutz vor weiterer Bedürfnisverletzung in Frage stellen. Besteht dazu noch die Erfahrung, dass bisherige Hilfeangebote zu keiner positiven Veränderung geführt haben und sind die Betroffenen damit in ihrer Einschätzung, dass ihnen nicht geholfen werden kann, bestätigt worden, sind die Aussichten auf positive Hilfeerwartungen denkbar schlecht. In der Regel suchen diese Personen Hilfe nicht aus eigenem Antrieb, sondern „unter dem Druck der Not oder äußerer sozialer Instanzen“ (Matter 1999:22). Beraterische Hilfe, sowohl im sozialdiagnostischen als auch im kompetenzfördernden Sinne, wird kaum erwartet. Im Zentrum steht die Erwartung externer Ressourcen erschließender Maßnahmen, was mit einer Instrumentalisierung der Helfenden einhergeht (ebd.). Ein beraterischer Zugang stößt auf Abwehr in passiver oder aktiver Form. Mit der Abwehr oder dem Unterlaufen der Hilfe ist erst recht zu rechnen, wenn Beratung oder auch Sozial- und Psychotherapie verordnet sind. Conen plädiert dafür, auch die Abwehr „als Ausdruck eines Schutzes vor weiteren Enttäuschungen“ zu betrachten:

> „Wenn keine neuen ‚Hilfeerfahrungen‘ gemacht werden können, können auch keine weiteren Enttäuschung entstehen“ (2006:53).

Die beraterische Ausgangssituation kann mit Matter so zusammengefasst werden:

> „Das Konzept einer helfenden Beziehung, in der es möglich werden könnte, eigene persönliche Ressourcen zu entwickeln, ungünstige Verhaltensweisen zu modifizieren oder gar eigene Anteile an der Situation zu reflektieren, besteht zunächst nur in den Köpfen der Helferinnen und Helfer. Der Weg zu einem Arbeitsbündnis als Voraussetzung für umfassende und wirksame Hilfe ist lang und muss von Anfang an einkalkuliert werden, wenn verhindert werden soll, dass bei Helferinnen und Helfern vorzeitige Erschöpfung und Resignation eintreten“ (Matter 1999:28).

Einen Zugang zu den Betroffenen zu finden, stellt hier somit die zentrale Aufgabe dar und entsprechend nimmt der *Aufbau von Motivation zur Kooperation* einen wichtigen Stellenwert ein. Gelingt dies nicht, kann weder Beratung noch eine Behandlung als sich *durch* und *mit* KlientInnen auszeichnende Veränderungsarbeit in Betracht gezogen werden. Selbst wenn diese durch Zwang zustande kommen, so ist es nicht der Zwangskontext, der die (Wieder-) Entdeckung bzw. die Erhöhung der Selbststeuerungsfähigkeiten bewirkt oder die Sozialkompetenz erhöht oder zur Neugestaltung von Beziehungsregeln führt (Conen 2006:57 f.). Dies erfolgt vielmehr durch die *gemeinsame Arbeit* an psychischen oder sozialen Veränderungen.

Ein Motivationsverfahren zum Aufbau von Kooperation stammt von Schmidt (2005). Den Vorgang beschreibt Schmidt als auf die Auftragserwartungen bzw. auf die Problemsicht und die Anliegen der AdressatInnen abgestimmte Zielklärung (ebd.:104). Vor dem Hintergrund der sich durch Problemdelegation und Lösungsdelegation auszeichnenden Beziehungscharakteristik der „Klagenden" sowie der sich durch Problem- und Lösungsnegation auszeichnenden Charakteristik der „BesucherInnen" (s. Kap. D 5.2.3) lässt sich das Vorgehen in Form von folgenden Regeln beschreiben (Schmidt 2005: 104 ff.):

*Abb. 30: Herstellung von Kooperation*

| Klagende | BesucherInnen |
|---|---|
| - Akzeptiere, dass der/die Adressat/in (im folgenden A.) die Lösungsgestaltung jenen zuweist, die aus seiner/ihrer Sicht das Problem verursacht haben und würdige die bisher unternommenen, erfolglos gebliebenen Problemlösungsversuche.<br>- Akzeptiere, dass A. dir aufgrund seiner/ihrer Erfolglosigkeit den Lösungsauftrag erteilt: „Ändere du für mich andere, die ich nicht verändern konnte". Formuliere dies als Auftrag, das Beratungssystem zu erweitern, um das Problem in den Griff zu bekommen.<br>- Prüfe, ob dies zieldienlich und möglich ist und A. die Bereitschaft zur neuen Arbeitsform mitbringt.<br>- Ist dies der Fall, kläre mit dem erweiterten Beratungssystem die Ziele.<br>- Ist dies nicht der Fall, definiere die Einschränkungen als schwere Restriktion für A. Mache explizit deutlich, dass du seinen/ihren Erstauftrag nicht erfüllen kannst und erfrage das Interesse an einem Auftrag zweiter Wahl („Einen Umgang mit den Restriktionen finden").<br>- Würdige die Annahme eines solchen Auftrags, kläre Ziele zweiter Wahl und damit verbundene Zielkonflikte.<br>- Würdige jeden eigenen Gestaltungsschritt als souveräne, autonome Leistung unter schwierigen Bedingungen.<br>- Würdige die Zweifel, Ambivalenzen und Unwilligkeiten hinsichtlich der Kooperation als angemessene Reaktionen auf die Nichterfüllung der Ersterwartungen. | - Akzeptiere, dass A. nur deswegen da ist, weil er/sie von den Zuweisenden Sanktionen zu befürchten hätte, wenn er/sie die Beratung nicht in Anspruch nehmen würde.<br>- Akzeptiere die Lösungsvorstellung von A., in Ruhe gelassen zu werden und dass die Zuweisenden damit aufhören sollten, ihn/sie mit Problemzuschreibungen zu traktieren. Formuliere dies als Auftrag, ihn/sie dabei zu unterstützen mit den Zuweisenden in einer Weise umgehen zu können, die diese – unter Wahrung der eigenen Würde und Vorstellungen – zufrieden stellt.<br>- Kläre die daraus resultierenden Ziele und damit verbundene Zielkonflikte.<br>- Kläre die Ziele. |

Quelle: in Anlehnung an Schmidt 2005

Motivationstheoretisch wird in diesem Verfahren konsequent auf die Form der Positiv-Motivierung gesetzt, der „das Streben nach individuell hocheingeschätzten Zielen und Werten zugrunde [liegt]" (Kanfer et al. 2006:59). Im Vordergrund steht hier die Suche nach Beratungszielen, die für AdressatInnen *subjektiv relevant* sowie *beraterisch bearbeitbar* sind.

Negativmotivierung richtet sich dagegen auf die Beendigung eines momentanen Zustands oder Vermeidung eines künftigen Zustands (ebd.). Diese Motivierungsform geht mit Zwangsmaßnahmen einher; aber auch innerhalb dieser kann sie weiter Verwendung finden, z. B. dadurch, dass die Negativ-Konsequenzen der Nicht-Kooperation betont werden. Im Falle eines „Klagenden" in einem Sozialamt könnte z.B. die

Motivation zur Kooperation über die Androhung von Leistungseinbußen erfolgen. Negative Motivierungsstrategien mögen zwar auch bewirken, dass AdressatInnen wieder kommen, für *beraterische Aktivitäten* ist deren Einsatz aber heikler, da sie nicht zwangsläufig zu *subjektiv* guten Gründen führen, die zum *aktiven* Mitarbeiten motivieren. Es besteht die Gefahr, dass SozialarbeiterInnen, weil sie dem Aufbau von Motivation bei den AdressatInnen zu wenig Aufmerksamkeit schenken, viel zu schnell (und nur) an Problemlösungen *für* die AdressatInnen zu arbeiten beginnen.[321] Ein subjektiv relevantes Motiv dafür, „etwas zu verändern“ muss entsprechend gefunden werden, was im Unterschied zu der Negativmotivierung immanenten Frage, *ob* eine Person motiviert ist, die Auseinandersetzung darüber erfordert, *wofür* sie motiviert ist.

Selbstverständlich besitzen auch in beraterisch schwierigen Ausgangssituationen alle in Kap. E 2.4 zusammengefassten Beziehungsregeln für ein gutes Arbeitsbündnis Gültigkeit. Für Zwangskontexte kommt insbesondere der Herstellung von Transparenz über die Ausgangsbedingungen sowie der Rollenklärung wichtige Funktion zu:

> „Beide Teile des Auftrags, der Hilfe- sowie der Kontroll- und Schutzanteil, sollten [...] frühzeitig und gleichgewichtig offen gelegt werden. Das Ausblenden des Kontrollaspektes erscheint demgegenüber nicht nur als unprofessionell und kontraproduktiv [...], sondern entspricht auch nicht der Wahrheit: Mit einem Schafspelz den darunter knurrenden kontrollierenden und mächtigen Wolf zu kaschieren liefe letztlich auf eine Lüge gegenüber dem Klienten hinaus. Eine Lüge ist jedoch eine denkbar schlechte Ausgangsbasis für die Entwicklung eines Vertrauensverhältnisses, das ohnehin zunächst eher belastet ist“ (Kähler 2005:93).[322]

Gelingt die Kooperation, kann davon ausgegangen werden, dass AdressatInnen zumindest zur gemeinsamen Suche nach Problemlösungen bzw. nach Wegen, ihre Ziele zu erreichen (allgemeine Beratung), bereit sind. Bei Betrachtung der Abwehr personenbezogener Hilfe als Ausdruck von Schutzmechanismen vor weiterer bedürfnisverletzender Erfahrung wäre es jedoch zum einen zu optimistisch gedacht, anzunehmen, dass allein Kooperationsbereitschaft ausreicht, um AdressatInnen beraten zu können. Abgesehen davon, dass meist zuerst die tatkräftige Unterstützung der SozialarbeiterInnen erforderlich ist, um die notwendigen Voraussetzungen hierfür zu schaffen, fehlt bei diesen AdressatInnen ja gerade der Glaube daran, *selber* etwas verändern zu können. Der Aufbau von Selbstvertrauen und Zutrauen in die eigene Handlungsfähigkeit (s. Kap. E 2.2.2.1) stellt sich damit auch schon als wichtige Aufgabe allgemeiner Beratung, will man den Betroffenen überhaupt eine Chance zur (Rück-)Gewinnung ihrer Selbststeuerungskompetenzen geben.

**Zusammengefasst** bilden die Beschäftigung mit Bedürfnissen, Präferenzen, Zielen und Ressourcen zentrale Bestandteile in beraterisch schwierigen Ausgangssituationen. Wert-, Ziel- und Ressourcenanalyse bzw. ressourcenaktivierende Methoden sind hier bereits aus beziehungstheoretischen Gründen und nicht nur aus beratungstheoretischen Gründen einer Problemanalyse voranzustellen (s. Kap. E 2.3.1). Mit viel Wertschätzung eingesetzt können sie dazu beitragen, Menschen, die in äußerst schwierigen Lebenslagen sind, wieder Hoffnung zu geben. Mit dem Buchtitel „Wo keine Hoffnung ist,

---

321 Kanfer et al. machen auch darauf aufmerksam, dass negativ erzeugte Motivation auch schnell wieder schwindet, nämlich sobald der aversive Zustand wieder abnimmt (Kanfer et al. 2006:60).

322 Auf den Band „Soziale Arbeit in Zwangskontexten“ von Kähler (2005) sei an dieser Stelle explizit hingewiesen. Auf der Grundlage von Literaturanalysen, unterstützt durch eine empirische Analyse, stellt Kähler in diesem zentrale Handlungsregeln für die Arbeit in Zwangskontexten vor.

muss man sie erfinden" bringt Conen (2006) ihr Anliegen, auch sozial Benachteiligten einen Anspruch auf die Verbesserung ihrer Problemlösungsfähigkeit einzuräumen, auf den Punkt. Dies täuscht nicht darüber hinweg, dass das Schaffen von Hoffnung noch nicht gewährleistet, das Betroffene tatsächlich auch zu besseren Problemlösungen gelangen – dies erfordert in der Regel intensive Lern- und Bildungsprozesse. Das Zutrauen in die eigenen Fähigkeiten stellt jedoch eine zentrale Voraussetzung dafür dar, dass die Entwicklung von neuen Problemlösungsstrategien überhaupt in Gang kommt. Im Rahmen der aufsuchenden Familienberatung stellt Conen dann auch fest, dass mit wachsendem Zutrauen in die eigenen Fähigkeiten auch die belastenden Probleme zunehmend thematisiert werden (ebd.:144). Dies ist dann der Augenblick, an dem eine kompetenzfördernde Beratung in der Sozialen Arbeit einsetzen kann.

Schließlich muss im Zusammenhang mit der sich verbreitenden optimistischeren Einschätzung der Beratung mit Unfreiwilligen[323] betont werden, dass dabei eine kritische Distanz zu Zwangsberatung oder anderen erzwungenen Maßnahmen nicht verloren gehen darf. Kähler bekräftigt, dass Zwang immer nur Zwang zur Kontaktaufnahme bedeuten sollte, nicht aber ein Zwang zur Veränderung:

> „Ein Druck von außen erscheint allenfalls für die Durchsetzung von Kontaktaufnahmen zwischen Klienten und Fachkräften legitimierbar – und diese auch nur dann, wenn es sich um gravierende Abweichungen von gesellschaftlichen Vorgaben handelt. Kommt es auf diesem Weg zu einer Kontaktaufnahme hängt es von der Qualifikation und Professionalität der Fachkräfte ab, inwieweit diese erzwungenen Ausgangssituationen überführt werden können in eine Arbeitsbeziehung, in der Klienten die Motivation entwickeln an Änderungen ihrer Situation zu arbeiten" (2005:124 f.).

Nicht nur methodische, sondern auch ethische und machttheoretische Fragen müssen daher diskutiert werden.

Aus systemistischer Sicht lässt sich hierzu sagen, dass auf Kontrolle nicht verzichtet werden kann, wenn die Elastizitätsgrenze der eigenen (Bio)werte oder die anderer sowie die Grenze darauf gründender vergesellschafteter Werte und Normen überschritten zu werden drohen. Damit einher geht jedoch auch, dass Kontrollaufträge nicht unkritisch übernommen bzw. unreflektiert praktiziert werden, was seinerseits einen kritischen Umgang mit der eigenen Macht voraussetzt. Die Form der Macht von Professionellen hat in systemistischer Sicht Begrenzungsregeln zweiter Ordnung zu folgen, d. h. Regelungen der Macht, die ein „menschliches Zusammenleben aufgrund fairer Regeln ermöglicht" (Staub-Bernasconi 2007:384).

> „Machtstrukturen, die aufgrund solcher Begrenzungsregeln[324] konstruiert wurden beziehungsweise funktionieren, können als bedürfnisnahe und deshalb menschengerechte Machtstrukturen bezeichnet werden. Sie entsprechen einer systemischen Vorstellung sozialer Realität, die weder ‚die Gesellschaft' und ihre sogenannten funktionellen Erfordernisse oder gar Bedürfnisse (Holismus) noch ‚das Individuum' und seine Autonomie-, Freiheits-, Wert- sowie Nutzenmaximierungswünsche (Atomismus/Individualismus) absolut setzt. Unterschiede zwischen Menschen sind hier nicht das Resultat von Regeln

[323] Publikationen zu diesem Thema haben in jüngerer Zeit zugenommen (z. B. Kähler 2005; Gumpinger 2001; Conen 1999 und 2006). Kähler (2005:90) verweist aber darauf, dass über das Ausmaß der erzielten positiven Veränderungen in sozialarbeiterischen Zwangskontexten erst wenig empirisches Material vorliegt.

[324] D. h. Regeln, die sich an einem fairen Zugang zu und der gerechten Verteilung von Ressourcen und sozialen Positionen orientieren und die Regeln ihrerseits an Regeln binden, in denen die universellen menschlichen Bedürfnisse als verdienstlose Legitimationsbasis für eine egalitäre Verteilung sowie menschliche, aufgrund ihres sozialen Nutzens soziale wertzuschätzende, Leistungen als Rechtfertigungsbasis für soziale Ungleichheit gelten (Staub- Bernasconi 2007:381ff.).

systematischer Benachteiligung und Privilegierung und/oder Herrschaftserhaltungsregeln, sondern das, was man als ‚integrierten Pluralismus' [...] oder ‚unbeherrschte Diversität' (‚undominated diversity' ) bezeichnen kann" (ebd.).

Auf dem Hintergrund einer bedürfnisorientierten Ethik und eines im Dienste von Begrenzungsmacht stehenden Professionsverständnisses ist die in der Sozialhilfe verpflichtende Beratung als Voraussetzung der Leistungsgewährung klar nicht vertretbar, da damit das grundlegende Anrecht auf materielle Leistungen in Frage gestellt wird. Auch wird Beratung dadurch eine rein formale Kategorie. Beratung als spezifische Handlungsform kann jedoch nicht mehr realisiert werden. Wie gesagt, lässt sich zwar auch bei verordneter Beratung von Beratung sprechen, dies aber nur insoweit, als dass die Entscheidungsfreiheit der Beratenen gewährleistet ist (s. Kap. D 1.2.2.3). Eine „Beratung" mit vorgängig durch Beratende festgelegten Ergebnissen stellt ein Beratungsparadox dar. Handlungen dieser Art können folglich nicht als Beratung qualifiziert werden (Burmester 2005; Raithel 2006; Völker 2002).[325]

### 4.1.2 Beratung im Kontext unterschiedlicher niveaunaler Arrangements

Sickendiek et al. verorten den Grund für die über Individuen hinausgehende Ausweitung von Beratungsformen primär in einer veränderten, den sozialen Kontext einschließenden Problemsicht ab den 1980er Jahren.

> „Der oder die Einzelne ist [...] Teil eines sozialen Kontextes. Sein oder ihr Verhalten ist in diese Kontexte gebunden und der Versuch, Probleme zu beheben oder Fragestellungen zu klären kann gänzlich scheitern, wenn diese Kontexte nicht in die Beratung einbezogen werden. Der soziale Kontext kann durch Familienmitglieder ebenso bestimmt sein wie durch FreundInnen, bedeutsam können sozialpädagogische Einrichtungen (z. B. Jugendzentren) ebenso sein wie Stadtteile mit ihrer Infrastruktur. Der Kontext kann aber auch eine Selbsthilfeorganisation sein, ebenso wie eine bürokratische Institution" (1999:83).

Auch in der Sozialen Arbeit hat sich Beratung auf unterschiedlichen Akteurniveaus etabliert. Mit Einzel-, Gruppen-, Organisations- und Gemeinwesenberatung wird bezeichnet, *mit welchem Akteur die Beratung durchgeführt wird.* Einige Formen können auf natürliche und/oder artifizielle soziale Systeme bezogenen sein, was dann noch einmal zu verschiedenen Bezeichnungen führen kann. So kann in Bezug auf Einzelne zwischen Einzelberatung als auf die private Person bezogene Beratung, Einzelsupervision als auf die berufliche Rolle bezogene Beratung und Coaching als auf Führungsrollen[326] bezogene

---

[325] Diese Position vertritt auch Reis und verweist in diesem Zusammenhang auf ein Urteil des Bundesverfassungsgerichts zur Schwangerschaftskonfliktberatung, in dem festgestellt ist, dass Zwangsberatung wohl zur Pflicht eines Beratenden führt, „sich nicht nur an der Interessenslage der Frau zu orientieren, sondern auch den vorhandenen Zwiespalt zur Rechtsordnung zu thematisieren" (2003:1), nicht aber zur Einschüchterung und Bevormundung: „Für die Festlegung des Inhalts der Beratung kann der Gesetzgeber davon ausgehen, dass Beratung nur dann eine Chance hat, das ungeborene Leben wirklich zu schützen, wenn sie ergebnisoffen geführt wird. Die Beratung muss, um erfolgreich sein zu können, darauf angelegt sein, dass die Frau sich an der Suche nach einer Lösung beteiligt. Dies rechtfertigt es auch, davon abzusehen, die erwartete Gesprächs- und Mitwirkungsbereitschaft der Frau zu erzwingen" (E 88203; II: 282; zit. n. ebd.:1).

[326] Der Coaching-Begriff ist die neuste Errungenschaft einer Beratungsvariante. Struck schreibt: „Auch wenn es die Dienstleistungen unter anderen Namen schon wesentlich länger gibt – Beratung, Supervision, Training, Therapie –, ihre Akzeptanz scheint durch das Label „Coaching" gewachsen zu sein. So eignen sich denn immer mehr Angebote, quasi als Trittbrettfahrer oder Markenpiraten, dieses Label an. Für den Abnehmer, den Nutzer von Coaching, wird der Begriff auf diese Weise zunehmend unschärfer, das inhaltliche Angebot unkenntlicher und in seiner Qualität kaum einschätzbar" (2006:11).

Beratung differenziert werden. Auf Gruppenebene können analog z. B. Familienberatung, Teamberatung oder -supervision oder Gruppencoaching unterschieden werden. Organisationsberatung bezieht sich per Begriff auf die Beratung eines artifiziellen, formalisierten Sozialsystems (Firmen, Betriebe, Konzerne). Gemeinwesenberatung bezieht sich auf ein soziales System als „ein Beziehungsgeflecht zwischen Menschen, Gruppen und Organisationen, die in einem umschriebenen Gebiet leben und/oder tätig sind" (GWA Netzwerke Deutschschweiz 2008:2; ähnlich auch Lenz 2004:435).
Die Formen können somit als Ausdruck einer beraterischen Systemdifferenzierung gefasst werden, worüber auch der Problembereich der Beratung charakterisiert ist.
So ist *Einzelberatung* dadurch charakterisiert, dass sie ausschließlich auf die *Probleme des Gegenübers* Bezug nehmen kann. Es geht um „seine oder ihre ‚Sicht der Welt', seine oder ihre Problemperspektive, seine oder ihre Biografie etc." (Sickendiek et al. 1999:85; vgl. auch Sander 2004:332). *Gruppenberatung* ist dadurch gekennzeichnet, dass sie sich auf *Probleme mehrerer Gruppenmitglieder* bzw. *Probleme in der Gruppe* bezieht, die gemeinsam und in direkter Interaktion bearbeitet werden (Rechtien 2004b:359; Sickendiek et al. ebd.:93). Organisationsberatung zeichnet sich durch den Fokus auf *Probleme der Organisation* bzw. *Probleme in Organisationen* aus. Gegenstand von Beratung sind in diesem Sinne die Konzipierung und Umsetzung anstehender Planungen und Innovationen, die Bewältigung von Konflikten, Störungen und Hemmnissen in den Funktionsabläufen oder die Verbesserung der Leistungsfähigkeit, Kompetenz und Effizienz von Organisationen (ebd.:99). Gemeinwesenberatung fokussiert entsprechend auf *Probleme von und in Gemeinwesen*, z. B. auf fehlende bindende Beziehungen oder auf Abhängigkeits- oder Unverträglichkeitsbeziehungen innerhalb eines Gemeinwesens (Martin 2003).

Welche Modifikationen haben die Beratungsformen zur Folge? Um Antworten auf diese Frage näher zu kommen, sei vorweg bemerkt, dass dazu weiterhin von Beratung als ein auf die (Wieder-)Entdeckung bzw. die Förderung von Selbststeuerungskräften gerichteter Interaktionsprozess ausgegangen wird, in dem Beratende einem systemistisch orientierten Problem- und Handlungsverständnis folgen. Ausgegangen wird damit folglich auch davon, dass Interaktionsformen nicht je eigener problem- und ressourcentheoretischer Konzeptionen bedürfen. Sie beziehen sich wohl auf bestimmte, an den Objektbereich gebundene praktische Probleme für die Beratung. Daraus folgt aber nicht, dass die Formen – auch wenn sie sich, wie von Sieckendieck et al. formuliert, durch veränderte Problemauffassungen entwickelt haben – problem- und ressourcentheoretische spezifische Konzeptionen repräsentieren, also Einzelberatung mit psychologisch orientierter, Gruppenberatung mit sozialpsychologisch orientierter und Gemeinwesenberatung mit sozialökologisch orientierter Beratung identisch ist. Dieser Eindruck entsteht insbesondere in der Literatur zur Beratung mit größeren Systemen. So schreibt z. B. Lenz:

> „Communitiy Counseling ist ein relativ neues Beratungskonzept, in dem speziell die vielschichtige Interaktion von Person und Umwelt mit ihren verschiedenen sozialökologischen Systemen [...] im Mittelpunkt steht" (2004:436).

Auf diese Weise könnte man annehmen, dass in der Gemeinwesenberatung vor allem Verbünde von sozialen Systemen (intersoziale Systeme), nicht aber Individuen oder interindividuelle Systeme eine Rolle spielen oder umgekehrt, in der Einzelberatung nur Individuen, nicht aber intersoziale Systeme von Bedeutung sind. Durch die Gleichsetzung von Form mit theoretischem Bezugsrahmen kann es zu zahlreichen Verwirrungen kommen, sei es, dass Einzelberatung als grundsätzlich reduktionistisch bewertet wird, demgegenüber die anderen Beratungsformen sich per se durch Nichtreduktionismus auszeichnen (methodologischer Aspekt) oder dass Einzelberatung als auf die Psyche verändernde Aktivität angesehen wird, demgegenüber Gruppen-, Organisations- und Gemeinwesenberatung als auf das Soziale, Kulturelle, Ökologische etc. verändernde Aktivität betrachtet wird (ontologischer Aspekt), in dessen Folge Beratung mit Einzelnen als ein psychotherapienahes Geschehen angesehen werden muss, demgegenüber Beratung mit Gruppen, Organisationen oder „Gemeinwesen" immer ein „Mehr als Beratung" einhergeht, d. h. sie immer auch noch weitere Aktivitäten einschließt (handlungstheoretischer Aspekt). Eine so geführte Beratungsdiskussion kann nur zur unfruchtbaren Neuauflage des Problems der „klassischen Methoden" führen (s. Kap. B).[327] Dies zu vermeiden setzt voraus, die Frage nach mit den Beratungsformen einhergehenden Modifikationen nicht erneut als beratertheoretische Frage, sondern als *beratungstheoretische* Frage zu behandeln. Konkret: Welche beraterischen Operationen sind erforderlich, damit in Gruppen, Organisationen, Gemeinwesen das vorhandene Selbststeuerungspotenzial zur Problemlösung (wieder-) entdeckt bzw. entwickelt werden kann? Welche Veränderungen ergeben sich hinsichtlich der Beziehungsgestaltung, des Veränderungsprozesses und der Stabilisierung des Erreichten?

*Beziehungsgestaltung:* Wie an anderer Stelle schon angedeutet (s. Kap. D 4.3), erfordert die Beratung mit sozialen Systemen über die Einzelberatung hinaus gehende Regeln der Beziehungsgestaltung. Gegenstand der Beratungsbeziehung und folglich des Beratungshandelns sind nicht nur die Interaktionen zwischen Beratenden und Adressaten- oder Klientensystem, sondern in Bezug auf Gruppenberatung die *Interaktionen zwischen den Gruppenmitgliedern* und in Bezug auf Organisations- und Gemeinwesenberatung *die Interaktionen zwischen dem Beratungssystem und den relevanten Subsystemen der Organisation bzw. des Gemeinwesens als Komponenten des erweiterten Beratungssystems.*

Die Gründe für den Steuerungsbedarf der sozialen und kulturellen Prozesse in den Systemen liegen angesichts der Ziele von Beratung auf der Hand. Erst die affektive, kognitive und kommunikative Anteilnahme aller Beteiligten ermöglicht beraterische Problemlösungen in Gruppen. Ist dies nicht der Fall, so ist eher von „Einzelberatung in Anwesenheit anderer" (Rechtien 2004b:359) zu sprechen. Die Anteilnahme setzt voraus, dass zwischen den Gruppenmitgliedern Kommunikations- und Kooperationsstrukturen entstehen, die von ihnen positiv bewertet werden. Deren Entwicklung durch die Gruppenmitglieder muss daher ein zentraler Bestandteil der Beziehungsgestaltung sein (vgl. z. B. Stahl 2002:15 ff.; Schein 2003:217 ff.).

In der Beratung von größeren Systemen ist die Steuerung der sozialen und kulturellen Prozesse nicht nur für den Beratungsprozess relevant, sondern auch für das Beratungsergebnis. Da es kaum möglich ist, *die gesamte Organisation* oder *das gesamte Gemeinwesen* zu beraten, sondern auch hier Gruppen (z. B. Mitglieder von verschiedenen Abteilungen/Quartieren) oder aber Kollektive (z. B. mehrere VertreterInnen einer Abteilung/eines Quartiers) beraten werden, die Beratung aber im Dienste von Zielen der Organisation oder des Gemeinwesens steht, bildet die Steuerung der Prozesse zwecks Erreichung und Sicherung der Ziele ein zentrales inhaltliches Thema der Beratung. Es

[327] Diese Vermischung hat auch zu Kämpfen zwischen Organisationsentwicklung, Coaching und Supervision geführt (Fatzer 2005:20 ff.).

gilt ein Konzept zur strukturellen Umsetzung von Beratungsprozessen oder eine „Architektur' von Beratungsprozessen" (Königswieser & Exner 2002:47) zu erarbeiten und damit das erweiterte Beratungssystem zu etablieren. Dies unterscheidet diese Interaktionsformen sowohl von Einzel- als auch von Gruppenberatungen. Die Interaktionsbeziehungen zwischen Beratenen und Beratenden sowie zwischen den Beratenen wird bei diesen meist erst expliziter Gegenstand der Beratung (im Unterscheid zur Beziehungsgestaltung), wenn diesbezüglich Probleme artikuliert werden.[328]

*Veränderungsprozess:* Die Phasen bzw. Subphasen von Beratung gelten für alle Beratungsformen.[329] Entscheidende Modifikationen gegenüber Einzelberatungen betreffen in Bezug auf Gruppen-, Organisations- und Gemeinwesenberatung den *Strukturierungs- sowie den Unterstützungsgrad* der allgemeinen und spezifischen Beratungsprozesse. Der Grad der Strukturierung durch Beratende ist bei diesen Formen höher, der Grad der Unterstützung hingegen geringer. Der höhere Strukturierungsgrad, der sich durch Deklaration und Ratifizierung der Phasen und Subphasen des Beratungsprozesses auszeichnet, ergibt sich durch die Notwendigkeit zur Abstimmung und Verständigung über die infrage stehenden Sachverhalte und ihrer Bearbeitung.[330] In der Einzelberatung kann die Steuerung der kognitiven Operationen hingegen weitgehend implizit und wissensstrukturell auch flexibler erfolgen. Der geringere Unterstützungsgrad durch die Beratenden, der in einer stärkeren Zurückhaltung von inhaltlichen Angeboten zum Ausdruck kommt, ist notwendig, um diese Beratungsformen überhaupt zu ermöglichen: Wie oben bemerkt, steht in ihrem Zentrum nicht nur individuelles, sondern auch soziales Wahrnehmen und Lernen. Die wesentliche Aufgabe von GruppenberaterInnen besteht folglich darin, die sozialen Prozesse so zu steuern, dass möglichst viele Gruppenmitglieder an der Wissensgenerierung und -erzeugung sowie an deren Einübung teilnehmen. In Organisations- und Gemeinwesenberatung muss darüber hinaus entschieden werden, an welchen Inhalten bzw. Wissensformen welche Komponenten des erweiterten Beratungssystems arbeiten.

*Stabilisierung des Erreichten:* Während Stabilisierung und Transfer der erzielten Ergebnisse in der Einzelberatung weitestgehend außerhalb der Beratungssituation erfolgen muss, bestehen bei Gruppen-, Organisations- und Gemeinwesenberatungen gute Chancen, den Zuwachs an Selbststeuerungspotenzialen in Bezug auf ein Problem in der Beratungssituation selbst einzuüben und auf andere Probleme anzuwenden. Dies dürfte zumindest dann der Fall sein, wenn die Probleme, derentwegen Beratung in Anspruch genommen werden, sozialer Art sind und das (erweiterte) Beratungssystem heterogener Art ist. Auf diese Weise bieten Gruppen zahlreiche Möglichkeiten der Problemaktualisierung und somit Gelegenheiten, erworbene Kompetenzen auf ihre Stabilität und Generalisierung hin zu überprüfen.

---

[328] Inwieweit die Beziehungen zwischen Gruppenmitgliedern Gegenstand der Beratung sind, ist natürlich auch abhängig von den Zielen der Gruppe.

[329] Vgl. dazu auch die Beschreibungen idealtypischer Phasen der Gruppen- und Organisationsberatung bei Sickendiek et al. (1999:93 f. und 100).

[330] Eine differenzierte Beschreibung zur Organisation des Beratungsprozesses in Gruppen legt Rappe- Giesecke (2003:135 f. und 139 f.) für die Supervision vor.

**Zusammenfassend** bestehen die mit den sozialen Niveaus in Beziehung stehenden beratungstheoretischen Veränderungen vor allem darin, Beratung zu organisieren. Jede Beratungsform stellt ähnliche beratertheoretische Anforderungen, aber spezifische beratungstheoretische Anforderungen. So erfordern Mehrpersonensettings im Allgemeinen höhere Aufmerksamkeit bezüglich der Handhabung sozialer und kultureller Prozesse als dies bei der Einzelberatung der Fall ist. Umgekehrt erfordern Einzelberatungen größere Aufmerksamkeit im Hinblick auf die kommunikative Gestaltung des Beratungsprozesses. Die Kommunikation dürfte in Gruppen aufgrund symmetrischer Beziehungen zwischen den Mitgliedern häufig „fließender" sein (Brack & Gregusch 2001:41). Keine der Formen ist jedoch „an sich" zu bevorzugen; vielmehr unterliegen auch die Formen einer *indikationsbezogenen Auswahl*. In fachlicher Hinsicht ist die methodische Gestaltung des interaktionalen Settings, wozu nebst der Wahl des sozialen Niveaus auch die Wahl des Ortes, an dem Beratung durchgeführt wird, sowie die Festlegung von Sitzungsdauer und -häufigkeit gehören, idealiter an den Problemen der Adressaten- und Klientensysteme zu orientieren.

Im Zuge der Vergleichsstudie zu Psychotherapien stellen Grawe, Dontati & Bernauer grundsätzlich positive Wirkung für jedes Setting fest.:

> „[...] ambulant und stationär, mit zeitlich massierten und zeitlich verteilten Behandlungssitzungen, mit Sitzungen in einem speziellen Therapieraum und ‚Sitzungen' in einer eigens hergestellten oder aufgesuchten anderen situativen Umgebung in verschiedenen zwischenmenschlichen Settings" (1994/95:703).

Die Autoren sprechen sich klar gegen die Beschränkung auf ein bestimmtes Setting aus, würden dadurch die Möglichkeiten zur Veränderung zum Nachteil der Problembetroffenen nicht ausgeschöpft. Unter Bezugnahme auf die allgemeinen Wirkmechanismen von Psychotherapie wird nahe gelegt, wenn möglich jenes Setting zu wählen, in dem Probleme am besten aktualisiert werden können:

> „Partnerproblem unter Einbeziehung beider Partner; Probleme, an denen Familienangehörige maßgeblich beteiligt sind, unter Einbezug der bedeutsamen Familienmitglieder; generalisierte zwischenmenschliche Schwierigkeiten in einer Gruppentherapie; Schwierigkeiten in ganz bestimmten Situationen [...] durch Aufsuchen der Situationen, in denen diese Schwierigkeiten auftreten usw." (ebd.:704).

Da das Setting nicht nur ein Mittel zur Herbeiführung erwünschter Veränderungen, sondern gleichzeitig tragende Grundlage des Veränderungsprozesses ist, gilt als ein weiteres zentrales Kriterium für seine Wahl die Beantwortung der Frage, inwiefern es die Unterstützung der Veränderungsbemühungen fördert:

> „Dazu gehören z. B. die therapeutic alliance oder das Arbeitsbündnis in der Einzeltherapie, die Gruppenkohäsion in einer Therapiegruppe, die Nutzung der positiven Ressourcen einer Familie, der Schutz eines stationäres Aufenthaltes usw." (ebd.:705).

Der Verzicht auf ein bestimmtes Setting bedeutet somit nicht, keine Settings auszuwählen, sondern darauf zu verzichten, jedem Klienten das gleiche Setting „überzustülpen". Die Auswahl von Settings stellt dann sogar eine Notwendigkeit dar, ist der Handlungsspielraum jeder Beratungsstelle bzw. jeder Organisation, in der Beratung stattfindet, schlussendlich begrenzt (Großmaß 2004b:495).

Unter Umständen kann eine nachgeordnete Kombination von verschiedenen Beratungsformen optimal sein, also für professionsbezogene Beratung z. B. Coaching,

Supervision, Organisationsentwicklung und für klientenbezogene Einzelberatung, Gruppenberatung, Gemeinwesenberatung oder umgekehrt.

Für die Veränderung zwischenmenschlicher Probleme im Bereich der Therapie konstatieren Grawe et. al., dass ein „gruppentherapeutisches Setting [...] dem einzeltherapeutischen auf jeden Fall vorzuziehen [ist]“ (1995:706). Denn eine „Gruppentherapie bietet [...] noch reichere Übertragungs- bzw. Aktualisierungsmöglichkeiten als eine Einzeltherapie und ist daher [...] noch besser geeignet, Veränderungen des zwischenmenschlichen Erlebens und Verhaltens herbeizuführen.“ (ebd.:704).[331] Unter dem Aspekt günstiger Unterstützungsbedingungen hingegen ist ein Gruppensetting nicht in jedem Falle vorzuziehen. Schlechte Gruppentherapieergebnisse sind zu erwarten, wenn KlientInnen „eigentlich keine Gruppentherapie haben wollten und sich deshalb nur recht widerstrebend auf das Geschehen in der Therapiegruppe eingelassen haben“ (Grawe, Caspar & Ambühl 1990:365). Die Befunde verdeutlichen, dass der Entscheid für ein Setting sowohl problemabhängig als auch motivationsabhängig ist. Es ist in Absprache mit KlientInnen festzulegen und bedarf im Laufe der Beratung immer wieder der Überprüfung, nicht nur hinsichtlich der Zusammensetzung des Beratungssystems, sondern auch hinsichtlich zeitlicher und räumlicher Aspekte. Was zu Beginn der Beratung ein geeignetes Setting sein kann, kann sich zu einem späteren Zeitpunkt als eher ungeeignet oder weniger effektiv und effizient herausstellen. Beispielsweise ist dies der Fall, wenn ein Gruppensetting zwar zur Problementlastung führt, diese dann aber keine höhere Beratungsmotivation nach sich zieht, sondern sich ins Gegenteil verkehrt. Umgekehrt kann ein Einzelsetting aufgrund emotionaler Probleme, wie Angst, Scham und Hoffnungslosigkeit zunächst wirksamer sein, während KlientInnen zu einem späteren Zeitpunkt mehr von Mehrpersonensettings, in denen sie unterschiedliche Feedbacks erhalten, profitieren würden. Hausbesuche mögen am Anfang das Vertrauen erhöhen, behindern auf längere Sicht möglicherweise aber notwendige Schritte aus der Isolation.

### 4.1.3 Beratung im Kontext unterschiedlicher räumlicher Arrangements

Wie beschrieben findet Beratung in der Sozialen Arbeit in geschlossenen, halb-offenen und offenen Settings oder Geh-, Komm- und Gelegenheitsstrukturen statt. Dabei tut sich Soziale Arbeit insbesondere schwer, Beratung in offenen Settings bzw. die funktionale Beratung (s. Kap. B 2.2) als professionelle Beratung zu qualifizieren. Einerseits überzeugt von der Notwendigkeit und den Chancen offener Beratungssettings zur Erreichung sozialarbeiterischer Ziele (z. B. Koschorke 1975; Seibert 1978b), scheinen andererseits die damit einhergehenden Bedingungen den Vorstellungen professioneller Beratung zuwiderzulaufen (Knab 2008:113 f.). So erhöhen offene Beratungsangebote durch den damit verbundenen anforderungsarmen Zugang zur Beratung potenziell ihre Inanspruchnahme, gleichzeitig aber auch die Möglichkeiten zur Unverbindlichkeit, so dass schon das Entstehen einer zweckgebundenen Beratungsbeziehung erschwert sein kann. Dabei ist zu berücksichtigen, dass offene Beratungsangebote eben auch nicht ausschließlich an Zwecke von Beratung gebunden sind. Offene Beratungsangebote sind

[331] Ähnlich formuliert Rechtien als Indikatoren der Gruppenberatung die Möglichkeit der Problementlastung, das Vorliegen von fehlenden oder beeinträchtigenden sozialen Kompetenzen bzw. des Ziels der (Wieder-)Ermöglichung funktionierender Beziehungen, die Möglichkeit zum Modelllernen sowie der Erprobung von Problemlösungen (2004b:370 f.).

vielmehr Bestandteil von sozialarbeiterischen Hilfeangeboten, die in der Regel mehrere, verschiedenartige Zwecke verfolgen und entsprechend verschiedene Interaktionsangebote in Bezug auf verschiedene soziale Niveaus und mit verschiedenen Akteuren zur Verfügung stellen (Knab ebd.:120). Beratung ist damit zunächst einmal ein mögliches Interaktionsangebot. Erste Befunde deuten darauf hin, dass Gruppenangebote (z. B. Mutter-Kind-Gruppen, Arbeitslosenfrühstück, Bildungsangebote) den Zugang zu beraterischen Interaktionsangeboten deutlich erleichtern (ebd.:121; Ministerium für Arbeit und Soziales 2000:193). Bei intensiv betriebener Gemeinwesenorientierung sozialer Einrichtungen ließ sich zudem eine vergleichsweise größere Bandbreite von Anlassproblemen bei der Beratung feststellen.

> „Während anderswo [gemeint sind hier öffentliche und private Sozialberatungsstellen; Amerk. d. Verf.] materielle Probleme teilweise von den Klienten als Aufhänger genommen werden, um dann später auch persönliche Schwierigkeiten zu thematisieren [...] sorgt die Verankerung des Sozialbüros im Quartier für eine größere Offenheit bereits im Erstkontakt" (Ministerium für Arbeit und Soziales 2000:193; Herv. d. Verf.).

Die Vertrauensbildung scheint über die Gemeinwesenorientierung erhöht werden zu können. Hieraus könnte geschlossen werden, dass offene Beratungsangebote zwar nicht sofort, aber über einen Zeitraum hinweg, gute und möglicherweise im Vergleich zu institutionalisierten Beratungsangeboten sogar effektivere und effizientere Voraussetzungen erfolgsversprechender Beratung für bestimmte Adressatengruppen zu schaffen vermögen. Auch in stationären Einrichtungen kann von der Entwicklung dieser Voraussetzungen ausgegangen werden.

Mit Hinweisen auf das Potenzial offener Settings für die Wahrnehmung des Interaktionsangebotes Beratung ist jedoch noch nicht geklärt, was Beratung selbst in diesen Settings ausmacht bzw. ob und wie sich professionelle Beratung im hier verstandenen Sinne realisieren lässt. Knab zufolge scheint das Problem von SozialarbeiterInnen, Beratung als professionelle Beratung zu qualifizieren, darin zu liegen, dass a) AdressatInnen oder KlientInnen des Hilfeangebots Beratung spontan nachfragen können und b) dass nicht auf ein methodisch abgesichertes Beratungssetting zurückgegriffen werden kann (Knab 2008:119). Das Problem besteht somit in der Gleichsetzung der Formalisierung mit Professionalität. Die folgenden Überlegungen fokussieren auf die Klärung der Möglichkeiten und Grenzen professioneller Beratung in offenen Settings. Hindert das offene Setting daran, eine Beratungsbeziehung herzustellen? Behindert es, Beratung als auf einem sozialarbeiterischen Problemverständnis gründende zielgerichtete Methode durchzuführen? Wiederum wird auf die Komponenten der Grundstruktur von Beratung Bezug genommen.

*Beziehungsgestaltung:* Oben wurde bereits auf einen wesentlichen Vorteil von offenen Settings für die Herstellung von vertrauensvollen Beziehungen hingewiesen. Beziehungen können sich über einen längeren Zeitraum entwickeln, so dass auch sozial ängstliche oder misstrauische Personen einen Zugang zu Beratung entwickeln können. Das Spektrum der Beziehungsgestaltung ist gegenüber geschlossenen Settings größer, da gemeinsame Aktivitäten nicht auf das Gespräch begrenzt sind. Gleichzeitig entstehen durch diese Aktivitäten wieder mehr Möglichkeiten zur Gesprächsaufnahme und damit auch zur Beratung. In diesem Zusammenhang ist Knab zuzustimmen, wenn sie gerade das aktive Zugehen der AdressatInnen/KlientInnen als beraterische Ressource offener Settings bewertet (ebd.:117), stellt doch die aktive Teilnahme einen zentralen

Wirkmechanismus gelingender Beratung dar. Die Chance, Kooperationsfähigkeit, positive Komplementarität und Kooperationsbereitschaft als wichtige Prädiktoren von Beratung zu realisieren, sind in diesem Setting in besonderem Maße gegeben. Nicht automatisch gegeben ist im offenen Setting das Entstehen einer auf die Handlungsform Beratung ausgerichtete Beziehung. Die Rolle von SozialarbeiterInnen ist nicht auf die von Beratenden begrenzt und muss von diesen bewusst eingenommen werden. Dabei ist es im Unterschied zu geschlossenen und halboffenen Settings nicht unbedingt notwendig, diese explizit zu deklarieren, stellt doch die Rollenflexibilität ein zentrales Merkmal der Sozialen Arbeit in offenen Settings dar, das den NutzerInnen des Hilfeangebots erlaubt, mit ganz unterschiedlichen, sich gar gleichzeitig widersprechenden Erwartungen an die SozialarbeiterInnen heranzutreten. Zu tief ausgeprägte Rollenbewusstheit oder zu wenig Möglichkeiten für die Gestaltung von Rollenwechseln erhöhen die Gefahr der Überforderung. Rollenbewusstheit und -gestaltung sind daher zentrale Kompetenzen in der Arbeit in offenen Settings. In Bezug auf Beratung gehört hierzu auch die Kompetenz, immer wieder neue und auf den Moment begrenzte Beratungsverpflichtungen einzugehen und die begrenzte Verpflichtung auch Ratsuchenden zuzugestehen.

Veränderungsprozess: Auch Beratung im offenen Setting ist ein zielgerichteter Interaktionsprozess. Die Mobilisierung vorhandener Selbststeuerungskräfte ist unabhängig vom Ort und auch nicht an eine feste Zeitstruktur gebunden. Bereits Seibert wandte sich explizit gegen die These Thierschs, dass Alltagsnähe mit methodisch gesicherten Strategien nicht vereinbar sei (s. Kap. B 1). Das an allgemeine Beratung gebundene Ziel der (Wieder-)Entdeckung vorhandener Selbststeuerungskompetenzen kann im offenen Setting auf jeden Fall realisiert werden. Diesbezüglich besteht eine mit der Gelegenheitsstruktur gegebene Besonderheit darin, dass das erste Beratungsgespräch gleichzeitig auch immer als das letzte konzipiert werden muss. Die Gelegenheitsstruktur schließt daher auch die Durchführung von spezifischer Beratung nicht aus, Voraussetzung auf Seiten der Beratenden ist hierfür, dass diese über ein Bild über die Wissensstruktur der AdressatInnen verfügen. Ein solches Bild kann über die Zeit hinweg entstehen, sofern regelmäßiger Kontakt zwischen SozialarbeiterInnen und AdressatInnen besteht.

Stabilisierung des Erreichten: Da durch die Augenblicksverpflichtung kein sozialer Rückkoppelungsprozess vorgesehen ist, gilt es die Stabilisierung immer als ein Bestandteil des jeweiligen Beratungsgesprächs zu realisieren (s. Kap. E 3.3.11).

Zusammenfassend ergeben sich mit der Gelegenheitsstruktur zwei zentrale beratungstheoretische Modifikationen. Diese bestehen zum einen in der Einschränkung der Möglichkeiten zur sozialarbeitsspezifischen Beratung. Die zweite Veränderung betrifft den zeitlichen Aspekt von Beratungsprozessen. Zeitliche Sequenzierungen sind in der Regel nicht vorgesehen; Beratungsprozesse beschränken sich somit auf ein einziges Gespräch. Beides hindert nicht daran auch in offenen Settings stattfindende Beratung als professionelle Beratung zu qualifizieren, denn auch in diesen ist der Beratungsprozess nach professionellen Gesichtspunkten gestaltbar. BeraterInnen können in diesen Settings besonders davon profitieren, dass die sozialarbeiterische Ausgangssituation nicht mit der beraterischen Ausgangssituation identisch ist, so dass auch hier eine Form spezifischer Beratung realisiert werden kann.

## 4.2 Möglichkeiten und Grenzen der Beratung in der Sozialen Arbeit

Die Betrachtung einiger Kontextmerkmale zeigt, dass Beratung bei unterschiedlichen Interaktionssettings nicht eine grundlegend andere, sondern eher eine spezielle beratungstheoretische Struktur nach sich zieht, die den strukturellen, inhaltlichen und zeitlichen Besonderheiten eines Settings Rechnung trägt. Um Beratung den Stellenwert zu geben, der ihr sowohl in diagnostischer als auch in veränderungsbezogener Hinsicht für das Erreichen der Ziele in der Sozialen Arbeit zukommt, stellt die Entwicklung solcher spezieller Beratungstheorien eine wichtige sozialarbeitstheoretische Aufgabe dar.

Sowohl in diagnostischer als auch in veränderungsbezogener Hinsicht wurde Beratung im Kontext Sozialer Arbeit als eine eingegrenzte Methode vorgestellt. Als sozialdiagnostische, quasihermeneutische Methode eingesetzt, durch die einige zentrale diagnostische Prinzipien Sozialer Arbeit realisiert werden, insbesondere das Prinzip der Partizipation und der Mehrperspektivität, ersetzt sie nicht eine sozialarbeiterische Diagnostik. Als auf die Erhöhung von Reflexions- und Erkenntniskompetenz ausgerichtete Interventionsmethode eingesetzt, ersetzt sie selbstverständlich auch nicht andere Methoden – im Gegenteil. Im Verlauf der Arbeit wurde darauf hingewiesen, dass „reine" Beratungen in der Sozialen Arbeit vermutlich eher die Ausnahme als die Regel bilden.

Wie beschrieben ist in der Sozialen Arbeit in vielen Fällen nicht damit zu rechnen, dass Beratung voraussetzungslos erfolgen kann. Der Handlungsspielraum der AdressatInnen ist häufig in hohem Maße eingeschränkt und es gilt in vielen Fällen, die Grundlagen für selbstbestimmtes Handeln überhaupt erst zu schaffen (Reis 2003:5). Wie Reis festgestellt hat, besteht in der Sozialen Arbeit ein „Bedarf [...] für ein spezielles Beratungsangebot, dessen Charakteristikum darin besteht, ‚unspezifisch' zu sein, d. h. nicht qua thematischem Zuschnitt (wie z. B. Schuldnerberatung) oder Zielgruppenabgrenzung (wie z. B. Wohnungslose oder -suchende) vorab das Problemspektrum festzulegen, das in der Beratung verhandelt werden kann, sondern offen zu sein für das, was die Ratsuchenden drückt, die materielle Not und all die Probleme, die damit zusammenhängen, aber auch die Ressourcen, über die sie verfügen" (2003:6). Demnach, so lässt sich folgern, besteht ein grundsätzlicher Bedarf nach allgemeiner, in problem- und veränderungsbezogener Hinsicht offener Beratung. Auf Seiten der Professionellen erfordert dies die Bereitschaft und auch die Fähigkeit sich auf eine gemeinsame Suche nach Problemlösungen einzulassen sowie Methoden miteinander zu kombinieren. Die Offenheit ist nicht nur in Form eines speziellen unspezifischen Beratungsangebotes mit der Aufschrift „allgemeine Soziale Beratung" zu installieren. Erforderlich ist vor allem auch die fachliche ‚Installation' einer allgemeinen Sozialen Arbeit. Ein Schuldnerberater der Sozialen Arbeit wäre wohl spezialisiert auf die Entwicklung von Kompetenzen im Bereich finanzieller Angelegenheiten; er würde aber sowohl die Problem- und Ressourcenanalyse und damit auch den allgemeinen Beratungsprozess nach systemistischen Kriterien durchführen und er würde, wenn erforderlich, Interventionen nicht ausschließlich auf Beratung begrenzen, sondern diese, je nach ermitteltem Veränderungsbedarf und sofern im Rahmen der Organisation möglich, mit behandelnden und/oder stellvertretenden Handlungsformen in Bezug auf unterschiedliche soziale Niveaus kombinieren (s. Kap. B 3.2.2). Er trägt auf diese Weise nicht nur fachlichen Anforderungen Sozialer Arbeit Rechnung, sondern unterstützt dadurch die Herstellung notwendiger sozialer Bedingungen zur Selbststeuerung, wie Zugehörigkeit, Anerkennung, Kooperation u. a. m.

Das Bewusstsein über die Notwendigkeit von Methodenkombination in der Sozialen Arbeit erscheint steigerbar, wenn Beratung eben auch als zielgerichtete Methode betrachtet wird und nicht lediglich als ein Arbeitssetting, in dem das Interventionsrepertoire Sozialer Arbeit unterzubringen ist. Sich für Beratung als Interventionsmethode zu entscheiden, bedeutet in erster Linie, die selbstgesteuerte Problembewältigung sozialer Probleme anstreben zu wollen, womit möglicherweise, nicht aber zwangsläufig, die Veränderung sozialer Probleme einhergeht, denn dies bleibt den KlientInnen überlassen. Mit Blick auf die Arbeitsweisen lassen sich mit Beratung weder Probleme sozialer Ressourcen, noch Austausch- und Machtprobleme oder auch Probleme sozialen Handelns verändern.

Wie gesagt, kann mit Beratung jedoch ein *Beitrag* zur Veränderung sozial problematischer Zustände geleistet werden, indem Ressourcen, Beziehungen, Regeln von Beziehungsstrukturen und soziale Handlungen zum zentralen Gegenstand der Reflexion und des Problemlösens werden. Auf diese Weise lässt sich Beratung zwar nicht als Methode der (externen) Ressourcenerschließung oder als (direkt) soziale Strukturen verändernde Methode bezeichnen, wohl aber als deren Zielsetzungen unterstützende Methode. Hinsichtlich der Veränderung von Machtstrukturen macht Staub-Bernasconi etwa deutlich:

> „Erst wenn sich die sozialen Regeln – und nicht nur die Menschen und ihre Vorstellungen über Macht – geändert haben, hat sich eine Machtstruktur zum Besseren oder Schlechteren verändert" (2007a:8).

In diesem Sinne trägt Beratung mittels Analyse von Machtquellen und Überlegungen ihres Einsatzes zur Veränderung der Machtstrukturen bei, wenn Artikulations-, Modell-, Körper-, Positions-, Organisations- und sozioökonomische Ressourcenmacht erkannt und Modelle über diese verändert werden können. Handlungsbereitschaften können sich dadurch verändern und zu neuem Verhalten gegenüber mächtigeren oder auch ohnmächtigeren InteraktionspartnerInnen führen. Wo die selbstgesteuerte Veränderung von Machtstrukturen, aus welchen Gründen auch immer, nicht möglich ist, verlangt die Veränderung der sozialen Regeln, sei es in Familien, Paarbeziehungen, Organisationen oder Gemeinwesen, weiterer behandelnder Interventionen durch SozialarbeiterInnen wie beispielsweise Koalitionsbildung, Lobbying, Solidarisierung, Rollenstörung, Provokation, Polarisation u. ä. (Seippel 1976).

Die methodische Gestaltung der sozialarbeiterischen und/oder beraterischen Situation liegt selbstverständlich nicht allein in den Händen der SozialarbeiterInnen, sondern ist, wie schon in den ersten Kapiteln dieses Teils angedeutet, in hohem Maße von den institutionellen und organisationellen Voraussetzungen abhängig. Der Einfluss des institutionellen und organisationellen Settings auf Beratungsprozess und -ergebnis ist ein noch wenig erforschter Bereich, „obwohl dessen Bedeutung auf der Ebene der ‚Regeln des fachlichen Könnens' unstrittig ist" (Schrödter 1999:12). Organisationelle und institutionelle Bedingungen üben einen höheren Einfluss auf die Interaktionsentscheidung aus als wissenschaftlich begründete Indikationsregeln (Grawe 1981). In theoretischer Hinsicht besteht so auch relativ großer Konsens, dass diesbezügliche Settingfaktoren[332] als Mediatoren der Beratungssituation eine wichtige

---

[332] Ich folge hier einem erweiterten, über den Bezug auf Eigenschaften der Interaktionssituation hinausgehenden Settingbegriff. Damit wird das mit der gängigen Unterscheidung zwischen innerem und äußerem Setting (z. B. v. Schubert 1998) oder Rahmen und Setting (z. B. Finger-Trescher 2001) mögliche

Rolle für Prozess und Ergebnis spielen. Großmaß verweist in diesem Zusammenhang auf die Bedeutung der Wertorientierungen und politischen Zielsetzungen der Träger sozialer Einrichtungen und die Räumlichkeit von Beratungsstellen (2004b:489 f., 491 ff.; s. auch Kap. E 2.2.2.1).
Im „Modellprojekt ‚Sozialbüros'"[333] (Ministerium für Arbeit und Soziales 2000) wurde der Einfluss von institutionellen und organisationellen Faktoren auf Beratung in öffentlichen und freien Trägerschaften untersucht. Dabei wurde in einem ersten Schritt in Form eines zweitägigen Workshops die *Relevanz* folgender Faktoren ermittelt:
a) Wertorientierung und Ziele des Trägers,
b) Ressourcenzugang,
c) Einbindung in das örtliche Hilfesysteme,
d) Stadtteilorientierung,
e) zeitlich-räumliche Vorgaben und Verfahrensroutinen des Hilfesystems für BeraterInnen der öffentlichen Sozialhilfe und freier Träger (Wohlfahrtspflege, Sozialhilfeinitiative),
f) professionelle Orientierung,
g) kulturelle Nähe oder Distanz.

In einem zweiten Schritt erfolgte die Untersuchung der *Wirkung der Settingfaktoren auf das Fallverständnis und die Beratungsperspektiven* anhand zweier Gruppengespräche zur Fallanalyse und -beurteilung. Auf der Grundlage der ersten Untersuchung, in der sich (aufgrund nicht repräsentativen Materials) hypothetische Unterschiede der Bedeutung von Settingfaktoren für die Beratung im Kontext der Trägerschaften zeigten, wurde die Hypothese formuliert, „dass neben den interpretativen Vorannahmen der Fachkräfte Ziele des Trägers Ziele und Strukturen der Hilfeplanung entscheidend beeinflussen, dass also Settingfaktoren konstitutiv sind für die Ausgestaltung von Beratung und Hilfeplanung" (ebd.:212).

Nachfolgend werden wichtige Ergebnisse des zweiten Teils der Studie zusammengefasst, die wie im Bericht explizit erwähnt, weiterer Überprüfung bedürfen und damit als vorläufige Wirkhypothesen zu betrachten sind (ebd.:211). Diese sollen u. a. der abschließenden Diskussion und Reflexion von Anforderungen und Bedingungen professioneller Beratung in der Sozialen Arbeit dienen. Unten stehende Abbildung vermittelt zuerst einen Überblick über wesentliche Effekte des institutionellen-organisationellen Settings auf Fall- und Beratungsverständnis.

---

Missverständnis umgangen, dass „äußere Einflüsse eine ansonsten ‚reine' Interaktionssituation überlagern" (Ministerium für Arbeit und Soziales 2000:91).

[333] Das Ziel dieses Modellprojekts bestand darin, neue Formen der Beratungsarbeit in Sozialämtern und Sozialberatungsstellen zu erproben und zu untersuchen, um „Personen mit sozialen und wirtschaftlichen Problemen durch Kontaktaufnahme, Beratung, persönliche Hilfe und Unterstützung bei der Überwindung ihrer Notlagen zu helfen" und Rahmenbedingungen für eine effektive Sozialhilfeberatung aufzuzeigen (Ministerium für Arbeit und Soziales 2000:9). Zu bedenken ist der Zeitpunkt der Studie vor Inkrafttreten des neuen Sozialhilfegesetzes am 1.1.2005. Spindler verweist auf damit neu auftretende Probleme, die sie vor allem darin sieht, dass der Gesetzgeber die Koordination der Leistungen dem „freien Spiel der Kräfte" überlässt und „manche kommunale und überörtliche Träger der Sozial- und Jugendhilfe die neue Unübersichtlichkeit zu nutzen [scheinen], sich ungeliebter Aufgaben zugunsten eines neuen Kostenträgers etwas zu stark zu entledigen" (2005:11).

*Abb. 31: Effekte von Settingfaktoren auf Beratung bei öffentlichen und freien Trägern*

| **Merkmale der Beratungssituation** | **Effekte auf Beratung in öffentlichen Trägerschaften** | **Effekte auf Beratung in freien Trägerschaften** |
|---|---|---|
| Beratungsziele | beraterorientierte Zielsetzung | klientenorientierte Zielsetzung |
| Fallverständnis | administrativ geprägtes Fallverständnis | lebensweltorientiertes Fallverständnis[334] |
| Prozessgestaltung | beraterzentrierte Gestaltung: direktive, ergebnisorientierte Steuerung | beteiligungsorientierte Gestaltung: prozessorientierte Steuerung |
| Beratungsbeziehung | distanzierte, von Misstrauen geprägte Beziehung, hoher Asymmetriegrad | von Vertrauen und Offenheit geprägte Beziehung, tiefer Asymmetriegrad |
| Fallbeendigung | angebotsorientierte Fallbeendigung | nachfrageorientierte Fallbeendigung |

Quelle: Ministerium für Arbeit und Soziales 2000:208 ff.

Wie die Übersicht zeigt, scheinen sich die institutionellen und organisationellen Bedingungen deutlich unterschiedlich auf Beratung auszuwirken; die Beratung bei öffentlichen Trägern lässt sich gegenüber der klientenzentrierten Beratung bei freien Trägern als klar beraterzentriert charakterisieren.

Die *beraterzentrierte Zielsetzung* ist dabei stark bestimmt „von der Logik des Ressourceneinsatzes im Rahmen des Verwaltungshandelns und eine deutliche und straffere Orientierung der fallbezogenen Ziele an den Zielen der Verwaltung" (ebd.:215). Erreicht wird dies darüber, dass die allgemeinen institutionellen Wertorientierungen (Wirtschaftlichkeit und Rechtmäßigkeit) und allgemeinen Ziele (Überwindung der Sozialhilfebedürftigkeit) durch Vorgaben operativer Ziele so konkretisiert werden, dass sie unmittelbar handlungsrelevant werden. Je enger die Vorgaben sind, desto mehr werden die Bedürfnisse, Ziele und Interessen der Beratenen nachgeordnet. Umgekehrt findet eine *an Zielen der KlientInnen orientierte Beratungsausrichtung* eher statt, wenn die fachliche Konkretisierung allgemeiner Wertorientierungen und Ziele den Beratenden überlassen wird.

Das *administrativ geprägte Fallverständnis* drückt sich in einer Zentrierung auf die finanzielle Sicherung und Fragen der Anspruchsprüfung und somit einem sehr engen Problembezug aus, demgegenüber bei *freien Trägern Fallverständnis* vorherrscht, das „offen ist für eine lebensweltorientierte Probleminterpretation" (ebd.:215).

Als „entscheidender Gestaltungsfaktor für das Beratungsgeschehen" (ebd.:209) erweist sich gemäß Forschungsbericht der Zugang zu den materiellen Ressourcen. Ausschlaggebend für die *beraterzentrierte Prozesssteuerung* ist jedoch nicht die Verfügbarkeit einer Einrichtung über Ressourcen, sondern, ob (eigene oder fremde) Ressourcen zum Gegenstand der Planung werden.

> „Die Notwendigkeit, über den Einsatz der eigenen Ressourcen [z. B. Hilfe zum Lebensunterhalt, Hilfe zur Arbeit; P.G.] entscheiden zu müssen, begünstigt einen beraterzentrierten Beratungstyp" (ebd.). Das Team des Sozialamtes beschreibt diesen Unterschied zu Sozialbüros freier Träger: „Beim SB [Sozialbüro; P.G.] findet lediglich [...] Beratung statt, bei uns eigene Beratung mit Entscheidung" (ebd.:214).

[334] Da die theoretische Orientierung der BeraterInnen nicht zur Diskussion stand, ist davon auszugehen dass mit lebensweltorientiertem Fallverständnis eher theorieunspezifisch ein an KlientInnen orientiertes Fallverständnis gemeint ist (s. Kap. B 1 und B 2.2).

Fehlende Entscheidungskompetenzen über Ressourcen und Sanktionen, wie dies Beratung bei freien Trägern charakterisiert, begünstigen somit die *prozessorientierte Ausrichtung von Beratung*, in deren Mittelpunkt die „Entscheidungsvorbereitung durch eine qualifizierte ‚Verbraucherberatung'" (ebd.) steht.
Es verwundert daher auch nicht, dass die Beratungsbeziehung bei öffentlichen Trägern einen deutlich höheren *Grad an Asymmetrie* aufweist und eher auf *Misstrauen* beruht. Die klientenorientierte Entwicklung von Problemlösungen spielt eine geringfügige Rolle:

> „Die Mitarbeiter des Sozialamtes entwickeln Lösungen für die diagnostizierten Probleme des Rat Suchenden und entscheiden dort, wo sie über Entscheidungskompetenz verfügen und geben für andere Probleme Lösungen vor" (ebd.:213).[335]

Im Unterschied dazu setzt die Entwicklung von Problemlösungsangeboten bei BeraterInnen freier Träger ein „genaueres Verständnis der Situation und der Interessen der Rat Suchenden voraus" (ebd.). Im Gegensatz zum klientenorientierten Dialog als Konstitutiv der Beratungsbeziehung ist der Kontakt bei öffentlichen Trägern maßgeblich durch die Einbindung in bürokratische Verfahrensregeln und geteilte Zuständigkeiten bestimmt. Die Möglichkeiten der individuellen Interaktionsgestaltung sind für BeraterInnen bei öffentlichen Trägern deutlich eingeschränkt. Sowohl in der Zeitorganisation als auch in der Arbeitsorganisation bestehen hier weniger Handlungsspielräume als dies bei freien Trägern der Fall ist. Zurückgeführt wird dies zum einen auf die hohe Fallzahl[336], zum anderen auf die Vorgabe zeitlicher Arrangements für die Tätigkeit (z. B. offene Sprechstunde, vereinbarte Beratungsgespräche, Fallmanagement) sowie einem höheren administrativen Aufwand. Ein Effekt davon ist, dass intensivere Beratungsgespräche in der Regel erst in einem vereinbarten zweiten Beratungsgespräch stattfinden können. Konkret äußerte ein Berater:

> „Anfangs hatten wir noch eine Dreiviertstunde für ein Erstgespräch, jetzt eine Viertelstunde. Der Zwang zur Effektivität hat von klientenzentrierter Beratung zu direktiver Beratung geführt. Ich muss freitags in vier Stunden 25 Erstgespräche durchführen. Ich muss dann versuchen, Defizite der Erstberatung im Zweitgespräch aufzufangen" (ebd.:212).

Die *Fallbeendigung* erfolgt bei öffentlichen Trägern mit dem Ende der Zuständigkeit, d. h. sie ergibt sich aus gesetzlichen Vorgaben und Verfahrensregeln. Für die Fallbeendigung bei freien Trägern ist die weitere Nachfrage nach Hilfe durch KlientInnen ausschlaggebend.

## 4.3 Anforderungen und Bedingungen professioneller Beratung

Betrachtet man die Ergebnisse der Studie unter dem Gesichtspunkt der Prozess und Erfolg begünstigenden Berater- und Beziehungsfaktoren (s. Kap. E 4.1) sowie interaktionsabhängiger Settingfaktoren (s. Kap. E 4.1.2), ist offensichtlich, dass die Chancen diese zu realisieren unter den Bedingungen öffentlicher Träger denkbar schlecht sind.

---

[335] Wie die strukturellen Bedingungen (Entscheidung über Ressourceneinsatz und damit verbundene verrechtlichte Regeln) im Beratungsgespräch wirksam werden, ist im Schlussbericht eindrücklich beschrieben (Ministerium für Arbeit und Soziales 2000:145ff.).

[336] Die Fallzahlen können auch bei freien Trägern hoch sein. Während Fachkräfte öffentlicher Träger jedoch nur die Verteilung der Fallzahlen steuern können, können freie Träger sie durch Ausweitung und Verknappung des Angebots in stärkerem Maße steuern.

Die Aussichten, die Handlungen im Sinne der Wirkprinzipien Intentionsveränderung, Intentionsrealisierung, Problemaktualisierung und Ressourcenaktivierung zu vollziehen und sie so zu vollziehen, dass sie den häufig anzutreffenden Merkmalen der Klientel der Sozialen Arbeit wie geringe Hoffnungsfähigkeit, geringe oder negative Hilfeerwartungen und geringe Veränderungsmotivation sowie Unfreiwilligkeit Rechnung tragen, sind gering, so dass die auf Hilfe zur Selbsthilfe gerichtete Beratung kaum erreicht werden kann. Dem präventiven Auftrag von Beratung kann schon gar nicht entsprochen werden. Die konzeptionellen und bürokratischen Vorgaben der öffentlichen Träger provozieren alle berater-, beziehungs- und interaktionsbezogenen Settingeigenschaften, die dem Erfolg von Beratung entgegenstehen. Hinsichtlich der Beratereigenschaften werden im Einzelnen gefördert:

(1) ein hohes Dominanzverhalten seitens des Beraters/der Beraterin durch die institutionelle Entscheidungsverpflichtung;
(2) ein nicht-komplementärer Interaktionsstil durch die Konzentration auf Anspruchsüberprüfung;
(3) die überwiegende Verwendung direktiver Techniken durch Verengung des Problembezugs und bürokratischer Verfahrensregeln;
(4) die Nichtberücksichtigung der therapeutischen Grundhaltung durch restriktive zeitliche Vorgaben;
(5) die Missachtung der Werte von KlientInnen durch Orientierung an administrativ-institutionell bestimmten Zielen.

Ein durch KlientInnen positiv bewertetes Arbeitsbündnis kann eingedenk der Relevanz des Wertebezugs gerade zu Beginn der Beratung kaum entstehen. Aussagen der im Modellprojekt befragten MitarbeiterInnen öffentlicher Träger deuten darauf hin, dass die Herstellung eines Arbeitsbündnisses bei öffentlichen Trägerschaften aber auch von untergeordneter Bedeutung ist:

> „Es wird vom Rat und seinen Ausschüssen als sinnvoll angesehen, neben dem Sozialamt, das zur Beratung verpflichtet ist, eine unabhängige Sozialberatung zu haben. Manche Leute arbeiten sicher besser mit uns zusammen, wenn sie sich überzeugen konnten, dass das so verkehrt nicht war, was wir ihnen gesagt haben. Sicher holen sie sich andere Unterstützung, um Widersprüche zu schreiben. Aber wenn wir so einen auf fachlicher Ebene formulierten Widerspruch bekommen, ist mir das lieber, als wenn wir auf der emotionalen Ebene Stress haben“ (Ministerium für Arbeit und Soziales 2000:211).

Die Chancen auf die Wahl eines geeigneten und damit flexiblen interaktionsabhängigen Settings dürften aufgrund der engen Einbindung in die bürokratischen Strukturen gering sein.

Aussichtsreicher zur Realisierung der Bedingungen erfolgreicher Beratung erscheinen die Settingbedingungen freier Träger, so dass eingedenk eines hohen Anteils von Beratungseinrichtungen in freier Trägerschaft (Merchel 2003)[337] gute Erfolgsaussichten für Beratung in der Sozialen Arbeit bestehen müssten. Dem allerdings widersprechen Untersuchungen zur Professionalität in der Sozialen Arbeit. In diesen wird u. a. deutlich, dass zu wenig Steuerung und Unterstützung, wie dies oft in Einrichtungen

[337] Ob Beratungsstellen auch in der Schweiz mehrheitlich freien Trägerschaften unterliegen, bleibt mangels sozialstatistischer Daten offen. Im „Handbuch Sozialwesen Schweiz“ (Fehlmann, Häfeli & Wagner 1987) ist ersichtlich, dass die Einrichtungen der ambulanten Hilfe des Züricher Sozialwesens je zur Hälfte durch private und öffentliche Träger geführt werden (Geiser & Spoerri 1987:300 f.). Neuere Quellen waren nicht zu ermitteln.

freier Trägerschaften der Fall ist, professioneller Arbeit und damit auch Beratung ebenso wenig dienlich sind wie ein hohes Maß an bürokratischen Vorgaben. Sowohl die Untersuchung von Heiner (2004a) als auch von Herriger & Kähler (2003) zu institutionellen Rahmenbedingungen[338] professionellen Handelns in der Sozialen Arbeit konstatieren ein eher bestehendes Desinteresse der Träger bzw. deren Leitungskräfte im Bereich der inhaltlichen Konzeption und ihrer Umsetzung. Nicht nur entfällt dadurch die Möglichkeit institutionell vernetzter Beratung, vielmehr wird professionelle Arbeit grundsätzlich behindert.

> „Sie [die Institutionen; P.G.] fungieren weder als Garanten für die Klientel, dass in dieser Einrichtung eine qualitativ hochwerte Dienstleistung zuverlässig erbracht wird, noch vermitteln sie den Mitarbeiterinnen die Sicherheit, dass sie in schwierigen beruflichen Situationen nicht alleine dastehen, sondern mit der Unterstützung der Institution rechnen können." (Heiner 2004a:113 f.).

Der Bericht von Heiner weist immerhin bei mehr als der Hälfte der Befragten erhebliche Kompetenzdefizite zur Herstellung eines Arbeitsbündnisses aus, die sich in problematischen Beziehungstypen niederschlagen und entweder durch übermäßig dominante, distanzierte oder altruistische Beziehungseinstellungen und entsprechende Handlungen unterstützt werden.[339] Keines dieser Handlungsmuster vermag einen Beitrag erfolgreicher Beratung in der Sozialen Arbeit zu leisten, allein dadurch, dass die hierfür erforderlichen Beratungsprozesse im Sinne der transprofessionellen Beratung mit hoher Wahrscheinlichkeit gar nicht zum Tragen kommen. Wo Dominanz seitens BeraterInnen vorherrscht, zeigen sich Defizite in der Entwicklung eines ressourcenhaltigen Klientenbildes, erfolgt keine Motivationsarbeit, fehlt eine selbstkritische Reflexion des eigenen Handelns, fehlt die Fähigkeit, realistische und gestufte Ziele zu setzen und ist kein positives Kontrollkonzept vorhanden. Herrscht Distanz vor, besteht ein Mangel an Motivations- und Beziehungsorientierung. Nicht die Arbeit mit KlientInnen, sondern die Arbeit für KlientInnen wird als zentrale Aufgabe betrachtet. Erfolgreicher Beratung steht in beiden Fällen vor allem die Nichtrealisierung der erforderlichen Beziehungseigenschaften entgegen. Eine überwiegend altruistische Einstellung ist schließlich durch unrealistische, sich selbst überfordernde Zielsetzungen charakterisiert. Gefährdet ist damit längerfristig das emotionale Wohlbefinden, das in positiver Beziehung zum Beratungserfolg steht (Heiner 2004a:92 ff., 150 ff.).

**Zusammenfassend** begünstigt ein bürokratisch durchorganisiertes Setting beraterischen Misserfolg, doch kann daraus umgekehrt nicht der Schluss gezogen werden, dass ein nicht reglementiertes Setting automatisch den beraterischen Erfolg in der Sozialen Arbeit erhöht – zumindest nicht aus professions- bzw. handlungstheoretischer Perspektive. Die gegenwärtig in öffentlichen wie freien Trägerschaften bestehenden Settingbedingungen scheinen für professionelle Beratung gleichermaßen nicht optimal. Erstere

---

[338] Institutionelle Rahmenbedingungen bildeten bei Herriger & Kähler sowie Heiner einen Untersuchungsaspekt. Im Mittelpunkt des Erkenntnisinteresses standen bei Herriger & Kähler die Bedeutung von Erfolg in der Sozialen Arbeit, bei Heiner die Realisierung professionellen Handelns, wozu beide Interviews durchführten.

[339] Von den 18 ausgewerteten Interviews dominierte bei vier Befragten der Beziehungstyp Antikomplementarität, bei vier Befragten Akomplementarität der Form hoher Asymmetrie in Bezug auf Dominanz bei fehlender Symmetrie in Bezug auf Wertschätzung, bei zwei weiteren Akomplementarität der Form hoher Symmetrie in Bezug auf Wertschätzung bei fehlender Asymmetrie in Bezug auf Dominanz. Bei acht Befragten wurde ein komplementärer Beziehungstyp festgestellt. Heiner bezeichnet diese Typen als Dominanz-, Service-, Aufopferungs- und Passungsmodell (2004a:91). Eine Zusammenfassung der daraus resultierenden Handlungen findet sich bei Heiner auf den S. 150-153.

vermögen eher einen Beitrag zur Deprofessionalisierung der beraterischen Tätigkeit zu leisten, Letztere lassen das in Sozialer Arbeit liegende Qualitätspotenzial für Beratung ungenutzt. Hinzu kommt, dass die von einem wirtschaftsliberalen Ökonomismus inspirierten Reformen der öffentlichen Verwaltung seit den 90er Jahren zu einschneidenden strukturellen Veränderungen der sozialen Dienstleistungsorganisationen geführt haben, die auch für freie Träger nicht ohne Auswirkungen bleiben und Deprofessionalisierung begünstigen (Merchel 2003, Olk & Otto 2003, Grunwald 2001).[340]

Strategien der Professionalisierung des Beratungshandelns in der Sozialen Arbeit können sich somit nicht nur auf die professionelle Durchführung von Beratung beziehen, was in dieser Arbeit mit dem Ziel, Beratung als Methode Sozialer Arbeit (und nicht als ein Arbeitssetting) zu beschreiben, jedoch klar im Vordergrund stand. Bemühungen müssen sich in Zukunft noch stärker darauf richten, wie Beratung trotz der erschwerten Ausgangsbedingungen erfolgreich sein kann. Diesbezügliche Überlegungen lassen sich zuerst auf das Arbeitsbündnis als zentrales Mittel von Beratung beziehen. Die Herstellung eines guten Arbeitsbündnisses ist nicht nur von den Fähigkeiten und Fertigkeiten der BeraterInnen abhängig, vielmehr können seiner Entwicklung praktisch alle Settingvariablen mehr oder weniger zuträglich sein. Sofern nicht gegeben, gilt es über die Nutzung bzw. Durchsetzung von Spielräumen zur Organisationsgestaltung Bedingungen zu schaffen, die grundsätzlich geeignet sind Bedürfnisspannungen der potenziellen Klientel zu reduzieren bzw. sie mindestens nicht zu vergrößern.[341] Gerade in der institutionalisierten Beratung, aber auch der funktionalen Beratung, die in der Regel mit verschiedenen Hilfeformen gekoppelt ist, besteht hierin der erste Schritt für den Aufbau eines Arbeitsbündnisses und trägt hierzu alles bei, was das Vertrauen in die Einrichtung fördert, angefangen von der Information über Beratung, der Schaffung von Transparenz über ihre Möglichkeiten und ihren Verlauf sowie der Anforderungen, die an KlientInnen gestellt werden, über die geeignete Ausgestaltung von Beratungsräumen, sowohl in physikalischer als auch in symbolisch vermittelnder Hinsicht. Förderlich für den beraterischen Bündnisaufbau sind selbstverständlich vor allem jene Settings, in denen sich Vertrauen als Komponente des Arbeitsbündnisses

[340] Ansen formuliert in diesem Zusammenhang: „Unter den aktuellen sozialpolitischen Entwicklungen, die Ausgabensenkungen in den Mittelpunkt der sozialen Gesellschaft stellen, hat es die Soziale Arbeit nicht leicht, ihr eigenständiges Profil durchzuhalten. Die Faszination des betriebswirtschaftlichen Denkens hat auch Teile der Sozialen Arbeit erreicht. Diese Rahmenbedingungen erschweren es, die Soziale Beratung auszubauen. Auf der anderen Seite bietet die ökonomische Betrachtung des Sozialen auch ungeahnte Chancen. Wenn es gelingt, den wirtschaftlichen Nutzen der Sozialen Beratung nachzuweisen, ist eine Stabilisierung des Status quo und eine Expansion vorstellbar" (Ansen 2006:186). Implizit macht Ansen auf eine wichtige Unterscheidung der unter dem Schlagwort „Ökonomisierung des Sozialwesens und Sozialer Arbeit" laufenden Diskussion aufmerksam, die bei Obrecht expliziert ist. Gemeint ist „nicht die unvermeidbare vermehrte Orientierung an wirtschaftlichen Zielsetzungen innerhalb des Sozialwesens [...], sondern jene Form von Durchsetzung einer solchen Orientierung, die als Folge einer verengten Sicht auf die Struktur und Dynamik sozialer Systeme, gesellschaftliche Prozesse mit ökonomischen gleichsetzt, davon ausgehend alle Gestaltungsbereiche der Politik sowie staatliche wie private bürokratische Organisationen ausschließlich unter Marktgesichtspunkten analysiert und zu steuern versucht, und im Zuge dieser erzwungenen Interventionen in der Kultur moderner Gesellschaften einen ökonomistischen Code als Kommunikationsmedium durchzusetzen versucht" (2002d: 24). Es ist diese Form des Ökonomismus – so die Hypothese – der über die Entwertung der originären sozialarbeiterischen Berufskulturen und die Schaffung von Stellen, die professionelles Arbeiten erschweren oder verhindern, Deprofessionalisierung des Sozialwesens begünstigt (ebd.:24 f.).

[341] Dies kann natürlich nicht als Einzelleistung einer Beraterin oder eines Beraters, sondern nur als konzertierte Aktion einer Professionsgruppe geschehen.

allmählich entwickeln kann, wie etwa in Projekten der Gemeinwesenarbeit oder im Rahmen sozialpädagogischer Betreuungsformen.
Erschwerend ist der Aufbau eines Arbeitsbündnisses bei der Übernahme von Kontrollfunktionen, jedoch nicht unmöglich, sofern Möglichkeiten für den Aufbau von Vertrauen und der inhaltlichen und methodischen Gestaltung der Problembearbeitung bestehen. Zeit und Verfügbarkeit eines professionellen Handlungsspielraums sind dafür grundlegende Bedingungen. Allgemein sollte über den Handlungsspielraum Klarheit und Konsens bestehen, und dieser ist immer wieder auch den sich verändernden Bedingungen der Klientel anzupassen. Hierzu verhilft eine institutionalisierte Reflexionskultur, in der Professionelle veränderte Bedarfe der Klientel bzw. hierauf gründende Rahmenbedingungen für ihre Beratungsarbeit formulieren. Dem geht wiederum ein klares Selbstverständnis von Beratung voraus.[342]

Besteht der erste Schritt gelingender Beratung in der Sozialen Arbeit somit in der Herstellung günstiger Voraussetzungen für BeraterInnen, liegt der zweite Schritt in den Händen der BeraterInnen und ist verbunden mit der Fähigkeit, die Machtaspekte der Beziehung, die hinsichtlich des problemlösungsrelevanten Wissens, darüber hinaus teilweise aber auch hinsichtlich der Position bestehen, so zu handhaben, dass Beratung überhaupt möglich werden kann. Als Interventionsform kann Beratung nur eine Wirkung entfalten, wenn KlientInnen in der Lage und bereit sind, sich beraten zu lassen, so dass die Beziehung schlussendlich ein wechselseitig abhängiges Verhältnis darstellt. Eine gute Beratungsbeziehung ist wiederum nicht automatisch Garant erfolgreicher Beratung, wenn man hierunter versteht, dass es KlientInnen am Ende der Beratung gelingt, Probleme, deretwegen Hilfe in Anspruch genommen wurde, aus eigener Kraft zu lösen, zu vermindern oder drohende Probleme abzuwenden. Die Grawe'schen Wirkfaktoren stellen zentrale Steuerungsparameter erfolgreicher Beratung dar; deren Anwendung und Schwerpunktsetzung hängt von den jeweiligen Gegebenheiten eines Klienten oder Klientensystems ab. Dies ist, was transprofessionelle Beratung als Ermöglichung selbstgesteuerter Problemlösung charakterisiert; die Realisierung selbstgesteuerter Problemlösung ist nicht zwingend an sie gebunden, wiewohl dies ein erstrebenwertes Ziel darstellt.
Transprofessionelle Beratung ist insofern eine „bescheidene" Form der Beratung und doch eine für alle Professionen notwendige Form, deren Praktizierung aus mehreren Gründen geboten ist: Erstens gewährleistet sie die Chance auf eigenständige Problemlösung, indem sie an die Informationsverarbeitungsprozesse der KlientInnen anknüpft. Zweitens reduziert sie das Risiko der politischen Instrumentalisierung professionsspezi-

---

[342] Dass dieses zwingend an ein Fachverständnis Sozialer Arbeit gebunden sein muss, ist umso dringlicher in Anbetracht eines heute aus dem „Beziehungsgeflecht Staat - Markt - Lebenswelt des Klienten" (Meinhold 2002:518) bestehenden „‚Dreifachmandats'" (ebd.), das SozialarbeiterInnen vor die Aufgabe stellt, „bürokratisch-administrative, ökonomische und informell-lebensweltliche Elemente aufeinander zu beziehen und zu integrieren" (Bauer 1995:134; zit. n. ebd.:519). Die Gefahr, dass Beratung als Konzept der Hilfe zur Selbsthilfe, das davon ausgeht, dass Menschen selbstbestimmt handeln können, zum Zwecke der Marktförmigkeit Sozialer Arbeit und dem darin eingebundenen neoliberalen Menschen- und Gesellschaftsbild instrumentalisiert wird, ist gegenwärtig groß. Ihr entgegenzuwirken kann wohl nur über verstärkte Konzertierungen auch in der Theorie und Ausbildung Sozialer Arbeit erreicht werden; dies in Anbetracht dessen, dass, wie Staub-Bernasconi (2007b:38) formuliert, nicht zuletzt die „theoretisch-professionelle Sprachlosigkeit" Sozialer Arbeit dazu geführt hat, dass Soziale Arbeit das neoliberale „Paradigma bzw. Teile davon [...] am ungebrochensten umgesetzt hat" (vgl. ferner Hansen 2011; Thole & Cloos 2000).

fischer Beratung, indem sie deren Indikation erst ermittelt. Damit trägt sie drittens dazu bei, der gegenwärtigen Pervertierung des professionellen Selbsthilfegedankens, der sich auf die Förderung der Zielvorstellung der KlientInnen zur organisationellen und sozialstaatlichen Unabhängigkeit reduziert - z. T. unter Androhung von Sanktionen - entgegenzuwirken. Schließlich gewährleistet sie viertens die Bearbeitung von Problemen nach inhaltlichen Gesichtspunkten und reduziert damit die Gefahr, dass statt des spezifischen Problems spezifische Methoden die Problembearbeitung bestimmen.

# Teil F Resumee und Ausblick

## 1 Zusammenfassung

Die Professionalisierung von Beratung ist in aller Munde, ohne dass damit immer deutlich würde, was dies genau meint. Geht es dabei um die Entwicklung einer Profession Beratung, stellt die Beteiligung Sozialer Arbeit hieran sie selbst vor ein Professionalisierungsparadox, ist doch ihre eigene Anerkennung als Profession nicht einmal geklärt. Geht es hingegen um die Professionalisierung des Beratungshandelns, ist ihr eigener Professionalisierungsbedarf unumstritten. Um die Entwicklung und Festigung eines Verständnisses von professionellem Beratungshandeln in der Sozialen Arbeit ging es der vorliegenden Arbeit. Das Hauptziel richtete sich darauf, Beratung als Methode *in* und *der* Sozialen Arbeit zu beschreiben. Dabei speiste sich Letzteres aus dem Befund, dass Beratung trotz langjähriger Praktizierung als Hilfe und persönliche Unterstützung ein von Sozialer Arbeit eher vernachlässigtes Thema geblieben ist. Im Zuge der beraterischen Professionalisierungsdiskussion kann es sich Soziale Arbeit zudem nicht mehr leisten, Beratung einerseits als wichtiges Arbeitsfeld zu betrachten, sich andererseits jedoch hinsichtlich ihrer Theoretisierung und Methodisierung weitgehend zurückzuhalten. Beratung als Methode in der Sozialen Arbeit bzw. als transprofessionelle Methode beschreiben zu wollen, resultierte zum einen aus der persönlichen Skepsis gegenüber einer Profession Beratung, zum anderen aber aus der Überlegung, dass dieser Weg auch als Reaktion des unbefriedigenden Austauschs zwischen beteiligten Disziplinen und Professionen in Bezug auf Beratung verstanden werden kann. Dies veranlasste zur Suche nach grundlegenden Gemeinsamkeiten. Die wichtigsten Erkenntnisse werden im Folgenden entlang der Ausgangsfragen zusammengefasst.

*Was verbindet und was trennt Beratungsbegriffe in psychosozialen Professionen?*
Die Arbeit versuchte zuerst aufzuzeigen, dass Theoretisierung und Methodisierung der Beratung spezifische Problem- und Fragestellungen im handlungswissenschaftlichen Kontext betreffen und an Begriffe, Theorien sowie an das Wissenschafts- und Professionsverständnis der Handlungswissenschaften im Allgemeinen und der Sozialen Arbeit im Besonderen angebunden werden müssen, will man zu einem kollektiv geteilten Beratungsverständnis gelangen. Auf diese Weise stellt sich im Kontext der heutigen Professionalisierungsdiskussion von Beratung für Soziale Arbeit wie auch andere psychosoziale Professionen, die beratend tätig sind, die Frage ihres Verhältnisses zur Beratung und des Verhältnisses zueinander.
Wie in *Kapitel B* gezeigt, erwiesen sich für die Klärung dieses Verhältnisses mindestens für Soziale Arbeit die gängigen Abgrenzungsdiskurse zur Begriffsbestimmung als unzureichend, denn aus diesen folgt für das Verhältnis Soziale Arbeit und Beratung entweder, Beratung erst gar nicht als professionelle Tätigkeit Sozialer Arbeit denken zu können oder sie als eine weitere Profession in die Profession Soziale Arbeit einführen zu müssen. Aus diesem Grund wurde der Weg gewählt, Beratung im Kontext von psychosozialen Professionen anhand wissenstheoretischer Merkmale von Professionen zu bestimmen. Als Abgrenzungskriterium verblieb auf diesem Weg die spezifische Problematik von Professionen, in Bezug auf die beraten wird, als das Trennende. Geprüft

wurde gleichzeitig ein Bedarf für eine eigenständige Beratungsprofession, wofür sich auf der Grundlage des gewählten Weges jedoch keine offensichtliche Notwendigkeit finden ließ. Dagegen wurden Beratung, ebenso wie Therapie und Anleitung, als notwendige Handlungsformen in allen psychosozialen Professionen dargestellt, durch die infrage stehende Probleme unterschiedlich bearbeitet werden. Dies wurde argumentativ über die begriffliche Differenzierung der Handlungsformen untermauert. Beratung wurde im Kontext der Unterscheidung neuronaler Mechanismen definiert als ressourcenaktivierende und -entwickelnde kommunikative Tätigkeit. Dass diese Aktivität ein Kernstück gelingender kommunikativer Veränderungsarbeit ist, kann mit Bezug auf empirische Befunde inzwischen als unhinterfragt gelten. Problematik und Handlungsform verknüpfend wurde *Beratung* zum einen als *Interventionsmethode der Sozialen Arbeit* verortet, die auf das Entdecken und Entwickeln von Selbststeuerungskompetenzen zur selbstständigen Bearbeitung sozialer Probleme zielt. Die kommunikative Hilfe zur Selbsthilfe ist damit an eine spezifische Bedingung – dem Vorliegen sozialer Probleme – gebunden, was Beratung in der Sozialen Arbeit von anderen Professionen unterscheidet. Die in der Beratungsliteratur aufgefundenen, Beratung charakterisierenden gemeinsamen Merkmale der problemzentrierten Kooperation zwischen Beratenden und Beratenen und der Komplexität von Hilfeanlässen wurden als Voraussetzungen für die Durchführung von Beratung betrachtet, wodurch Beratung als *sozialdiagnostische Methode in allen Professionen* verortet werden kann.

*Welche wissenstheoretischen Grundlagen können Professionen (nicht) teilen bzw. welches sind wissenstheoretische Voraussetzungen einer transprofessionellen und professionsspezifischen Beratungstheorie?*

Weil die Arbeit von vornherein davon ausging, dass Beratung als professionelle Methode nicht neu erfunden werden muss, sondern hierfür ein Wissensbestand aus unterschiedlichen Disziplinen vorliegt, der lediglich der Systematisierung bedarf, widmete sich *Kapitel C* u. a. der Analyse von Problemen, die dies erschweren. Ein Problem scheint einmal in der Unklarheit des beratungstheoretischen Begriffs zu liegen, der sowohl paradigmatisch, deskriptiv und explanativ als auch normativ ausgelegt wird. Weniger handelt es sich dabei jedoch um ein Problem im Zusammenhang mit Systematisierungsversuchen als vielmehr um ein Problem im Rahmen professionsspezifischer Identitätsbildung. Gravierende Probleme für die Systematisierung bestehen letztlich in der disziplinären Fragmentierung von Wissen, deren Überwindung aufgrund unterschiedlicher Wissenschafts- und Professionsverständnisse erschwert ist. Insbesondere stellt dies Handlungswissenschaften als Wissenschaften, die für die Handlungen Professioneller einen unmittelbaren Beitrag leisten wollen, vor die Aufgabe, Wege zur Handhabung des fragmentierten Wissens zu entwickeln. In der Sozialen Arbeit nach dem systemistischen Paradigma sind hierfür zwei metatheoretische Integrationstheorien von Relevanz: die Ontologie des emergentistischen Systemismus und die allgemeine normative Handlungstheorie. Beide wurden als Lösungsansätze der sich in Handlungswissenschaften stellenden Probleme der Theorieintegration und der Theorie-Praxis-Integration beschrieben. Das sich wissenschaftstheoretisch realistisch konstituierende allgemeinste Handlungsmodell kann als Meta-Modell von verschiedenen Handlungswissenschaften und Professionen betrachtet werden, die damit eine allgemeine Wissensbasis miteinander teilen. Diese wiederum kann für die Systematisierung sowie die Weiterentwicklung von Beratungswissen genutzt werden. Von besonderer Bedeutung hierfür wurde die allgemeine normative Handlungstheorie als Theorie problemlösenden Handelns gesehen, die im Weiteren auch das beraterische Kernthema der Gestaltung selbstgesteuerter Problemlösungen betrifft. Sie stellt daher nicht nur ein Mittel der Strukturierung professioneller Handlungen dar, sondern ist vielmehr als ein verallgemeinertes Modell von handelnden Subjekten mit praktischen Probleme zu betrachten und kann damit auch problem- und interventionsbereichsunabhängig als Theorie der Steuerung hin zur selbstgesteuerten Problemlösung bzw. als Komponente einer allgemeinen wie auch einer spezifischen Beratungsmethode im definierten Sinne fungieren.

Wie mit der Wissensstruktur von Handlungsmodellen zum Ausdruck gekommen, bedarf die professionelle Anwendung der Methoden auf Seiten der Beratenden bzw. allen Professionellen weiter ein entwickeltes, in sich kohärentes Verständnis über menschliches Verhalten, Bedingungen und Entwicklung, über menschliche Probleme und ihre Veränderung sowie ein ethisches Verständnis. Die in *Kapitel D* beschriebene systemistische Theorie von Individuen und sozialen Systemen, die allgemeine Problem- und Ressourcentheorie, die biosoziale Ethik und das Konzept der Arbeitsweisen des SPSA vervollständigten die potenziell allgemeine Wissensbasis psychosozialer Professionen im Sinne eines systemistisch orientierten allgemeinen Handlungsmodells. In diesen Kontext eingeordnet konnte gezeigt werden, dass es sowohl theoretisch als auch ethisch und praxeologisch begründet ist, Beratung als professionsübergreifende sozialdiagnostische Methode mit dem Potenzial zur Hilfe und (Wieder)Entdeckung von Ressourcen zur selbstständigen Problemlösung aufzufassen, und diese sowohl von Beratung als Interventionsmethode als auch von einer allgemeinen normativen Handlungstheorie zu unterscheiden. Nach Auseinandersetzung mit der beratungstheoretischen Literatur unterschiedlicher Provenienz ist es gerade diese Unterscheidung, in der für die interdisziplinäre und -professionelle Diskussion über Beratung ein großer Gewinn läge, nämlich jenem, Beratung tatsächlich als unverzichtbaren Bestandteil jedweder psychosozialen Profession zu begreifen und lehr- und lernbar zu machen. Im Kontext des professionalisierungstheoretischen Diskurses um das Thema der Experten- und Klientenorientierung, der sich in vielen Subdiskursen niederschlägt, wie z. B. der Fach- versus der Prozessberatung, der Selbst- versus der Fremdreferenz oder auch dem Dialog versus der Diagnose,[343] würde eine allgemeine normative Beratungstheorie den internen Modellen von Individuen bzw. AdressatInnen und KlientInnen Rechnung tragen, ohne damit jedoch den professionelle Arbeit kennzeichnenden objektiven Charakter im Sinne des Rückgriffs auf logisch und empirisch geprüftes Wissen für die Interventionsentscheidung aufzugeben. Die allgemeine normative Beratungstheorie wurde deshalb auch als Bindeglied zwischen der allgemeinen normativen Handlungstheorie und speziellen Handlungstheorien, wie u. a. spezifische Beratung, bezeichnet. Die Notwendigkeit *all* dieser Handlungstheorien dürfte in Professionen dann Akzeptanz finden, wenn Handlungswissenschaften sich verstärkt für ein Konzept professionellen Handelns einsetzen, das unterschiedliche Rationalitäten – Wissens- und Wertrationalität einerseits und Sinn- und kommunikative Rationalität andererseits – miteinander verbindet, statt diese als unvereinbar gegenüberzustellen. Spezifische Beratung stellt in diesem Zusammenhang eine sich aus allen Rationalitäten begründende Methode dar, zu deren Wahl Professionelle die damit einhergehenden

[343] Vgl. Kunstreich, Langhanky, Lindenberg & May (2004:26-39).

verschiedenen professionellen Rollen (der ,SozialtechnologIn', ,BewerterIn', ,DeuterIn', ,DialoggestalterIn') integrieren müssen.
Die Prozessstruktur sowie die interaktiven Operationen der Beratenden mit den jeweils angestrebten beratungstheoretischen Zielen und kognitiven Aktivitäten und ebenso die handlungstheoretischen Ziele und Aktivitäten der Beratenden wurden im Rahmen eines Grundrisses aufgezeigt. Dieser spiegelt die Ausgangsidee wider, dass sich der Beratungsprozess – der allgemeinen normativen Handlungstheorie als Theorie professionellen Problemlösens vergleichbar – stets als Prozess beschreiben lässt, in dem BeraterInnen KlientInnen veranlassen, die darin beschriebenen kognitiven Operationen des Beschreibens, Erklärens, Antizipierens, Bewertens, der Bildung von Zielen, der Suche nach Lösungswegen, des Planens sowie des Evaluierens usw. zu vollziehen und diese somit anleiten, ihr Wissen in Bezug auf alle Komponenten der Wissensstruktur zu explizieren. Begründbar ist die Idee nunmehr auf dem Hintergrund der psychobiologischen Handlungstheorie, wonach ein solches Vorgehen unterschiedliche biopsychische Subsysteme – PSI-theoretisch kognitive Makrosysteme – aktiviert und den Zugriff auf verschiedenartige Wissensrepräsentationen ermöglicht, die alle für selbstgesteuerte Problemlösungen bedeutsam sind. Die Explikation der Wissensstruktur wurde daher als Kernoperation allgemeiner Beratung bestimmt, durch die sowohl der Realisierung der Chance auf selbstgesteuerte Problemlösungen als auch einer sozial geführten Diagnose Rechnung getragen ist, deren Ergebnis im Weiteren Voraussetzung für die Indikation von spezifischer Beratung bzw. anderen Methoden ist. Für die spezifische Beratung wurden vier weitere Beratungsoperationen bestimmt, die sich aus dem Umstand ergeben, dass die Schwierigkeiten der selbstgesteuerten Problemlösung sowohl erkennens- als auch wissensbedingt sein können und hier wieder unterschiedliche Arten von Problemstellungen bestehen können. Nebst dem Reflektieren wurden das Stützen, das Informieren, das Konfrontieren sowie das Problemlöselernen oder -training als relevante Beratungsoperationen vorgeschlagen.

*Was haben Beratungsansätze gemeinsam? Worin unterscheiden sie sich?*
Der Grundriss diente auch zur Analyse von Beratungsansätzen, die im Dienste der Suche nach Gemeinsamkeiten stand. Deren Schwerpunkt lag klar auf der Überprüfung der Prozesssteuerungstheorien, von denen angenommen wurde, dass sie weitgehend identisch sein müssten – vorausgesetzt, dass Beratung eine Methode der Ermöglichung/Förderung der selbstgesteuerten Problemlösung ist. Tatsächlich ließ sich das Beratungsgeschehen – sofern dazu das entsprechende Material vorlag – fast durchgängig als alle Problemlösungsprozesse einschließende Methode rekonstruieren. Explizit ausgewiesen sind diese jedoch nur im kooperativen Ansatz, der im kooperativen Problemlösen seine Spezialität sieht. Der Selbstmanagement-Ansatz impliziert alle Problemlösungsprozesse über das interaktiv diagnostisch-problemlösende Vorgehen und weist dies als seine Besonderheit aus. Sind die Problemlösungsprozesse nicht explizit ausgewiesen, liegt der Grund dafür vor allem in einer Praxeologie, die die Unmöglichkeit oder die Gefahren planungsrationalistischen Handelns betont, woraus auch unterschiedliche Darstellungsweisen des Beratungsprozesses resultieren. Nichtsdestotrotz sind auch KlientInnen personenzentrierter, systemisch-konstruktivistischer, lösungsorientierter und lebensweltorientierter BeraterInnen angehalten, alle Problemlösungsprozesse zu durchlaufen und unter Umständen auch alle – mehr oder weniger intensiv – zu bearbeiten. Die unterschiedliche Gewichtung der zu bearbeitenden Problemlösungsprozesse und/oder die Art und Weise ihrer

Bearbeitung machen, methodisch gesehen, die Spezialität von Beratungsansätzen aus. Das Spezielle des personenzentrierten Ansatzes besteht gemäß der Roger'schen Tradition in der Explizierung (Selbstexploration) bestehenden Beschreibungs- und Bewertungswissens der KlientInnen, doch hat inzwischen eine Ausweitung der potenziell zu bearbeitenden Problemlösungsprozesse wie auch eine Flexibilisierung des Beratungsmodus stattgefunden. Die Spezialität des systemisch-konstruktivistischen Ansatzes liegt in der bevorzugten Verwendung der konfrontativen Methodik in Bezug auf alle Problemlösungsprozesse und ihrer ausschließlich prozessualen Bearbeitung. Gleiches gilt für den lösungsorientierten Ansatzes, als dessen Besonderheit die deutliche Schwerpunktsetzung auf die Bearbeitung von Bewertungs-, Ziel-, Interventions- und Evaluationswissen betrachtet werden kann. Allerdings können auch hier über die Universallösung alle Wissensformen zum Gegenstand der Bearbeitung werden. Der lebensweltorientierte Ansatz orientiert sich methodisch stark am personenzentrierten Ansatz; eine Spezialität beraterischer Art besteht hier nicht.

Die Methodik variiert somit insgesamt geringfügig, so dass die Spezialität von Beratungsansätzen eher in der Konzeption von Problemen und den Voraussetzungen ihrer Bearbeitung mit entsprechenden Konsequenzen für das Veränderungskonzept und der Bestimmung der professionellen Rollen an sich liegt und weniger in der Gestaltung beraterischer Veränderung und den damit verbundenen Beraterrollen. Dies wiederum verweist auf (mindestens implizite) theoretische Annäherungen zwischen den Beratungsansätzen.

*Welche Folgerungen ergeben sich für die methodische Konzeption von Beratung?*

In der methodischen Ausgestaltung des Beratungsprozesses als Gegenstand von *Kapitel E* ließen sich dann auch die verschiedene Methoden und Submethoden von Beratungsansätzen auf beziehungs- und handlungstheoretischer Grundlage systematisch zusammenführen. Mit Blick auf die methodischen Kernoperationen, die für die Bearbeitung aller Problemlösungsprozesse relevant sein können, können Beratende die Rollen der SelbstwertverstärkerInnen, KlärungshelferInnen, WissenslieferantInnen, ReflexionsförderInnen und LernprozesssteuerInnen und -vermittlerInnen einnehmen. Unter Bezugnahme auf die vier Wirkprinzipien nach Grawe geht es bei der allgemeinen Beratung vor allem darum, auf die Realisierung der Ressourcenaktivierung und Intentionsveränderung zu fokussieren und damit die Rollen der SelbstwertverstärkerInnen und KlärungshelferInnen in den Mittelpunkt zu stellen. Diese können bei der Wahl von Beratung als spezifische Veränderungsmethode um weitere Rollen ergänzt werden. Anstatt Beratung von vornherein als eine auf ganz bestimmte Problemlöseprozesse fokussierende Veränderungsmethode oder umgekehrt prinzipiell alle Problemlöseprozesse beinhaltende Veränderungsmethode aufzufassen und nur bestimmte Rollen zuzulassen, wurde vorgeschlagen, über die konkrete Gestaltung des spezifischen Beratungsprozesses stets fallbezogen zu entscheiden. Die wissensstrukturelle und systemistisch angelegte Analyse der Ergebnisse der allgemeinen Beratung geben dabei – ggf. mit Hilfe weiterer diagnostischer Verfahren – wichtige Hinweise über die Art der zu fördernden Problemlösekompetenzen sowie ihrer Er- und Bearbeitung. Unter Umständen sind andere Veränderungsmethoden indiziert. In der Folge ergibt sich auch für BeraterInnen – selbst bei einer gedachten Beratungsprofession – die Notwendigkeit einer doppelten inhaltlichen Expertenschaft. Die Frage der inhaltlichen Expertenschaft erwies sich im Verlauf der Arbeit immer wieder als zentrales Thema im Kontext von Beratung. Als Hilfe zur Selbsthilfe besteht die inhaltliche Expertenschaft ja vor allem im Wissen über problemlösungsförderliche Reflexions- und Lernprozesse und ihrer Initiierung. Das Erfordernis weiterer Sach- und Fachexpertenschaft wird teilweise in Frage gestellt und drückt sich u. a. auch in der Kontroverse um die Problem- versus Ressourcenorientierung bzw. Kompetenzfokussierung aus. *Beratungstheoretisch* betrachtet sind Positionen einer starken bis ausschließlichen Kompetenzfokussierung in gewisser Weise nachvollziehbar, geht es bei Beratung als Hilfe zur Selbsthilfe schließlich nicht darum, *für* KlientInnen Lösungen zu finden. Aus der hier vertretenen Sicht professionellen Handelns verlangt Hilfe zur Selbsthilfe jedoch ihrerseits einen rationalen Entscheid, wobei die Suche nach *geeigneten* Lösungen nicht allein mittels Wissen über Prozessgestaltung zu erreichen ist. Aus diesen Gründen ist auch ein Diskurs, in dem die Problemorientierung der Ressourcenorientierung diametral gegenübergestellt wird, verfehlt. *Beratertheoretisch* sind beide Orientierungen zwingend, die Problemorientierung für die Übernahme der sozialverantwortlichen Funktion von Professionen und für die Suche nach sachverhaltsgerechten Lösungen und die Ressourcenorientierung für die Suche nach adressatengerechten Lösungen. Das Konzept allgemeiner Beratung vereint beide Orientierungen, das Konzept spezifischer Beratung fordert zur bewussten Wahl der zu bearbeitenden Problemlösungsprozesse auf und damit auch zu einem eher problem- oder ressourcenfokussierenden Vorgehen.

Entlang der Konzepte der allgemeinen und spezifischen Beratung wurde Beratung in dieser Arbeit vor allem als professionsübergreifende und problemlösungskompetenzfördernde Methode behandelt, die ihre Berechtigung in der Sozialen Arbeit über die systemistisch gefasste Problem- bzw. Veränderungskonzeption erhält. Die Konzepte stellten dabei die Problemlösefähigkeit und die damit verbundenen grundlegenden erkennens- und wissensbezogenen Anforderungen in den Vordergrund. Für die maßgeschneiderte Beratungsarbeit können und müssen die Konzepte auf verschiedene Ausprägungen der Beratungssituation weiter konkretisiert werden. Einige für die Soziale Arbeit relevante Merkmale der Beratungssituation wurden in der Arbeit aufgegriffen. Auch wurde in diesem Zusammenhang der Frage nach (methodischen) Modifikationen nachgegangen. Als wichtigstes Ergebnis kann hier festgehalten werden, dass die Modifikationen stets in der Herstellung der für individuelle und kollektive Problemlösungsprozesse erforderlichen *Bedingungen* liegen, so dass Beratung überhaupt möglich wird.

## 2 Ausblick

Die Arbeit zeigt, dass sich bei der Thematisierung von Beratung als Methode der Steuerung zur selbstgesteuerten Problemlösung die Unterschiede zwischen Beratungsansätzen deutlich reduzieren. Sichtbar wird damit das beratungstheoretisch Allgemeine, das in der *Anregung zur Bearbeitung verschiedener aufeinander bezogener emotio-kognitiver Problemlöseprozesse besteht.* Mit Bezug auf die Fragestellung nach dem Verbindenden und Trennenden von Beratungsbegriffen in psychosozialen Professionen bilden entsprechend diese Problemlöseprozesse den geteilten Gegenstand von beratenden Professionen. Diese Gemeinsamkeit geht unter, wenn Disziplinen und Professionen Beratungsansprüche einzig über den professionsspezifischen Gegenstand begründen bzw. Fragen der (Re-) Produktion von Beratungsproblemen und Fragen ihrer Bearbeitung zu wenig voneinander trennen. In der Folge kann es auch in Bezug auf die Bearbeitungsebene von Beratungsproblemen zu methodischen Unklarheiten betreffend dem Verbindenden und Trennenden kommen, nämlich dann, wenn aus der Annahme der Multideterminiertheit von Beratungsproblemen der Schluss gezogen wird, das Beratung ein über die Beratungskommunikation hinausgehendes Interventionsrepertoire einschließen müsse. Umgekehrt kann das Ausblenden eines professionsspezifischen Gegenstands dazu führen, Beratung als ‚Allheilmittel' bzw. als einzige Figur professionellen Handelns schlechthin zu begreifen. Beides ist einer professionalisierten und Bedürfnissen gerecht werdenden Beratungspraxis nicht zuträglich und es stellt sich die Frage nach der Entwicklung von fachlicher Beratungskompetenz.

Mit der Unterscheidung von allgemeiner, spezifischer und spezieller Beratung wurde in dieser Arbeit eine Möglichkeit vorgestellt, dem Gegenstand von Beratung, in dessen Zentrum stets das handelnde Subjekt mit praktischen Problemen steht, Rechnung zu tragen, ohne dabei aber einen professionsspezifischen Gegenstand und im Weiteren auch seine besonderen Merkmale auszublenden. Kreieren ließe sich damit ein interprofessionelles Modell von Beratung, das zwischen einer generellen und einer professionsspezifischen Wissensbasis bzw. einer beraterischen Grund- und Spezialkompetenz unterscheidet. Immerhin hat sich bezüglich der Fragestellung nach potenziell geteilten wissenstheoretischen Grundlagen in psychosozialen Professionen im Verbund mit der beratungstheoretischen Analyse gezeigt, dass nebst den beziehungs- und prozesstheoretischen Gemeinsamkeiten auch einige problem- und handlungstheoretische Gemeinsamkeiten bestehen, insofern als dass Beratungsprobleme mehrheitlich als multideterminiert erzeugte Probleme gedacht werden und dass Beraterhandeln, wenn auch meist implizit, nicht nur einer kommunikativen und verstehenden, sondern auch einer wissens- und wertgesteuerten Handlungslogik folgt. Grundlegende fachliche Beratungskompetenzen bestehen dann darin, Beratungsprobleme als komplexe Probleme analysieren zu können, über ihre beraterische und nicht-beraterische Bearbeitung entscheiden zu können und dies unter Einbeziehung einer expliziten Beratungsdiagnostik, durch die die beziehungs- und prozesstheoretische Dimension von Beratungskompetenz realisiert wird, zu tun.
Diese Kompetenzen wären idealerweise in Grundausbildungen zu erwerben, da sie professonelles Handeln an sich betreffen und nicht auf das Beraterhandeln begrenzt sind. Die systemistisch geleitete Analyse auf der Grundlage einer biopsychosozialkulturellen Problem- und Ressourcentheorie, der allgemeinen Bedürfnis-und normativen Handlungstheorie und die Beratung als sozialdiagnostische Methode könnten als Mittel zum Erwerb einer transprofessionellen Beratungskompetenz fungieren.
In diesem Zusammenhang stellte sich an pädagogische und psychologisch tätige beratende Professionen mehr noch als in der Sozialen Arbeit die Aufgabe, theoretisch (zu) eng gesteckte diagnostische Bezugsrahmen, sei es durch einseitige Betonung einer Ressourcendiagnostik oder durch Ausblenden einer (sozial-)ökonomischen und -ökologischen Dimension, zu erweitern. Unter Bezugnahme auf die bearbeiteten Beratungsansätze stellt sich weiter die Aufgabe, die in der Tendenz einseitig an der Vergrößerung der Autonomie orientierten Ethiken zu überdenken und das Anrecht von Menschen auch auf „Schutz vor dem Würgegriff des (Mit-)Menschen" (Staub-Bernasconie 2007b: 31) mehr zu thematisieren. Zu gewähren wäre damit auch ein Anrecht auf „Nicht-Beratung". Die personellen und störungsbezogenen Indikations- und Kontraindikationskriterien von Beratung wären dann um ein ethisches Kriterium von Beratung zu erweitern, das die Beantwortung der Frage nach der Zumutung von Beratung im Lichte

der biopsychosozialen und soziokulturellen Werte nach Gerechtigkeit, Teilnahme und Solidarität erfordert. Mit Buchinger (2006:32ff.) gesprochen müsste somit nicht nur das Gute/Schlechte *in* der Beratung, sondern auch das Gute/Schlechte *der* Beratung thematisiert werden. Erst dadurch erhielte auch die Frage nach der Leistbarkeit von Beratung interprofessionell größere Aufmerksamkeit und führte möglicherweise statt zur Ausdehnung des Beratungsbegriffs zu einem interprofessionell geteilten Bemühen, psychosoziale Methoden genauer zu beschreiben, sie stärker zu differenzieren und interprofessionelle Kooperationen zu gewährleisten.
Während an pädagogische und psychologische Beratungsprofessionen appelliert wird, Angebote von Beratung mehr auch vor dem Hintergrund der Entstehungskontexte nicht gelingender Problemlösungsprozesse zu beleuchten und an Alternativen ihrer Bearbeitung zu denken (bspw. Netzwerkaufbau zu betreiben und nicht nur Netzwerkberatung), m.a.W. Aspekte transprofessioneller Beratungskompetenz stärker zu gewichten, richtet sich der wichtigste Appell an die Soziale Arbeit gerade aufgrund des weit gesteckten diagnostischen Bezugsrahmens und der methodischen Offenheit hinsichtlich der Bearbeitung von Problemen, den Blick für beraterisch zu bearbeitende Probleme zu schärfen oder anders gesagt, ihr Profil spezifischer Beratung fassbarer zu machen. Ein erster Schritt dahin wurde in dieser Arbeit unternommen, indem Beratung als Methode der Bearbeitung sozialer Probleme beschrieben wurde, deren Wirkung sich über ein gesteigertes Selbststeuerungspotenzial der KlientInnen entfaltet und über die beratungsmethodisch differenzierte Bearbeitung identifizierter wissensstruktureller Probleme erreicht werden kann. Diesbezüglich kann sozialarbeiterische Beratung von einem bereits bestehenden beachtlichen Spektrum an psychologisch oder pädagogisch entwickelter Beratungsmethodik profitieren, die auch zieltheoretisch gut unterscheidbar ist und BeraterInnen Orientierung gibt in Bezug auf die Art und Weise, ihr Wissen einzubringen. Die Erfindung einer Methodik steht somit weniger auf dem Programm der konzeptionellen Weiterentwicklung sozialarbeitsspezifischer Beratung, und das vorgestellte Beratungsmodell könnte – didaktisch und methodisch fallbezogen aufbereitet – zu einem konsolidierten Beratungsverständnis verhelfen. Verbesserbar und hilfreich für eine konsolidierte professionelle Beratungspraxis wäre allenfalls eine weitere Systematisierung der submethodischen Ebene von Beratung, um dadurch tatsächlich unterschiedliche Beratungsmethoden herauszuarbeiten und diese von lediglich anders bezeichneten Methoden abzugrenzen. Der professionellen Beratungspraxis würde damit in Anbetracht dessen, dass sie diese Übersetzungsarbeit nicht leisten kann, ein weiterer wertvoller Dienst erwiesen werden.

Der größte Entwicklungsbedarf in Bezug auf die sozialarbeiterischer Beratungspraxis dürfte jedoch, wie bei allen beratenden Professionen, in dem Bereich spezieller Beratung und damit den Bedingungen der Realisierung allgemeiner und spezifischer professioneller Beratung bestehen, was angesichts unterschiedlicher Klientel, Problemkonstellationen, Settingbedingungen ein nahzu unbegrenztes Thema darstellt. Tatsächlich könnte hieraus der Anspruch auf eine psychosoziale Beratungsdisziplin und ‚Beratungsprofessionalisierungsprofession' geltend gemacht werden; denkbar wären aber auch interdisziplinäre Forschungsprojekte und interprofessionell organisierte Weiterbildungen. Für die Entwicklung spezieller Beratungskomptenzen scheinen in jedem Fall interprofessionelle Projekte am sinnvollsten und ergiebigsten, da sie gewährleisten, dass die professionsspezifischen Problem- und Fragestellungen in Bezug auf Beratung zum Thema aller psychosozialen Professionen werden, wodurch sich für alle Professionen ein erweitertes Spektrum der Gestaltung von Beratung ergibt. Bestes Beispiel hierfür ist der heute in allen beratenden Professionen zu verzeichnende hohe Stellenwert von Motivationsarbeit, wenn sie auch mehr oder weniger intensiv erfolgen kann. Wünschenswert aus dem hier eingenommenen Verständnis von Sozialer Arbeit und professioneller Beratung wäre es, wenn sich dies in Zukunft auch wieder mehr über den Stellenwert von Problemdiagnosen sagen ließe, weil nur dies gewährleistet, dass alle Professionen sich nicht nur für die individuelle, sondern auch für die gesellschaftliche Entwicklung verantwortlich fühlen.

# Literaturverzeichnis


**A**

Ackermann, Friedhelm (2000). Beruf, Disziplin, Profession? Ein kurzer Überblick über qualitative Studien zur Professionalisierung Sozialer Arbeit. Abgerufen am 17. März 2005 von: www.qualitative-sozialforschung.de/profession.htm

Alterhoff, Gernot (²1994). Grundlagen klientenzentrierter Beratung. Eine Einführung für Sozialarbeiter, Sozialpädagogen und andere in sozialen Berufen Tätige. Stuttgart: Kohlhammer.

Ansen, Harald (²2008). Soziale Beratung in prekären Lebenslagen. In Klaus Grunwald & Hans Thiersch (Hrsg.), *Praxis Lebensweltorientierter Sozialer Arbeit. Handlungszugänge und Methoden in unterschiedlichen Arbeitsfeldern* (S. 55-68). Weinheim, München: Juventa.

Ansen, Harald (2006). Soziale Beratung bei Armut. München: Reinhardt

Arkovitz, Hal (1997). Integrative theories of therapy. In P. L. Wachtel & S. B. Messer (Eds.), *Theories of psychotherapy. Origins and evolution* (S. 227-288). Washington, D.C: American Psychological Association.

Asay, Ted. P. & Lambert, Michael. J. (2001). Empirische Argumente für die allen Therapien gemeinsamen Faktoren: Quantitative Ergebnisse. In Mark A. Hubble, Barry L. Duncan & Scott D. Miller (Hrsg.), *So wirkt Psychotherapie. Empirische Ergebnisse und praktische Folgerungen* (S. 41-82). Dortmund: Modernes Lernen.

Asendorpf, Jens B. (⁴2007). *Psychologie der Persönlichkeit.* Berlin, Heidelberg, New York: Springer.

Avenirsocial (2010). Berufskodex Soziale Arbeit Schweiz. Ein Argumentarium für die Praxis der Professionellen. Bern.

**B**

Bach, Heinz (1999). *Grundlagen der Sonderpädagogik.* Bern: Haupt.

Bachelor, Alexandra &. Horvarth, Ada, (2001). Die therapeutische Beziehung. In Mark A. Hubble, Barry L. Duncan & Scott D. Miller (Hrsg.), *So wirkt Psychotherapie. Empirische Ergebnisse und praktische Folgerungen* (S. 137-192). Dortmund: Modernes Lernen.

Bamberger, Günter (2004). Beratung unter lösungsorientierter Perspektive. In Frank Nestmann, Frank Engel & Ursel Sickendiek (Hrsg.), *Das Handbuch der Beratung* (Bd. 2, S. 737-748). Tübingen: DGVT.

Bamberger, Günter. G. (1999). *Lösungsorientierte Beratung.* Weinheim: Psychologie Verlags Union.

Bang, Ruth (1964). Die helfende Beziehung als Grundlage der persönlichen Hilfe. München: Reinhardt.

Barabas, Friedrich K. (1999). Beratungsrecht. Ein Leitfaden für Beratung, Therapie und Krisenintervention. Frankfurt a. M.: Fachhochschulverlag.

Barthelmess, Manuel (²2001). Systemische Beratung. Eine Einführung in psychosoziale Berufe. Weinheim, Basel: Beltz.

Bastine, Reiner (1976). Ansätze zur Formulierung allgemeiner Interventionsstrategien in der Psychotherapie. In Peter Jankowski, Dieter Tscheulin, Hans-Joachim Fietkau & F. Mann (Hrsg.), *Klientenzentrierte Psychotherapie heute* (S. 193-202). Göttingen: Hogrefe.

Bäuerle, Dietrich, König, Heiner & Pedina, Horst (1979). *Praxis der Drogenberatung.* Stuttgart.

Bäuerle, Wolfgang (1969). Der Begriff Beratung in der Jugendhilfe. Hamburg.

Baumann, Urs (1999). Wissenschaftliche Psychotherapie auf der Basis der wissenschaftlichen Psychologie. In Hilarion Petzold & Michael Märtens (Hrsg.), *Wege zu effektiven Psychotherapien. Psychotherapieforschung und Praxis* (Bd. I, S. 45-62). Opladen: Leske & Budrich.

Baumert, J., Artelt, C., Klieme, E., Neubrand, M., Prenzel, M. & Schiefele, U. (2002). *PISA 2000 – Die Länder der Bundesrepublik Deutschland im Vergleich.* Abgerufen am 10. Juli 2008 von: www.mpib-berlin.mpg.de/Pisa/PISA_E_Zusammenfassung2.pdf

Bayer, Sabine (2002). Der klientenzentrierte Ansatz in der sozialpädagogischen Beratung - Chancen und Grenzen bei der Arbeit mit psychisch kranken Menschen. Diplomarbeit. Abgerufen am 10. 8 2006 von Global Research & Information Network: www.grin.de

Bechtler, Hildegard (⁴1997). Helfende Beziehung. In Deutscher Verein für öffentliche und private Fürsorge (Hrsg.), *Fachlexikon der sozialen Arbeit* (S. 457-458). Frankfurt a. M.: Eigenverlag.

Beck, Manfred (1991). Beratung als multiprofessionelles und kooperatives Handeln. In Manfred Beck, Gerhard Brückner & Heinz-Ulrich Thiel (Hrsg.), *Psychosoziale Beratung. Klient/inn/en – Helfer/inn/en – Institutionen* (S. 35-44). Tübingen: DGVT.

Becker, Peter (2006). *Gesundheit durch Bedürfnisbefriedigung.* Göttingen: Hogrefe.

Becker, Peter (1999). Allgemeine und differenzielle Psychotherapie auf systemischer Grundlage. In Rudolf. F. Wagner & Peter Becker (Hrsg.), *Allgemeine Psychotherapie. Neue Ansätze zu einer Integration psychotherapeutischer Schulen* (S. 169-226). Göttingen: Hogrefe.

Belardi, Nando, Akgün, Lale, Gregor Brigitte, Neef, Reinhold, Pütz, Thomas & Sonnen, Fritz Rolf (²1999). *Beratung. Eine sozialpädagogische Einführung.* Weinheim, Basel: Beltz.

Berger, Franz (2006). Personzentrierte Beratung. In Jochen Eckert, Eva-Maria Biermann-Ratjen & Diether Höger (Hrsg.), *Gesprächspsychotherapie. Lehrbuch für die Praxis* (S. 333-372). Heidelberg: Springer.

Bernler, Gunnar & Johnsson, Lisbeth (1997). *Psychosoziale Arbeit. Eine praktische Theorie.* Weinheim, Basel: Beltz.

Beutler, Larry E., Malik, Mary, Alimohamed, Shabia, Harwood, T.Mark., Talebi, Hani, Noble, Sharon & Wong, Eunice (2004, 5.th ed.). Therapist variables. In Michael J. Lambert (Ed.), *Bergin and Garfield's handbook of psychotherapy an behavior change* (S. 227-306). New York: Wiley & Sons.

Beutler, Larry E. & Consoli, Andrés. J. (2003). Systematic eclectic psychotherapy. In John C. Norcross & Marvin R. Golfried (Eds.), *Psychotherapy integration* (S. 264-299). New York: Oxford University Press.

Beutler, Larry E. (1983). *Eclectic psychotherapy: A systematic approach.* Elmsford, NY: Pergamon.

Bierhoff, Hans W. ([3]1996). Prosoziales Verhalten. In Wolfgang Stroebe, Miles Hewstone & Geoffrey M. Stephenson (Hrsg.), *Sozialpsychologie. Eine Einführung* (S. 395-420). Berlin, Heidelberg, New York: Springer.

Bierhoff, Hans W. & Buck, Ernst (1984). *Vertrauen und soziale Interaktion: alltägliche Bedeutung des Vertrauens.* Marburg: Berichte aus dem Fachbereich Psychologie der Phillips-Universität Marburg, Nr. 83.

Biermann, Benno (1994). Soziale Arbeit als Beruf: Institutionalisierung und Professionalisierung sozialer Arbeit. In Benno Biermann, Erika Bock-Rosenthal, Martin Doehlemann, Karl-Heinz Grohall & Dietrich Kühn (Hrsg.), *Soziologie. Gesellschaftliche Probleme und sozialberufliches Handeln* (S. 231-276). Neuwied, Kriftel, Berlin: Luchterhand.

Biermann-Ratjen, Eva-Maria (2006). Krankheitslehre der Gesprächspsychotherapie. In Jochen Eckert, Eva-Maria Biermann-Ratjen & Diether Höger (Hrsg.), *Gesprächspsychotherapie. Lehrbuch für die Praxis* (S. 93-116). Heidelberg: Springer.

Birbaumer, Niels, & Schmidt, Robert F. ([6]2006). *Biologische Psychologie.* Heidelberg: Springer.

Birgmeier, Bernd & Mührel, Erich (2011). *Wissenschaftliche Grundlagen der Sozialen Arbeit.* Schwalbach/Ts: Wochenschau

Birgmeier, Bernd R. (2006). Coaching und Soziale Arbeit. Grundlagen einer Theorie sozialpädagogischen Coachings. Weinheim, München: Juventa.

Birgmeier, Bernd R. (2003). Soziale Arbeit: „Handlungswissenschaft", „Praxiswissenschaft" oder „Praktische Wissenschaft"? Überlegungen zu einer handlungstheoretischen Fundierung Sozialer Arbeit. Eichstätt: BPB.

Birnbacher, Dieter ([2]2007). *Analytische Einführung in die Ethik.* Berlin: Gruyter.

Bock, Teresa ([4]1997). Professionalisierung. In Deutscher Verein für öffentliche und private Fürsorge (Hrsg.), *Fachlexikon der sozialen Arbeit* (S. 734-735). Frankfurt a. M.: Eigenverlag.

Boettner, Johannes (2007). Sozialraumanalyse – soziale Räume vermessen, erkunden, verstehen. In Brigitta Michel-Schwartze (Hrsg.), *Methodenbuch Soziale Arbeit. Basiswissen für die Praxis* (S. 259-292). Wiesbaden: VS.

Böhnisch, Lothar & Lösch, Hans (1973). Das Handlungsverständnis des Sozialarbeiters und seine institutionelle Determination. In Hans-Uwe Otto & Siegfried Schneider (Hrsg.), *Gesellschaftliche Perspektiven der Sozialarbeit* (Bd. 2, S. 21-40). Neuwied, Berlin.

Bollnow, Otto F. (1970). *Die pädagogische Atmosphäre.* Heidelberg.

Bommes, Michael & Scherr, Albert (1996). Soziale Arbeit als Hilfe zur Exklusionsvermeidung, Inklusionsvermittlung und/oder Exklusionsverwaltung. In Roland Merten, Peter Sommerfeld & Thomas Koditek (Hrsg.), *Sozialarbeitswissenschaft – Kontroversen und Perspektiven* (S. 93-120). Neuwied, Kriftel, Berlin: Luchterhand.

Bordin, Edward S. (1979). The generalizability of the psychoanalytic concept oft the working alliance. *Psychotherapy: Theory, Research, Practice, 16*, S. 252-260.

Borg-Laufs, Michael & Schmidtchen, Stefan ([6]2008). Beratung. In Michael Linden & Martin Hautzinger (Hrsg.), *Verhaltenstherapiemanual* (S. 13-16). Heidelberg: Springer.

Borrmann, Stefan (2005). *Soziale Arbeit mit rechten Jugendcliquen.* Wiesbaden: VS.

Böttcher, Hans. (1975). Sozialpädagogik im Überblick. Versuch einer systematischen Agogik. Freiburg, Basel, Wien: Herder.

Brack, Ruth (2007). Auf der Suche nach dem Allheilmittel. Fallsteuerung - kritische Anmerkungen zu einer gefährlichen Entwicklung. *SozialAktuell, 39* (10), S, 22-24

Brack, Ruth & Gregusch, Petra (2001). Beratung als zentrale Tätigkeit in der sozialen Arbeit. *Archiv für Wissenschaft und Praxis der sozialen Arbeit, 32* (3), S. 29-45.

Brack, Ruth (1975). Instrumente für den Interaktionsprozess zwischen Klienten und Sozialarbeitern/ Sozialpädagogen. *Der Sozialarbeiter* (6), S. 1-6.

Brandstätter, Veronika & Gollwitzer, Peter M.(2005). *Motivation und Volition.* Abgerufen am 18. Januar 2009 von Konstanzer Online-Publikations- System (KOPS): www.ub.uni-konstanz.de

Braun, Katharina (2004). *Wie Gehirne laufen lernen.* Abgerufen am 9. August 2006 von Magdeburger Wissenschaftsjournal 02/2004:
www.fes-forumberlin.de/pdf_2006/6_2_15_BraunUniZeitung2005.pdf

Braun, Otto ([2]2009). Selbstverständnis förderdiagnostischen Vorgehens. In Manfred Grohnfeld (Hrsg.), *Lehrbuch der Sprachheilpägagogik und Logopädie* (Bd. 3: Diagnostik, Prävention und Evaluation, S. 30-63). Stuttgart: Kohlhammer.
Brearly, Judith (1995). *Counselling and social work*. Buckingham: Open University Press.
Brem-Gräser, Luitgard (1993). *Handbuch der Beratung für helfende Berufe* (Bd. I). München: Reinhardt.
Breuer, Franz (1991). Analyse beraterisch-therapeutischer Tätigkeit. Münster: Aschendorff.
Brezinka, Wolfgang (1971). Über Erziehungsbegriffe. Eine kritische Analyse und ein Explikationsvorschlag. *Zeitschrift für Pädagogik, 17*, S. 567-615.
Bronfenbrenner, Urie (1981). Die Ökologie der menschlichen Entwicklung. Natürliche und geplante Experimente. Stuttgart: Klett Cotta.
Brunner, Ewald J. (2004). Systemische Beratung. In Frank Nestmann, F. Engel & Ursel Sickendiek (Hrsg.), *Das Handbuch der Beratung* (Bd. 2, S. 655-661). Tübingen: DGVT.
Brunner, Ewald J. & Schönig, Wolfgang (1990). Umrisse einer Beratungstheorie. In E. J. Brunner, W. Schönig, & (Hrsg.), *Theorie und Praxis von Beratung. Pädagogische und psychologische Konzepte* (S. 152-158). Freiburg i. Br.: Lambertus.
Buchholz, Michael B. (1999). *Psychotherapie als Profession*. Gießen: Psychosozial-Verlag.
Büchner, Stefanie (2011). Soziale Arbeit als transdiziplinäre Wissenschaft. Zwischen Integration und Verknüpfung. Wiesbaden: VS.
Bürgi, Andreas. & Eberhart, Herbert (2004). Beratung als strukturierter und kreativer Prozess. Ein Lehrbuch für die ressourcenorientierte Praxis. Göttingen: Vandenhoeck & Ruprecht.
Bunge, Mario & Mahner, Martin (2004). *Über die Natur der Dinge. Materialismus und Wissenschaft.* Stuttgart: Hirtzel.
Bunge, Mario (1999). *Dictionary of Philosophy*. Amherst, New York: Prometheus Books.
Bunge, Mario (1998). *Philosophy of Science. Vol. 2: From explanation to justification* (2 Volumes: Part I. Form Problem to Theory; Part II. Form Explanation to Justification. Reviedes Edition of „Scientific Research".). New Brunswick, London: Transaction Publischer.
Bunge, Mario (1996). *Finding philosphy in social science.* New Haven/London: Yale University Press.
Bunge, Mario & Ardila, Rubén (1990). *Philosophie der Psychologie.* Tübingen: Mohr.
Boston: Reidel.
Bunge, Mario (1989). Ethics. The Good an den Right. Vol. 8 ot Treatise on Basic Philosophy. Dordrecht: Reidel.
Bunge, Mario (1984). Das Leib-Seele-Problem. Ein psychobiologischer Versuch. Tübingen: Mohr.
Bunge, Mario (1979). A World of Systems. Ontology II, Vol. 4 of Treatise on Basic Philosophy. Dordrecht and Bunge, Mario (1967). Scientific Research II: the Search for Truth. Berlin: Springer.
Bunge, Mario (1977). Furniture of the World. Ontology I, Vol. 3 oft Treatise on Basic Philosophy. Dordrecht und Boston: Reidel.
Burmester, Monika (2005). Beratung als aktivierende Hife im Rahmen des SGB II. In Heinz-Jürgen Dahme & Norbert Wohlfahrt (Hrsg.), *Aktivierende Soziale Arbeit. Theorie – Handlungsfelder – Praxis* (S. 100-109). Baltmannsweiler: Schneider Hohengehren.
Burnham, John B. (1995). Systemische Familienberatung. Eine Lern- und Praxisanleitung für soziale Berufe. Weinheim, Basel: Beltz.

## C

Christmann, Ursula (1999). Wahrnehmung, Kognition, Metakognition. Kölner Psychologische Studien. Beiträge zur natur-, kultur-, sozialwissenschaftlichen Psychologie, IV (1), S. 6-12.
Chur, Dietmar (2002). Bausteine einer zeitgemässen Konzeption von Beratung. In Frank Nestmann & Frank Engel (Hrsg.), *Die Zukunft der Beratung* (S. 95-134). Tübingen: DGVT.
Chur, Dietmar (1997). Beratung und Kontext – Überlegungen zu einem handlungsanleitenden Modell. In Frank Nestmann (Hrsg.), *Beratung. Bausteine für eine interdisziplinäre Wissenschaft und Praxis* (S. 39-70). Tübingen: DGVT.
Clarkin, John F. & Levy, Kenneth N. ([5]2004). The influence of client variables on psychotherapy. In Michael J. Lambert (Ed.), *Bergin and Garfield's handbook of psychotherapy and behavior change* (S. 194-226). New York: Wiley & Sons.
Combe, Arno & Helsper, Werner (1996). Pädagogische Professionalität. Untersuchungen zum Typus pädagogischen Handelns. Frankfurt a. M.: Suhrkamp.
Conen, Marie-Louise ([3]2006). Wo keine Hoffnung ist, muss man sie erfinden. Aufsuchende Familientherapie. Heidelberg: Carl-Auer.
Conen, Marie-Louise (1999). „Unfreiwilligkeit" - ein Lösungsverhalten. Zwangskontexte und systemische Therapie und Beratung. *Familiendynamik, 13* (2), S. 282-297.
Crefeld, Wolf (2002). Psychosoziale Beratung bei Krankheit oder Behinderung braucht eine sozialarbeitswissenschaftliche Grundlage. In Norbert Gödecker-Geenen & Hans Nau (Hrsg.), *Klinische Sozalarbeit. Eine Positionsbestimmung* (S. 57-82). Baltmannsweiler: Schneider Hohengehren.
Culley, Sue (1996). Beratung als Prozess. Lehrbuch kommunikativer Fertigkeiten. Weinheim, Basel: Beltz.

Cummings, Nicholas A. (1995). Impact of managed care on employment and training: A primer for survival. *Research and Practice, 26* (1), S. 10-15.
Cunningham, Louis M. & Peters, Herman Jacob (1993). *Counseling theories. A selective examination for school counselors.* Columbus: Bell & Howell.

**D**

Damasio, Antonio R. (⁴1999). Descartes Irrtum. Fühlen, Denken und das menschliche Geehirn. München: DTV.
Daseking, Monika & Petermann, Franz (2006). Anamnese und Exploration. In Franz Petermann & Michael Eid, (Hrsg.), *Handbuch der Psychologischen Diagnostik* (S. 242-250). Göttingen: Hogrefe.
Daßler, Henning (1999). Emotion und pädagogische Professionalität. Die Bedeutung des Umgangs mit Gefühlen für sozialpädagogische Berufe. Dissertation. Braunschweig: TU: Geistes- und Erziehungswissenschaften.
(http://deposit.ddb.de/cgibin/dokserv?idn=958420327&dok_var=d1&dok_ext=pdf&filename=958420327.pdf)
DBSH. (1997). Die Berufsethischen Prinzipien des DBSH. Professionell handeln auf ethischen Grundlagen. Essen.
de Coulon, Augustin, Falter, Jean-Marc, Flückiger, Yves & Ramirez, José (2003). Lohnunterschiede zwischen der schweizerischen und der ausländischen Bevölkerung. In Hans-Rudolf Wicker, Rosita Fibbi & Werner Haug (Hrsg.), *Migration und die Schweiz. Ergebnisse des Nationalen Forschungsprogramms „Migration und interkulturelle Beziehungen"* (S. 275-301). Zürich: Seismo.
de Shazer, Steve (⁶1999a). Der Dreh. Überraschende Wendung und Lösungen in der Kurzzeittherapie. Heidelberg: Carl-Auer.
de Shazer, Steve (⁷1999b). *Wege der erfolreichen Kurztherapie.* Stuttgart: Klett Cotta.
de Shazer, Steve (²1998). „... Worte waren ursprünglich Zauber." Lösungsorientierte Therapie in Theorie und Praxis. Dortmund: Modernes Lernen.
Deci, Edward L. & Ryan, Richard M. (1991). A motivational approach to self: Integration in personality. In Richard A. Dienstbier (Hrsg.), *Perspectives on motivation* (S. 237-288). Lincoln, Neb.: University of Nebraska Press.
Dettmann, Ulf (1999). Der Radikale Konstruktivismus. Anspruch und Wirklichkeit einer Theorie. Tübingen: Mohr
Dewe, Bernd & Schwarz, Martin P. (2011). Beraten als professionelle Handlung und pädagogisches Phänomen. Hamburg: Dr. Kocvač.
Dewe, Bernd & Otto, Hans-Uwe (³2010). Reflexive Sozialpädagogik. Grundstrukturen eines neuen Typs dienstleistungsorientierten Professionshandelns. In Werner Thole (Hrsg.), *Grundriss Soziale Arbeit. Ein einführendes Handbuch* (S. 179-217). Opladen: Leske & Budrich.
Dewe, Bernd (2009). Reflexive Sozialarbeit im Spannungsfeld von evidenzbasierter Praxis und demokratischer Rationalität - Plädoyer für die handlungslogische Entfaltung von Professionalität. In Roland Becker-Lenz, Stefan Busse, Gudrun Ehlert & Silke Müller (Hrsg.), *Professionalität und Professionalisierung in der Sozialen Arbeit. Standpunkte – Kontroversen – Perspektiven* (S. 47-72). Wiesbaden: VS, S. 89-109.
Dewe, Bernd & Otto, Hans-Uwe (³2005). Profession. In Hans-Uwe Otto & Hans Thiersch (Hrsg.), *Handbuch Sozialarbeit/Sozialpädagogik* (S. 1399-1423). Neuwied: Luchterhand.
Dewe, Bernd & Otto, Hans-Uwe (³2005). Wissenschaftstheorie. In Hans-Uwe Otto & Hans Thiersch (Hrsg.), *Handbuch Sozialarbeit/Sozialpädagogik* (S. 1399-1423). Neuwied: Luchterhand, S. 1966-1979.
Dewe, Bernd (⁴2000). Beratung. In Heinz-Hermann Krüger & Werner Helsper (Hrsg.), *Einführung in Grundbegriffe und Grundfragen der Erziehungswissenschaft* (S. 119-131). Opladen: Leske & Budrich.
Dewe, Bernd (1996). Das Handlungsmodell des „klinischen Soziologen" - Anspruch und Möglichkeiten. In Heine v. Aleman & Annette Vogel (Hrsg.)., *Soziologische Beratung – Praxisfelder und Perspektiven (IX. Tagung für angewandte Soziologie)* (S. 57-61). Opladen: Leske & Budrich.
Dewe, Bernd, Ferchhoff, Wilfried, Scherr, Albert & Stüwe, Gerd (²1995). *Professionelles soziales Handeln. Soziale Arbeit im Spannungsfeld zwischen Theorie und Praxis.* Weinheim, München : Juventa.
Dewe, Bernd, Ferchhoff, Wilfried & Radtke, Frank-Olaf (1992). Das Professionswissen von Pädagogen. In B. Dewe, W. Ferchhoff & F. Radtke (Hrsg.), *Erziehen als Profession* (S. 70-91). Opladen: Leske & Budrich.
Dewe, Bernd & Scherr, Albert (1991). Beratung oder Therapie. Beratung als sozialpädagogisches Handeln - Über die Unterschiede von Beratung, Bildung und Therapie. *Blätter der Wohlfahrtspflege, 138* (1), S. 6-7.
Dewe, Bernd & Radtke, Frank-Olaf (1989). Klinische Soziologie - eine Leitfigur der Verwendung sozialwissenschaftlichen Wissens. In Ulrich Beck & Wolfgang Bonß (Hrsg.), *Weder Sozialtechnologie noch Aufklärung? Analysen zur Verwendung sozialwissenschaftlichen Wissens* (S. 46-71). Frankfurt a. M.: Suhrkamp.

DGfB. (2003). Psychosoziales Beratungsverständnis der Deutschen Gesellschaft für Beratung – German Association für Counseling, verabschiedet von der Arbeitsgemeinschaft Beratungswesen am 19.06.2003. Köln.
Di Luzio, Gaia (2005). Professionalismus – eine Frage des Vertrauens? In Michaela Pfadenheimer (Hrsg.), *Professionelles Handeln* (S. 69-87). Wiesbaden: VS.
Dietrich, Georg ([2]1991). Allgemeine Beratungspsychologie. Eine Einführung in die psychologische Theorie und Praxis der Beratung. Göttingen: Hogrefe.
Dollard, John S. & Miller, Neal E. (1950). *Personality and psychotherapy.* New York: McGraw-Hill.
Domsch, Holger & Lohaus, Arnold (2006). Beratungsdiagnostik. In Franz Petermann & Michael Eid (Hrsg.), *Handbuch der Psychologischen Diagnostik* (S. 633-641). Göttingen: Hogrefe.
Duden. ([9]2006). *Das Fremdwörterbuch* (Bd. 5). Mannheim, Leipzig, Wien, Zürich: Dudenverlag.
Dunn, Judy & Plomin, Robert (1990). *Seperate lives: Why sibblings are so different.* New York: Basic Books.
D'Zurilla, Thomas J. & Goldfried, Marvin R. (1971). Problem solving and behavior modification. *Journal of Abnormal Psychology, 78*, S. 107-126.

## E

Eckert, Jochen (2006). Der therapeutische Prozess in der Praxis. In Jochen Eckert, Eva-Maria Biermann-Ratjen & Diether Höger (Hrsg.), *Gesprächspsychotherapie. Lehrbuch für die Praxis* (S. 219-266). Heidelberg: Springer.
Eckert, Jochen, Biermann-Ratjen, Eva-Maria & Höger, Diether (Hrsg.). (2006). *Gesprächspsychotherapie. Lehrbuch für die Praxis.* Heidelberg: Springer.
Effinger, Herbert (2005). Wissen was man tut und tun, was man weiß – zur Entwicklung von Handlungskompetenzen im Studium der Sozialen Arbeit. *Blätter der Wohlfahrtspflege, 152* (6), S. 223-228.
Egan, Gerard (1996). *Helfen durch Gespräch.* Weinheim, Basel: Beltz.
Egan, Gerard ([3]1990). The skilled helper. A systematic approach to effective helping. Belmont, CA: Brooks/Cole.
Eibl, Karl (2009). Kultur als Zwischenwelt. Eine evolutionsbiologische Perspektive. Frankfurt a. M.: Suhrkamp.
Engel, Frank & Sickendiek, Ursel (2000). Beratung – ein eigenständiges Handlungsfeld mit neuen Herausforderungen. *Pflege & Gesellschaft, 10* (4), S. 163-171.
Engelke, Ernst (2003). Die Wissenschaft Soziale Arbeit – Werdegang und Grundlagen. Freiburg i. Br.: Lambertus.
Epstein, Laura & Brown, Lester B. (2006). Aufgabenzentrierte, zeitlich befristete Beratung in der Sozialen Arbeit. Luzern: Interact.
Erickson, Milton H. & Rossi, Ernest L. ([3]1993,). *Hypnotherapie. Aufbau – Beispiele – Forschungen.* München: Pfeiffer.
Ertelt, Bernd-Joachim & Schulz, William E. (2002). Handbuch Beratungskomptenz. Mit Übungen zur Entwicklung von Beratungsfertigkeiten in Bildung und Beruf. Leonberg: Rosenberger Fachverlag.
Ertelt, Bernd-Joachim & Schulz, William E. (1997). *Beratung in Bildung und Beruf. Ein anwendungsorientiertes Lehrbuch.* Leonberg: Rosenberger Fachverlag.
Esser, Hans ([2]1996). *Soziologie. Allgmeine Grundlagen.* Frankfurt a. M., New York: Campus.
Etzioni, Amitai (1969). *The Semi-Professions and their Organization.* New York: Free Press
Eysenck, Hans J. (1970). A mish-mash of theories. *International Journal of Psychotherapy, 9*, S. 140-146.

## F

Fachbereich Psychologie der Universität Osnabrück (2000). *Therapiebegleitende Osnabrücker Persönlichkeitsdiagnostik (TOP).* Abgerufen am 23. Mai 2007 von Detailbericht. Differenzielle Psychologie und Persönlichkeitsforschung. Therapiebegleitende Prozessdiagnostik: www.diffpsycho.psycho.uni-osnabrueck.de/dpp-serv/Therapie/deutsch/detail.htm
Fahrenberg, Jochen ([2]2008). Annahmen über den Menschen. Menschenbilder aus psychologischer, biologischer, religiöser und interkultureller Sicht. Kröning: Asanger.
Fassler, Andreas (2007). Merging task-centered social work and motivational interviewing in outpatient medicatione assisted substance abuse treatment: Model development for social work pratice. Dissertation. Abgerufen am 19. Juli 2009 von: http://digarchive.library.vcu.edu/bitstream/10156/1977/1/fasslera_phd.pdf
Fatzer, Gerhard (2005). Gute und nachhaltige Beratung – auf dem Weg zu einer Beratungswissenschaft. Supervision – Coaching – Organisationsentwicklung. In Gerhard Fatzer (Hrsg.), *Gute Beratung von Organisationen. Auf dem Weg zu einer Beratungswissenschaft* (S. 17-52). Bergisch Gladbach: EHP-Organisation.
Fehlmann, Maja, Häfeli, Christoph & Wagner, Antonin (Hrsg.). (1987). *Handbuch Sozialwesen Schweiz. Schweizerische Landeskonferenz für Sozialwesen LAKO.* Zürich: Pro juventute.

Feltham, Colin (2004). Counselling in the United Kingdom and Couselling as ist might be. In Frank Nestmann Frank Engel & Ursel Sickendiek (Hrsg.), *Das Handbuch der Beratung* (Bd. 1, S. 559-567). Tübingen: DGVT.

Feltham, Colin (2002). What's the good of counselling & psychotherapy? The benefits explained. London: Sage.

Feltham, Colin (2001). Challenging the core theoretical modal. In Pat Milner & Stephen. Palmer (Hrsg.), *Counselling. The BACP counselling reader.* (Bd. II, S. 4-12). London: Sage.

Feltham, Colin (1995). *What is counselling?* London : Sage.

Fichter, Manfred M., Wittchen, Hans-Ulrich. & Dvorak, Alfred (1980). Klinische Psychologen im Beruf. Ergebnisse einer empirischen Untersuchung. In Vera Birtsch, & Dieter Tscheulin (Hrsg.), *Klinische Psychologie und Psychotherapie in Lehre und Studium* (S. 37-53). Weinheim, Basel: Beltz.

Fiedler, Peter (2000). Beratung in der Psychotherapie? Ein Beitrag zur Diskussion am Beispiel der Behandlung einer narzisstischen Persönlichkeitsstörung. Abgerufen am 4. Juli 2007 von Beratung Aktuell - Zeitschrift für Theorie und Praxis der Beratung. Junfermann: Paderborn: www.beratung-aktuell.de

Finger-Trescher, Urte ([2]2001). Psychoanalytische Sozialarbeit. In Hans-Uwe Otto & Hans Thiersch (Hrsg.), *Sozialarbeit/Sozialpädagogik* (S. 1454-1461). Neuwied, Kriftel: Luchterhand.

Fischer, Gottfried & Fäh, Markus (Hrsg.). (1998). Sinn und Unsinn in der Psychotherapieforschung. Eine kritische Auseinandersetzung mit Aussagen und Forschungsmethoden. Gießen: Psychosozial Verlag.

Fischer, Wolfram (2010). Fallrekonstruktion und Handlungskompetenz im Kontext der Professionalisierung der Sozialen Arbeit. In P. Hammerschmidt & J. Sagebiehl (Hrsg.), *Professionalisierung im Widerstreit. Zur Professionalisierungsdiskussion in der Sozialen Arbeit – Versuch einer Bilanz* (S. 95-114). München: Schriftenreihe der Fakultät für angewandte Sozialwissenschaften der Hochschule München.

Flick, Uwe ([4]2007). *Qualitative Sozialforschung: Eine Einführung.* Reinbek b. Hamburg: Rowohlt.

Flückiger, Christoph &. Wüsten, Günther (2008). *Ressourcenaktivierung. Ein Manual für die Praxis.* Bern: Huber.

Flügge, Ingrid (1991). Erziehungsberatung. Zur Theorie und Methodik. Ein Beitrag aus der Praxis. Göttingen: Hogrefe.

Frank, Jerome D. (1985). Therapeutic components shared by all psychotherapies. In Michael J. Mahoney & Arthur Freeman (Eds.), *Cognition and psychotherapy* (S. 49-79). New York: Plenum.

Frank, Jerome D. (1981). Die Heiler. Wirkungsweisen der psychotherapeutischen Beeinflussung. Stuttgart: Klett Cotta.

Fröhlich, Stephanie M. & Kuhl, Julius (2003). Das Selbststeuerungsinventar: Dekomponierung volitionaler Funktionen. In Joachim Stiensmeier-Pelster & Falko Rheinberg (Hrsg.), *Diagnostik von Motivation und Selbstkonzept.* (S. 221-258). Göttingen: Hogrefe.

Frommann, Anne (1990). Was geschieht eigentlich in Beratungen? Beratung zwischen Kunst und Methode. In W. Schönig & E. Brunner (Hrsg.), *Theorie und Praxis von Beratung. Pädagogische und psychologische Konzepte* (S. 28-40). Freiburg i. Br.: Lambertus.

Frommann, Anne (1978). Sozialarbeit – Beratung – Therapie. *Neue Praxis, Sonderheft*, S. 37-48.

Frommann, Anne, Schramm, Dieter & Thiersch, Hans (1976). Sozialpädagogische Beratung. *Zeitschrift für Pädagogik, 22* (5), S. 715-741.

Froschauer, Ulrike & Lueger, Manfred (2003). Das qualitative Interview. Zur Praxis interpretativer Analyse sozialer Systeme. Wien: Facultas.

Fuchs, Peter & Mahler, Enrico (2000). Form und Funktion von Beratung. *Soziale Systeme, 6* (2), S. 349-368.

Fuhr, Reinhard (2003). Beratungsansätze unter vier Perspektiven der Wirklichkeit - ein Orientierungskonzept. In Christina Krause, Bernd Fittkau, Reinhard Fuhr & Heinz-Ulrich Thiel (Hrsg.), *Pädagogische Beratung* (S. 87-93). Paderborn: Schöningh.

Fuhr, Reinhard & Gremmler-Fuhr, Martina (1991). *Dialogische Beratung. Person, Beziehung, Ganzheit.* Köln: Ed. Humanistische Psychologie.

**G**

Gahleitner, Silke Brigitta & Pauls, Helmut ([3]2010) Soziale Arbeit und Psychotherapie - zum Verhältnis sozialer und psychotherapeutischer Untertstützungen und Hilfen. In Werner Thole (Hrsg.), *Grundriss Soziale Arbeit. Ein einführendes Handbuch* (S. 367-374). Wiesbaden: VS.

Gahleitner, Silke Brigitta, Schulze, Heidrun & Pauls, Helmut (2009). „hard to reach" - „how to reach"? Psycho-soziale Diagnostik in der Klinischen Sozialarbeit. In Peter Pantucek & Dieter Röh (Hrsg.). *Perspektiven Sozialer Diagnostik. Über den Stand der Entwicklung von Verfahren und Standards* (S. 321-344). Münster: LIT

Galuske, Michael ([2]1999). *Methoden der Sozialen Arbeit. Eine Einführung.* Weinheim, München: Juventa.

Garfield, Sol L. (2003). Eclectic Psychotherapy. In John C. Norcross & Marvin R. Goldfried, *Handbook of psychotherapy integration* (S. 169-201). New York: Oxford University Press.

Garfield, Sol L. (1980). *Psychotherapie: An eclectic approach.* New York: Wiley.

Geiser, Kaspar ([5]2013). Problem- und Ressourcenanalyse in der Sozialen Arbeit. Eine Einführung in die Systemische Denkfigur und ihre Anwendung. Luzern: Interact.
Geiser, Kaspar, Gregusch, Petra & Martin, Edi (2006). *Modelle professioneller Problemlösungsprozesse. Skript zur gleichnamigen Lehrveranstaltung.* Zürich: Hochschule für Angewandte Wissenschaften Soziale Arbeit.
Geiser, Kaspar (2002). „Gesetzliche Soziale Arbeit" – Soziale Arbeit aufgrund einer behördlichen Anordnung. Skript zur gleichnamigen Lehrveranstaltung. Zürich: Hochschule für Soziale Arbeit.
Geiser, Kaspar (2001). Ein Rahmenkonzept für die systemische Beratung in der Sozialen Arbeit. In *Zürcher Beiträge zu Theorie und Praxis Sozialer Arbeit* (Bd. 2, S. 3-29). Zürich: Hochschule für Soziale Arbeit.
Geiser, Kaspar & Spoerri, Dorothea (1987). Strukturmerkmale des ambulanten Sozialwesens. In Maja Fehlmann, Christoph Häfeli & Antonin Wagner (Hrsg.), *Handbuch Sozialwesen Schweiz. Schweizerische Landeskonferenz für Sozialwesen* LAKO (S. 294-348). Zürich: Pro juventute.
Geißler, Karlheinz A. & Hege, Marianne ([8]1997). *Konzepte sozialpädagogischen Handelns. Ein Leitfaden für soziale Berufe.* Weinheim, Basel: Beltz.
Geißler, Reiner (1994). Die pluralisierte Schichtstruktur der modernen Gesellschaft: zur aktuellen Bedeutung des Schichtbegriffs. In Reiner Geißler (Hrsg.), *Soziale Lebenschancen und Schichten in Deutschland* (S. 6-36). Stuttgart: Enke.
Geißler-Piltz, Brigitte, Mühlum, Albert & Pauls, Helmut (2005). *Klinische Sozialarbeit.* München, Basel: Reinhardt.
Gelso, Charles & Fretz, Bruce ([2]2001). *Counselling Psychology.* Belmont C.A.: Wadsworth Group/Thomson Learning.
Gendlin, Eugene T. (1998). Focusing-orientierte Psychotherapie: ein Handbuch der erlebensbezogenen Methode. München: Pfeiffer.
Gerstenmaier, Jochen. (2004). Konstruktivistisch orientierte Beratung. In Frank Nestmann, Frank Engel & Ursel Sickendiek (Hrsg.), *Das Handbuch der Beratung* (Bd. 2, S. 675-690). Tübingen: DGVT.
Gerstenmaier, Jochen & Nestmann, Frank (1984). *Alltagstheorien von Beratung.* Opladen: Westdeutscher Verlag.
Gerull, Susanne (2009). „Das ist unser Mutti für alles. Das ist die Sozialarbeiterin." Professionelle Identität in der Sozialen Arbeit. In Brigitte Geissler Piltz & Susanne Gerull (Hrsg.). *Soziale Arbeit im Gesundheitsbereich. Wissen, Expertise und Identität im multiprofessionellen Setting.* Opladen: Budrich Unipress Ltd., S. 121-130.
Geschwend, Jürg (2009). Wenn am Ende des Geldes noch so viel Monat übrig bleibt. *Sozial Aktuell 41 (9),* S. 34 f.
Geschwinder, Sabine (1999). Klientenzentrierte Beratung ohne System? Systemische Beratung ohne Klient? Eine vergleichende Betrachtung. Berlin : VWF.
Glasersfeld, Ernst von (1992). Konstruktion der Wirklichkeit und des Begriffs der Objektivität. In Einführung in den Konstruktivismus. Mit Beiträgen von Heinz von Foerster, Ernst von Glaserfeld, Peter M. Hejl, Siegfried J. Schmidt und Paul Watzlawick (S. 9-40). München: Piper.
Gödecker-Geenen, Norbert & Nau, Hans (Hrsg.). (2002). *Klinische Sozialarbeit. Eine Positionsbestimmung.* Münster: LIT.
Goldfried, Marvin R., Castonguay, Louis. G, & Safran, Jeremy D. (1992). Core issues and future directions in psychotherapy integration. In John C. Norcross & Marvin R. Goldfried (Eds.), *Handbook of psychotherapy integration.* New York: Basic Books.
Gollwitzer Peter M., Fujita, Kentaro & Oettingen, Gabriele (2004). Planning and implementation of goals. In Roy F. Baumeister & Kathleen D. Vohs (Eds.), *Handbook of self-regulation. Research, theory, and applications* (S. 211-228). New York: Guilford Press.
Gollwitzer, Peter M. (1999). Implementation Intentions. Strong Effects of Simple Plans. *American Psychologist, 54,* S. 493-503.
Gollwitzer, Peter M. (1993). Goal achievement: The role of intentions. In Wolfgang Stroebe & Miles Hewstone (Hrsg.), *European Review of Social Psychology* (S. 141-185). Chichester: Wiley.
Göppner, Hans-Jürgen (2009). „Unbegriffene Theorie – begrifflose Praxis" – Sozialarbeitswissenschaft zwischen Wissenschaftstheorie, Programmierung des praktischen Handeln und Adressatennutzen. In Bernd Birgmeier & Erich Mührel (Hrsg.), *Die Sozialarbeitswissenschaft und ihre Theorie(n). Positionen, Kontroversen, Perspektiven* (S. 245-256). Wiesbaden: VS.
Goschke, Thomas (1996). Wille und Kognition. Zur funktionalen Architektur der intentionalen Handlungssteuerung. In Julius. Kuhl & Heinz Heckhausen (Hrsg.), *Enzyklopädie der Psychologie. Themenbereich C Theorie und Forschung, Serie IV Motivation und Emotion, Band 4 Motivation und Handlung* (S. 583-663). Göttingen: Hogrefe.
Grawe, Klaus (2004). *Neuropsychotherapie.* Göttingen: Hogrefe.

Grawe, Klaus (1999). Allgemeine Psychotherapie: Leitbild für eine empiriegeleitete psychologische Therapie. In Rudolph. F. Wagner & Peter Becker (Hrsg.), *Allgemeine Psychotherapie. Neue Ansätze zu einer Integration psychotherapeutischer Schulen* (S. 117-168). Göttingen: Hogrefe.
Grawe, Klaus (1998). *Psychologische Therapie.* Göttingen: Hogrefe.
Grawe, Klaus, Donati, Ruth & Bernauer, Friederike ([4]1995). *Psychotherapie im Wandel. Von der Konfession zur Profession.* Göttingen: Hogrefe.
Grawe, Klaus (1994). *Was sind die wirklich wirksamen Ingredienzen der Psychotherapie?* Abgerufen am 8. August 2006 von Fachtexte zur Entwicklung von Psychotherapie in Theorie und Praxis: www.psychotherapie.org/klaus/ref-grawe.html
Grawe, Klaus., Caspar, Franz & Ambühl, Hansruedi (1990). Die Berner Therapievergleichsstudie: Prozessvergleich. *Zeitschrift für Klinische Psychologie, 19*, S. 316-337.
Grawe, Klaus (1982). Indikation in der Psychotherapie. In Reiner Bastine, Peter Fiedler, Klaus Grawe & Stefan Schmidtchen (Hrsg.), *Grundbegriffe der Psychotherapie.* Weinheim: Edition Psychologie.
Grawe, Klaus (1981). Überlegungen zu möglichen Strategien der Indikationsforschung. In Urs Baumann (Hrsg.), *Indikation zur Psychotherapie* (S. 221-236). München: Urban & Schwarzenberg.
Grawe, Klaus, Dziewas, Hartmut & Wedel, Sabine (1980). Interaktionelle Problemlösungsgruppen – ein verhaltenstherapeutisches Konzept. In Klaus Grawe (Hrsg.) *Verhaltenstherapie in Gruppen* (S. 266-306). München: Urban & Schwarzenberg.
Greenberg, Leslie. S., Rice, Laura N. & Elliot, Robert (1993). *Process-experiental therapy: Facilitating emotional change. The moment-by-moment process.* New York: Guilford Press.
Gregusch, Petra (2008). Ist Beratung in der sozialen Arbeit zu therapeutisch? *Beratung Aktuell. Zeitschrift für Theorie und Praxis der Beratung, 9* (2), S. 98-113.
Gregusch, Petra (2006). „Stellvertretend deuten" oder „rational handeln"? Zu den Vorteilen der allgemeinen normativen Handlungstheorie Sozialer Arbeit für die Entwicklung professioneller Methoden. In Beat Schmocker (Hrsg.), *Liebe, Macht und Erkenntnis. Silvia Staub-Bernasconi und das Spannungsfeld Soziale Arbeit* (S. 199-121). Luzern: Interact.
Gregusch, Petra (2005). Voraussetzungen erfolgreicher Veränderungsarbeit. *SozialAktuell, 37* (19), S. 5-8.
Groeben, Norbert & Scheele, Brigitte (2000). *Dialog – Konsens – Methodik im Forschungsprogramm Subjektive Theorien (9 Absätze).* Abgerufen am 6. Juli 2008 von Forum Qualitative Sozialforschung/Forum: Qualitative Social Research, 1 (2), Art. 10:
www.qualitative-research.net/index.php/fqs/article/viewArticle/1079/2351
Groeben, Norbert, Wahl, Diethelm, Schlee, Jörg & Scheele, Brigitte (1988). Forschungsprogramm subjektive Theorien. Eine Einführung in die Psychologie des reflexiven Subjekts. Tübingen: Francke.
Groeben, Norbert (1986). Handeln, Tun, Verhalten als Einheiten einer verstehend-erklärenden Psychologie. Tübingen: Francke.
Gröning, Katharina (2009). Entwicklungslinien pädagogischer Beratung - Eine kritische Reflexion über Beratungsformen und Beratungsverständnis. *Neue Praxis, 39* (2), S. 103-116.
Großmaß, Ruth (2004a). Psychotherapie und Beratung. In Frank Nestmann, Frank Engel & Ursel Sickendiek, (Hrsg.), *Das Handbuch der Beratung* (Bd. 1, S. 89-102). Tübingen: DGVT.
Großmaß, Ruth (2004b). Beratungsräume und Beratungssettings. In Frank Nestmann, Frank Engel & Ursel Sickendiek (Hrsg.), *Das Handbuch der Beratung* (Bd. 1, S. 487-496). Tübingen: DGVT.
Großmaß, Ruth (2000). Psychische Krisen und sozialer Raum. Eine Sozialphänomenologie psychosozialer Beratung. Tübingen: DGVT.
Großmaß, Ruth (1997). Paradoxien und Möglichkeiten Psychosozialer Beratung. In Frank Nestmann (Hrsg.), *Beratung. Bausteine für eine interdisziplinäre Wissenschaft und Praxis* (S. 111-136). Tübingen: DGVT.
Grunwald, Klaus (2001). Neugestaltung der freien Wohlfahrtspflege. Management organisationalen Wandels und die Ziele der Sozialen Arbeit. Weinheim, München: Juventa.
Gumpinger, Marianne (2001). Soziale Arbeit mit unfreiwilligen KlientInnen. In Karl E. Hesser, Peter Lüssi, Chris Trotter, Hans Krottenthaler & Marianne Gumpinger (Hrsg.), *Soziale Arbeit mit unfreiwilligen KlientInnen* (S. 11-25). Edition pro mente sana.

**H**

Häcker, Hartmut ([12]1994). Screening. In Friedrich Dorsch, Hartmut Häcker & Kurt H. Stapf, (Hrsg.), *Psychologisches Wörterbuch/Dorsch* (S. 693). Bern: Huber.
Hackney, Harold & Cormier, L.Sharilyn (1998). *Beratungsstrategien, Beratungsziele.* München: Reinhardt.
Hagehülsmann, Heinrich ([6]1994; [1]1984). Begriff und Funktion von Menschbildern in Psychologie und Psychotherapie. In Hilarion Petzold (Hrsg.), *Wege zum Menschen. Methoden und Persönlichkeiten moderner Psychotherapie. Ein Handbuch* (Bd. I, S. 9-44). Paderborn: Junfermann.
Haken, Hermann & Schiepek, Günter (2006). *Synergetik in der Psychologie.* Göttingen: Hogrefe.

Haley, Jay (1976). *Problem solving therapy.* San Francisco: Jossey-Bass.
Haley, Jay (1963). *Strategies of psychotherapy.* New York: Grune & Stratton.
Hanses, Andreas (2000). Biographische Diagnostik in der Sozialen Arbeit. Über die Notwendigkeit und Möglichkeit eines hermeneutischen Fallverstehens im institutionellen Kontext. *Neue Praxis, 30* (4), S. 357-378.
Hartmann, Michael & Kopp, Johannes (2001). Elitenselektion durch Bildung oder Herkunft? *Kölner Zeitschrift für Soziologie und Sozialpsychologie, 53* (3), S. 436-466.
Haselmann, Sigrid (2007). Systemische Beratung und der systemische Ansatz in der Sozialen Arbeit. In Brigitta Michel-Schwartze (Hrsg.), *Methodenbuch Soziale Arbeit. Basiswissen für die Praxis* (S. 153-206). Wiesbaden: VS.
Hausinger, Brigitte (2009). Umrisse einer Beratungswissenschaft. In H. Möller & B. Hausinger (Hrsg.), *Quo vadis Beratungswissenschaft?* (S. 177-184). Wiesbaden: VS.
Hausinger, Brigitte (2008). Beratungswissenschaft – Skizzierung von Schwierigkeiten und Möglichkeiten. *Supervision* (4), S. 22-25.
Hebb, Donald (1949). *The organization of behavior.* New York: Wiley.
Heckhausen, Heinz, Gollwitzer, Peter M., & Weinert, Franz E. (Hrsg.). (1987). *Jenseits des Rubikon: Der Wille in den Humanwissenschaften.* Berlin: Springer.
Heiner, Maja (2008). Soziale Arbeit als Beruf. Fälle – Felder – Fähigkeiten. München: Reinhardt.
Heiner, Maja (2004a). Professionalität in der Sozialen Arbeit. Theoretische Konzepte, Modelle und empirische Perspektiven. Stuttgart: Kohlhammer.
Heiner, Maja (Hrsg.). (2004b). *Diagnostik und Diagnosen in der Sozialen Arbeit. Ein Überblick.* Stuttgart, Berlin, Köln: Kohlhammer.
Heiner, Maja ([2]2001a). Psychosoziale Diagnostik. In Hans-Uwe Otto & Hans Thiersch (Hrsg.), *Handbuch der Sozialarbeit, Sozialpädagogik* (S. 253-265). Neuwied, Kriftel: Luchterhand.
Heiner, Maja (2001b). Qualitätsmanagement und Evaluation als Neuauslegung des Verhältnisses in Theorie und Praxis.Vortrag, gehalten am Sozialpädagogiktag in Tübingen 2001.
Heiner, Maja (1996). Reflexion und Evaluation methodischen Handelns in der Sozialen Arbeit. Basisregeln, Arbeitshilfen und Fallbeispiele. In Maja Heiner, Marianne Meinhold, Hiltrud von Spiegel & Silvia Staub-Bernasconi (Hrsg.), *Methodisches Handeln in der Sozialen Arbeit* (S. 102-183). Freiburg i. Br.: Lambertus.
Heintz, Peter (1968). Einführung in die soziologische Theorie. Stuttgart: Enke.
Helfferich, Cornelia & Kruse, Jan (2007). Vom „professionellen Blick“ zum „hermeneutischen Ohr“. Hermeneutisches Fremdverstehen als eine sensibilisierende Praxeologie für sozialarbeiterische Beratungskontexte. In Ingrid Miethe, Wolfram Fischer, Cornelia Giebeler, Martina Goblirsch & Gerhard Riemann (Hrsg.), *Rekonstruktion und Intervention. Interdisziplinäre Beiträge zur rekonstruktiven Sozialarbeitsforschung* (S. 175-188). Opladen, Farmington Hills: Barbara Budrich.
Hering, Sabine & Münchmeier, Richard (2000). *Geschichte der Sozialen Arbeit. Eine Einführung.* Weinheim, München: Juventa.
Herriger, Norbert ([3]2006). Empowerment in der Sozialen Arbeit. Eine Einführung. Stuttgart: Kohlhammer.
Herriger, Norbert & Kähler, Harro Dietrich (2003). Erfolg in der Sozialen Arbeit. Gelingendes Handeln im Spiegel der Praxis. Bonn: Socialnet.
Herrmann, Theo (1979). Pädagogische Psychologie als psychologische Technologie. In Jochen Brandtstätter, Günther Reinert & Klaus A. Schneewind (Hrsg.), *Pädagogische Psychologie. Probleme und Perspektiven* (S. 209-236). Stuttgart: Klett Cotta.
Herschkowitz, Norbert & Chapman Herschkowitz, Elionore (2006). *Lebensklug und kreativ. Was unser Gehirn leistet, wenn wir älter werden.* Freiburg i. Br.: Herder.
Herwig-Lempp, Johannes (2007). Ressourcen im Umfeld: Die VIP-Karte. In Brigitta Michel-Schwartze (Hrsg.), *Methodenbuch Soziale Arbeit. Basiswissen für die Praxis* (S. 207-226). Wiesbaden: VS.
Herwig-Lempp, Johannes (2002). Beziehungsarbeit ist lernbar. Systemische Ansätze in der Sozialpädagogischen Familienhilfe. In Ulrich Pfeiffer-Schaupp (Hrsg.), *Systemische Praxis. Modelle – Konzepte – Perspektiven* (S. 39-62). Freiburg i. Br.: Lambertus.
Herwig-Lempp, Johannes & Schwabe, Matthias (2002). Soziale Arbeit. In Michael Wirsching & Peter Scheib (Hrsg.), *Paar- und Familientherapie* (S. 475-488). Berlin: Springer.
Herzog, Walter (1982). Die wissenschaftstheoretische Problematik der Integration psychotherapeutischer Methoden. In Hilarion Petzold (Hrsg.), *Methodenintegration in der Psychotherapie* (S. 9-30). Paderborn: Junfermann.
Hipp, Joachim (1995). *Professionalität und Professionalisierung im Beratungsbereich. Diplomarbeit.* Abgerufen am 9. April 2005 von Institut für systemische Beratung: www.systemische-professionalitaet.de
Hjelle, Larry A. & Ziegler, Daniel J. ([2]1981). *Personality theories: basic assumptions, research, and applications.* New York: Mc Graw Hill.
Hobfall, Stevan E. & Jackson, Anita P. (1991). Conservation of resources as a strategy for community psychology. *Journal of community psychology, 21*, S. 128-148.

Hobfoll, Stevan E. (1989). Conservation of resources: A new attempt at conzepualizing stress. *American Psychologist, 44*, S. 513-524.
Hochstrasser, Tanja, Muggli, Rahel & Nüesch, Prisca (2007): *Professionelle Soziale Arbeit: Science oder Fiction. Eine Untersuchung über das Professionsverständnis der Sozialen Arbeit.* Diplomarbeit an der Hochschule für Soziale Arbeit Zürich, Zürich.
Hofer, Manfred (1996). Das Verhältnis von Theorie und Praxis im psychologischen Beratungshandeln. In Bernd-Joachim Ertelt & Manfred Hofer (Hrsg), *Theorie und Praxis der Beratung. Beratung in Schule, Familie, Beruf und Betrieb* (S. 5-40). Nürnberg: Institut für Arbeitsmarkt- und Berufsforschung der Bundesanstalt für Arbeit (IAB).
Höger, Diether (2006a). Klientenzentrierte Persönlichkeitstheorie. In Jochen Eckert, Eva-Maria Biermann-Ratjen & Diether Höger (Hrsg.), *Gesprächspsychotherapie. Lehrbuch für die Praxis* (S. 37-72). Heidelberg: Springer.
Höger, Diether (2006b). Klientenzentrierte Therapietheorie. In Jochen Eckert, Eva-Maria Biermann-Ratjen & Diether Höger (Hrsg.), *Gesprächspsychotherapie. Lehrbuch für die Praxis* (S. 117-138). Heidelberg: Springer.
Hollis, Florence & Woods, Mary (1981). *Casework: A psychosocial therapy.* New York: Random House.
Hollis, Florence (1971). *Soziale Einzelhilfe als psychosoziale Behandlung.* Freiburg i. Br.: Lambertus.
Hollstein-Brinkmann, Heino (2000). Systemische Perspektiven in der Sozialen Arbeit. *Blätter der Wohlfahrtspflege, 147* (3+4), 49-52.
Holm-Hadulla, Rainer M. (2000). Die therapeutische Beziehung. *Psychotherapeut, 45* (2), S. 124-136.
Hörmann, Georg (1985). Beratung zwischen Fürsorge und Therapie. *Zeitschrift für Pädagogik, 31*, S. 805-820.
Hottelet, Harald (1996). Beratung. In Dieter Kreft & Ingrid Mielenz (Hrsg.), *Wörterbuch Soziale Arbeit*
(S. 102-107). Weinheim, Basel: Beltz.
Hubble, Mark A., Duncan, Barry L. & Miller, Scott D. (2001). *So wirkt Psychotherapie. Empirische Ergebnisse und praktische Folgerungen.* Dortmund: Modernes Lernen.
Hüther, Gerald & Krens, Inge ([3]2005). Das Geheimnis der ersten neun Monate. Unsere frühesten Prägungen. Düsseldorf: Walter.
Hüther, Gerald (2003). *Kinder brauchen Wurzeln – Die Bedeutung emotionaler Sicherheit für die Hirnentwicklung.* Abgerufen am 5. September 2007 von Deutsches Institut für Jugend und Gesellschaft:
www.dijg.de/ehe-familie/forschung-kinder/wurzeln-zugehoerigkeit-hirnentwicklung/
Hüther, Gerald (2002). *Die Folgen traumatischer Kindheitserfahrungen für die weitere Hirnentwicklung.* Abgerufen am 5. September 2007 von FORUM/sozialpädagogische Internetzeitschrift der AGSP:
http://www.agsp.de/html/a34.html

## I/J

IFSW (2000). *Definition oft Social Work*. Montreal: Joint International Coferens of IASSW und IFSW.
Ivey, Allen E. & Authier, Jerry (1978). *Microcounseling: Innovations in interviewing training.* Springfield, IL: Thomas.
Jäger, Reinhold & Petermann, Franz (Hrsg.). ([4]1999). *Psychologische Diagnostik.* Weinheim, Basel: Beltz.
Jakob, Gisela & v. Wensierski, Hans-Jürgen (Hrsg.). (1997). Rekonstruktive Sozialpädagogik. Konzepte und Methoden sozialpädagogischen Verstehens in Forschung und Praxis. Weinheim, München: Juventa.

## K

Kähler, Harro (2005). Soziale Arbeit in Zwangskontexten. Wie unerwünschte Hilfe erfolgreich sein kann. München: Reinhardt.
Kaiser, Erwin (1993). Quantitative Psychotherapieforschung – Modernes Paradigma oder Potemkinsches Dorf? Abgerufen am 5. Juli 2006 von Fachtexte zur Entwicklung von Psychotherapie in Theorie und Praxis (e-journal): www.psychotherapie.org/texte/kaiser.html
Kämmerer, Annette (1983). Die therapeutische Strategie „Problemlösen“. Theoretische und empirsche Perspektiven und ihrer Anwendung in der kognitiven Psychotherapie. Münster: Aschendorff.
Kanfer, Frederick., Reinecker, Hans & Schmelzer, Dieter ([4]2006,). *Selbstmanagement – Therapie. Ein Lehrbuch für die klinische Praxis.* Berlin, Heidelberg, New York: Springer.
Kanfer, Frederick, Reinecker, Hans & Schmelzer, Dieter (1991). *Selbstmanagement Therapie.* Berlin: Springer.
Karges, Rosemarie & Lehner, Ilse (2005). Zum Berufsbild in der Sozialen Arbeit. Das berufliche Selbstverständnis und seine Unschärfen. *Soziale Arbeit 12,* S. 449-456.
Kast, Verena (2000). Sich einlassen und loslassen - Neue Lebensmöglichkeiten bei Trennung und Trauer. Freiburg i. Br.: Lambertus.

Kempermann, Gerd (2. März 2004). Infektion des Geistes. Freier Wille auch biologisch bedingt. *Frankfurter Allgemeine Zeitung*, S. 37.
Kleve, Heiko (2003). Sozialarbeitswissenschaft, Systemtheorie und Postmoderne. Grundüberlegungen und Anwendungen eines Theorien- und Methodenprogramms. Lambertus: Freiburg i. Br.
Kleve, Heiko (1999). Postmoderne Sozialarbeit: ein systemtheoretisch - konstruktivistischer Beitrag zur Sozialarbeitswissenschaft. Aachen: Kersting.
Kleve, Heiko (1996). Soziale Arbeit als wissenschaftliche Praxis und als Praktische Wissenschaft. Systemtheoretische Ansätze einer Praxistheorie Sozialer Arbeit. *Neue Praxis*, *25* (3), S. 245-252.
Knab, Maria (2008). Beratung zwischen Tür und Angel. Perspektiven für die Professionalisierung, Forschung und eine gerechtere Infrastruktur. *Beratung Aktuell. Zeitschrift für Theorie und Praxis der Beratung*, *9* (2), S. 113-126.
Knatz, Birgit & Dodier, Bernard (2003). *Hilfe aus dem Netz. Theorie und Praxis der Beratung per E-mail.* Stuttgart: Pfeiffer/Klett Cotta.
Knoll, Andreas (³2010). Professionelle Soziale Arbeit. Professionstheorie zur Einführung und Auffrischung. Freiburg i. Br.: Lambertus.
Kobel, Alex (2004). Ressourcenorientierte Steuerung der Fallbelastung – ein Rahmenkonzept. *AvenirSocial*, *36* (1), S. 7-11.
Köllner, Erhard (1996). Beratung in der sozialen Arbeit. Übungsbuch zur klientenzentrierten Gesprächsführung. Stuttgart: Kohlhammer.
Königswieser, Roswita & Exner, Alexander (⁷2002). Systemische Intervention. Architekturen und Designs für Berater und Veränderungsmanager. Stuttgart: Klett Cotta.
Koring, Bernhard (1989). Eine Theorie pädagogischen Handelns. Theoretische und empirisch-hermeneutische Untersuchungen zur Professionalisierung der Pädagogik. Weinheim : Deutscher Studienverlag
Koschorke, Martin (1975). Zur Praxis der Beratung mit Unterschichtfamilien. In Martin Koschorke (Hrsg.). Zur Praxis der Unterschichtsberatung (S. 315-332). Göttingen: Vandenhoeck & Ruprecht.
Kottler, Anna (2004). Psychosoziale Beratung in der klinischen Sozialarbeit. Bedarf und Kompetenzen. Lage: Jacobs.
Krapp, Andreas & Heiland, Alfred (³1993). Wissenschaftstheoretische Grundfragen der pädagogischen Psychologie. In B. Weidenmann, Andreas Krapp, Manfred Hofer, Günter L. Huber & Heinz Mandl (Hrsg.), *Pädagogische Psychologie. Ein Lehrbuch* (S. 41-72). Beltz.
Krause, Christiane (2003). Pädagogische Beratung. Was ist, was soll, was kann Beratung. In Christina Krause, Bernd Fittkau, Reinhard Fuhr & Heinz-Ulrich Thiel (Hrsg.), *Pädagogische Beratung* (S. 15-31). Paderborn: Schöningh.
Krause, Christina, Fittkau, Bernd Fuhr, Reinhard & Thiel, Heinz-Ulrich (2003). *Pädagogische Beratung.* Paderborn: Schöningh.
Krause, Christina, Mayer, Claude-Hélène & Assmann, Maren (2007). *Profil und Identität professioneller Berater und Beraterinnen.* Abgerufen am 10. Januar 2008 von Beratung Aktuell - Zeitschrift für Theorie und Praxis der Beratung. Junfermann: Paderborn: www.beratung-aktuell.de
Krech, David; Crutchfield, Richard S., Livson, Norman; Wilson, William A. .jr. & Parducci, Allen (1992). *Grundlagen der Psychologie* (Bd. 8). Weinheim, Basel: Beltz.
Kreisky, Eva (2003). *Neobliberale Körpergefühle: Vom neuen Staatskörper zu profitablen Körpermärkten.* Abgerufen am 5. Mai 2006 von: www.evakreisky.at/news/archives2004_03.php
Kriz, Jürgen (⁴1994). *Grundkonzepte der Psychotherapie. Eine Einführung.* Weinheim: Psychologie Verlags Union.
Krohne, Heinz Walter & Hock, Michael (2007). *Psychologische Diagnostik. Grundlagen und Anwendungsfelder.* Stuttgart: Kohlhammer.
Kron, Friedrich W. (1999). *Wissenschaftstheorie für Pädagogen.* München, Basel: Reinhardt.
Krüger, Helga (2001). Ungleichheit und Lebenslauf. Wege aus der Sackgasse empirischer Traditionen. In Bettina Heintz (Hrsg.), *Geschlechtersoziologie* (S. 512-537). Wiesbaden: Westdeutscher Verlag.
Kübler-Ross, Elisabeth (1971). *Interviews mit Sterbenden.* Stuttgart: Kreuz.
Kühnle, Johannes (2002). Menschenbild-Implikationen im Kontext der Erziehungwissenschaft. Kritische Bestandsaufnahme und Entwicklung einer neuen Perspektive. Dissertation. Abgerufen am 15. August 2008 von:
http://archiv.ub.uni-heidelberg.de/volltextserver/frontdoor.php?source_opus=3217
Kuhl, Julius & Kazén, Miguel (²2009). *Persönlichkeits-Stil und Störungs-Inventar (PSSI). Manual.* Göttingen: Hogrefe.
Kuhl, Julius (2007). Psychologie des Selbstseins. In Julius Kuhl & Andreas Luckner, *Freies Selbstsein. Authentizität und Regression* (S. 49-81). Göttingen: Vandenhoeck & Ruprecht.
Kuhl, Julius & Hüther, Gerald (2007). Das Selbst, das Gehirn und der freie Wille. Kann man Selbststeuerung auch ohne Willensfreiheit trainieren? *Pädagogik*, *11*, S. 36-41 (www.llv.li/pdf-llv-asd-kuhl_060307.pdf)

Kuhl, Julius & Kazén, Miguel (2003). Handlungs- und Lageorientierung. Wie lernt man, seine Gefühle zu steuern? In Joachim Stiensberg-Pelster & Falko Rheinberg (Hrsg.), *Diagnostik von Motivation und Selbstkonzept* (S. 201-220). Göttingen: Hogrefe.
Kuhl, Julius (2001). Motivation und Persönlichkeit. Interaktion psychischer Systeme. Göttingen: Hogrefe.
Kuhl, Julius & Fuhrmann, Arno (1998). Decomposing self-regulation and self-controll: The volitional components inventory. In Jutta Heckhausen & Carol S. Dweck (Eds.), *Motivation and self-regulation across the life span* (S. 15-49). Cambridge: Cambridge University Press.
Kuhl, Julius & Beckmann, Jürgen (1994). Action versus state orientation. Psychotmetric properties of the Action-Control-Scale (ACS-90). In Julius Kuhl & Jürgen Beckmann (Hrsg.), *Volition and Personality. Action versus state orientation* (S. 47-59). Göttingen: Hogrefe.
Kunstreich, Timm, Langhanky, Michael, Lindenberg, Michael & May, Michael (2004). Dialog statt Diagnose. In Maja Heiner (Hrsg.), *Diagnostik und Diagnosen in der Sozialen Arbeit. Ein Überblick,* (S. 55-74). Stuttgart: Kohlhammer.

**L**

Lambert, Michael J. (Ed.). (⁵2004). Bergin and Garfield's handbook oft psychotherapy and behavior change. New York: Wiley.
Lambert, Michael. J. (2003). Psychotherapy outcome research: Implications for integrative and eclectic therapists. In John C. Norcross & Marvin R. Goldfried (Eds.), *Handbook of psychotherapy integration* (S. 94-129). New York: Oxford University Press.
Lambert, Michael J. & Barley, Dean. E. (2002). Research Summary on the therapeutic realationship and psychotherapy outcome. In John C. Norcross (Hrsg.), *Pschotherapy relationships that work: Therapist contributions and responsiveness to patients* (S. 17-36). London: Oxford University Press.
Lazarus, Arnold A. (2000). *Multimodale Kurzpsychotherapie.* Stuttgart: Klett Cotta.
Lazarus, Arnold A. (1967). In support of technical eclecticism. *Pschological Reports, 21*, S. 415-416.
LeDoux, Joseph (2001). *Das Netz der Gefühle.* München: Deutscher Taschenbuch Verlag.
Lehr, Ursula & Thomae, Hans (1965). *Konflikt, seelische Belastung und Lebensalter.* Köln/Opladen.
Lenk, Hans (2000). Kreative Aufstiege. Zur Philosophie und Psychologie der Kreativität. Frankfurt a. M.: Suhrkamp.
Lenz, Albert (2004). Beratung in sozialen Kontexten – Communitiy Counseling. In Frank Nestmann, Frank Engel & Ursel Sickendiek (Hrsg.), *Das Handbuch der Beratung* (Bd. 1, S. 435-448). Tübingen: DGVT.
Linden, Michael & Hautzinger, Martin (Hrsg.). (⁶2008). *Verhaltenstherapiemanual.* Heidelberg: Springer.
Lindner, Ronny (2004). Unbestimmt bestimmt. Soziale Beratung als Praxis des Nichtwissens. Heidelberg: Carl-Auer.
Lippitt, Gordon &. Lipitt, Ronald (³1999). *Beratung als Prozess. Was Berater und ihre Kunden wissen sollten.* Leonberg: Rosenheimer Fachverlag.
Lohmann, Jürgen (2000). *Handlungspsychologische Beratung. Ein Modell praktischen Handelns.* Abgerufen am 10. November 2008 von: Berichte aus der Arbeitsgruppe „Verantwortung, Gerechtigkeit und Moral", Nr. 133, IOSSN 1430-1148: http://psydok.sulb.uni-saarland.de/volltexte/2004/137/pdf/beri133.pdf
Luborsky, L., Singer, B. & Luborsky, L. (1975). Comparative studies of psychotherapies: Is it true that everyone has won and all must have a prize? *Archives of Gneral Psychiatry, 32*, S. 995-1008.
Ludewig, Kurt (²2009). Einführung in die theoretischen Grundlagen der systemischen Therapie. Heidelberg: Carl-Auer.
Ludewig, Kurt (2003). Arbeit mit Ressourcen auf der systemischen Ebene – der Ansatz der Systemischen Therapie. In Heike Schemmel & Johannes Schaller (Hrsg.), *Ressourcen. Ein Hand- und Lesebuch zur therapeutischen Arbeit* (S. 281-310). Heidelberg: Springer.
Ludewig, Kurt (1993). Systemische Therapie. Grundlagen klinischer Praxis. Stuttgart: Klett Cotta.
Lüders, Christian (1989). Der wissenschaftlich ausgebildete Praktiker. Entstehung und Auswirkung des Theorie-Praxis-Konzepts des Diplomstudiengangs Sozialpädagogik. Weinheim: Deutscher Studien Verlag.
Lüssi, Peter (³1995). Systemische Sozialarbeit: praktisches Lehrbuch der Sozialberatung. Bern: Haupt.
Luhmann, Niklas & Schorr, Karl-Eberhard (1982). Das Technologiedefiizit der Erziehung und die Pädagogik. In Niklas Luhmann & Karl-Eberhard Schorr (Hrsg.), *Technologie und Selbstreferenz* (S. 11-40). Frankfurt a. M.: Suhrkamp.
Luhmann, Niklas (²1973). Vertrauen. Ein Mechanismus der Reduktion sozialer Komplexität. Stuttgart: Enke.
Luthe, Ernst-Wilhelm (2003). Sozialtechnologie. *Archiv für Wissenschaft und Praxis sozialer Arbeit, 34* (4), S. 3-48.

**M**

Maeder, Christoph & Nadai, Eva (2004). *Organisierte Armut. Sozialhilfe aus wissenssoziologischer Sicht.* Konstanz: UVK Verlagsgesellschaft.

Maeder, Christoph & Nadai, Eva (2003). Professionalität unter den Bedingungen des Sozialamts: Sozialarbeit in der öffentlichen Sozialhilfe. In Harald Mieg & Michaela Pfadenhauer (Hrsg.), *Professionelle Leistung – Professional Performance* (S. 147-166). Konstanz: UVK Verlagsgesellschaft.

Mahler, Alvin R. (1995). Foreword. What should be included in a superb overview an introduction to an non-existant profession of counseling an psychotherapy. In Colin Felham (a.a.O.), *What is counseling* (S. VI-X). London: Sage.

Mahner, Martin & Bunge, Mario (2000). *Philosophische Grundlagen der Biologie.* Berlin, Heidelberg, New York: Springer.

Maiwald, Kai-Olaf (2003). Der unsichtbare Mediator: Probleme der Ausweisung beruflicher Leistung in der Familienmediation. In H. Mieg & M. Pfadenhauer (Hrsg.), *Professionelle Leistung – Professional Performance. Positionen der Professionssoziologie* (S. 195-226). Konstanz: UVK Verlagsgesellschaft.

Markowitsch, Hans J. & Welzer, Harald (2005). Das autobiographische Gedächtnis. Hirnorganische Grundlagen und biosoziale Entwicklung. Stuttgart: Klett Cotta.

Marschner, Lutz (Hrsg.). (1999). Beratung im Wandel. Eine Veröffentlichung der Bundeskonferenz für Erziehungsberatung (bke). Mainz: Matthias Grünewald.

Martens, Jens Uwe & Kuhl, Julius ([2]2005). Die Kunst der Selbstmotivierung. Neue Erkenntnisse der Motivationsforschung praktisch umsetzen. Stuttgart: Kohlhammer.

Matter, Helen (1999). Sozialarbeit mit Familien. Eine Einführung. Bern: Haupt.

Maturana, Humberto R. & Varela, Francisco J. (1984). *Der Baum der Erkenntnis. Die biologischen Wurzeln des menschlichen Erkennens.* Bern, München: Goldmann.

Maurer, Susanne (2006). Beratung als Über-Setzung und Re-Artikulation von Erfahrung. In Heike Schnoor (Hrsg.), *Psychosoziale Beratung in der Sozial- und Rehabilitationspädagogik* (S. 23-33). Stuttgart: Kohlhammer.

Maus, Friedrich, Schulz-Wallenstein, Uwe & Beilmann, Michael (2002). Einführungsbeitrag: Herausgeberdiskussion. Für und Wider eines berufsspezifischen Beratungsansatzes. In DBSH Landesverband Baden-Württemberg (Hrsg.), *Beratung – eine Schlüsselqualifikation in der Sozialen Arbeit – ein Diskussionsbeitrag* (S. 7- 24). Mannheim: Verlag für Wissenschaft und Bildung.

McLeod, John (2004). Counselling - eine Einführung in die Beratung. Tübingen: DGVT.

Mecherli, Paul (1996). „Auch das noch ..." Ein handlungsbezogenes Rahmenkonzept Interkultureller Beratung. *Verhaltenstherapie und psychosoziale Praxis, 28* (1), S. 17-35.

Meichenbaum, Donald W. (1979). *Kognitive Verhaltensmodifikation.* München: Urban & Schwarzenberg.

Meinhold, Marianne ([2]2002). Über Einzelfallhilfe und Case Management. In W. Thole (Hrsg.), *Grundriss Soziale Arbeit. Ein einführendes Handbuch* (S. 509-522). Opladen: Leske & Budrich.

Merchel, Joachim (2003). Trägerstrukturen in der Sozialen Arbeit. Eine Einführung. Weinheim, München: Juventa.

Merten, Roland (2002). Sozialarbeit/Sozialpädagogik als Disziplin und Profession. In Hans Günther Homfeldt, Roland Merten & Jörgen Schulze-Krüdener, *Mehr Wissen – Mehr Können? Soziale Arbeit als Disziplin und Profession* (S. 29-87). Baltmannsweiler: Schneider Verlag Hohengehren.

Meyer, Bettina & Gneupel, Daniel (2006). Armut und Sozialhilfe. Die Ursachen der zunehmenden Belastung der Sozialhilfe und die Auswirkungen auf deren Arbeitsweise. Diplomarbeit. Bern: Edition Soziothek.

Mieg, Harald (2003). Problematik und Probleme der Professionssoziologie. In Harald Mieg & Michaela Pfadenhauer (Hrsg.), *Professionelle Leistung – Professional Performance* (S. 11-48). Konstanz: UVK Verlagsgesellschaft.

Miethe, Ingrid (2007). Rekonstruktion und Intervention. Zur Geschichte und Funktion eines schwierigen Verhältnisses. In Ingrid Miethe, Wolfram Fischer, Cornelia Giebeler, Martina Goblirsch & Gerhard Riemann (Hrsg.), *Rekonstruktion und Intervention. Interdisziplinäre Beiträge zur rekonstruktiven Sozialarbeitsforschung* (S. 9-34). Opladen, Farmington Hills: Barbara Budrich.

Miller, Earl K. & Cohen, Jonathan D. (2001). An Integrative Theory of Prefrontal Cortex Function. *Annual Review of Neuroscience, 24*, S. 167-202.

Miller, William R. & Rollnick, Stephen (2004). *Motivierende Gesprächsführung.* Freiburg i. Br.: Lambertus.

Ministerium für Arbeit und Soziales, Qualifikation und Technologie des Landes Nordrhein-Westfalen (2000). *Modellprojekt „Sozialbüros" NRW. Endbericht.* Abgerufen am 20. Oktober 2006 von: www.sofi-goettingen.de/fileadmin/Peter_Bartelheimer/Literatur/Endbericht_Sozialbueros.pdf

Mohe, Michael (2003). Klientenprofessionalisierung. Strategien und Perspektiven eines professionellen Umgangs mit Unternehmensberatung. Marburg: Metropolis.

Moldaschl, Manfred (2009). Beratung als Wissenschaft, als Profession oder Kunst? In Heidi Möller & Brigitte Hausinger (Hrsg.), *Quo vadis Beratungswissenschaft?* (S. 19-42). Wiesbaden: VS.

Moldaschl, Manfred (2001). Reflexive Beratung. Eine Alternative zu strategischen und systemischen Ansätzen. In Nina Degele, Tanja Münch, Hans Pongratz & Nicole Saam (Hrsg.), *Soziologische Beratungsforschung. Perspektiven für Theorie und Praxis der Organisationsberatung* (S. 133-158). Opladen: Leske & Budrich.

Mollenhauer, Klaus (1965). Das pädagogische Phänomen „Beratung". In C. Wolfgang Müller & Klaus Mollenhauer (Hrsg.), *„Führung" und „Beratung" in pädagogischer Sicht* (S. 25-41). Heidelberg: Quelle & Meyer.

Mühlig, Stephan & Petermann, Franz (2006). Grundprinzipien multimethodaler Diagnostik. In Franz Petermann & Michael Eid (Hrsg.), *Handbuch der Psychologischen Diagnostik* (S. 99-108). Göttingen: Hogrefe.

Mühlum, Albert (1999). Beratung als Kompetenz Sozialer Arbeit: informierend, problemlösend, behandelnd. Abgerufen am 4. Juli 2006 von: www.fh-fulda.de/dgs

Müller, Burkhard (²2002). Professionalisierung. In Werner Thole (Hrsg.), *Grundriss Soziale Arbeit. Ein einführendes Handbuch* (S. 725-744). Opladen: Leske & Budrich.

Müller, Burkhard (1993). Sozialpädagogisches Können. Ein Lehrbuch zur multiperspektivischen Fallarbeit. Freiburg i. Br.: Lambertus.

Müller, Burkhard (1987). Sozialpädagogisches Handeln. In Hanns Eyfehrt, Hans-Uwe Otto & Hans Thiersch, (Hrsg.), *Handbuch Sozialarbeit/ Sozialpädagogik* (S. 1045-1059). Neuwied, Kriftel: Luchterhand.

Müller, C. Wolfgang (²2001). Methoden: Geschichte. In Hans-Uwe Otto & Hans Thiersch (Hrsg.), *Handbuch Sozialarbeit/Sozialpädagogik* (S. 1205-1210). Neuwied, Kriftel: Luchterhand.

Müller, C. Wolfgang (³1997;). *Wie Helfen zum Beruf wurde. Eine Methodengeschichte der Sozialarbeit* (Bd 2: 1945-1995). Weinheim, Basel: Beltz.

Müller, Roland Walter (2006). *Ziele und Methoden von Theorievergleichen.* Abgerufen am 2. November 2007 von Die offene Gesellschaft und ihre falschen Propheten: www.gesund.lu/Theorienvergleich.html

Mutzeck, Wolfgang (2004). Kooperative Beratung. In Frank Nestmann, Frank Engel & Ursel Sickendiek (Hrsg.), *Das Handbuch der Beratung* (Bd. 2, S. 691-698). Tübingen: DGVT.

Mutzeck, Wolfgang (³1999). Kooperative Beratung. Grundlagen und Methoden der Beratung und Supervision im Berufsalltag. Weinheim, Basel: Beltz.

Mutzeck, Wolfgang (1988). *Von der Absicht zum Handeln.* Weinheim: Deutscher Studienverlag.

## N

Nadai, Eva, Sommerfeld, Peter, Bühlmann, Felix & Krattiger, Barbara (2005): *Fürsorgliche Verstrickung. Soziale Arbeit zwischen Profession und Freiwilligenarbeit.* Wiesbaden: VS.

Nestmann, Frank (2008). Die Zukunft der Beratung in der sozialen Arbiet. *Beratung Aktuell. Zeitschrift für Theorie und Praxis der Beratung, 9* (2), S. 72-97.

Nestmann, Frank (2004a). Ressourcenorientierte Beratung. In Frank Nestmann, Frank Engel & Ursel Sickendiek (Hrsg.), *Das Handbuch der Beratung* (Bd. 2, S. 725-735). Tübingen: DGVT.

Nestmann, Frank (2004b). Beratungsmethoden und Beratungsbeziehung. In Frank Nestmann, Frank Engel & Ursel Sickendiek (Hrsg.), *Das Handbuch der Beratung* (Bd. 2, S. 781-796). Tübingen: DGVT.

Nestmann, Frank (2004c). Beratungspsychologie/Counselling Psychology. In Frank Nestmann, Frank Engel & Ursel Sickendiek (Hrsg.), *Das Handbuch der Beratung* (Bd. 1, S. 61-72). Tübingen: DGVT.

Nestmann, Frank (2004d). Beratung zwischen alltäglicher Hilfe und Profession. In Frank Nestmann, Frank Engel & Ursel Sickendiek (Hrsg.), *Das Handbuch der Beratung* (Bd. 1, S. 548-558). Tübingen: DGVT.

Nestmann, Frank, Engel, Frank, & Sickendiek, Ursel (2004). *Das Handbuch der Beratung* (2 Bde., Bd. 1: Disziplin und Zugänge; Bd. 2: Ansätze, Methoden und Felder). Tübingen: DGVT.

Nestmann, Frank & Engel, Frank (2002). Beratung – Markierungspunkte für eine Weiterentwicklung. In Frank Nestmann & Frank Engel (Hrsg.), *Die Zukunft der Beratung* (S. 51-78). Tübingen: DGVT.

Nestmann, Frank & Sickendiek, Ursel (2002). Macht und Beratung. Fragen an eine Empowermentorientierung. In Frank Nestmann & Frank Engel (Hrsg.), *Die Zukunft der Beratung* (S. 165-186). Tübingen: DGVT.

Nestmann, Frank & Sickendiek, Ursel (²2001). Beratung. In Hans-Uwe Otto & Hans Thiersch (Hrsg.), *Handbuch Sozialarbeit/ Sozialpädagogik* (S. 140-152). Neuwied, Kriftel: Luchterhand.

Nestmann, Frank (1998). Beratung als eigenständige Profession. Berufsberatung auf dem Weg in die Zukunft. *dvb-forum* (2), S. 12-23.

Nestmann, Frank (Hrsg.). (1997). Beratung. Bausteine einer interdisziplinären Wissenschaft und Praxis. Tübingen: DGVT.

Nestmann, Frank (1997a). Beratung als Ressourcenförderung. In Frank Nestmann (Hrsg.), *Beratung. Bausteine einer interdisziplinären Wissenschaft und Praxis* (S. 15-38). Tübingen: DGVT.

Nestmann, Frank (1997b). Big sister is inviting you - Counseling and Counseling Psychology. In Frank Nestmann (Hrsg.), *Beratung. Bausteine einer interdiziplinären Wissenschaft und Praxis* (S. 161-178). Tübingen: DGVT.

Nestmann, Frank (1996). Psychosoziale Beratung – ein ressourcentheoretischer Entwurf. *Verhaltenstherpie und psychosoziale Praxis, 28* (1), S. 359-376.

Nestmann, Frank (1983/84). Projektbericht: Nicht professionelle psychosoziale Beratung. Gastwirte als Alltagsberater. Universität Bielefeld: Fakultät für Pädagogik.

Neuffer, Manfred (2000). Beratung als Kernkompetenz Sozialer Arbeit. Der Beratungsbegriff in der Geschichte der Profession. *Blätter der Wohlfahrtspflege, 147* (5+6), S. 100-103.

Neuffer, Manfred (1990). Die Kunst des Helfens. Geschichte der Sozialen Einzelhilfe in Deutschland. Weinheim, Basel: Beltz.

Nitsch, Cornelia & Hüther, Gerald (2004). *Kinder gezielt fördern.* München: Gräfe & Unzer.

Norcross, John C. & Newman, Cory F. (2003). Psychotherapy integration: Setting the context. In Jihn C. Norcross & Marvin R. Goldfried, *Handbook oft psychotherapy integration* (S. 3-45). New York: Oxford University Press.

Novak, F., Finster, H. & Schneider, K.-H. (1976). Psychologie 1. Grundwissen, Verhalten – Methoden – Theorien. München.

Nussbeck, Susanne (2006). *Einführung in die Beratungspsychologie.* München: Reinhardt.

Nussle-Stein, Cornelia (2006). Professionalität und Qualität in Beratung und Therapie. Eine disziplinen- und theorie/ praxisübergreifende Betrachtung. Bern: Haupt.

NZZFolio. (Februar 2006). Berater. Die Souffleure der hilflosen Gesellschaft. *Die Zeitschrift der Neuen Zürcher Zeitung.* Zürich: Verlag NZZ-Folio.

## O

Obrecht, Werner & Zwicky, Heinrich (2011). Grundlagen und Perspektiven einer strukturellen Theorie sozialer Probleme. Diversität und Ungleichheit aus der Sicht der emergentistischen Systemtheorie. Abgerufen am 3. März 2012 von Deutsche Gesellschaft für Soziale Arbeit:
www.dgsainfo.de/fileadmin/dateiablage/.../Obrecht_Zwicky.pdf

Obrecht, Werner (2009a). Probleme der Sozialen Arbeit als Handlungwissenschaft und Bedingungen ihrer kumulativen Entwicklung. In Bernd Birgmeier & Erich Mührel, E. (Hrsg.), *Die Sozialarbeitswissenschaft und ihrer Theorie(n). Positionen, Kontroversen, Perspektiven* (S. 113-130). Wiesbaden: VS.

Obrecht, Werner (2009b). Was braucht der Mensch? Grundlagen der biopsychosoziokulturellen Theorie menschlicher Bedürfnisse und ihre Bedeutung für eine erklärende Theorie sozialer Probleme. Luxemburg: Ligue Médico-Sociale.

Obrecht, Werner (2009c). Die Struktur des professionellen Wissens. Ein integrativer Beitrag zur Theorie der Professionalisierung. In Roland Becker-Lenz, Stefan Busse, Gudrun Ehlert & Silke Müller (Hrsg.), *Professionalität und Professionalisierung in der Sozialen Arbeit. Standpunkte – Kontroversen – Perspektiven*
(S. 47-72). Wiesbaden: VS.

Obrecht, Werner (2008). Die Struktur der „professionellen Wissensbasis" von Professionen. Bringing facts, laws, and methods back in. *Erweiterte Fassung eines Vortrags, gehalten auf der Tagung „Was bedeutet Professionalität in der Sozialen Arbeit?" an der Fachhochschule Nordwestschweiz – Hochschule für Soziale Arbeit in Olten, 13-15. März 2008.*

Obrecht, Werner (2007). Was ist Wissenschaft? Die naturalistische Sicht des Wissenschaftlichen Realismus. Deutsche Gesellschaft für Soziale Arbeit.

Obrecht, Werner (2006). Interprofessionelle Kooperation als professionelle Methode. In Beat Schmocker (Hrsg.), *Liebe, Macht und Erkenntnis. Silvia Staub-Bernasconi und das Spannungsfeld Sozialer Arbeit* (S. 408-445). Freiburg i. Br.: Lambertus.

Obrecht, Werner (2005). Ontologischer, sozialwissenschaftlicher und sozialarbeitswissenschaftlicher Systemismus. Ein integratives Paradigma der Sozialen Arbeit. In Heino Hollstein-Brinkmann & Silvia Staub-Bernasconi (Hrsg.), *Systemtheorien im Vergleich. Was leisten Systemtheorien für die Soziale Arbeit? Versuch eines Dialogs* (S. 93-172). Wiesbaden: VS.

Obrecht, Werner (2004). Umrisse einer Theorie des Verhältnisses von Theorie und Praxis auf der Grundlage des wissenschaftlichen Weltbildes. *Vortrag, gehalten am Kolloquium „Philosophische Grundlagen der Wissenschaft der Sozialen Arbeit" am 19. November 2004 in Emden, Ostfriesland.*

Obrecht, Werner (2003a). Philosophische Grundlagen der Sozialarbeitswissenschaft als integrative Handlungswissenschaft. Erweiterte Fassung des Textes zum *Vortrag, gehalten am Kolloqium „Philosophische Grundlagen der Wissenschaft der Sozialen Arbeit" am 22. November 2003.*

Obrecht, Werner (2003b). Probleme der Entwicklung der Sozialarbeitswissenschaft. Referat anlässlichlich der Fachtagung „Themen der Sozialarbeitswissenschaft in Theorie, Lehre und Praxis" vom 31. Oktober/1. November 2003 an der Hochschule für Soziale Arbeit Zürich.

Obrecht, Werner (2003c). Transdisziplinäre Integration in Grundlagen- und Handlungswissenschaften. Ein Beitrag zu einer allgemeinen Handlungstheorie für Handlungswissenschaften und ihrer Nutzung innerhalb der professionellen Sozialen Arbeit. In Richard Sorg (Hrsg.), *Soziale Arbeit zwischen Politik und Wissenschaft* (S. 119-172). Münster; Hamburg; London: LIT.

Obrecht, Werner (2003d). Individuum und (Welt)Gesellschaft. Das klassische Problem des Mikro-Makro-Links und seine Lösung im Rahmen einer nichtholistischen systemtheoretischen Auffassung von Individuum und sozialen Systemen. *Skript zur gleichnamigen Lehrveranstaltung im Rahmen des Lehrgangs „Master oft Social Work – Soziale Arbeit als Menschenrechtsprofession" am Zentrum für Postgraduale Studien (ZPSA) in Berlin, vom 20. März und 25.-27. Juni 2004.*

Obrecht, Werner & Gregusch, Petra (2003). Wofür ist Lösungsorientierung eine Lösung? Ein Beitrag zur sozialarbeitswissenschaftlichen Evaluation einer therapeutischen Methode. *Archiv für Wissenschaft und Praxis der Sozialen Arbeit, 33* (1), S. 61-93.

Obrecht, Werner (2002a). Der Wissenschaftliche Realismus als Grundlage einer Philosophie der Sozialarbeitswissenschaft. Skript, verfasst anlässlich der Tagungen des Arbeitskreises „Theorie- und Wissenschaftsentwicklung in der Sozialen Arbeit" der Deutschen Gesellschaft für Soziale Arbeit vom 27./28. September 2002 und 14./15. März 2003. Zürich: Hochschule für Soziale Arbeit.

Obrecht, Werner (2002b). Umrisse einer biopsychosozialkulturellen Theorie sozialer Probleme. Ein Beispiel einer transdisziplinär integrativen Theorie. *Überarb. Textversion eines Referats, gehalten auf der Fachtung „Themen der Sozialarbeitswissenschaft und ihre transdisziplinäre Verknüpfung" am 5. März 2002 an der Hochschule für Soziale Arbeit in Zürich.*

Obrecht, Werner (2002c). Modelle des Menschen und ihre Bedeutung für Soziale Arbeit. Problemstellungen, Dimensionen und Typen von Modellen. *Skript zur gleichnamigen Lehrveranstaltung.* Zürich: Hochschule für Soziale Arbeit.

Obrecht, Werner (2002d): The Poverty of Social Work, Soziale Arbeit und ihre gesellschaftlichen und institutionellen Umwelten, Typoscript Hochschule für Soziale Arbeit Zürich, Zürich.

Obrecht, Werner (2001). Das systemtheoretische Paradigma der Disziplin und Profession der Sozialen Arbeit. Eine transdisziplinäre Antwort auf das Problem der Fragmentierung des professionellen Wissens und die unvollständig Professionalisierung der Sozialen Arbeit. In *Zürcher Beiträge zur Theorie und Praxis Soziale Arbeit* (Bd. 4). Zürich: Hochschule für Soziale Arbeit.

Obrecht, Werner (2000a). Das systemische Paradigma der Sozialarbeitswissenschaft und der Sozialen Arbeit. In Hans Pfaffenberger, Albert Scherr & Richard Sorg (Hrsg.), *Von der Wissenschaft des Sozialwesens* (S. 115-143). Wiesbaden: Sozial-Extra.

Obrecht, Werner (2000b). Soziale Systeme, Individuen, soziale Probleme und Soziale Arbeit. Zu den metatheoretischen, sozialwissenschaftlichen und handlungstheoretischen Grundlagen des „systemistischen Paradigmas" der Sozialen Arbeit. In Roland Merten (Hrsg.), *Systemtheorie Sozialer Arbeit. Neue Ansätze und veränderte Perspektiven* (S. 207-223). Opladen: Leske & Budrich.

Obrecht, Werner (1999). Interkulturelle Koexistenz und soziale Integration. Ausgewählte objekttheoretische Grundlagen aus system(ist)ischer Sicht. *Skript zur gleichnamigen Lehrveranstaltung.* Zürich: Hochschule für Soziale Arbeit.

Obrecht, Werner & Brack, Ruth (1998). Begriffliche und terminologischeProbleme der Handlungstheorie Sozialer Arbeit. *Unveröff. Skript.* Zürich: Hochschule für Soziale Arbeit Zürich.

Obrecht, Werner (1996b). Ein normatives Modell rationalen Handelns. Umrisse einer wert- und wissenstheoretischen allgemeinen normativen Handlungstheorie für die Soziale Arbeit. In VESAD (Hrsg.), *Symposium Soziale Arbeit: Beiträge zur Theoriebildung und Forschung Sozialer Arbeit* (S. 109-202). Köniz: Soziothek

Obrecht, Werner (1998a). Umrisse einer biopsychosozialen Theorie menschlicher Bedürfnisse. Geschichte, Probleme, Struktur, Funktion. *Skript zur gleichnamigen Lehrveranstaltung am „Interdisziplinären Universitätslehrgang für Sozialwirtschaft, Management und Orgnaisation Sozialer Dienste (ISMOS)".* Wien: Wirtschaftsuniversität.

Obrecht, Werner (1998b). Systemische Wirklichkeits- und Erkenntnistheorie. *Skript zur gleichnamigen Lehrveranstaltung.* Zürich: Hochschule für Soziale Arbeit.

Obrecht, Werner (1996a). Sozialarbeitswissenschaft als integrative Handlungswissenschaft. Ein metawissenschaftlicher Bezugsrahmen für eine Wissenschaft der Sozialen Arbeit. In Roland Merten, Peter Sommerfeld & Thomas Koditek (Hrsg.), *Sozialarbeitswissenschaft – Kontroversen und Persepktiven* (S. 121-183). Neuwied; Kriftel; Berlin: Luchterhand.

Oestreich, G. ([4]1997). Konflikt. In Deutscher Verein für öffentliche und private Fürsorge. (Hrsg.), *Fachlexikon der sozialen Arbeit* (S. 571-572). Frankfurt a. M.: Eigenverlag.

Oevermann, Ulrich (2000). Die Methode der Fallrekonstruktion in der Grundlagenforschung sowie der klinischen und pädagogischen Praxis. In Klaus Kraimer (Hrsg.), *Sinnverstehen in der sozialwissenschaftlichen Forschung* (S. 58-156). Frankfurt a. M: Suhrkamp.

Ohling, Maria (2003). Beratung als eigenständige Arbeitsform in der Sozialen Arbeit. *Archiv für Wissenschaft und Praxis der sozialen Arbeit, 34* (4), S. 72-88.

Olk, Thomas & Otto, Hans-Uwe (Hrsg.). (2003). *Soziale Arbeit als Dienstleistung. Grundlagen, Entwürfe und Modelle.* Neuwied: Luchterhand.

Orlinsky, David E., Grawe, Klaus & Parks, Barbara K. ([4]1994). Process and outcome in psychotherapy - noch einmal. In Allen E. Bergin, & Sol L. Garfield (Eds.), *Handbook of psychotherapy and behavior change* (S. 270-376). New York: Wiley.

Orlinsky, David E. & Howard, Kenneth. ([3]1986). Process and outcome in psychotherapy. In Allen E. Bergin, & Sol L. Garfield, *Handbook of psychotherapy and behavior change.* New York: Wiley.

Ortmann, Karlheinz & Schaub, Heinz-Alex (2004). Die Bedeutung des Zusammenwirkens von Praxis, Theorie und Forschung für eine praxeologisch begründete klinische Sozialarbeit. *Neue Praxis, 35* (6), S. 598-606.

O'Sullivan, Kevin R. & Dryden, Windy (1990). A survey of clincal psychologists in the South East Thames Region: Acitivities, role an theoretical orientation. *Clinical Psychology Forum, 29*, S. 21-26.

## P

Pantucek, Peter (2009). „One for all?" - entwicklung standardisierter Verfahren der Sozialen Diagnostik. In Peter Pantucek & Dieter Röh (Hrsg.). *Perspektiven Sozialer Diagnostik. Über den Stand der Entwicklung von Verfahren und Standards* (37-56). Münster: LIT

Pantucek, Peter (2006). Soziale Diagnostik. Verfahren für die Praxis Sozialer Arbeit. Wien, Köln, Weimar: Böhlau.

Patterson, Cecil Holden (1989). Eclecticism in psychotherapy. Is integration possible? *Psychotherapy, 26*, S. 157-161.

Pauls, Helmut (2004). Klinische Sozialarbeit. Grundlagen und Methoden psycho-sozialer Behandlung. Weinheim, München: Juventa.

Pearson, Richard E. (1996). Beratung und soziale Netzwerke. Lern- und Praxisanleitung zur Förderung sozialer Unterstützung. Weinheim, Basel: Beltz.

Pervin, Lawrene A., Cervone, Daniel & John, Oliver P ([5]2005). *Persönlichkeitstheorien.* München: Reinhardt.

Petermann, Franz ([3]1996). *Psychologie des Vertrauens.* Göttingen: Hogrefe.

Petzold, Hilarion (2003). Interdisziplinär beraten - sich ergänzen. Überlegungen zu „Beratung" als Disziplin und Praxeologie in der modernen Wissensgesellschaft. Abgerufen am 9. Oktober 2006 von *SUPERVISION: Theorie-Praxis-Forschung.* Eine interdisziplinäre Internet-Zeitschrift: www.FPIPublikationen.de/materialien.htm

Petzold, Hilarion (1993). Integrative Therapie. Modelle, Theorien & Methoden einer schulenübergreifenden Psychotherapie (3 Bde.). Paderborn: Junfermann.

Petzold, Hilarion (1993a). Integrative Therapie. Modelle, Theorien und Methoden einer schulenübergreifenden Psychotherapie (Bd. 2, Klinische Theorie). Paderborn: Junfermann.

Petzold, Hilarion (Hrsg.). (1982). *Methodenintegration in der Psychotherapie.* Paderborn: Junfermann.

Pfeiffer-Schaupp, Ulrich (1999). Helfen sollen und Hilfe annehmen müssen. Eine qualitative Studie zum Alltag sozialpsychiatrischer Beratung. Freiburg i. Br.: Lambertus.

Pinel, John B. (1997). *Biopsychologie. Eine Einführung.* Heidelberg: Spektrum Akademischer Verlag.

Ploog, Detlev (1997). Das soziale Gehirn des Menschen. In Heinrich Meier & Detlev Ploog (Hrsg.), *Der Mensch und sein Gehirn* (S. 235-252). München: Piper.

Preis, Wolfgang (2009). Perspektiven einer Praxeologie Sozialer Arbeit. In Bernd Birgmeier & Erich Mührel (Hrsg.), *Die Sozialarbeitswissenschaft und ihre Theorie(n). Positionen, Kontroversen, Perspektiven* (S. 157-170). Wiesbaden: VS.

Promp, Detlef W. (1990). *Sozialisation und Ontogenese.* Berlin, Hamburg: Paul Parey.

Proschaska, James O., & DiClemente, Carlo C. (2003). The transtheoretical approach. In John C. Norcross & Marvin R. Goldfried (Eds.), *Handboock of psychotherapy integration* (S. 300-334). New York: Oxford University Press.

Proschaska, James O. & Norcross, John C. ([5]2003). *Systems of psychotherapy. A transtheoretical approach.* Pacific Grove: Brooks/Cole.

Proschaska, James O. & DiClemente, Carlo C. (1982). Stages and processes of self-change of smoking: Toward an integratives model of change. *Psychotherapy: Theory, Research, Practice, 19*, S. 276-288.

## R

Raithel, Jürgen (2006). Beratung. Im Spannungsfeld zwischen Anspruch und Wirklichkeit. In Bernd Dollinger & Jürgen Raithel (Hrsg.), *Aktivierende Sozialpädagogik. Ein kritisches Glossar* (S. 41-50). Wiesbaden: VS.

Rappe-Giesecke, Kornelia. ([3]2003). *Supervision für Gruppen und Teams.* Berlin, Heidelberg, New York: Springer.

Raspe, Heiner (2005). *Konzept und Methoden der Evidenz-basierten Medizin: Besonderheiten, Stärken, Grenzen, Schwächen und Kritik.* Abgerufen am 5. Oktober 2006 von Deutsches Netzwerk Evidenzbasierte Medizin e.V.: www.ebm-netzwerk.de/grundlagen/grundlagen/images/konzepte_ebm_raspe.pdf

Rauchfleisch, Udo (2001). Arbeit im psychosozialen Feld. Beratung, Begleitung, Psychotherapie, Seelsorge. Göttingen: Vandenhoeck & Ruprecht.
Rauschenbach, Thomas., Ortmann, Friedrich & Karsten, Maria-Eleonora. ([2]2000). *Der sozialpädagogische Blick. Lebensweltorientierte Methoden in der Sozialen Arbeit.* Weinheim, München: Juventa.
Rechtien, Wolfgang ([2]2004a). *Beratung. Theorien, Modelle und Methoden.* München, Wien: Profil.
Rechtien, Wolfgang (2004b). Beratung in Gruppen. In Frank Nestmann, Frank Engel & Ursel Sickendiek (Hrsg.), *Das Handbuch der Beratung.* (Bd. 1, S. 359-374). Tübingen: DGVT.
Redlich, Alexander (1997). Psychologische Beratung ist mehr als verkürzte Therapie. In Frank Nestmann (Hrsg.), *Beratung. Bausteine für eine interdisziplinäre Wissenschaft und Praxis* (S. 151-160). Tübingen: DGVT.
Reichel, René (2005). Professionalität in der psychosozialen Beratung. In R. Reichel (Hrsg.), *Beratung, Psychotherapie, Supervision. Einführung in die psychosoziale Beratungslandschaft* (S. 48-65). Wien: Facultas.
Reid, William J. & Epstein, Laura (1979). *Gezielte Kurzzeitbehandlung in der sozialen Einzelfallhilfe.* Freiburg i. Br.: Lambertus.
Reinecker, Hans ([4]2005). Verhaltenstherapie. In Wolfgang Senf & Michael Broda (Hrsg.), *Praxis der Psychotherapie. Ein integratives Lehrbuch* (S. 260-305). Stuttgart: Thieme.
Reis, Claus (2003). Qualitätsmerkmal befähigungsorientierter Beratungdienste. Manuskript zum Vortrag am 5.12.2003 in Dortmund. Abgerufen am 4. September 2007 von:
www.kircheundgesellschaft.de/kda/documents/redereis.pdf
Reis, Claus, von Freyberg, Thomas, Kinstler, Hans-Joachim & Wende, Lutz (2003). Pilotprojekt „Integrierte Hilfe zur Arbeit". Endbericht der wissenschaftlichen Begleitung September 2003 im Auftrag des Ministeriums für Wirtschaft und Arbeit des Landes Nordrhein-Westfalen. Abgerufen am 10. Oktober 2006 von:
www.fh-frankfurt.de/de/.media/isr/projekte/download/integrierte_hilfe_zur_arbeit_teil_a.pdf
Rheinberg, Falko ([6]2006). *Motivation.* Stuttgart: Kohlhammer.
Ritscher, Wolf (2002). Systemsiche Modelle für die Soziale Arbeit. Ein integratives Lehrbuch für Theorie und Praxis. Heidelberg: Car-Auer.
Roberts, Robert W. & Nee, Robert H. (1974). Konzepte der Sozialen Einzelhilfe. Stand der Entwicklung. Neue Anwendungsformen. Freiburg i. Br.: Lambertus.
Roediger, Eckhard (2009). Praxis der Schematherapie. Grundlagen – Anwendung – Perspektiven. Stuttgart: Schattauer.
Roth, Gerhard (2003). Fühlen, Denken, Handeln. Wie das Gehirn unser Verhalten steuert. Frankfurt a. M.: Suhrkamp.
Roth, Gerhard & Prinz, Wolfgang (Hrsg.). (1996). *Kopf-Arbeit. Gehirnfunktionen und kognitive Leistungen.* Heidelberg: Spektrum Akademischer Verlag.
Roth, Gerhard (1995). *Das Gehirn und seine Wirklichkeit.* Frankfurt a. M.: Suhrkamp.
Rotter, Julian B. (1971). Generalized expectancies for interpersonal trust. *American Psychologist, 26*, S. 443-452.
Rudeck, Reinhard (2000). *Beratung im öffentlichen Raum. Zwischen sozialer Unterstützung und lebensweltorientierter Beratung.* Abgerufen am 9. März 2006 von SGB VIII Online-Handbuch (hrsg. von I. Becker-Textor und Martin Textor): www.sgbviii.de/S80.html

## S

Sachse, Rainer (2006). *Therapeutische Beziehungsgestaltung.* Göttingen: Hogrefe.
Sachse, Rainer (2003). *Klärungsorientierte Psychotherapie.* Göttingen: Hogrefe.
Sagebiehl, Juliane & Vanhoefer, Edda (2006). Es könnte auch anders sein. Systemische Variationen der Teamberatung. Heidelberg: Carl-Auer.
Sahle, Rita (2002). Paradgimen der Sozialen Arbeit – ein Vergleich. *Archiv für Wissenschaft und Praxis der sozialen Arbeit, 33* (4), S. 42-74.
Salomon, Alice (1926). *Soziale Diagnose.* Berlin: Carl Heymann.
Sander, Klaus (2004). Personenzentrierte Beratung. In Frank Nestmann, Frank Engel & Ursel Sickendiek (Hrsg.), *Das Handbuch der Beratung.* (Bd. 1, S. 331-344). Tübingen: DGVT.
Sander, Klaus (1999). *Personenzentrierte Beratung.* Köln; Weinheim: GwG; Beltz.
Sanders, Rudolf (2004). Die Beziehung zwischen Ratsuchendem und Berater. In Frank Nestmann, Frank Engel & Ursel Sickendiek (Hrsg.), *Das Handbuch der Beratung* (Bd. 2, S. 797-807). Tübingen: DGVT.
Sangüesa Sànchez, Maria (2003). *Modell zur Evaluierung von Beratungsprojekten. Dissertation.* Abgerufen am 10. September 2006 von:
http://deposit.ddb.de/cgi-bin/dokserv?idn=968328121&dok_var=d1&dok_ext=pdf&filename=968328121.pdf

Schäffeler, N. (2003). Qualitätskriterien für die Beratung in der Sozialen Arbeit: Entwicklung theoretischer Grundlagen für die Evaluation von Beratung auf der Basis unspezifischer Wirkfaktoren und des Modells von Shulmann. Diplomarbeit. Abgerufen am 12. Dezember 2007 von Global Research & Information Network: www.grin.com

Schäfter, Cornelia (2010). Die Beratungsbeziehung in der Sozialen Arbeit. Eine theoretische und empirische Annäherung. Wiesbaden: VS.

Schaller, Johannes & Schemmel, Heike (2003). Ressourcen - zum Stand der Dinge in Forschung und Praxis. In H. Schemmel, J. Schaller, & (Hrsg.), *Ressourcen. Ein Hand- und Lesebuch zur therapeutischen Arbeit* (S. 575-605). Tübingen: DGVT.

Schattenhofer, Karl & Weigand, Wolfgang (Hrsg.). (1998). *Die Dynamik der Selbststeuerung – Beiträge zur angewandten Gruppendynamik.* Opladen: Westdeutscher Verlag.

Schattenhofer, Karl (1992). Selbstorganisation und Gruppe. Entwicklungs- und Steuerungsprozesse in Gruppen. Opladen: Westdeutscher Verlag.

Scheele, Brigitte & Groeben, Norbert (1986). *Eine Dialog-Konsens-Variante der Ziel-Mittel-Argumentation.* Heidelberg: Institut für Psychologie der Universität Heidelberg.

Scheele, Brigitte & Groeben, Norbert (1984). Die Heidelberger Struktur-Lege-Technik (SLT). Eine Dialog-Konsens-Methode zur Erhebung subjektiver Theorien mittlerer Reichweite. Weinheim, Basel: Beltz.

Schein, Edgar H. (²2003). Prozessberatung für die Organisation der Zukunft. Der Aufbau einer helfenden Beziehung. Bergisch Gladbach: EHP-Organisation.

Scherr, Albert (2004). Beratung als Form wohlfahrtsstaatlicher Hilfe. In Rainer Schützeichel & Thomas Brüsemeister (Hrsg.), *Die beratene Gesellschaft. Zur gesellschaftlichen Bedeutung von Beratung* (S. 95-110). Wiesbaden: VS.

Schiepek, Günter & Cremers, Sandra (2003). Ressourcenorientierung und Ressourcendiagnostik in der Psychotherapie. In Heike Schemmel & Johannes Schaller (Hrsg.), *Ressourcen. Ein Hand- und Lesebuch zur therapeutischen Arbeit* (S. 147-195). Tübingen: DGVT.

Schiepek, Günter (1999). Die Grundlagen der Systemischen Therapie. Theorie, Praxis, Forschung. Göttingen: Vandenhoeck & Ruprecht.

Schiepek, G. (1991). *Systemtheorie der Klinischen Psychologie.* Braunschweig: Vieweg.

Schiersmann, Christiane & Thiel, Heinz-Ulrich (²2010). Organisationsentwicklung. Prinzipien und Strategien von Veränderungsprozessen. Wiesbaden: VS.

Schiersmann, Christiane & Thiel, Heinz-Ulrich (2009). Beratung als Förderung von Selbstorganisationsprozessen. In Heidi Möller & Brigitte Hausinger (Hrsg.), *Quo vadis Beratungswissenschaft?* (S. 73-104). Wiesbaden: VS.

Schigl, Brigitte (2005). Forschung in der Beratungslandschaft. In R. Reichel (Hrsg.), *Beratung, Psychotherapie, Supervision. Einführung in die psychosoziale Beratungslandschaft* (S. 91-124). Wien: Facultas.

Schlee, Jörg (2002). Veränderungswirksamkeit unter ethischer Perspektive - Zur Umkonstruktion Subjektiver Theorien in Familien- und Organisationsaufstellungen nach Bert Hellinger. In Wolfang Mutzeck, Jörg Schlee & Diethelm Wahl (Hrsg.), *Psychologie der Veränderung. Subjektive Theorien als Zentrum nachhaltiger Modifikationsprozesse* (S. 39-52). Weinheim, Basel: Beltz.

Schlippe, Arist von & Schweitzer, Jochen (⁹2003). *Lehrbuch der systemischen Therapie und Beratung.* Göttingen: Vandenhoeck & Ruprecht.

Schlippe, Arist von (1991). Systemische Sichtweise und psychotherapeutische Ethik. *Praxis der Kinderpsychologie und -psychiatrie, 40 (10), S. 368-375.*

Schmelzer, Dieter (1999). Hilfe zur Selbsthilfe - Der Selbstmanagement-Ansatz als Rahmenkonzept für Beratung und Therapie. Abgerufen am 10. Juni 2007 von: www.beratung-aktuell.de

Schmidt, Gunter (2005). Einführung in die hypnosystemische Therapie und Beratung. Heidelberg: Carl-Auer.

Schmidt-Nohl, Hermann A. (2006). Überlegungen zu einem professionellen Beratungsleitbild für die soziale Beratung vor dem Hintegrund aktueller Entwicklungen innerhalb der Beratungsforschung. Diplomarbeit. Abgerufen am 12. Dezember 2007 von Global Research & Information Network: www.grin.com

Schmidt-Salomon, M. (2010). Nachwort zur 5. Auflage von „Jenseits von Gut und Böse. Warum wir ohne Moral die besseren Menschen sind". Abgerufen am 20. November 2010 von: www.schmidt-salomon.de/jvgub/nachwort_jvgub.pdf

Schmitz, Enno, Bude, Heinz & Otto, Claus (1989). Beratung als Praxisform „angewandter Auflklärung". In Ulrich Beck & Wolfgang Bonß (Hrsg.), *Weder Sozialtechnologie noch Aufklärung? Analysen zur Verwendung sozialwissenschaftlichen Wissens* (S. 46-71). Frankfurt a. M.: Suhrkamp.

Schneewind, Klaus A. (²1992). *Persönlichkeitstheorien* (Bd. 1: Alltagpsychologie und mechanistische Ansätze). Darmstadt: Wissenschaftliche Buchgesellschaft.

Schnoor, Heike (Hrsg.). (2006). Psychosoziale Beratung in der Sozial- und Rehabilitationspädagogik. Stuttgart: Kohlhammer.

Schön, Donald. A. (1983). *The Reflecitve Practioner.* New York.

Schreyögg, Astrid ([6]2003). *Coaching. Eine Einführung für Praxis und Ausbildung.* Frankfurt, New York: Campus.
Schreyögg, Astrid ([3]2000). *Supervision. Ein integratives Modell.* Paderborn: Junfermann.
Schrödter, Wolfgang (2004). Beratungsforschung. In Frank Nestmann, Frank Engel & Ursel Sickendiek (Hrsg.), *Das Handbuch der Beratung* (Bd. 2, S. 809-824). Tübingen: DGVT.
Schrödter, Wolfgang (2000). Beratungspraxis und ihre empirische Erforschung. In Wilhem Körner & Georg Hörmann (Hrsg.), *Handbuch der Erziehungsberatung* (Bd. 2: Praxis der Erziehungsberatung, S. 401-412). Göttingen: Hogrefe.
Schrödter, Wolfgang (1999). Qualität und Evaluation in der Beratungspraxis. *System Familie, 12*, S. 9-16.
Schruth, Peter, Kunz, Roger, Müller, Klaus, Stammler, Claudia & Westerrath, Jürgen (2003). *Schuldnerberatung in der Sozialen Arbeit.* Weinheim, München: Juventa.
Schubert, Hartwig von, Kinziger, Wolfgang, Lücke-Jansen, Heiner, Schneider, Barbara, Schrödter, Wolfgang, & Vogelmann, Wolfgang. *Von der Seele reden. Eine empirisch-qualiative Studie über psychotherapeutische Beraung in krirchlichen Auftrag.* Neukirchen-Vluyn: Neukirchener Verlag.
Schützeichel, Rainer & Brüsemeister, Thomas (Hrsg.). (2004). *Die beratene Gesellschaft. Zur gesellschaftlichen Bedeutung von Beratung.* Wiesbaden: VS.
Schulte, Dietmar (1996). *Therapieplanung.* Göttingen: Hogrefe.
Schultz, Georg (2009). Entwicklung, Bedürfnisse und Macht in der intensiven sozialpädagogischen Einzelbetreuung. Ein Beitrag zur Kinder- und Jugendhilfeforschung. Hamburg: Dr. Kovač.
Schumacher, Bernd ([2]1997). Die Balance der Unterscheidung. Zur Form systemischer Beratung und Supervision. Heidelberg: Carl-Auer.
Schwabe, Matthias ([2]2008). Methoden der Hilfeplanung. Zielentwicklung, Moderation und Aushandlung. Frankfurt a. M.: IGfH-Eigenverlag.
Schwarz, Stefan (2008). Strukturation, Organisation und Wissen. Neue Perspektiven in der Organisationsberatung. Wiesbaden: VS.
Schwarzer, Christine & Posse, Norbert ([3]1993). Beratung. In Bernd Weidenmann, Andreas Krapp, Manfred Hofer, Günter L. Huber & Heinz Mandl. (Hrsg), *Pädagogische Psychologie* (S. 631-666). Beltz.
Schweitzer, Jochen ([4]2005). Systemische Therapie. In Wolfgang Senf & Michael Broda (Hrsg.), *Praxis der Psychotherapie. Ein integratives Lehrbuch* (S. 308-318). Stuttgart: Thieme.
Schwiedernoch, Anja & Özyurt, Elif Leyla (2004). Integrierte Versorgung. Ein Managed Care-Ansatz für Deutschland. Projektarbeit. Köln: Mibeg-Institut.
Schwing, Rainer & Fryszer, Andreas ([2]2007). *Systemisches Handwerk. Werkzeug für die Praxis.* Göttingen: Vandenhoeck & Ruprecht.
Seel, Hans-Jürgen (2009). *Professionalisierung von Beratung – Fragen und Thesen.* Abgerufen am 4. November 2009 von Journal für Psychologie. Theorie, Forschung, Praxis: www.journal-fuer-psychologie.de/jfp-1-2009-02.html
Seibert, Ulrich (1978a). *Soziale Arbeit als Beratung.* Weinheim, Basel: Beltz.
Seibert, Ulrich (1978b). Thesen zur Identität von Sozialarbeit und Therpie. *Neue Praxis, Sonderheft*, S. 49-56.
Seipel, Christian & Rieker, Peter (2003). Integrative Sozialforschung. Konzepte und Methoden der qualitativen und quantiativen Forschung. Weinheim, München: Juventa.
Seippel, Alf (1976). *Handbuch aktivierende Gemeinwesenarbeit.* Gelnhausen, Berlin: Burckhardhaus-Verlag.
Seithe, Mechthild(2008). Engaging. Möglichkeiten Klientenzentrierter Beratung in der Sozialen Arbeit. Wiesbaden: VS.
Shulman, Lawrence. ([6]2009). The skills of helping individuals, families, groups, and communities. Belmont, CA : Brooks/Cole.
Sickendiek, Ursel, Engel, Frank & Nestmann, Frank (1999). *Beratung. Eine Einführung in sozialpädagogische und psychosoziale Beratungsansätze.* Weinheim, München: Juventa.
Simmen, René (1990). Coping-Beratung. Entwicklung und Erprobung eines Coping-Modells für die Beratung von chronisch-kranken und behinderten Menschen – ein Projektbericht. Zürich: Schweizerische Multiple Sklerose Gesellschaft.
Singer, Wolf (2001). Was kann ein Mensch wann lernen? Vortrag, anlässlich des ersten Werkstattgesprächs der Inititiative „Mc Kinsey bildet in der Deutschen Bibliothek“, Frankfurt a. M. am 12. Juni 2001. Abgerufen am 8. September 2007 von:
www.brain.mpg.de/fileadmin/user_upload/images/Research/Emeriti/Singer/mckinsey.pdf
Smith, Emma. & Grawe, Klaus (2003). Die funktionale Rolle der Ressourcenaktivierung für therapeutische Veränderungen. In Heike Schemmel & Johannes Schaller (Hrsg.), *Ressourcen. Ein Hand- und Lesebuch zur therapeutischen Arbeit* (S. 111-122). Tübingen: DGVT.
Sommerfeld, Peter (2007). Der Beitrag der Forschung zur Theoriebildung in der Sozialen Arbeit. In Ernst Engelke, Konrad Maier, Erika Steinert, Stefan Borrmann & Christian Spatscheck (Hrsg.), *Forschung für die Praxis. Zum gegenwärtigen Stand der Sozialarbeitsforschung* (S. 333-346). Freiburg i. Br.: Lambertus.

Sommerfeld, Peter & Jungck, Franziska (2001). *Beurteilung der Sozialhilfe im Kanton Solothurn durch ihre Klientinnen und Klienten. Schlussbericht.* Fachhochschule Solothurn Nordwestschweiz. Solothurn: Reihe B: Sonderdruck 2001-02.
Spiegel, Hiltrud von (2004). *Methodisches Handeln in der Sozialen Arbeit.* München: Reinhardt.
Spindler, Helga (2005/2006). Beratung und persönliche Unterstützung beim Fallmanagement unter neuen rechtlichen Rahmenbedingungen. Abgerufen am 15. November 2006 von:
www.diakonie-braunschweig.de; www.tacheles-sozialhilfe.de (überarb. Fassung 2006)
Spitzer, Manfred (2003). Neurornale Netzwerke und Psychotherapie. In Günter Schiepek, & (Hrsg.), *Neurobiologie der Psychotherapie* (S. 42-57). Stuttgart, New York: Schattauer.
Spitzer, Manfred (2002). *Lernen. Gehirnforschung und die Schule des Lebens.* Heidelberg, Berlin: Spektrum, Akademischer Verlag.
Spitzer, Manfred (2000). *Geist im Netz. Modelle für Lernen, Denken, Handeln.* Heidelberg, Berlin: Spektrum, Akademischer Verlag.
Sponsel, Rudolf (1995). Handbuch integrativer psychologischer Psychotherapie IPPT. Zur Theorie und Praxis der schulen- und methodenübergreifenden psychologischen Psychotherapie. Ein Beitrag zur Entmythologisierung der Psychotherapieschulen. Erlangen: IEC.
Stahl, Eberhard (2002). *Dyanmik in Gruppen. Handbuch der Gruppenleitung.* Weinheim, Basel: Beltz.
Staub-Bernasconi, Silvia (2010). Professionalisierung der Sozialen Arbeit. Ein uneingelöstes Versprechen. In Peter Hammerschmidt & Juliane Sagebiel (Hrsg.). *Professionalisierung im Widerstreit. Zur Professionalisierungsdiskussion in der Sozialen Arbeit – Versuch einer Bilanz.* Schriftenreihe Soziale Arbeit der Fakultät für angewandte Sozialwissenschaften: Hochschule München, S. 115-132.
Staub-Bernasconi, Silvia (2009a). Soziale Arbeit als Handlungswissenschaft. In Bernd Birgmeier & Eric Mührel (Hrsg.). *Die Sozialarbeitswissenschaft und ihre Theorie(n).* Wiesbaden: VS, S. 131-146.
Staub-Bernasconi, Silvia (2009b). Der Professionalisierungsdiskurs zur Sozialen Arbiet (SA/SP) im deutschsprachigen Kontext im Spiegel internationaler Ausbildungsstandards. Soziale Arbeit – eine verspätete Profession? In Roland Becker-Lenz, Stefan Busse, Gudrun Ehlert & Silke Müller (Hrsg.), *Professionalität und Professionalisierung in der Sozialen Arbeit. Standpunkte – Kontroversen – Perspektiven* (S. 47-72). Wiesbaden: VS, S. 21-46
Staub-Beransconi, Silvia (2007). *Soziale Arbeit als Handlungswisschenschaft.* Bern: Haupt.
Staub-Bernasconi, Silvia (²2002). Soziale Arbeit und soziale Probleme. Eine disziplin- und professionsbezogene Bestimmung. In Werner Thole (Hrsg.), *Grundriss Soziale Arbeit. Ein einführendes Handbuch* (S. 245-258). Opladen: Leske & Budrich.
Staub-Bernasconi, Silvia (2000). Klarer oder trügerischer Konsens über eine Wissenschaftsdefinition in den Debatten über Sozialarbeitswissenschaft? In Hans Pfaffenberger, Albert Scherr & Richard Sorg (Hrsg.), *Von der Wissenschaft des Sozialwesens* (S. 144-175). Wiesbaden: Sozialextra Verlag.
Staub-Bernasconi, Silvia (1998). Methodenentwicklung in der Zukunft – eine Prognose und ein Weg aus der Professionalisierungsfalle. In Siegfried Mrochen, Elisabeth Berchtold & Alexander Hesse (Hrsg.), *Standortbestimmung sozialpädagogischer und sozialarbeiterischer Methoden. Dokumentation einer Arbeitstagung in Siegen 17.-20. April 1996* (S. 42-64). Weinheim: Deutscher Studienverlag.
Staub-Bernasconi, Silvia (1997). Wann ist eine Problem (k)ein Problem? Soziale Arbeit zwischen allen Stühlen. In Alberto Godenzi (Hrsg.), *Konstruktion, Entwicklung und bahdnlung Sozialer Probleme* (S. 199-266). Fribourg: Universitätsverlag.
Staub-Bernasconi, Silvia (³1996). Soziale Probleme – soziale Berufe – soziale Praxis. In Maja Heiner, Marianne Meinhold, Hiltrud von Spiegel & Silvia Staub-Bernasconi (Hrsg.), *Methodisches Handeln in der Sozialen Arbeit* (S. 11-101). Freiburg i. Br.: Lambertus.
Staub-Bernasconi, Silvia (1995). Systemtheorie, soziale Probleme und Soziale Arbeit: lokal, national, international oder: vom Ende der Bescheidenheit. Bern: Haupt.
Staub-Bernasconi, Silvia (1987). Portrait: Bewusstseinsbildung als Arbeitsweise Sozialer Arbeit. Skript. Zürich: Schule für Soziale Arbeit.
Staub-Bernasconi, Silvia (1986). Soziale Arbeit als eine besondere Art des Umgangs mit Menschen, Dingen und Ideen. Zur Entwicklung einer handlungstheoretischen Wissensbasis Sozialer Arbeit. *Sozialarbeit, 18* (2), S. 2-71.
Staub-Bernasconi, Silvia (1983). *Soziale Probleme – Dimensionen ihrer Artikulation.* Diessenhofen: Ruegger.
Stavemann, Harlich H. (²2007). *Sokratische Gesprächsführung in Therapie und Beratung.* Weinheim, Basel: Beltz.
Steinvorth, Ulrich (2004). Animale rationale. In Heinrich Schmidinger & Clemens Sedmak (Hrsg.), *Der Mensch – ein „animale rationale"? Vernunft – Kognition – Intelligenz* (S. 32-47). Darmstadt: Wissenschaftliche Buchgesellschaft.
Steyrer, Johannes (1991). Unternehmensberatung – Stand der deutschen Theoriebildung und empirischen Forschung. In Michael Hofmann (Hrsg.), *Theorie und Praxis der Unternehmensberatung. Bestandsaufnahme und Entwicklungsperspektiven* (S. 1-44). Heidelberg.

Stichweh, Rudolf. (1996). Professionen in einer funktional differenzierten Gesellschaft. In Arno Combe & Werner Helsper (Hrsg.), *Pädagogische Professionalität. Untersuchungen zum Typus pädagogischen Handelns*
(S. 49-69). Frankfurt a. M.: Suhrkamp.
Stimmer, Franz & Weinhardt, Marc (2010). *Fokussierte Beratung in der Sozialen Arbeit.* München, Basel: Reinhardt.
Stimmer, Franz & Rethfeld, Stefan. (2004). Person-in-Environment- Diagnostik und visualisierende Verfahren. In Maja Heiner (Hrsg.), *Diagnostik und Diagnosen in der Sozialen Arbeit. Ein Handbuch* (S. 190-202). Berlin.
Stimmer, Franz (2000). Grundlagen des methodischen Handelns in der Sozialen Arbeit. Stuttgart: Kohlhammer.
Stimmer, Franz (1999). Rezension zu: Belardi u. a.: Beratung. Eine sozialpädagogische Einführung. Beltz (Weinheim) 1996. 214 Seiten. *Rundbrief Gilde Soziale Arbeit, 53* (1).
Storch, Maja & Krause, Frank (³2005). Selbstmanagement – ressourcenorientiert. Grundlagen und Trainingsmanual für die Arbeit mit dem Züricher Ressourcenmodell. Bern: Huber.
Storch, Maja (2002). Die Bedeutung neurowissenschaftlicher Forschungsansätze für die Psychotherapeutische Praxis. Teil I: Theorie. The meaning of neuroscientific research for psychotherapy. *Psychotherapie, 7* (2), S. 281-294.
Strasser, Josef (2006). Erfahrung und Wissen in der Beratung. Theoretische und empirische Analysen zum Enstehen professionellen Wissens in der Erziehungsberatung. Göttingen: Cuvillier.
Straumann, Ursula (²2001). Professionelle Beratung. Bausteine zur Qualitätsentwicklung und Qualitätssicherung. Heidelberg, Kröning: Asanger.
Straumann, Ursula (1992). Prävention zwischen Individuum, Institution und Gesellschaft. In P. Paulus (Hrsg.), *Prävention und Gesundheitsförderung. Perspektiven für die psychosoziale Praxis* (S. 119-131). Köln: GwG.
Straus, Florian (2004). Netzwerk und Beratung. In Frank Nestmann, Frank Engel & Ursel Sieckendiek (Hrsg.), *Das Handbuch der Beratung* (Bd. 1, S. 407-417). Tübingen: DGVT.
Struck, Klaus-Günter (2006). Der Coaching-Prozess. Der Weg zu Qualität: Leitfragen und Methoden. Erlangen: Publicis.
Strunk, Guido & Schiepek, Günter (2006). Systemische Psychologie. Eine Einfühurng in die komplexen Grundlagen menschlichen Verhaltens. München: Spektrum Akdademischer Verlag.
Strunk, Guido (1996). Versuch einer systemischen Modellbildung. *systeme, 10* (2), S. 46-64.
Strupp, Hans H. (1973). On the basic ingredient of psychotherapy. *Journal of Consulting and Clinical Psychology, 41*, S. 1-8.
Süleyman, Gögercin (2007). Rezension vom 14.07.2007 zu: Michael Zwilling: Handlungsmethoden in der sozialen Arbeit. Verlag Dr. Kovač (Hamburg) 2007. 252 Seiten. Abgerufen am 5. Mai 2008 von socialnet Rezensionen: www.socialnet.de/rezensionen/4836.php
Szaz, Thomas S. (1974). The ethics of psycho-analysis: The theory and method of autonomous psychotherapy. London: Routledge and Kegan Paul.

T

Tallman, Karen B. & Bohart, Arthur C. (2001). Gemeinsamer Faktor KlientIn: Selbst-HeilerIn. In Mark A. Hubble, Barry L. Duncan & Scott D. Miller (Hrsg.), *So wirkt Psychotherapie. Empirische Ergebnisse und praktische Folgerungen* (S. 85-136). Dortmund: Modernes Lernen.
Teicher, Martin H. (2002). Wunden, die nicht verheilen. *Spektrum der Wissenschaft* (7), 78-81.
Terjung, Beatrix (1987). Personenzentrierter Ansatz in der sozioökonomischen Randschichtgruppe. *Zeitschrift für Personenzentrierte Psychologie und Psychotherapie, 6* (4), S. 393-405.
Textor, Martin R. (1988). Eklektische und Integrative Psychotherapie. Fünf Bewegungen zur Überwindung der Vielzahl von Therapieansätzen. Abgerufen am 5. September 2006 von: www.martin-textor.de
Textor, Martin R. (1987). *Beratung, Erziehung, Psychotherapie. Eine Begriffsbestimmung.* Abgerufen am 3. Februar 2006 von: www.martin-textor.de
Thiel, Heinz-Ulrich (2003). Phasen des Beratungsprozesses. In Christina Krause, Bernd Fittkau, Reinhard Fuhr & Heinz-Ulrich Thiel (Hrsg.), *Pädagogische Beratung* (S. 73-84). Paderborn: Schöningh.
Thiersch, Hans (2004a). Sozialarbeit/Sozialpädagogik und Beratung. In Frank Nestmann, Frank Engel & Ursel Sickendiek (Hrsg.), *Das Handbuch der Beratung* (Bd. 1, S. 115-124). Tübingen: DGVT.
Thiersch, Hans (2004b). Lebensweltorientierte Soziale Beratung. In Frank Nestmann, Frank Engel & Ursel Sickendiek (Hrsg.), *Das Handbuch der Beratung* (Bd. 2, S. 699-709). Tübingen: DGVT.
Thiersch, Hans (2002). Beratung, von unten gesehen. Einige Fragen und Mutmassungen. In Frank Nestmann & Frank Engel (Hrsg.), *Die Zukunft der Beratung* (S. 155-164). Tübungen: DGVT.

Thiersch, Hans (1998). Lebensweltorientierte Soziale Arbeit. In Armin Wöhrle (Hrsg.), Profession und Wissenschaft Sozialer Arbeit. Positionen in einer Phase der generellen Neuverortung und Spezifika in den neuen Bundesländern (S. 287-304). Herbolzheim: Centaurus.

Thiersch, Hans (1997). Soziale Beratung. In Frank Nestmann (Hrsg.), *Beratung. Bausteine für eine interdisziplinäre Wissenschaft und Praxis* (S. 99-110). Tübingen: DGVT.

Thiersch, Hans (1993). Strukturierte Offenheit. Zur Methodenfrage einer lebensweltorientierten Sozialen Arbeit. In Thomas Rauschenbach, Friedrich Ortmann, & Maria-Eleonora Karsten (Hrsg.), *Der sozialpädagogische Blick. Lebensweltorientierte Methoden in der Sozialen Arbeit* (S. 11-28). Weinheim, München: Juventa.

Thiersch, Hans (1992). Lebensweltorientierte Soziale Arbeit. Aufgaben der Praxis im sozialen Wandel. Weinheim, München: Juventa.

Thiersch, Hans (1991). Soziale Beratung. In Manfred Beck, Gerhard Brückner & Heinz-Ulrich Thiel (Hrsg.), *Psychosoziale Beratung. Klient/inn/en – Helfer/inn/en – Institutionen* (S. 23-34). Tübingen: DGVT.

Thiersch, Hans (1990). Zur geheimen Moral der Beratung. In Ewald J. Brunner & Wolfgang Schönig (Hrsg.), *Zur geheimen Moral der Beratung* (S. 129-151). Freiburg i. Br.: Lambertus.

Thiersch, Hans (1989). Homo Consultabilis: Zur Moral institutionalisierter Beratung. In Karin Böllert & Hans-Uwe Otto (Hrsg.), *Soziale Arbeit auf der Suche nach der Zukunft* (S. 175-193). Bielefeld.

Thiersch, Hans (1978a). Zum Verhältnis von Sozialarbeit und Therapie. *Neue Praxis, Sonderheft*, S. 6-24.

Thiersch, Hans (1978b). Alltagshandeln und Sozialpädagogik. *Neue Praxis* (Heft 1).

Thole, Werner ([3]2010). Die Soziale Arbeit - Praxis, Theorie, Forschung und Ausbildung. In Werner Thole (Hrsg.), *Grundriss Soziale Arbeit. Ein einführendes Handbuch.* Wiesbaden: VS , S. 19-70.

Thole, Werner (Hrsg.). ([3]2002). *Grundriss Soziale Arbeit. Ein einführendes Handbuch.* Opladen: Leske & Budrich.

Thole, Werner & Pfaffenberger, Hans ([5]2002). Erziehungswissenschaft. In Deutscher Verein für öffentliche und private Fürsorge (Hrsg.), *Fachlexikon der Sozialen Arbeit* (S. 288-289). Frankfurt a. M.: Eigenverlag.

Thompson, Richard F. ([3]2001). *Das Gehirn. Von der Nervenzelle zur Verhaltenssteuerung.* Heidelberg, Berlin: Spektrum Akademischer Verlag.

Thomsen, Monika (2008). Professionalität in der Schuldnerberatung. Wiesbaden: VS.

Tiefel, Sandra (2004). Beratung und Reflexion. Eine qualitative Studie zu professionellem Beratungshandeln in der Moderne. Wiesbaden: VS.

Tilling, Johannes von (2004). *Einführung in den Sozialkonstruktionismus.* Abgerufen am 1. Juli 2007 vom Psychologischen Institut der Universität Heidelberg:
www.psychologie.uni-heidelberg.de/ae/allg/lehre/Tiling_2004_SozKon.pdf

Tolan, Janet (2003). Skills in person-centered counselling and psychotherapy. London: Sage.

Tomasello, Michael (2006). *Die kulturelle Entwicklung des menschlichen Denkens.* Frankfurt a. M.: Suhrkamp.

Tomm, Karl ([4]2004). Die Fragen des Beobachters. Schritte zu einer Kybernetik zweiter Ordnung in der systemischen Therapie. Heidelberg: Carl-Auer.

Trabandt, Henning (2007). Pädagogische Interventionen in der Sozialen Arbeit. In Brigitta Michel-Schwartze (Hrsg), *Methodenbuch Soziale Arbeit. Basiswissen für die Praxis* (S. 25-74). Wiesbaden: VS.

Trösken, Anne & Grawe, Klaus (2003). Das Berner Ressourceninventar – Instrumente zur Erfassung von Patientenressourcen aus der Selbst- und Fremdbeurteilungsperspektive. In Heike Schemmel & Johannes Schaller (Hrsg.), *Ressourcen. Ein Hand- und Lesebuch zur therapeutischen Arbeit* (S. 195-216). Tübingen: DGVT.

Truax, Charles B. & Carkhuff, Robert R. (1967). *Toward effective counseling an psychotherapy.* Chicago, IL: Aldine.

Tschannen, Dominique (2007). *Erlebensmodi und Soziale Arbeit.Diplomarbeit.* Abgerufen am 12. 10 2008 von http://erlebensmodi.tschannen.net/

Tschuschke, Volker, Kächele, Horst & Hölzer, Michael (2000). Gibt es unterschiedliche effektive Formen der Psychotherapie? In Markus Hochgerner & Elisabeth Wildberger (Hrsg.), *Was heilt in der Psychotherapie? Überlegungen zur Wirksamkeitsforschung und methodenspezifischen Denkweisen* (S. 90-127). Wien: Facultas.

**V**

Vacc, Nicholas A. & Loesch, Larry C. (2000, 3.edition). *Professional orientation to counseling.* Philadelphia: Taylor & Francis.

van Quekelberghe, Renaud. (1979). Systematik der Psychotherapie. Vergleich und kognitiv-psychologische Grundlegungen psychologischer Therapien. München, Wien, Balitmore: Urban & Schwarzenberg.

Völker, Wolfgang (2002). *„Fordernde Beratung" – Eine Aufforderung zum Widerspruch an die Adresse Sozialer Arbeit.* Abgerufen am 9. Juli 2008 von: www.lichter-der-grossstadt.de

Vollmer, Gerhard. (1994). Die vierte bis siebte Kränkung des Menschen. Gehirn, Evolution, Menschenbild. *Aufklärung und Kritik*. Abgerufen am 12. September 2006 von: www.gkpn.de/vollmer.htm

Völzke, Reinhard (2005). Erzählen – Brückenschlag zwischen Leben und Lernen. Angleitete biografisch narrative Kommunikation in Ausbildung und Praxis Sozialer Arbeit. *SOZIALEXTRA. Zeitschrift für Soziale Arbeit und Sozialpolitik, 29*, S. 12-15.

Völzke, Reinhard (1997). Biographisches Erzählen im beruflichen Alltag. Das sozialpädagogische Konzept der biographisch-narrativen Gesprächsführung. In Gisela Jakob & Hans-Jürgen von Wensierski, (Hrsg.), *Rekonstruktive Sozialpädagogik. Konzepete und Methoden sozialpädagogischen Verstehens in Forschung und Praxis* (S. 271-286). Weinheim, München: Juventa.

W

Wagenblass, Sabine ([2]2001). Vertrauen. In Hans-Uwe Otto & Hans Thiersch (Hrsg.), *Handbuch Sozialarbeit/Sozialpädagogik* (S. 1934-1942). Neuwied, Kriftel: Luchterhand.

Wagner, Elisabeth (2010). Welche Theorie braucht die Systemische Therapie? Abgerufen am 3. Januar 2011 von: www.systemagazin.de/bibliothek/texte/wagner_welche_theorie.pdf

Wagner, Rudi F. (2008). Ethische Fragen in der Beratung. In Adly Rausch, Arnold Hinz & Rudi F. Wagner (Hrsg.), *Modul Beratungspsychologie* (S. 251-272). Bad Heilbronn: Klinkhardt.

Wagner, Rudolf F. (1999). Ein integratives Menschenbild einer an ethischen Dimensionen orientierten Allgemeinen Psychotherapie. In Rudolf F. Wagner & Peter Becker (Hrsg.), *Allgemeine Psychotherapie. Neue Ansätze zu einer Integration psychotherapeutischer Schulen* (S. 43-74). Göttingen: Hogrefe.

Waldvogel, Rosann (2005). Hintergründe und Praxis der Fallsteuerung. In Sozialdepartement der Stadt Zürich, *Fallsteuerung. Hintergründe und Praxis eines zukunftsfähigen Modells* (S. 27-46). Zürich: Edition Sozialpraxis.

Walter, John L. &. Peller, Jane E. (1994). *Lösungs-orientierte Kurztherapie. Ein Lehr- und Lernbuch.* Dortmund: Modernes Lernen.

Wasel, Wolfgang & Dettling-Klein, Gabriele (2003). Was zur Hölle ist Beratung? *Beratung Aktuell. Zeitschrift für Theorie und Praxis der Beratung, 4* (3), S. 178-190.

Weber, Esther (2003). Beratungsmethodik in der Sozialarbeit. Das Unterrichtskonzept der Beratungsmethodik an der Hochschule für Soziale Arbeit Luzern. Luzern: Interact.

Webers, Thomas (2007). *Interview mit Dr. Astrid Schreyögg.* Abgerufen am 5. August 2009 von: www.coaching-report.de/index.php?id=427

Weingart, Peter (1995). Die Einheit der Wissenschaft - Mythos und Wunder. In Peter Weingart (Hrsg.), *Grenzüberschreitungen in der Wissenschaft. Crossing Boundaries in Science* (S.11-31). Baden-Baden: Nomos.

Welsch, Wolfgang (1995). Vernunft. Die zeitgenössische Vernunftkritik und das Konzept der transversalen Vernunft. Frankfurt a. M.: Suhrkamp.

Welsch, Wolfgang (1987). *Unsere postmoderne Moderne.* Berlin: Akademie Verlag.

Wendt, Wolf Rainer (2000). Rat finden in Kooperation. Die Soziale Arbeit braucht einen eigenständigen Begriff von Beratung. *Blätter der Wohlfahrtspflege, 147* (5+6), S. 97-99.

Wendt, Wolf Rainer (2007). Beratung neu gewendet. Professionelle Soziale Arbeit erfolgt zumeist in Verhältnissen, mit denen Menschen nicht zurechtkommen. *Blätter der Wohlfahrtspflege, 154* (3), S. 83-85.

Westmeyer, Hans ([3]2009). Wissenschaftstheoretische Aspekte. In Jürgen Margraf & Silvia Schneider (Hrsg.), *Lehrbuch der Verhaltenstherapie* (Bd. 1 Grundlagen, Diagnostik, Verfahren, Rahmenbedingungen, S. 47-62). Heidelberg: Springer.

Westmeyer, Hans (2006). Wissenschaftstheoretische und erkenntnistheoretische Grundlagen. In Franz Petermann & Michael Eid (Hrsg.), *Handbuch der Psychologischen Diagnostik* (S. 35-45). Göttingen: Hogrefe.

Westmeyer, Hans & Hoffmann, Nicolas (Hrsg.). (1977). *Verhaltenstherapie: Grundlegende Texte.* Hamburg: Hoffmann & Campe.

Whiteley, John M. (1999). The Paradigms of Counseling psychology. *The Counseling Psychologist, 27* (1), S. 14-31.

Wiedemann., P. (1983). Alltags- und therapeutische Kommunikation im Vergleich – Möglichkeiten zur Aufklärung der Therapeut-Klient-Beziehung. In Dirk Zimmer (Hrsg.), *Die therapeutische Beziehung* (S. 48-61). Weinheim, Basel: Beltz (Edition Psychologie).

Wikipedia. (o.J.). *Konzept.* Abgerufen am 3. März 2005 von Wikipedia. Die Freie Enzyklopädie: http://de.wikipedia.org/wiki/Konzept

Wilber, Ken (1996). *Eros, Kosmos, Logos.* Frankfurt a. M.: Krüger.

Wilken, Beate ([5]2010). *Methoden der kognitiven Umstrukturierung.* Stuttgart: Kohlhammer.

Willke, Helmut ([3]1999). Systemtheorie II: Interventionstheorie. Grundzüge einer Theorie der Intervention in komplexe Systeme. Stuttgart: Lucius & Lucius.

Wolf, Guido (2000). Die Krisis der Unternehmensberatung: Ein Beitrag zur Beratungsforschung. Dissertation. Wiesbaden.
Wronsky, Siddy & Kronfeld, Arthur (1932). *Sozialtherapie und Psychotherapie in den Methoden der Fürsorge.* Berlin : Carl Heymann.

**Z**

Zastrow, Charles H. (2003). The practice of social work. Applications of generalist and advanced content. Pacific Grove: Thomson.
Zimbardo, P. G. & Gerrig, R. J. (1999). *Psychologie.* Berlin, Heidelberg: Springer.
Zwilling, Michael (2007). Handlungsmethoden in der Sozialen Arbeit. Zur Entwicklung eines integrativen Modells. Hamburg: Dr.Kovač.